CSCW-Kompendium

Springer-Verlag Berlin Heidelberg GmbH

Springer-Verlag Berlin Heidelberg GmbH

Gerhard Schwabe • Norbert Streitz • Rainer Unland

Herausgeber

CSCW-Kompendium

Lehr- und Handbuch
zum computerunterstützten kooperativen Arbeiten

Mit 86 Abbildungen
und 9 Tabellen

 Springer

Prof. Dr. Gerhard Schwabe
Universität Koblenz-Landau, Institut für Wirtschaftsinformatik
Rheinau 1, D-56075 Koblenz

Dr. Dr. Norbert Streitz
GMD Forschungszentrum Informationstechnik
Dolivostr. 15, D-64293 Darmstadt

Prof. Dr. Rainer Unland
Universität Essen, Fachbereich Mathematik und Informatik
Schützenbahn 70, D-45117 Essen

Die Deutsche Bibliothek - CIP-Einheitsaufnahme
CSCW-Kompendium: Lehr- und Handbuch zum computerunterstützten kooperativen
Arbeiten / Hrsg.: Gerhard Schwabe ... -Berlin; Heidelberg; New York; Barcelona; Hongkong;
London; Mailand; Paris; Singapur; Tokio: Springer, 2001
   ISBN 978-3-540-67552-5   ISBN 978-3-642-56848-0 (eBook)
   DOI 10.1007/978-3-642-56848-0

http.//www.springer.de
© Springer-Verlag Berlin Heidelberg 2001
Ursprünglich erschienen bei Springer-Verlag Berlin Heidelberg New York 2001

Satz: Computer to film von pdf Daten der Firma G&U, Flensburg
Umschlaggestaltung: KünkelLopka Werbeagentur, Heidelberg
Gedruckt auf säurefreiem Papier   SPIN 10770398 - 33/3142PS - 5 4 3 2 1 0

Vorwort

Das vorliegende »CSCW-Kompendium« stellt ein Lehr- und Handbuch zum computergestützten kooperativen Arbeiten (Computer-Supported Cooperative Work = CSCW) dar. Es ist im Wesentlichen durch *drei Zielsetzungen* motiviert. Zu allererst gibt es einen deutschsprachigen Überblick über den internationalen »State-of-the-Art« der Forschung in diesem Bereich, wobei die verschiedenen Facetten von CSCW in umfassender und kompetenter Weise abgedeckt werden. Zweitens wird der interdisziplinäre Charakter der Forschungslandschaft und die dafür notwendige multidisziplinäre Fundierung deutlich gemacht. Und schließlich wurde sehr viel Wert darauf gelegt, die Inhalte so darzustellen, dass sie sowohl in der Lehre (z.B. an Universitäten und Fachhochschulen) und in der berufsbegleitenden Aus- und Weiterbildung verwendet werden können als auch geeignet sind für die individuelle Einarbeitung in die Thematik durch Praktiker oder Wissenschaftler, auch aus benachbarten Disziplinen. Deshalb sollen die einzelnen Beiträge auch für sich stehen können und mehr oder weniger unabhängig von den anderen Teilen Informationen vermitteln und schnell zu den relevanten Quellen führen. Andererseits eröffnet das Kompendium in seiner Gesamtheit den umfassenden Überblick.

Natürlich sind die beiden ersten Zielsetzungen nicht unabhängig voneinander. Erst die interdisziplinäre Sichtweise ermöglicht es, alle relevanten Facetten abzudecken. Damit dies auch kompetent erfolgen konnte, war ein interdisziplinäres Autorenkollektiv und Herausgeberteam erforderlich, die alle zusammen die unterschiedlichen Sichtweisen in entsprechender Weise repräsentieren. Aus diesem Grunde wurde die Form eines Kompendiums gewählt, das auf den Beiträgen von mehr als 50 Autoren basiert. Wie man dem Autorenverzeichnis entnehmen kann, sind im Prinzip alle relevanten Forschungsgruppen im deutschsprachigen Raum in unterschiedlichen Konstellationen vertreten. Dies garantiert Beiträge von hoher Qualität. Das Ergebnis ist ein Buch, das in dieser Kombination der Zielsetzungen zur Zeit wohl einzigartig in der deutschsprachigen Buchlandschaft sein dürfte. Es gibt natürlich auch andere Bücher zur CSCW-Thematik. Diese sind aber als eher disziplingebundene Einführungen oder als Abhandlungen zu Teilgebieten konzipiert. Erwähnenswert ist auch, dass dieses Buch aufgrund einer Initiative der Leitung der Fachgruppe 5.14 »CSCW« der Gesellschaft für Informatik (GI) entstanden ist und im Wesentlichen auch von Mitgliedern dieser Fachgruppe gestaltet wurde. Damit zeigt sich, dass es sich um ein sehr aktives Forschungsgebiet handelt, das trotz der Einflüsse aus vielen anderen Disziplinen auch zukünftig als eigenes integrierendes Gebiet Bestand haben wird.

Das Kompendium ist wie folgt strukturiert. Es beginnt mit einer Darstellung der *Grundlagen* (Teil 1) verschiedener für CSCW relevanter Disziplinen und Fachrichtungen. Diese sind noch einmal in zwei Kategorien unterteilt: *Organisations- und Sozialwissenschaften* (1.1) und *Informatik* (1.2). Wir haben die Organisations- und Sozialwissenschaften vorangestellt, um damit deutlich zu machen, dass wir einen benutzerorientierten Ansatz zur Gestaltung von CSCW-Systemen favorisieren. Das bedeutet, dass die Fragestellungen der Anwendungsszenarien und die Anforderungen der zukünftigen Benutzer im Vordergrund stehen sollen. Dieser Teil soll den unterschiedlichen Lesergruppen die multidisziplinären Voraussetzungen vermitteln, die notwendig sind, um CSCW in seiner Breite verstehen und einschätzen zu können. Dementsprechend ist der Bogen sehr weit gespannt von Arbeits- und Kommunikationswissenschaften über sozialwissenschaftliche Theorien zum Gruppenverhalten und Organisationsstrukturen bis hin zur Ethnografie. Aus dem Bereich der Informatik haben wir diejenigen Teilgebiete ausgewählt, die als Basistechnologien die Voraussetzungen und Rahmenbedingungen für die Entwicklung oder Bewertung von CSCW-Systemen bilden. Dazu gehören insbesondere die Bereiche Sicherheit, Verteilung, Datenbankunterstützung, Middleware und Internet. Die Beiträge zur Softwareergonomie und -entwicklung nehmen eine gewisse Brückenfunktion zu den zuvor dargestellten sozialwissenschaftlichen Grundlagen wahr.

Nach den Grundlagen werden – gewissermaßen als zentraler Teil des Kompendiums – im Teil 2 die *Werkzeuge und Anwendungen* dargestellt. Auch hier gibt es wiederum eine Untergliederung, nämlich in *Grundbausteine, Generische Technologiebündel, Domänenspezifische Technologiebündel, CSCW-Architekturen* und *CSCW-Mechanismen*.

Bei den Grundbausteinen (Kapitel 2.1) wird die Bandbreite der verschiedenen *Werkzeuge* vorgestellt, die sowohl synchrone als auch asynchrone Kommunikation und Zusammenarbeit unterstützen. Der Großteil dieser Werkzeuge stellt definierte Funktionalitäten zur Verfügung, die insbesondere das gemeinsame Bearbeiten von Dokumenten (Text, Grafik, usw.) ermöglichen oder die Kommunikation räumlich verteilter Partner, z.B. durch E-Mail und Videokonferenzen, unterstützen. Andererseits ist es für umfassende Arbeitsprozesse notwendig, dass mehrere dieser Funktionalitäten gebündelt zur Verfügung stehen. Leider ist dies oft weder in dem gewünschten Maße noch in einer wirklich integrierten Form möglich. In den beiden folgenden Teilen werden entsprechende *Technologiebündel* zusammengestellt und der Stand der entsprechenden Entwicklungen beschrieben. Dies geschieht einerseits in dem Kapitel 2.2 in Bezug auf sog. »*generische Technologiebündel*« und andererseits für ausgewählte Anwendungsfelder als sog. »*domainenspezifische Technologiebündel*« in Kapitel 2.3. Dabei sind wir auch über das im Namen von CSCW gekennzeichnete primäre Anwendungsfeld »Arbeiten« hinausgegangen und haben andere Bereiche, wie z.B. kooperatives Lehren und Lernen und allgemeine soziale Kommunikationsformen, einbezogen.

Die besonderen Anforderungen an CSCW-Systeme erfordern auch spezifische *CSCW-Architekturen*. Im Kapitel 2.4 werden deshalb verschiedene Beispiele vorgestellt, wobei ein eigener Beitrag einer weit verbreiteten und genutzten kommerziellen Groupwareplattform gewidmet ist. CSCW-Systeme unterscheiden sich von anderen Standardanwendungen u.a. auch durch spezifische *CSCW-Mechanismen*, die im Kapitel 2.5 vorgestellt werden. Sie stellen charakteristische Funktionalitäten, wie z.B. »Awareness« zur Verfügung, die aus dem Gruppencharakter der Situationen resultieren. Dabei ist festzustellen, dass diese Mechanismen in vielen Anwendungen eingesetzt werden können und nicht auf Situationen kooperativen Arbeitens beschränkt sind.

Während viele der zuvor beschriebenen Werkzeuge und Mechanismen durchaus noch experimentellen und prototypischen Charakter haben, gibt es schon zahlreiche CSCW-Systeme, die in realen Anwendungen ihren Einsatz finden. Dieser Schritt über den Prototyp hinaus wirft – wie auch bei anderen IT-Anwendungen – wiederkehrende Fragen zu den *Methoden der Realisierung* auf. Die zugehörigen Beiträge bilden den Teil 3 und behandeln Ähnlichkeiten und Besonderheiten von CSCW-Systemen in Bezug auf die Bedarfsanalyse und das Design, sowie Einführung, Betrieb und Evaluierung.

Organisationen werden CSCW-Umgebungen nur dann einführen, wenn sie bestimmte positive Effekte erwarten können und dies auch mit einer bestimmten Vorhersagbarkeit bzw. Sicherheit. Worin bestehen also die *Potenziale und Wirkungen* von CSCW-Systemen? Diese Frage und entsprechende Antworten sind der Inhalt von Teil 4. Dabei wird in der Darstellung unterschieden zwischen den Auswirkungen auf Gruppen und auf die gesamte Organisation. Die Ergebnisse, die berichtet werden, stammen sowohl aus kontrollierten experimentellen Untersuchungen im Labor als auch aus Feldstudien, die zwar eine höhere Validität aufweisen, aber auch unter nicht gut kontrollierbaren Randbedingungen leiden. Auch hier zeigt sich – wie sollte es anders sein – das Dilemma empirischer Untersuchungen im Spannungsfeld von Laborexperiment und Feldstudie. Trotzdem finden sich viele wertvolle Hinweise zu den Auswirkungen identifizierter Faktoren, wie z.B. Anonymität oder Parallelität, auf die computerunterstützte Gruppenarbeit. Diese werden ergänzt durch Aussagen zu unternehmensweiten Wirkungen, wie sie z.B. in der Ermöglichung und Unterstützung neuer Organisationsformen bestehen. Den Abschluss dieses Teils bildet die Darstellung von wirtschaftlichen Auswirkungen, die bisher insbesondere für den Bereich der Telearbeit untersucht worden sind.

Der abschließende Teil 5 des Kompendiums ist einem Ausblick auf zukünftige Entwicklungen und ihnen zugrundeliegenden Einflussfaktoren gewidmet. Diese *Perspektiven für die Zukunft* werden exemplarisch in zwei Beiträgen zu den Themen »Ubiquitous Computing« und »Kooperative Gebäude und Roomware« dargestellt. Es handelt sich dabei um eine Mischung von einerseits neuen Ideen und Konzepten und andererseits prototypischen Realisierungen, die als »proof-of-concept« zeigen, dass diese Zukunft gar nicht mehr so weit weg ist. Die vorgestellten Entwicklungen deuten darauf hin, dass sich ein Paradigmenwechsel abzeichnet, der durch die bildhafte Aussage »beyond the desktop computer« charakterisiert werden kann.

Der modulare Aufbau dieses Buches unterstützt dessen *Verwendung in der Lehre* an Hochschulen und zwar sowohl als Grundlage zu einer umfassenden CSCW-Vorlesung als auch als Ergänzung zu Vorlesungen, die die CSCW-Thematik nur als einen von mehreren Aspekten behandeln. So bietet das Kompendium einerseits eine geeignete Struktur mit den entsprechenden Inhalten für die Vorlesung an. Andererseits kann jeder Dozent seine eigenen Schwerpunkte in der Vorlesung setzen. Da ein Buch in dieser Form nicht die gesamte Thematik in ihrer Tiefe darstellen kann, wurde viel Wert auf umfangreiche Literaturhinweise gelegt. Dadurch besteht für den interessierten Leser die Möglichkeit, einzelne Teilaspekte entsprechend zu vertiefen.

Dieses Kompendium wäre nicht möglich geworden ohne die Mitarbeit und Hilfe vieler Personen, denen wir an dieser Stelle ganz herzlich danken wollen. Hier sind an erster Stelle natürlich alle Autoren zu nennen. Ohne ihre Beiträge würde das Kompendium nicht existieren. Weiterhin sei auf den Entstehungs- und Qualitätssicherungsprozess hingewiesen. Nach einer längeren Diskussion der inhaltlichen Strukturierung in Bezug auf Inhalte, Umfang und Gliederung durch die Herausgeber zusammen mit potenziellen Autoren erfolgte ein Aufruf zum Einreichen von Beiträgen. Potenzielle Autoren mussten einen ausführlichen Abstract, sowie Gliederung und Literaturverzeichnis, einreichen. Dabei gab es teilweise auch mehrere Einreichungen zu einem der geplanten Themen. Die Autoren der jeweils besseren Beiträge wurden zu einem vollständigen Beitrag aufgefordert. Jeder Beitrag wurde dann durch drei Gutachten beurteilt, die von den Herausgebern und den anderen Autoren erstellt wurden. Neben der Qualitätssicherung des einzelnen Beitrags wurde damit außerdem erreicht, dass die Autoren auch die anderen Beiträge des Buches gelesen haben. Dadurch wurde eine bessere Abstimmung der Beiträge untereinander möglich. Schließlich möchten die Herausgeber dem Springer-Verlag und dort insbesondere Herrn Wössner danken, der unserem zunächst vielleicht doch etwas unkonventionellen Vorschlag sehr aufgeschlossen gegenüberstand, sowie Herrn Engesser und Herrn Straßer, die den weiteren Verlauf der Arbeiten unterstützend begleiteten.

Gerhard Schwabe   Norbert Streitz   Rainer Unland
Koblenz   Darmstadt   Essen   im Januar 2001

Inhaltsverzeichnis

Teil 3 Methoden der Realisierung

Teil 4 Potenziale und Wirkungen

Teil 5 Perspektiven

Teil 1 Grundlagen

Einführung

CSCW-Forschung ist interdisziplinär. Auf CSCW-Konferenzen treffen Informatiker auf Sozialwissenschaftler wie Psychologen und Soziologen, auf Arbeitswissenschaftler und Designer, auf Ökonomen und Wirtschaftsinformatiker und viele andere Wissenschaftler. Dies macht das Forschungsfeld interessant; dies macht es aber auch schwierig, die Grundlagen von CSCW eindeutig zu bestimmen. Dieses Buch unterscheidet zwischen Grundlagen aus den Organisations- und Sozialwissenschaften und Grundlagen aus der Informatik.

Organisations- und Sozialwissenschaften

Die Organisations- und Sozialwissenschaften analysieren und gestalten aus unterschiedlichen Perspektiven menschliche Zusammenarbeit. Die Arbeitswissenschaften haben sich schon früh aus der Sicht der industriellen Fertigung mit dem Thema der Gruppenarbeit beschäftigt. Ihre Konzepte und ihre Gestaltungsvorschläge lassen sich in einem hohen Maße auf die computerunterstützte Zusammenarbeit übertragen. Die Kommunikationswissenschaften zeigen auf, wie mehrdimensional und komplex Kommunikationsvorgänge wirklich sind und lassen deutlich werden, warum ein technologischer Eingriff in diese Vorgänge schwierig ist und überraschende Wirkungen zeigt. In diesem Buch beschränken wir uns auf eine umfassende Begriffserläuterung von Kommunikation und stellen sie der Kooperation und der Koordination gegenüber. Zusammenarbeit wird in hohen Maße auch durch die Gestaltung der räumlichen Umgebung geprägt. Hierzu werden zwei Theorien und ihre Konsequenzen für das Verhalten in elektronischen Umgebungen vorgestellt. Soziologie und Psychologie haben sich spätestens seit den 50er Jahren intensiv mit Gruppenphänomenen beschäftigt. Ein Beitrag präsentiert die wichtigsten Ergebnisse dieser Theorien, die versuchen, Gruppenverhalten zu erklären. Auch hier wird wieder deutlich, wie vielschichtig Gruppen sind.

Die Ethnografie liefert eine in der CSCW-Forschung weit verbreitete Vorgehensweise zur Untersuchung von Gruppenphänomenen. Wie ein Völkerkundler auf einer von der Außenwelt unberührten Insel versucht der Ethnograf in der CSCW-Forschung, in den Gruppenkontext einzutauchen und die Gruppe und ihre Arbeit ohne Vorurteil aus sich heraus zu verstehen. Eine besondere Rolle spielen dabei gemeinsam genutzte Artefakte für vereinbarte Gepflogenheiten und praktizierte Arbeitsteilung. Hat der CSCW-Ethnograf den Umgang mit konventionellen Artefakten in Gruppen verstanden, kann er auch scheinbar unwesentliche Aspekte bei der Übertragung auf elektronische Medien berücksichtigen.

Neue Medien für die Zusammenarbeit werfen die Frage auf, welches Medium für welche Art von Zusammenarbeit geeignet ist. Wann lässt sich beispielsweise eine Besprechung besser über Telefon oder Videokonferenz abwickeln und wann ist eine Face-to-Face-Besprechung erforderlich? In einem Beitrag hierzu werden die wichtigsten Theorien zur Gruppenarbeit unter dem Gesichtspunkt der Mediennutzung vorgestellt.

Die Moderationslehre ist keine Wissenschaft, sondern ein Gestaltungsansatz. Sie greift die Ergebnisse aus den Sozialwissenschaften auf und erarbeitet konkrete Hinweise, wie ein Moderator einer Gruppe dabei helfen kann, ihre Ziele zu erreichen. CSCW-Werkzeuge geben dem Moderator neue Möglichkeiten zur Gestaltung der Zusammenarbeit an die Hand. Die Moderation der Zusammenarbeit gewinnt mit der Gruppengröße an Bedeutung.

Während die Moderationslehre die Gestaltung der (meist kurzzeitigen) Zusammenarbeit im Kleinen behandelt, erklärt und gestaltet die abschließend vorgestellte Organisationstheorie die (meist länger andauernde) Zusammenarbeit im Großen. Für Unternehmen ist es eine alte Fragestellung, wie sie ihre Aufbau- und Ablaufstrukturen so organisiert, dass die Zusammenarbeit der Akteure möglichst gut funktioniert.

Informatik

Aus der Sicht der Informatik gehören CSCW-Werkzeuge zur Klasse der so genannten Nicht-Standard-Anwendungen. Sie zeichnen sich also durch eine besondere Komplexität und Funktionenvielfalt aus. Dieses Kapitel versucht eine Annäherung an diese Problematik aus einer mehr technischen Sicht. Im Vordergrund steht dabei zunächst die Diskussion, welche Methoden und Konzepte die Informatik anzubieten hat, die erfolgsversprechend im Zusammenhang mit der Entwicklung und dem Einsatz von CSCW-Werkzeugen genutzt werden könnten. Es wird aber auch bereits angesprochen, welche spezifischen Aspekte, Eigenschaften und Schwächen noch abzudecken und zu lösen sind, bevor eine aus der Sicht der Informatik ausreichende Unterstützung bei der Entwicklung und dem Einsatz von CSCW-Werkzeugen gegeben ist. Dieser letzte Aspekt wird jedoch in der Regel noch intensiver in den Nicht-Grundlagen-Kapiteln diskutiert.

In diesem Teil der Grundlagen werden die folgenden Gebiete behandelt:

- Software-Ergonomie
- Softwareentwicklung
- Sicherheit
- Verteilung
- Datenbankunterstützung

Software-Ergonomie hat die Gebrauchstauglichkeit von Softwaresystemen zum Thema. Es werden zunächst die Gestaltungsziele und -ebenen allgemein diskutiert, bevor auf die spezifischen Anforderungen für CSCW-Systeme eingegangen wird. Wie zu erwarten ist, stellen die kommunikationsorientierten und auf Gruppenarbeit ausgerichteten CSCW-Anwendungen neue Herausforderungen für die Software-Ergonomie dar.

Die Softwareentwicklung beschäftigt sich mit der Gesamtheit aller Aktivitäten, die zu einem Softwaresystem im Einsatz führen. Obwohl die Softwareentwicklung ein ganz wesentliches Einsatzgebiet eines Informatikers im Beruf darstellt, ist man hier immer noch weit von der effektiveren und effizienteren Herangehensweise der Ingenieure bei deren Systementwurf und -entwicklung entfernt. Im letzten Jahrzehnt hat die sogenannte objektorientierte Sichtweise viel Dynamik in die Softwareentwicklung gebracht. Dementsprechend steht die objektorientierte Softwareentwicklung und deren Ableger auch im Mittelpunkt dieses Abschnitts.

Sicherheit ist ein ganz wichtiger Aspekt, wie man auch aus der aktuellen Diskussion im Zusammenhang mit dem Internet sehen kann. Gerade bei verteilten Systemen, die zusätzlich noch auf Kooperation bauen, ist der Sicherheitsaspekt besonders schwierig zu behandeln. Einerseits muss Sicherheit von Daten und Kommunikation sichergestellt sein, will man nicht das Vertrauen der Nutzer stark auf die Probe stellen; andererseits sind aber alle damit verbundenen Einschränkungen und zusätzlichen Tätigkeiten und Aufgaben aus der Sicht des Nutzers eine zusätzliche Belastung. Dieser Beitrag diskutiert die Sicherheit aus dem Blickwinkel der Endsysteme, der Daten und der Kommunikation und stellt entsprechende Sicherheitskonzepte vor.

»Verteilung« ist eines der zentralen Themen der Informatik des letzten Jahrzehnts. Zunächst wurden die Mainframe-Systeme durch Client/Server-Architekturen zumindest weitgehend ersetzt. Dann hat der Siegeszug des Internets dieses Thema wieder mit neuem Leben versehen. Dementsprechend ausführlich wird diese Thematik auch behandelt. Ein einführender Abschnitt diskutiert zunächst die Verteilung von Daten und Kommunikation, indem die grundlegenden Begriffe und Probleme eingeführt werden. Der anschließende Beitrag baut darauf auf, wird aber spezifischer, indem er sich auf die Middleware und das World Wide Web konzentriert. Middleware als Verbindungsglied zwischen vielen verschiedenen Anwendungen und den dahinter liegenden Softwaresystemen hat zwischenzeitlich eine hohe Relevanz erreicht und kann als das Bindeglied für komplexe verteilte Systeme angesehen werden. Der Abschnitt diskutiert Middleware aus der Perspektive von Datenbankmanagementsystemen, objektorientierten Systemen und webzentrierten Systemen.

Noch vor gut zehn Jahren war das Gebiet der Datenbankmanagementsysteme eines der Hauptarbeitsgebiete der Informatik und füllte entsprechende

Konferenzen mit vielen Teilnehmern. Zwischenzeitlich ist akzeptiert, bzw. wird sogar erwartet, dass hinter datenintensiven Anwendungssystemen immer auch gut funktionierende Datenbanksysteme liegen. Bei einfacheren betriebswirtschaftlich/administrativen Anwendungssystemen arbeiten Datenbanksysteme zwischenzeitlich auch sehr unauffällig und effektiv. Nicht-Standard-Anwendungen, die oft auch besondere Anforderungen an die Datenmodellierungsfähigkeit, die Funktionalität, die Performanz und die Arbeit auf der Datenbank stellen, werden aber häufig noch nicht ausreichend bedient. In diese Klasse fallen auch die CSCW-Systeme. In diesem Abschnitt werden daher deren spezifischen Anforderungen an eine verteilte Datenhaltung, an die Datenmodellierungsfähigkeit und an das Arbeiten auf Datenbanksystemen (kooperative Arbeitsformen) diskutiert und die jeweiligen Fähigkeiten und Schwächen aufgezeigt.

Arbeitswissenschaft

Holger Luczak, Martin Wolf, Manfred Mühlfelder
RWTH Aachen, Aachen

1 Menschliche Arbeit: Gegenstand der Arbeitswissenschaft

Unter *Arbeit* wird das Tätigsein des Menschen verstanden, bei dem dieser mit anderen Menschen und (technischen) Hilfsmitteln in Interaktion tritt, um unter wirtschaftlichen Zielsetzungen Güter und Dienstleistungen zu erstellen (Luczak, 1998a). Arbeit dient direkt oder indirekt der Erhaltung der eigenen Existenz und der Existenz der Gesellschaft. Arbeit ist deshalb eine besondere Form des Tätigseins neben anderen wie Spiel, Sport, Lernen usw.

Im heutigen Sprachgebrauch sind in dem Wort »Arbeit« zwei ursprünglich getrennte Begriffe zusammengefallen. Die Bedeutung des einen Begriffs verweist auf die mit der Arbeit verbundenen *Anstrengung und Mühe* (althochdeutsch »arebeit«). Weil dabei der Mensch als Verrichter der Arbeit im Mittelpunkt steht, wird sie auch als *subjektbezogene* Sichtweise bezeichnet. Die Intention des anderen Begriffs bezieht sich auf das *Produkt* des Tätigseins, also das Arbeitsergebnis, welches im älteren Sprachgebrauch auch als »Werk« (z. B. »Tagewerk«) bezeichnet wird. Sie wird *objektbezogene* Sichtweise genannt.

Aus dieser zweigeteilten Bedeutung des Wortes Arbeit lassen sich analog zwei Aspekte für die Gestaltung von Arbeitsbedingungen ableiten. Im subjektbezogenen Sinn muss der Einsatz menschlicher Ressourcen unter schädigungslosen, ausführbaren, erträglichen, beeinträchtigungsfreien Bedingungen erfolgen und soll die Persönlichkeit zur Entwicklung und Entfaltung anregen. Das Erreichen dieser Bedingungen wird als das *Humanisierungsziel* der Arbeitsgestaltung bezeichnet. Im objektbezogenen Sinn gilt es, das Wirtschaftlichkeitsprinzip (Optimierung des Verhältnisses von Aufwand und Ertrag) anzuwenden und eine effiziente und effektive Produktherstellung bzw. Dienstleistung zu erzielen. Dies wird unter dem Begriff *Rationalisierungsziel* subsumiert.

Wie in einer »Kerndefinition der Arbeitswissenschaft« (Luczak & Volpert, 1987) deutlich wird, kommt diesen beiden Zielen in der Arbeitswissenschaft die zentrale Bedeutung zu. Demnach hat die Arbeitswissenschaft das Ziel, die Bedingungen, Strukturen und Prozesse der Arbeit zu analysieren und zu systematisieren, um darauf aufbauend Gestaltungsempfehlungen gemäß Aspekten der Humanisierung und Rationalisierung abzuleiten. Eine zielgerichtete, systematische Analyse der Arbeit wird dabei als notwendige Bedingung für die Entwicklung von geeigneten Gestaltungsempfehlungen angesehen. Zum Zweck der Analyse und Strukturierung von Arbeit wurde in der Arbeitswissenschaft eine Vielzahl von Methoden entwickelt (z. B. KABA, TAI, JDS)[1]. Sie unterscheiden sich in erster Linie in den betrachteten Aspekten, der Art und Weise ihrer Darstellung sowie dem Gestaltungsziel, das der Analyse zugrunde liegt. Während bei der Rationalisierung in erster Linie die Faktoren Kosten und Zeit (z. T. auch Qualität) im Vordergrund stehen, spielen bei der Humanisierung darüber hinaus arbeitspsychologische Faktoren eine Rolle. Letztere sind wegen ihrer Subjektbezogenheit vergleichsweise schwer zu erfassen und zu quantifizieren.

Prinzipiell liegt der Fokus bei solchen Modellen und Schemata darin, dass entweder das Verhältnis des Menschen zur Arbeit im Mittelpunkt steht (Abschnitt 2 »Betrachtungsebenen der Arbeit«) oder dass statische (Abschnitt 3 »Computerunterstützte und kooperative Arbeit als System – statische Betrachtung«) bzw. dynamische Aspekte (Abschnitt 4 »Computerunterstützte und kooperative Arbeit als Prozess – dynamische Betrachtung«) der Arbeit betrachtet und analysiert werden.

Darüber hinaus ist für die Gestaltung von *Computerunterstützter Teamarbeit* (CSCW; *Computer-Supported Cooperative Work*) eine Analyse der Arbeit unter spezifischen, für CSCW charakteristischen Gesichtspunkten notwendig (z. B. Kommunikationsmöglichkeiten über Entfernungen, raum-zeitliche Kooperationsstruktur, kulturelle Gepflogenheiten der Kooperationspartner, Aufgabenverteilung, usw.). Solche Analysekriterien sind für jede der oben genannten Betrachtungsformen relevant und in die Analyse zu integrieren.

2 Betrachtungsebenen der Arbeit

Eine Gliederung des Arbeitsprozesses in *sieben Ebenen* (Luczak & Volpert, 1987) ermöglicht es, Probleme und Fragestellung mit arbeitswissenschaftlichen Bezug gemäß der Struktur der Beziehung zwischen Mensch und Arbeit einzuordnen (Abb. 1 »Gliederungsschema der Struktur der Beziehung Mensch-Arbeit«). Dabei wird auf der obersten Ebene (Ebene 7) die Arbeit in gesamtgesellschaftlicher Hinsicht betrachtet (z. B. Gesetzgebung, Sozialpartner, strukturelle und konjunkturelle Veränderungen von Beschäftigung und Arbeitsmarkt). Wohingegen auf der untersten Ebene (Ebene 1) elementare physiologische, physikalische und chemische Prozesse des menschlichen Organismus und der Arbeitsumgebung (z. B. Messung und Bewertung von Klima, Lärm, Licht,

---

[1] Eine zusammenfassende Beschreibung der wichtigsten Analysemethoden ist in Luczak (1998b) zu finden

Schwingungen, usw.) im Fokus stehen. Auf den drei unteren Ebenen erfolgt eine getrennte Betrachtung eines subjektnahen (d. h. menschengebundenen) und eines objektnahen (d. h. Arbeitsumgebung, -platz, -mittel, -gegenstand betreffenden) Bereichs.

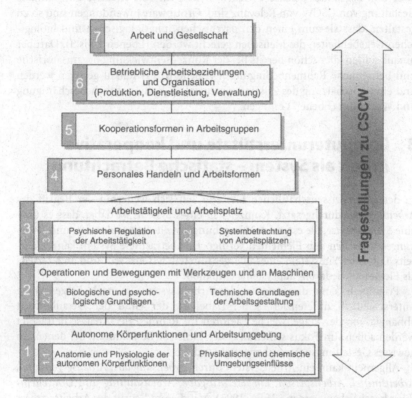

Abb. 1 Gliederungsschema der Struktur der Beziehung Mensch-Arbeit

Für CSCW sind die Ebenen 4 und 5 von zentraler Bedeutung. Auf Ebene 4 wird eine ganzheitliche Betrachtung des Menschen als Individuum unter Einbeziehung motivationaler, willensmäßiger, qualifikatorischer und sozialer Elemente vorgenommen. Hierunter fallen Eigenschaften eines Menschen, die ihn zu CSCW befähigen sowie die individuelle Art und Weise CSCW durchzuführen. Auf der Ebene 5 wird diese individuumszentrierte Sicht um das Zusammenwirken in Gruppen erweitert. Kommunikation, Koordination und Kooperation zwischen mehreren Personen, die mit Hilfe von Computer möglichst unabhängig von Ort und Zeit durchgeführt werden soll, stehen hier im Mittelpunkt.

Bei einer genaueren Betrachtung des Gliederungsschemas wird allerdings auch deutlich, dass auf den anderen Ebenen (Ebenen 1-3 und 6-7) Erkenntnisse und Ergebnisse generiert werden, welche für eine effektive und humane Gestaltung von CSCW von Relevanz sind. Groupwareanwendungen sind so zu gestalten, dass sie zum einen den psychischen, physiologischen und biologischen Gegebenheiten des Menschen gerecht werden (Ebenen 1 bis 3). Darüber hinaus sollten aber schon bereits bei der Konzeptentwicklung organisatorische und betriebliche Rahmenbedingungen (Ebene 6) ins Kalkül gezogen werden und eine Abschätzung des Zukunftspotenzials z. B. hinsichtlich Beschäftigung und Wachstum (Ebene 7) erfolgen.

3 Computerunterstützte und kooperative Arbeit als System – statische Betrachtung

In der arbeitswissenschaftlichen Literatur hat sich weiterhin der Begriff des *Arbeitssystems* durchgesetzt. Kennzeichen eines *Systems* ist dabei, dass es über eine *Systemgrenze*, die es von der Umgebung abteilt, *Systemelemente* und *Beziehungen* zwischen den Elementen verfügt. Das betrachtete System kann einerseits Teil- oder Subsystem eines übergeordneten Systems sein und andererseits als Elemente wiederum Subsysteme enthalten.

Prinzipiell kann die Struktur des Arbeitssystems je nach Fragestellung unterschiedlich differenziert sein[2]. Dabei ist der Grad der Detailliertheit abhängig von der Frage, welche Faktoren im Rahmen der Analyse betrachtet werden sollen. Im Fokus stehen in erster Linie solche Faktoren, bei denen ein gewisses Gestaltungspotenzial erwartet wird.

Allgemein kann ein Arbeitssystem durch *Arbeitsaufgabe, Arbeitsgegenstand, Arbeitsmittel, Arbeitsperson, Eingabe, Ausgabe, Arbeitsauftrag* und *Umwelteinflüsse* beschrieben werden (REFA, 1993). Mit diesem Begriff des Arbeitssystems ist ein Ordnungsschema zur systematischen Beschreibung beliebiger Arbeitsplätze gegeben (Luczak, 1998a).

Wird nun CSCW aus arbeitssystemischer Sichtweise analysiert, so gelangt man zu folgenden Konkretisierungen der Systemelemente und Einflussgrößen:

---

[2] Nach Rohmert (1983) enthält ein Arbeitssystem zumindest die Elemente Mensch und Arbeitsaufgabe

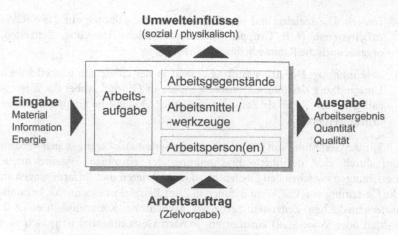

Abb. 2 Arbeitssystem

1. *Arbeitsaufgabe*: Die Arbeitsaufgabe besteht in der kooperativen Generierung und Bearbeitung von Informationen.

2. *Arbeitsgegenstände*: Im Gegensatz zu handwerklicher Arbeit, bei der die Gegenstände, die bearbeitet werden, physikalischer Natur sind, handelt es sich bei Arbeitsgegenständen bei CSCW um Informationen, die in Datenbanken, Dokumenten, usw. gespeichert sind.

3. *Arbeitsmittel/-werkzeuge*: Hierunter wird die eingesetzte Hard- und Software (PC, Netzwerke, Videokonferenzsysteme, Anwendungsprogramme, Betriebssysteme, usw.) verstanden.

4. *Arbeitspersonen*: CSCW impliziert dass das Arbeitssystem zumindest zwei Arbeitspersonen umfasst.

5. *Eingabe*: Dies sind alle von außerhalb des Systems, z. B. eines Workflows, in das System eingehenden Materialien, Informationen und Energie (z. B. schriftliche Aufträge, Protokolle, Kundenanfragen, Konstruktionsdaten, mündliche Informationen, Zielvorgaben, usw.).

6. *Ausgabe*: Das sind alle Informationen und Artefakte, die als Arbeitsergebnis das System verlassen (z. B. CAD-Modell, Kundenangebot, mündliche und schriftliche Mitteilungen).

7. *Umwelt*: Die sozialen und physikalischen Einflussfaktoren auf das CSCW-Arbeitssystem (z. B. Gruppendynamik, räumliche Trennung, Zeitzonen, organisatorische Rahmenbedingungen)

8. *Arbeitsauftrag*: Der Arbeitsauftrag besteht in der effizienten und effektiven Umwandlung des informatorischen Inputs in Output, wobei die Zielvorgaben in der Regel als Zeit-, Kosten- oder Qualitätsbedingungen ausgedrückt werden.

Für die Gestaltung von CSCW kann diese Systematik herangezogen werden, um durch eine detaillierte Beschreibung der einzelnen Systemelemente Beziehungen zwischen den Elementen zu identifizieren und Anforderungen an die Gestaltung von CSCW zu definieren. Zum Beispiel ist es sinnvoll, bei stark unterschiedlichen Zeitzonen bevorzugt asynchrone Kommunikation (z. B. E-Mail oder Voice-Mail) einzusetzen. Je nach Gestaltungsziel ist jedoch eine weitere Detaillierung des Arbeitssystems notwendig.

4 Computerunterstützte und kooperative Arbeit als Prozess – dynamische Betrachtung

Soll Arbeit unter dynamischen Aspekten analysiert werden, ist eine ablauforientierte Betrachtungsweise, bei der die zeitliche oder logische Verknüpfung von Arbeitsaufgaben dargestellt wird, unverzichtbar. Für diesen Zweck werden in der Regel Notationen verwendet, mit denen sich sowohl Zustände des Arbeitssystems als auch Ereignisse (z. B. die Ausführung von Arbeitsaufgaben) grafisch als *Netz* darstellen lassen. Netze bestehen dabei aus Knoten, die als Punkte oder Kreise dargestellt werden, und Kanten, die zwei Knoten miteinander verbinden und mit Linien oder Pfeile beschrieben werden.

Methoden zur dynamischen Aufgabenmodellierung, die auf Netzen basieren, lassen sich in drei Klassen unterteilen:

Bei *zustandsorientierten* Methoden wird der *Zustand* eines (Arbeits-) Systems als Knoten und der Übergang von einem Zustand in einen anderen als gerichtete Kante abgebildet. Eine Arbeitsaufgabe kann einer Kante als Attribut zugewiesen werden (beispielsweise: OFM (Mitchell & Miller, 1986), Objectcharts (Coleman et al., 1992), ADVcharts (Carneiro et al. 1994), Task Object Charts (Ziegler, 1996), u. v. m.).

Bei *ereignisorientierte* Methoden wird hingegen ein Ereignis bzw. eine Arbeitsaufgabe als Knoten abgebildet, während eine Kante den Informations-, Objekt- und Steuerfluss sowie die benötigten Ressourcen symbolisieren kann (beispielsweise: SAINT, SLAM (McMillan et al., 1989), Structured Analysis and Design Technique (SADT) (Ross, 1977), Integrated Definition Language (IDEF) (Ross, 1985), Hierarchical Task Analysis (HTA) (Shephard, 1989), UML-Aktivitätsdiagramme (Booch et al., 1998), u. v. m.). Diese Methoden werden aufgrund ihrer intuitiven Verständlichkeit sehr häufig verwendet.

Petri-Netz-basierte Methoden stellen eine Integration aus Zustands- und Ereignisorientierung dar. Bei der Darstellung dieser Methoden findet ein stetiger Wechsel zwischen Knoten, die Ereignisse bzw. Arbeitsaufgaben darstellen, und Knoten, die Zustände symbolisieren, statt. Wichtige zusätzliche Informationen (z. B. Arbeitsmittel/-werkzeuge, Eingaben und Ausgaben, Ausführender, usw.) werden in der Regel als Attribute der Arbeitsaufgaben abgebildet. Bei Zuständen zeigen sogenannte Token als binär kodierte Kennzeichnung an, ob der beschriebene Zustand vorliegt oder nicht. Je nach Verwendungszweck und Autor kann sowohl die grafische Darstellung des Systems als auch die Art und Anzahl der Attribute stark variieren. Dabei sind Ansätze, in dem humanorientierte Kriterien zum Tragen kommen (z. B. Hoffmann & Herrmann, 1998) insbesondere aus arbeitswissenschaftlicher Sicht relevant. (beispielsweise: Rollen-Funktion-Aktion-Netze (RFA) (Oberquelle, 1987), Coloured Petri Nets (CPN) (Jensen, 1991 & 1997), ereignisgesteuerte Prozessketten (EPK) (Keller et al., 1991), K3 (Killich et al., 1999))

Für die Entwicklung und Gestaltung von CSCW spielen die Aspekte Kommunikation, Kooperation und Koordination (*K3*) eine große Rolle. Um Prozesse unter K3-Gesichtspunkten darzustellen und analysieren zu können, wurde beispielsweise die K3-Methode entwickelt. Sie basiert auf den UML-Aktivitätsdiagrammen (Booch et al., 1998), wurde jedoch um Elemente zur Beschreibung kooperativer Arbeit angereichert. So erlaubt die K3-Methode, Kommunikation zwischen zwei Personen (inkl. verwendeter Medien, Kommunikationsinhalte, usw.) darzustellen und zu analysieren (Abb. 3 »Mit K3 modellierter Arbeitsprozess«) Weiterhin lassen sich sowohl aufgabenrelevante Informationsflüsse, als auch technische Hilfsmitteln abbilden. Mit diesen zusätzlichen Beschreibungselementen und der erweiterten Verknüpfungslogik lassen sich z. B. Aussagen über Möglichkeiten zur adäquaten Unterstützung von Kooperation mit Informationstechnologie treffen. Ebenfalls können ablauforganisatorische Rahmenbedingungen von Kooperation dargestellt und analysiert werden.

In der Abb. 3 »Mit K3 modellierter Arbeitsprozess« wird beispielhaft ein kooperativer Arbeitsprozess als K3-Netz modelliert.

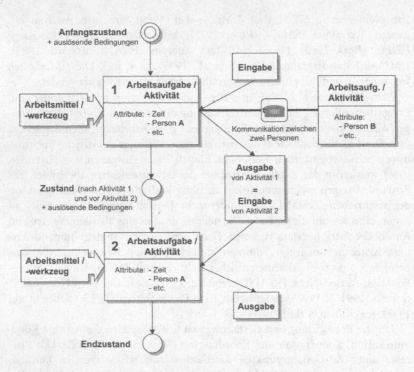

Abb. 3   Mit K3 modellierter Arbeitsprozess

Zusammenfassend lässt sich feststellen, dass es ein breit gefächertes Spektrum von Methoden zur Analyse und Gestaltung von Arbeit gibt, die je nach Gestaltungsziel bzw. Ziel der Analyse unterschiedlich eingesetzt werden können. Eine Zieldefinition und eine Festlegung der für die Analyse und Gestaltung relevanten Beschreibungskriterien ist für die Auswahl einer arbeitswissenschaftlichen Analysemethode dabei unbedingt erforderlich.

Kommunikation und Kooperation

Thomas Herrmann
Universität Dortmund, Dortmund

1 Kommunikation

Viele verschiedene Disziplinen versuchen das Phänomen der menschlichen Kommunikation zu erklären. So tragen zum Beispiel die Erkenntnisphilosophie, die Psychologie, die Soziologie, die Zeichentheorie, die Linguistik und andere zur Erklärung von Kommunikation bei und versuchen ihre Erkenntnisse in einem Kommunikationsmodell darzustellen. Die folgenden Ausführungen können nur auf einen kleinen Ausschnitt der relevanten Literatur Bezug nehmen. Im Wesentlichen geht es darum, ein Kommunikationsmodell zu entwickeln, mit dessen Hilfe besonders die Anforderungen bei der computervermittelten Kommunikation besser verstehbar werden. Am Ende der jeweiligen Abschnitte werden kurze Hinweise gegeben, die die theoretischen Ausführungen zu CSCW in Bezug setzen.

Kommunikationsmodelle sind im Allgemeinen stark vom sogenannten *Sender-Empfänger-Modell* der Informationstheorie geprägt (Shannon & Weaver, 1949). Dabei wird davon ausgegangen, dass eine Nachricht von einem Sender über einen Kanal zu einem Empfänger übertragen wird, wobei vor dem Absenden eine Codierung und beim Empfänger eine Decodierung erfolgt. Das im folgenden Abschnitt beschriebene Modell weicht davon entscheidend ab. Grundlage dieser Abkehr vom Kommunikationsmodell des Nachrichtentransportes sind erkenntnistheoretische Positionen, die aufgrund biologischer Forschungsergebnisse von einer informationalen Geschlossenheit lebendiger Systeme ausgehen (Maturana & Varela, 1987; Krieger, 1996). Im Sinne neokonstruktivistischer Auffassungen bedeutet dies, dass das menschliche Gehirn sich die Vorstellungen über seine Umgebung nach der Maßgabe des eigenen Erkenntnisapparates konstruiert. Es gibt dementsprechend nicht nur *eine* Realität, sondern so viele Realitäten wie Individuen. Ein und dasselbe Phänomen – sogar alltägliche Erscheinungen wie etwa ein Baum – werden von zwei Menschen unterschiedlich erfahren und verstanden. Ähnliches gilt für eine Mitteilung, zum Beispiel für einen gesprochenen Satz: Sprecher und Hörer verbinden mit ihm Vorstellungen, die nicht identisch sind und deren Inhalt nicht von A nach B transportiert wird.

1.1 Mitteilungskonzept und Eindruckserzeugung

Zunächst stellt sich die Frage, was im Verlauf einer Kommunikation ausgetauscht werden soll. Menschen versuchen, innere Erfahrungen mit anderen
Menschen zu teilen. *Innere Erfahrungen* sind solche, die nicht von anderen
Menschen beobachtet werden können (z. B. Schlussfolgerungen, Beurteilun-
gen, Pläne, Wünsche, Gefühle usw.). Um sie zu teilen, muss man sie nach
außen darstellen – man muss kommunizieren. In Abb. 4 »Mitteilungskonzeption und Eindruckserzeugung« gibt es eine sich mitteilende Person A (im Folgenden Andrea genannt) und B (Bert), der die Mitteilung aufnimmt. Zur Vereinfachung gehen wir von einer einzelnen Idee aus, die mitgeteilt werden soll.
Dies ist deshalb eine Vereinfachung, weil statt einer einzelnen Idee sich eigentlich eher ein Strom von Vorstellungen parallel zum sich Mitteilen entwickelt.

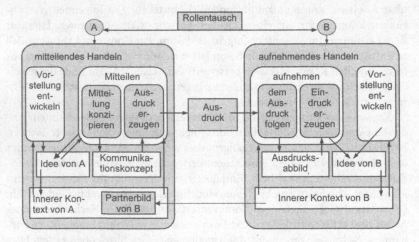

Abb. 4 Mitteilungskonzeption und Eindruckserzeugung

Es gibt unzählige Möglichkeiten, ein und dieselbe Idee jemand anderem mit-
zuteilen (Ungeheuer, 1982). Diese verschiedenen Möglichkeiten, dasselbe aus-
zudrücken, nennt man *Paraphrasen*. Es ist die Aufgabe der Mitteilenden, jeweils
die Paraphrase auszuwählen, die in einer bestimmten Kommunikationssituation die günstigste ist. Dabei berücksichtigt A(ndrea), was sie über die Kommunikationssituation, also über den äußeren Kontext der Kommunikation (siehe
Abb. 5 »Die Rolle des äußeren Kontext«) weiß. Zum *äußeren Kontext* gehört
z. B. die physikalische Umgebung oder auch das, was bereits gesagt wurde.
A(ndrea) versucht abzuschätzen, was B(ert) unmittelbar aus der Situation oder

ihrer Vorgeschichte erkennen kann. A(ndrea) braucht all das nicht explizit aus-zudrücken, was B(ert) aus eigener Wahrnehmung weiß, also das, was bereits zu seinem *inneren Kontext* (siehe Abb. 4 »Mitteilungskonzeption und Eindrucks-erzeugung«) gehört. So kann die Kommunikation auf das wesentliche konzen-triert werden. Zu diesem Zweck muss sich A(ndrea) ein Bild von B(ert)s inne-rem Kontext machen. Dieses Bild nennen wir A(ndrea)s Partnerbild von B(ert). Je zutreffender es ist, desto eher ist der Inhalt der Idee so ausgedrückt, dass sich B(ert) einen zu der Idee passenden Eindruck erzeugen kann.

Neben diesem Inhaltsaspekt spielt zum anderen der Beziehungsaspekt (Watzlawick et al., 1974) eine wichtige Rolle. Dabei wird eingeschätzt, in wel-chem sozialen Verhältnis man zueinander steht. A(ndrea) wird ihr Mitteilungs-konzept in der Regel an den sozialen Status anpassen, den B(ert) einnimmt. Bei sozialer Gleichrangigkeit werden z. B. andere Ausdrücke verwendet als bei einer sozialen Abhängigkeit. Wenn A(ndrea) die Beziehung zu B(ert) falsch ein-schätzt, kann es zu Störungen der Kommunikation kommen, die sich auch auf die Mitteilung des Inhaltes auswirken. Der Beziehungsaspekt ist eng mit dem wechselseitigen Aufbau von Partnerbildern verwoben.

B(ert)s Aufgabe ist es, sich aufgrund des Ausdruckes von A(ndrea) einen Eindruck in seiner Vorstellungswelt zu erzeugen, der A(ndrea)s Idee nachvoll-zieht. Zu diesem Zweck muss die Mitteilung so konzipiert sein, dass die Formu-lierung des Ausdrucks B(ert) dazu anregt und anleitet, sich eine Vorstellung von A(ndrea)s Idee zu machen. Es reicht nicht aus, wenn B(ert) den Ausdruck nur wiederholen kann, also lediglich ein Abbild des Ausdrucks erzeugt wird (siehe Abb. 4 »Mitteilungskonzeption und Eindruckserzeugung«). Einen »Ein-druck erzeugen« bedeutet vielmehr, dass B(ert) den aufgenommenen Ausdruck zu seinem eigenen inneren Kontext in Bezug setzt. Das heißt, er versteht den Ausdruck vor dem Hintergrund seines inneren Kontextes und macht das Verstandene zum Teil seines inneren Kontextes. Er entwickelt so eine eigene Idee, die mit der Idee von A(ndrea) korreliert, also nicht von ihr unabhängig ist, aber auch nicht mit ihr identisch ist. Eine Identität ist aufgrund der Unter-schiedlichkeit der inneren Kontexte nicht möglich.

Bzgl. des Einsatzes von Groupware ist zu beachten, dass die Mitteilungskon-zeption mit zunehmender Distanz zwischen den Kommunikationspartnern schwieriger wird, etwa bei sozialer oder kultureller Distanz, aber auch auf-grund räumlicher oder zeitlicher Distanz. Groupware sollte daher die Ver-mittlung oder nachträgliche Erschließbarkeit eines Partnerbildes unterstüt-zen. Hilfreich sind z. B. Links, die auf ergänzende Informationen (etwa im WWW oder auf vorangegangene E-Mail) verweisen. Falls man jemanden nicht kennt, sind automatisch erzeugte Verweise auf gemeinsame Bekannte hilfreich.

1.2 Die Relevanz des äußeren Kontextes

Der äußere Kontext der Kommunikation befindet sich nicht in den Kommunizierenden, sondern außerhalb von ihnen. Somit kann zumindest eine Teilmenge des äußeren Kontextes gemeinsam wahrgenommen und zur Sicherung und Erleichterung des Verstehens der aktuellen Ausdrücke herangezogen werden. Zum äußeren Kontext zählen die bereits ausgetauschten Ausdrücke (1), das extrakommunikative Handeln (2) und die Eigenschaften der Umwelt (3) der Kommunikationspartner.

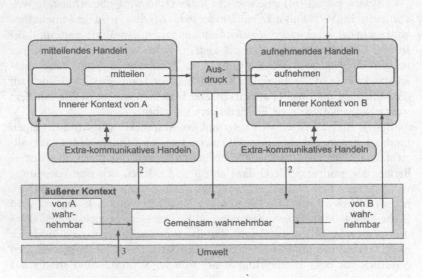

Abb. 5 Die Rolle des äußeren Kontext

Ad 1) Wenn Kommunikationspartner die Rolle des Mitteilenden abwechselnd einnehmen können, dann nehmen sie auf das bereits Gesagte, also auf den kommunikativen Kontext Bezug. Dadurch kann geprüft werden, ob das aktuell Mitgeteilte mit den vorherigen Ausdrücken konsistent ist. Je ungetrübter diese Konsistenz ist, desto sicherer fühlt man sich bzgl. des Kommunikationserfolges. Allerdings haftet dieser Strategie – den Kommunikationserfolg mittels weiterer Kommunikation zu überprüfen – prinzipiell die Möglichkeit unentdeckter Missverständnisse an.

Ad 2) Die prinzipielle Verständigungsunsicherheit bei menschlicher Kommunikation wird dadurch gemildert, dass sie in Arbeits- und Alltagssituationen durch extrakommunikatives Handeln begleitet werden. Dies sind Handlungen, die nicht im Rahmen eines Mitteilungskonzeptes kommunikativ gemeint sind. Während die Aufforderung an B(ert) »bitte schließe die Tür!« noch kommunikativ gemeint ist, ist das Schließen der Tür selbst ein extrakommunikativer Akt, anhand dessen A(ndrea) erkennen kann, dass sie verstanden worden ist. Während das bloße Faktum des Schließens der Tür einen extrakommunikativen Sachverhalt darstellt, kann die Art und Weise, wie diese Handlung vollzogen wird (z. B. heftig, laut, beiläufig) durchaus Mitteilungscharakter haben.

Ad 3) Zum äußeren Kontext gehört auch noch die Umwelt, also alle weiteren wahrnehmbaren Faktoren neben den Ausdrücken und dem extrakommunikativen Handeln. Dazu gehören z. B. der physikalische Kontext oder auch Inhalte, die etwa durch Print- und Funkmedien vermittelt werden. Sobald die wahrgenommenen Mitteilungen mit den Wahrnehmungen der Umwelt nicht kompatibel sind, gibt dies Anlass, das Kommunizierte zu hinterfragen und ggf. zu reformulieren.

Asynchrone Kommunikationsmedien, wie etwa E-Mail oder elektronische Diskussionsforen sollten durch Mechanismen unterstützt werden, die auf extrakommunikative (rechnergestützte) Handlungen der Kommunizierenden oder ihren Informationshintergrund hinweisen.

1.3 Der kommunikative Ausdruck

Der kommunikative Ausdruck wird aus Zeichen gebildet. Zeichen haben drei Aspekte: Syntax, Semantik, Pragmatik. Die *Syntax* regelt, in welcher Weise Zeichen kombiniert werden können. In alltäglicher Kommunikation sind kommunikative Ausdrücke jedoch häufig syntaktisch unvollständig oder unkorrekt. Dies entspricht oft einem konkreten Mitteilungskonzept und dient dazu, die Kommunikation zu vereinfachen.

Die *Semantik* repräsentiert die Bedeutung des kommunikativen Ausdruckes, also den Verweis auf das, was der Kommunizierende meint. Sprachliche Ausdrücke sind oft semantisch unvollständig. A(ndrea) verlässt sich darauf, dass B(ert) die Unvollständigkeit durch sein Vorwissen oder mittels des wahrgenommen Kontextes ergänzt. Bei einem Dritten, der den Kontext nicht kennt, kann dann nur ein unvollständiger Eindruck entstehen. Auf die Frage: »Wie geht es?« kann die Antwort: »Besser!« nur von denjenigen verstanden werden, die das vorangegangene Befinden des Befragten kennen können. Sprachliche Ausdrücke enthalten zusätzlich Bedeutungsverschiebungen. Ein bekanntes Beispiel ist die *Metapher.* Hierbei handelt es sich um einen bildhaften Ausdruck, bei dem das Eigentliche durch das Uneigentliche ausgedrückt wird. Der Ausdruck »am Fuß des Berges« beschreibt einen Punkt in einer Landschaft durch einen Verweis auf ein ganz anderes Bedeutungsfeld, nämlich dem der menschlichen Anatomie. Die Semantik sprachlicher Ausdrücke wird durch den Gebrauch der Sprache ständig verändert, indem Definitionen festgelegt werden, Worte in neue Bedeutungsfelder übertragen werden usw. So werden z. B. ständig neue Metaphern erzeugt. Diese Vermischung der Nutzung von Sprache und der Veränderung ihrer Semantik ist typisch für menschliche Kommunikation. Im technischen Bereich dagegen versucht man, die Anwendung eines Codierungsverfahrens und die Veränderung der Codierungsregeln strikt auseinander zu halten.

Die *Pragmatik* eines Ausdruckes steht für das, was man beim Adressaten der Mitteilung bewirken möchte. Die Pragmatik verweist auf die übergeordneten Sozialhandlungen, die man mit der Kommunikation zu verwirklichen versucht, wie etwa etwas versprechen, sich entschuldigen usw. Diese Differenzierung wird von der Sprechakttheorie (siehe. 1.1.4) aufgegriffen.

Kommunikative Ausdrücke enthalten nicht nur sprachliche, sondern auch nonverbale Zeichen. Hierzu gehört *Mimik* (Bewegung der Gesichtsmuskulatur) und *Gestik* (Aktionen der Körperextremitäten) und auch die *Postur* (Stellung und Bewegung des Körpers) sowie die *Proxemik* (kommunikative Funktion der körperlichen Distanz zwischen Personen). Hinzu kommen *paralinguistische Phänomene* (Sprechpausen, Interjektion wie »äh«, »oh«) und prosodische Elemente des Sprechens (Tonhöhe, Lautstärke, Geschwindigkeit). Nonverbale Zeichen haben im Verhältnis zur Sprache nicht nur begleitenden oder verstärkenden Charakter, sondern stellen z. T. eine unentbehrliche Vervollständigung dar (etwa Zeigegesten, die auf das Gemeinte hinweisen: »Dieser Ordner«). Sie können auch eine komplementäre Kommentierung des Gesagten (z. B. Kennzeichnung von Ironie) bewirken oder die Steuerung des Dialogverlaufs unterstützen. Nach Watzlawick wird die Beziehung zwischen Kommunizierenden im Wesentlichen mittels nonverbaler Zeichen vermittelt (etwa Akzeptanz, Respekt u.a.).

Es ist zu beachten, dass bei Videokonferenzsystemen oder bei Media Spaces die Übertragung von Postur, Proxemik oder Blickkontakt immer noch erhebliche Probleme bereitet. Wenn man Groupwarefunktionen gestaltet, die kommunikative Ausdrücke durchsuchen, klassifizieren oder filtern, dann darf man nicht davon ausgehen, dass diese Ausdrücke semantisch oder syntaktisch vollständig sind.

1.4 Kategorisierung von Kommunikationsereignissen

Die Kommunikationsforschung versucht, kommunikative Ereignisse in Kategorien einzuteilen und bedient sich dafür verschiedener Ansätze, von denen hier drei vorgestellt werden.

(1) Die *Sprechakttheorie* (Austin, 1962; Searle, 1971; Wunderlich, 1976) versucht mit Hinblick auf die Pragmatik zu unterscheiden, welche verschiedenen übergeordneten Sozialhandlungen jeweils mit einer kommunikativen Äußerung vollzogen werden. Typische Sprechakte sind z. B. Behauptungen, Aufforderungen, Bitten, Fragen, Benennen, Definieren, Versprechen, Entschuldigen, Begründen, Warnen und viele mehr. An dem Beispiel: »Ich warne Sie, der Hund ist bissig!« erkennt man, dass Sprechakte einen inhaltlichen (der Hund ist bissig) und einen pragmatischen Aspekt (ich warne Sie) haben. Der pragmatische Aspekt wird jedoch nur selten expliziert. Besondere Probleme bereiten indirekte Sprechakte, bei denen semantisch gesehen ein anderer Sprechakt expliziert wird, als pragmatisch gemeint ist. Zum Beispiel wird die Frage: »Wissen Sie die Uhrzeit?« als Aufforderung verwendet. Sprechakttypisierung wurde von Winograd in die CSCW-Debatte eingeführt und als Basis für die Unterstützung von Koordination häufig aufgegriffen.

(2) In der *Argumentationstheorie* (Toulmin, 1975) geht man davon aus, dass menschliche Kommunikation zu großen Teilen argumentativ strukturiert ist. Es gibt eine Vielzahl theoretischer Versuche, ein Argumentationsschema für menschliches Kommunizieren aufzustellen. So wird etwa davon gesprochen, dass es eine *Voraussetzung* und einen *Schluss* gibt, sowie eine *Modalität des Übergangs* zwischen beiden und eine dazugehörige *Rechtfertigung* (Ungeheuer, 1982). Solche Argumentationsschemata sind davon geprägt, dass nicht alle Elemente des Schemas expliziert werden müssen – auch hier ist also Unvollständigkeit in der alltäglichen Kommunikation möglich.

(3) Für die Gestaltung kommunikationsunterstützender Systeme kann es hilfreich sein, verschiedene Phasen der Kommunikation zu unterscheiden. Die folgende Tabelle gibt einen groben Überblick, wobei die gewählte Reihenfolge nicht zwingend ist:

1. Identifizierung des Adressaten und Kontaktaufnahme	2. Aufmerksamkeit gewinnen (z. B. durch Begrüßung)
3. Sich kennen lernen (Aufbau des Partnerbildes)	4. Sich mitteilen
5. Überprüfen des Verständnisses	6. Beendigung des Kontaktes

Es ist umstritten, inwieweit die Kategorisierung von Kommunikationsvorgängen angemessen ist oder nicht. In einem Disput zwischen Winograd und Suchmann (Winograd, 1994) wird argumentiert, dass es von der Eigenart der Aufgabe abhängt, ob Kommunikation nach einem vorgegebenen Schema (das mittels Kategorien beschrieben wird) ablaufen soll oder nicht. Die Notwendigkeit von Gelegenheiten der nicht schematisierten Kommunikation wird auch unter der Perspektive der informalen Kommunikation in einer Studie von Kraut et al. (1990) empirisch belegt. Formale Kommunikation ist nach Auffassung dieser Autoren koordiniert (zum Beispiel werden Zeitpunkt, Teilnehmer und Thema festgelegt), während informale Kommunikation spontan erfolgt. Aus der Sicht der Organisationslehre werden in formaler Kommunikation eindeutige und absichtliche Aussagen verwendet, die direkt auf die Arbeitsaufgabe bezogen sind. Dieser Aufgabenbezug fehlt bei informaler Kommunikation, die auch mehrdeutig und indirekt sein kann.

> Wenn die Kategorisierung von Ausdrücken für eine Groupwareanwendung vorgesehen ist, sollte man nicht davon ausgehen, dass Kommunizierende immer in der Lage und Willens sind, ihre Kommunikationsbeiträge entsprechend zu klassifizieren.

1.5 Besonderheiten der computervermittelten Kommunikation

Sobald man mit Hilfe elektronischer Medien kommuniziert oder sich in besonderen Mitteilungssituationen befindet (etwa bei einem Vortrag), erschweren sich die Aufgaben des Mitteilens. Abb. 6 »Medial vermittelte Kommunikation« zeigt die Situation computervermittelter Kommunikation. Dabei ist zu beachten, dass das Informations- und Kommunikationssystem (IuK-System) verschiedene Vermittlungsleistungen erbringen kann: Zum einen wird der sprachliche Ausdruck vermittelt (bei Audio-Video-Übertragung auch Mimik und Gestik), zum anderen sind auch Teile des äußeren Kontextes vermittelbar. Dazu gehört insbesondere das extra-kommunikative Handeln (z. B. dass jemand einen »virtuellen Raum« verlässt), das insbesondere durch sogenannte Awareness-Dienste vermittelt wird.

Das besondere Problem der Online-Kommunikation besteht darin, dass die unmittelbare Kommunikationssituation weniger stark wahrnehmbar ist, als dies bei der Face-to-Face-Kommunikation der Fall ist. Der Mitteilende muss im Rahmen der Konzipierung einer Mitteilung nicht nur die beschränkten Ausdrucksmittel berücksichtigen, sondern genau einschätzen, welche Teile des Kontextes der Kommunikationspartner wahrnehmen bzw. wahrgenommen

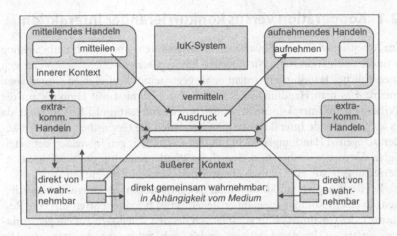

Abb. 6 Medial vermittelte Kommunikation

haben kann und welche Teile demgegenüber explizit in den Ausdruck aufzunehmen sind. Letztlich muss auch zusätzlicher Aufwand getrieben werden, damit der Empfänger eines Ausdruckes die entscheidenden Teile zur Kenntnis nimmt. Gerade bei E-Mail werden oft entscheidende Anteile der Nachricht übersehen. Der Verständigungserfolg ist intensiver zu überprüfen. Da insbesondere der dialogische Wechsel bei asynchroner Kommunikation langwierig sein kann, sind in *einem* Kommunikationsschritt möglichst mehrere verschiedene Ausdrucksvarianten (Paraphrasen) der gleichen Mitteilung anzubieten, wobei auch multimediale Elemente sinnvoll sind.

2 Kooperation und Koordination

Eine der wesentlichen Aufgaben von Kommunikation im Arbeitsleben ist die Unterstützung von Kooperation durch Koordination. Aufgrund dieser engen Verknüpfung werden die Begriffe *Kooperation* und *Koordination* hier kurz erläutert. Kooperation ermöglicht aus volkswirtschaftlicher Sicht im Rahmen der gesellschaftlichen Arbeitsteilung den Austausch sich gegenseitig ergänzender Gebrauchswerte. Diese Art der Kooperation wird durch Marktmechanismen vermittelt und findet zu wesentlichen Teilen anonym und ohne übergreifende Planung statt. Demgegenüber sind mit Groupware direktere Prozesse der Zusammenarbeit bei der Herstellung von Produkten oder Erbringung von Dienstleistungen interessant. Hierbei kann es sinnvoll sein, die Kooperierenden zu koordinieren und zu identifizieren. Im Folgenden werden die Eigenschaften dieser Art von Kooperation verdeutlicht.

2.1 Kooperation versus konkurrierender Interaktion

Im Arbeitsleben – unter Einschluss von Lieferanten- und Abnehmerbeziehung – findet Interaktion statt. Wir sprechen hier von *sozialer Interaktion*, wenn sich menschliche Handlungen intentional gegenseitig beeinflussen. *Intentional* meint, dass man Handlungen eine Bedeutung beimisst mit Hinblick auf die Wirkung beim Interaktionspartner. Nicht jede Interaktion ist Kooperation, da es konkurrierende Interaktionen gibt, bei denen die Gesamtheit der aufeinander bezogenen Handlungen nicht mit den wechselseitigen Interessen der beteiligten Akteure vereinbar sind. Sportliche Wettkämpfe, kriegerische Auseinandersetzungen usw. sind typische Beispiele für solche Interaktionen.

Bei der Kooperation können zwar Teilhandlungen des Interaktionsgeschehens in einem Konflikt zueinander stehen (etwa bei einem Streit um eine Ressource), das Gesamtergebnis stößt jedoch bei den Beteiligten auf ein gemeinsames Interesse. In der Literatur finden sich zahlreiche Ansätze, um die wesentlichen Aspekte von Kooperation zu beschreiben:

- *Ziele:* Es gibt ein gemeinsames direktes Ziel (z. B. Erstellung eines Berichtes). Demgegenüber gibt es jedoch auch Kooperationen, wo ein Akteur etwas zur Erreichung des Zieles eines anderen Akteurs beiträgt sowie umgekehrt und dennoch beide Ziele nichts gemeinsam haben.

- *Explizite Koordination:* Manche Kooperationen lassen sich daran erkennen, dass es einen expliziten, gemeinsamen Plan gibt, der die Art der Zusammenarbeit regelt, insbesondere die Delegation von Arbeitsschritten. Es gibt jedoch auch einfache Kooperationsvorgänge, die ohne explizite Koordination oder Absprachen auskommen. Es sollte dann aber zumindest ein Bewusstsein bei den Interagierenden über die Tatsache der Kooperation vorliegen.

- *Gemeinsames Material:* Kooperationen kann man unter Umständen an dem gemeinsamen Material erkennen, also an vorgegebenen oder künstlich geschaffenen Entitäten, die das Zusammenarbeiten vermitteln oder ermöglichen. Solche Entitäten können in verschiedenen Funktionen auftreten: Als gemeinsam gepflegte Ressource zur Unterstützung der Arbeit, als Arbeitsgegenstand, als Gedächtnis, als Träger von Zeichen zwecks Verständnisvermittlung oder als Bezugspunkt, der die Interaktion fokussiert. Bei der Groupwaregestaltung kann durch die Art der verwendeten Dokumente sowie ihrer Darstellung und Verknüpfung auf diese Funktionen eingegangen werden. Allerdings kann gemeinsames Material auch bei konkurrierender Interaktion einer Vermittlungsfunktion dienen, wenn zum Beispiel zwei Parteien zu keinem anderen Zweck zusammenkommen, als sich um die Nutzung einer Ressource zu streiten.

- *Vertrauen:* Wesentliches Element allerdings, aufgrund dessen man Kooperation von konkurrierender Interaktion unterscheiden kann, ist das Bestehen einer Vertrauensbasis zwischen den Kooperierenden. Dies bedeutet, dass sich die Kooperationspartner darauf verlassen können, dass der jeweilige Beitrag des anderen mit dem eigenen Interesse in der Gesamtwirkung vereinbar ist. Bei zwangsweise zusammengestellten Teams kann dieses Vertrauen fehlen und die Zusammenarbeit dadurch ineffizient werden.

2.2 Koordination

Kooperation muss koordiniert werden. Zahlreiche Autoren befassen sich mit der Definition und Systematisierung von Koordination. Innerhalb der CSCW-Forschung liefern Malone & Crowstone (1990 & 1994) wesentliche Beiträge. Die Aufgabe von *Koordination* wird darin gesehen, die Abhängigkeiten zwischen Zielen, Aktivitäten und Akteuren zu gestalten. Das bedeutet im Detail, dass für die Kooperationspartner folgende Fragen zu beantworten sind:

- Was sind die Vorbedingungen, die von Akteuren oder technischen Systemen erbracht werden müssen, damit andere Akteure ihre Tätigkeiten erfolgreich durchführen können?

- Welche logischen Abhängigkeiten gibt es? D. h. welche auf ein (Unter-)Ziel orientierten Tätigkeiten können parallel erbracht werden, welche bauen aufeinander auf?

- Was folgt auf die Ausführung einer Aufgabe, wozu dient sie?

- Welche Akteure (Rollen) sind beteiligt (wer macht was?) und in welchem hierarchischem Verhältnis stehen sie zueinander (Weisungsbefugnis, Vertretungsmöglichkeiten, Berichtswesen)

- Welche Ressourcen werden gemeinsam genutzt? Wie ist der Zugriff auf die Ressourcen zu regeln?

- Wie werden die Aktivitäten über verschiedene Orte verteilt?

Zur Beantwortung dieser Fragen bei der Vorbereitung und Durchführung von Kooperation ist Kommunikation notwendig. Umgekehrt kann auch Kommunikation koordiniert werden, etwa durch die Festlegung von Zeit, Ort, Medien, Thema und Teilnehmer. Kommunikationsprozesse können durch spezielle Aktivitäten eines Moderators in deren Verlauf koordiniert werden. Die Unterstützung oder auch Ausführung von Moderationsfunktionen ist ein wichtiger Gestaltungsbereich bei der Entwicklung von Groupware.

Umgebung und menschliches Verhalten

Uta Pankoke-Babatz
GMD FIT/CSCW, Sankt Augustin

1 Einleitung

Menschliches Handeln findet in der Alltagswelt in räumlichen Umgebungen statt und ist auf die aktuellen Gegebenheiten der jeweiligen Umgebung abgestimmt. Eine Umgebung wirkt strukturierend auf das Verhalten der Anwesenden, in dem sie Handlungsmöglichkeiten eröffnet oder beschränkt. Handlungen können eine Umgebung verändern und z. B. Spuren hinterlassen. Winston Churchill drückte dies in einer Rede an das House of Commons so aus: »We shape our buildings and they shape us« (zitiert nach Schoggen (1989), S. 33). Gemeinsam erfahrbare Räume und Umgebungen fungieren als Vermittler zwischen den Kooperationspartnern und als Bezugssysteme, auf die die Partner ihre Wahrnehmung beziehen und abgleichen können. Die Wahrnehmung der äußeren Umgebung spielt eine wichtige Rolle im Verständigungsprozess (siehe der vorhergehende Beitrag von Herrmann über Kommunikation und Kooperation in diesem Buch), gleiches gilt für gemeinsames Handeln. Im Folgenden möchte ich zwei Theorien vorstellen, die sich mit den Wechselwirkungen von Umgebung und Handeln beschäftigen. Die eine, die Tätigkeitstheorie von Leont'ew, betrachtet die Entstehung von Handlung aus der Perspektive des Individuums. Die andere, die Behavior-Setting-Theorie von Barker, untersucht dagegen aus der Perspektive der Umgebungen deren Wirkungen auf das Verhalten und Handeln unterschiedlicher Individuen.

2 Tätigkeit, Handlung, Operation und Umgebung

Die *Tätigkeitstheorie von Leont'ew* (1977) stellt ein hierarchisches System auf mit den Bedeutungspaaren: *Tätigkeit* und *Motiv*, *Handlung* und *Ziel*, *Operation* und *Bedingung*. Tätigkeit, Handlung und Operation bilden kein orthogonales System, sondern Tätigkeiten können durch unterschiedliche Handlungen umgesetzt werden, dieselbe Handlung kann zu unterschiedlichen Tätigkeiten gehören, ebenso kann dieselbe Operation zu verschiedenen Handlungen gehören.

Leont'ew stellt einen Zusammenhang her zwischen der äußeren *Tätigkeit* eines Individuums und seinem inneren *Motiv,* dem ein inneres Bedürfnis zugrunde liegt. Das Motiv wird durch die bisherigen Erfahrungen des Individuums beeinflusst, die es im Umgang mit den realen Gegenständen der Umwelt und in seinem kulturellen Umfeld gemacht hat. Leont'ew unterstreicht die Bedeutung, die die Umwelt für die Entwicklung des Individuums hat, als Medium, in der es überhaupt Erfahrungen machen kann. Er betont, ohne Behaviorist zu sein, die zentrale Rolle, die die Umwelt in der Bewusstseinsbildung und damit in der Ausbildung von Handlungsfähigkeit des Individuums spielt.

Die Realisierung einer Tätigkeit erfolgt durch konkrete Handlungen. Handlungen sind auf konkrete *Ziele* ausgerichtet. Zur Erreichung des Zieles einer Handlung werden ausgehend von der Wahrnehmung der aktuellen Umgebung und den vorherigen Erfahrungen des Individuums *Handlungspläne* erstellt. Handlungspläne enthalten vergangene Erfahrungen des Individuums und Annahmen über die Umwelt, die bei der Ausführung der Handlung stets wieder überprüft werden müssen. Bei der Umsetzung des Planes werden *Operationen* in einer konkreten Umgebung ausgeführt. Eine Operation ist die Konkretisierung eines Handlungsschrittes. Für die Ausführung einer Operation muss die aktuelle Umgebungssituation verifiziert werden. Eine Operation bewirkt Veränderungen der Umgebung bzw. in ihr enthaltener Gegenstände. In der Ausführung einer Operation findet die konkrete Interaktion zwischen dem handelnden Individuum und der Umgebung statt. Nach jeder Operation wird geprüft, ob die gewünschte Annäherung an das Ziel erreicht ist und ob der Handlungsplan so fortgesetzt werden kann.

Im Falle von *Kooperation* müssen die beteiligten Individuen ihre Handlungen nicht nur auf die Umgebung, sondern auch auf die Handlungen der anderen abstimmen. Kooperation wird als die Realisierung einer Tätigkeit durch gemeinsames Handeln mehrerer Individuen definiert, die auf der Basis gemeinsamer Regeln an einem gemeinsamen Ziel arbeiten (Dohmen, 1994, S. 10). Gemeinsame Regeln bzw. Konventionen helfen den Beteiligten, eine gemeinsame Handlungsplanung und zueinander passende individuelle Handlungspläne zu entwickeln. In der gemeinsamen Handlungsumgebung können die Beteiligten die Ziel- oder Teilzielerreichung überprüfen, um ihre Handlungspläne zu adaptieren.

3　Umgebung und Verhalten

Unsere heutige kulturelle Umwelt und unsere Arbeitsumgebungen sind so gestaltet, dass sie für bestimmte Tätigkeiten besonders angemessen sind. Für Tätigkeiten, die häufig ausgeführt werden, werden spezielle auf sie zugeschnittene Umgebungen gestaltet, um ihre Ausführung zu erleichtern. Manche Umgebungen sind so spezifisch, dass sie nur für ganz bestimmte Tätigkeiten geeignet sind und nur bestimmte Handlungen ausgeführt werden können, so dass Handlungspläne nur geringfügig angepasst werden müssen. Beispielsweise in einem Operationssaal, in dem ein reibungsloser Ablauf erforderlich ist und alle Handgriffe möglichst schnell aufeinander abgestimmt werden müssen, ist die Einrichtung, die Anordnung der Gerätschaften genau vorgeschrieben und jedem bekannt und normalerweise gibt es »eingespielte« Operationsteams.

　　Dieser Zusammenhang zwischen Tätigkeit und Umgebung ist in den vorhandenen Lebensräumen des Menschen sichtbar und wird beim menschlichen Handeln intuitiv genutzt. Selbst in den scherenschnittartigen Abbildungen (siehe Abb. 7 »Settings«) ist zu erkennen, für welche Tätigkeiten sie geeignet sind und welche Verhaltenweisen und Handlungen in jeweiligen Umgebung erwartet werden können.

Abb. 7　Settings

　　Man stimmt seine Motive und seine Tätigkeiten auf die Beschaffenheit der jeweiligen Umgebung ab, d. h. auf räumliche Gestaltung, vorhandene Einrichtung, Gegenstände und Werkzeuge. Einerseits beeinflusst eine Umgebung die eigene Tätigkeit, andererseits sucht man auch, in Abhängigkeit von dem aktuellen Bedürfnis eine geeignete Umgebung auf. Wenn man beispielsweise hungrig ist, sucht man eine Umgebung auf, in der man etwas essbares bekommt (in unserem Kulturkreis geht man in die Küche), wenn man an einem gedeckten Tisch sitzt, bekommt man Lust zu essen. Die aktuellen situativen Umgebungsbedingungen beeinflussen gemeinsam mit den aktuellen Dispositionen und den individuellen und kulturellen Erfahrungen die aktuellen Motive eines Individuums (Boesch, 1980) und damit dessen Tätigkeit und Handlungen.

Diese Wirkung, die Umgebungen auf das Verhalten von Individuen haben, wurden von Barker & Wright (1955) in Feldstudien im Mittelwesten der USA untersucht. Sie haben unterschiedliche Umgebungen und das Verhalten[3] der jeweiligen Besucher[4] beobachtet, um festzustellen, welche Zusammenhänge und Wirkungen zwischen den auftretenden Verhaltensformen und den gegenständlichen Eigenschaften einer Umgebung bestehen. Sie nennen eine auf eine Umgebung abgestimmte Verhaltensform, die bei vielen Individuen auftritt, eine »*Standardverhaltensform*«. Eine Umgebung und die auftretenden Standardverhaltensformen bilden eine Einheit, sie nennen sie »Behavior-Setting«. Ihre aus den Beobachtungen gewonnenen Erkenntnisse haben sie in der Behavior-Setting-Theorie und in den Synomorphieregeln dokumentiert.

4 Die Behavior-Setting-Theorie

Ein *Behavior-Setting* ist eine abgegrenzte Einheit aus Standardverhaltensformen und Umgebung. Das Verhalten innerhalb eines Settings unterscheidet sich von dem außerhalb. Behavior-Settings haben eine interne Struktur. Individuen und Klassen von Individuen können die einzelnen Bereiche eines Settings unterschiedlich besetzen. Es kann Rollen und Aufenthaltsbereiche in einem Setting geben, an die unterschiedliche Standardverhaltensformen gebunden sind, wie z. B. Spieler und Zuschauer im Sportstadion.

Bestimmte Standardverhaltensformen charakterisiert Barker als »*Handlungsmuster*«. Er unterscheidet zwischen ästhetischen, geschäftlichen, erzieherischen, verwaltenden, ernährungsbezogenen, image-bezogenen, gesundheitsbezogenen, beruflichen, freizeitlichen, religiösen und sozialen Tätigkeiten. Hier lässt sich ein Zusammenhang zur Tätigkeitstheorie von Leont'ew herstellen.

Barker hat eine grundlegende Übereinstimmung zwischen den Verhaltenskomponenten und den gegenständlichen – Barker nennt sie somatischen – Komponenten eines Behavior-Settings festgestellt. Die Standardverhaltensformen eines Behavior-Settings werden durch das Zusammenwirken von physikalischen und von sozialen Kräften ermöglicht. Die physikalischen Eigenschaften werden durch die gegenständlichen Komponenten eines Settings gegeben; sie determinieren die Bewegungs- und Handlungsmöglichkeiten der Besucher. Die Interpretation der Bedeutung und die Nutzung der physikalischen Gegebenheiten erfolgt durch die Besucher eines Settings. Soziale Kräfte können indirekt

---

[3] Sie sprechen von »Verhalten«, da nur das Verhalten von Individuen beobachtbar ist, durch das sich das handelnde Individuum äußert. Der Sinn des Verhaltens ergibt sich aus den Handlungszielen und den Motiven des Individuums, die aber nicht beobachtet werden können.

[4] Barker und Wright sprechen nicht von Besuchern sondern von Bewohnern und drücken damit die Zugehörigkeit der Personen zum Setting aus.

durch soziale oder kulturelle Bedeutungszuschreibungen zu den jeweiligen Gegenständen im Setting und über erlernte und kulturelle Verhaltenskonventionen wirken. Ihre Wirksamkeit wird durch die Wahrnehmbarkeit der Anwesenheit anderer Personen, d. h. durch soziale Präsenz (Short et al., 1976) verstärkt. Soziale Kräfte können aber auch von Besuchern eines Settings explizit durch Kommunikation und Interaktion ausgeübt werden. Die Wirkmechanismen zwischen den Eigenschaften einer Umgebung und den Standardverhaltensformen werden in den »Synomorphieregeln« detailliert.

5 Verhalten und Milieu-Synomorphie

Die Mechanismen und Eigenschaften einer Umgebung, die die Entwicklung von umgebungsangemessenem Verhalten bewirken, werden im *Synomorphiekonzept* beschrieben (Fuhrer, 1990; Schoggen, 1989):

- Es gibt die *physischen Kräfte*, d. h. die physikalische Anordnung von Elementen im Setting oder die physikalischen Eigenschaften der Elemente können bestimmte Standardverhaltensformen erzwingen, erleichtern, evozieren, stimulieren, oder erschweren, verhindern.

- *Physiologische Prozesse* beeinflussen das Verhalten im Setting. Beispielsweise veranlasst eine zu hohe Temperatur die Anwesenden, ihre Jacken auszuziehen, oder behindert ihre Aufmerksamkeit.

- *Soziale Kräfte* beeinflussen das Handeln, mit Settings werden *Handlungsvorschriften* und Normen verbunden. Ebenso können Behandlungsvorschriften an Gegenstände im Setting assoziiert sein.

- Die *Wahrnehmung* von Raummerkmalen beeinflusst das Handeln ebenso, wie deren Konnotationen, d. h. deren soziale und kulturelle Bedeutungszuschreibungen.

- *Erlernen* von milieukonformem Verhalten erfolgt durch Ausprobieren, Beobachten der Wirkung, Beobachten anderer, Nachahmen usw. Lernmechanismen wie operantes Lernen, Beobachtungslernen, Instruktionslernen ermöglichen den Besuchern, die zum Setting passenden Verhaltensweisen zu erlernen bzw. aus dem bereits kulturell erlernten Verhaltensrepertoire das geeignete auszuwählen.

- *Anpassungszwänge* können von Objekten aufgrund ihrer durch soziale Konventionen festgelegten Qualitäten ausgehen oder aber durch ihre Eigenschaften bedingt sein (z. B. ein Stuhl, der zum Sitzen auffordert und bestimmte Sitzhaltungen ermöglicht). Durch ihre funktionale Bedeutung vermögen sie dem Individuum auch Handlungsspielräume zu eröffnen.

- *Selektion der Besucher* erfolgt durch das Setting. Mit Hilfe von Zugangsregelungen und -kontrollen kann ein Setting seine Besucher auswählen und den Zutritt beschränken. Mechanismen dafür sind z. B. Eintrittskarten oder Schlösser. Der Zutritt kann auch durch soziale Kräfte kontrolliert werden, wie z. B. durch Pförtner.

- Besucher, die gegen die Verhaltensregelungen eines Settings verstoßen, können vom Setting ausgeschlossen werden.

- *Selektion durch Personen*, die auf Grund ihrer eigenen *Verhaltenswünsche* bestimmte Settings auswählen. Eine Person, die z. B. tanzen möchte, sucht sich, entsprechend ihrem Verhaltensrepertoire und ihrer persönlichen Verhaltenspräferenzen, entweder eine Diskothek oder einen Opernball aus.

- *Verhalten* und *Umgebung* können sich gegenseitig beeinflussen, Handlungen können z. B. *Spuren* hinterlassen. So können z. B. Trampelpfade gebildet werden, die später zu bevorzugten Wegen werden.

Verhalten und Umgebung gehören untrennbar zueinander, d. h. die Standardverhaltensformen eines Behavior-Settings sind nicht austauschbar. Wenn irgendein prinzipieller Teil eines Settings verändert wird, so ist das Setting insgesamt ein anderes. Beispielsweise ist ein Sitzungsraum, in dem abends eine Party stattfindet, zu einem Party-Setting umfunktioniert worden. In der Praxis verändert man dazu auch den Raum, stellt das Mobiliar um, dekoriert den Raum o.ä. Das bedeutet aber auch, dass Setting und Raum nicht dasselbe sind, sondern Räume können zu verschiedenen Zeiten als unterschiedliche Behavior-Settings genutzt und ggf. entsprechend angepasst und umgestaltet werden.

Je besser die physikalischen Kräfte eines Settings die gewünschten Standardverhaltensformen unterstützen, desto weniger sozialer und individueller Aufwand wird zur Einhaltung des gewünschten Verhaltensmusters benötigt, desto spezifischer und eingeschränkter sind seine Nutzungsmöglichkeiten. Letzten Endes ist die Balance zwischen sozialen und physikalischen Kräften eines Behavior-Settings entscheidend für seine Zweckmäßigkeit.

6 Resümee und Konsequenzen für elektronische Behavior-Settings

Die beiden vorgestellten Theorien, die Tätigkeitstheorie und die Behavior-Setting-Theorie, betrachten beide die Wechselwirkungen zwischen Individuum und Umgebung. Beide Theorien können hilfreich sein, sowohl für die Bedarfsanalyse als auch für die Systemgestaltung für CSCW. Für die Bedarfsanalyse lässt sich aus der Tätigkeitstheorie ableiten, dass es nicht genügt, nur Handlungspläne zu erfassen, sondern dass auch die den Tätigkeiten zugrunde liegenden Motive untersucht werden müssen. Aus der Behavior-Setting-Theorie wird deutlich, dass Wissen über die Ausführung von Tätigkeiten auch in der Umgebung manifestiert ist und es daher wichtig ist, diese in die Untersuchungen einzubeziehen.

Die Tätigkeitstheorie von Leont'ew ist in der Softwareergonomie (Dahme et al., 1997) und in der CSCW-Literatur (Kuuti et al., 1992) aufgegriffen worden. Kuuti folgert aus der Tätigkeitstheorie für CSCW, dass über räumliche Grenzen hinweg gemeinsame Tätigkeit stattfinden kann, so nur der Gegenstand, an den die Tätigkeit gebunden ist, allen zugänglich ist. Artefakte (Robinson, 1993) können als Mittel für gemeinsames Handeln genutzt werden.

Die Behavior-Setting-Theorie führt darüber hinaus, denn sie definiert die Eigenschaften von Orten, die als Umgebungen für gemeinsames Handeln von mehreren Individuen wirken können, in denen Handeln situiert werden kann. Behavior-Settings können als Leitbild für die Gestaltung von elektronischen Umgebungen, wie sie Nardi et al. (1999) empfehlen, genutzt werden. Die Synomorphieregeln sollten dabei berücksichtigt werden (Pankoke-Babatz, 1998). Die Wechselwirkung zwischen den physikalischen, d. h. den elektronischen Kräften, und den sozialen Kräften, d. h. den Kooperationspartnern, muss bei der Gestaltung elektronischer Umgebungen angemessen berücksichtigt werden. Die Behavior-Setting-Theorie und die Synomorphieregeln von Barker und Wright und die Tätigkeitstheorie von Leont'ew können entscheidende Impulse zum Verständnis und zur Gestaltung von CSCW gegeben.

Theorien zum Gruppenverhalten

Dieter Hertweck, Helmut Krcmar
Universität Hohenheim, Stuttgart

1 Einleitung

Im Folgenden werden Grundlagen über den Einfluss von Gruppen auf das Verhalten des Einzelnen in Kooperationssituationen vermittelt. Zuerst wird die Wirkung der Gruppenstruktur, der Interaktionsstruktur und von gemeinsamen Normen und Werte beschrieben. Der zweite Teil des Artikels widmet sich dem Einfluss, den der Einzelne auf das Gruppenverhalten hat. Der dabei ablaufende Meinungsbildungsprozess ist Thema des dritten Teils. Zuletzt werden Verhaltensweisen, die zwischen Arbeitsgruppen auftreten in ihrer Wirkung auf die Kooperation beschrieben.

Ein Verständnis der Grundlagen soll es dem Forscher ermöglichen, verschiedenste Ebenen von CSCW-Systemen gruppengerechter zu gestalten. Aus diesem Grund steht am Ende jedes Kapitels eine Tabelle mit Beispielen, die die Bedeutung der Theorien für Analyse, Design und Einführung von CSCW-Systemen veranschaulicht.

2 Gruppentheorie und CSCW

Im Bereich der »small group research« oder Kleingruppenforschung versteht man unter einer Gruppe eine Menge von Individuen die folgende Merkmale aufweisen:

- ein gemeinsames Gruppenbewusstsein zwischen Individuen (Mitgliedern) einer Gruppe (Wahrgenommene Zugehörigkeit zur Gruppe von innerhalb und außerhalb)

- eine Gruppenstruktur (Hierarchie, Arbeitsteilung, Rollen)

- ein typisches Interaktionsverhalten (Wer kommuniziert mit wem, Wer hat Themenbestimmungsrecht, ...)

- ein Set gemeinsamer Normen und Werte (Akzeptiertes Verhalten, Sanktionen, ...)[5]

Wesentliche Merkmale, die Kooperationsprozesse in Gruppen beeinflussen, sind:

- das Verhältnis Individuum/Gruppe
- die Interaktionsstruktur
- der Meinungsbildungsprozess
- das Verhältnis zwischen Gruppen

Im Folgenden wird ein Überblick über die wichtigsten Theorien gegeben, die die Besonderheiten der Kooperation zwischen Individuen aus Gruppensicht erklären.

3   Welchen Einfluss hat die Gruppe auf das Verhalten des Einzelnen?

Bevor sich der Einzelne in eine Kooperationssituation mit einem anderen Gruppenmitglied einbringt, wird sein Handeln von zahlreichen strukturellen Merkmalen der Gruppe mitbestimmt. Dies sind im Wesentlichen:

Gruppengröße: in der Gruppenforschung unterscheidet man zwischen Dyaden, Triaden, Kleingruppen mit max. 20 Mitgliedern und Großgruppen mit mehr als 20 Mitgliedern. Dass die Größe einer Gruppe einen wesentlichen Einfluss auf das Individualverhalten und den Meinungsbildungsprozess hat, konnte in zahlreichen Studien nachgewiesen werden. Yetton & Bottger (1983) zeigten bspw., dass sich Dyaden anders verhalten als Triaden, Triaden aber wenn es darum geht Konformität zu erreichen (Asch, 1956) ähnlich agieren wie weitaus größere Gruppen mit bis zu 16 Mitgliedern (Milgram et al., 1969)[6].

Gruppenstruktur: ist ein Sammelbegriff, der die Dimensionen Status, Rolle, Macht und Hierarchie beinhaltet. Er basiert darauf, dass unterschiedliche Individuen in einer Gruppe unterschiedliche Aufgaben mit unterschiedlichem Beitrag zum Gruppenerfolg wahrnehmen können. Der Status des Einzelnen in der Gruppe definiert sich über die Summe der Tätigkeiten, mit denen er zur Erreichung des Gruppenzieles beiträgt, und die von den anderen Mitgliedern als positiv identifiziert werden. Haben sich diese Tätigkeiten für die Gruppe bewährt, kann aus Ihnen eine permanente Erwartungshaltung an das Gruppenmitglied, eine *Rolle* erwachsen (Wisswede, 1977). Eine Rolle stellt somit die

---

[5] Eine Zusammenfassung weitergehender Gruppendefinitionen findet sich bei Cartwright & Zander (1968)

[6] Ein Überblick zum Phänomen der Gruppengröße und ihr Einfluss auf das Verhalten von Individuen findet sich in Freedman (1975).

Quelle der Macht ihres Trägers dar, sofern er erkennbar in der Lage ist, die von ihm erwarteten Fähigkeiten auch tatsächlich aufzubringen (Friedberg, 1988). Rollen können formaler aber auch informeller Natur sein. In formalen Organisationen werden sie oft vertraglich festgeschrieben, was eine weitgehende Loslösung von den Sie ausfüllenden Individuen ermöglicht (Weber, 1990). Hierarchien integrieren in der Regel sich ergänzende Rollen auf der nächst höheren Ebene einer Gruppe. Der Träger einer hierarchisch übergeordneten Rolle bezieht aus dieser meist auch ein höheres Macht- und Sanktionspotenzial.

Zusammensetzung von Gruppen: es gibt die Theorie, dass die Ähnlichkeit von Mitgliedern die Gruppenkohäsion stärkt, und die Etablierung gemeinsamer Normen und Werte vereinfacht (Byrne, 1969). Bestärkt wurde diese Erkenntnis durch die Experimente von Meeuwese & Onk (1960): Sie bildeten Gruppen mit nur Katholiken und nur Protestanten (homogenes Setting) sowie gemischte Gruppen mit Katholiken und Protestanten (heterogenes Setting). Diese Gruppen erhielten dann einen Führer und wurden großem Stress ausgesetzt. Abhängig von der Homogenität der Gruppe in Bezug auf die Konfession wählte der Führer einen eher emotionalen (wenn er der gleichen Konfession wie die Gruppe angehörte) bzw. einen eher aufgabenbezogenen (bei der gemischten Gruppe) Führungsstil, was einen messbaren Einfluss auf das Arbeitsergebnis zur Folge hatte. Neben der Konfession als Strukturvariable wurden Experimente mit den Variablen Geschlecht (Tuddenham et al., 1958), Ethnografie (Malof & Lott, 1962) und Körperlichkeit durchgeführt[7].

Räumliche Positionierung von Mitgliedern: sie hat einen messbaren Einfluss auf die Entscheidungsfindung in Gruppen. Sommer (1969) konnte mit seinen Arbeiten zum *Personal Space* zeigen, dass Personen, die in Sitzungen am Ende eines Tisches sitzen, signifikant häufiger ihre Anliegen durchgesetzt bekommen als solche, die an den Tischseiten Platz nehmen. Die Erforschung des Einflusses räumlicher Positionierung von Individuen auf die Interaktion in Gruppen ist das Thema der »Umweltpsychologie«[8].

Kommunikationsstruktur: sie ist sowohl eine Voraussetzung als auch ein Produkt laufender Interaktionen. Bekannt geworden sind die Grundlagenstudien von Baveals (1950) und Leavitt (1951), die die Zufriedenheit von zentralen und peripheren Mitgliedern in zentralen und dezentralen Gruppen maßen. Dabei war die durchschnittliche Zufriedenheit in dezentralen Kommunikationsnetzwerken höher als in zentralen. Die subjektive Zufriedenheit der Befragten variierte allerdings mit dem Grad ihrer Zentralität im Netzwerk,

---

[7] Einen Überblick über die Zusammensetzung von Gruppen, und deren Wirkung auf das Individualverhalten findet sich in Berscheid & Walster (1978, Kap. 5)
[8] Eine Zusammenfassung dieser Forschung findet sich in Stokols (1978).

d. h. zentrale Personen waren zufriedener als periphere. (Witte, 1989, S. 457). Zwischen Kommunikationsnetzwerktopologien und der Art der Aufgabenerledigung durch die Gruppenmitglieder weitere Korrelationen erhoben werden[9]:

- in zentralisierten Netzwerken (Stern, Kette, Ypsilon) werden einfache Aufgaben schneller erledigt als in dezentralisierten (Kreis, Vollstruktur)

- bei komplexen Aufgaben verhält es sich umgekehrt (Lewe, 1995, S. 14).

- Umgekehrte Y-Strukturen erhöhen nach Mulder (1972) den Machthunger der peripheren Mitglieder

Die wesentlichen Merkmale, die Gruppen während der Interaktion reproduzieren, werden im übernächsten Abschnitt (5 »Der Meinungsbildungsprozess in Gruppen«) angesprochen.

Zuvor werden nochmals Beispiele für die Übertragung der theoretischen Erkenntnisse des Kapitels auf die Entwicklung (Analyse, Design, Implementierung) und Einführung von CSCW-Systemen aufgeführt (siehe Tab. 1 »Beispiele der Relevanz von Gruppeneinflüssen auf die CSCW«).

Tab. 1   Beispiele der Relevanz von Gruppeneinflüssen auf die CSCW

Einfluss auf CSCW / Gruppenmerkmal	Analyse (Bsp.)	Design und Implementierung (Bsp.)	Einführung (Bsp.)
Gruppengröße	Auswahl der Menge an Personen , die sinnvoll unterstützt werden können.	Dimensionierung der Hardware.	Implementierungsstrategie mit Bezug zur Gruppengröße.
Gruppenstruktur	Rechtekonzept, Informationsbedarf, Rollenkonzept	Rechtekonzept, Informationsbedarf, Rollenkonzept, Geschäftsprozesse	Identifikation wichtiger Promotoren; Identifikation zentraler Informationsgüter für eine Systempilotierung.
Gruppenzusammensetzung	Rollenkonzept	Parametrisierungsansätze	Zusammensetzung von Schulungsgruppen.

---

[9] Einen Überblick der Wirkung von Kommunikationsnetzwerken auf die Aufgabenerledigung findet sich in Schneider (1985).

(Forts.)

Tab. 1 Beispiele der Relevanz von Gruppeneinflüssen auf die CSCW (Forts.)

Einfluss auf CSCW Gruppenmerkmal	Analyse (Bsp.)	Design und Implementierung (Bsp.)	Einführung (Bsp.)
Räumliche Anordnung der Gruppenmitglieder	Rollenanalyse in Meetings	Klassifizierung der Kooperation nach »Face-to-Face« oder »verteilt«	Platzierung von Rollenträgern in Elektronischen Sitzungen; Platzierung des Moderators; Platzierung des Facilitators.
Kommunikationsstruktur	Identifikation der Kommunikationsnetzwerktopologie; Identifikation der Netzwerkrollen (stars, bridges, ...).	Anpassung des Rechtekonzeptes an das bestehende Kommunikationsnetzwerk; Behebung von Kommunikationsmängeln mittels offenem Rechtekonzept.	Nutzung der informeller Kommunikationsstrukturen bei der Einführung des CSCW-Systems.

4 Welchen Einfluss hat der Einzelne auf das Verhalten von Gruppen

Den Einfluss des Einzelnen auf die Gruppe und umgekehrt wird von zwei Faktoren geprägt:

1. Der Wahrnehmung des Handelns anderer Gruppenmitglieder durch das Individuum.

2. Der Wahrnehmung des eigenen Verhaltens durch andere Gruppenmitglieder.

In diesen Handlungs- und Wahrnehmungsprozessen werden gemeinsame Normen und Werte der Gruppe reproduziert oder verändert. Eine stetige Wechselwirkung zwischen Wahrnehmung, Zuschreibung, Kommunikation, Handeln, Konformität und Abweichung reproduziert die Existenz und das Erscheinungsbild der Gruppe.

Grundlegende Theorien der Wahrnehmung und Zuschreibung individuellen und kollektiven Handelns sind:

Theorie der Reziprozität der Beziehungen: Sie besagt, dass, wenn Person A einer Person B Sympathie entgegenbringt, diese auf Dauer auch Sympathie gegenüber Person B entwickeln wird (Backman & Secord, 1959). Vorrausetzung dafür ist allerdings die jeweilige positive Selbsteinschätzung der Personen A und B. Bei Personen mit negativer Selbsteinschätzung baut sich umgekehrt dann gegenseitige Sympathie auf, wenn sie sich ablehnen (Deutsch & Solomon, 1959).

Theorie kognitiver Balancierung: Betrachtet die gefühlsmäßige Beziehungen (sentiment relations) zwischen Individuen und deren Zugehörigkeitsgefühl (unit relations) zu Objekten (dritte Personen, Gegenstände, Organisationen, ...) als einen Gleichgewichtszustand. Eine Beziehung zwischen Person 1 (P1) und 2 (P2) gilt danach als ausbalanciert, wenn beide eine positive oder beide eine negative Beziehung zum Objekt (O) haben. Je weiter die Beziehungen P1-O, P2-O , P1-P2 vom Gleichgewichtszustand abweichen, desto eher besteht die Neigung, sie wieder auszubalancieren. Heider (1958) begründet dies mit der These, dass balancierte Beziehungen vom Menschen als angenehmer empfunden werden. Das Maß der Zufriedenheit mit verschiedensten Beziehungskonstellationen in der Triade P1-P2-O wurde von Heider empirisch gemessen. Seine Theorie erfuhr in der Folge zahlreiche Erweiterungen[10]

Theorie der Verzerrung kategorialer Personenwahrnehmung: Sie besagt, dass die Wahrnehmung und Beurteilung von Personen, je nach Kontext, in den man Sie positioniert, stark differenziert (Fischer & Wiswede, 1997, S. 199ff.). So erhielt bspw. ein Mädchen, das einen Leistungstest schrieb und zuvor auf einem Video in einem ökonomisch ärmeren Umfeld präsentiert worden war, von Versuchsgruppe A schlechtere Leistungsprognosen als von Versuchsgruppe B, denen das Mädchen als Tochter reicher Eltern präsentiert worden war.

Attributionstheorien: Sie behandeln die Problematik der Wahrnehmung von Handlungsergebnissen Anderer als Ursache individueller Absichten (Jones & Davis, 1965). Attributionstheorien besagen, dass der Mensch das Handeln einer anderen Person zuerst als eine Folge ihrer Absichten (personale Attribution) deutet, denn als eine Folge der sie umgebenden situativen Bedingungen. Der Handelnde selbst orientiert sein Handeln dagegen meist am situativen Kontext (situative Attribution). Auf dieser Differenz beruht der sogenannte Attributionsfehler: Er besagt, dass es für Menschen einfacher ist, Handlungen der Persönlichkeit eines Handelnden zuzuschreiben, als der Situation aus der heraus er handelt. Aus diesem Grunde werden z. B. neue Gruppenmitglieder oft stark nach dem sogenannten ersten Eindruck bewertet, der länger anhält als es ihr späteres Verhalten rechtfertigt. Ferner werden für Gruppen wichtige Entscheidungen oft stärker von der Einschätzung der Motivation des Führers der anderen Gruppe geprägt, als es ihnen zuträglich ist.

---

[10] um mehrelementige Kognitionssysteme (Cartwright & Harary, 1956), um Qualität und Intensität der Beziehungen in der Triade (Osgood & Tannenbaum, 1955), um das Ökonomieprinzip (Rosenberg & Abelson, 1960)

Tab. 2 Beispiele der Relevanz von Individualeinflüssen in Gruppen auf CSCW

Einfluss auf CSCW / Individualverhalten	Analyse (Bsp.)	Design und Implementierung (Bsp.)	Einführung (Bsp.)
Reziprozität der Beziehungen	Wird die Qualität eines Kooperationsprozesses anderer Gruppenmitglieder von einander sympathischen Individuen in der Analyse auf die gleiche Art und Weise bewertet?	Erhöhung der Dichte und Qualität des Kooperationsnetzwerkes durch gezielte Steuerung des Zugangs zu wichtigen Informationen	Zusammensetzung von Schulungsgruppen zur Sicherung des Lernerfolgs. Identifikation von Sympathie-Beziehungen zur Akzeptanzsicherung des Systems.
Kognitive Balancierung	Analyse der Einstellung von Personen zu bestehenden Arbeitsweisen. Sind sie das Resultat kognitiven Balance oder alltagspraktischer Bewährung.	Prioritäre Implementierung der Funktionalität im System, die die meisten Nutzer am häufigsten einfordern.	Strategische Sicherung der Akzeptanz eines CSCW-Systems durch die Begeisterung von Person A und die anschließende Ausstattung von Person B, die Freund von A ist.
Kategoriale Personenwahrnehmung	Bewertung der Persönlichkeit der Kooperationspartner durch die Befragten und deren Auswirkung auf die Qualität des Kooperationsprozesses.	Beseitigung disfunktionaler Kategorisierungen mit Hilfe neuer, technologieunterstützter Rollenkonzepte.	Gestaltung des Umfelds wichtiger Protagonisten des CSCW-Systems bei öffentlichen Präsentationen?
Attributionstheorien	Analyse von kontextuellen Rahmenbedingungen, die den Einzelnen zu typischen Kooperationshandlungen zwingen?	Gestaltung von Arbeitskontexten zur Steigerung der Qualität und Geschwindigkeit der Kooperation.	Identifikation diffusionsfördernder und hemmender Kontexte bei der Einführung von CSCW-Systemen.

5 Der Meinungsbildungsprozess in Gruppen

Gemeinsame Normen und Werten sind ein wesentliches Kennzeichen von Gruppen. Wie Gruppenmitglieder diese übernehmen und reproduzieren (Übereinstimmungskonformität) bzw. wie sie Abweichler auf die Gruppenmeinung zurückbewegen (Bewegungskonformität), ist Gegenstand der Konformitätsforschung. Die Erzeugung von konformen und abweichenden Meinungen wird mit Hilfe folgender Theorien erklärt:

Theorie der informellen Kommunikation: Sie besagt, dass mit zunehmendem sozialen Druck, der von der Gruppe auf ein abweichendes Individuum ausgeübt wird, die Notwendigkeit zur Kommunikation der Gruppenmeinung steigt. Mit zunehmender Kommunikationshäufigkeit steigt die Wahrscheinlichkeit, das Individuum zu konformem Verhalten zu bewegen. Festinger (1950) untersuchte unterschiedliche Formen des Gruppendrucks bezüglich ihrer Wirkung auf die Konformität bei einem abweichenden Mitglied.

Die Notwendigkeit einer Gruppe, über abweichende Meinungen einzelner Mitglieder miteinander zu reden (Witte, 1994), wächst mit

- der unterschiedlichen Einschätzung der abweichenden Meinung zwischen den Gruppenmitgliedern,
- der Wichtigkeit des Diskussionsgegenstandes für die Existenz der Gruppe und
- der Stärke des Gruppenzusammenhalts.

Der Druck auf den einzelnen Abweichler, mit der Gruppe zu reden, wächst mit:

- der Radikalität der Abweichung seiner Meinung von der Gruppenmeinung,
- der Erwartung der Gruppe, dass er seine Meinung ändert und
- der Stärke der Bindung der anderen Mitglieder an die Gruppe.

Die Wahrscheinlichkeit, dass ein Abweichler mit seiner Meinung auf die Gruppenmeinung umschwenkt, wächst mit

- dem Uniformitätsdruck in der Gruppe,
- dem Grad seiner Bindung an die Gruppe und
- dem Fehlen alternativer Gruppen.

Die Ablehnung des Abweichlers durch die Gruppe nimmt zu mit

- der unterschiedlichen Einschätzung der abweichenden Meinung zwischen den Gruppenmitgliedern,
- der Wichtigkeit des Diskussionsgegenstandes für die Existenz der Gruppe und
- der Stärke des Gruppenzusammenhalts.

Austauschtheorie: Ist eine Modifikation der Konformitätstheorie und besagt, dass das Einverständnis eines Gruppenmitgliedes mit der Gruppenmeinung (Konformität) immer dann absinkt (Nord, 1969), wenn Einflussfaktoren

- die Kosten für die Konformität erhöhen,

- die Belohnung für die Konformität senken,

- die Kosten für die Nichtkonformität senken und

- die Belohnung für die Nichtkonformität erhöhen.

Social Impact Theorie: Sie besagt, dass mit steigender Anzahl an Majoritätsmeinungsmitgliedern der Einfluss der Minderheitenmeinungsgruppe sinkt. Daraus resultiert bspw. der »Gaffer-Effekt« (je mehr Zuschauer an einem Unfallort sind, desto geringer ist der Druck für den Einzelnen einzugreifen), als auch der »Trittbrettfahrer-Effekt« (je mehr Studenten sich lautstark für die Wiederholung einer Klausur einsetzen, desto höher wird die Wahrscheinlichkeit für eine schweigende Minderheit, ohne sich zu öffentlich zu engagieren, von einer Klausurwiederholung ebenfalls zu profitieren).

Theorie der starken Minderheiten: Sie besagt, dass entschlossene Minderheiten in der Lage sind, Mehrheitsverhältnisse in Gruppen zu kippen. Dabei sind folgende Verhaltensmerkmale der Minderheit von Bedeutung:

- Die Minderheitenmeinung sollte von mindestens zwei Personen innerhalb einer Gruppe vertreten werden.

- Die Minderheit muss einen konsistenten Verhaltensstil aufweisen.

- Der konsistente Verhaltensstil führt zum Konflikt und zur Destabilisierung.

- Die Mehrheit muss das Verhalten der Minderheit als Ausdruck von Überzeugung und nicht von Sturheit interpretieren (attribuieren).

- Die Minderheit wird auf Dauer um so erfolgreicher sein, wenn die Mehrheit durch ihr Verhalten weniger Geschlossenheit demonstriert.

- Minderheiten werden um so erfolgreicher sein, als sie sich in einer Umgebung bewegen, in der Kreativität als Wert geachtet wird, und ihrem Standpunkt kein Eigennutz nachgesagt werden kann.

- Ein öffentliches Bekenntnis zur Minderheit stärkt die innere Akzeptanz der Minderheitenmeinung und besteht auch dann noch aktiv, wenn der Gruppendruck zur Konformität nachgelassen hat.

Moscovici (1969) mischte unter eine Gruppe von vier Versuchspersonen ohne deren Wissen zwei seiner Mitarbeiter. Er ließ die 6 Mitglieder starke Gruppe einen Farbtest machen. Die Aufgabe bestand darin, das Spektrum von Farbdias zwischen grün und blau öffentlich und laut zu benennen. Allerdings wurde nur ein einziges blaues Dia gezeigt und dabei die Helligkeit variiert. Die von Moscovici eingeschleusten Gruppenmitglieder behaupteten dann bei mehreren Dias, dass sie grün seien. Sie waren mit ihrer Aussage in der Lage, die anderen Gruppenmitglieder davon zu überzeugen. Dies ging sogar soweit, dass diese ihr Kategorisierungsschema verschoben und Farben die sie zuvor als blau bezeichnet hatten, als grün bezeichneten. Als besonders wichtig konnte Moscovici den Faktor der Konsistenz der Minderheit isolieren. Er beinhaltete zwei Dimensionen, nämlich erstens, dass alle in der Minoritätengruppe sich uniform verhielten, und zweitens, dass sie das über einen längeren Zeitraum taten.

Tab. 3   Beispiele der Relevanz des Meinungsbildungsprozesses in Gruppen auf die CSCW-Forschung

Einfluss auf CSCW Meinungsbildung	Analyse (Bsp.)	Design u. Implementierung (Bsp.)	Einführung (Bsp.)
Theorie der informellen Kommunikation	Analyse von Sitzungen als Bestandteile übergeordneter Meinungsbildungsprozesse.	Design elektronischer Sitzungsfolgen, die Konflikt und Konformität in Gruppen optimal unterstützen (z. B. durch anonyme Diskussionen, hohe Verarbeitungsdichte neuer Informationen ...).	Einsatz innovativer Elektronischer Sitzungen zu einem Zeitpunkt, wenn der Kommunikationsbedarf der Gruppe und des abweichenden Individuums gleichermaßen am höchsten ist.
Austauschtheorie	Analyse von Sitzungen als Bestandteile übergeordneter Meinungsbildungsprozesse.	Design von Moderationsprozessen in Elektronischen Sitzungen die wahlweise Konformität oder Konflikt erzeugen.	Einführung von CSCW-Systemen, wenn sich Nichtkonformität mit den neuen Normen der Gruppe am wenigsten lohnt.
Social Impact Theorie	Identifikation zentraler, von allen als gut und nützlich empfundener Kooperationsprozesse.	Design von Moderationsprozessen, mit denen sich in elektronischen Sitzungen komfortable Mehrheiten erzeugen lassen.	Implementierung eines CSCW-Systems, wenn die Mehrheit der späteren Nutzer geschlossen dahinter steht.

Tab. 3 Beispiele der Relevanz des Meinungsbildungsprozesses in Gruppen auf die CSCW-Forschung (Fortsetzung)

Einfluss auf CSCW / Meinungsbildung	Analyse (Bsp.)	Design u. Implementierung (Bsp.)	Einführung (Bsp.)
Theorie der starken Minderheit	Erhebung konkurrierender Konzepte zur besseren Kooperation bei der Gruppenmehrheit und der starken Minderheit. Was lässt sich aus dem Konflikt für das Design des Systems lernen?	Unterstützung starker Minderheitenmeinungen in elektronischen Sitzungen z. B. durch anonyme Diskussionen und die Rolle eines devil's advocate.	Wann lohnt es sich zur Einführung eines CSCW-Systems eine starke Minderheit zu unterstützen, wann wird man sich der Gruppenmehrheitsmeinung anschließen?

6 Beziehungen zwischen Arbeitsgruppen

Die Erforschung der Beziehungen zwischen Arbeitsgruppen wurde in der Vergangenheit gegenüber der Erforschung von Beziehungen innerhalb von Kleingruppen eher vernachlässigt. Nichtsdestotrotz existieren eine Reihe bewährter sozialpsychologischer Theorien, die die Besonderheiten von Beziehungen zwischen Arbeitsgruppen erklären können:

Theorie der Eigen- und Fremdbewertung: Sie besagt, dass Fremdgruppen danach beurteilt werden, wie nahe deren Mitglieder in Aussehen, Einstellungen und Gewohnheiten zu der eigenen Gruppe stehen (siehe z. B. Doise, 1971). Allerdings werden Fremdgruppen immer negativer bewertet, als die eigene Gruppe. Dieser Effekt steigert sich – ähnlich dem risky shift Phänomen – wenn die Bewertung nach einer Diskussion innerhalb der eigenen Gruppe erfolgt (Moscovici & Zavalloni, 1969).

Theorie des realistischen Gruppenkonfliktes: Sie besagt, dass zwischen Gruppen die um ein seltenes Gut konkurrieren starke Gruppenkonflikte ausbrechen. Berühmt geworden sind die Ferienlagerstudien von Sherif (1966). Dabei wurden Jugendliche entgegen ihrer Neigung Gruppen zugeordnet. Nach einer Woche gemeinsamer Aktivität hatten sie eine starke Gruppenkultur entwickelt. Danach wurden zwei Gruppen zueinander in Wettbewerb gesetzt, in dem man sie Spiele spielen ließ, die man nur gewinnen oder verlieren konnte. Durch diese Spiele wuchsen eine Feindkultur zur anderen Gruppe und massive Konflikte heran. Gleichzeitig aber stieg die Solidarität im Innern der Gruppe.

Sündenbocktheorie: Sie besagt, dass Gruppenmitglieder nach einer Frustration die Mitglieder anderer Gruppen wesentlich schlechter bewerten (Dollard et al., 1939). Die Experimente von Miller & Bugelski (1948), in denen Versuchspersonen nach einem frustrierenden Erlebnis aufgefordert wurden, Mexikaner und Japaner zu bewerten, bewerteten diese negativer als die Kontrollgruppen, die zuvor kein negatives Erlebnis hinter sich hatten.

Tab. 4 Beispiele der Relevanz von Intergruppenverhalten in der CSCW-Forschung

Einfluss auf CSCW Intergruppenverhalten	Analyse (Bsp.)	Design u. Implementierung (Bsp.)	Einführung (Bsp.)
Theorie der Eigen- und Fremdbewertung	Ein negativer Bias von Fremdbewertungen, z. B. der Qualität der Kooperation anderer Gruppen, ist bei der Analyse komplexerer Intergruppensysteme zu berücksichtigen.	Das Design eines guten CSCW-Systems sollte sich niemals auf Fremdbewertungen stützen.	Befragt man Gruppe A über die Implementationschancen einer Technologie bei Gruppe B, so wird sie diese stets ein bisschen negativer bewerten als sie tatsächlich sind.
Theorie des realistischen Gruppenkonfliktes	Verhindert der Wettbewerb zweier Gruppen eine für die Gesamtorganisation längerfristig wertvolle Kooperation?	Öffentlicher Zugang zu heiß umkämpften Informationen zwecks Vermeidung unproduktiver Kooperationskonflikte	Gezielte Schaffung von Wettbewerbssituationen zwischen Gruppen zur Beschleunigung der Diffusion der Systeminnovation.
Sündenbocktheorie	Ging der Kooperationsunwilligkeit einer Gruppe A mit einer Gruppe B eine schlechte Erfahrung mit einer Gruppe C voraus?	Beseitigung von Vorbehalten zwischen Gruppen durch gemeinsame anonyme elektronische Sitzungen zum Zwecke des Erfahrungsaustausches und der gemeinsamen Zielerreichung.	Gruppenübergreifende Implementierungen von CSCW-Systemen sollten nicht direkt nach negativen Kooperationserfahrungen der Gruppen gestartet werden.

Um Spannungen zwischen verfeindeten Gruppen abzubauen, fanden die Forscher folgende Techniken:

- die Organisation intimer Zusammenkünfte,

- die Autorisierung intimer Zusammenkünfte durch ranghohe Gruppenmitglieder und

- das Setzen übergeordneter Zielen, die nur in Kooperation erreichbar sind.

So mussten bspw. die verfeindeten Gruppen des Ferienlagers gemeinsam einen LKW anschieben oder eine gebrochene Wasserleitung mühsam zusammenflicken. Nach diesen Aktionen sank die Rate der negativen Bewertung gegenüber Mitgliedern der anderen Gruppe deutlich.

7 Zusammenfassung

Wie ein Kurzabriss der Theorien zeigt, ist der CSCW-Forscher – gleich ob im Feld oder im Labor – mit einer Vielzahl von Gruppeneinflüssen konfrontiert. Umgekehrt verändert er aber mit dem Einbringen neuer Prozesse und Technologie in eine Gruppe ganz wesentlich die dort vorherrschenden Beziehungs-, Wahrnehmungs- und Machtreproduktionsprozesse. Aus diesem Grunde möchte ich dazu ermutigen, sich der oben beschriebenen Theorien zu bedienen um beispielsweise

1. die eigene Rolle als Wissenschaftler bei der Pilotierung eines Systems in einer Gruppe zu reflektieren,

2. vorherrschende Kooperationsbeziehungen in der Gruppe bei der Analyse zu erkennen,

3. ein Design zu finden, was den vorherrschenden Rollen- und Machtbeziehungen nicht gänzlich widerspricht, und

4. ein CSCW-System im Konsens mit der späteren Anwendergruppe zum richtigen Zeitpunkt und mit den richtigen Protagonisten in die Organisation einzuführen.

Wenn die oben beschriebenen Theorien ähnlich Brillen benutzt werden, die je nach Wahl einen anderen Blick auf das Kooperationsphänomen zulassen, wird die Vielzahl verschiedener Blickwinkel auch eine Vielzahl verschiedener Einsichten zur Folge haben. Dies ist die Basis für sensible Analyse, für ein kreatives Design, sowie für eine von den Betroffenen getragene Einführung von CSCW-Systemen in die Organisation.

Ethnografie

Christoph Meier
Fraunhofer-IAO, Stuttgart

1 Einleitung

Ethnografie (von gr. ethnos – »Volk« und grafein – »beschreiben«) ist eine allgemeine Bezeichnung für eine meist monografische Beschreibung eines Volkes, einer Lebensweise oder einer Kultur. Ethnografie wird als Kürzel häufig auch zur Bezeichnung einer bestimmten Form qualitativ orientierter sozialwissenschaftlicher Forschung verwendet, für die teilnehmende Beobachtung und eine unmittelbare, intensive und persönliche Konfrontation des Forschers mit dem untersuchten Forschungsfeld wesentliche Merkmale sind. Nachdem erste ethnografische Pionierstudien im Umfeld der Entwicklung von IuK-Technologien in den 70er Jahren durchgeführt wurden, gelten sie inzwischen als etablierte Forschungsmethodik. Allerdings wird beklagt, dass es Missverständnisse in Bezug auf die Relevanz und den möglichen Einsatz von ethnografischer Feldforschung im CSCW-Umfeld gibt. Dieser Beitrag liefert zunächst eine kurze Darstellung ethnografischer Feldforschung. Im Anschluss daran wird der Stand der Diskussion über Rolle und Bedeutung ethnografischer Forschung im Zusammenhang mit der Entwicklung von CSCW-Systemen skizziert. Die Frage, die dabei im Raum steht, ist die: Können durch ethnografische Untersuchungen der Arbeitsfelder die Nutzeranforderungen an neue CSCW-Systeme genauer ermittelt werden, so dass die resultierenden Systeme nicht nur leistungsfähiger sind, sondern auch von den Nutzern besser akzeptiert werden und weniger Aufwendungen für Schulungen erfordern?

2 Ethnografie und ethnografische Feldforschung

Traditionen ethnografischer Feldforschung haben sich weitgehend unverbunden sowohl in der Ethnologie/Anthropologie als auch in der Soziologie entwickelt. In beiden Fällen scheint dabei die Konfrontation mit dem Fremden eine besondere Rolle gespielt zu haben; hier die Konfrontation mit anderen Kulturen und Lebensformen in Afrika, Amerika, Asien, Australien und Ozeanien; dort die Konfrontation mit den durch Zuwanderung entstehenden städtischen Mikrokosmen und Subkulturen in den schnell wachsenden US-Metropolen (z. B. Chicago) zu Beginn des 20. Jahrhunderts.

Zu den ganz großen ethnografischen Studien gehören zweifellos diejenigen von Bronislaw Malinowski über die Bewohner der Trobriand Inseln (z. B. Malinowski, 1961, orig. 1922). Malinowski, gebürtiger Pole und promovierter Naturwissenschaftler, wurde auf einer ethnografischen Forschungsreise nach Australien vom Ausbruch des 1. Weltkriegs überrascht. Neben kürzeren Aufenthalten in Neuguinea lebte er während des Krieges – als Angehöriger einer gegnerischen Kriegsmacht nominell interniert – mehr als zwei Jahre in einem Zelt auf der Insel Kiriwina im Trobriand Archipel, östlich von Neuguinea. Im Verlauf dieses Aufenthalts setzte Malinowski das zuvor zwar formulierte, bis dato aber nicht praktizierte Programm einer intensiven ethnografischen Feldforschung in die Tat um und avancierte damit zu einem Aushängeschild der anthropologischen Wissenschaft (Stocking, 1983, S. 95-100, S. 88).

Intensive ethnografische Feldforschung ist nach wie vor die zentrale Methode der Datengewinnung der Völkerkunde/Ethnologie. Sie galt lange Zeit mehr als Kunst denn als lehr- oder lernbare Methode und zudem als eine Art Initiationsritus in die Zunft der Ethnologen (Fischer, 1985, S. 7; Stagl, 1985, S. 289). Mittlerweile wird Feldforschung in vielen Feldern der Sozial- und Humanwissenschaften praktiziert, angefangen von Anthropologie und Soziologie bis hin zu Humangeografie, Organisationswissenschaft, Erziehungsforschung oder Pflegewissenschaft.

Unter dem Etikett »ethnografische Feldforschung« verbirgt sich allerdings eine für Außenseiter kaum nachvollziehbare Vielfalt von Ansätzen und Vorgehensweisen. Darüber hinaus wird im Forschungsfeld CSCW »Ethnografie« oft als Kürzel für eine ethnomethodologisch inspirierte Spielart qualitativer Sozialforschung verwendet. Hier steht die Frage im Vordergrund, durch welche impliziten Praktiken die Beteiligten die »gelebte Ordnung« (Bergmann, 1991) ihrer (Arbeits-)Welt hervorbringen – ob nun beim Bedienen eines Fotokopierers, beim Lotsen eines Flugzeugs durch einen Sektor des Luftraums oder beim Handeln mit Aktien (Shapiro, 1994, S. 418; Hughes et al., 1993b, S. 240-242). Ein bekanntes und frühes Beispiel für diese Art von ethnomethodologisch orientierter Ethnografie im Umfeld von HCI und CSCW ist etwa die Untersuchung von Suchman (1987), ein neueres die Untersuchung von Büscher et al. (1999), die zur Entwicklung einer CSCW-Umgebung für Architekten geführt hat.

Trotz dieser Vielfalt der Ansätze lassen sich zentrale Merkmale intensiver ethnografischer Feldforschung herausstellen. Dazu gehören vor allem

- der explorative Charakter der längerfristig angelegten Forschung, in deren Verlauf Fragestellung und Vorgehensweisen in einer dem Feld und dem Gegenstand angemessenen Weise nachjustiert werden können und müssen,

- die detaillierte Untersuchung einzelner Fälle (seien dies nun ethnische Gruppen, Straßenbanden oder Wirtschaftsunternehmen),

- die wechselseitige Ergänzung von systematischer Befragung und Beobachtung einerseits sowie unsystematischer, beobachtender Teilhabe am Alltagsleben (der so genannten teilnehmenden Beobachtung) andererseits,

- ein Fokus auf soziales Handeln als sinnhaftes Tun und damit

- der Vorrang des Verstehens der Bedeutungen von Handlungen gegenüber dem Prüfen von Hypothesen in Bezug auf das beobachtbare Verhalten (vgl. Atkinson & Hammersley, 1994, S. 257 und 248; Fischer, 1983, S. 70)[11].

Zu den zentralen Problemen intensiver ethnografischer Feldforschung als Methode der Datenerhebung gehört unter anderem der strukturell angelegte Dauerkonflikt zwischen der Innensicht der »Einheimischen« einerseits, die der Wissenschaftler ja einnehmen können soll, und der erforderlichen wissenschaftlich-analytischen Distanz andererseits. Darüber hinaus erfordert eine intensive Feldforschung, dass die Wissenschaftler sich mehr oder weniger in die untersuchte soziale Gemeinschaft und das untersuchte soziale Feld integrieren. Dabei werden sie mit unterschiedlichsten Rollenzuweisungen (z. B. »Spion« oder »Ziehsohn«) konfrontiert und müssen dies bei allen ihren Beobachtungen, Gesprächen oder anderen Formen der Datenerhebung in Rechnung stellen.

Weder für das Erstellen von Daten im Verlauf einer ethnografischen Feldforschung noch für deren Auswertung und Analyse lassen sich allgemeingültige Regeln formulieren. Hier ist ein dem Gegenstand und der Fragestellung angemessenes Vorgehen gefordert. Die Daten können beispielsweise aus Niederschriften mündlicher Überlieferungen, aus tabellarischen Übersichten über Austauschbeziehungen, aus Tagebüchern mit Reflexionen des eigenen Erlebens oder auch aus umfangreichen Sammlungen von Fotografien und Videoaufzeichnungen bestehen. Dementsprechend werden – je nach Fragestellung und theoretischer Ausrichtung – verschiedenste analytische Verfahren praktiziert, angefangen von den Kodierverfahren der Grounded Theory bis hin zu sequenziellen Analysen etwa in der Interaktionsanalyse oder der Objektiven Hermeneutik (Flick, 1995, S. 234-235; siehe auch Becker & Geer, 1979).

Neben wissenschaftsinternen Motivationen, wie etwa der Weiterentwicklung von Theorien zum Kulturwandel, zielen ethnografische Untersuchungen

---

[11] Eine einflussreiche Formulierung von Geertz (1973, 5) lautet denn auch: »Believing, with Max Weber, that man is an animal suspended in webs of significance he himself has spun, I take culture to be those webs and the analysis of it to be therefore not an experimental science in search of law but an interpretive one in search of meaning.«

immer auch auf die Vermittlung von Innen- und Außensichten und die Übersetzung und Veranschaulichung der Lebenswelt der »Einheimischen«. Geleistet werden kann eine Übersetzung, weil EthnografInnen im Verlauf eines längeren Feldaufenthalts[12] und der Teilhabe am Alltagsleben eine Art zweiter Sozialisation durchmachen. Dazu gehören das Erlernen grundlegender Verhaltensregeln (Wie kleide ich mich angemessen? Wie esse ich »ordentlich« ohne Besteck? Wie reinige ich mich ohne Toilettenpapier?), das Erlernen der jeweiligen Sprache und das Erwerben von Wissen um kognitive Strukturen, wie z. B. Weltanschauungen (vgl. Fischer, 1983, S. 71).

3 Ethnografie in Systementwicklung, HCI und CSCW

Erste Pionierstudien im Umfeld von HCI/CSCW, die die Form einer ethnografischen Feldforschung annahmen, wurden in den 70er Jahren durchgeführt. Für die mittlerweile konstatierte Offenheit gegenüber ethnografischen Forschungsmethoden im Rahmen der CSCW-Forschung (vgl. Forsyth, 1999, S. 127-128) werden verschiedene Auslöser angeführt. Eine wichtige Rolle spielte sicherlich die Hinwendung zur Entwicklung von Systemen für die Unterstützung von Gruppen und Gruppenarbeit. Hinzu kamen negative Erfahrungen bei der Einführung früherer Generationen von Computersystemen sowie die Sorge um die Nutzerfreundlichkeit dieser Systeme und erforderliche Aufwendungen für Schulungen. Formelle Methoden der Erhebung von Nutzeranforderungen, so hat sich gezeigt, erfassen oft nicht das spezifische »Know-What« und »Know-How«, das die Verrichtung von konkreten Arbeitstätigkeiten im Anwendungsfeld – beispielsweise der Kontrolltätigkeit von Fluglotsen im Tower – erfordert (Anderson, 1994b, S. 154). Waren die Intuitionen der Entwickler in Bezug auf die Nutzer-Erfordernisse bei Systemen für Einzelanwender noch ausreichend, so ist dies in Bezug auf die Erfordernisse von Gruppenarbeit und die Eigenheiten von Gruppenprozessen weit weniger der Fall (Grudin, 1988, S. 86). Ein ausreichend tiefes Verständnis von Mensch-Maschine Interaktionen, so wird zudem angeführt, lässt sich nur dann erreichen, wenn man die Bewältigung von Arbeitsaufgaben in ihrem natürlichen Arbeitskontext betrachtet (Blomberg, 1995, S. 177-178). Zu der Überzeugung, das effektivere Methoden des Erfassens von Nutzeranforderungen an CSCW-

---

[12] Traditionell wurde für eine intensive Feldforschung mindestens ein einjähriger Feldaufenthalt angesetzt. Diese Zeitspanne wurde aufgrund der ausgeprägten Jahreszyklen im Alltagsleben nicht-industrieller Gesellschaften und der Notwendigkeit, eine in der Regel unbekannte und nicht dokumentierte Sprache zu erlernen, als erforderlich erachtet.

Systeme notwendig sind (Hughes et al., 1993a, S. 239; Harper, 1997, S. 53-59),
kommt schließlich noch die Erwartung, dass Systeme, die sich in den bestehenden Arbeitskontext und etablierte Arbeitspraktiken einfügen, effektiver sind
und von den Nutzern eher akzeptiert werden (Hughes et al., 1993a, S. 124;
Blomberg, 1995, S. 179).

4   Besonderheiten ethnografischer Arbeit im Kontext von CSCW-Forschung und -entwicklung

Obwohl innerhalb der anthropologischen/ethnologischen Wissenschaft heftig
über methodologische Fragen und Grundlegungen gestritten wird,[13] scheint
ethnografische Feldforschung zur Zeit innerhalb der Sozialwissenschaften recht
populär zu sein. Das gilt in Grenzen auch für das Forschungsfeld CSCW. Von
Vertretern eines ethnografischen Ansatzes innerhalb der CSCW-Forschung
wird allerdings beklagt, dass es Missverständnisse in Bezug auf die Relevanz
und den möglichen Einsatz von ethnografischen Methoden gibt. Zu diesen
Missverständnissen gehört beispielsweise die Vorstellung, ethnografische Feldforschung erfordere keine besondere Ausbildung oder Kompetenz, sondern
bestünde lediglich darin, sich als »nette Person« zu geben, einige informelle
Gespräche mit den künftigen Nutzern neuer Systeme zu führen, das Gesagte zu
dokumentieren und ansonsten seinen gesunden Menschenverstand einzusetzen (Forsyth, 1999, S. 129-132). Von anderen wird sogar die Frage gestellt, ob
Systementwickler die Anliegen von Arbeitsfeld-Ethnografen überhaupt nachvollziehen können und ob Ethnografie wirklich das ist, was sie wollen und
brauchen. Um die Nutzer, ihr Wissen und ihre Bedürfnisse kennen zu lernen
braucht es möglicherweise weniger eine ethnografische Feldforschung als vielmehr eigene (Arbeits-) Erfahrung in dem ins Auge gefassten Anwendungsfeld
(Anderson, 1994b, S. 155).

Bevor das Für und Wider des Einsatzes ethnografischer Methoden bei der
Entwicklung von CSCW-Systemen behandelt wird, stellt sich zunächst einmal
die Frage, ob ethnografische Forschung in diesem Bereich Besonderheiten aufweist und worin diese bestehen könnten. Ein erster Unterschied gegenüber
einer klassischen Feldforschung ist der, dass hier nicht eine offensichtlich
fremde Gesellschaft oder Kultur Gegenstand der Forschung ist, sondern viel-

---

[13] Etwa in Bezug auf die Frage, ob ethnografische Forschung »wissenschaftlich« im Sinne einer natur-
wissenschaftlich-empiristischen Haltung sein kann und soll oder die Frage, inwiefern eine etablierte
Textform wie die ethnografische Monografie überhaupt geeignet ist, eine fremde soziale Welt zu
beschreiben (Atkinson & Hammersley, 1994, 249 und 251-256).

mehr Arbeitsfelder und Arbeitspraktiken innerhalb der eigenen Gesellschaft.
Einerseits entfallen damit Erschwernisse, wie das Erlernen einer unbekannten
Sprache, und die Untersuchung kann entsprechend schneller voranschreiten.
Andererseits besteht die Gefahr, vorschnell zu unterstellen, der untersuchte
Arbeitskontext sei im Grunde genommen bekannt. Dies kann dazu führen,
dass das Bemühen um innere Distanz vernachlässigt wird und die impliziten
Praktiken und Wissensbestände der Beteiligten gar nicht erst in den Blick geraten (vgl. Forsyth, 1999, S. 131). Zudem erfordert das ethnografische Erforschen
von Arbeitskontexten innerhalb der eigenen Gesellschaft eine andere Bestimmung der eigenen Rolle: aus dem professionellen Fremdling (Agar, 1980) wird
ein professioneller Praktikant (van Maanen & Kolb, 1986) oder ein professioneller »unerfahrener Systemnutzer« (Nardi, 1997, S. 362). Schließlich bringt
die Arbeit in einem interdisziplinären Team gemeinsam mit Informatikern ihre
eigenen Probleme mit sich. Diese Probleme resultieren vor allem aus unterschiedlichen Perspektiven und Erwartungen, beispielsweise in Bezug auf die
Erwartung von Informatikern, dass die Ethnografen die geltenden Verhaltensregeln im untersuchten Arbeitsfeld eindeutig formulieren können, so dass
dann entsprechende Hard- oder Softwareumgebungen modelliert werden können. Hughes et al. (1993a, S. 135) zufolge sind solche eindeutigen Antworten
kaum zu liefern und sie verdecken darüber hinaus, dass die verschiedensten
Handlungen in einem Arbeitsfeld (etwa – um beim Beispiel der Arbeit von
Fluglotsen zu bleiben – das Manipulieren von »Info-Kärtchen« zu den einzelnen Flügen auf einem »Flight-Progress-Board« oder das Übergeben beim
Wechsel der Flüge in einen anderen Kontrollsektor) ein integriertes System darstellen. Ein solches System weist – qua System – besondere Eigenheiten auf
(beispielsweise bestimmte Rhythmen im Aktivitäts- oder Aufmerksamkeitsni-
veau) und diese Merkmale gilt es ebenfalls im Design zu berücksichtigen.

5 Der Nutzen ethnografischer Feldforschung im Kontext von CSCW-Entwicklung

Angesichts dieser Schwierigkeiten stellt sich die Frage, wie denn überhaupt ethnografische Beschreibungen in die Systementwicklung einfließen können. Hier
sind unterschiedliche Wege denkbar. Zum einen können die Systementwickler
versuchen, relevante Informationen aus den Beschreibungen der Ethnografen
zu ziehen und in ihre Entwicklungsarbeit einfließen zu lassen. Eine Variante
dieses Vorgehens besteht etwa darin, den oder die Ethnografin im Team entsprechend zu befragen. Zudem können die Ethnografen innerhalb eines Designteams als Stellvertreter oder Advokaten der Nutzer agieren und argumentieren. Schließlich kann, drittens, eine ethnografische Untersuchung im Vorfeld

einer Systementwicklung dazu beitragen, dass im beobachteten Arbeitsfeld eine
Veränderungsdynamik in Gang kommt und sich die Nutzer selbst stärker und
offensiver in die Systementwicklung einbringen können und wollen (Blomberg
1995, S. 183). Demgegenüber sieht Anderson (1994b, S. 177-179) den Wert
ethnografischer Untersuchungen vor allem darin, dass sie die Systementwickler
dazu nötigen, ihre bisherigen Annahmen dahingehend zu hinterfragen, was
eigentlich das »Problem« ist, das mit dem Einsatz eines CSCW-Systems in
einem Arbeitsfeld gelöst werden soll.

Aus einigen Berichten von Ethnografen über ihre Mitarbeit an CSCW-Ent-
wicklungen lässt sich eine gehörige Portion an Unzufriedenheit herauslesen.
Auch wenn man vom Nutzen der eigenen Arbeit überzeugt ist, so lässt er sich
doch nur schwer nachweisen (vgl. z. B. Hughes et al., 1993a; Hughes et al.,
1993b, S. 250). Aber auch von Seiten der CSCW-Gemeinde gibt es Vorbehalte
gegenüber der Mitwirkung von Ethnografen an Entwicklungsprojekten. So
unterstellen beispielsweise Grudin & Grinter (1995, S. 57) den Ethnografen
eine eher konservative Grundhaltung und eine Vorliebe für ein schrittweises
Optimieren bestehender Arbeitspraktiken[14]. Sie plädieren dafür, dass die War-
nungen der Ethnografen gehört werden. Aber sie gehen auch davon aus, dass
das Aufbrechen von bestehenden Praktiken nicht immer nachteilig sein muss.
Dies ist zweifellos richtig. Fraglich bleibt aber nach wie vor, wie es gelingt,
schon im Vorfeld die Fälle zu bestimmen, in denen ein solches Aufbrechen vorteilhaft ist und wo überwiegend nachteilige Konsequenzen zu erwarten sind.
Hierzu ist ein tiefergehendes Verständnis der jeweiligen Arbeitstätigkeiten und
ihrer Zusammenhänge, der Kompetenzen der Beteiligten, der Dynamik kooperativen Arbeitens sowie schließlich des organisatorischen Umfelds zwingend
erforderlich.

Was darüber hinaus erforderlich scheint, ist eine wirklich interdisziplinäre,
nicht den Interessen einer Einzeldisziplin verpflichtete Sozialforschung im
CSCW-Umfeld (Shapiro, 1994, S. 421). Zudem erscheint es ratsam, ethnografische Untersuchungen von vornherein auf die alltäglichen Praktiken im Arbeitsfeld und die Beantwortung konkreter Designfragen zu fokussieren (vgl. Harper,
1997, S. 66-68). Wichtig ist schließlich eine geschicktere zeitliche Verknüpfung

---

[14] Sehr eingängig formulieren Grudin & Grinter (1996, S. 56): »Je besser Ethnografen ihre Arbeit
machen, desto genauer wird nicht nur ihr Verständnis davon, wie Arbeitsprozesse derzeit organisiert
sind, sondern auch ihr Verständnis davon, wie eine neue Technologie diese Organisation stören
wird. Ein dem konkreten Arbeitsprozess fern stehender Systementwickler sieht vielleicht den derzeitigen Stand der Arbeitsgruppe, hat eine vage Vorstellung von einem in Reichweite befindlichen
höheren Leistungsniveau und stellt sich einen geraden Weg dorthin vor. Der Ethnograf dagegen
sieht die tiefen Täler dazwischen, die Mühe des Wegs und das Risiko, dass die Unternehmung nicht
von Erfolg gekrönt sein wird.« (eigene Übersetzung)

der jeweiligen Arbeiten. Ethnografische Studien zu den Arbeitspraktiken im Anwendungsfeld und deren Eigenlogik sind besonders sinnvoll, bevor erste Designarbeiten unternommen werden. Denn schon in das Design von frühen Prototypen fließen grundlegende Annahmen über die Merkmale der zu unterstützenden Tätigkeiten ein, die im späteren Verlauf einer Systementwicklung kaum noch revidiert werden können (Nardi, 1997, S. 362; Luff et al., 1994, S. 270 und 284).

Theorien zur Mediennutzung bei der Gruppenarbeit

Gerhard Schwabe
Universität Koblenz-Landau, Koblenz

1 Einleitung

Dieser Beitrag stellt Theorien zur Mediennutzung bei der Gruppenarbeit vor. Während Theorien wie die Media Richness Theory in der deutschen betriebswirtschaftlichen Forschung sich inzwischen etabliert haben (vgl. z. B. Reichwald et al., 2000b), sind die TIP-Theorie, die Adaptive Structuration Theory oder die Media-Synchronicity-Theorie in Deutschland noch weitgehend unbekannt, obwohl sie spannende neue Einsichten zu dem Zusammenspiel von elektronischen Medien und Gruppen in einem organisatorischen Kontext geben.

2 Die Media-Richness-Theorie

Die *Media-Richness-Theorie* (Daft & Lengel, 1984 & 1986) verbindet die Medienwahl mit der Aufgabe, die die beteiligten Akteure gemeinsam lösen wollen. Sie teilt Aufgaben danach ein, wie unsicher[15] sie sind und wie mehrdeutig. *Unsichere* Aufgaben könnte man optimal lösen, wenn alle benötigten Informationen vorhanden wären.

Mehrdeutige Aufgaben lassen sich auch durch sehr viel Information nicht lösen. Vielmehr unterliegen sie der Interpretationsfähigkeit der Akteure, die zu einem gemeinsamen Verständnis eines Sachverhalts kommen müssen. Beispielsweise ist das Verfassen einer Unternehmensstrategie eine mehrdeutige Aufgabe, weil sich die Akteure dabei auf ein gemeinsames Verständnis der Rolle des Unternehmens im Markt verständigen und dafür die relevanten Einflussfaktoren erst definieren müssen. Bei mehrdeutigen Aufgaben sucht man Variablen, bei unsicheren Aufgaben Variablenwerte.

---

[15] Unsicherheit = Uncertainty; Mehrdeutigkeit = Equivocality.

3 Die TIP-Theorie

Die *TIP-Theorie* (TIP für *Time, Interaction, Performance*) geht davon aus, dass real existierende Gruppen eine soziale und organisatorische Umgebung eingebunden sind und deshalb Gruppenverhalten nur aus einem Kontext heraus verständlich ist. Insbesondere ist Gruppenverhalten dynamisch und an einen zeitlichen Kontext gebunden. Von dieser Kontextabhängigkeit abstrahieren sehr viele Experimente und Theorien der Gruppenarbeit. Deren Forschungsergebnisse sind deshalb auf echte Gruppen nur in sehr engen Grenzen anwendbar. Die TIP-Theorie besteht aus Aussagen zum Wesen von Gruppen, zur zeitlichen Strukturierung von Gruppenarbeit und zum Gruppeninteraktionsprozess.

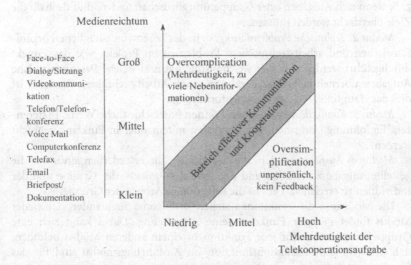

Abb. 8 Media-Richness-Modell der Telekooperation

Aussagen zum Wesen von Gruppen:

Gruppen erfüllen simultan drei Funktionen:

- Eine *Produktionsfunktion*, in der sie die ihnen übertragenen Aufgaben erfüllen und einen Beitrag zu ihrer Organisation leisten, indem sie ein Problem der Organisation lösen.

• Eine *Mitgliederunterstützungsfunktion*, in der Beiträge an einzelne Gruppenmitglieder geleistet werden, z. B. indem einzelne Mitglieder eine persönliche
  Beziehung zueinander entwickeln.

• Eine *Gruppenwohlbefindensfunktion*, in der Beiträge für die gesamte Gruppe
  geleistet werden, indem z. B. Mitglieder Rollen übernehmen und Verhal-
  tensnormen entwickeln.

Bei ihren Aktivitäten nehmen die Gruppenmitglieder eine von vier Arbeits-
modi ein:

Modus 1: Initialisierung, d. h. Zielfindung für das Projekt, für die Gruppe
und für das einzelne Mitglied. Dies geschieht auf jeden Fall zu Beginn des
Lebenszyklussees einer Gruppe, kann aber auch in späteren Phasen auftreten,
z. B. wenn sich Aufgaben oder Gruppenmitgliedschaft ändert und deshalb die
Ziele überdacht werden müssen.

Modus 2: Technische Problemlösung, d. h. das Lösen von alltäglichen organisatorischen und arbeitstechnischem Problemen im Projekt, wie das Projekt
durchgeführt werden soll, wer welche Rolle hat und welche Personen welche
Aufgaben übernehmen. Hierzu gehören auch Arbeitstechniken. Klassisch ist
dies das Hauptinteresse der Gruppenforschung.

Modus 3: Konfliktlösung, d. h. wie können unterschiedliche Werte, Präferenzen, Entlohnung, Aufgaben und Interessen miteinander in Einklang gebracht
werden.

Modus 4: Ausführung, d. h. die Aktivitäten, die erforderlich sind, um die
gestellte Aufgabe zu erfüllen und die Ziele des Projekts, der Gruppe und der
Individuen zu erreichen. Dies ist die »eigentliche Arbeit« der Gruppe.

Die Modi und die Funktionen stehen orthogonal zueinander, d. h. jeder
Modus findet in jeder Funktion seine Ausprägung. Dabei kann sich eine
Gruppe zu einer Zeit für jede Funktion in einem anderen Modus befinden,
d. h. z. B. für die Produktionsfunktion im Ausführungsmodus und für das
Gruppenwohlbefinden in der Konfliktlösung.

Für die Modi gibt es keine feste zeitliche Reihenfolge der Aktivitäten, selbst
wenn in der Regel zumindest Modus 1 und Modus 4 durchlaufen werden. Ziel
der Gruppe ist es häufig, direkt von Modus 1 zu Modus 4 überzugehen und
dort zu verweilen; die Umstände erfordern es aber in der Praxis meist, dass
immer wieder in die Modi 2 und 3 gewechselt werden muss. Eine Herausforderung für das externe Management, die Gruppenleitung und die Gruppenmitglieder ist es nun, gemeinsam einen möglichst effizienten Weg durch diese
Modi zu finden. Dies sollte aber nicht über das Bestehen auf einem vorher
geplanten Weg geschehen, sondern über das gezielte Hinterfragen, weshalb eine
Gruppe das macht, was sie gerade macht.

Aussagen zur zeitlichen Strukturierung von Gruppenarbeit

Die Aussagen zur zeitlichen Strukturierung stellen ein Brücke von klassischer Gruppenforschung zu Erkenntnissen des Projektmanagements dar. Wesentliche relevante Merkmale sind dabei:

- *die zeitliche Abfolge der Arbeit*; diese führt zu Problemen der Zeitplanung, Synchronisation und der Zuordnung von zeitlichen Ressourcen. Die Probleme erwachsen aus Unsicherheit über die Dauer und Terminierung von Ereignissen, aus den unterschiedlichen zeitlichen Interessen und Anforderungen der Akteure und aus der Knappheit von Zeit als Ressource. Deshalb gehört es zu den wesentlichen Gruppenaktivitäten, Deadlines zu vereinbaren und durchzusetzen, Normen für die reibungslose dynamische Zusammenarbeit zu etablieren und den Arbeitsfluss sowie die persönlichen Interaktionen zu regulieren, um ineffiziente oder ungleiche Anforderungen an die Ressourcen der Akteure aufzulösen.

- *Probleme bei der effizienten Zuordnung von Zeitperioden zu Aktivitätenbündeln.* Subjektiv erfahrene Zeit ist nicht unbegrenzt teilbar und nicht jede Zeiteinheit ist homogen oder austauschbar. Nicht zu jeder Zeit kann jede Aktivität gemacht werden (auch wenn man von der inneren Logik der Aktivitäten absieht); z. B. sind manche Aktivitäten nachts nur sehr schwer durchführbar. Ebenso sind Aktivitäten nicht beliebig teilbar oder aggregierbar; es gibt vielmehr obere und untere Grenzen der sinnvollen Modularisierbarkeit. Dies macht die Zuordnung von Zeitperioden zu Aktivitätenbündeln zu einer besonderen Herausforderung für Gruppen.

- *Der Arbeitsrhythmus.* Die Dauer und Intensität von mehreren Arbeitsprozessen müssen auf der Ebene eines Individuums, mehrerer Individuen sowie zwischen Gruppen und ihrer Außenwelt aufeinander abgestimmt werden. Der Arbeitsrhythmus ist wiederum stark abhängig vom Zeitdruck, unter dem Individuen oder Gruppen stehen. Er beeinflusst die Kommunikations- und Interaktionsmuster sowie Umfang und Qualität der Gruppenleistung.

Aussagen zum Gruppeninteraktionsprozess:

Unter *Gruppeninteraktionsprozess* wird der Arbeitsfluss auf der Mikroebene verstanden. Ein Interaktionsprozess besteht aus Interaktionseinheiten. Eine Interaktionseinheit wird charakterisiert durch seinen Typ (z. B. Lösungsvorschlag, Ablehnung Lösungsvorschlag), seine Quelle und Adressaten sowie seine Zeit (relativer oder absoluter Beginn- und Endzeitpunkt). Ihre Bedeutung erhalten Interaktionseinheiten aus ihrem Kontext. Beispielsweise bedeutet ein neuer Lösungsvorschlag zum Ende des Problemlösungsprozesses (z. B. wenn eine Gruppe sich schon auf eine andere Lösung geeinigt hat) etwas anderes, als zu Beginn des Prozesses (wenn die Gruppe z. B. dankbar für jeden Vorschlag ist). Es ist auch wesentlich, ob die Interaktionseinheit zum derzeitigen Fokus der Gruppenarbeit passt oder nicht. Weiterhin hängt seine Bedeutung von dem Arbeitsmodus ab, in dem sich die Gruppe befindet. Mit diesen Aussagen wendet sich McGrath (1991) wiederum gegen zu simplistische Vorstellungen von Gruppenforschern, die – um einfacher zu Ergebnissen zu gelangen – Gruppenprozesse aus ihrem inneren Kontext lösen.

4 Die Media-Synchronicity-Theorie

Dennis & Valacich (1999) bescheinigen der Media-Richness-Theorie ein hohes Maß an Plausibilität, verweisen aber darauf, dass ihre empirischen Überprüfungen bisher nicht sehr überzeugend waren. Insbesondere basierten die Studien auf Wahrnehmungen der Eignung von Medien für Aufgaben, nicht aber auf echter Nutzung. Dementsprechend argumentieren sie, dass der Grundansatz der Media-Richness-Theorie zu grob war: Sie geht davon aus, dass Charakteristika der *Aufgabe* und deren Anforderung an den Kontextreichtum eine optimale Medienwahl bestimmen. Es ist aber vielmehr die Art des *Kooperationsprozesses* und dessen Anforderung an die Informationsverarbeitungskapazität eines Mediums welche die Mediennutzung bestimmt. Ausgehend von den Kooperationsprozessen entwickeln sie eine eigene »*Media-Synchronicity-Theorie*«. Sie unterscheidet zwei generische Kooperationsprozesse: Konvergente und divergente Prozesse.

In *divergenten* Prozessen werden Informationen verteilt; in konvergenten Prozessen werden sie verdichtet, um zu einem gemeinsamen Verständnis zu gelangen. Damit sind divergente Prozesse für die Reduktion von Unsicherheit geeignet, während konvergente Prozesse zur Reduktion von Mehrdeutigkeit beitragen. So ist hier die deutliche Verwandtschaft zur Media-Richness-Theorie in den Grundannahmen erkennbar.

Die Media-Synchronicity-Theorie erweitert aber die relevanten Medieneigenschaften: Nicht der »Reichtum« eines Mediums ist entscheidend, sondern seine *Synchronität*: »Mediensynchronität ist das Ausmaß, in dem Individuen an der gleichen Aufgabe zur gleichen Zeit zusammenarbeiten, d. h. einen gemeinsamen Fokus haben[16]« (Dennis & Valacich, 1999). Das Potenzial von Medien macht die Media-Synchronicity-Theorie an fünf Faktoren fest:

Geschwindigkeit des Feedbacks: Wie schnell kann ein Kooperationspartner auf Nachrichten antworten?

---

[16] Übersetzung durch den Autor.

Symbolvarietät: Auf wie viele Weisen kann Information übermittelt werden? Die Symbolvarietät übernimmt aus der Media-Richness-Theorie, wie viele Kanäle wie viele Hinweise welcher Art übermitteln können.

Parallelität: Auf wie vielen Kanälen können wie viele Personen gleichzeitig kooperieren oder kommunizieren?

Überarbeitbarkeit: Wie umfassend und häufig kann der Sender seine Nachricht oder seinen Beitrag überarbeiten, bevor er ihn abschickt?

Wiederverwendbarkeit: Wie gut kann der Empfänger eine Nachricht oder einen Beitrag eines anderen wiederverwenden?

Abb. 9 »Medieneigenschaften in der Media-Synchronicity-Theorie« fasst die Medieneigenschaften und die Ansatzpunkte an einem Kommunikationskanal zusammen.

Die Überarbeitbarkeit wirkt auf den Sender, die Wiederverwendbarkeit auf den Empfänger. Parallelität beschreibt die Anzahl von Kommunikationskanälen und die Symbolvarietät, Geschwindigkeit und Feedback die Kapazität und Qualität des Kommunikationskanals.

Schon angesichts dieser fünf Faktoren wird unmittelbar deutlich, dass es absolut gesehen keine »reichen« und »armen« Medien geben kann: Überarbeitbarkeit und Feedback sind zwei gegenläufige Größen; Parallelität und Symbolvarietät haben keinen direkten inneren Zusammenhang. Im Kern der Betrachtung stehen die beiden Faktoren Feedback und Parallelität. Medien mit schnellem Feedback und geringer Parallelität ermöglichen hohe Synchronität; Medien mit langsamem Feedback und hoher Parallelität ermöglichen geringe Synchronität.

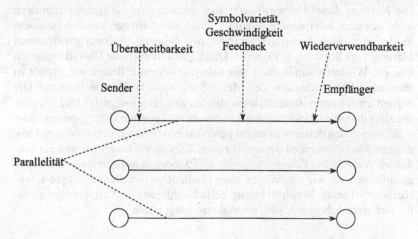

Abb. 9 Medieneigenschaften in der Media-Synchronicity-Theorie

Neben die Prozesstypen (divergent, konvergent) und die Kommunikations-
verarbeitungskapazität eines Mediums treten als dritte Dimension von Einflussfaktoren für die Medienwahl die drei Funktionen einer Gruppe (Produktion, Mitgliederunterstützung und Gruppenwohlbefinden). Es lassen sich in
Abhängigkeit von den Funktionen und dem Alter der Gruppe (d. h. neufor-
miert oder schon länger zusammenarbeitend) unterschiedliche Empfehlungen
zur Mediennutzung ableiten: Neue Gruppen benötigen mehr den Einsatz von
Medien mit hoher Synchronität und hoher Symbolvielfalt, erfahrene Gruppen
mehr den Einsatz von Medien mit geringer Synchronität. Insgesamt hängt der
Erfolg einer länger andauernden Gruppenkooperation von dem richtigen
Wechsel von Sychronitäts- und Mediennutzungsarrangements ab.

Die Media-Synchronicity-Theorie setzt dort an, wo die Media-Richness-
Theorie ihre Schwächen hat: bei dem zu einfachen Bild der Gruppenarbeit. Die
Media-Richness-Theorie unterscheidet nicht zwischen Zweipersonen-Kommu-
nikation und Gruppenarbeit. Sie geht vielmehr bei der Betrachtung des Kom-
munikationsfalls implizit immer von zwei Personen aus (selbst wenn sie in
ihrer Urform für mehr Personen formuliert ist!). Je größer die Gruppe wird,
desto mehr wird dies zum Manko, weil typische Gruppenprobleme und das
Potenzial der Technologie, diese zu lösen, nicht berücksichtigt werden. Die
Media-Synchronicity-Theorie ergänzt deshalb die aus der Media-Richness-
Theorie bekannten Faktoren »Symbolvarietät« und »Feedback« um die »Parallelität«. Parallelität trägt zur Lösung einer Produktionsblockade bei, d. h. der
begrenzten Redezeit, die ein einzelnes Gruppenmitglied in einer konventionellen Sitzung hat. Computerunterstützte Sitzungen ermöglichen Parallelität
durch parallele Kommunikationskanäle und durch ein gemeinsames Material.
Die Nutzung dieses Potenzials setzt aber voraus, dass die Gruppe Sitzungen
nicht nur zum Informationsaustausch durch Redebeiträge, sondern zu einem
moderierten, workshopartigen gemeinsamen Arbeiten an einem gemeinsamen
Material (vgl. Schwabe, 1995) nutzt. Dann gewinnt auch die Überarbeitbarkeit
und die Wiederverwendbarkeit von Informationen an Bedeutung. Damit ist
aber schon eine Schwäche der Media-Synchronicity-Theorie benannt: Der
Nutzen entspringt nicht einfach aus der Verwendung geeigneter Medien, sondern aus deren geschicktem Einsatz in einem moderierten Sitzungsprozess oder
– in Erweiterung dessen – in einem geschickt moderierten Einsatz von elektronischen Medien während der asynchronen Telekooperation. Dies setzt ein fun-
diertes Wissen über Gruppenprozesse und Moderationstechniken mindestens
genauso voraus, wie das Wissen über Medieneigenschaften. Die Media-Synchronicity-Theorie hat somit bei der Berücksichtigung der Gruppeneigenschaf-
ten nur einen Schritt gemacht, wo mehrere nötig wären.

Dennoch gibt die Media-Synchronicity-Theorie schon in ihrer derzeitigen Fassung wertvolle Hinweise für die Gestaltung der *Telekooperation in größeren Gruppen*: Gruppen haben andere Probleme als Einzelpersonen. Deshalb verliert der Medienreichtum seine einzigartige Stellung. Wichtiger wird es, Gruppen überhaupt produktiv arbeiten zu lassen und sie über die Zeit zu erhöhter Produktivität zu führen. Den Zusammenhang zwischen einem modifizierten Medienreichtum und Gruppenproduktivität aufzuweisen ist der große Verdienst der Media-Synchronicity-Theorie.

Aus beiden Theorien zur Medienwahl lässt sich schließen, dass bei computerunterstützter Gruppenarbeit auf geeignete Medien geachtet werden muss. Es besteht allerdings kein Konsens darüber, welche Faktoren die Medienwahl beeinflussen. Sind es Aufgabeneigenschaften (so die Media-Richness-Theorie) oder sind es generische Kooperationsprozesse (so die Media-Synchronicity-Theorie)? Das nachfolgende Unterkapitel versucht, auch darauf eine Antwort zu geben. Gemäß der »Strukturationstheorie« kommt es nicht nur auf einzelne externe Faktoren an, welches Medium verwendet werden sollte, sondern es kommt darauf an, wie sich eine Gruppe Telekooperation aneignet. Damit wird die Medienwahl zu einem rückgekoppelten Prozess und deutlich schwieriger zu beantworten, als dies die genannten Theorien zur Medienwahl suggerieren.

5 Die Adaptive Structuration Theory

DeSanctis & Poole (1994) übertragen Ideen der Strukturationstheorie von Giddens (1984) »*Adaptive Structuration Theory*« (AST) auf die Nutzung von Kooperationsmedien in Organisationen. Während bei Giddens das soziale System die Gesellschaft betrachtet, steht bei Poole & DeSanctis (1990) die Gruppe mit ihrer Technologie im Mittelpunkt der Betrachtung. Sie untersuchen, wie Technologie und Gruppenstrukturen Menschen in ihrem Handeln sowohl fördern als auch beschränken.

Nach der zentralen Hypothese der AST ist der Erfolg des Medieneinsatzes von komplexen, rückgekoppelten Wirkungsmechanismen abhängig: Bei *gegebenem*[17] Kooperationsmedium und anderen Quellen für soziale Strukturen $N_1...N_k$ *und* einem idealen Aneignungsprozess *und* Entscheidungsprozessen, die zur anliegenden Aufgabe passen, kommt es zu den erwünschten Ergebnissen der Nutzung von Kooperationsmedien (DeSanctis & Poole, 1994).

---

[17] Im Original fett.

Ob eine Mediennutzung zu den gewünschten Ergebnissen führt, hängt mindestens davon ab, wie das Kooperationsmedium angeeignet wird und ob es zu der anliegenden Aufgabe passt. Was ein gewünschtes Ergebnis ist, kann z. B. über die Effizienz, Qualität oder den Konsens gemessen werden. Die Konstrukte der AST, ihre insgesamt 7 Hypothesen (H1 bis H7) und ihr Wirkungsgeflecht sind in Abb. 10 »Konstrukte und Hypothesen der Adaptive Structuration Theory« zusammengefasst (nach DeSanctis & Poole (1994), S. 132[18]).

Ein Kooperationsmedium wird durch seine Eigenschaften und seinen »Geist« charakterisiert. In dem Maße, wie sich Kooperationsmedien in ihrem Geist und in ihren strukturellen Funktionen unterscheiden, werden unterschiedliche Formen der sozialen Interaktion durch die Technologie gefördert. »Eigenschaften« sind die Funktionen, die das Kooperationsmedium vorsieht: dies kann die Möglichkeit sein, E-Mail zu versenden, gemeinsam Dokumente zu erstellen oder in einer computerunterstützten Sitzung Ideen zu sammeln. Zu den abstrakten Eigenschaften gehört, wie restriktiv das Kooperationsmedium ist, wie anspruchsvoll und ausgefeilt (»sophisticated«) es ist, und welchen Funktionsumfang es abdeckt. Die Funktionen bringen Bedeutung (»Signifikation« im Sinne von Giddens) und Kontrolle (»Herrschaft« im Sinne von Giddens) in die Zusammenarbeit einer Gruppe.

Der »Geist« eines Kooperationsmediums steht für die Absichten, Ziele und Werte, die hinter dem System stehen. Sie drücken sich aus in den geäußerten Erwartungen an den Umgang mit einem Kooperationsmedium und an der offiziellen Haltung dazu, wie die Funktionen eines Kooperationsmediums verwendet werden sollen: Wie sollte ein Entscheidungsprozess mit Hilfe des Kooperationsmediums gestaltet werden? Welchen Führungsstil propagiert es? Welchen Stellenwert nimmt Effizienz ein? Welche Form des Konfliktmanagements ist vorgesehen? Und welche Atmosphäre der Zusammenarbeit wird unterstellt? Im Sinne von Giddens stellen sie die »Legitimation« des Systems dar. Der Geist eines Systems kann auch zur Signifikation und Herrschaft beitragen. Zu dem Geist eines Kooperationsmediums tragen nicht nur die Absichten der Entwickler, sondern auch die der Personen, die das System einführen, und die der Nutzer bei. Je mehr Einigkeit bei allen Beteiligten über den Geist eines Systems besteht, desto größer ist sein Einfluss auf die Nutzung. Eigenschaften und Geist eines Systems bilden zusammen das strukturelle Potenzial eines Systems, mit denen Gruppen soziale Strukturen erzeugen können. In dem Maße, wie sich Telekooperationssysteme in ihrem Geist und in ihren strukturellen Funktionen unterscheiden, werden unterschiedliche Formen der sozialen Interaktion durch die Technologie gefördert (H1).

---

[18] Übersetzung durch den Autor; der Begriff »Advanced Information Technology« wurde durch »Kooperationsmedium« ersetzt.

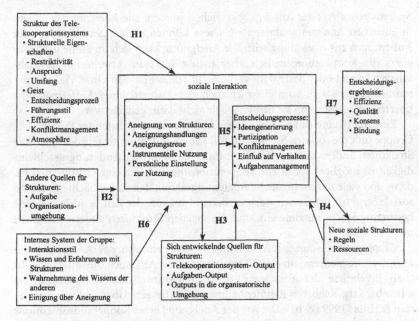

Abb. 10 Konstrukte und Hypothesen der Adaptive Structuration Theory

Ein Kooperationsmedium ist nur eine von vielen Quellen für Strukturen in Gruppen. Weitere Quellen sind die Aufgabe, die Organisation, die Informationen aus der Organisation, die Geschichte der Organisation, ihre Kultur usw. Die Nutzung eines Kooperationsmediums kann von allen abhängig sein (H2). Neue Quellen für Strukturen entwickeln sich, indem die Technologie-, Aufgaben- und Umgebungsstrukturen während der sozialen Interaktion angewendet werden (H3). Auch durch die Nutzung eines Kooperationsmediums selbst entstehen neue Quellen von Strukturen. Wenn beispielsweise eine Gruppe einen internen elektronischen Markt für Aufgaben anlegt, ist dies eine Struktur, die aus der Nutzung heraus entsteht. Dieser elektronische Markt ist dann eine Quelle für soziale Strukturen. Somit entstehen neue soziale Strukturen bei der Interaktion in der Gruppe, indem die Regeln und Ressourcen eines Kooperationsmediums in einem gegebenen Kontext angeeignet und dann bei der Gruppeninteraktion über die Zeit reproduziert werden (H4).

Das Konzept der »Aneignung« ist zentral für die AST: Bei der Aneignung wählt eine Gruppe bestimmte Funktionen eines Kooperationsmediums aus und passt sie sich so an, wie sie es benötigt. Dabei können mit oder ohne Absicht auch die Eigenschaften des Systems verändert und der Geist des

Systems getroffen oder von ihm abgewichen werden. Die Aneignung geschieht in einzelnen Aneignungsaktivitäten: Diese können schlüssiges Handeln oder Äußerungen zur Aneignung sein. Die Aneignung kann sich im Sinne des Designers von Kooperationsmedien, aber auch z. B. kreativ-erweiternd, ironisch-missverstehend oder destruktiv-verneinend vollziehen. Mit einer Videokonferenzanlage lässt sich zum Beispiel auch der Zustand einer Kaffeemaschine übertragen, selbst wenn sie ursprünglich nicht dafür gedacht war.

Eine Aneignung ist kein einmaliger Akt, sondern ein laufender Prozess. Die Gruppe füllt die sozialen Strukturen mit Leben, indem sie sie reproduziert. Die Strukturen ändern sich laufend fort. Eine Abnahme der Änderungsgeschwindigkeit ist möglich: Wenn ein Kooperationsmedium für eine Gruppe neu ist, dann sind viele unterschiedliche Aneignungsaktivitäten zu beobachten und die soziale Struktur kann noch stark variieren. Im Laufe der Zeit pendelt sich eine bestimmte Systemnutzung ein, und die sozialen Strukturen ändern sich nicht mehr so stark.

Gruppenentscheidungsprozesse hängen wiederum von der Aneignung des Kooperationsmediums ab (H5). Damit erklärt die AST auch die unterschiedlichen Ergebnisse der Forschung zu computerunterstützten Sitzungen bei scheinbar vergleichbaren Rahmenbedingungen (für eine Übersicht vgl. Fjermestad & Hiltz (1999a & b)). Die Art der Aneignung eines Kooperationsmediums hängt selbst vom internen System der Gruppe ab (H6). Das interne System einer Gruppe beinhaltet vier Größen:

- *Den Interaktionsstil der Gruppe*: Eine Gruppe kann autoritär geführt werden oder z. B. einen demokratischen Führungsstil haben; sie kann Konflikte offen austragen oder sie unter der Decke halten.

- *Das Wissen und die Erfahrungen der Gruppe mit den Eigenschaften des Kooperationsmediums*: Je nach ihrem Vorwissen und Können werden Gruppenmitglieder unterschiedliche Eigenschaften des Systems nutzen.

- *Die Bekanntheit der Strukturen*: Je bekannter die Eigenschaften und der Geist des Systems sind, desto schneller kann die kritische Masse für eine Nutzung erreicht werden.

- *Die Einigkeit bezüglich der Nutzung*: Je mehr Einigkeit bezüglich der Nutzung besteht, desto eher gelangt die Gruppe zu einem einheitlichen Nutzungsmuster und damit zur produktiven Arbeit.

Es ist schwierig, innerhalb der Strukturationstheorie zu kontingenten Hypothesen zu gelangen, die Aussagen über das Ergebnis der mit Telekooperation unterstützten Arbeit machen. Letztlich können weder das Kooperationsmedium noch die sozialen Strukturen außerhalb des Labors als gegeben angenommen werden, und ideale Aneignungsprozesse und passende Entscheidungsprozesse lassen sich auch schwer finden. Abb. 10 »Konstrukte und Hypothesen der Adaptive Structuration Theory« suggeriert in den Hypothesen H2, H6 und H1 einseitige Ursache-Wirkungs-Zusammenhänge, die so in der Realität ebenfalls nicht zu finden sind: Auch die organisatorischen Strukturen, das interne System der Gruppe und die Struktur des Kooperationsmediums mögen aus analytischen Gründen als konstant angenommen werden, sind es aber nicht immer, sondern können auch wiederum durch die Aneignung der Technologie verändert werden.

Moderation

Birgit Schenk
Ditzingen

Gerhard Schwabe
Universität Koblenz-Landau, Koblenz

1 Ursprünge und Gründe für Moderation

Die Zusammenarbeit in Gruppen gilt traditionell als schwierig. Sie wird häufig als belastend und unproduktiv angesehen. Einige typische Probleme sind:

- Gruppenmitglieder kommen nicht zu Wort, weil Einzelne das Geschehen dominieren oder weil zu wenig Zeit ist;

- Gruppenmitglieder wollen den Nutzen der Gruppenarbeit mitnehmen, ohne sich an der Arbeit zu beteiligen (Trittbrettfahren);

- Gruppen fällen vorschnell schlechte Entscheidungen, weil sie nicht alle Alternativen geprüft haben;

- Gruppenarbeit verläuft ohne Richtung, weil zwischen Ideenerzeugung, Verdichtung zu Alternativen und Bewertung der Alternativen hin- und hergewechselt wird;

- Rollenkonflikte, persönliche Konflikte, Missverständnisse und unausgesprochene Erwartungen belasten das Arbeitsklima[19].

Die Probleme der Gruppenarbeit werden schon seit den 50er-Jahren intensiv in der Soziologie (z. B. von Lewin, 1951[20]), den Kommunikationswissenschaften (z. B. die Arbeiten von Watzlawick et al., 1974[21]), der Psychologie oder für den betrieblichen Alltag in der Betriebswirtschaftslehre erforscht (z. B. die Arbeiten von Simon (1977 & 1997) zum Problemlösen). Die *Moderationslehre* greift deren Forschungsergebnisse und Praxiserfahrungen auf, um umfassend Gestaltungsempfehlungen für die Gruppenarbeit zu geben. Meist hat die moderierte Gruppenarbeit einen Workshopcharakter. Im Folgenden werden

---

[19] zu den Problemen der Gruppenarbeit vgl. Cohn & Matzdorf, 1992, S. 75 und 83f.; Freudenreich, 1997, S. 53.; Nunamaker et al., 1991

[20] Vgl. auch den entsprechenden Beitrag von Hertweck & Krcmar über Theorien zum Gruppenverhalten in diesem Buch.

[21] Vgl. auch den entsprechenden Beitrag von Herrmann über Kommunikation und Kooperation in diesem Buch.

zuerst die Ziele und Kennzeichen der Moderation vorgestellt; im Anschluss wird auf Moderationsmethoden, -techniken und -werkzeuge eingegangen; zum Schluss wird kurz die Bedeutung von Moderation für die CSCW-Forschung diskutiert.

2   Ziele und Kennzeichen der Moderation

Ziel einer Moderation ist es, die Gruppe bei ihrer Zusammenarbeit zu unterstützen, um diese produktiv und effizient zu machen. Diese Aufgabe übernehmen ein oder zwei Personen für eine Gruppe, die als *Moderatoren* bezeichnet werden. Sie helfen der Gruppe eigenverantwortlich zu arbeiten, d. h. Lösungen zu gestellten Aufgaben selbst zu erarbeiten und zu finden.

Ein Moderator muss dabei drei Ebenen im Blick haben und berücksichtigen, die in der Zusammenarbeit zum Tragen kommen: die Aufgabe, die Gruppe und das Individuum. Diese leiten sich aus den drei untrennbaren Funktionen ab, die McGrath (1991), S. 151ff., als in einer Gruppe gleichzeitig ablaufend definiert:

1. Die *aufgabenbezogene Funktion* bzw. Produktionsfunktion, die sich auf die Ausführung einer übertragenen Aufgabe bezieht. Das Produktionsergebnis ist z. B. ein Beitrag zu einer Problemlösung innerhalb der Institution, für die die Gruppe tätig ist.

2. Die *gruppenbezogene Funktion*, die das Wohlbefinden der Gruppe als intaktes und fortdauerndes soziales Gebilde betrifft, z. B. die Übernahme von Rollen in der Gruppe und das Entwickeln von Verhaltensregeln und Normen im und für das Miteinander.

3. Die *personenbezogene Funktion*, die sich auf die Unterstützung des einzelnen Gruppenmitgliedes bezieht, z. B. dem Aufbau von Beziehungen untereinander (vgl. hierzu die Erläuterungen der TIP-Theorie im Beitrag von Schwabe zu Theorien der Mediennutzung bei der Gruppenarbeit in diesem Buch).

Die Rolle des Moderators ist es nun, diese Funktionen zu koordinieren und zu steuern, um die Arbeitsfähigkeit der Gruppe zu erhalten. Dabei hat er sich aus der inhaltlichen Auseinandersetzung heraus zu halten und eine neutrale Position inhaltlich und auch gegenüber Personen einzunehmen. Häufig werden Moderatoren von Extern eingesetzt, um dies zu gewährleisten. Ein Moderator ist also Methodenspezialist, nicht inhaltlicher Experte (vgl. hierzu Hartmann et al., 1999, S. 25ff.). Ihm obliegt in der Vorbereitung die Klärung der Gesamtzielsetzung und Planung der Prozessgestaltung, bei der Durchführung die Prozesssteuerung und –koordination und eine entsprechende Nachbereitung der Gruppenarbeit. Seine Aufgabe ist es dabei auch, das soziale Miteinander der Gruppe zu berücksichtigen. Neben dem Einsatz eines neutralen Moderators sind typische Kennzeichen moderierter Zusammenarbeit:

- *Die Vereinbarung von Regeln der Zusammenarbeit:* Zu Beginn der Zusammenarbeit vereinbaren die Gruppenmitglieder einfache Kommunikationsregeln, wie z. B. dass jeder zu Wort kommt und dass die Gruppenmitglieder fremde Meinungen respektieren.

- *Die Strukturierung des Problemlösungsprozesses:* Die Gruppenarbeit wird in unterschiedliche Problemlösungsphasen gegliedert. Insbesondere werden Ideengenerierung, -verdichtung und Bewertung voneinander getrennt.

- *Der Medieneinsatz:* Die Gruppe verlässt ich nicht nur auf das gesprochene Wort, sondern verwendet Flipcharts, Wandtafeln, Folien und andere Medien, um den Arbeitsfortschritt für alle begreifbar zu machen und zu dokumentieren.

- *Der Einsatz von Moderationsmethoden und -techniken:* Diese machen rezeptartige Vorschläge für die bisher genannten Punkte (vgl. hierzu (Hartmann, 1999, S. 29ff.; Seifert, 1995, S. 78ff.))

- *Ergebnisorientierte Vorplanung:* Die Zusammenarbeit wird ausgehend vom gewünschten Ergebnis geplant und nicht ausgehend von dem aktuellen Problem. Dadurch wir eine zielorientierte Vorgehensweise möglich (vgl. hierzu den Beitrag zur Sitzungsunterstützung)

- *Offenlegung des Prozesses:* Den Gruppenmitgliedern wird die Planung der Zusammenarbeit offen gelegt; sie werden dadurch dazu eingeladen, über die Arbeit zu reflektieren und selbst aktiv zum Gelingen beizutragen (»jeder Teilnehmer ist auch Moderator«).

3 Moderationsmethoden, -techniken und -werkzeuge

Um einen kleinen Einblick zu geben, werden im Folgenden der Ansatz der themenzentrierten Interaktion für die gruppen- und personenbezogenen Aspekte der Gruppenarbeit und die Zukunftskonferenz für die aufgabenbezogenen Aspekte vorgestellt. Beide sind Beispiele für Moderationsmethoden. Moderationstechniken werden dazu verwendet, einzelne Phasen einer Moderationsmethode umzusetzen, z. B. bei der Ideengenerierung aufzuzeigen, wie konkret Ideen gemeinsam gefunden werden können. Bei der Umsetzung werden Moderationswerkzeuge und -materialen verwendet. Moderationstechniken, -werkzeuge und -materialien werden im Anschluss an die Methoden beschrieben.

3.1 Die Methode der themenzentrierten Interaktion für die gruppen- und personenbezogenen Aspekte

Themenzentrierte Interaktion, im Folgenden TZI genannt, ist ein Ansatz für die Moderation von Gruppen, entwickelt von Ruth Cohn (1994). Er basiert auf Erfahrungen und Erkenntnissen der Psychoanalyse sowie der Humanistischen Psychologie. Zwei Charakteristika geben dem Konzept seinen Namen. Zum einen kommen Gruppen zusammen wegen eines bestimmten Themas. Zum Anderen bearbeiten sie dieses in gemeinsamer Interaktion. Dabei fließen die persönlichen Befindlichkeiten des Einzelnen (ICH), der Gruppe (WIR) und des Umfeldes (Globe) mit ein (siehe Abb. 11 »Das TZI-Dreieck«).

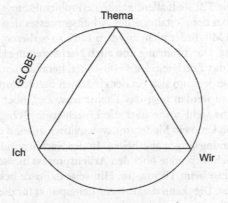

Abb. 11 Das TZI-Dreieck

Ziel ist es, die Personen in ihrer Individualität, ihr interaktionelles Geschehen, das Thema und das Umfeld als jeweils gleichwertig in der Zusammenarbeit zu berücksichtigen und zu behandeln. TZI verleiht dem Gruppenprozess Strukturen, um eine dynamische Balance zu erreichen zwischen den variierenden Bedürfnissen der Individuen, der Gruppeninteraktion und der Aufgabe (ICH – WIR – THEMA – Balance) und des Umfeldes (Globe), im engsten wie im weitesten Sinn.

TZI besteht aus Wertvorstellungen (Axiomen), Postulaten, Methoden und Hilfsregeln. Die Wertvorstellungen dienen als Wert- und Sinnorientierung und sind Kompass im Miteinander (vgl. Cohn & Farau. 1984, S. 357). Die Postulate »Sei dein eigener Chairman, der Chairman deiner selbst.« (Cohn, 1994, S. 120) und »Störungen haben Vorrang.« (Cohn, 1994, S. 121) sind methodische Grundlagen des Miteinanders, da sie das Handeln von Einzelnen und der Gruppe anleiten.

Die Methoden »Dynamische Balance des TZI-Dreiecks im Globe«, das Thema als methodisch didaktische Drehscheibe, der partizipative Leitungsstil sowie das Zusammenwirken von Struktur-Prozess-Vertrauen bieten das Werkzeug für den Moderator in seiner Planung und Ausgestaltung des Arbeits- oder Lernprozesses. Die Hilfsregeln stellen die Umsetzung der Axiome und Postulate dar und sind somit eine Operationalisierung in Form von Interventionshilfen (vgl. Cohn, 1992, S. 124ff.). Sie stellen kein Fixum dar, sondern können beispielsweise als Regeln für die Zusammenarbeit betrachtet und deshalb auch situationsspezifisch mit der Gruppe für die Gruppe erarbeitet werden.

Auf Grund der Mischung aus wolkig-vieldeutigen und damit nahezu universell einsetzbaren Leitbildern und konkreten Handlungsanweisungen in Form von Hilfsregeln erfreut sich TZI bei der Gruppenmoderation zunehmender Beliebtheit. Die TZI stellt allerdings keine Problemlösungstechnik dar, sondern unterstützt bei der Gestaltung des Arbeitsprozesses den Gruppenprozess und die einzelnen Mitglieder nicht aus dem Blick zu verlieren.

Bei der Planung, Durchführung und auch Nachbereitung kann ein Moderator beispielsweise das TZI-Dreieck als Hilfsmittel heranziehen. Bei der Planung kann es genutzt werden, um sich bei der einzelnen Betrachtung der Eckpunkte und Kanten klar zu werden über das Thema bzw. Ziel, über die Gruppe und wie sie zum Thema steht sowie über die Einzelnen in Bezug auf die Gruppe und das Thema. So kann ein Moderator systematisch anhand des TZI-Dreiecks die relevanten Planungsfragen abarbeiten. In der Nachbereitung hilft es bei der Klärung, wo die Schwerpunkte über den Arbeitsprozess hinweg lagen, z. B. bei der Gruppe oder nur beim Thema, um Hinweise dafür zu bekommen, warum was wie gelaufen ist. Dies kann dann als Ausgangspunkt für die nächste Zusammenarbeit in der Gruppe genutzt werden.

3.2 Die Methode der Zukunftskonferenz für die aufgabenbezogenen Aspekte

Ziele der Zukunftskonferenz sind (Weisbord & Janoff, 1995; zur Bonsen, 1994):

- die Beteiligung möglichst vieler Personen,

- das Ermöglichen eines konsensorientierten Dialogs

- in möglichst kurzer Zeit und

- das Wecken von Begeisterung für die Umsetzung der Ergebnisse über das Zusammentreffen hinaus

In Zukunftskonferenzen planen relativ große Gruppen (bis zu 72 Teilnehmer) im Verlauf von bis zu 18 Stunden ihre gemeinsame Zukunft bzw. die
Zukunft ihres gemeinsamen Themas. Die Grundprinzipien der *Zukunftskonferenz* sind,

- das ganze System in einen Raum holen,

- global zu denken, lokal zu handeln,

- eine gemeinsame Vision zu entwickeln und

- in selbststeuernden Gruppen zu handeln.

In fünf Schritten, die alle etwa einen halben Tag lang dauern, arbeiten die
Teilnehmenden an Aufgaben zur Vergangenheit, Gegenwart, Zukunft und des
Konsens über die Ziele sowie deren Ausgestaltung in Form von geplanten Maßnahmen. Die Aufgaben erlauben das Einbringen unterschiedlicher Sichtweisen
und akzeptieren die vorhandene Komplexität des Themas. Sie unterstützt
jedoch nicht das Auffinden und Ausdiskutieren von Problemen und Unterschieden, sondern zielt auf gemeinsame Ziele, die von allen getragen werden
können. Dabei arbeiten alle Teilnehmenden gleichberechtigt miteinander. In
nur 16 Stunden gelingt es, gemeinsame Ziele zu finden und konkrete Maßnah-
menpläne zu erarbeiten.

Schritt-1: Vergangenheit

Es werden die Fragen behandelt: Wer sind wir? Wo kommen wir her? Damit
fließen die Unterschiede und Ähnlichkeiten sowie die Erfahrungen der einzelnen Teilnehmenden ein. Zu Grunde liegt damit die Annahme, dass wir die
Fähigkeit besitzen, aus Erlebtem bzw. Erfahrungen zu lernen. Ausgehend von
der Vielfalt der beteiligten Interessengruppen zielt dieser Schritt stark auf das
Erkennen von Gemeinsamkeiten, ähnlich Erlebtem und ähnlichen Rahmenbedingungen. Die Frage »Was beeinflusst uns?« lenkt unseren Blick letztendlich
auf die Faktoren, die uns als Rahmenbedingungen momentan vorgegeben sind,
die aber ggf. geändert werden könnten. In einem Gesamtmindmap werden
externe Trends dargestellt, die Zusammenhänge aufzeigen und Ansatzpunkte
verdeutlichen.

Schritt-2: Gegenwart

Worauf sind wir stolz? Was bedauern wir? Dies sind die beiden Fragen, die in
diesem Abschnitt bearbeitet werden. Ziel ist es, zum einen die Punkte heraus zu
arbeiten, die wir erhalten möchten, da wir stolz darauf sind. Zum anderen sollen herausgearbeitet werden, was wir in Zukunft nicht mehr möchten, da wir es
in der Vergangenheit bereits bedauerten.

Schritt-3: Zukunft

Was wollen wir erreichen? Was schwebt uns vor? In dieser Phase erarbeiten Kleingruppen ihre Zukunftsversion. Dazu ist Fantasie gefragt, die mit Spielen angeregt wird. Grundsatz ist: Alles ist erlaubt, nichts ist unmöglich! Es sollen nicht schon von vornherein Grenzen gesetzt und damit die Fantasie eingeschränkt werden.

Schritt-4: Konsens

Bei diesem Schritt liegt der Fokus auf dem Konsens. Alle Zukunftsversionen werden erst in Kleingruppen, dann im Plenum auf Gemeinsamkeiten hin analysiert und davon ausgehend eine gemeinsame Zukunftsversion mit gemeinsamen Zielen entwickelt. Erhebt ein Teilnehmer bei einem Ziel Einspruch, ist es kein gemeinsames Ziel mehr. Es kann zwar nochmals neu formuliert werden, um das Einverständnis aller zu erhalten, gelingt dies aber nicht, kommt es in den Themenspeicher.

Schritt-5: Maßnahmen

Ausgehend vom erzielten Konsens werden konkrete Maßnahmen erarbeitet, die von allen Beteiligten getragen und von diesen künftig umgesetzt werden.
In Deutschland sind neben den schon genannten verbreitet:

- *Metaplan* (Schnelle, 1982 & 1973) als die Methode, die Moderation und Moderationsmaterialien wie Pinwände und Moderationskärtchen in Deutschland bekannt gemacht haben, eine Weiterentwicklung von Metaplan ist Synaplan (Feix, 1992),

- *Open Space* (Owen, 1996; Petri, 1996) für die Unterstützung sehr großer Gruppen, die sich ihre Themen selber suchen ,

- *Real Time Strategic Planning* (Jacobs, 1994) zur Unterstützung des Wandels in großen Gruppen (z. B. bei Unternehmensfusionen) und

- *Zukunftswerkstatt* zur Entwicklung eines gemeinsamen, koordinierten Zukunftsplans (Jungk & Müller, 1983); die Zukunftswerkstatt ist für kleinere Gruppen als die Zukunftskonferenz gedacht

- die *Moderationsmethode* (Klebert et al., 1985) als eine allgemeine Anleitung für die Moderation von Kleingruppen.

3.3 Moderationstechniken

In den einzelnen Phasen einer Moderation (z. B. einem Schritt der Zukunftskonferenz) werden Moderationstechniken eingesetzt, um die Zusammenarbeit
möglichst produktiv zu gestalten. Ein klassisches Beispiel für eine Moderati-
onstechnik ist das *Brainstorming* zur Unterstützung der kreativen Ideenfindung
(Osborne, 1957): Für eine Gruppe mit n Personen werden n+1 Zettel mit der
Brainstormingfrage auf den Tisch gelegt. Jeder Teilnehmer nimmt sich einen
Zettel, schreibt eine Idee darauf und legt den Zettel auf den Tisch zurück,
sobald er fertig ist. Der erste Zurücklegende findet dort einen weiteren leeren
Zettel; die nachfolgenden finden einen Zettel mit Ideen von anderen Teilnehmern. Durch diese Ideen können sich die Teilnehmer zu neuen Ideen inspirieren lassen oder sie können von sich aus ganz neue Ideen aufschreiben. Um
einen möglichst offenen Diskurs zu ermöglichen, sind alle Ideen erlaubt und
Kritik ist verboten. Die Zetteltechnik erlaubt es, dass alle Teilnehmer gleichzeitig Ideen sammeln können und nicht darauf warten müssen, bis sie zu Wort
kommen. Außerdem erleichtert die schriftliche Fassung die Weiterverarbeitung
der Informationen in späteren Phasen.

Weitere Moderationstechniken sind z. B.:

Kärtchenabfrage: Alle Gruppenmitglieder erhalten Kärtchen, auf die sie
ihren Beitrag notieren können. Wichtig ist dabei die Leserlichkeit der Karten,
so dass pro Karte nur *eine* Idee mit dickem Filzstift geschrieben werden sollte.
Die Karten werden anschließend eingesammelt und bearbeitet.

Zuruftechnik: Die Moderatoren notieren die Beiträge und Ideen für alle
sichtbar an einer Tafel, einem Flipchart usw., die die Gruppenmitglieder ihnen
zurufen. Kritisch ist hierbei, wenn der Wortlaut durch die Moderatoren verändert wird ohne das Einverständnis dazu zu holen.

Clustern: Die durch Zuruf oder Kartenabfrage gesammelten Beiträge werden sortiert und unter gemeinsamen Oberbegriffen zusammengefasst. Ziel ist
es fokussiert weiterarbeiten zu können.

Mindmap: Ausgehend von einer Kernidee werden weitere Ideen gesammelt,
die durch Linien mit der Kernidee verbunden werden.

Punkten: Stehen mehrere Alternativen zu Wahl, erhalten die Gruppenmitglieder 3-7 Punkte (je nach Alternativenanzahl). Anschließend dürfen sie damit
die Alternativen gewichten, in dem max. 2 Punkte auf eine Alternative geklebt
werden dürfen.

Brainwriting, bzw. 6-3-5-Methode: 6 Teilnehmer schreiben jeweils 3
Lösungsvorschläge auf ein Blatt Papier innerhalb von 5 Minuten. Dann wird
das Blatt an den rechten Partner weitergegeben und es beginnt von vorn. Ideen
dürfen dabei weiterentwickelt oder neu gesponnen werden.

Eine umfassende Sammlung von Moderationstechniken ist bei Van Gundy
(1988) zu finden, detaillierte Fallstudien bei Schwabe (1995).

3.4 Moderationswerkzeuge und -materialien

Moderationswerkzeuge und *-materialien* erleichtern die Kommunikation in der Gruppe, da z. B. einzelne Beiträge visualisiert werden können, und die Moderation, da z. B. der geplante Arbeitsablauf sichtbar gemacht werden kann. Hierzu können ganz unterschiedliche Medien und Materialien eingesetzt werden. Einige gängige klassische Werkzeuge sollen kurz vorgestellt werden:

1. *Moderationspinwände* und *-karten*: Moderationspinwände sind Filztafeln, die üblicherweise mit Packpapier bezogen werden. Auf sie wird mit bunten Faserstiften geschrieben und gemalt, genauso wie kleine bunte Papierrechtecke, -kreise oder -ovale , Moderationskarten genannt, angesteckt werden. Vorteilhaft sind die vielfältigen Möglichkeiten der Gestaltung und Verwendung dieser Tafeln und Karten.

2. *Flipchart*: Dies sind transportable Ständer, an denen 70*100 cm große Papierblöcke, so genannte Flipchartblöcke, angebracht werden. Auf ihnen kann dann ebenfalls mit dicken Faserstiften geschrieben und gemalt werden. In aller Regel sind sie kleiner als Moderationspinwände und bieten nur sehr begrenzt Schreibfläche.

3. *Overheadprojektor und Folien*: Diese Projektionsgeräte für Darstellungen auf Klarsichtfolien werden mit speziellen Stiften beschrieben. Vorteil ist, dass die Klarsichtfolien jederzeit aufgelegt werden können. Ein Nachteil ist, dass sie nicht durchgängig sichtbar bleiben können.

Diesen Medien sind zwei Nachteile gemeinsam: die Dokumentation und die Wiederverwertbarkeit. Meist müssen die Ergebnisse in händischer Form in elektronische Versionen gebracht werden. Aber auch die begrenzte Schreibmöglichkeit, die oft nur Stichworte erlaubt, ist ein Handicap. Nicht zuletzt deshalb wurden elektronische Werkzeuge zur Sitzungsunterstützung entwickelt. Eine Moderationssoftware stellt beispielsweise GroupSystems dar (vgl. den entsprechenden Beitrag von Krcmar et al. über Sitzungsunterstützungssysteme in diesem Buch). Dieses bietet eine Reihe von Tools, die zur Sammlung von Beiträgen auf elektronischen Karten, der Clusterung dieser, aber auch der Bewertung der einzelnen Beiträge oder gebildeten Beitragsgruppen eingesetzt werden können. Vorteil ist hier, dass unbegrenzte Schreibmöglichkeiten bestehen und die Ergebnisse direkt ohne weitere Arbeit elektronisch dokumentiert sind. Nachteilig ist beispielsweise, dass Teilergebnisse nicht sichtbar im Raum aufgehängt werden können oder auch, dass manche Personen immer noch vor der Nutzung von Computern zurück schrecken.

4 Moderation und CSCW

Sobald Gruppen von mehr als fünf Personen zusammenarbeiten, bedürfen sie der Moderation. In Kleingruppen mag es noch ausreichen, wenn irgendein Teilnehmer diese Rolle übernimmt und sich dabei allein auf seine Erfahrung und Intuition verlässt. Mit zunehmender Gruppengröße steigt aber der Bedarf für eine professionelle Moderation. Diese Erkenntnis ist unabhängig davon, ob die Zusammenarbeit mit CSCW-Werkzeugen unterstützt wird oder nicht. Die Forschung zum Einsatz von CSCW-Werkzeugen leidet stark darunter, dass sie häufig versucht, einen direkten Zusammenhang zwischen dem Einsatz von CSCW-Werkzeugen und dem Erfolg der Zusammenarbeit herzustellen (vgl. z. B. die Ausführungen zur Produktivitätswirkung von CSCW). Dabei kommt es wesentlich darauf an, wie die Werkzeuge eingesetzt werden, also wie die Zusammenarbeit moderiert wird. Dabei erweitern CSCW-Werkzeuge den Gestaltungsspielraum von Moderatoren erheblich, insbesondere wenn es sich um spezielle Werkzeuge für moderierte Sitzungen handelt (vgl. den entsprechenden Beitrag von Krcmar et al. über Sitzungsunterstützungssysteme in diesem Buch). Gruppenaktivitäten können einfacher parallelisiert werden (vgl. den entsprechenden Beitrag von Johannsen et al. über Parallelität in diesem Buch), Einzelaktivitäten können anonym bleiben (vgl. den entsprechenden Beitrag von Gräslund et al. über Anonymität in diesem Buch) und das bearbeitete gemeinsame Material ist flexibler und leichter auffindbar (vgl. den entsprechenden Beitrag von Schwabe über gemeinsames Material und Gruppengedächtnis in diesem Buch). Die Moderation beginnt zur Zeit, sich aus ihrer Nische zur Unterstützung von Workshops herauszubewegen und andere Bereiche der Zusammenarbeit mitzuerfassen. Am deutlichsten wird dies bei der Umorientierung der Lehrerrolle beim computerunterstützten kooperativen Lernen (vgl. den entsprechenden Beitrag von Wessner et al. über Kooperatives Lehren und Lernen in diesem Buch). Hier ist der Einsatz von Computersystemen insbesondere dann sinnvoll, wenn der Dozent den Frontalunterricht aufgibt und sich weitgehend auf die Rolle eines Moderators zurückzieht.

Organisationstheorie

Kathrin Möslein
Technische Universität München, München

1 Einleitung

Um sich Gedanken machen zu können über den Beitrag, den die Computerunterstützung zur kooperativen Aufgabenbewältigung in Organisationen zu leisten vermag, ist zunächst das grundlegende Organisationsproblem als Wurzel allen Organisierens näher zu betrachten. Das ist die Aufgabe des vorliegenden Beitrags. Es verdeutlicht zunächst die *Grundstruktur* des klassischen Organisationsproblems (Abschnitt 2), gibt einen knappen Überblick über *Sichtweisen* des Organisationsproblems aus den unterschiedlichen Blickwinkeln alternativer Theorietraditionen (Abschnitt 3) und verweist auf die grundlegende, theoretisch interessante und praktisch relevante *Fragestellung* zur Rolle der Computerunterstützung kooperativen Arbeitens in Organisationen (Abschnitt 4).

2 Das Organisationsproblem

Organisation begegnet uns auf Schritt und Tritt; denn Organisation ist immer dann notwendig, wenn Aufgaben zu bewältigen sind, die nicht von einer Person in einem Schritt erledigt werden können. Tatsächlich überschreiten die meisten Aufgaben, mit denen Menschen konfrontiert werden, die begrenzte Kapazität eines einzelnen Individuums. Ihre Bewältigung verlangt folglich nach Organisation. Das ist die Wurzel des Organisationsproblems[22].

Egal welche Aufgaben man betrachtet – den Frühjahrsputz oder die Vorbereitung eines Familienfestes, die Entwicklung virtueller Welten oder abgasarmer Motoren, die Produktion von Streichhölzern, Automobilen oder Softwareprodukten, den Vertrieb von Waschpulver oder Serviceleistungen, die Durchführung medizinischer Operationen oder bauwirtschaftlicher Großprojekte, die Kinderbetreuung oder Altenpflege, ... – immer ist Organisation notwendig, sobald eine Aufgabe die begrenzte Kapazität eines Einzelnen übersteigt. Es geht also darum, die Aufgabenbewältigung arbeitsteilig zu gestalten. Das bedingt eine Herausbildung arbeitsteiliger Leistungssysteme. *Organisation* bedeutet in diesem Sinne ein Zweifaches, nämlich

---

[22] Vgl. hierzu und im Folgenden Möslein (2000) und Reichwald & Möslein (1999).

- *erstens*, die Aufgabe geeignet aufzuteilen *(Aufgabenteilung)*, und

- *zweitens*, die Durchführung der Teilaufgaben zu koordinieren *(Koordination)*.

Da in realen Systemen die Ressourcen, die für eine Aufgabenbewältigung zur Verfügung stehen, zudem stets beschränkt sind, sind Leistungssysteme dann im Vorteil, wenn es ihnen gelingt, Kapazitätsgrenzen zu überwinden und zugleich eine Verschwendung knapper Ressourcen zu vermeiden. Organisationen bzw. Organisationsstrukturen dienen somit der Koordination arbeitsteiliger Aufgabenerfüllung. Organisation – als Wechselspiel von *Aufgabenteilung* und *Koordination* – zielt auf eine ökonomische Gestaltung der koordinierten Aufgabenbewältigung. Es geht darum, knappe Ressourcen so einzusetzen, dass das angestrebte Ziel erreicht wird *(Effektivität)* und dabei möglichst wenig Ressourcen verzehrt werden *(Effizienz)*. Im Wettbewerb um knappe Ressourcen setzt sich dabei letztlich die Organisationsform durch, die eine möglichst reibungslose Abwicklung arbeitsteiliger Leistungsprozesse erlaubt (Picot et al., 1997). Die Frage nach der geeigneten Zerlegung einer Gesamtaufgabe in Teilaufgaben und deren zielorientierter Abstimmung bildet also das grundlegende *Organisationsproblem*. Dieses Problem und seine Lösung stehen seit jeher im Zentrum der Organisationswissenschaft.

Dem Organisationsproblem ist ein *Koordinationsproblem* inhärent. Es bezieht sich auf zwei analytisch trennbare Teilprobleme der koordinierten Aufgabenbewältigung:[23] die *»Überwindung des Nichtwissens«* und die *»Überwindung des Nichtwollens«*. Sowohl »Wissensdefizite« als auch »Wollensdefizite« bedingen Reibungsverluste in der Zusammenarbeit, die es zu überwinden gilt. Für die Koordination arbeitsteiliger Aufgabenbewältigung ist es daher erforderlich, dass die beteiligten Akteure

- *erstens* über die für die Aufgabenbewältigung notwendige Information verfügen *(Informationsverteilung)* und

- *zweitens* dazu bereit sind, erwartete Leistung zu erbringen und vereinbarte Spielregeln einzuhalten *(Motivation)*.

Beides ist nicht automatisch gegeben und kann mit ganz unterschiedlichen Mechanismen erreicht werden. So erfolgt die *Informationsverteilung* im Unternehmen durch betriebliche Informationssysteme personeller, technischer oder organisatorischer Art. Im idealtypischen Markt hingegen liefert der Preismechanismus die für die Akteure handlungs- und entscheidungsrelevante Information. Motivation kann zwar direkt entstehen, wie im Falle eines Flugzeugpi-

---

[23] Vgl. hierzu und im Folgenden insbesondere Campbell (1997) sowie Picot et al. (1997), S. 6ff.

loten, der ebenso wie seine Passagiere daran interessiert ist, sicher am Zielort zu landen. Das Schicksal der Wartungstechniker hingegen, die am Boden für die Sicherheit der Flugzeuge Sorge tragen, ist nicht mehr direkt mit den Interessen der Fluggäste verbunden. Immer wenn – wie in diesem Fall – die Zielsysteme der Akteure nicht direkt mit dem Gesamtziel der Aufgabenbewältigung verknüpft sind, sind spezielle Anreizmechanismen erforderlich, um die Motivation der Akteure sicherzustellen.

Je nachdem, welche Mechanismen der Informationsverteilung und Motivation in der Aufgabenkoordination zum Einsatz kommen, geht die Koordination der arbeitsteiligen Aufgabenbewältigung leichter oder schwieriger vonstatten, entstehen mehr. oder weniger Reibungsverluste, zeichnet sich das Leistungssystem durch höhere oder niedrigere Effektivität und Effizienz aus. Es ist daher nicht unerheblich für den Erfolg arbeitsteiliger Leistungssysteme, wie die Koordination der Leistungserstellung erfolgt. Techniken und Instrumente, die die Koordination unterstützen und erleichtern, sind von besonderem Interesse. Abb. 12 »Struktur des Organisationsproblems« (nach Möslein, 2000) fasst die Struktur des grundlegenden Organisationsproblems nochmals grafisch zusammen.

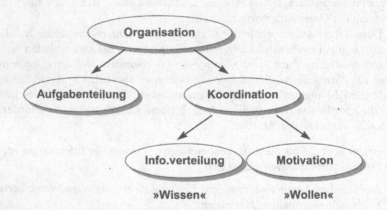

Abb. 12 Struktur des Organisationsproblems

3 Entwicklungslinien der Organisationsforschung

Entscheidungen über Prinzipien der Aufgabenteilung sowie Mechanismen der Koordination bestimmen die Gebilde- und Prozessstruktur arbeitsteiliger Leistungssysteme. Sie determinieren den Aufbau von Unternehmen, die Gestaltung von Wertschöpfungsprozessen und die Strukturierung von Märkten. Unsere gesamte Wirtschaft basiert auf dem Prinzip arbeitsteiliger Aufgabenbewältigung – einer Arbeitsteiligkeit zwischen Einzelpersonen *(interpersonelle Arbeitsteilung)*, zwischen Institutionen *(inter-institutionelle Arbeitsteilung)* und Nationen *(internationale Arbeitsteilung)*. Die Organisationslehre konzentriert sich traditionell auf Fragen *interpersoneller Arbeitsteilung innerhalb von Unternehmen*. Sie fragt nach Konzepten und Prinzipien zur Strukturierung von Unternehmen, identifiziert typische Unternehmensstrukturen, analysiert Strukturvariablen, Bedingungsfaktoren und Effizienzkriterien für die Gestaltung von Unternehmensorganisationen und entwickelt Ansätze und Methoden zur (Re–)organisation der Gebilde- und Prozessstruktur von Unternehmen.[24]

Doch nicht nur Unternehmen, auch Märkte koordinieren arbeitsteiliges Handeln. Im Spektrum zwischen Unternehmung und Markt existiert eine Vielzahl alternativer organisatorischer Kooperations- und Einbindungsformen, die heute in Theorie und Praxis zunehmend an Bedeutung gewinnen.[25] Mit der Öffnung der Unternehmung zum Markt und der tendenziellen Auflösung der Unternehmung im klassischen Sinne des integrierten, klar abgrenzbaren Ganzen öffnet sich heute auch die Organisationslehre verstärkt Fragen der *inter-institutionellen Arbeitsteilung zwischen Unternehmen* sowie Fragen einer wettbewerbsstrategischen Restrukturierung von Unternehmensorganisationen vor dem Hintergrund von *internationaler Arbeitsteilung* und globalem Standortwettbewerb.[26]

Vor einer weiteren Auseinandersetzung mit Grundfragen der Organisation sind zunächst zwei grundsätzlich unterschiedliche Organisationsbegriffe gegeneinander abzugrenzen:

- der *instrumentelle Organisationsbegriff* (»Die Unternehmung *hat* eine Organisation.«) und

- der *institutionelle Organisationsbegriff* (»Die Unternehmung *ist* eine Organisation.«).

---

[24] Vgl. stellvertretend für viele: Picot (1999) sowie die dort angegebene Literatur.
[25] Vgl. stellvertretend für viele: Milgrom & Roberts (1992).
[26] Vgl. hierzu beispielsweise Picot & Reichwald (1994), Picot et al. (1997 & 2001).

Unter Organisation im Sinne des instrumentellen Organisationsbegriffs wird »die Gesamtheit der auf die Erreichung von Zwecken und Zielen gerichteten Maßnahmen verstanden (...), durch die ein soziales System strukturiert wird und die Aktivitäten der zum System gehörenden Menschen, der Einsatz von Mitteln und die Verarbeitung von Informationen geordnet werden« (Hill et al., 1989, S. 17). Hier wird Organisation also als Mittel zur Zielerreichung sozialer Systeme aufgefasst. Dieser Organisationsbegriff ist insbesondere in der betriebswirtschaftlichen Organisationslehre des deutschen Sprachraums vorherrschend. Er liegt auch der Strukturierung des Organisationsproblems in diesem Kapitel zugrunde.

Demgegenüber baut die angloamerikanische Organisationslehre i.d.R. auf einem institutionellen Verständnis von Organisation auf. Die Organisation wird dort verstanden als ein soziales Gebilde, welches dauerhaft ein Ziel verfolgt (spezifische Zweckorientierung), eine formale Struktur besitzt, durch die die Aktivitäten der Mitglieder auf das verfolgte Ziel hin ausgerichtet werden sollen (geregelte Aufgabenteilung und Koordination), und beständige Grenzen aufweist zwischen organisatorischer Innenwelt und Außenwelt. Wie es die Mehrdeutigkeit des Organisationsbegriffes bereits nahe legt, gibt es erwartungsgemäß nicht eine homogene Theorie der Organisation. Vielmehr existiert eine Vielzahl organisationstheoretischer Ansätze. Tab. 5 »Entwicklungslinien der Organisationstheorie« zeigt wesentliche Entwicklungslinien der Organisationstheorie im Überblick (nach Reichwald & Möslein, 1999, S. 31).

- *Klassische Ansätze* – der Managementansatz von Frederick W. Taylor (1856-1915), der administrative Organisationsansatz von Henry Fayol (1841-1925) und der Bürokratie-Ansatz Max Webers (1864-1920) – gelten als die Wegbereiter der heutigen Organisations- und Managementlehre. Entstanden zu Beginn dieses Jahrhunderts als Antwort auf die Herausbildung der ersten großen Industrie- und Verwaltungsorganisationen zielen sie – wenngleich mit ganz unterschiedlicher Schwerpunktsetzung – gleichermaßen auf eine technisch-rationale Optimierung formaler Organisationsstrukturen: auf einen »one best way« organisatorischer Gestaltung. Ihre konsequente Ausrichtung an der Leitidee der Rationalisierung bescherte der tayloristischen Industrieorganisation ebenso wie der administrativ-bürokratischen Verwaltungsorganisation in der Praxis bis heute beachtliche Erfolge. Die Effizienz der nach diesen Ansätzen gestalteten Organisationen beruht jedoch im Wesentlichen auf ihren mechanistischen Funktionsprinzipien und deren Anwendung auf eine weitgehend stabile, wenig komplexe Aufgabenwelt. Soziale Bedürfnisse, zwischenmenschliche Beziehungen sowie individuelle Kreativitäts- und Innovationspotenziale bleiben zugunsten einer rein technisch-rationalen Organisationsoptimierung ausgeblendet.

• *Humanorientierte Ansätze* versuchen, die engen Grenzen einer rein tech-
nisch-instrumentellen Rationalität in vielfacher Weise zu überwinden. Sie
verweisen auf die Rolle sozialer Bedürfnisse, zwischenmenschlicher Beziehungen und informeller Strukturen und Prozesse *(motivationsorientierte
Ansätze)* und machen menschliche Entscheidungsprozesse und Verhaltensmuster zu einem zentralen Betrachtungsobjekt *(verhaltenswissenschaftliche
Ansätze)*. Ein wichtiges Verdienst dieser humanorientierten Ansätze ist die
Abkehr vom mechanistischen Menschenbild und die Einbeziehung sozio-
emotionaler Rationalität in Organisationen. Mit der Öffnung der Organisa-
tionslehre für sozialpsychologische Erkenntnisse haben sie neuere Organisa-
tionsansätze bis hin zur aktuellen Managementlehre nachhaltig beeinflusst.
Ihre Fortentwicklung erfahren sie in Arbeiten der *Organisational-Behavior-
Forschung*. Als ausgewählte aktuelle Vertreter dieser verhaltensorientierten
Organisations- und Managementforschung sind zu nennen: Galbraith &
Lawler III (1993), Staehle (1994), Pfeffer (1997), Ghoshal & Bartlett (1999).

• *Systemorientierte Ansätze* bauen auf Erkenntnisse der Kybernetik, der
Systemtheorie und des Konstruktivismus *(systemtheoretische Ansätze)* oder
orientieren sich an evolutionären Prozessen als Leitbild für die Erklärung
und Gestaltung organisatorischen Wandels *(evolutionstheoretische Ansätze)*.
Sie wenden sich ab von der klassisch impliziten Annahme stabiler Rahmenbedingungen organisatorischen Handelns. Ihr stellen sie ein Organisations-
verständnis entgegen, welches Unternehmen im Wesentlichen als evolvie-
rende Systeme zur Bewältigung komplexer Aufgabenstellungen in einer
turbulenten Umwelt begreift. Im Sinne einer *Organisational-Architecture-
Perspektive* richten sich Forschungsbemühungen in diesem Bereich insbesondere auf die Erklärung und praktische Gestaltung organisatorischen
Wandels. Als ausgewählte aktuelle Vertreter sind zu nennen: Probst (1987a
& 1993), Nadler et al. (1994), Bleicher (1996), Malik (1996), Kirsch (1997).

• *Institutionenökonomische Ansätze* sprengen – ausgehend von der Markt-
Hierarchie-Dichotomie – die Innenorientierung organisatorischer Gestaltung. Sie betrachten Institutionen im gesamten Spektrum zwischen Markt
und Hierarchie als alternative Koordinationsformen der Leistungserstellung
und fokussieren dabei alternativ auf eine situationsgerechte Spezifizierung
und Verteilung von Handlungs- und Verfügungsrechten *(Property-Rights-
Theorie)*, eine aufgabenbezogene Minimierung von Koordinationskosten
(Transaktionskostentheorie) oder ein möglichst optimales Vertragsdesign
zwischen Auftraggeber und Auftragnehmer *(Principal-Agent-Theorie)*. Im
Rahmen aktueller Arbeiten der *Organizational-Economics-Forschung* wachsen diese neoinstitutionalistischen Teilsichten heute zunehmend zu einer
ökonomischen Gesamtbetrachtung der Organisation zusammen, welche

sich aus einer insgesamt rational-orientierten Perspektive sowohl Erklä-
rungs- als auch Gestaltungsfragen zur Lösung des Organisationsproblems
widmet. Als ausgewählte aktuelle Vertreter sind bspw. zu nennen: Williamson (1985 & 1999), Milgrom & Roberts (1992), Richter & Furubotn (1996),
Picot et al. (1997).

- *Wettbewerbsstrategische Ansätze* haben in jüngster Zeit für die praktische
Organisationsgestaltung erhebliche Bedeutung erlangt. Ausgehend von der
aktuellen Wettbewerbssituation bieten sie pragmatische Gestaltungskonzepte für die organisatorische Neuausrichtung von Unternehmen im internationalen Standortwettbewerb. Die gelieferten Restrukturierungsempfeh-
lungen orientieren sich dabei insbesondere am Leitbild einer Konzentration
auf Kernkompetenzen (*»Core Competencies«*), der Zielvorstellung einer
individualisierten Massenproduktion (*»Mass Customization«*) oder an der
Leitidee der radikalen Prozessoptimierung (*»Business Process Reengineering«*). Als aktuelle Ansätze sind hier – neben den bereits angesprochenen
Konzepten von Prahalad & Hamel (1990), Pine II (1993) und Hammer &
Champy (1993) – insbesondere die praxisorientierten Strategiekonzepte
von Porter (1995) sowie die theoriegeleiteten Effizienzkonzepte zur Organisationsgestaltung von Frese (1993) zu nennen.

Tab. 5 Entwicklungslinien der Organisationstheorie

Entwicklungslinien der Organisationstheorie		
Ansatz:	*Hauptvertreter:*	*Leitidee:*
Klassische Organisationsansätze:		
»Scientific Manage-ment« (Taylorismus)	Taylor (1913)	»Wissenschaftliche Betriebsführung« als technisch-rationale, produktivitätsorientierte Organisationsgestaltung
Administrativer Ansatz	Fayol (1916)	»Administration Industrielle et Générale«: Generelle Organisationsprinzipien als Handlungsanleitung für das Management
Bürokratie-Ansatz	Weber (1990)	»Wirtschaft und Gesellschaft«: die Bürokratie als »formal rationalste Form der Herrschaftsausübung«

Entwicklungslinien der Organisationstheorie		
Ansatz:	*Hauptvertreter:*	*Leitidee:*
Humanorientierte Ansätze:		
Motivationsorientierte Ansätze: • Human-Relations-Ansatz, • Human-Resources-Ansatz	• Mayo (1933); Roethlisberger & Dickson 939); • Mc Gregor (1960); Likert (1961), Argyris (1964), Herzberg (1966)	• Hawthorne-Experimente verweisen auf die Rolle sozialer Bedürfnisse in Organisationen • Zielsetzung einer Vereinbarkeit von individueller Bedürfnisbefriedigung und ökonomischer Zielerreichung
Verhaltenswissenschaftlich orientierte Ansätze	Barnard (1938) Simon (1997) March & Simon (1958) Cyert & March (1963)	verhaltenswissenschaftliche Öffnung der Organisationslehre; menschliche Entscheidungsprozesse stehen im Zentrum
Systemorientierte Ansätze:		
Systemtheoretische Ansätze	Ackoff (1960), Thompson (1967), Lawrence & Lorsch (1967), Luhmann (1964)	Organisationen als • kybernetische Regelkreise; • offene Systeme; • selbstorganisierende Systeme
Evolutionstheoretische Ansätze	Hannan & Freeman (1977), Aldrich (1979), Malik & Probst (1981)	Evolutionäre Prozesse als Leitbild für die Erklärung und Gestaltung organisatorischen Wandels
Institutionenökonomische Ansätze:		
Property-Rights-Theorie	Coase (1960), Alchian & Demsetz (1972)	Organisation als Spezifizierung und Verteilung von Handlungs- und Verfügungsrechten
Transaktionskostentheorie	Coase (1937), Williamson (1983)	Organisation als Auswahl der transaktionskostenminimalen Koordinationsform
Principal-Agent-Theorie	Jensen & Meckling (1976), Pratt & Zeckhauser (1985)	Organisation als optimales Vertragsdesign zwischen Auftraggeber und Auftragnehmer
Wettbewerbsstrategische Ansätze:		
Theorie der Kernkompetenzen	Prahalad & Hamel (1990)	Leitidee der Konzentration auf Kernkompetenzen
»Business Process Reengineering«	Hammer & Champy (1993)	Leitidee der radikalen Prozessoptimierung
»Mass Customization«	Pine II (1993) Piller (2000)	Leitidee der individualisierten Massenfertigung

Die vorgenommene Überblicksdarstellung bleibt zwangsläufig lückenhaft. Sie ist jedoch dazu geeignet, für unterschiedliche Sichtweisen des Organisationsproblems das notwendige Rahmenwerk zu bieten, vor dessen Hintergrund die Rolle der Computerunterstützung kooperativen Arbeitens für Organisationen diskutiert werden kann. Dazu fasst Abb. 13 »Sichtweisen des Organisationsproblems« (nach Möslein, 2000) zentrale Entwicklungslinien der Organisationsforschung nochmals schematisch zusammen.[27]

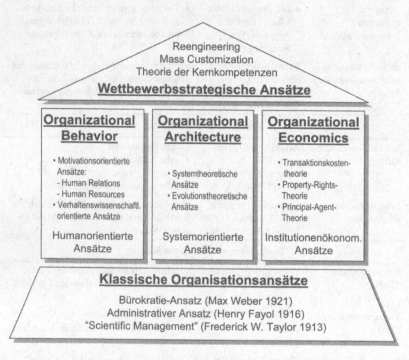

Abb. 13 Sichtweisen des Organisationsproblems

---

[27] Für eine weiterführende Behandlung unterschiedlicher Entwicklungsphasen und Entwicklungsrichtungen der Organisationswissenschaft sei beispielsweise auf die Darstellungen von Robbins (1990), Hill et al. (1992), Scott (1992), Kieser (1993), Morgan (1997) und Schreyögg (1998) verwiesen. Prägnante Kurzdarstellungen zu allen zentralen Aspekten der Organisationsforschung finden sich in Frese (1992).

4 Information und Kommunikation in Organisationen

Information und Kommunikation sind grundlegende Voraussetzungen für das Funktionieren jeder arbeitsteiligen Organisation. Ohne Informationsaustausch ist kein Leistungsaustausch und keine Abstimmung zwischen kooperierenden Aufgabenträgern möglich, weder innerhalb einer Organisation noch über Organisationsgrenzen hinweg. Information und Kommunikation sind damit zentrale Bestandteile ökonomischen Handelns; das Management von Information und Kommunikation in Organisationen ist daher eine Aufgabe von erheblicher wettbewerbsstrategischer Bedeutung. Betriebliches Informations- und Kommunikationsmanagement versteht sich als die effektive und effiziente Gestaltung von Informationsströmen und Kommunikationsprozessen und erfordert eine an den konkreten Aufgaben und Zielen ausgerichtete Gestaltung des Informations- und Kommunikationssystems im Hinblick auf Organisation, Personal und Technik (Reichwald, 1999).

Von besonderer Bedeutung ist die Wahl der passenden informations- und kommunikationstechnischen Unterstützungssysteme in Kooperationsprozessen insbesondere, wenn diese örtlich und zeitlich verteilt stattfinden. Kooperation zwischen Menschen basiert auf Kommunikation. Immer wenn die Zusammenarbeit zwischen Menschen medienunterstützt erfolgt, wird die Medienwahl daher zu einer zentralen erfolgskritischen Entscheidung (vgl. hierzu ausführlich den entsprechenden Beitrag von Schwabe über Theorien zur Mediennutzung bei der Gruppenarbeit in diesem Buch). Für die Anforderungen, die an die Medienunterstützung zu stellen sind, ist dabei die Frage von Bedeutung, welche Kooperationsprozesse stattfinden. Für Routineaufgaben, die nach festen Regeln oder Programmen ablaufen, sind tendenziell auch die Kommunikationsprozesse und Kooperationspartner im Wesentlichen gleichbleibend. Anders liegen die Verhältnisse im Bereich der Individualaufgaben. Kooperations- und Kommunikationspartner können von Fall zu Fall verschieden sein, und die Partner können sich fallweise innerhalb oder außerhalb der Organisation befinden. Unsicher ist, welche Informationen mit den Kooperationspartnern auszutauschen sind. Auch die Wahl des Kommunikationsweges ist im einzelnen unterschiedlich. Diese Kooperationsbeziehungen und Arbeitsverflechtungen haben für die Effektivität und Effizienz von Unterstützungssystemen entscheidende Bedeutung.

Aus der Analyse der Kooperationsbeziehungen ergibt sich, inwieweit die Kommunikationsprozesse strukturiert und durch neue Informations- und Kommunikationstechnologien unterstützt werden können. Neuere Lösungen für die Unterstützung von Kooperationsprozessen sind zunehmend so ange-

legt, dass mediengestützte Lösungen sowohl zu einer Optimierung gut strukturierter Geschäftsprozesse als auch zur Unterstützung schlecht strukturierter
Kooperations- und Führungsprozesse beitragen (vgl. Abb. 14 »Aufgabenbezogenes Nutzungsprofil des Technologieeinsatzes«, nach Bullinger (1994), S.
271).

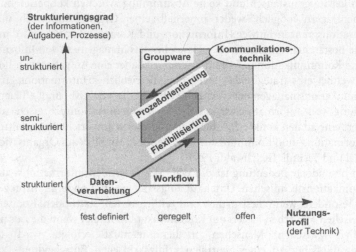

Abb. 14 Aufgabenbezogenes Nutzungsprofil des Technologieeinsatzes

Softwareergonomie

Horst Oberquelle
Universität Hamburg, Hamburg

1 Entstehung und Anliegen

Die Softwareergonomie ist ein interdisziplinäres Feld, welches sich seit Mitte der 80er Jahre mit der weiten Verbreitung interaktiver Systeme im Arbeitsleben als Antwort auf Benutzbarkeitsprobleme entwickelt hat. Sie befasst sich allgemein mit der Gebrauchstauglichkeit (»usability«) interaktiver Software, von Individualsoftware bis zu Groupware. Dabei stehen Produktivität und Benutzergerechtheit gleichermaßen im Vordergrund. Eine Einführung findet man bei Eberleh et al. (1994).

Gebrauchstauglichkeit drückt sich in drei wesentlichen Eigenschaften aus:

- *Effektivität:* Kann der Benutzer seine Ziele überhaupt erreichen, kann er seine Aufgaben computergestützt erledigen?

- *Effizienz:* Können die Aufgaben ohne unnötige Umwege erledigt werden?

- *Zufriedenheit:* Kann der Benutzer ohne unangemessene Belastungen, im Idealfall mit Spaß seinen Zielen nachgehen?

1.1 Kontextbezug

Um *interaktive Software* mit dem Ziel der Gebrauchstauglichkeit zu gestalten, ist es unabdingbar, den *Nutzungskontext* in Betracht zu ziehen und das abstrakte Konzept »Benutzer/Benutzerin« differenzierter zu fassen.

Hier erweist sich eine Variante der sog. *Leavitt-Raute* (Leavitt, 1974; vgl. Abb. 15 »Wechselwirkungsgefüge für interaktive Systeme«) als nützlich, welche die Wechselwirkungen von vier Faktoren betrachtet:

- Benutzer als *Personen* mit ihren perzeptiven und motorischen, kognitiven, emotionalen und sozialen Fähigkeiten und Zielen: Hier werden vor allem Erkenntnisse der Psychologie über Wahrnehmung, Denken, Lernen und Handeln benötigt.

- Benutzer als Bearbeiter von *Aufgaben,* die mit Hilfe des interaktiven Systems zu lösen sind: Für die Analyse und Gestaltung von Aufgaben können Erkenntnisse aus der Arbeitswissenschaft und dem jeweiligen Anwendungsfach herangezogen werden.

- Benutzer als Rollenträger in einer *Organisation* und die organisatorische Einbettung des technischen Systems: Zur Berücksichtigung des organisatorischen Kontextes können Organisationswissenschaften, Wirtschaftswissenschaften und Soziologie beitragen. Diese Bereiche standen bisher aber eher am Rande.

- Das *interaktive System* mit seinen technischen Optionen und Restriktionen. Hier können virtuelle Welten realisiert werden, in denen Benutzer z. B. interaktiv Dokumente und andere Materialien mit Werkzeugen bearbeiten.

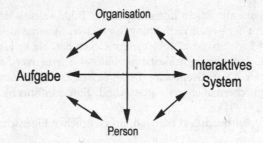

Abb. 15 Wechselwirkungsgefüge für interaktive Systeme

Die Softwareergonomie bereitet interdisziplinäres Wissen über den Kontext auf, welches für die benutzergerechte Gestaltung benötigt wird. Sie stellt einsetzbare Methoden und Werkzeuge bereit, die für Teilaufgaben der Gestaltung, wie Analyse, Modellbildung und Evaluation, benötigt werden. Sie entwickelt Verfahren, die geeignet sind, integriert in die Anwendungsentwicklung zu besserer Gebrauchstauglichkeit beizutragen.

Die ersten drei Faktoren liefern Anforderungen für die Gestaltung von interaktiver Software. Jede Veränderung in einem der Faktoren kann Rückwirkungen auf die anderen haben (Rückpfeile).

1.2 Gestaltungsgrundsätze

Gebrauchstauglichkeit für interaktive Software, die bei Bürotätigkeiten eingesetzt wird, kann durch sieben Grundsätze gefasst werden (»Grundsätze der Dialoggestaltung«, ISO 9241, Teil 10, 1997), welche allgemein anerkannte Produkteigenschaften beschreiben. Sie können zur Umsetzung der Bildschirmarbeit-Verordnung angewandt werden, die seit dem 1.1.2000 auf alle Bildschirmarbeitsplätze anzuwenden ist, also auch auf Groupware. Diese Grundsätze umfassen:

- *Aufgabenangemessenheit:* Ein Dialog ist aufgabenangemessen, wenn er den Benutzer unterstützt, seine Arbeitsaufgabe effektiv und effizient zu erledigen.

- *Selbstbeschreibungsfähigkeit:* Ein Dialog ist selbstbeschreibungsfähig, wenn jeder einzelne Dialogschritt durch Rückmeldung des Systems unmittelbar verständlich ist oder dem Benutzer auf Anfrage erklärt wird.

- *Steuerbarkeit:* Ein Dialog ist steuerbar, wenn der Benutzer in der Lage ist, den Dialogablauf zu starten sowie seine Richtung und Geschwindigkeit zu beeinflussen, bis das Ziel erreicht ist.

- *Erwartungskonformität:* Ein Dialog ist erwartungskonform, wenn er konsistent ist und den Merkmalen des Benutzers entspricht, z. B. seinen Kenntnissen aus dem Arbeitsgebiet, seiner Ausbildung und seiner Erfahrung sowie den allgemein anerkannten Konventionen.

- *Fehlertoleranz:* Ein Dialog ist fehlertolerant, wenn das beabsichtigte Arbeitsergebnis trotz erkennbar fehlerhafter Eingaben entweder mit keinem oder mit minimalem Korrekturaufwand seitens des Benutzers erreicht werden kann.

- *Individualisierbarkeit:* Ein Dialog ist individualisierbar, wenn das Dialogsystem Anpassungen an die Erfordernisse der Arbeitsaufgabe sowie an individuelle Fähigkeiten und Vorlieben der Benutzer zulässt.

- *Lernförderlichkeit:* Ein Dialog ist lernförderlich, wenn er den Benutzer beim Erlernen des Systems unterstützt und ihn anleitet.

Die Grundsätze können bei gegebenem Kontext zu Prüfkriterien operationalisiert werden (vgl. Dzida, 1994). Sie müssen für den Fall von Groupware neu interpretiert und ggf. erweitert werden).

Diese Grundsätze sind als eine Minimalforderung vor dem Hintergrund eines Konzeptes von menschengerechter Arbeit zu verstehen, wie es in der Arbeitswissenschaft, etwa von Volpert (1990), formuliert wurde. Es zielt auf den kompetenten, verantwortlich handelnden, lernfähigen Benutzer mit ganzheitlichen Aufgaben, mit dem Anspruch auf Handlungs- und Entscheidungsspielräume, Möglichkeiten zur sozialen Interaktion und zur persönlichen Entfaltung und Entwicklung. Eine solche Leitvorstellung ist nicht unumstritten und gerät leicht in Konflikt mit Vorstellungen von stark arbeitsteiliger, fremdkontrollierter Arbeit.

2 Softwareergonomie und CSCW

Das Anwendungsfeld CSCW stellt die Softwareergonomie vor neue Herausforderungen bzgl. des Kontextes (vgl. Oberquelle, 1991; Friedrich, 1994).

2.1 Komplexere Kontexteinbettung

Die vier Komponenten der Leavitt-Raute (vgl. Abb. 15 »Wechselwirkungsgefüge für interaktive Systeme«) müssen erneut betrachtet werden.

1. Nicht nur die einzelne Person sondern Gruppen von Personen sind zu betrachten. Phänomene von Gruppen- und Sozialverhalten sind zu berücksichtigen.

2. Die zu betrachtenden Aufgaben sind durch unterschiedliche Interessen und gemeinsam und einzeln zu bearbeitende Teilaufgaben komplexer. Neben die computergestützte Bearbeitung von Materialien mit Werkzeugen treten Kommunikations- und Koordinationsaufgaben. Zur Regelung der Zusammenarbeit sind zusätzliche Abstimmungsprozesse notwendig.

3. Die organisatorische Einbindung wird von einem Randphänomen zu einer zentralen Angelegenheit. Das Spektrum reicht von arbeitsteiligen, fremdgesteuerten Arbeitsprozessen mit festgelegten Abläufen (Workflows) bis zu autonom organisierten, offenen Arbeitsformen. Die technisch vermittelte Kommunikation und Kooperation führt zu einem verstärkten Kontextverlust. Die Globalisierung von kooperativer Arbeit mit Überschreitung von Organisationsgrenzen wirft völlig neue Fragen auf.

4. Die zu betrachtende Software ist komplexer: der Computer wird nicht nur als Arbeitsmittel zur gemeinsamen Bearbeitung und Aufbewahrung von digitalem Material eingesetzt, sondern auch als Kommunikations- und Verhandlungsmedium. Vernetzte Anwendungen gehen inzwischen auch über Desktop-Anwendungen hinaus, z. B. wenn Groupware mit mobilen Geräten betrieben wird oder integriert in Möblierung und Architektur zu gestalten ist (vgl. den entsprechenden Beitrag von Streitz über Kooperative Gebäude und Roomware in diesem Buch).

2.2 Neue Gestaltungsaufgaben

Die oben genannten sieben Grundsätze für benutzergerechte Dialoge sind einerseits auch auf Arbeitsplätze mit Groupwarenutzung anwendbar. Gleichzeitig müssen sie kritisch hinterfragt werden, da sie bei Anwendung auf Groupware stärker als bei Einzelarbeitsplätzen zueinander in Konflikt geraten können, z. B. kann die maximale Steuerbarkeit für den Einen zur Behinderung eines Anderen führen. Die Kriterien müssen um gruppenspezifische Aspekte der Aufgabenerledigung erweitert werden.

Ausgangspunkt für eine benutzergerechte Gestaltung von Groupware muss eine gemeinsame *Vorstellung von menschengerechter kooperativer Arbeit* sein. Die oben skizzierte Vorstellung von menschengerechter Arbeit gilt nicht nur für Einzelarbeit sondern kann auf kooperative Arbeit erweitert werden. Die Arbeitswissenschaft entwickelt Konzepte weiter, um etwa die Handlungsregulationstheorie auf Gruppenarbeit zu verallgemeinern (Weber, 1997). Aus der Soziologie stammen Konzepte, die die Situiertheit des Handelns in Gruppen hervorheben (Suchman, 1987) und insbesondere Unterstützungen für die Wahrnehmung des Kontextes (»Awareness«) und Spielräume bei der Handlungsausführung fordern. In der Praxis kooperativer Arbeitsformen dominieren Workflowsysteme, auch wenn hier die Einsicht zu wachsen scheint, dass Flexibilisierungen notwendig sind (Herrmann et al. 1998). Generell erfordert verantwortliches Handeln Durchschaubarkeit der Situation, Beeinflussbarkeit von Abläufen und Änderbarkeit des technischen Umfeldes.

Es stellen sich hier neue Aufgaben für die Groupwaregestaltung, die aus der Sicht des Autors vor dem Leitbild einer eigenverantwortlichen Aufgabenerledigung unter Nutzung von Groupware erläutert werden sollen.

Passendere Benutzungsmodelle und Metaphern

Zunächst werden *aufgabenorientierte, durchschaubare Benutzungsmodelle* benötigt, welche die Benutzer beim Aufbau adäquater mentaler Modelle unterstützen. Mentale Modelle werden genutzt, um Handlungen zu planen und Fehlersituationen zu analysieren. Ein Benutzungsmodell muss an der Benutzungsschnittstelle über alle Gestaltungsebenen (Ein-, Ausgabe, Dialogsteuerung, Funktionalität) hinweg verständlich, wahrnehmbar und handhabbar gemacht werden. Passende Metaphern sind ein wesentliches Hilfsmittel, um abstrakte Strukturen und Konzepte verständlich und erinnerbar zu machen. Schon bei Einzelarbeitsplätzen gibt es Probleme mit den eingesetzten Metaphern, bei Groupware ergeben sich neue.

Traditionell konzentrieren sich *aufgabenorientierte Benutzungsmodelle* auf die interaktive Bearbeitung von Materialien mit Werkzeugen. Damit wird eine anwendungsorientierte Sicht auf Funktionen und Datenstrukturen geboten.

Als Basismetapher für *Materialien* wird von Dokumenten gesprochen. Beim Einsatz von Datenbanken wird sowohl mit Vorstellungen von Formularen für Datensätze wie mit Tabellen hantiert. Beide Vorstellungen harmonieren nicht besonders gut.

Es wird angestrebt, *Werkzeuge* so zu gestalten, dass sie bei der Benutzung möglichst nicht bewusst wahrgenommen werden und nur die Effekte am Material verfolgt werden müssen. Viele Werkzeuge haben diese Eigenschaft nicht, und vieles wird Werkzeug (»tool«) genannt, was kein Werkzeug im obigen Sinne ist.

Neben Materialien und Werkzeugen werden passende Vorstellungen über die *Aufbewahrung* von Gegenständen benötigt, für die üblicherweise *Behälter und Räume* genutzt werden. Die heute üblichen Betriebssysteme bieten mit der Schreibtischmetapher eine schwache räumliche Vorstellung und nutzen ansonsten primär ineinandergeschachtelte Behälter: Dokumente in Ordnern in Ordnern ... Dies entspricht zwar der hierarchischen Struktur von Dateisystemen, kommt aber mit der Erwartungskonformität in Konflikt. Ordner enthalten normalerweise keine Ordner. Dasselbe gilt, wenn in den Ordnern Dokumente, Programme und Steuerungsinformationen friedlich nebeneinander liegen. Die Metapher des Arbeitsbereichs passt hier häufig besser, wird aber höchstens mit der Schreibtischmetapher unterstützt. Gemeinsam genutzte Räume oder Arbeitsbereiche können als Orte für die Bearbeitung von gemeinsam genutztem Material herangezogen werden, jedenfalls besser als gemeinsame ineinandergeschachtelte Ordner.

Für den *Austausch* über Rechnernetze werden ebenfalls angemessene Vorstellungen benötigt. Das Bild der elektronischen Post ist eine solche nützliche Vorstellung, die für das aktive Verteilen (»push«) passend ist. Für das Abholen (»pull«, technisch auch »download«) fehlen passende Metaphern.

Unklarheit herrscht auch bei den durch kleine Programme und Makros realisierten *Automatismen*, die von der Informatik gern als »*Agenten*« bezeichnet werden und damit etwas Geheimnisvolles bekommen. Aus der Sicht der Aufgabenangemessenheit ist zumindest die Frage zu stellen, wer für die Aktionen eines solchen Agenten verantwortlich ist. Wenn es der Benutzer sein soll, so ist auch hier die Frage nach der Verständlichkeit des automatisierten Verhaltens und einer passenden Metapher zu stellen. Im Kontext der von Züllighoven (1998) vorgeschlagenen Metaphernwelt wird deshalb auch vorsichtiger von »Automaten« gesprochen. Es ist bisher ungeklärt, ob man sich solche »Agenten« als ein Gegenüber, einen Partner, vorstellen soll, oder eher als ein dienstbares technisches Hilfsmittel, mächtiger als ein Werkzeug. Die Frage nach der Verantwortlichkeit für das Verhalten lässt das Pendel eher in die zweite Richtung ausschlagen.

Ob *Workflows* in Arbeitsbereichen als sichtbare Gegenstände vorkommen sollen oder eher außerhalb des Blickfeldes der durch sie koordinierten Benutzer bleiben, ist eine weitere interessante Frage. Die Frage nach der Verantwortlichkeit muss auch hier gestellt werden und macht deutlich, dass für die Durchschaubarkeit der Arbeitssituation alle *Akteure* zu betrachten sind, also auch diejenigen, die einen Workflow anstoßen und den Fortgang kontrollieren können. Damit gelangen wir in den Bereich der Modellierung von kompletten computergestützten Arbeitsumgebungen, bei denen neben Materialien, Werkzeugen, Automaten, Raum, Verbindungen usw. auch die Akteure vorkommen müssen.

Schließlich gehört zur Durchschaubarkeit der Arbeitssituation auch ein Verständnis über die Einbettung eines Groupware- oder CSCW-Systems in das organisatorische Umfeld. Benutzungsmodelle sollten hierfür Anknüpfungspunkte liefern.

Awareness

Die technisch vermittelte Kommunikation und Kooperation verändern die Arbeitssituation bei kooperativer Arbeit. Das Hauptproblem ist der Verlust oder zumindest die Einschränkung des gemeinsamen Kontextes. Dieses gilt sowohl hinsichtlich der unmittelbaren Wahrnehmung bei der Bearbeitung von gemeinsamem Material (man sieht nicht mehr sofort, wer was wo tut), bei der Kommunikation (nonverbale Kommunikation geht verloren), bei den sozialen Beziehungen (informale, flüchtige Kommunikation wird erschwert) wie auch hinsichtlich der externen Kontrolle (wer beobachtet die gemeinsame Arbeit?).

In der CSCW-Diskussion wird deshalb viel über die (Wieder)Herstellung der unbewussten Wahrnehmbarkeit der Situation (»Awareness«, Gewahrwerden) diskutiert (siehe den entsprechenden Beitrag von Prinz über Awareness in diesem Buch). Sie kann sich z. B. auf gemeinsame Materialien und Räume, Handlungen der Beteiligten sowie generell auf die Verfügbarkeit und Beobachtbarkeit von Partnern beziehen. Das Gegenstück ist das Recht auf »Ungestörtheit«, um z. B. komplexe Aufgaben erledigen zu können oder Arbeitsergebnisse in der eigenen Verfügbarkeit, z. B. in eigenen Räumen, aufzubewahren.

Situiertheit

Zur verantwortlichen Aufgabenerledigung gehört nach der Durchschaubarkeit der Situation die Möglichkeit der *situativen Einflussnahme*, z. B. um gemeinsame Entscheidungen zu treffen oder Fehler zu korrigieren. Beides kann als spezielle Ausprägung der Forderungen nach Steuerbarkeit und Fehlertoleranz aufgefasst werden. Da bei mehreren Beteiligten Meinungs- und Interessenunterschiede zu erwarten sind, sind solche Einflussnahmen in der Regel mit Aushandlungsprozessen verbunden, die bei Face-to-Face-Situationen nahtlos in der natürlichen Kommunikation stattfinden, ohne dass man sich groß darüber Rechenschaft ablegt. Bei technisch vermittelter Kommunikation fehlen dazu häufig die Unterstützungen.

Nahtlosigkeit

Schließlich gehört als letzter Schritt zum verantwortlichen Handeln die Möglichkeit der *gemeinsamen Anpassung der Arbeitsumgebung* – ganz im Sinne einer lernenden Organisation. Damit haben wir es mit einer speziellen Ausprägung von Lernförderlichkeit und Anpassbarkeit zu tun, die wiederum kaum ohne Aushandlungsprozesse auskommen kann.

Hier kann man einige Überlegungen zur *Nahtlosigkeit* (»seamlessness«) einfügen, die als Aspekt der Erwartungskonformität / Konsistenz betrachtet werden kann. Im Sinne problemloser Übergänge zwischen der Bearbeitung von privatem Material und seiner Bereitstellung in gemeinsamen Räumen oder seinem Austausch mit Partnern ist es wünschenswert, dies ohne Brüche tun zu können. Das Arbeiten der Partner mit unterschiedlichen Versionen einer Software kann hier schon zum Problem werden. Manchmal gibt es auch keine einheitlichen Austauschformate. Eine andere Form der Nahtlosigkeit bezieht sich auf den Wechsel der Arbeitsebene. Es sollte jederzeit möglich sein, ohne Ablenkungen und Wechsel der Arbeitsumgebung von der Arbeitsebene zu Kommunikations- und Aushandlungsprozessen zu wechseln. Bisher sind z. B. E-Mail-Systeme meist als getrennte Anwendungen realisiert, in denen man sich nur schwer auf andere Materialien beziehen kann. Das Mitschicken von referenziertem Material als Attachment ist häufig ein Behelf; im Kontext des WWW bieten URLs erstmals eine einheitliche Referenzierungsmöglichkeit, die aber technisch geprägt ist. Auch notwendige Systemanpassungen sollten keinen Bruch der Arbeitsumgebung bedeuten und auf vertrauten Interaktionsformen aufbauen.

2.3 Lösungsansätze

Für einige der angedeuteten Probleme sind inzwischen Lösungsansätze entwickelt worden. Herrmann (1994b) beschreibt »Grundsätze ergonomischer Gestaltung von Groupware«, die viele der Besonderheiten der computergestützten Kommunikation abdecken.

Um den Kontextverlust bei der Kommunikation zu kompensieren, sollen im Rahmen der *Informationsangemessenheit* ausgetauschte Informationen um Kontexthinweise ergänzt werden können, Verweise auf den Kontext unterstützt werden und die Strukturierung in Basisinformationen und abgestufte Ergänzungen möglich sein.

Unter dem Sammelbegriff *Transparenz* werden Maßnahmen zusammengefasst, die die Verfügbarkeit von Personen, ihre potenziellen und aktuellen Handlungsmöglichkeiten und den aktuellen Bearbeitungsstand gemeinsamer Aufgaben für die Beteiligten sichtbar machen können.

Das Prinzip der *informationellen Moderierbarkeit* kann zur gezielten Reduktion von kontextangereicherten Informationen und Transparenzdaten eingesetzt werden und ist notwendig, um unterschiedliche Interessenlagen zu berücksichtigen.

In Erweiterung des Prinzips der Steuerbarkeit für Individualanwendungen wird eine *Steuerbarkeit der wechselseitigen Beeinflussung* (Erreichbarkeit, Verteilung von und Zugriff auf gemeinsame Materialien) gefordert.

Schließlich sollte die Aushandlung und flexible Festlegung von Kooperationsbedingungen durch Mechanismen der *Aushandelbarkeit* und der *gruppenorientierten Konfigurierbarkeit* unterstützt werden. Ansätze zur Anpassbarkeit von Groupware werden auch in Oberquelle (1994) diskutiert.

Groupwarespezifische Fehlerrobustheit reagiert auf das Problem von Fehlern in vernetzten Umgebungen, die nicht einfach durch ein *undo* rückgängig gemacht werden können. Eine vom Adressaten bereits zur Kenntnis genommene Nachricht kann nicht einfach zurückgenommen werden; eine versehentliche Änderung von Zugriffsrechten kann unbeabsichtigte Wirkungen auf Partner haben. Einerseits sollte die versehentliche Aktivierung von global wirksamen Funktionen durch passendes Feedback erschwert werden; andererseits sollte die Fehlerkorrektur speziell unterstützt werden, z. B. durch geeignete Aushandlungsprozesse.

Mit der Forderung nach *Normkonformität* wird außerdem dem Umstand Rechnung getragen, dass gesetzliche Vorschriften, Verordnungen, Verträge und Vereinbarungen eingehalten werden müssen, die z. B. das Recht auf informationelle Selbstbestimmung, die Mitbestimmung bei der Einführung von Kontrollpotenzialen an Arbeitsplätzen usw. regeln. Es ist damit nicht etwa die Konformität mit DIN- oder ISO-Normen gemeint.

Für den Bereich der kooperativen Bearbeitung von gemeinsamen Materialien in gemeinsamen Räumen sind bisher keine vergleichbaren Gestaltungsprinzipien formuliert worden. Man kann aber feststellen, dass alle Bemühungen um »Wahrnehmbarkeit der Situation« (Awareness) auf eine Unterstützung von Durchschaubarkeit und von situiertem Handeln abzielen. Beispiele hierfür sind etwa Anzeigen der aktuell aktiven Personen und ihrer Erreichbarkeit bis hin zu zuschaltbaren Audio-/Videoverbindungen, um Material gemeinsam anzusehen oder aktuelle Frage zu klären.

Über die Unterstützung existierender verteilter Gruppen oder Organisationseinheiten hinaus sind flexible Organisationsstrukturen unter Nutzung organisationstheoretischer Ansätze zu unterstützen. Auch die Frage der Entstehung, Aufrechterhaltung und ggf. Auflösung virtueller Gemeinschaften (»Communities«) (vgl. hierzu auch den entsprechenden Beitrag von Koch über Community-Support-Systeme in diesem Buch) und dazu passende benutzergerechte Unterstützung durch Groupware ist ein weitgehend offenes Problem.

Zusammenfassend kann man sagen, dass sich für den Bereich der computergestützten kooperativen Arbeit die Softwareergonomischen Gestaltungshinweise noch in der Entwicklung befinden.

3 Gestaltungsprozesse und Akteure

Benutzergerechte Gestaltung erfordert eine Einbeziehung der Perspektive
»Benutzergerechtheit« in allen Phasen der Softwareentwicklung. Softwareergo-
nomie beschäftigt sich nicht mit der nachträglichen »Verschönerung« oder
»Erträglichmachung« von interaktiver Software.

3.1 Benutzerorientierte Gestaltung

Bisher spielte die *Benutzergerechtheit* im Softwareentwicklungsprozess eine
eher untergeordnete Rolle. Die Ingenieure hatten die Macht, ihre eher technisch geprägten Vorstellungen durchzusetzen. Sie betrachteten sich selbst als
prototypische Benutzer und nahmen zeitweise diese Rolle ein. Die Benutzer
hatten sich durch aufwändige Schulungen (Erwerb der sog. »computer lite-
racy«- und leidvolle Erfahrungen) an die »Lösungen« anzupassen. So lange der
Kontakt mit dem Nutzungskontext nicht ernsthaft und gleichberechtigt
gesucht wurde, waren die häufig nur unzureichenden Bilder des Nutzungskon-
textes (Menschenbilder, Vorstellungen über die Strukturiertheit von Aufgaben,
Vorstellungen über das Wesen von Organisationen) wirksam und führten zu
wenig benutzbaren Systemen. Der Gestaltungsprozess und die darin wirksamen Machtverhältnisse spiegelten sich in den Produkten wider. Erst wenn das
Design aus der Benutzerperspektive gleichberechtigt mit der technischen
Gestaltung betrieben wird und vor der technischen Gestaltung erfolgt, ist mit
einer deutlichen Zunahme der Gebrauchstauglichkeit zu rechnen.

Beeinflusst von der Softwareergonomie beginnen sich in neuerer Zeit
Methoden für die Entwicklung von interaktiver Anwendungssoftware durchzusetzen, die früh Benutzer einbeziehen (Partizipation, user-centered design) und
die Gestaltung von Benutzungsmodellen unter Verwendung von Mock-ups
(z. B. Papiermodellen), Prototypen, Szenarien usw. vorantreiben, bevor diese
Modelle technisch umgesetzt werden. Mit der ISO-Norm 13407 (ISO, 1999)
liegt inzwischen sogar eine Norm für benutzerorientierte Gestaltungsprozesse
von Software vor. Für die kreative Gestaltung der Modelle bietet die Software-
ergonomie eine Methodik und einen Zielkorridor, aber keine Kochrezepte und
Patentlösungen an. Die kann es für kreative Prozesse auch kaum geben. Hier
sind auch Designer gefragt. Für die Evaluation interaktiver Software im Nutzungskontext gibt es ein umfangreiches Methodenrepertoire (vgl. Oppermann
& Reiterer, 1994). Auf Vorgehensmodelle der Softwareentwicklung geht Züllighoven im entsprechenden Beitrag in diesem Buch näher ein.

3.2 Groupwaregestaltung als Evolution

Für die benutzergerechte Gestaltung von Groupware stellen sich neue Probleme. Neue Lösungsansätze sind gefragt.

- Die Bilder über Organisationen und Kooperation in den Köpfen von Entwicklern sind kritisch zu hinterfragen. Es wird immer deutlicher, dass die soziale Organisation von kooperativem Handeln flexiblere Software-Unterstützung erfordert, als sich viele Ingenieure dies vorstellen können. Die vielen Versuche der Flexibilisierung von Workflows sind ein deutliches Zeugnis dafür (vgl. Herrmann et al., 1998).

- Groupware kann immer weniger als zu erstellendes Produkt begriffen werden, sondern eher als eine sich entfaltende Infrastruktur für Benutzergemeinschaften.

- Der Groupwareentwicklungsprozess kann in der Regel kaum durch Laborversuche unterstützt werden, da Groupware erst in einem realen Einsatzkontext ihre vollen Wirkungen entfaltet. Ein solcher Kontext kann nicht im Labor nachgestellt werden. Aber experimentelle Untersuchungen können Hinweise geben, auf was im Feldversuch besonders zu achten ist.

Groupwareentwicklung wird damit eher zu einem Prozess der Aktionsforschung, der Gemeinschaftsbildung und Evolution mit Möglichkeiten der Anpassung und zyklischen Weiterentwicklung während der Nutzung. Designkompetenzen sind gefragt, um Benutzungsmodelle zu erweitern und durchschaubar, konsistent und offen für die Evolution zu halten. Die Softwaretechnik ist gefragt nach Architekturen und Arbeitsweisen, um diesen Prozess technisch zu ermöglichen.

4 Ausblick

Die Betonung auf *Arbeit* in dem Begriff »Computer-Supported Cooperative Work« wird einer breiteren Betrachtung von netzbasierter Software-Unterstützung für kooperatives Handeln in vielen Anwendungsfelder weichen müssen. So ist schon heute zu sehen, dass etwa kooperatives Lernen, Kooperation beim elektronischen Handel, Kooperation bei allgemeiner Informationsbeschaffung und Freizeitaktivitäten ein erweitertes Verständnis von Softwareergonomie erfordern. Wichtigster Gesichtspunkt ist dabei, die Forderung nach Gebrauchstauglichkeit als gleichberechtigtes Ziel neben die Forderung nach technischen Qualitäten interaktiver Systeme zu stellen und die Nutzungsperspektive im Entwicklungsprozess interaktiver Software früh und nachhaltig zur Wirkung zu bringen.

Softwareentwicklung

Heinz Züllighoven
Universität Hamburg, Hamburg

1 Einleitung

Die professionelle Entwicklung großer Softwaresysteme wird in der Software-technik unter verschiedenen Aspekten betrachtet (Floyd & Züllighoven, 1999): als Prozess der Formalisierung von Anforderungen, als ingenieurtechnische Konstruktionsaufgabe oder als sozialorientierte Gestaltungsaufgabe. Für CSCW ist vor allem der letztgenannte Gesichtspunkt wichtig: Wie lässt sich interaktive Software menschengerecht als Arbeitsmittel und Kommunikations-medium gestalten. Im Weiteren bezeichnen wir diese Sicht als anwendungsori-entierte Softwareentwicklung (Züllighoven, 1998). Folgende Merkmale von Software werden betont:

- Die Funktionalität des Softwaresystems orientiert sich an den Aufgaben im Anwendungsbereich.

- Die Handhabung des Softwaresystems ist benutzergerecht.

- Die in der Software festgelegten Abläufe lassen sich problemlos an die jewei-lige Anwendungssituation anpassen.

2 Grundbegriffe

Anwendungsorientierte Softwareentwicklung ordnet sich in eine aktuelle Strö-mung der Softwaretechnik ein (Floyd, 1994a), bei der Software als Mittel um Zweck betrachtet wird (Meyer, 1997, Jacobson et al. 1992). Zum Verständnis des Themas sind einige Grundbegriffe notwendig:

Softwareentwicklung

Softwareentwicklung bezeichnet nach Floyd & Züllighoven (1999) die Gesamt-heit aller Aktivitäten, die zu einem Softwaresystem im Einsatz führen. Diese Aktivitäten beziehen sich auf das Produkt Software (z. B. Analyse, Entwurf und Programmierung) oder den Entwicklungsprozess (z. B. Planung und Organisa-tion eines Projektes).

Anwendungssoftware

Anwendungssoftware ist aus anwendungsorientierter Sicht immer ein Mittel, um fachliche Aufgaben in einem oder mehreren Anwendungsbereichen zu erledigen. Zunehmend werden dabei auch Anwendungsbereiche jenseits der Arbeitswelt betrachtet (z. B. Freizeit, Kultur, Wissens- und Erfahrungsaustausch).

Anwendungssoftware modelliert einen Ausschnitt der realen Welt und orientiert sich an einem Einsatzkontext. Sie wird auf einer Systembasis realisiert, die aus Hardware und Basissoftware besteht.

Interaktive Anwendungssoftware wird auf Großrechnern im Wechsel von Auswahlmenüs und Datenbearbeitung in sog. Bildschirmmasken realisiert. Auf Arbeitsplatzrechnern und PCs finden wir sog. *reaktive Software*: Programmerereignisse werden durch Aktionen der Benutzer oder externer Geräte ausgelöst und in einem Ereignis-Reaktions-Zyklus interpretiert. Dabei ist *benutzergesteuerte Software* sozial eingebettet während *technisch eingebettete Software* vorrangig technische Anlagen unter expliziter Modellierung zeitlicher Randbedingungen steuert.

Gebrauchsqualität von Software

Eng mit dem Begriff Gebrauchstauglichkeit der Softwareergonomie ist der Begriff Gebrauchsqualität der Softwaretechnik verwandt. Sie wird anhand äußerer Qualitätsmerkmale (Meyer, 1997) durch die Benutzer und andere Anwendergruppen letztlich im tatsächlichen Einsatz festgestellt.

Gebrauchsqualität kann nach DIN 66234 anhand von Aufgabenangemessenheit, Transparenz, Steuerbarkeit, Fehlertoleranz, Selbstbeschreibungsfähigkeit, Erwartungskonformität und Fehlerrobustheit bewertet werden.

3 Kontexte der Anwendungssoftwareentwicklung

Entwicklung und Einsatz von Anwendungssoftware wird durch unterschiedliche Kontexte bestimmt. Für die Beteiligten ist es wichtig, diese Kontexte zu verstehen, um realistische Anforderungen an Software zu stellen.

Besonderheiten von Software

Vielfach wird Software mit anderen Industrie- oder Ingenieurprodukten verglichen. Dies trifft nur begrenzt zu, da Software spezifische Eigenschaften aufweist (Brooks, 1987, Keil-Slawik, 1992). Dazu zählt:

- *Software besteht aus Sprache und symbolischen Notationen* der sie definieren-
  den Texte. Sie ist daher fast beliebig »formbar«. Andererseits ist Software
  nur über die Erprobung des bereits existierenden Produktes erfahrbar.

- *Software ist digital,* d. h. die Verfahren der traditionellen kontinuierlichen
  Ingenieurmathematik greifen nicht, was ihre formale Beweisbarkeit sehr
  einschränkt.

- *Software zeigt Fehler* in unvorhersehbaren Situationen. Diese Fehler können
  nicht durch präventive Wartung verhindert werden.

- *Software ist heute oft so komplex,* dass sie zwar schrittweise konstruiert aber
  nicht mehr detailliert verstanden werden kann.

Spezifikation und Besonderheiten von Software

Für die Beantwortung der Frage, in welchem Umfang Software anhand von
(schriftlichen) Spezifikationen entwickelt werden kann, unterscheidet Lehman
(1980) zwischen *Spezifikationsprogrammen* (S-Programme), *problemlösenden
Programmen* (P-Programme) und eingebetteten Programmen (E-Programme).
Für S-Programme existiert eine vollständige und formale Spezifikation, die die
Aufgabenstellung und ihre prinzipielle Lösung beschreibt (z. B. Sinusberech-
nungen oder die Fibonacci-Zahlen). S-Programme lassen sich formal auf die
Übereinstimmung mit ihrer Spezifikation prüfen. P-Programme lassen sich in
ihren funktionalen Anforderungen ebenfalls vollständig formalisieren (z. B. das
Schachspiel) und damit auch überprüfen. Handhabbarkeit und Angemessen-
heit lassen sich nur nach den Kriterien der Gebrauchsqualität durch ihre
Benutzer prüfen.

E-Programme sind in einen sozialen Kontext eingebettet. Schon die Spezifikation des »Problems«, das durch ein E-Programm gelöst werden soll, ist ein
sozialer Prozess. Ebenso hängt die sinnvolle Funktionalität der Software von
den beteiligten Personen und ihren Aufgaben ab. Korrektheit im mathemati-
schen Sinne kann für diese Art von Programmen nicht nachgewiesen werden.
Anwendungssoftware im Bereich CSCW kann durchgängig als E-Programme
klassifiziert werden.

Zu dieser Einteilung passen die Ergebnisse von Wegner (1997). Er geht
davon aus, dass interaktive Software durch ihre nicht-deterministische Benutzereingaben formal so komplex ist, dass sie im Sinne von Gödel nicht mehr als
korrekt beweisen werden kann. Wegner schlägt deshalb vor, interaktive Programme »einzuzäumen«, das heißt, mit Schutz- und Kontrollmechanismen zu
versehen. Konstruktionstechniken auf der Basis von Zusicherungen etwa im
Rahmen des Vertragsmodells (Meyer, 1997) sind hier ein erster Schritt.

Kooperation und Verteilung

Anwendungsorientierte Software kann heute kaum noch als isolierte Arbeitsplatzsoftware entwickelt werden. Die Unterstützung von Kooperation führt unmittelbar in den Bereich verteilter Software. Hier wird oft über Transparenz gesprochen.

Interessanterweise ist der Begriff *Transparenz* doppeldeutig, je nachdem ob er technisch oder anwendungsfachlich verwendet wird. Der technische Begriff »Verteilungstransparenz« bedeutet, dass die Verteilung von Komponenten aus Sicht der Anwendung und auch der Anwendungsentwicklung möglichst unsichtbar (im Sinne von »durchsichtig«) sein soll.

Im CSCW-Kontext wird von Transparenz meist im anwendungsfachlichen Sinne gesprochen. Verteilung bei der Kooperation soll sichtbar also durchschaubar sein soll. Die Beteiligten sollen ein nachvollziehbares Bild von begrenzten Ressourcen und ihrer räumlichen Verteilung erhalten. In diesem Bild sollen die konkurrierenden und kooperierenden Benutzer erkennbar sein. Dies führt zur Forderung nach einem expliziten Benutzungs- und Kooperationsmodell. Ein *Benutzungsmodell* beschreibt aus fachlicher Sicht die Handhabung und Präsentation der Software mit den darin repräsentierten Gegenständen, Konzepten und Abläufen. Ein *Kooperationsmodell* verdeutlicht die im Benutzungsmodell vorhandene Unterstützung von Kooperation und Koordination.

Von der Kundenorientierung zur Anwendungsorientierung

Kundenorientierung ist heute für viele Unternehmen zur Geschäftsstrategie geworden. Ein Unternehmen soll sich kontinuierlich bemühen, die Kunden besser zufrieden zu stellen, um zu langfristig an das Unternehmen zu binden und damit den *Unternehmenserfolg* sicherzustellen. Wenn auf dieser Basis Arbeitsprozesse, Organisationsstrukturen und das Produkt- oder Dienstleistungsangebot kritisch hinterfragt werden, stellt sich die Frage, wie Anwendungssoftware aussehen muss, die Kundenorientierung umzusetzen hilft. Anwendungsorientierung soll den Benutzern von Anwendungssoftware die Mittel an die Hand geben, mit denen diese selbst kundenorientiert arbeiten können.

4 Konzepte der Anwendungsorientierung – produktbezogen

Interaktive Anwendungssoftware muss eine *aufgabengerechte Funktionalität* mit einer *geeigneten Handhabung und Präsentation* verbinden (Züllighoven, 1998). Dies ist eine typische Designaufgabe: Form und Inhalt müssen zueinander passen. Dies geht weit über die traditionelle softwaretechnische Aufgabe hinaus, einen geeigneten Algorithmus zur Erledigung einer fachlichen »Funktion« zu finden und zu implementieren. Softwareentwickler müssen bei der Frage unterstützt werden, welche »Gestalt« ein Softwareprodukt annehmen und wie es bei der Aufgabenerledigung gehandhabt werden soll. Vorgeschlagen werden Leitbilder und Entwurfsmetaphern.

Leitbilder

Spätestens seit Anfang der 90er-Jahre wird der allgemeine Begriff des Leitbilds in seiner Bedeutung für die Softwareentwicklung diskutiert (Müller & Seng-haas-Knobloch, 1993; Mambrey et al. 1995). Dabei ist ein Leitbild eine orien-tierende Sichtweise in der Softwareentwicklung, die den Beteiligten hilft, Anwendungssoftware zu entwerfen, zu verstehen und zu bewerten. Allgemein diskutierte Leitbilder sind z. B. die »Softwarefabrik« und das »papierlose Büro«. Die Leitbildidee in der Softwareentwicklung ist aber viel älter. So gehen die Wurzeln des Personalcomputers auf die Vorstellungen von intelligenten oder intelligenzverstärkenden Maschinen in den Arbeiten von V. Bush (1945), D. Engelbart (1994) und A. Kay (1977) zurück.

Entwurfsmetaphern

Die Idee, Metaphern für den Entwurf von Anwendungssoftware einzusetzen, ist ebenfalls nicht neu (Carroll et al., 1988; Mambrey et al. 1995). Insbesondere in Skandinavien gibt es eine lebhafte Diskussion zu diesem Thema (Ehn, 1988; Madsen, 1988). *Entwurfsmetaphern* beschreiben ein Konzept oder eine Element des Anwendungssystems durch einen bekannten Gegenstand der Alltagswelt – Fenster, Ordner, Schreibtisch, Agent. Eigenschaften des ursprünglichen Gegen-stands werden dabei in den Kontext des Softwaresystems übertragen. So schaf-fen Entwurfsmetaphern eine Sprache, um über die Elemente eines Softwaresy-stemen zu reden und sie lenken die Gestaltung gezielt in eine Richtung. Den Zusammenhang von Entwurfsmetaphern und Leitbildern oder Sichtweisen diskutieren Maaß & Oberquelle (1992). Ein Beispiel für die Verwendung von Entwurfsmetaphern und Leitbildern für die anwendungsorientierte Software-entwicklung ist der Werkzeug & Material-Ansatz (Züllighoven, 1998).

Strukturähnlichkeit

Strukturähnlichkeit ist ein Gestaltungsprinzip für Software; es bezeichnet das Verhältnis von Software und Anwendungsbereich. Schon die Designer der ersten objektorientierten Programmiersprache Simula 67 haben die Klassen ihrer Software anhand von Gegenständen aus dem Anwendungsbereich model-liert. Diese Ähnlichkeit »im Kleinen« ist zum durchgängigen Prinzip vieler objektorientierter Vorgehensweisen geworden (Meyer, 1997; Booch et al., 1998;

Züllighoven, 1998). Bäumer (1998) hat gezeigt, dass sich dieses Prinzip auch auf die Architektur großer Softwaresysteme übertragen lässt.

5 Konzepte der Anwendungsorientierung – prozessbezogen

Für die Entwickler bedeutet Anwendungsorientierung, dass sie die Aufgaben verstehen müssen, die sie durch entsprechende Software unterstützen sollen. Dazu müssen sie sich den Zugang zum Fachwissen und zur Erfahrung der Anwendungsexperten verschaffen. Das Schlüsselwort heißt hier »evolutionäre Systementwicklung«, da diese auf eine enge Zusammenarbeit der Entwickler mit den Anwendern ausgerichtet ist. Zusammenarbeit muss aber eine Grundlage haben. Mit der UML (Booch et al., 1998) als einer vereinheitlichten Modellierungssprache im Bereich objektorientierter Softwareentwicklung und dem Unified Process (Jacobson et al., 1999) ist es allgemein akzeptierter Stand der Technik, Softwareprojekte auf der Basis von Dokumenten durchzuführen, die jeweils unterschiedliche Sichten auf das System zulassen.

Anwendungsorientierte Dokumenttypen

Anwendungsorientierte Dokumenttypen als notwendige Basis zum Verständnis der Konzepte und Aufgaben im Anwendungsbereich werden seit einiger Zeit diskutiert (Carroll & Rosson 1990; Jacobson et al., 1992). Für die Integration der Anwendungsexperten in den Entwicklungsprozess müssen aber wesentliche Dokumente in der Fachsprache des Anwendungsbereichs formuliert werden. In den verschiedenen methodischen Ansätzen werden dazu Vorschläge gemacht – Szenarios, Glossare, Use Cases, Rich Pictures, Kooperationsbilder. Wichtig ist vor allem, dass sie eine anwendungsfachliche Sicht spiegeln und als Arbeitsgrundlage sowohl für Entwickler als auch für Anwender dienen können.

Lernprozesse und Rückkopplung

Anwendungsorientierte Softwareentwicklung sollte nicht als eine vorrangig technische oder formale Aufgabe, sondern als einen Lern- und Kommunikationsprozess betrachtet werden (Floyd & Züllighoven, 1999). Daher ist die Projektarbeit so auszurichten, dass Lernen und Kommunikation durch ständige Rückkopplung zwischen den Beteiligten gefördert werden. Durch die Arbeit mit anwendungsorientierten Dokumenten haben die Beteiligten eine Kommunikationsgrundlage, auf der ein gegenseitiges Verständnis für den Anwendungsbereich und die Möglichkeiten seiner softwaretechnischen Unterstützung entsteht. Im zyklischen Wechsel zwischen Analysieren, Modellieren und Bewerten kann zudem sichergestellt werden, dass sich Anforderungen an ein System und dessen Realisierung nicht zu weit von einander entfernen.

Evolutionäre Vorgehensweise mit Prototyping

Die Verknüpfung von analysierenden, modellierenden und bewertenden Aktivitäten steht erkennbar im Widerspruch zu den Prinzipien der klassischen Wasserfall- oder Phasenmodelle. Dort soll eine festgelegte Folge von Meilensteindokumenten sequenziell abgearbeitet werden. Dies ist vielfach kritisiert worden. Der Unified Process beschreibt aktuell, wie zyklische und iterative Entwicklungsprozesse dokumentgetrieben gestaltet werden können. Der Einsatz von anwendungsorientierten Dokumenttypen sollte aber durch Prototyping ergänzt werden. Erst die Konstruktion und Bewertung von ablauffähigen Prototypen hilft den Anwendern, die Gebrauchsqualität des zukünftigen Systems einzuschätzen und den Entwicklern, die technische Realisierbarkeit sicherzustellen.

Üblich ist die Einteilung in *exploratives, experimentelles und evolutionäres Prototyping* nach Floyd (1984). Dabei werden unterschiedliche Prototypen zur Beantwortung der jeweils aktuellen Fragestellungen eingesetzt, z. B. *Demonstrationsprototypen, funktionelle Prototypen* und *Pilotsysteme* (Kieback et al., 1992).

6 Modellierung anwendungsorientierter Software

Aus softwaretechnischer Sicht kann Softwareentwicklung als Modellierungsprozess verstanden werden. Offenkundig wird dabei ein Modell des Softwaresystems schrittweise in eine ablauffähige Form gebracht. Im Software Engineering ist aber erst allmählich die Einsicht gewachsen, dass dazu ein explizites Modell des Anwendungsbereichs die *logische* Voraussetzung ist. Dieses Modell sollte nicht auf die üblichen Systemanforderungen in einem sog. Pflichtenheft reduziert werden.

Modell des Anwendungsbereichs

Das Modell des Anwendungsbereichs umfasst diejenigen Aspekte des Anwendungsbereichs, die durch ein Anwendungssystem unterstützt werden sollen. Es sollte die relevanten Aufgaben, Abläufe und Begriffen aus Anwendungssicht darstellen. Dazu werden anwendungsorientierte Dokumenttypen wie Szenarios, Business Use Cases und Glossare eingesetzt. Sie werden z. B. auf der Basis von Anwenderinterviews und gemeinsamen Workshops erarbeitet. Dabei können auch ethnografische Methoden eingesetzt werden.

Modell des Anwendungssystems

Im Modell des Anwendungssystems werden nach dem Prinzip der Struktur-ähnlichkeit die wesentlichen Konzepte des Modells des Anwendungsbereichs aufgegriffen. Diese werden um weitere Aspekte der Konstruktion ergänzt. Aus Sicht der Anwendungsorientierung müssen folgende Fragen beantwortet werden:

- Welche Aufgaben, Abläufe und Gegenstände des Anwendungsbereichs sollen im Anwendungssystem konzeptionell realisiert werden?

- Wie soll sich das Anwendungssystem im Benutzungsmodell repräsentieren und wie soll es zu handhaben sein?

- Welche Technologie kommt dabei zum Einsatz?

Der anwendungsorientierte Modellierungsprozess ist scheinbar widersprüchlich: Ein Anwendungssystem kann nur auf der Basis eines fachlichen Modells des entsprechenden Anwendungsbereichs entwickelt werden. Für dieses fachliche Modell muss der Rahmen des zukünftigen Anwendungssystems bekannt sein. Dieser Widerspruch löst sich aber durch eine zyklische Vorgehensweise, bei der im Wechsel an beiden Modellen gearbeitet wird.

7 Konstruktion anwendungsorientierter Software

Bei der Entwicklung anwendungsorientierter Software sind heute durchgängig bestimmte Konstruktionstechniken festzustellen (Floyd & Züllighoven, 1998).

Objektorientierung

Objektorientierung ist für die anwendungsorientierte Softwareentwicklung auch dann von großer Bedeutung, wenn keine rein objektorientierte Programmiersprache eingesetzt wird. Das Programmiermodell (Meyer, 1997) erleichtert Konstruktion interaktiver Software und fördert die Strukturähnlichkeit.

Objektorientierte Konstruktion beruht auf dem Prinzip der *abstrakten Datentypen*: Klassen beschreiben durch ihre an der Schnittstelle sichtbaren Operationen das Verhalten der Objekte, die zur Laufzeit dynamisch erzeugt werden können. Gekapselt und damit verborgen werden die Implementierungen dieser Operationen und die objektspezifischen Attribute, die den veränderbaren Zustand jedes Objekts ausmachen. Klassenbeschreibungen lassen sich hierarchisch durch den Vererbungsmechanismus anordnen, wobei ein Oberklasse das Verhalten und die Strukturmerkmale ihrer Unterklassen vorzeichnet. Jede Unterklasse hat aber die Möglichkeit, diese Vorgaben zu erweitern oder zu modifizieren. So lassen sich Begriffshierarchien des Anwendungsbereichs auf Programmeinheiten abbilden. Im laufenden System verschicken Objekte Botschaften, um die Dienstleistungen oder Services der anderen Objekte in Anspruch zu nehmen. Die Zuordnung von Botschaft und Operationsimplementierung (Bindung) muss im Programmtext nicht statisch festgelegt werden. Es genügt sicherzustellen, dass die Objekte die Botschaft verstehen. Objektorientierte Systeme lassen sich nach dem Offen-Geschlossen-Prinzip (Meyer, 1998) flexible weiterentwickeln und durch dynamisches Linken um Klassen erweitern.

Entwurfsmuster

Objektorientierte Programmierung ermöglicht durch die Vererbung zwischen Klassen die Wiederverwendung von Programmcode. *Entwurfsmuster* beschreiben dagegen eine allgemeine Lösungsidee für ähnliche Problemstellungen. Sie können auf unterschiedlichen Detaillierungsebenen angesiedelt werden. Kennzeichnend ist, dass jedes Muster benannt und nach einem einheitlichen Schema (z. B. Problem – Kontext – Lösung – Diskussion) beschrieben ist. Weit verbreitet sind objektorientierte Muster, die ein Entwurfsproblem durch eine Konfiguration von Klassen oder Objekten lösen. Bekannte Entwurfsmuster sind Model-View-Controller, das dem Smalltalk-System zu Grunde liegt, und das Beobachter-Muster, das oft zur losen Kopplung von grafischen Oberflächen und anwendungsfachlichen Klassen dient. Unter den verschiedenen Mustersammlungen ist Gamma et al. (1996) sicherlich die derzeit verbreitetste.

Rahmenwerke

Rahmenwerke oder *Frameworks* ermöglichen die Wiederverwendung von (objektorientierten) Softwarearchitekturen und generischen Anwendungsteilen (Johnson & Foote, 1988). Während Entwurfsmuster nur eine Lösungsidee beschreiben, sind Rahmenwerke sozusagen Halbfertigprodukte, die durch Programmteile an festgelegten Schnittstellen ergänzt werden müssen. Dies kann durch Programmierung oder durch Parametrisierung mit vorgefertigten Bausteinen geschehen. Rahmenwerke unterscheiden sich von Programmbibliotheken dadurch, dass sie den Kontrollfluss eines Programms festlegen. Wenn größere Teile einer Anwendung und evtl. die Benutzungsschnittstelle in ihrem sog. Look and Feel vorgegeben sind, spricht man auch von einem Anwendungsrahmenwerk (Application framework) (Communications of the ACM 40(10), 1997). Der Einsatz und die Entwicklung von Rahmenwerken stellt heute noch hohe Anforderungen an die softwaretechnische Qualifikation der Entwickler.

Komponenten

Die Wiederverwendung einzelner vorgefertigter Bausteine steht hinter der Idee der sog. Komponenten (Nierstrasz et al., 1992; Szyperski, 1997). Dabei sollen einsatzfertige, möglichst in binärer Form vorliegende Softwareeinheiten ausgewählt und durch Komposition zu ganzen Anwendungen zusammengesetzt werden. Das Zusammenspiel der einzelnen Komponenten und die evtl. noch nötige Anpassung soll durch einfache Programmzwischenstücke (Glue Code) geleistet werden. Dieses Konzept ist vor allem bei VisualBasic und COM/DCOM erfolgreich. Aktuell hat die steigende Verbreitung von Java mit den beiden Komponentemodellen Java Beans und Enterprise Java Beans die Diskussion sehr belebt. Im Rahmen von CORBA wird ebenfalls an einem Komponentenmodell gearbeitet.

Sicherheit von Daten und Kommunikation

Andreas Berger
GMD – Forschungszentrum Informationstechnik GmbH, Darmstadt

1 Einführung

Im Rahmen von CSCW-Anwendungen kommunizieren und kooperieren Benutzer in einem räumlich verteilten System. Sie bedienen sich dabei lokaler Rechnersysteme (Clients), die über ein Kommunikationsnetz verbunden sind. Sie kommunizieren dabei entweder direkt mit den Rechnern der Kooperationspartner oder indirekt mit Hilfe speziell dafür bereitgestellter Rechnersysteme (Server). Um die Sicherheit der ausgetauschten Daten zu gewährleisten, müssen die Endsysteme, die Kommunikationsverbindungen sowie die übermittelten Daten selbst gesichert werden.

Sicherheit ist kein absoluter Begriff, es gibt kein absolut sicheres oder unsicheres System. Der Sicherheit muss immer in Relation zu einer Bedrohung oder einem Angreifermodell betrachtet werden. Um den Begriff Sicherheit besser fassen zu können, bedient man sich häufig einer Unterscheidung von formalen Schutzzielen:

- *Integrität* – der Schutz von Daten vor Veränderung

- *Authentizität* – die Zuordnung von Daten zu einem oder mehreren Sendern

- *Vertraulichkeit* – Sicherstellung, dass nur Berechtigte Daten lesen können

- *Nichtabstreitbarkeit* – Die Sicherstellung der nachträglichen Beweisbarkeit einer Aktion gegenüber einem Dritten, etwa der Erstellung, Übermittlung oder Veränderung eines Dokumentes

- *Verfügbarkeit* – die Sicherung des Systems vor Ausfällen, die es für die Anwender unbenutzbar machen

Welche der jeweiligen Schutzziele erreicht werden müssen, muss beim Entwurf des Systems geklärt werden. Ebenso muss für mögliche Störungs- oder Angriffsszenarien auf das System jeweils eine technische Umsetzung für das jeweilige Schutzziel entworfen werden.

Zur Realisierung eines oder mehrerer dieser Schutzziele kann eine Vielzahl von Verfahren eingesetzt werden. So ermöglicht beispielsweise der *Cyclic Redundancy Check* (CRC, z. B. Kientzle, 1997) auf Ebene der bitweisen Übertragung die Feststellung der Integrität einer übertragenen Nachricht bei der Anwesenheit von Übertragungsfehlern. Zur Sicherung der Integrität gegenüber einem intelligent manipulierenden Angreifer reichen diese einfachen Verfahren zur Übertragungssicherung nicht aus. Zum Schutz gegen intelligent manipulierende Angreifer und zur Erreichung der Schutzziele Authentizität, Vertraulichkeit sowie Nichtabstreitbarkeit werden in der Regel kryptografische Verfahren eingesetzt.

Die Integrität von Nachrichten kann dabei durch den Einsatz kryptografischer Prüfsummen und Message Authentication Codes (MACs) sichergestellt werden. Authentizität wird häufig durch den Einsatz der digitalen Signatur realisiert, die gleichzeitig auch noch die Integrität sicherstellt. Vertraulichkeit erreicht man durch Verschlüsselung der Kommunikation oder des Dokumentes. Nichtabstreitbarkeit wird meist durch eine digitale Signatur erreicht, wobei diese dann durch zusätzlichen Mechanismen für die längerfristige Nachprüfbarkeit von Signaturen sowie Zusicherungen von vertrauenswürdigen dritten Parteien ergänzt wird. Einen guten Überblick über den Bereich der kryptografischen Verfahren gibt das Buch von Schneier (1996).

Der Schwerpunkt dieses Beitrags liegt auf Sicherheitsaspekten, die im regulären Betrieb von CSCW-Anwendungen gelöst werden müssen. Der Bereich der Sicherstellung der Verfügbarkeit von Rechnersystemen oder -netzen wird hier deshalb nicht behandelt. Als Stichworte seien an dieser Stelle nur die physische Absicherung des Zugangs zu Rechnern sowie Datensicherungsverfahren genannt.

2 Sicherheit der Endsysteme

Sicherheitsmechanismen können nur dann erfolgreich angewendet werden, wenn die Rechnersysteme, auf denen diese Mechanismen realisiert werden, vertrauenswürdig sind.

Die heute verwendeten Desktop-Betriebssysteme können diese Forderung nur eingeschränkt erfüllen. Durch den Umfang der Systeme und die große Zahl an Konfigurationsmöglichkeiten sind diese sehr unübersichtlich. Leider befinden sich die Systeme nach der Installation meist nicht in einer sicheren Konfiguration. Die Hersteller scheuen sich meist, rigide Sicherungseinstellungen als Standardwerte vorzusehen, um den Benutzer nicht durch – im ersten Moment als störend empfundene – Sicherheitsmaßnahmen zu belasten. Weiterhin enthalten diese System häufig schon recht gute Sicherungsmaßnahmen, die aber leider nur eingeschränkt zum Einsatz kommen, da alte und unsicherere Mechanismen aus Kompatibilitätsgründen weiter unterstützt werden müssen.

Eine Teillösung für dieses Problem ist die Verwendung spezieller, vertrauenswürdiger Systeme zur Realisierung der gesamten Anwendung oder die Verlegung einiger weniger sicherheitskritischer Funktionen in ein vertrauenswürdiges Teilsystem, bei dem die Sicherheit durch die eingeschränkte Funktionalität gewährleistet werden kann. Typische Vertreter solcher sicheren Systeme sind *Smartcards* und *Kryptoboxen*. Ihnen allen gemeinsam ist die Kapselung von Speicher- und Verarbeitungsintelligenz im sicheren System. Ver- oder Entschlüsselungsoperationen finden im sicheren Teilsystem statt, so dass das Schlüsselmaterial das Teilsystem nicht verlassen muss. Häufig werden die Schlüssel auch direkt im sicheren Teilsystem erzeugt, so dass sie nie außerhalb für Angriffe verfügbar sind.

Ein weiteres Problem ist die Verbreitung von Programmen mit unerwünschter Funktionalität, also von *Viren* oder *trojanischen Pferden*. Durch die Vereinfachung der Übermittlung von Dateien mit Hilfe von E-Mail und World Wide Web verbreiten sich solche Programme recht leicht. Da die heutigen Anwendungsprogramme häufig mit mächtigen Makro- oder Skriptsprachen ausgestattet sind, verbreiten sich Viren und trojanische Pferde nicht nur in ausführbaren Programmdateien sondern auch in Dokumenten und Datendateien. Weiterhin setzt die Mehrzahl der Anwender nur eine relativ kleine Menge an Anwendungsprogrammen ein. Ein trojanisches Pferd kann also leicht mit der Existenz bestimmter Anwendungsprogrammes rechnen und diese dann gezielt manipulieren oder zu unerwünschten Aktionen veranlassen.

Möglicherweise stellt sich in sicherheitssensitiven Bereichen auch die Frage nach der Existenz von undokumentierten Zugangsmöglichkeiten in den Betriebssystemen, sogenannten Hintertüren. Diese Frage kann nur schwer geklärt werden, da der Quellcode der Betriebssysteme kommerzieller Hersteller keiner unabhängigen Kontrolle zugänglich ist. Eine Möglichkeit, dieses Risiko weitgehend auszuschalten, ist die Verwendung von Systemen deren Quellcode offengelegt ist und deren Sicherheit deshalb von einer großen Zahl Personen begutachtet wird.

3 Zugriffssteuerung und Rechtevergabe

Die Kontrolle und Steuerung der Zugriffsrechte von Anwendern und Anwendergruppen auf Dateien ist ein notwendiger Bestandteil von Informationssicherheit. In den Anwendungssystemen werden einem Benutzer bestimmte Rechte auf den auf dem System verwalteten Daten gewährt (Tanenbaum, 1995). Die Rechte werden dabei unterschieden nach der Zugriffsart (Lese-, Schreib- oder Änderungsrechten), die ein konkreter Benutzer auf die verwalteten Daten hat.

3.1 Authentifizierung der Benutzer

Zur Prüfung, ob eine Operation von einem Benutzer durchgeführt werden darf, ist es zuerst einmal notwendig, die Identität des Benutzers sicher festzustellen. Der Benutzer muss also seine Identität vor dem Auslösen der Operation nachweisen. Es gibt mehrere prinzipielle Möglichkeiten, wie eine Identität nachgewiesen werden kann:

- durch physischen Besitz (eines Schlüssels, einer Chipkarte, ...)
- durch Wissen (eines Passwortes, eines Algorithmus, ...)
- durch biometrische Merkmale (Fingerabdruck oder -länge, Netzhautstruktur, ...)

Durch die Kombination der Verfahren kann die Sicherheit der Benutzerauthentifizierung erhöht werden, beispielsweise durch eine Kombination einer Smartcard (Besitz) mit einem Passwort (Wissen). Der Diebstahl der Karte reicht dann nicht mehr aus, um diese zu verwenden.

Die übliche Methode der Verwendung von Benutzernamen und Passworten basiert ausschließlich auf dem Faktor Wissen. Passworte können also leicht weitergegeben werden. Eine weitere Schwachstelle ist das Rechnersystem, welches diese Passworte verwaltet. Eine genauere Diskussion zu der Problematik von Passworten, den Angriffen auf passwortbasierte Systeme sowie Methoden zu deren Verhinderung findet sich im Buch von Garfinkel & Spafford (1991).

Nach der erfolgreichen Durchführung ist die Identität des zugreifenden Benutzers bekannt. Weitere Aktionen werden vom Rechnersystem im Namen dieses Benutzers durchgeführt. Da die Verwaltung der Rechte für jeden einzelnen Benutzer bei größeren Systemen zu aufwändig und unübersichtlich wird, können Benutzer in Gruppen eingeteilt werden, die gleiche Rechte haben.

3.2 Rollenbasierte Zugriffssteuerung

Als bessere Abstraktion der Gruppe von Benutzern mit gleichen Rechten wird oft das Konzept der Rolle verwendet (z. B. Ferraiolo & Kuhn, 1992). Zur Erfüllung der Aufgaben, die einer Rolle zugeordnet sind, sind Zugriffsrechte auf bestimmte Objekte notwendig. In einem zweiten Schritt werden jedem Benutzer Rollen zugeordnet. Zur Steuerung des Zugriffes durch einen Benutzer ermittelt das System zuerst die dem zugreifenden Benutzer zugeordneten Rollen. Aus den dazugehörigen Rollendefinitionen ergeben sich dann die Zugriffsberechtigungen. Der Vorteil der rollenbasierten Zugriffssteuerung liegt in der abstrakten Definition der Zugriffsrechte, die über längere Zeit gelten. Die

Benutzer müssen dann nur den Rollen zugeordnet werden, eine Veränderung an den sicherheitskritischen Zugriffsrechten entfällt.

3.3 Administrative Bereiche

Solange sich Daten innerhalb eines definierten administrativen Bereiches befinden, lässt sich die Rechtevergabe durch das System gut steuern. Sobald es aber um größere und möglicherweise heterogene Systeme geht, die von verschiedenen Parteien genutzt werden, greifen diese Maßnahmen nicht mehr. Beispielsweise ist die Zuordnung eines Dokumentes zu einem Benutzer in einem homogenen System leicht durch die Benutzerkennung im Dateisystem zu realisieren. Sofern das Dokument aber in ein anderes System transferiert wird, sollte diese Kennzeichnung durch eine digitale Signatur erfolgen, womit das Dokument dann eigenständig wird. Die digitale Signatur verbindet Dokument und Benutzerkennung, unabhängig von der Vertrauenswürdigkeit des neuen Systems.

4 Sicherheit der Kommunikationsverbindungen

Bei der Sicherung der Kommunikationsverbindungen sollen die über diese Verbindungen übermittelten Daten geschützt werden. Auf der Ebene der Kommunikationsverbindungen sollen die übertragenen Daten gegen Ausspähung und Veränderung durch Angreifer gesichert werden. Weiterhin ist auch die Sicherung des Ursprungs einer Nachricht von großer Bedeutung, um gefälschte Nachrichten erkennen zu können. Bei geschäftskritischen Anwendungen ist auch die Sicherung der Verfügbarkeit einer Kommunikationsverbindung von großer Bedeutung.

4.1 Geschlossene und offene Netze

Im Bereich der Netzwerke unterscheidet man häufig geschlossene und offene Netze. In *geschlossenen Netzen* sind die Teilnehmer bekannt, sie kommunizieren nur untereinander. Da die Gruppe der Teilnehmer bekannt ist, lassen sich Vorgaben bezüglich der Sicherheit leicht innerhalb der gesamten Gruppe durchsetzen.

Der Schutz der übertragenen Daten kann in geschlossenen Netzen teilweise auf das Kommunikationsnetz selbst verlagert werden, sofern der Betreiber oder die Betreiber der technischen Infrastruktur als vertrauenswürdig eingestuft werden. Dem Betreiber des Kommunikationsnetzes wird dann dahingehend vertraut, dass er das Netz gegen das Ausspähen von Daten sichert, diese selbst nicht ausspäht und die Daten auch nur an den korrekten Empfänger weiterleitet. Da die Benutzer innerhalb einer solchen Gruppe einander vertrauen, ist der Austausch von Informationen vergleichsweise sicher. Der Zugang zu einem offenen Netz steht prinzipiell jedermann offen, die Menge der Benutzer ist nicht definiert. In *offenen Netzen*, wie dem Internet, gibt es keinen zentralen Betreiber des Netzwerkes. Da nun viele Betreiber das Gesamtnetzwerk bilden, müsste allen Netzbetreibern und Benutzern vertraut werden. Einheitliche Sicherheitsvorgaben sind nicht mehr durchzusetzen, so dass jeder Teilnehmer sich in offenen Netzen selbst schützen muss. Typische Vertreter zur Sicherung offener Netze sind Mechanismen, die auf asymmetrischen kryptografischen Verfahren basieren, da bei deren Verwendung keine geheimen Informationen verbreitet werden.

Zukünftig wird die Trennung zwischen offenen und geschlossenen Netzen sich weiter verwischen. Durch die zunehmende Verfügbarkeit von offenen Netzen mit guter Qualität lohnt sich der Aufbau von geschlossenen Netzen und Benutzergruppen nur noch für sehr spezielle Fälle mit sehr hohem Verfügbarkeits- und Sicherheitsbedarf. In vielen Fällen ist der Aufbau eines eigenen Netzes auch praktisch unmöglich, wie etwa im Bereich der Mobilfunknetze. Hier bieten sich Techniken an, die das offene Netz nur als reines Übertragungsmedium nutzen. Die Teilnehmer der geschlossenen Benutzergruppe verwenden spezielle Komponenten an den Übergangspunkten vom internen zum öffentlichen Netz. Virtuelle private Netze verwenden ein nicht vertrauenswürdiges offenes Netz als Übertragungsmedium. Beim Übergang zum und vom öffentlichen Netz werden die Nachrichten vollautomatisch ver- und entschlüsselt. Deshalb wird einerseits der Bedarf an Techniken für den Aufbau virtueller privater Netze steigen und andererseits die Verwendung offener Netze zum Normalfall werden.

4.2 Sicherheit auf Netzwerkebene

Hier werden von den Anwendern Maßnahmen auf Netzwerkebene des ISO/OSI Referenzmodells (ISO, 1994) getroffen, um die Integrität und Authentizität von Daten zu sichern.

Üblicherweise werden die ausgehenden Daten vom System verschlüsselt und signiert. Beim Empfang werden die Daten entschlüsselt und die Signatur geprüft. Die unverschlüsselten Daten werden an das Anwendungsprogramm, etwa ein CSCW-System, weitergeleitet. Die Absicherung der Kommunikation erfolgt transparent, das Anwendungsprogramm muss für die Absicherung nicht angepasst werden. Nachteilig dabei ist, dass die Sicherheitsmerkmale dem Anwendungsprogramm nicht zur Verfügung stehen und von diesem auch nicht ausgewertet werden können.

Typische Vertreter dieser Technik ist IPSEC (Kent & Atkinson, 1998a & b) zur Sicherung des Internet Protocols (IP, beispielsweise in Comer, 1991), welches neben der Absicherung von Kommunikation im Internet auch als Standard für die Implementierung im Bereich der virtuelle private Netze verwendet werden kann.

Ein Hybridsystem ist das Secure Socket Layer Protokoll (Freier, 1996), welches von der Firma Netscape vorgeschlagen wurde und nun unter der Bezeichnung Transport Layer Security standardisiert wurde (Dierks & Allen, 1997 & 1999). Hier wird eine einzelne logische Verbindung auf der Transportebene kryptografisch abgesichert. Die Implementation erfolgt direkt im Anwendungsprogramm, so dass die Sicherheitsmerkmale der Verschlüsselung der Anwendung bekannt sind. So kann beispielsweise der Browser eine gesichert übertragene Webseite gesondert markiert darstellen.

4.3 Firewallsysteme

Firewallsysteme kontrollieren den gesamten Datenverkehr zwischen Netzen. Üblicherweise wird ein Netz mit sicherheitskritischem Datenverkehr (etwa das interne Netz einer Unternehmung) mit einem nicht vertrauenswürdigen Netz über einen solchen Firewall verbunden. Das Firewallsystem soll verhindern, dass ein Angreifer aus dem nicht vertrauenswürdigen Netz durch Ausnutzung von Sicherheitslücken in der Software von Rechnern im internen Netz Zugriff auf sicherheitskritische Daten bekommt.

Daneben wird ein Firewall häufig zusätzlich mit der Aufgabe betraut, einen kontrollierten Zugriff über das nicht vertrauenswürdige Netz auf die firmeninternen Systeme zu erlauben. Dies erlaubt die kostengünstige Realisierung der Einbindung von Kunden und Zulieferern in firmeninterne Prozesse. Häufig wird im Firewallsystem auch die Übergangskomponente eines virtuellen privaten Netzwerkes realisiert.

Mit der Verwendung von Firewalls ist durch die Kontrolle und Weiterleitung der Daten häufig ein Performanzverlust verbunden, der insbesondere bei großen Datenmengen oder Anforderungen an Verzögerungszeiten problematisch wird. Dies ist insbesondere bei Video- und Audiokommunikation problematisch.

Eine guter Startpunkt für weitergehende Informationen in diesem Bereich findet sich in den Büchern von Cheswick & Bellovin (1994) sowie von Chapman & Zwicky (1995).

4.4 Verfügbarkeit

Die Verfügbarkeit von Kommunikationsnetzen wird durch die Bereitstellung von redundanten Leitungen sichergestellt, so dass im Störungsfall auf diese gewechselt werden kann. Möglich ist auch, dass mehrere Verbindungen parallel betrieben werden, so dass beim Ausfall eines Teiles der Verbindungen sich nur die zur Verfügung stehende Gesamtbandbreite verringert.

5 Ende-zu-Ende Sicherheit

Ein anderer Ansatz als die Sicherung der Kommunikationswege ist die Verlagerung der Sicherungsfunktionalität in die Anwendungen. Die Anwendungsprogramme sichern die Daten so, dass diese ohne zusätzliche Maßnahmen über nicht vertrauenswürdige Netze übermittelt werden können. Man spricht dann von *Ende-zu-Ende Sicherheit*. Die gesamten Sicherungsmaßnahmen werden durch die Anwender und deren Anwendungsprogrammen (den Endpunkten der Kommunikation) realisiert. Typische Vertreter eines solchen nicht vertrauenswürdigen Netzes ist das Internet aber auch das öffentliche Telefonnetz.

Bei Systemen zur asynchronen Kommunikation, wie etwa E-Mail, werden die Nachrichten auf ihrem Weg zum Ziel auf möglicherweise nicht vertrauenswürdigen Systemen zwischengespeichert. Sie sind dann auf diesen Systemen für Angreifer lesbar. Sofern die einzelne Nachricht selbst verschlüsselt ist, kann ein Angreifer die auf einem solchen System gespeicherten Nachrichten nicht lesen.

Der Vorteil der Sicherung auf Anwendungsebene ist, dass speziell an die zu übermittelten Datentypen angepasste Schutzmaßnahmen zum Einsatz kommen können. Bei einem Videodatenstrom könnten speziell an diesen Datentyp angepasste Verschlüsselungsverfahren angewendet werden, die nur einen Teil des gesamten Datenstroms verschlüsseln und so geringere Anforderungen an die Leistungsfähigkeit der Endsysteme stellen. Ein weiterer Vorteil der Sicherung auf Anwendungsebene ist, dass die Sicherung im Auftrag des jeweiligen Benutzers durchgeführt wird. Damit ist für den Empfänger einer Nachricht der sendende Anwender identifizierbar und nicht nur der Rechner oder das Teilnetz aus dem die Nachricht stammt. Systeme für die digitale Signatur, die Dokumente Benutzern zuordnen, arbeiten daher praktisch immer auf Ebene der Anwendungen.

Beispiele für Protokolle und Datenformate für den Bereich der Ende-zu-Ende Sicherheit sind *Privacy Enhanced Mail* (PEM; Linn, 1993) und Secure Multipurpose Internet Mail Extensions (S/MIME; Ramsdell, 1999). Weiterhin sei auf die Arbeiten der PKIX Arbeitsgruppe der Internet Engineering Taskforce IETF verwiesen, die im Bereich der Datenformate ein einheitliches Format, die Cryptographic Message Syntax (CMS; Housley, 1999), vorschlagen.

6   Ausblick

Die Absicherung von Systemen ist ein komplexes Problem. Die Wahl und Platzierung der Sicherheitsmechanismen muss an den jeweiligen Anwendungsfall angepasst werden.

Bei der Erstellung von Sicherheits- und Überwachungsmaßnahmen sollte darauf geachtet werden, dass der Datenschutz beachtet wird (eine Einführung findet sich in Tinnefeld & Ehmann, 1994). Auch sollte das Prinzip der Datensparsamkeit konsequent durchgesetzt werden.

Der Bereich der rechtsverbindlichen digitalen Signaturen wird an Bedeutung gewinnen, so dass digitale Dokumente als gleichwertiger Ersatz für handschriftlich unterschriebene Papierdokumente verwendet werden können. Das in Deutschland etablierte Signaturgesetz (SigG, 1997; SigV, 1997) sowie der Entwurf für eine EU-Richtlinie für elektronische Signaturen der EU-Kommission (1998) setzen dazu erste rechtliche Rahmenbedingungen in diesem Bereich. Problematisch bleibt dennoch die Gestaltung der Anerkennung von Signaturen sowie die Harmonisierung der technischen Akzeptanzregeln (Berger, 1999).

Es darf bei allen diesen Überlegungen aber nicht vergessen werden, dass die Sicherheit des sozio-technischen Gesamtsystems betrachtet werden muss. Im Artikel von Ross Anderson (1994a) finden sich einige Beispiele, in denen das gut gesicherte technische System nicht, das Gesamtsystem durch geschickte Ausnutzung anderer Schwächen aber erfolgreich angegriffen wurde.

Verteilung von Daten und Kommunikation

Michael Koch, Johann Schlichter
Technische Universität München, München

1 Einleitung

Sowohl in Bezug auf Datenhaltung als auch der Funktionalität von Anwendungsprogrammen werden zentrale Strukturen mehr und mehr durch dezentrale abgelöst. Diese Verteilung von Daten sowie die Kommunikation zwischen Komponenten einer verteilten Anwendung wird ermöglicht durch die gestiegene Leistungsfähigkeit von Rechnernetzen, welche die Problematik der Übertragungsengpässe bei der Informationsverarbeitung immer mehr in den Hintergrund stellt.

2 Verteilte Anwendungen

Gründe für die Bestrebungen, Daten und Funktionalität auf mehrere Rechner zu verteilen, sind im Wesentlichen die folgenden beiden:

- Es werden Ressourcen benötigt, die nicht auf allen Rechnern vorhanden sind, bzw. die nicht von einem Rechner alleine bereitgestellt werden können.

- Es müssen Benutzer oder Prozesse/Agenten zusammenarbeiten, die sich an unterschiedlichen Orten aufhalten und an jeweils lokalen Rechnern arbeiten.

Im letzteren Fall handelt es sich um räumlich verteile Gruppenarbeit, die rechnergestützt meist durch verteilte Systeme bzw. verteilte Anwendungen unterstützt wird.

Definition »Verteilte Anwendung«:

»Eine *verteilte Anwendung* ist eine Anwendung, deren Funktionalität in eine Menge von kooperierenden Teilkomponenten zerlegt ist. Jede dieser Teilkomponenten hat einen internen Zustand (Daten) und Operationen, die auf den internen Zustand angewendet werden. Die Teilkomponenten sind Verarbeitungseinheiten, die verschiedenen Rechnern zugewiesen werden können. Die Teilkomponenten tauschen untereinander Informationen aus, etwa durch Senden von Nachrichten, durch RPCs oder durch gemeinsame Benutzung von Daten.« (Borghoff & Schlichter, 1998, S. 57)

Wichtigstes Kriterium hier ist die Aufteilung einer Anwendung in mehrere (Laufzeit-) Komponenten und deren Verteilung auf mehrere Rechner. Im Unterschied zu zentralen Anwendungen werden nicht nur Daten an unterschiedlichen Orten erhoben und an einem Ort verarbeitet, sondern die gesamte Verarbeitung wird dezentral durchgeführt.

Eine Eigenschaft, die gerade im Zusammenhang mit der Verteilung von Komponenten häufig angesprochen wird, ist die *Transparenz* (siehe z. B. Enslow, 1978). Gemeint ist damit, dass verschiedene, mit der Verteilung zusammenhängende Attribute des Systems für den Anwender und teilweise auch für den Anwendungsentwickler unsichtbar, vor ihm verborgen bleiben, um die Bedienung oder Programmierung zu vereinfachen. Die verteilte Anwendung erscheint wie eine nicht verteilte. Transparenz wird für verschiedene Aspekte einer verteilten Anwendung angewandt. Beispiele dafür sind Ortstransparenz, Zugriffstransparenz, Nebenläufigkeitstransparenz, Replikaktionstransparenz, Fehlertransparenz, Migrationstransparenz (siehe dazu auch (Borghoff & Schlichter, 1998, S. 7ff)). Von *Ortstransparenz* wird beispielsweise gesprochen, wenn ein Benutzer, der auf eine spezielle Ressource im Netz zugreifen will, nicht notwendigerweise wissen muss, wo diese abgespeichert und lokalisiert ist. Ist sich der Benutzer des Ortes eines Objekts im Netz nicht bewusst, so muss er versuchen, den Zugriff darauf über einen Namen zu erlangen. Aspekte der Ortstransparenz sind, dass der Name des Objekts weder Information über den Ort enthält, an dem es kreiert wurde noch an dem sich das Objekt gerade befindet.

Ein Beispiel für verteilte Anwendungen mit Transparenz sind *verteilte Datenbanken*. Hier wird versucht, vor den Benutzern zu verbergen, dass noch andere Benutzer gleichzeitig an der Datenbank arbeiten (Nebenläufigkeitstransparenz) und dass die Daten von verschiedenen Orten kommen (Ortstransparenz, Replikaktionstransparenz).

Für CSCW-Anwendungen ist Transparenz meist nicht unbedingt wünschenswert[28]. Mit völliger Transparenz wären hier nämlich weder Kooperationsunterstützung noch ein konsistentes Benutzermodell möglich. Bei der Bereitstellung von Nebenläufigkeitstransparenz sind sich die Teilnehmer einer Gruppe beispielsweise ihrer gegenseitigen Existenz gar nicht bewusst und können sich so nicht implizit koordinieren.

---

[28] Neben der bisher diskutierten Transparenz mit der Bedeutung von Unsichtbarkeit wird der Begriff hin und wieder auch mit der Bedeutung von Durchsichtigkeit verwendet. Bei CSCW-Anwendungen versteht man darunter, dass sichtbar ist, wer noch am System arbeitet und was die anderen Benutzer machen. Der übliche Begriff hierfür ist aber nicht Transparenz, sondern Awareness (siehe dazu auch den entsprechenden Beitrag von Prinz über Awareness in diesem Buch).

Man wendet daher für CSCW meist selektive Transparenz an, so dass Orts-und Zugriffstransparenz zwar teilweise unterstützt werden, jedoch keine strikte Nebenläufigkeitstransparenz bereitgestellt wird.

Wie zuvor angesprochen, sind die wichtigsten Kriterien für verteilte Anwendungen die Aufteilung in Komponenten und die Kommunikation dieser Komponenten über Rechnergrenzen hinweg. Technisch beruhen dabei alle Kommunikationsmechanismen mehr oder weniger auf dem Versenden von Informationspaketen mit dem UDP-Protokoll oder der Stream-Kommunikation mit TCP. Auf der Diensteebene kann man alle Beispiele auf die folgenden drei Grundmechanismen zurückführen:

- Bidirektionale Kommunikation, Client/Server-Modell, RPC
- Nachrichtenaustausch (Messaging)
- Information Sharing und Verteilte Datenhaltung.

Diese drei Grundmechanismen werden im Weiteren ausführlicher behandelt.

3   Client/Server-Modell

In einem verteilten System ist die Verteilung von interner Funktionalität Grundlage für die Integration von extern verfügbarer Funktionalität. Das Client/Server Konzept als Methode zur Verteilung von interner Funktionalität ermöglicht die optimale Platzierung von Aufgaben auf die jeweils am besten dafür geeignete Rechnerinstanz und damit die Integration der Rechenleistung sämtlicher Rechner im Netz.

Der Terminus Client/Server muss zunächst in seiner völlig abstrakten Bedeutung gesehen werden (vgl. z. B. Geihs, 1995). Hierbei wird lediglich impliziert, dass ein von einem Antragsteller, dem Client, ausgehender Auftrag von einem Dienstleister, dem Server bearbeitet wird. Die Implementierung von Client/Server-Systemen sieht meist so aus, dass sowohl Client als auch Server als Benutzerprozesse realisiert werden. Der Client ruft die Operation eines Servers auf, und nach Ausführung der Operation wird das Ergebnis an den Client zurückgegeben (siehe Abb. 16 »Client/Server-System«). Meist wird der Ablauf des Clients während der Operation blockiert, jedoch ist auch eine nicht-blokkierende Interaktion zwischen Client und Server möglich.

Zu Realisierung von Client/Server-Systemen wird häufig auf das Konzept des RPC zurückgegriffen. Der *Remote Procedure Call* (RPC) stellt eine Verallgemeinerung eines Prozeduraufrufes dar, wie ihn höhere Programmiersprachen unterstützen. Birrell & Nelson (1984) definieren RPC als synchrone Kontroll-

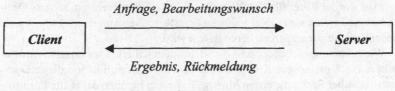

Abb. 16   Client/Server-System

fluss- und Datenübergabe durch Proceduraufrufe zwischen Programmen in unterschiedlichen Adressräumen über einen schmalen Kommunikationskanal (im Sinne von Durchsatz und Verweilzeit).

Für den Anwendungsprogrammierer sollten der lokale und der entfernte Proceduraufruf völlig gleichwertig verwendbar sein. Die wichtigsten dabei zu berücksichtigenden Unterscheidungsmerkmale sind Adressraum, Ausführungsumgebung und Lebensdauer. Beim RPC besitzen beide Prozesse (aufrufender und aufgerufener) keinen gemeinsamen Adressraum, haben keine gemeinsame Ausführungsumgebung und unterschiedliche Lebensdauer. Die verfügbaren RPC-Systeme bieten hier Hilfsmittel an, um die Unterschiede zu umgehen und ähnliche Aufrufsemantiken sicherzustellen.

Die verschiedene Ausführungsumgebung ermöglicht es RPC-Umgebungen neben dem vom lokalen Proceduraufruf gewohnten synchronen Benutzungsmodell (aufrufende Funktion blockiert bis die aufgerufene Funktion zurückkehrt) auch ein asynchrones Benutzungsmodell zu realisieren. Hierbei sind allerdings neue Probleme zu lösen, nämlich die Behandlung von asynchron auftretenden Fehlern (siehe dazu auch Borghoff & Schlichter, 1998, S. 39f).

4   Messaging und Gruppenkommunikation

Üblicherweise sind Kommunikationskanäle binär aufgebaut, es gibt genau einen Sender und einen Empfänger. Die dadurch erreichte *Punkt-zu-Punkt Kommunikation* ist auch in RPC-Systemen und im Client/Server-Modell gängig. Darüber hinaus gibt es aber viele Anwendungsbereiche, insbesondere auch in der rechnergestützten Gruppenarbeit (CSCW), in denen eine Gruppenkommunikation wünschenswert ist.

Gruppenkommunikation beruht auf einem Zusammenfassen von Teilkomponenten zu einer Gruppe und dem asynchronen Senden von Nachrichten an einzelne Gruppenmitglieder oder an die ganze Gruppe. Die Gruppe wird als einzelne Abstraktion behandelt. Sie kann eine Teilkomponente einer verteilten Anwendung oder selbst die ganze verteilte Anwendung darstellen.

Für die Adressierung von Gruppen stehen drei Adressierungsarten zur Verfügung: Eine eindeutige Gruppenadresse, die Liste aller Adressen der Gruppenteilnehmer und die Prädikatadressierung. Die ersten beiden Mechanismen sind für explizite Gruppen von Bedeutung, da hier die Gruppenmitglieder direkt miteinander kooperieren und sich ihrer gegenseitigen Existenz bewusst sind. Der Prädikatansatz ist vor allem für implizite Gruppen interessant, beispielsweise, wenn eine Nachricht an alle Teilkomponenten geschickt werden soll, die eine bestimmte Menge Speicherplatz zur Verfügung haben.

Neben der Adressierung von Gruppen und Fragen des Gruppenzugangs stellen Anforderungen an die Reihenfolge der Nachrichtenzustellung ein wichtiges Thema bei Gruppenkommunikation dar. Im Idealfall würden alle Nachrichten ohne Zeitverzögerung in der Reihenfolge zugestellt, in der sie geschickt wurden. Dies ist jedoch in einem verteilten System nicht möglich. Wird dieser Umstand bei der Realisierung von verteilten Anwendungen mit Messaging nicht speziell berücksichtigt besteht die Gefahr ein System mit nicht-deterministischem Verhalten zu erhalten.

Um den Aufwand für den Anwendungsprogrammierer zu minimieren, bieten kommerzielle Messaging-Systeme, wie z. B. ISIS (Birman, 1993), meist die Möglichkeit eine »virtuell synchrone« Zustellung der Nachrichten zu erreichen. Dabei beachtet das Messaging-System die kausale Abhängigkeit zwischen den Ereignissen des Sendens und Empfangens. Falls zwei Nachrichten kausal abhängig voneinander sind, muss die Reihenfolge bei der Nachrichtenzustellung an alle Gruppenmitglieder eingehalten werden. Für nebenläufige Nachrichten ohne kausale Abhängigkeit wird keine Garantie hinsichtlich der Reihenfolge übernommen. Für mehr Details siehe (Birman, 1993) oder (Borghoff & Schlichter, 1998).

5   Verteilte Datenhaltung

Neben direkter Kommunikation werden häufig gemeinsame Daten zur Kommunikation zwischen verteilten Komponenten eingesetzt. Dabei ist zwischen zwei Grundformen der Verteilung von Daten zu unterscheiden:

- Zwei Datenpools, die unterschiedliche, aber logisch zusammenhängende Datenobjekte speichern (hier müssen verteilte Transaktionen realisiert werden).

- *Replikation*: Zwei Datenpools, die Kopien derselben Datenobjekte speichern (hier muss für eine Konsistenzhaltung der Replikate gesorgt werden); hier wird noch unterschieden zwischen zwei gleichberechtigten Kopien und der Unterscheidung in Original und Arbeitskopien.

Gründe für die verteilte und vor allem für die replizierte Speicherung von Daten sind die Vermeidung eines zentralen Flaschenhalses, der eine singuläre Fehlerstelle darstellt und interaktives Arbeiten verlangsamt.

Den Vorteilen wie höhere Verfügbarkeit und schnellere Zugriffe stehen aber auch einige Nachteile gegenüber. Insbesondere die Existenz nebenläufiger Prozesse kann zusammen mit den durch Netzwerke bedingten Verzögerungen zu ungewollten Inkonsistenzen führen.

Das Problem der *Nebenläufigkeitskontrolle* wurde zuerst im Bereich der Mehrbenutzer-Datenbanksysteme intensiver untersucht (siehe z. B. Bernstein & Goodman, 1981; Kumar, 1995). Die dort gefundenen Lösungen lassen sich aber nur eingeschränkt auf die Datenhaltung bei Groupware anwenden. Grund dafür ist, dass die Datenbanklösungen häufig mit dem Ziel der Nebenläufigkeitstransparenz geschaffen wurden, welche in Groupware aufgebrochen werden muss (siehe hierzu auch den Beitrag von Unland zu Datenbankunterstützung für CSCW-Anwendungen in diesem Buch).

Es gibt prinzipiell zwei Gruppen von Verfahren für die *Nebenläufigkeitskontrolle*: die optimistische und die pessimistische. Der Unterschied zwischen optimistischen und pessimistischen Verfahren liegt hauptsächlich im Zeitpunkt der Feststellung und in der Behandlung von Konflikten.

Bei den *pessimistischen* Verfahren wird versucht, gleichzeitig stattfindende, zueinander in Konflikt stehende Zugriffe auf verschiedenen Kopien unter allen Umständen zu verhindern. Dies wird durch eine globale Serialisierung der in Konflikt stehenden Zugriffe erreicht. Insbesondere wird sichergestellt, dass immer nur ein Schreibzugriff auf einem Datenobjekt aktiv ist. Erst wenn dieser Zugriff sicher abgeschlossen ist, wird der nächste in Konflikt stehende Zugriff erlaubt.

Im Gegensatz zur pessimistischen Kontrolle ist bei der *optimistischen* Kontrolle das Hauptziel die Bereitstellung einer hohen Verfügbarkeit bei geringen Kosten. Dazu nimmt man »optimistisch« an, dass keine zueinander in Konflikt stehenden Zugriffe auf denselben Daten auftreten werden, und erlaubt alle Zugriffe. Nach der Durchführung eines Zugriffs wird allerdings geprüft, ob nicht doch ein Konflikt aufgetreten ist. Wird ein Konflikt festgestellt, dann muss dieser aufgelöst werden. Man kann sagen, dass optimistische Verfahren versuchen, Konsistenz herzustellen, anstatt Inkonsistenz zu vermeiden. Anstelle einer strengen Serialisierung wird eine Synchronisation der Zugriffe durch das spätere Zusammenführen eventuell auseinandergelaufener Versionen erreicht.

Mögliche Verfahren zur Synchronisation sind die Rückgängigmachung von Operationen (Abort, Rollback), die Transformation von Operationen, so dass die Nacheinander-Ausführung zum selben Ergebnis führt (Ellis, 1991), oder das Speichern und (halb-) automatische Zusammenführen der verschiedenen Versionen (siehe auch Borghoff & Schlichter, 1998).

Die Wahl des Synchronisationsverfahrens ist stark von der jeweiligen Einsatzsituation abhängig. Hier spielen Parameter wie Art der zu synchronisierenden Daten, Verteilung der Daten, erwartete Zugriffsstruktur und auch organisatorische Gegebenheiten eine Rolle.

Sowohl bei optimistischer als auch bei pessimistischer Zugriffskontrolle kann und sollte, wie schon zuvor angesprochen, der Benutzer nicht völlig ausgeschlossen werden. Die dazu notwendige Aufhebung der Nebenläufigkeitstransparenz zeigt sich häufig in der Visualisierung von Awarenessinformation, wie z. B. dem Visualisieren von Sperren bei pessimistischer Nebenläufigkeitskontrolle (Greenberg & Marwood, 1994).

6 Zusammenfassung

Die Kommunikation zwischen verteilten Komponenten lässt sich immer auf eine der drei diskutierten Grundmechanismen zurückführen. Heute findet man im Datenbankumfeld meist Zugriff mit RPC und verteilten Transaktionen, im CSCW-Umfeld häufig asynchrones Messaging (insbesondere für Awareness). Weiterführende Konzepte, die in diesem Beitrag nicht behandelt werden konnten, sind die Migration von Daten und komplexere Client/Server Beziehungen (n-Tier). Diese werden teilweise in den folgenden beiden Beiträgen sowie im Kapitel über CSCW-Architekturen in diesem Buch angesprochen. Für weiterführende Information sei beispielsweise auf Borghoff & Schlichter (1998), Wedekind (1994) oder Coulouris et al. (1994) verwiesen.

Middleware und das Internet

Rainer Unland, Stefan Hanenberg, Bogdan Franczyk
Universität Essen, Essen

1 Einleitung

Bedingt durch eine immer enger zusammenrückende Welt, durch zunehmende Verbreitung von Client/Server-Architekturen und durch das Verschmelzen von ursprünglich eigenständigen DV-Landschaften tritt das Problem der Verständigung zwischen unterschiedlichen Anwendungen, zwischen Clients und Servern in einer heterogen, verteilten Systemlandschaft immer mehr in den Vordergrund. Dabei ist ein solches Umfeld ideal gestaltet, wenn Anwendungen und Dienste jeweils exakt das Hard- und Softwareumfeld vorfinden, das ihnen eine optimale Leistungsfähigkeit ermöglicht. Allerdings bedeutet dies, dass die dann gegebene Hard- und Softwarelandschaft zwangsläufig verteilt und heterogen sein muss. Um unter diesen Bedingungen eine handlungsfähige und schlagkräftige Einheit formen zu können, wurden die so genannten N-tier Architekturen entworfen. Beispielsweise repräsentiert in einer *3-tier Architektur* die unterste Ebene die Dienste der Diensteanbieter, die obere die Anwendung, während dazwischen die so genannte Middleware arbeitet. Ziel ist es, den Anwendungen die durch beliebige Diensteanbieter gebotene Funktionalität transparent, effizient und fehlertolerant zur Verfügung zu stellen, also die durch die Heterogenität und Verteiltheit auftretenden Kommunikationsprobleme zwischen Clients (Anwendungen) und Servern (Diensteanbietern) zu lösen. Dieser Beitrag baut auf dem vorherigen von Koch & Schlichter auf.

2 Middleware

Middleware bietet für computerunterstütztes kooperatives Arbeiten wesentliche Vorteile. CSCW-Systeme sind häufig verteilt, wobei an verschiedenen Orten unterschiedliche Hard- und/oder Systemsoftware im Einsatz sein kann. Noch in der jüngsten Vergangenheit ist viel Energie in die Zur-Verfügung-Stellung einer transparenten, verlässlichen Kommunikation zwischen zwei Komponenten eines verteilten (CSCW-)Systems geflossen. Neben dem zur Erstellung solcher proprietären Lösungen notwendigen Aufwand ist ein weiterer erheblicher Nachteil deren fehlende Flexibilität, da es i.d.R. deutliche Einschränkungen bezüglich der einzusetzenden Hard- und Systemsoftware gibt.

Moderne Groupware wird sich deshalb auf (De-facto-) Standards abstützen, die neben der geforderten Flexibilität auch eine erhebliche Erleichterung der Anwendungsprogrammierung mit sich bringen[29]. Spezifische, für bestimmte CSCW-Systeme entwickelte Lösungen sollen hier nicht diskutiert werden. Einerseits werden diese (verständlicherweise) häufig nicht explizit in der Literatur diskutiert, andererseits stellen sie eben auch nicht das eigentliche Highlight des CSCW-Systems dar, sondern sind nur Mittel zum Zweck. Statt dessen werden wesentliche Entwicklungen und Ideen im Middleware- und Internet-Bereich vorgestellt.

Der nächste Abschnitt widmet sich der datenbankzentrierten Middleware und dort den TP-Monitoren. Sie waren lange Zeit die einzige ernsthafte Middleware, wobei ihr Einsatzbereich im Wesentlichen auf die Mittlerrolle zwischen Anwendung und Datenhaltung beschränkt war. Mit dem Aufkommen der objektorientierten Technologie hat auch die Middleware eine stürmische Entwicklung erfahren. Das Konzept der datenzentrierten Middleware wurde in Richtung allgemeiner diensteorientierter Middleware verallgemeinert. Im Abschnitt *Objektorientierte Middleware* werden die wesentlichen Vertreter dieser Gattung – CORBA, (D)COM, EJB (Enterprise Java Beans) und Jini – diskutiert. Allerdings muss der Überblick zwangsläufig wegen der noch gegebenen hohen Dynamik in diesen Gebieten auf einen zum Zeitpunkt der Drucklegung dieses Buches aktuellen Schnappschuss beschränkt bleiben.

Das Internet hat nicht nur in der EDV-Landschaft zu dramatischen Veränderungen geführt, sondern in der menschlichen Gesellschaft allgemein, indem es in einem noch vor kurzem für unvorstellbar gehaltenem Maß zur Globalisierung und zur uneingeschränkten Kommunikation zwischen beliebigen Menschen und Menschengruppen beigetragen hat. Dies bedeutet insbesondere, dass die Gebiete, die sich traditionell schon der Kommunikation und der Kooperation gewidmet haben, von dieser Technologie massiv beeinflusst werden. Daher werden die wesentlichen Einflüsse des Web auf CSCW im Abschnitt *Webbasierte Middleware* angesprochen.

3 Datenbankzentrierte Middleware

TP-Monitore (*Transaction Processing* Monitor) waren die ersten echten Middlewareprodukte und dies zu einer Zeit, da dieser Begriff noch nicht geprägt war. Ein TP-Monitor koppelt datenintensive Anwendungen

- effizient, fehlertolerant und transparent mit externen *Datenquellen* und

---

[29] Es soll nicht verschwiegen werden, dass hier häufig noch die Theorie der Praxis ein Stück voraus ist. Der Teufel steckt im Detail, so dass der Aufwand, der zu treiben ist, um Systeme miteinander zu koppeln, oft größer ausfällt als zunächst angenommen.

- löst über die Anwendung des *Zweiphasenfreigabeprotokolls*[30] auch die beim gekoppelten Zugriff auf mehrere zentrale Datenbanksysteme (DBS) entstehende globale Synchronisationsproblematik[31].

Abb. 17 »Architektur eines TP-Monitors« zeigt den allgemeinsten Fall einer Architektur, bei der eine Anzahl *Router* einer deutlich größeren Menge von *Servern* vorgeschaltet ist, die wiederum auf die unterschiedlichen Datenquellen (i.d.R. DBSe) zugreifen. »Ansprechpartner« der Anwendungen ist der *Router*. Er verteilt die Anwendungsaufgaben gleichmäßig auf die einzelnen Server. Um eine Anwendung *direkt* bedienen zu können, unterhält jeder *Server* üblicherweise feste Verbindungen zu den für ihn relevanten DBSen. Damit entfallen die ansonsten jeweils notwendigen kostspieligen und zeitraubenden Prozesse der Öffnung und späteren Schließung der benötigten DBSe für eine Anwendung. Die Server bilden das eigentliche Herzstück eines TP-Monitors, da sie den transparenten und fehlertoleranten Zugriff auf die einzelnen Datenquellen sicherstellen. Oft ermöglichen sie auch eine anwendungsbezogene Aufbereitung der zurückgelieferten Daten.

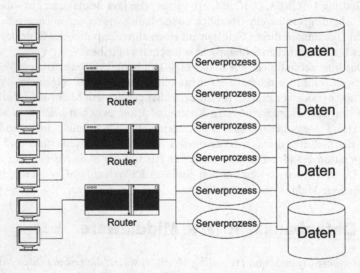

Abb. 17 Architektur eines TP-Monitors

---

[30] Das *Zweiphasenfreigabeprotokoll* wird im Beitrag von Unland über Datenbankunterstützung für CSCW-Anwendungen in diesem Buch genauer erläutert.
[31] Unter der Voraussetzung, dass die darunter liegenden DBS alle das Zweiphasenfreigabeprotokoll unterstützen.

Dieses Aufgabenspektrum ist mit dem Aufkommen der Objekttechnologie deutlich erweitert und verallgemeinert worden. Mit zunehmender Geschwindigkeit und Leistungsfähigkeit von Hard- und Systemsoftware konnten auch immer komplexere Aufgabenstellungen von Rechnern gelöst werden. Daten entwickelten sich zu *Objekten*; nicht mehr die eigentliche Datenstruktur stand im Vordergrund, sondern das *Verhalten* eines Objektes, also die von diesem Objekt angebotene Funktionalität. Aus Datenbanksicht bedeutete dies, dass die Anforderung entstand, datenzentrierte Funktionen durch das DBS verwalten und ausführen zu können. Man denke hier nur an die Suche einer bestimmten Passage in einem großen Textdokument. Üblicherweise muss dazu der Text zunächst vollständig in die Anwendung übertragen werden, was bereits einen erheblichen Aufwand verursacht. In der Anwendung müsste dann die Textsuche ohne weitere Hilfsmittel durchgeführt werden, wobei nach Ermittlung des Resultats der weitaus größte Teil des Dokuments »weggeworfen« würde. Würde diese Funktion jedoch innerhalb des DBSs ausgeführt, könnten auch dessen Hilfsmittel, wie z. B. Zugriffspfade, genutzt werden. Damit könnte nur der wirklich gewünschte Dokumentteil ermittelt und zur Anwendung »hochgereicht« werden.

Ein weiterer wesentlicher Punkt ist, dass im DBS angesiedelte Funktionalität nicht mehr in jeder Anwendung aufs neue bereit gestellt und damit insbesondere auch implementiert werden muss, sondern lediglich einmal – im DBS. Damit steht sie dann allen Anwendungen zur Verfügung. Diese Überlegungen führten bei den relationalen *Datenbankmanagementsystemen* (DBMS) zur Einführung des Konzeptes der *Stored Procedures* und zu den so genannten objektrelationalen DBMSen. Damit wird die Ausführung eines beliebigen Programms innerhalb eines DBSs möglich. Daneben wurde aber auch der im Vergleich dazu eher revolutionäre Schritt der Entwicklung »reiner« objektorientierter DBMSe gegangen. Bei ihnen stehen statt der Daten die auf diesen ausführbaren Methoden im Vordergrund. Beide DBMS-Entwicklungen werden im nächsten Beitrag noch eingehender diskutiert.

Denkt man dieses Konzept der zentralisierten Verwaltung von Funktionen konsequent weiter, so wird klar, dass es neben den datenzentrierten Funktionen noch eine Reihe anderer, allgemeiner Serviceleistungen gibt, die in dieser oder ähnlicher Form vielen Anwendungen zu offerieren sind. Beispiele dafür sind Druckmöglichkeiten oder verschiedenartige Darstellungsmöglichkeiten von Ergebnissen. Das zusätzliche Verlagern solcher Dienste in das DBS macht jedoch keinen Sinn, da viele Services keinen nennenswerten Bezug zu Daten haben. Eine Ausführung innerhalb des DBS würde nicht nur keinen Vorteil bringen, sondern stellt im Gegenteil nur Ballast dar: die massive Konzentration auf das DBS würde dieses zwangsläufig zum Flaschenhals eines Anwendungsumfeldes degradieren. Damit liegt es auf der Hand, solche Funktionalität durch die Middlewareschicht verwalten zu lassen.

4   Objektorientierte Middleware

Bei der Entwicklung verteilter objektorientierter Anwendungssysteme, so genannte *verteilter Objektsysteme*, konzentriert man sich auf die Umsetzung der eigentlichen, systemspezifischen Funktionalität. Alle weiteren Dienste kauft man quasi von außen dazu. Damit diese Idee funktioniert, braucht man zuallererst eine Kommunikationsplattform, die den Anwendungen die transparente Nutzung allgemeiner, oft auch entfernt angesiedelter Dienste erlaubt. Die in einem solchen verteilten, heterogenen Umfeld zwangsläufig auftretenden Probleme der Interoperabilität und Portabilität löst die *objektorientierte Middleware*. Deren grundsätzliche Arbeitsweise ist im Kern bei allen Ansätzen ähnlich. Es gibt (siehe Abb. 18 »Prinzipielle Architektur von Middleware«)

- *Konsumenten (Clients)*, die Interesse an der Ausführung von Diensten haben,

- *Diensteanbieter (Server)*, die entsprechende Services anbieten, und

- eine *Kommunikationsplattform*, über die allen Seiten in einer für sie transparenten Form miteinander kommunizieren können.

Dienste werden als Objekte gekapselt, weshalb sie von außen nur über eine allgemeingültige, implementierungsunabhängige Schnittstelle angesprochen werden können. Ist diese Schnittstelle bekannt, beispielsweise weil sie zu einem bereits standardisierten Paket von Diensten gehört, kann sie direkt angesprochen werden, z. B. über eine Objektreferenz. Ansonsten muss sie über entsprechende Services wie Naming- oder Trading-Services herausgefunden oder über sogenannte Händler (*Broker*) aktiviert werden. Ein *Trading-Service* entspricht den Gelben Seiten. Ein *Broker* vermittelt ihm bekannte Dienste an Konsumenten.

Da in einem heterogenen Umfeld üblicherweise verschiedene Sprachen gesprochen werden, muss eine allgemein akzeptierte, gemeinsame Sprache, quasi ein Esperanto für Objekte, zur Verfügung stehen. In CORBA (cf. OMG, 1999a oder z. B. Schmidt, 1997) übernimmt diese Aufgabe die *Interface Definition* Language (*IDL*). Konsumenten und Diensteanbieter besitzen jeweils einen *Adapter*, der den ihnen zu Grunde liegenden »Dialekt« in das neutrale Esperanto übersetzt und umgekehrt. Da dieser Adapter als Bevollmächtigter bzw. Stellvertreter des eigentlichen Objektes agiert, wird er auch *Proxy* genannt.

Sobald eine Anwendung die von ihr gewünschte abstrakte und neutrale Schnittstelle kennt, kann sie ihre Anforderung auf diese abbilden. Wegen der Abbildung auf die neutrale Schnittstelle ist man bei der Umsetzung der Dienste nicht an eine bestimmte Hardware, Systemsoftware oder Programmiersprache gebunden, sondern besitzt im Prinzip jede nur denkbare Flexibilität.

Dieses allgemeine Grundprinzip realisieren die bekannten objektorientierten Middlewareansätze wie CORBA, COM (und seine Erweiterungen COM+ und DCOM), EJB oder Jini.

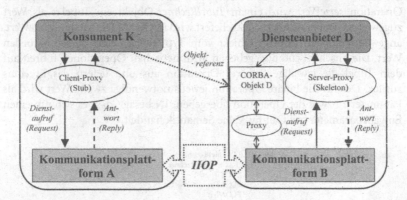

Abb. 18 Prinzipielle Architektur von Middleware

4.1 CORBA

Stellvertretend für objektorientierte Middleware soll hier CORBA betrachtet werden. Verantwortlich für CORBA ist die Object Management Group (OMG), ein Konsortium namhafter Hersteller, das sich der Standardisierung objektorientierter Technologien widmet. Bei den anderen Ansätzen werden nur noch die wesentlichen Unterschiede zu CORBA aufgezeigt.

Kern der Architektur ist der *Object Request Broker* (ORB), der die transparente Kommunikation innerhalb eines verteilten, heterogenen Umfeldes sicherstellt. Clients greifen auf CORBA-Objekte unter Verwendung von spezifizierten Diensten (wie Namens- oder Persistenzdienst) wie auf lokale Objekte zu. Mittels des bereits diskutierten *Proxy*-Mechanismus konvertiert der ORB eine clientseitige Anfrage in ein über das Netzwerk übertragbares Format und überträgt sie dann zum Proxy des Zielobjektes, um sie dort zu dekonvertieren. Ist als Folge der Dienstausführung dem Client ein Resultat zu liefern, kehrt sich dieser als *Marshalling* bzw. *Unmarshalling* bezeichnete Mechanismus um. CORBA erlaubt dem Client die synchrone, verzögert synchrone und asynchrone Nachrichtenübermittlung.

Um eine neutrale Spezifikation der Schnittstelle eines CORBA-Objektes zu ermöglichen, wurde die in ihrer Syntax C++ ähnelnde *IDL*[32] definiert. Mit ihr werden alle nach außen sichtbaren Methoden und alle benutzbaren Objekte und primitiven Datentypen spezifiziert. Abb. 19 »Beispiel einer IDL-Schnittstelle« zeigt eine mögliche IDL-Schnittstelle (*TupelRechner*) des CORBA-Objektes *BeispielRechner*. Es arbeitet mit dem strukturierten Datentyp *Tupel*, der sich aus den primitiven Datentypen *r* und *i* zusammensetzt. Mittels der Operation *setzeWert* wird einem *TupelRechner*-Objekt ein Tupel *t* als Wert zugewiesen (wobei nichts zurückgeliefert wird (VOID)). Die Methode *leseWert*, angewandt auf ein CORBA-Objekt vom Typ *Tupel*, liefert dessen aktuellen Wert. Die anschließend angegebenen arithmetischen Operationen führen auf dem Tupel die jeweilige (binäre) Operation aus und liefern das Ergebnis zurück. Der für die binäre Operation jeweils notwendige zweite Wert wird als Parameter *t* bzw. *s* der Operation übergeben. IN besagt, dass es sich um einen Eingabeparameter mit Call-by-Value Semantik handelt.

```
MODULE BeispielRechner {
    INTERFACE TupelRechner {
        STRUCT Tupel {
            FLOAT r;
            FLOAT i;
        };
        VOID setzeWert(IN Tupel t);
        Tupel leseWert();
        Tupel add(IN Tupel t);
        Tupel skalarMult(IN FLOAT s);
    }
}
```

Abb. 19 Beispiel einer IDL-Schnittstelle

Die IDL stellt die Unabhängigkeit von der zu Grunde liegenden Programmiersprache sicher. Die konkrete Abbildung zwischen einer Programmiersprache und der IDL geschieht jeweils durch ein von der OMG definiertes *Language Mapping* (cf. OMG, 1999b). Bisher gibt es Mappings für C, C++, Smalltalk, Cobol, Ada und Java.

Kommunikation zwischen verteilten Objekten kann innerhalb einer Kommunikationsplattform (Intra-ORB) oder plattformübergreifend (Inter-ORB; wie in Abb. 18 »Prinzipielle Architektur von Middleware«) stattfinden. Da die OMG die Intra-ORB-Kommunikation nicht standardisiert hat, waren Probleme bei der das proprietäre Umfeld verlassenden Inter-ORB-Kommunikation unvermeidlich. Version 2 der CORBA-Spezifikation löst diese Problematik

---

[32] Interface Definition *Language*

durch die Einführung der *Interoperable Object Reference* (IOR) und durch die Unterstützung des *Internet Inter-ORB Protocols* (IIOP). Die IOR identifiziert Objekte über alle CORBA-Plattformen hinweg eindeutig. Das IIOP ist der größte Trumpf von CORBA, da es sich als Integrator für CORBA, das Internet und Java durchgesetzt hat. Damit erschließt sich ein ungeheures Potenzial. In beliebigen Programmiersprachen geschriebene (CORBA und Nicht-CORBA) Objekte können direkt über das Internet miteinander kommunizieren, wodurch eine schier unerschöpfliche Ressource an Diensten einfach zugänglich wird.

Die Abstraktion von einer konkreten Programmiersprache durch eine Schnittstellenbeschreibungssprache wurde schon bei Techniken wie dem *Remote Procedure Call* (RPC; cf. den vorherigen Beitrag von Koch & Schlichter zu Verteilung von Daten und Kommunikation in diesem Buch) oder der *Distributed Computing Environment* (DCE) (cf. Lockemann et al., 1993) eingesetzt. CORBA hebt sich von diesen Ansätzen durch diverse zusätzliche Dienste wie Namens-, Ereignis-, Persistenz-, Transaktions-, Sicherheits-, Zeitdienst oder Concurrency ab. Zudem bietet es die Möglichkeit der synchronen und asynchronen Nachrichtenübermittlung. Allerdings muss auch festgestellt werden, dass wegen seines Umfanges und der damit verbundenen Komplexität der gegenwärtige Standard von vielen kommerziellen Produkten nur teilweise abgedeckt wird.

4.2 (D)COM

Das *(Distributed) Common Object Model* ((D)COM, cf. Microsoft Corporation, 1994, 1995 & 1996; Stal, 1998) ist die (PC-seitige) Antwort Microsofts auf die CORBA-Initiative. Dabei realisiert COM die transparente, sprachunabhängige Kommunikation zwischen Clients und COM-Objekten innerhalb *desselben* Adressraumes, während DCOM auch die Kommunikation über Rechnergrenzen hinweg erlaubt. DCOM nutzt dazu eine RPC-basierte Interprozesskommunikation, wobei der dazugehörige Code direkt in den Code der Objekte eingefügt wird. Wie bei CORBA wird die Schnittstelle zu COM-Objekten mit Hilfe einer einheitlichen Schnittstellenbeschreibungssprache (IDL) beschrieben.

Seit Ende 1998 erweitert Microsoft COM zu COM+ (cf. Kirtland, 1997; Pattison, 1999). Ziel ist, den Programmierern alle für das Erstellen verteilter Anwendungen benötigten Infrastrukturkomponenten zur Verfügung zu stellen. COM+ ist vollständig in Windows 2000 integriert. Im Vergleich zu COM besitzt es zwei wesentliche Verbesserungen:

- Es wurde eine stark verbesserte Version von MTS (Microsoft Transaction Server, siehe unten) integriert. Damit deckt COM+ jetzt Services wie Transaktions-, Sicherheits- und Synchronisationsdienst zusätzlich ab.

- Weitere Laufzeitdienste, wie z. B. der Ereignisdienst oder die Lastverteilung, wurden eingebunden.

MTS erlaubt Anwendungen eine erweiterte Transaktionsüberwachung. COM-Objekte können unabhängig davon, ob sie an eine Transaktion gebunden sind, in der MTS-Umgebung ausgeführt werden. Sie genießen also alle Vorteile einer Transaktionsumgebung, wie z. B. Recoveryfähigkeit. Damit ähnelt MTS in seiner Funktionalität einem Applikationsserver.

Obwohl COM ursprünglich für das Betriebssystem MS Windows konzipiert war, existieren heute eine Vielzahl von Portierungen auf andere Plattformen, wie z. B. auf Linux, Open VMS und Solaris (Software AG, 1999; Digital, 1999; Microsoft Corporation 1999).

Die von COM+ unterstützten Dienste bilden eine wesentliche Teilmenge der im CORBA-Standard definierten Dienste, wobei Letzterer *vollständig* nur in der Theorie existiert. In realen Produkten ist immer nur eine mehr oder weniger große Teilmenge umgesetzt.

Problematisch an COM ist die proprietäre Architektur und die damit verbundene sehr enge Bindung an die Programmiersprache C. Da C im Gegensatz zu Java direkte Speicherzugriffe erlaubt, kann COM nicht so einfach durch Java genutzt werden. Daher hat Microsoft einen eigenen Java-Compiler inklusive Laufzeitumgebung entwickelt. Es bleibt aber dabei, dass COM nicht in Laufzeitumgebungen anderer Java-Dialekte eingebunden werden kann.

4.3 Enterprise Java Beans

Enterprise Java Beans (EJB) stellen ein von Sun Microsystems vorgeschlagenes serverbasiertes Rahmenwerk dar, das die Erzeugung von portierbaren, auf entsprechenden Servern vorgehaltenen und in Java implementierten Komponenten erlaubt (cf. Sun Microsystems, 1999a; Narayanan & Liuh, 1999). Zunehmend etabliert sich EJB als Industriestandard und fördert dadurch die Entstehung eines Komponentenmarktes. Die auf Basis der EJB-Spezifikation entwickelten Komponenten werden als *Enterprise Beans*, Instanzen dieser Komponenten als *Enterprise-Objekte* bezeichnet. Als Grundlage der Kommunikation zwischen Enterprise-Komponenten und Clients dient die *Remote Method Invocation* (RMI; Sun Microsystems, 1999c), die Sun-spezifische Variante des RPC.

EJB-Komponenten haben über eine vorgegebene Java-Programmierschnitt-stelle (*Application Programming Interface* (API)) Zugriff auf die üblichen Dien-ste, wie Namens-, Persistenz- und Transaktionsdienst.

Die Instanziierung, Ausführung und Löschung von Enterprise Beans erfolgt in einem so genannten *EJB-Container*. Er abstrahiert von der konkret vorlie-genden Hard- und Systemsoftware, indem er eine rechner- und betriebssy-stemunabhängige Laufzeitumgebung bereitstellt. Ist Persistenz von Enterprise-Objekten gefordert, wird diese über eine entsprechende Kommunikations-schnittstelle zu einem Datenspeicher sichergestellt.

CORBA und EJB leisten vom Grundsatz her zwar Ähnliches, gehen aber von unterschiedlichen Gegebenheiten aus. CORBA ermöglicht die Integration *hete-rogener Alt*anwendungen in ein modernes, interoperables und objektorientier-tes Umfeld. Bei EJB spielen die *Erzeugung, Portierbarkeit* und *performante* Umsetzung *neuer* serverseitiger Komponenten auf Basis einer *einheitlichen* Architektur die zentrale Rolle. Von Drittanbietern entwickelte Enterprise Beans können in jedem EJB-konformen Container ausgeführt werden. Der Overhead eines heterogenen Umfeldes wird durch die Konzentration auf Java als einheit-liche Programmiersprache vermieden. Damit ist der Ausgangspunkt allerdings auch eher die grüne Wiese. Die Interaktion zwischen CORBA- und Enterprise-Objekten ermöglicht eine auf Suns RMI aufbauende IIOP-Variante (RMI-IIOP; cf. Sun Microsystems, 1999d).

Im Vergleich zu CORBA werden Dienste bei EJB teilweise auf einem abstrakteren Niveau beschrieben, das es ermöglicht, Dienste abstrakt zu adres-sieren. Die Bindung an einen konkreten Dienst wird damit zunächst vermie-den. So regelt das JNDI-API (*Java Naming and Directory Interface*, Sun Micro-systems (1999b)) den Zugriff auf einen (abstrakten) Namensdienst. Die Abbildung auf einen konkreten Namensdienst wird offen gehalten, so dass spä-ter beispielsweise der Namensdienst von LDAP (*Lightweight Directory Access Protocol* (cf. Goodman & Robbins, 1997)) oder CORBA genutzt werden kann.

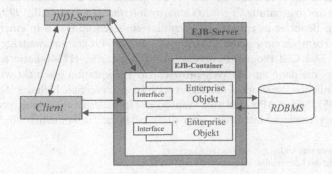

Abb. 20 Bestandteile einer EJB-Server-Installation

5   Webzentrierte Middleware

5.1   Das Web und objektorientierte Middleware

Das *World Wide Web* (WWW oder *Web* (cf. Cailliau, 1995)) hat sich zunehmend zu einem allgemein akzeptierten und geschätzten Informations- und
Servicezentrum für breite Bevölkerungsgruppen entwickelt. Ausschlaggebend
für seinen Erfolg sind die vielen Dienste, die unter einer allgemeingültigen,
leicht zu erlernenden Benutzeroberfläche, dem *Webbrowser*, angeboten werden.
Stark vereinfacht gesehen stellt sich das Web als ein Pool von (Text)dokumen-
ten dar, wobei über so genannte Hyperlinks Dokumente beliebig miteinander
verknüpft werden können. Durch das Anklicken eines Hyperlinks gelangt man
zum verknüpften Dokument/Textfragment, wodurch man sich durch die
Informationslandschaft navigieren kann. Um in beliebigen Umfeldern einen
transparenten Zugriff auf die Dokumente sicherstellen zu können, sind sie mit
Hilfe der so genannten HTML (*HyperText Markup Language*) zu entwerfen.
Dabei können die Verweise auf andere Dokumente und andere Internetdienste
über eine standardisierte Form der Adressspezifikation[33] einfach eingebunden
werden (cf. Loeser, 1998). Dabei werden die (statischen) HTML-Seiten auf
einem so genannten WWW-Server (auch Webserver genannt) vorgehalten und
auf Bedarf unter Zuhilfenahme des HTTP[34] (*HyperText Transfer Protocol* (Fielding et al., 1997)) an den lokal operierenden Web-Browser übertragen. Diese
Basiskonzepte erlauben das Bereitstellen einer beliebigen Menge von statischen,
miteinander beliebig vermaschten Informationsmengen. Die bei anspruchsvol-
leren Anwendungen notwendige spezifische Anpassung der Dienste an Bedürfnisse von Benutzern ist damit noch nicht möglich. Zu diesem Zwecke wurden
Möglichkeiten geschaffen, den Aufruf von HTML-Seiten mit der Ausführung
von dadurch initiierten Programmen zu verbinden. Dabei finden zwei Varianten Anwendung: einerseits die serverseitige Ausführung von Programmen und
andererseits die direkte Ausführung der Programme auf der Clientseite.

Über das so genannte *Common Gateway Interface* (CGI; cf. CGI, 1995) können vom Benutzer in ein HTML-Formular eingegebene Daten in einer definierten Form an ein eigenes Programm, das CGI-Programm, weitergegeben
werden. Das CGI-Programm erzeugt die individuelle, HTML-basierte Ant-
wortseite, die dann an den Web-Browser zur Präsentation geschickt wird. In
einer ähnlichen Weise operieren Server APIs bzw. Server Side Includes (SSIs; cf.
SSI, 1995). Server APIs sind von Webserver-Herstellern angebotene, proprietäre Programmierschnittstellen, über die zusätzliche Funktionalität abgedeckt

---

[33] die so genannte URL (Uniform Resource Locator)
[34] HTTP ist das Kommunikationsprotokoll des WWW.

werden kann. SSIs sind proprietäre Erweiterungen von HTML, die als HTML-Kommentare »getarnt« vom darauf eingestellten WWW-Server herausgefiltert und ausgeführt werden.

Während die HTTP-Variante darauf ausgelegt ist, die Clientseite nur zum Anzeigen von Informationen zu nutzen, kann dem Client-Rechner mit der Veröffentlichung der von Sun Microsystems entwickelten Programmiersprache Java (Gosling et al., 1996) eine aktivere Rolle zugewiesen werden. In Java implementierte Programme[35] können in einen plattformunabhängigen *Bytecode* übersetzt werden. Dieser wird dann, in HTML-Seiten eingebunden, lokal auf allen Rechnern und unter allen Betriebssystemen direkt im Webbrowser ausgeführt, sofern der Web-Browser die sogenannte JVM[36] (Java Virtual Machine) unterstützt. Solche *Applet* bzw. *Servlet* genannten Programme bieten damit die Möglichkeit, Operationen direkt auf dem Client auszuführen. Die sich nicht nur aus diesem Grund in ihren Charakteristika stark unterscheidenden Technologien der HTML-Formulare und der Applets sind die Grundbausteine der Vielzahl an zwischenzeitlich im Web verfügbaren Anwendungen.

Sollen über das Internet komplexe Geschäftsprozesse abgewickelt werden, stößt auch die Applet-Technologie an ihre Grenzen. Als Konsequenz wird über die Integration von objektorientierter Middleware und Internet-Technologie diskutiert. (Spezialisierte) Applet-basierte Browser greifen dabei über den Webserver auf beliebige Objektserver zu[37], wodurch dem Client alle mit objektorientierter Middleware verbundenen Services zur Verfügung stehen, insbesondere auch die Informations- und Datenbeschaffung von beliebigen Backend Datenbanken und Legacy-Systemen. Mit zunehmender Mächtigkeit wird die Internettechnologie natürlich auch für CSCW-Anwendungen immer interessanter.

5.2 Internet Groupware

Udell (1999, S. 4) definiert Groupware als »any technology that links human minds into Collaborative relationships«[38]. Bei asynchroner Groupware steht der zeitlich und räumlich unabhängige Austausch von Informationen, Daten und Dokumenten im Vordergrund. Das Internet erlaubt beliebigen Personen an beliebigen Orten zu beliebigen Zeiten mit beliebiger Hard- und Software miteinander (vorwiegend asynchron) zu kommunizieren. Es stellt daher eine idealtypische asynchrone Groupware da, deren Bedeutung rasant zunimmt.

---

[35] Solche Programme werden *Applets* genannt.
[36] Hierbei handelt es sich im Prinzip um einen Java-Interpreter, der den plattformunabhängigen Java Bytecode in die spezifische Maschinensprache des zu Grunde liegenden Rechners übersetzt.
[37] In diesem Zusammenhang oft *Anwendungsserver* (Application server) genannt.
[38] Es erscheint angebracht, zumindest noch zu fordern, dass Groupware *rechnerbasiert* sein sollte.

Alleine oder in Kombination mit objektorientierter Middleware lässt sich damit Groupware realisieren, die

- eine beliebige Anzahl von Nutzern zulässt, unabhängig davon, ob diese sich in temporären, hoch dynamischen oder abgeschlossenen Gruppen organisieren,

- von der jeweils zu Grunde liegenden Hard- und Systemsoftware der Teilnehmer abstrahiert,

- das Einbinden von in beliebigen Programmiersprachen geschriebenen Anwendungen/ Diensten erlaubt und

- mit strukturierten Daten/Informationen ebenso umgehen kann wie mit semistrukturierten.

Damit steht eine enorm mächtige Entwicklungsumgebung zur Verfügung, die allerdings auch sehr komplex ist. Gegenwärtig steht man erst am Anfang des Ausschöpfens diese Potenzials, wobei naturgemäß als erstes Werkzeuge zur asynchronen Kommunikation entwickelt wurden. Aufbauend auf den Services des Internet kann Kommunikation zwischen Personen über das Versenden von Nachrichten an logische Adressen (Mail-Service) oder über die Arbeit auf *offenen*, gemeinsam nutzbaren Daten- und Informationsspeichern (Newsgroups, Web Bulletin Boards) realisiert werden. Mit offen ist gemeint, dass die Gruppe, der potenziell zulässigen Nutzer offen ist, also grundsätzlich jeder Interessierte sich einschalten bzw. von den Informationen/Services Gebrauch machen kann. Newsgroups bieten beispielsweise beliebigen »Experten« die Möglichkeit, sich zu einem Thema als Gruppe zu etablieren, ein Problem anzugehen und möglicherweise zu lösen, um sich danach als Gruppe wieder auflösen. Und dies mit extrem geringen Installationsaufwand bzw. Overhead. Der Beitrag von Pankoke-Babatz über Kommunikationsorientierte asynchrone Werkzeuge in diesem Buch wird diese Form der Kooperation vertiefen.

Ein Beispiel für eine *geschlossenen* Gruppe, die über das Internet mit Hilfe eines gemeinsamen Arbeitsbereiches miteinander kooperiert und kommuniziert, wird in dem Beitrag von Appelt et al. über Kollaborationsorientierte asynchrone Werkzeuge in diesem Buch diskutiert (BSCW, Bentley et al. (1997)). Beide Beiträge zeigen damit erste Internet-basierte Ansätze für Groupware. Es kann aber davon ausgegangen werden, dass diese Ansätze erst den Anfang eines regelrechten Booms von Internet-basierten CSCW-Anwendungen darstellen. Hier kommt Spannendes auf uns zu.

6 Zusammenfassung

Middleware trägt entscheidend zur flexibleren und effizienteren Nutzung von Hard- und Software bei. Flexibilität wird dabei vor allem durch die Unabhängigkeit von der zu Grunde liegenden Hard- und Softwarelandschaft erreicht. Es wird damit zunehmend einfacher werden, komplexe (verteilte) Anwendungssysteme (und damit auch Groupware) effizient und fehlertolerant zu entwickeln. Ein weiterer Schub ist durch das Zusammenwachsen von Middlewareansätzen und der Internettechnologie zu erwarten. Es werden CSCW-Anwendungen entstehen, die hochgradig flexibel, erweiterbar und vor allem offen für beliebige Benutzergruppen sein werden. Insbesondere die fortschreitenden Entwicklungen im Telekommunikations- und Netzwerkbereich werden Web-Anwendern eine immer kostengünstigere und leistungsfähigere Infrastruktur zur Verfügung stellen, die die Entwicklung und Verbreitung internetbasierter Groupware zusätzlich anheizen wird.

Datenbankunterstützung für CSCW-Anwendungen

Rainer Unland
Universität Essen, Essen

1 Einleitung

Nachdem CSCW-Anwendungen zunehmend das Prototyp- und Experimentierstadium in Richtung anspruchsvollem Realeinsatz verlassen haben, gewinnt die Frage der Speicherung und Wartung großer Datenmengen durch solche Werkzeuge immer mehr an Bedeutung. Basierten Prototypen häufig noch auf einer handgestrickten und einfachen Datenhaltung – oft auf der Basis von Dateisystemen – erfordert der professionelle Einsatz von Groupware eine effiziente, flexible und robuste Datenhaltung. Dies ist die Domäne von Datenbankmanagementsystemen (DBMS). Allerdings zählt Groupware zur Klasse der Nichtstandard-Anwendungen, die wegen ihres hohen Anspruchsniveaus noch immer nicht adäquat durch konventionelle (relationale) Datenbanktechnologie bedient werden können. Im Folgenden werden die Möglichkeiten und Grenzen des DBMS-Einsatzes als Basistechnologie für Groupware diskutiert.

2 Anforderungen von CSCW-Anwendungen an DBMS

Groupware sind Anwendungssysteme, die die rechnergestützte Zusammenarbeit von Gruppen nicht nur ermöglichen, sondern auch produktiv unterstützen (cf. Barent et al., 1994). Wegen ihrer zum Teil hohen Anforderungen an DBMS zählen sie zur Klasse der sogenannten Nichtstandard-Anwendungen. Johansen et al. (1991) klassifizieren Groupware nach ihren Anforderungen an *Ort* und *Zeit* (jeweils *gleich* und *unterschiedlich*). Aus Datenbanksicht lassen sich daraus direkt die Anforderungen des Umganges mit *Verteiltheit* (unterschiedlicher Ort) und *parallelem* Arbeiten (gleiche Zeit) ableiten. Der letzte Aspekt ist zwar aus Datenbanksicht nichts besonderes, gewinnt aber an Brisanz, wenn man berücksichtigt, dass Groupware grundsätzlich auf *kooperativen* Arbeitsformen basiert, während beim DBMS die Isolation im Vordergrund steht. Weiterhin wird in Groupware oft mit großen, unstrukturierten *Daten/ Informationsobjekten* gearbeitet, während DBMS von strukturierten Daten ausgehen. Insgesamt lassen sich daraus abstrakt gesehen die drei folgenden wesentlichen Anforderungen ableiten: *Verteilung, große* und/oder *komplex strukturierte Objekte* und *kooperative Arbeitsformen.*

2.1 Verteilung

Verteilte Anwendungssysteme werden nur dann akzeptiert, falls sie einen schnellen und zuverlässigen Zugriff auf die ihnen zu Grunde liegenden Daten garantieren. Das ist in der Regel aber nur zu erreichen, wenn die wesentlichen Objekte anwendungsnah, also möglichst auf dem Rechner der Anwendung vorgehalten werden. Da sich Daten i.d.R. nicht genau nur einer Anwendung zuordnen lassen, kann deren redundante Speicherung eine Lösung sein, wobei dann aber eine gesunde Mischung zwischen Redundanz und dem damit verbundenen erhöhten Änderungsaufwand zu finden ist. Ende der 70er/Anfang der 80er Jahre war das Gebiet der verteilten (homogenen) DBMS ein sehr aktives Forschungsthema. Die erzielten Resultate waren durchaus beachtlich[39]. Allerdings waren weder die Anwendungen noch die Leistungsfähigkeit der Hard- und Software schon so weit gediehen, als dass diese Forschungsergebnisse ihren Weg in die Praxis finden konnten. Heute ist die Diskussion durch das Aufkommen von *Client/Server*-Umgebungen wieder neu belebt worden, allerdings mit etwas anderer Stoßrichtung. In einem Client/Server-Umfeld greifen dezentral angesiedelte Anwendungen (Clients) auf einen zentralen Server zu, indem sie dort Dienste anfordern und entweder die Ergebnisse oder die Dienste zurückgeliefert bekommen (siehe hierzu auch die vorherigen Beiträge von Koch et al. und Unland et al. zu diesem Thema). Ein Client/Server-DBMS ist dementsprechend ein zentrales *Datenbanksystem* (DBS), dass abhängig von der Architekturvariante einen mehr oder weniger großen Teil seiner Aufgaben auf dem Client ausführt, die Daten aber auf jeden Fall zentral vorhält und verwaltet. Solche Architekturen sind zwangsläufig weniger flexibel und zuverlässig als »echte« verteilte DBS. Daher sollen Letztere in diesem Abschnitt in Form der so genannten *föderierten DBMS* etwas genauer eingeführt werden. Ein *föderiertes DBMS* stellt einen Verbund von autonomen, möglicherweise auf unterschiedlichen Datenbankmodellen[40] beruhenden DBSen dar, auf deren Daten transparent über eine einheitliche, universelle Schnittstelle zugegriffen werden kann.

---

[39] Gute Überblicke über die damaligen Forschungsaktivitäten und den gegenwärtigen Stand der Technologie lassen sich beispielsweise in (Ceri & Pelagatti, 1985; Dadam, 1996; Lamersdorf, 1994; Özsu & Valduriez, 1991) finden.

[40] Natürlich fallen hierunter auch DBMS, die zwar das auf dem gleichen Datenbankmodell (z. B. relational) basieren, aber unter unterschiedlichen Betriebssystemen auf möglicherweise unterschiedlicher Hardware laufen und/oder von unterschiedlichen Herstellern stammen.

In Abb. 21 »Basisarchitektur eines föderierten Datenbankmanagementsystems« stellen die hellen Kästchen die autonomen, auch direkt lokal ansprech-
baren Basis-DBSe dar. Die grauen Kästchen repräsentieren die Aufsätze, die
nötig sind, um globalen Anwendungen (AP_{Gn}) den transparenten Zugriff auf
das föderierte DBS zu gestatten. Ähnlich wie bei der Dreischichtenarchitektur
zentraler DBMSe hat das föderierte DBS eine konzeptuelle Schemaebene, *glo-
bales Schema* genannt, auf der alle in dem föderierten DBS zur Verfügung stehenden Daten in einer homogenen Form sichtbar sind. Die darunter liegenden
zentralen DBSe füttern diese Ebene über das *Lokale Repräsentationsschema*
(LRS). Dabei muss das LRS nicht das konzeptuelle Schema seines DBS wider-
spiegeln. Vielmehr kann es analog zu einem externen Schema nur die Daten
exportieren, deren globale Zur-Verfügung-Stellung auch gewünscht ist.

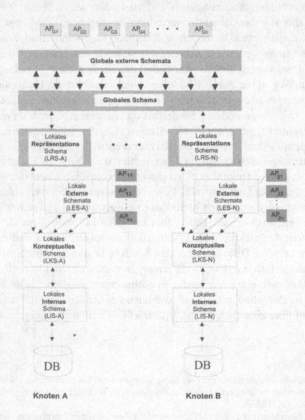

Abb. 21 Basisarchitektur eines föderierten Datenbankmanagementsystems

Die *globalen externen Schemata* stellen jeder Anwendung Daten exakt im notwendigen Umfang und in der gewünschten Form zur Verfügung. Conrad (1997) gibt einen schönen Überblick über föderierte DBSe.

Zur Synchronisation *globaler* Transaktionen nutzen fast alle Ansätze das *Zweiphasenfreigabeprotokoll* (two-phase commit protocol, 2PC). Beim 2PC wird jede auf einer eigenen Datenbank ablaufende (lokale) Teiltransaktionen der globalen Transaktion entsprechend des lokalen Synchronisationsverfahrens synchronisiert (z. B. über das Zweiphasen*sperr*protokoll). Nach Abschluss ihrer lokalen Arbeiten können die Teiltransaktionen aber nicht einfach enden, sondern müssen sich innerhalb einer zweiten Phase noch auf globaler Ebene abstimmen[41]. Dadurch wird insbesondere auch sichergestellt, dass eine globale Transaktion entweder vollständig oder überhaupt nicht ausgeführt wird. Aus Sicht von Groupware ist der auf strenge Isolation von Anwendungen abzielende Charakter des 2PC oft zu restriktiv. Kooperative Arbeitsweisen werden nicht unterstützt. Auch ist das 2PC, wie nicht nur in Ram et al. (1999) festgestellt wird, sehr aufwändig. Es beeinträchtigt in vielen Fällen die Performanz des Gesamtsystems erheblich, weshalb es sehr bewusst eingesetzt werden sollte. Es ist deshalb nicht verwunderlich, dass viele (CSCW-) Anwendungen eigene, auf die individuelle Situation zugeschnittene Lösungen nutzen.

2.2 Große und komplex strukturierte Objekte

(Hypertext-)Dokumente, Audiosequenzen, Grafiken, Fotos oder Bewegtbilder sind nur einige Beispiele für große, komplex aufgebaute Objekte, die alleine oder in integrierter Form zu speichern und zu warten sind. Deren natürliche, bedarfsgerechte Repräsentation stellt extrem hohe Anforderungen an das *Datenbankmodell*. Vor allem sind adäquate Datentypen bereit zu stellen, die eine hinreichend feine und realitätsnahe Modellierung der Anwendungsobjekte erlauben. Allerdings nützt es nur bedingt etwas, wenn das DBMS die Semantik und den Aufbau/die Struktur eines Objektes »versteht«, aber keine geeigneten Speicherbehälter und Zugriffspfade anbieten kann. Deshalb sollen zunächst die aktuellen Entwicklungen der beiden Hauptströmungen – objektrelationale und objektorientierte Datenbankmodelle – vorgestellt werden. Anschließend werden dann ihre Stärken und Schwächen in Bezug auf CSCW-Anforderungen diskutiert.

---

[41] So muss beispielsweise sichergestellt sein, dass *alle* Teiltransaktionen erfolgreich zum Ende kommen können. Falls dies nicht garantiert werden kann, müssen sie alle zurückgesetzt werden.

2.2.1   SQL:1999

An wesentlichen neuen Datentypen unterstützt SQL:1999 die beiden Varianten des LOB-Datentyps, CLOB und BLOB[42]. Beide eignen sich zur Speicherung großer, unstrukturierter Objekte. An Typkonstruktoren sind das ARRAY und der Verweis (REF) hinzugekommen. Auch gibt es jetzt die Möglichkeit, Tupeltypen explizit zu definieren und als Datentyp zur Definition des Aufbaus einer Tabelle oder innerhalb der Definition einer Tabelle zu verwenden. Im zweiten Fall kann ein (komplexes) Unterobjekt direkt in sein Vaterobjekt eingebunden werden. Dies ähnelt in seiner Semantik der Verwendung eines Verweistyps. Letzterer bindet jedoch das »Unterobjekt« nicht direkt in das Vaterobjekt ein, sondern verweist auf eine konkrete Zeile einer (anderen) Tabelle. In beiden Fällen ist die teure Verbundoperation überflüssig.

In SQL:1999 spricht man bei der Definition eines eigenen Tupeltyps von einem *user-defined type* (UDT). Werden zu dem Datentypen auch noch die entsprechenden Methoden angelegt, ist man dem Konzept des abstrakten Datentyps (ADT) sehr nahe. Automatisch kommt mit jeder in der Tupeltypdefinition angegebenen Spalte jeweils eine nicht überschreibbare *Lese-* (*Observer-Methode*) und *Schreib*operation (*Mutator-Methode*). SQL bietet die Möglichkeit, in einer Anfrage solche Methoden wie Attribute zu behandeln, wodurch eine dem ADT-Gedanken (Kapselung) nahekommende Nutzung in der Anfragesprache möglich ist. UDTs (und nur diese) können in einer Vererbungsbeziehung stehen, die auch ein Überladen[43] von Methoden mit einschließt.

2.2.2   Trigger

Trigger sind ein probates Mittel, um in einer kooperativen Umgebung zu koordinieren und um *Awareness*[44] zu schaffen. SQL:1999 unterstützt deren Definition und Ausführung und zwar in Form von so genannten *ECA-Regeln* (*Event-Condition-Action*). In Abhängigkeit vom Auftreten eines bestimmten Ereignisses (Modifikation von Daten über INSERT, DELETE, UPDATE), das auf einer Tabelle ausgeführt wird, wird eine Bedingung überprüft. Trifft diese (nicht) zu, wird automatisch eine Aktion ausgelöst, die im Falle von SQL:1999 in der Ausführung einer Folge von SQL-Statements besteht. Möglich ist auch das Verschicken von E-Mails, wodurch z. B. im Fall des asynchronen Arbeitens auf

---

[42] LOB steht für *large Object*, CLOB für *character large Object* und BLOB steht für *binary large Object*.

[43] Dies bedeutet, dass innerhalb einer Vererbungshierarchie eine Methodenimplementierung auf tieferer Ebene durch eine neue, spezifischere ersetzt werden kann. Überladen impliziert, dass dann zur Laufzeit (einer Anfrage) die korrekte Implementierung ermittelt wird (*spätes Binden*).

[44] Awareness wird im entsprechenden Beitrag von Prinz in diesem Buch intensiv diskutiert. Deshalb sei hier nur die Definition von Dourish & Bellotti (1992) erwähnt: »... Awareness is an *understanding of the activities of others*, which provides *a context for your own activities*«

gemeinsamen Daten die jeweils zusammenarbeitenden Personen automatisch über eine durchgeführte Änderung auf dem gemeinsamen Datenbestand informiert werden können. Mit Triggern können Geschäftsregeln bereits im DBS definiert werden, wodurch deren Einhaltung garantiert ist.

2.2.3 ODL/OQL

Die Standardisierung objektorientierter DBMS wird von der Object Database Management Group (ODMG) vorangetrieben. Deren Pendant zu SQL heißt OQL (*Object Query Language*), ODL (*Object Definition Language*) bzw. OML (*Object Manipulation Language*) und wird in Cattell (2000) vorgestellt. Während SQL Datendefinitions-, -manipulations- als auch Anfragesprache ist, ist OQL nur Letzteres. Die Datendefinition geschieht mittels ODL und die Datenmanipulation mit Hilfe der OML. Die eigentliche Mächtigkeit des Datenbankmodells hängt von der Mächtigkeit der zugrundeliegenden Datenbankprogrammiersprache ab[45]. Deren Datenmodell bestimmt auch das Datenbankmodell. Bisher werden C++, Smalltalk und Java unterstützt. Die ODL und OML werden dementsprechend jeweils auch durch die Sprachkonstrukte dieser Programmiersprachen bestimmt.

Auf der Ebene der vom System bereit gestellten (Built-in) Datentypen ist ODL SQL deutlich überlegen. Dies insbesondere deshalb, weil ODL deutlich mehr Typkonstruktoren[46] anbietet und zudem deren Nutzung nicht einschränkt, d. h. Typkonstruktoren sind beliebig orthogonal anwendbar. Entsprechend dem objektorientierten Paradigma bilden Objekte die Grundlage des ODMG-Datenbankmodells. Jedes Objekt gehört zu genau einer Klasse. *Klassen* entsprechen *ADTs*, d. h. sie werden durch ihren Typ (interne Struktur) und ihr Verhalten (Methoden) beschrieben. Sie können über *Vererbungsbeziehungen* miteinander in Beziehung stehen. Wie in SQL:1999 wird dabei Überladen und spätes Binden unterstützt.

Objekte unterscheiden sich von Werten dadurch, dass sie eine Objektidentität besitzen. Vom Grundsatz her sind Objekte gekapselt, d. h. sie können nur über die ihnen zugeordneten Methoden bearbeitet werden. Allerdings bildet hier die Anfragesprache eine Ausnahme, da sie den lesenden Zugriff auf die interne Struktur von Objekten erlaubt[47]. Objekte können jedoch nur über Methoden geändert werden. Trotz dieser (aus objektorientierter Sicht) kleinen Unsauberkeit konnte man bei der Entwicklung von OQL von den Erfahrungen

---

[45] Der Object Database Standard sieht vor, dass die eigentliche Schnittstelle einer Anwendung zu einem Objekt-DBMS (ODBMS) aus einer Datenbankprogrammiersprache besteht.

[46] Je nach zugrunde liegender Datenbankprogrammiersprache werden *Set*, *Bag* (*Multiset*; eine Menge, die Duplikate enthalten darf), *List* (sortiertes Multiset), *Array*, *Dictionary* und *Struct* (Tupel) unterstützt.

[47] Hier ist SQL:1999 den Trick über die Observer-Methode gegangen.

mit SQL profitieren, weshalb OQL die deutlich kompaktere weil orthogonalere Anfragesprache ist. Vom Prinzip her unterstützt OQL das Navigieren durch ein Objekt. Da die ODL das Anlegen von beliebig komplexen Objekten erlaubt, geht man davon aus, dass Daten, die zusammengehören, auch in einem Objekt abgelegt werden[48]. Damit sind die in SQL dominierenden Verbundoperationen in OQL eher die Ausnahme.

Trigger werden im ODMG-Standard nicht explizit behandelt. Zwar können sie dadurch, dass Arbeiten auf der DB (DB) über Methoden gekapselt werden, in gewisser Weise auch formuliert werden, dies ist aber mit einigem Aufwand verbunden.

2.2.4 Arbeit auf großen und komplex strukturierten Objekten

Will man einen performanten Zugriff auf große Objekte ermöglichen, sind folgende Konstellationen zu beachten:

1. Ist das Objekt bekannt, welches ausgelesen werden soll, und soll es als Ganzes uninterpretiert an die Anwendung weitergereicht werden, so erscheint es sinnvoll, das Objekt zusammenhängend (in einem einzigen Attribut) abzulegen.

2. Ist das Objekt zwar bekannt, wird es aber in der Regel nur in kleinen Portionen angefasst, muss dessen Struktur dem DBS bekannt sein.

3. Ist das gewünschte Objekt oder der gewünschte Objektausschnitt zunächst zu ermitteln, muss neben der Objektstruktur dem DBS auch die Semantik des Objektes zumindest in groben Zügen bekannt sein.

Ausgehend von diesen drei Varianten sollen im Folgenden wesentliche Entwicklungen im Bereich kommerzieller DBMS kurz diskutiert werden[49]. Dabei soll einerseits auf die so genannten *objektrelationalen* Erweiterungen von SQL:1999 und andererseits auf den objektorientierten Pendant OQL eingegangen werden.

Variante 1: unstrukturiertes Bulk-Objekt

Wie gesehen lässt sich ein uninterpretiertes Bulk-Objekt in SQL:1999 in einem LOB-Datentyp speichern. Damit lassen sich beispielsweise Filmsequenzen oder Bilder ablegen. Eine Weiterverarbeitung der Daten kann ausschließlich in der

---

[48] Wobei Objekte über besteht-aus (part-of) Beziehungen beliebig in andere Objekte eingebettet werden können.

[49] Eine eingehende Diskussion so genannter Nichtstandard-DBMS findet sich beispielsweise in (Heuer (1997); Saake et al. (1995); Stonebraker et al. (1999) und Unland (1995))

Anwendung erfolgen. Der Vorteil gegenüber der Ablage der Daten in einem Dateisystem besteht

- in der zusätzlichen Fehlertoleranz, die ein DBMS bietet.

Der Nachteil ist jedoch,

- dass bei diesem »semantikfreien« Umgang mit den Daten viele Eigenschaften, die allgemein mit DBMS in Verbindung gebracht werden, nicht genutzt werden (z. B. der assoziative Zugriff) und

- dass der mit einem DBMS zwangsläufig kommende Overhead zu einem merklichen Performanzverlust führt.

Variante 2: strukturiertes Bulk-Objekt ohne assoziativen Zugriff

Dies bedeutet im Falle des relationalen Datenbankmodells, dass ein Objekt in seine Grundbausteine zerlegt und auf die durch das relationale Datenbankmodell angebotenen Datentypen abgebildet werden muss. Die Konsequenz ist, dass wegen der zur Redundanzvermeidung geforderten Normalisierung Objekte auf mehrere Tabellen verteilt werden. Eine konsequente Normalisierung kann ein komplexes Objekt auf eine Vielzahl von Tabellen verteilen. Dadurch geht nicht nur die Übersicht verloren, sondern auch die Performanz, wenn dann das Objekt über Verbundoperationen aus den vielen Einzeltabellen wieder zusammengesetzt werden muss.

Variante 3: strukturiertes Bulk-Objekt und assoziativer Zugriff

Ein performanter assoziativer Zugriff auf Objekte ist nur zu realisieren, falls entsprechende Zugriffspfade und Speicherungsstrukturen angeboten werden. Falls die Anwendung mit den durch ein DBMS unterstützen Datentypen gut bedient ist, unterscheidet sich diese Fall nicht sehr von Variante 2. Anders stellt sich die Situation dar, falls zur Modellierung des Realweltausschnittes neuartige Datentypen benötigt werden. Ein Beispiel sei eine Landkarte von Deutschland, aus der man sich einen Ausschnitt des Ruhrgebietes ansehen möchte. Ohne räumliche Zugriffspfade – die nicht zum Repertoire eines relationalen DBMS gehören – wäre ein solcher Zugriff nicht vernünftig realisierbar. Nun erlauben objektrelationale und -orientierte DBMS zwar die Definition neuer Datentypen und Routinen, diese müssen aber weiter mit den existierenden Speicher-Datentypen und Zugriffspfaden auskommen. Damit lassen sich also nicht die notwendigen Performanzsteigerungen realisieren. Einen gewissen Ausweg bietet hier das von IBM in DB2 UDB realisierte und zwischenzeitlich auch zur Standardisierung vorgelegte Konzept der *Data Links* (Davis, 1999)[50]. Dies ist ein spezieller, vom System bereit gestellter Datentyp, der es erlaubt, auf ein

---

[50] Die Standardisierung läuft unter dem Namen SQL/MED (*Management of External Data*)

außerhalb des Datenbanksystems liegendes Objekt zu verweisen. Das externe Objekt befindet sich dabei ganz unter der Kontrolle des Datenbanksystems, was insbesondere heißt, dass auch ein von extern ausgeführter Zugriff auf das Objekt vom DBS bemerkt und im Konfliktfall unterbunden wird. Dazu wird das externe Objekt quasi gekapselt.

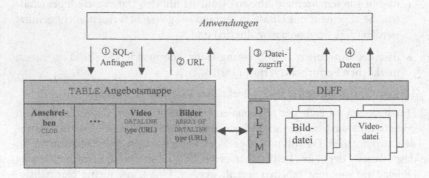

Abb. 22 Der Datentyp DATALINKS zum Verwalten externer Objekte

Zum DBS hin arbeitet der *Data Links File Manager* (DLFM; siehe Abb. 22 »Der Datentyp DATALINKS zum Verwalten externer Objekte«.) Er bindet die Datei an eine Transaktion und löst diese Bindung spätestens mit dem Ende der Transaktion wieder auf. Außerdem überwacht er Integritätsbedingungen und koordiniert Recovery- und Backup-Maßnahmen. Externe Objekte können damit genauso fehlertolerant verwaltet werden wie Datenbankobjekte. Zu den Anwendungen hin kapselt der *Data Links Filesystem Filter* (DLFF). Er stellt die referenzielle Integrität sicher, so dass die Datei weder »ungenehmigt« gelöscht noch unbenannt werden kann, und garantiert, dass nur zulässige Zugriffe (unter Transaktionskontrolle) auf dem Objekt ausgeführt werden können. Ein (assoziativer) Zugriff auf externe Objekte wird zunächst wie üblich in Form einer SQL-Anfragen (①) an das DBS gestellt. Dort werden, möglicherweise unter Zuhilfenahme von Zugriffspfaden, die logischen Namen der gesuchten Objekte (URLs) bestimmt und an die Anwendung zurückgeliefert (②). Diese greift mit Hilfe der URLs über den DLFF auf die Objekte zu (③), die dementsprechend dann von der DLFF an die Anwendung geliefert werden (④). Die Vorteile dieses Ansatzes sind,

- dass Objekte physisch bei der Anwendung abgelegt werden können, da Verweise über Rechnergrenzen hinweg möglich sind,

- dass der Overhead des Datenbanksystems beim Zugriff auf das Objekt entfällt; statt dessen kann die für das Objekt günstigste Speicherform gewählt werden und

- dass die Vorteile eines datenbankbasierten Einsatzes nicht verloren gehen, da Fehlertoleranz und gemeinsame Ablage von logisch zusammengehörigen Daten gewährleistet ist. Selbst der assoziative Zugriff kann sichergestellt werden, wenn von außen die entsprechenden Daten für Zugriffspfade geliefert werden können.

2.2.5 Multimedia, multimediale Objekte und Data Extender

Neben den benutzerdefinierten Datentypen bietet der SQL:1999-Standard erstmals auch eine Unterstützung für multimediale Daten (SQL/MM). Vom Grundsatz handelt es sich hier um eine Erweiterung des UDT-Konzeptes. Es werden weitestgehend vollständige, um ein bestimmtes Anwendungsgebiet herum zentrierte Kollektion von Datentypen inklusive dazugehörige Methoden angeboten[51]. Im Gegensatz zu UDTs sind diese Erweiterungen von Datenbankprofis zu entwerfen, da diese neuen Typen aus Performanzgründen in irgendeiner Form in den Datenbankkern eingebracht werden müssen. Da lediglich das Konzept, nicht aber dessen Umsetzung Gegenstand der Standardisierungsbemühungen ist, kommen die unterschiedlichen Herstellern hier auch mit unterschiedlichen Lösungen. Informix[52] integriert die neuen Datentypen in den Kern, wodurch ein Performanzvorteil zu erwarten ist. Der Nachteil ist, dass damit ein »trojanisches Pferd« eingeschleust werden kann, das die ansonsten hervorragende Abschottung des Datenbankinhaltes von der Anwendung aushebelt und so die Konsistenz der DB gefährden kann. Oracle[53] geht den etwas konservativeren Weg, indem neue Datentypen in einer eigenen DB abgelegt werden. Damit können Konsistenzverletzungen nur diese neue DB betreffen. So ist sichergestellt, dass die klassische, den Kern einer Unternehmung ausmachende Datenverarbeitung nicht nennenswert durch fehlerhafte Data Cartridges gefährdet wird. Grundsätzlich gilt, dass wegen der engen Abhängigkeit der Performanz eines Datenbanksystems von geeigneten, zueinander passenden Zugriffspfaden, Speicherungsstrukturen, Synchronisations-, Recovery- und Optimierungstechniken ein ausgeklügelter, dediziert aufeinander abgestimmter Kern entwickelt werden muss. In dieses Bild passen solche von oben aufgepfropften Erweiterungen nur bedingt. Trotzdem sind Data Extender als

---

[51] SQL:1999 widmet sich hier in der aktuellen Version vor allem den multimedialen Objekten. Grundsätzlich kann und wird diese Technik jedoch breiter angewandt. Im Allgemeinfall spricht man in diesem Zusammenhang häufig von Data Extendern.

[52] Hier heißen diese Datentypen *Data Blades*.

[53] Hier heißen diese Datentypen *Data Cartridges*.

Kompromiss zwischen den Anforderungen einer Anwendung an die Datenmodellierung und der Performanz in vielen Fällen ein akzeptabler Kompromiss.

Hinter SQL/MM verbirgt sich die Unterstützung von Volltext (full-text), zweidimensionalen räumlichen/geografischen Daten (spatial data) und Bildern (still image). Zwar können solche Datentypen auch als LOBs abgelegt werden, als Data Extender werden aber vor allem noch performante, innerhalb des Datenbanksystems ausführbare Methoden mitgeliefert. Für den Volltext sind das Methoden wie Wort-, Phrasen-, Kontext und linguistische Suche, während für die geografischen Daten u.a. Entfernungs- und Testoperationen (enthält, überschneidet, berührt, kreuzt, ...) sowie Methoden zur Bestimmung des gemeinsamen Bereichs, der Differenz oder der Vereinigung von Objekten bereit gestellt werden. (Noch) nicht normiert, aber von einigen Datenbankanbietern bzw. Softwarehäusern angeboten werden Data Extender für Audio, Video/Film, Web (SGML, HTML[54]) oder Zeitreihen (time series). Sie sind insbesondere für CSCW-Anwendungen von hohem Interesse, erlauben sie es doch, die Vielzahl von (un)strukturierten Daten effizient, flexibel zugreifbar und fehlertolerant abzulegen und insbesondere auch den Zugriff auf diese Daten über eine Highlevel Schnittstelle sicherzustellen.

Data Extender sind die notwendige Voraussetzung um Multimedia-DBMS bereit stellen zu können.

Andererseits stellen sie nicht mehr als erste und bei weitem noch nicht vollständige Basismechanismen dar. Das durch die meisten kommerziellen DBMS bereitgestellte Datenbankmodell ist zu wenig ausdrucksstark um vielschichtige (kooperative) Anwendungen ausreichend unterstützen zu können. Bernstein (1998) beispielsweise zeigt in seiner Arbeit, dass ein DBMS, je nach dahinter stehendem Datenbankmodell, um mehrere Schichten erweitert werden muss, um auf ein für Nichtstandard-Anwendungen sinnvolles semantisches Niveau gehoben werden zu können. Diese Schichten sind der Repository-Manager und das Information Model. Der *Repository-Manager* stellt erweiterte Funktionalität in Hinblick auf Objektverwaltung (Object management), dynamische Erweiterbarkeit (dynamic extensibility), Beziehungsverwaltung (relationship management), Benachrichtigungsmechanismen (notification), Versionsmanagement (version management) und Konfigurationsmanagement (Configuration management)[55] zur Verfügung. Im *Information Model* wird dann das aus Sicht der Anwendung notwendige Anwendungsschema entworfen und zwar auf Basis der durch den Repository-Manager zusätzlich zur Verfügung gestellten Mächtigkeit.

---

[54] Standard *Generalized Markup Language, Hypertext Markup Language*
[55] Wobei man sicher diskutieren kann, ob die letzten beide Punkte nicht auch Beziehungen darstellen und damit Spezialisierungen dieses Punktes sind.

Florescu et al. (1998) zeigen in ihrem Artikel, dass man eine eigene Spracherweiterung braucht, wenn man effizient und umfassend auf Hypertext/WWW-Dokumenten arbeiten möchte. Sie zeigen, dass es schon eine Vielzahl von Vorschlägen gibt, wie solche Erweiterungen aussehen könnten[56]. Das lässt erahnen, wie weit der Weg noch sein kann, wenn zusätzlich noch Unterstützung für synchrones kooperatives Arbeiten zu leisten ist.

2.2.6 Archivdaten und Versionsverwaltung

CSCW-Anwendungen benötigen DBS, die Zwischenergebnisse einer Zusammenarbeit und gemeinsame Arbeitsunterlagen von Benutzern verwalten und nach Abschluss der gemeinsamen Arbeit archivieren (cf. Barent et al., 1994).

Archivierung bzw. *Versionsverwaltung* wird aus Datenbanksicht unter zweierlei Aspekten betrachtet. Einerseits kann hierunter eine streng lineare Folge von (Objekt)zuständen verstanden werden, wie sie z. B. bei der Kontoführung auftritt *(Zeitversionen)*, zum anderen eine im allgemeinen Fall graphartige Struktur von Objektvarianten, wie sie vor allem im Zusammenhang mit Entwicklungsprozessen vorkommt *(Versionsgraphen)*[57]. Während diese Problematik eine Zeit lang in der Literatur intensiv diskutiert wurde (siehe z. B. Klahold, 1986; Wilkes, 1987) haben kommerzielle Datenbankanbieter dieses Gebiet erst ansatzweise entdeckt. Es gibt nur wenige DBMS, die dieses Feature unterstützen und dann nur auf einem sehr einfachen Niveau. Dabei stehen *Versionsgraphen* im Vordergrund (z. B. ObjectStore), während *Zeitversionen* noch am ehesten über zukaufbare Data Extender (wie time series) realisiert werden können.

2.3 Kooperative Arbeitsformen

Der Entwurf von DBMS basiert auf einigen Grundannahmen, die die Architektur dieser Systeme entscheidend beeinflussten. Eine davon ist, dass die logische Arbeitseinheit auf der DB, die so genannte *Transaktion, kurz*[58] ist. Transaktionen werden als Konkurrenten um die Daten aufgefasst und daher sauber von einander *isoliert*[59]. Wegen der Kürze einer Transaktion ist dies auch ohne nennenswerte Beeinträchtigung konkurrierender Transaktionen möglich. CSCW-Anwendungen zeichnen sich jedoch durch ein (synchrones) kooperatives Arbeiten aus, welches auch über einen längeren Zeitraum stattfinden kann.

---

[56] Es werden knapp zehn Erweiterungen vorgestellt.

[57] Hier kann es z. B. eine Startversion geben, aus der mehrere alternative Versionen abgeleitet werden, die zeitlich parallel bzw. überlappend existieren. Solche Alternativen können später wieder zusammengeführt werden, so dass aus dem Blickwinkel des Herleitungsprozesses eine Graphstruktur entsteht.

[58] Damit ist eine Transaktionslaufzeit von weniger als eine Sekunde gemeint.

[59] Es wird quasi ein logischer Einbenutzerbetrieb simuliert.

Dies ist exakt das Gegenteil des »Idealszenarios« einer Datenbankanwendung. Im Folgenden sollen die beiden wesentlichen Kriterien, kooperatives Arbeiten und lange Bearbeitungszeiten, mit ihren Konsequenzen anhand des folgenden kleinen Anwendungsszenarios erörtert werden. Dieses Buch wurde von einer Vielzahl von Autoren innerhalb eines vorgegebenen Zeitraumes verfasst. Nehmen wir einmal an, es hätte ein idealisiertes Arbeitsumfeld mit einer (zentralisierten) Ablage[60] für das Buch und einem Mehrbenutzereditor (Shared Editor) vorgelegen.

2.3.1 Lange Bearbeitungszeiten

Der Abgabetermin für das Buch ist morgen und deshalb möchten wie üblich fast alle Autoren in der Nacht vorher ihr Kapitel schreiben. Der erste wird noch Glück haben, da er das Buch exklusiv für sich sperren kann. Damit können jetzt parallele Transaktionen nicht mehr auf dem Buch arbeiten und zwar für den gesamten Zeitraum nicht, innerhalb dem unser Glücksautor das Buch manipuliert[61]. Eine Möglichkeit dies zu verhindern wäre, das Buch in kleinere Einheiten, beispielsweise Kapitel[62], aufzuteilen und diese in der DB abzuspeichern. Nun könnten zumindest die Autoren verschiedener Artikel parallel arbeiten. Allerdings können sie nach wie vor nicht die Arbeiten sehen, an denen parallel gearbeitet wird. Hierzu wurde das Konzept des Check-in/Check-out vorgeschlagen[63], das es einer Transaktion erlaubt, auf einer Kopie des Objektes ändernd zu arbeiten (*Check-out*), während allen parallelen Transaktionen der lesende Zugriff (und nur dieser) weiterhin ermöglicht wird. Zur Verfügung gestellt wird allerdings nur die Version, wie sie zu Beginn der Änderungsarbeiten des Updaters vorgelegen hat. Mit dem Ende der Arbeiten des Updaters wird dann die neue Version in die DB eingestellt (*Check-in*).

Lange Arbeitseinheiten bergen ein erhebliches Verlustrisiko. Kann eine Transaktion, aus welchem Grund auch immer, nicht erfolgreich zu Ende geführt werden, muss sie vollständig zurückgesetzt werden[64]. Damit sind alle

---

[60] Gemeint ist hiermit, dass die aktuelle Version des Buches in einem zentrales DBS gehalten wird. Das bei der Bearbeitung des Objektes zwangsläufig lokale Kopien vorliegen sollten, ist für unsere Diskussion ohne Relevanz.

[61] Dies ist vermutlich der Grund, warum auch in unserem Fall kaum Beiträge zum vereinbarten Termin fertig waren.

[62] Eine mögliche Modellierung wäre, dass Buch eine Tabelle wäre, wobei jeder Datensatz ein Kapitel darstellt.

[63] Dieses Konzept, wie fast alle anderen Vorschläge in Richtung kooperativer Arbeitsweise, hat nur sehr eingeschränkt den Weg in kommerzielle Systeme gefunden. Die bekanntesten Anbieter relationaler DBMS unterstützen es bisher nicht.

[64] Dies schreibt das *Alles-oder-Nichts Prinzip* für Transaktionen vor.

innerhalb der Transaktion geleisteten Arbeiten verloren. Dies ist insbesondere bei Online-Arbeiten nicht akzeptabel. Dieses Problem wird durch *geschachtelte Transaktionen* abgemildert. Eine solche besteht aus einer Menge von Subtransaktionen, die im einfachsten Fall streng linear geordnet sind. Damit sind dann kleinere Einheiten für die Recovery definierbar, da im Falle eines Problems nur die Arbeiten der aktuellen Subtransaktion verloren sind. In der erweiterten Version dieses Konzeptes, bei dem Subtransaktionen beliebig parallel ausgeführt werden dürfen, könnte man sich vorstellen, dass damit Teams unterstützt werden können, die gemeinschaftlich auf den ihnen zugeordneten Daten arbeiten können, wobei nach außen hin weiterhin eine strenge Isolation besteht. In der Forschung gibt es eine Vielzahl von Vorschlägen, die in diese Richtung gehen. In kommerziellen DBMS finden diese Ideen jedoch nur langsam Einzug. Bisher wird hier und da das Konzept der geschachtelten Transaktionen in seiner einfachsten Variante unterstützt.

2.3.2 Kooperatives Arbeiten

Dem gewitzten Leser wird schon aufgefallen sein, dass in unserer obigen Diskussion kein »echter« Mehrbenutzereditor realisiert wurde, da durchgeführte Änderungen erst nach Abschluss der ändernden Transaktion und dann auch nur auf Anforderung Anderen zugänglich werden. Will man noch nicht abgeschlossene Arbeiten innerhalb einer Gruppe öffentlich machen, also Awareness schaffen, muss in erster Linie die durch das DBMS erzwungene strikte Isolation aufgebrochen werden. Bei den heute fast ausschließlich eingesetzten Sperrverfahren heißt dies, dass kooperationsfähige Sperrmodi eingeführt werden müssen oder das Verhältnis der Sperren zueinander kooperativer ausgelegt werden muss. Die Forschung hat sich viele Gedanken um die erste Variante gemacht (cf. Elmargarmid, 1992), da sie wesentlich flexibler ist und feingranularere Kooperationsformen erlaubt. In vielen kommerziellen DBMS ist man jedoch den zweiten Weg gegangen. Die strikte Isolation[65] wurde durch weichere *Konsistenz-* bzw. *Isolationsstufen* ersetzt. Diese erlauben beispielsweise schmutziges Lesen, bei dem Daten immer gelesen werden dürfen, und weitere Varianten, die zwischen den beiden Extremen (volle Serialisierbarkeit und schmutziges Lesen) liegen.

Diese ersten Schritte in Richtung von mehr Kooperation sind für viele (CSCW-)Anwendungen nicht weitgehend genug. Auch unser Mehrbenutzereditor ließe sich auf obiger Basis nur bedingt realisieren. Während Awareness

---

[65] Es gibt eine *gemeinsame* und eine *exklusive Sperre*. Die gemeinsame erlaubt paralleles Lesen. Die exklusive muss von Updatern angefordert und gehalten werden und verbietet allen anderen Transaktionen jedweden Zugriff auf das gesperrte Datum.

noch über den Einsatz von Triggern geschaffen werden könnte, wäre spätestens
der Versuch, zwei gemeinsame Schreiber eines Kapitels auch wirklich parallel
arbeiten zu lassen[66], nicht mehr umsetzbar. So ist es nicht verwunderlich, dass
deshalb in der Forschung an vielen Stellen an flexibleren Konzepten gearbeitet
wurde. Dabei sind mehrere Strömungen erkennbar. Während Arbeiten aus der
Datenbank-Community oft noch den systemgarantierten Konsistenzaspekt in
den Vordergrund stellen, kümmern sich eher aus Sicht der Anwendung (und
insbesondere der CSCW-Welt) agierende Forscher um diesen Aspekt sehr
wenig, mit der Konsequenz, dass die Konsistenzerhaltung des Datenbestandes
mehr oder weniger voll den Anwendern/der Anwendung überlassen wird,
dafür aber ein hohes Maß an Flexibilität und Kooperationsfähigkeit erreicht
wird.

3 Zusammenfassung

Es kann festgehalten werden, dass in der Forschung bereits viele Wege aufgezeigt wurden, wie Datenbanktechnologie so weiterentwickelt werden kann,
dass auch Nichtstandard-Anwendungen und hier insbesondere CSCW-Anwendungen ausreichend unterstützt werden können. Diese Ansätze haben aber
überwiegend erst zaghaft ihren Eingang in kommerzielle Produkte gefunden.
Bei der Modellierung und Verwaltung komplex strukturierter Objekte ist man
noch am Weitesten gekommen, da über die Konzepte der benutzerdefinierten
Datentypen, der (bald standardisierten) Data Links, den Möglichkeiten, verschiedene Varianten von Routinen im DBS zu verwalten und auszuführen und
den Möglichkeiten, Kollektionen von neuen, benutzerdefinierten Datentypen
(SQL/MM, Data Blades bzw. Cartridges) in das DBMS einzubinden, schon ein
deutliches Stück des Weges gegangen wurde. Die Probleme liegen hier eindeutig weniger in der angebotenen Modellierungsmächtigkeit, denn in der performanten Umsetzung. Die Unterstützung kooperativer Arbeitsweisen hingegen
wird noch sehr unzureichend unterstützt. Die strikte Isolation lässt sich nur
bedingt abschwächen. Über eine Kombination mit den Triggermechanismen
lässt sich zwar eine simple Form von *Awareness* erreichen, unter dem Strich
bleibt aber, dass die Unterstützung langer, kooperativer Arbeitsprozesse noch
immer mangelhaft ist. Hier muss die zukünftige Entwicklung abgewartet werden. In Bezug auf verteilte Anwendungen helfen die heute fast ausnahmslos

---

[66] Indem sie z. B. zwar auf demselben Kapitel arbeiten, aber an getrennten Stellen. Später müssen sie
dann ihre Arbeiten integrieren.

unterstützten Client/Server-Architekturen schon einmal, in eingeschränkt verteilten Umgebungen Performanz sicher zu stellen. Liegen Daten in unterschiedlichen DBS, ist ein einheitlicher Zugriff auf sie immer noch schwierig. Es gibt aber erste erfolgversprechende Ansätze, wie beispielsweise die DataJoiner-Architektur von IBM beweist. Zusammenfassend lässt sich sagen, dass erste entscheidende Schritte in Richtung einer Unterstützung von CSCW-Anwendungen gemacht wurden, aber aus Datenbanksicht noch einiges des Weges zu gehen ist.

Teil 2
Werkzeuge und Anwendungen

Einführung

Die CSCW-Forschung ist geprägt durch die Werkzeug- und Anwendungsentwicklung. In der Gesamtschau ist es sowohl spannend festzustellen, dass einige Werkzeugfunktionalitäten aus dem heutigen Arbeitsalltag ursprünglich aus der CSCW-Forschung stammen als auch welche Sackgassen die CSCW-Forschung eine Zeit lang ausgeleuchtet und dann wieder verlassen hat. Die Beschreibung von CSCW-Werkzeugen ist aber auch eine Fundgrube für interessante Ideen, die noch auf eine kommerzielle Erprobung und Umsetzung warten und uns die Zukunft des Arbeitsalltags erahnen lassen.

Dieser Teil des Kompendiums beginnt mit den Grundbausteinen für CSCW-Anwendungen, d. h. einfache Werkzeuge, die die Kommunikation (z. B. E-Mail oder Videokonferenzen), die Koordination (z. B. Gruppenterminkalender) oder die Kollaboration (z. B. gemeinsam nutzbare Text- und Grafikeditoren) unterstützen. Die Darstellung unterscheidet dabei zwischen Werkzeugen für die synchrone (d. h. gleichzeitige und gekoppelte) und für die asynchrone (d. h. entkoppelte) und meistens auch räumlich verteilte Nutzung, weil beide Nutzungsformen unterschiedliche Funktionalitäten benötigen. Dabei ist aber auch ein Verschwimmen der Grenzen festzustellen. Die klassische Unterscheidung, ob die Zusammenarbeit räumlich verteilt ist oder nicht, spielt für die technische Seite des Einsatzes der Werkzeuge kaum eine Rolle, da im Zeitalter des Internets sich praktisch alle Werkzeuge auch räumlich verteilt einsetzen lassen. Für den konkreten Verwendungskontext der Werkzeuge und die Gestaltung der räumlichen Umgebung und der sozialen Situation sind die Unterschiede aber weiter von entscheidender Bedeutung.

CSCW-Grundbausteine decken oft nur eine stark eingeschränkte Funktionalität ab, so dass einer für sich alleine im Alltag nicht sinnvoll einzusetzen ist. Deshalb konnten viele CSCW-Innovationen noch nicht unter echten Realweltbedingungen erprobt werden. Erst eine geeignete Bündelung von Bausteinen (z. B. im einfachsten Fall die Bündelung von E-Mail und Terminkalender) ergibt ein brauchbares Ganzes. Im Buch wird zwischen domänunabhängigen und domainspezifischen Technologiebündeln unterschieden. Erstere können in vielen unterschiedlichen Anwendungsbereichen genutzt werden. Beispielsweise lassen sich Sitzungsunterstützungssysteme, Telebesprechungssysteme und Workflowsysteme sehr breitgefächert einsetzen. Domänspezifische Technologiebündel sind auf einen bestimmten Anwendungsbereich hin optimiert. In diesem Buch werden Systeme zum kooperativen Lernen und Lehren, zur kooperativen Softwareerstellung, zur Unterstützung des sozialen Zusammenhalts und für Interessengruppen (»communities«) im Internet vorgestellt.

Für die Architektur von CSCW-Systemen und einzelnen Mechanismen gibt es über die Grundbausteine und Technologiebündel hinweg Grundprinzipien. Diese werden in zwei Kapiteln vorgestellt. Insbesondere die Architektur synchroner Systeme wird in der CSCW-Forschung noch intensiv diskutiert. Grundprobleme sind dabei, wie die Daten gehalten werden sollen (lokal, zentralisiert, gemischt) und wie eine gemeinsame Sicht der Akteure erzeugt werden soll. Der Bereich der asynchronen Systeme wurde schon recht früh durch kommerzielle Produkte wie Lotus Notes geprägt. Deshalb wird ein Beitrag zu betrieblichen Groupwareplattformen an die Stelle eines Beitrags zu asynchronen Softwarearchitekturen gestellt. Noch mehr als synchrone Softwarearchitekturen werden diese betrieblichen Groupwareplattformen durch die breiten Mobilitätsanforderungen der Anwender (z. B. der Notwendigkeit, auch ohne Netzverbindung auf Daten zugreifen zu können) geprägt.

Generische Mechanismen von CSCW-Anwendungen sind die Anpassbarkeit, die Vermittlung von Gruppenbewusstsein (»awareness«) und kollaborative Filtermechanismen. Anpassbarkeit an sich ändernde Bedingungen ist eine Anforderung an jede Software. Normalerweise wird diese Anforderung aber nur durch die Softwareentwickler umgesetzt. CSCW-Anwendungen sollen in der Regel auch durch die Systemadministratoren und durch die Anwender anpassbar sein. Da lokale Anpassungen aber unerwünschte Auswirkungen auf die Gruppe haben können, ist das Thema der Anpassbarkeit in vieler Hinsicht komplexer als bei anderen Softwareanwendungen. In konventionellen Gruppensitzungen ist das Gruppenbewusstsein eine Selbstverständlichkeit. Man weiß, dass man zusammen ist, weil man sich gegenseitig sieht, hört, riecht und ggf. auch fühlt. Diese Informationen tragen viel zu einem intuitiven Verständnis der Situation jedes Einzelnen und der Gesamtgruppe bei. Die Forschung zum Gruppenbewusstsein versucht nun, dieses intuitive Verständnis über elektronische Medien zu fördern. Einfache Instrumente zeigen beispielsweise an, ob eine Person am Arbeitsplatz anwesend (und damit ansprechbar) ist oder nicht. Kollaborative Filtermechanismen machen die Präferenzstrukturen und damit auch einen bestimmten Erfahrungsschatz für die Gruppe nutzbar. Internet-Buchhändler schlagen unter Nutzung von kollaborativen Filtern Bücher vor. Dabei wird davon ausgegangen, dass zwei Personen, die das gleiche Buch bestellen, auch sonst ähnliche Interessen haben und deshalb die weiteren Bestellungen des jeweils anderen als Empfehlung gebrauchen können. Auch hier gibt es generische Konzepte, wie die individuellen Präferenzen gesammelt und ausgewertet werden können.

Kommunikationsorientierte synchrone Werkzeuge

Siegfried Kaiser
Universität Koblenz-Landau, Koblenz

1 Einleitung

Kommunikationsorientierte Werkzeuge unterstützen den Austausch von Nachrichten zwischen Kommunikationspartnern[67], so dass eine technisch vermittelte Kommunikation möglich wird. Der Nachrichtenaustausch dient anders als in kollaborationsorientierten Werkzeugen nicht der Manipulation von Objekten. In Forschungsprototypen (z. B. TeamWorkstation und Clearbord: Ishii et al., 1994) und kommerziellen Systemen (z. B. NetMeeting, Proshare) werden kommunikations- und kollaborationsorientierte Funktionen häufig gemeinsam angeboten.

Synchrone Kommunikation findet zwischen einer Menge von Kommunikationspartnern an *einem oder* an *mehreren Orten (Gegenstellen)* (Johansen, 1988) statt, die »zur gleichen Zeit miteinander kommunizieren wollen« (Teufel et al., 1995). Gegenstand dieses Beitrags ist die synchrone Kommunikation zwischen mehreren Gegenstellen, für die eine technische Vermittlung durch Konferenzsysteme (Werkzeuge zur Unterstützung der synchronen Kommunikation) Voraussetzung ist. Die Unterstützung der synchronen Kommunikation an einem Ort wird unter Sitzungsunterstützung behandelt.

Kommunikationspartner kommunizieren mit Hilfe gesprochener oder geschriebener Sprache *verbal* und *paraverbal* (Betonung, Intonation). *Nonverbale Kommunikation* schließt Mimik und Gestik, Blick und Körperhaltung ein. Kommunikationspartner können sich auf einen (gemeinsamen) *Kontext* beziehen, der vor allem Informationen über die Verfügbarkeit von Personen sowie über Kollaborationsobjekte und -ereignisse enthält (Whittaker & O'Conaill, 1997).

---

[67] Das Verständnis von Kommunikation als Austausch von Nachrichten geht auf Shannon & Weaver (1949) zurück.

2 Konferenzsysteme

Textbasierte Konferenzsysteme ermöglichen eine schriftliche Kommunikation, Telefone und Videokonferenzsysteme eine audio- bzw. videovermittelte mündliche Kommunikation.

Schriftliche Kommunikation

Textbasierte Konferenzsysteme (Chatsysteme) unterstützen eine *schriftliche Kommunikation*. Nachrichten lassen sich entweder an einzelne oder an alle Kommunikationspartner adressieren. Die Kommunikationspartner lesen die an sie persönlich und an alle adressierten Nachrichten in einem *Konferenzbereich (Chatroom)*. In Systemen mit ASCII-Oberflächen, z. B. *Internet Relay Chat*, werden die Nachrichten in der Reihenfolge ihres Entstehens abgebildet. In Systemen mit grafischen Benutzeroberflächen werden die Kommunikationspartner im Konferenzbereich meist durch Avatare repräsentiert. Nachrichten werden der grafischen Repräsentation ihres Verfassers zugeordnet, etwa durch eine dem Avatar zugeordneten Sprechblase (Suler, 1999a & b; siehe Abb. 23 »Chatroom mit Avataren und als ASCII-Fenster«). Wegen der vollständigen Schriftlichkeit lässt sich die Kommunikation gut *protokollieren* und *speichern* (Johansen, 1988).

Abb. 23 Chatroom mit Avataren und als ASCII-Fenster

Textbasierte Konferenzsysteme werden seit den 60er Jahren v. a. im Zusammenhang mit dem Aufbau von Rechnernetzwerken entwickelt und eingesetzt. Einen besonderen Aufschwung hat ihre (auch private) Nutzung mit der Verbreitung des Internet in den 90er Jahren genommen, da sie geringe Anforderungen an Rechnerausstattung und Übertragungsnetzwerk stellen.

Audiovermittelte Kommunikation

Audiokomponenten von Videokonferenzsystemen sowie die hier nicht behandelten Telefonate und Internettelefonie ermöglichen eine *verbale und paraverbale Kommunikation* mit Hilfe der *gesprochenen Sprache*. *Kontextinformationen* werden übertragen, sofern sie akustischer Natur sind (z. B. das Zuschlagen einer Tür).

Digital übermittelte akustische Signale werden komprimiert übertragen, um Übertragungsbandbreite zu sparen. Ihre *Wiedergabe* erfolgt daher *verzögert*, z. B. bei ISDN um ca. 10 msec. In Videokonferenzsystemen kann die Wiedergabe zusätzlich verzögert werden, insbesondere wenn sie synchron zum Videobild geschieht, dessen Übertragung wegen der größeren Datenmengen ca. 200 – 400 msec dauert (Schaphorst, 1996).

Gesprochene Sprache wird üblicherweise in einem *Frequenzbereich* von 200 bis 3200 Hz (z. B. ISDN) oder von 50 bis 7000 Hz (z. B. der ITU-Standard G.722) übertragen. Mit dem übertragenen Frequenzbereich steigt die Verständlichkeit, die mündliche Kommunikation wirkt weniger ermüdend (Schaphorst, 1996).

Im *Halbduplexbetrieb* kann immer nur eine Gegenstelle akustische Signale senden, so dass eine *explizite Rederechtvergabe* notwendig wird (cf. z. B. Hardman et al., 1998). Im *Vollduplexbetrieb* können alle Kommunikationspartner gleichzeitig reden, ohne dass die Übertragung unterbrochen wird. Durch Direktbeschallung und Reflektionen im Raum gelangen die akustischen Signale der Gegenstellen in die Mikrophone und werden im Vollduplexbetrieb wegen der Signallaufzeiten als Echos wahrgenommen. Um miteinander kommunizieren zu können, muss daher das Lautsprechersignal aus dem Eingangssignal der Mikrophone herausgefiltert werden (*Echo Canceling*: Schaphorst, 1996).

Audiokonferenzsysteme erlauben kein *Richtungshören*, weil i. d. R. nur ein Audiokanal zur Verfügung steht. Dadurch ist es schwerer, einen Sprecher aus einer Gruppe oder aus Hintergrundgeräuschen herauszuhören (Gaver, 1992). Richtungshören und ein gezieltes Ansprechen von Zuhörern wurde in Hydra (siehe Abb. 24 »Videokonferenzen mit drei Partnern in Hydra und MAJIC«, links; Sellen (1992)) und MAJIC (siehe Abb. 24 »Videokonferenzen mit drei Partnern in Hydra und MAJIC«, rechts; Okada et al. (1994)) prototypisch durch eine räumliche Anordnung der Kommunikationspartner realisiert.

Videovermittelte Kommunikation

Videokonferenzsysteme unterstützen eine *nonverbale Kommunikation* mit Hilfe von Gestik und Mimik. Sie liefern auch viele *Kontextinformationen*, da alle Objekte, Personen und Ereignisse im Aufnahmebereich der Kamera sichtbar sind. Erste Versuche mit Videokonferenzsystemen wurden in den 20er und 30er Jahren unternommen, die kommerzielle Nutzung begann in den 60er Jahren.

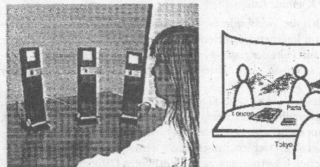

Abb. 24 Videokonferenzen mit drei Partnern in Hydra und MAJIC

Größere Verbreitung fanden sie erst in den 90er Jahren (Egido, 1990; Angio-lillo et al., 1997).

Videokonferenzsysteme stehen vor zwei wesentlichen Herausforderungen. Eine Voraussetzung für die Nutzung ist, eine *kritische Masse* von Kommunikationspartnern zu erreichen. Das wird durch weit verbreitete, leistungsfähige und preiswerte Übertragungsmedien (ISDN, Internet) sowie interoperable Videokonferenzsysteme erleichtert. Eine Ursache für die größere Verbreitung von Videokonferenzsystemen in den 90er Jahren waren daher die Standardisierungsbemühungen ihrer Hersteller (z. B. Picturetel, VTEL, VCON, Intel) unter dem Dach der International Telecommunication Union (ITU). Wichtige ITU-Standards sind H.320 für N-ISDN-Systeme und H.323 für TCP/IP-Systeme (Schaphorst, 1996). Videokonferenzsysteme auf der Basis des Multicast-Backbones (MBone) im Internet werden im Rahmen der Internetstandardisierung definiert (Macedonia & Brutzman, 1994; Hardman et al., 1998), sind jedoch nur in Ausnahmefällen mit H.323-Systemen interoperabel (z. B. CUSeeMe/Reflektor: Crowcroft, 1997).

Die zweite Herausforderung besteht in der *Ergonomie* von Videokonferenzsystemen. Ziel ist eine Kommunikation, die der Face-to-Face-Kommunikation ähnlicher ist als der in Telefonaten. Ein direkter *Blickkontakt* ist in Videokonferenzsystemen nicht möglich, weil Kameras (meist) auf oder unter dem Projektionsmedium stehen. Beim Video Tunnel ermöglichen semitransparente Spiegel einer Kamera Aufnahmen, als stünde sie in der Mitte des Projektionsmediums (Smith et al., 1992). Bei MAJIC befinden sich die Kameras hinter einer semitransparenten Projektionsfläche (Okada et al., 1994). Die Beschränkung auf *eine feste Perspektive* in Videokonferenzsystemen kann durch mehrere parallele Videoverbindungen aufgehoben werden. So verwenden Heath et al.

(1997) in MTV II Videokanäle für das Portrait des Kommunikationspartner, eine Totale des Kommunikationspartners in seiner Umgebung und eine Art Dokumentenkamera für den Schreibtisch.

Konferenzen zwischen mehr als zwei Teilnehmern

Die Kommunikation zwischen zwei Kommunikationspartnern ist einfacher als die zwischen mehreren, vor allem in Bezug auf *Verständnissicherung* und *Gesprächsorganisation.* Eine Kommunikation zwischen mehreren ist telefonisch möglich (Kies et al., 1997), wird durch eine videovermittelte nonverbale Kommunikation jedoch erleichtert. So lässt sich videovermittelt leicht unterscheiden, ob eine Sprechpause auf fehlendes Verständnis oder Arbeiten in eigenen Unterlagen zurückgeht (Isaacs & Tang, 1993).

Telefone und ITU-standardisierte Videokonferenzsysteme sind auf einen Zweipunktbetrieb ausgelegt. Sind mehr als zwei Gegenstellen beteiligt (*Mehrpunktbetrieb*), müssen sie daher über *Konferenzbrücken (Multipoint Control Units)* zu einem Stern geschaltet werden. Konferenzbrücken mischen die Audio- und Videodaten aller Gegenstellen zu je einem Audio- und Videosignal für jede Gegenstelle. Im Continuous Presence Modus werden die Videobilder aller Gegenstellen gleichzeitig dargestellt, im Voice Activated Switching nur das Bild des aktuell Sprechenden (Implikationen verschiedener Darstellungsmodi für die Kommunikation: Sellen, 1992; Fussel & Benimoff, 1995). Mbonebasierte Videokonferenzsysteme (und textbasierte Konferenzsysteme) sind dagegen *mehrpunktfähig.*

3 Anwendungen

Die *synchrone schriftliche Kommunikation* kann als alleiniger oder als zusätzlicher Kommunikationskanal verwendet werden.

Der ausschließlich schriftlichen synchronen Kommunikation kommt beim Chatten eine erhebliche Rolle als Freizeitbeschäftigung zu (siehe den entsprechenden Beitrag von Hoschka et al. über den Computer als soziales Medium in diesem Buch). In weltweit verteilten Teams wird sie für Abstimmungen genutzt. Deren Verlauf und Ergebnis bleiben für Kollegen nachvollziehbar, die wegen der Zeitverschiebung nicht teilnehmen konnten (Johansen, 1988). Weitere Anwendungen sind Besprechungen und Konferenzen im wissenschaftlichen Bereich, Schulungen und Diskussionsrunden (Werry, 1996; für Schulungen siehe den entsprechenden Beitrag von Wessner & Pfister über Kooperatives Lehren und Lernen in diesem Buch).

Ist ein Teil der Kommunikationspartner in der mündlichen Kommunikation über textbasierte Konferenzsysteme erreichbar, kann eine *schriftliche Kom-*

munikation parallel zu der mündlichen stattfinden (siehe die entsprechenden Beiträge von Krcmar et al. über Sitzungsunterstützungssysteme und Gräslund & Krcmar über Anonymität in diesem Buch). Rekimoto et al. (1998) berichten von einer Konferenz, in der den Koautoren des Vortragenden über ein textbasiertes Konferenzsystem (meist technische) Rückfragen gestellt wurden, so dass nach dem Vortrag stärker inhaltlich diskutiert werden konnte.

Die *audio- und videovermittelte.Kommunikation* wird für Telepräsenz, Telebesprechungen und Telegespräche sowie für die gemeinsame Arbeit an physikalischen Objekten genutzt.

Das Wissen um die Anwesenheit und Gesprächsbereitschaft von Kollegen sowie um Ereignisse in der Arbeitsumgebung (*Telepräsenz*) kann durch akustische und visuelle Kommunikationskanäle auf entfernte Standorte erweitert werden. *Media Spaces* etablieren dazu permanente Audio- und Videoverbindungen zwischen Gemeinschaftsräumen oder Büros (Bly et al., 1993). Im CRUISER werden kurze Audio- und Videoverbindungen aufgebaut, die einen Blick in die Büros von Kollegen erlauben (Fish et al., 1992).

In spontanen *Telegesprächen* und verabredeten *Telebesprechungen* unterstützen Videokonferenzsysteme eine inhaltliche Kommunikation und die Gesprächsorganisation (Whittaker & O'Conaill, 1997; siehe den entsprechenden Beitrag von Engel et al. über Telebesprechungen und Telepräsenz in diesem Buch). In der inhaltlichen Kommunikation werden Aufgaben erledigt (z. B. Konsens erzielen, Bedeutungen aushandeln) oder Beziehungen gepflegt. In der Gesprächsorganisation koordinieren sich die Kommunikationspartner (z. B. Sprecherwechsel, Gesprächsbereitschaft). Sie lassen sich leicht *protokollieren*, da alle notwendigen Aufnahmegeräte vorhanden sind. Aufzeichnungen von Telebesprechungen in Media Spaces wurden benutzt, um nicht anwesende Kollegen später zu informieren (Bly et al., 1993).

Dokumentenkameras ermöglichen es, *physikalische Objekte* in Telegesprächen und -besprechungen *gemeinsam* zu *betrachten und* zu *verändern* (z. B. Heath et al., 1997). Dabei werden nicht nur die Ergebnisse einer Manipulation kommuniziert, sondern auch die Handgriffe, um das Ergebnis zu erreichen (Ishii et al., 1994). Es besteht die Möglichkeit, das detaillierte Außenbild eines Objekts (per Video) um eine abstrakte Sicht auf den inneren Zustand desselben Objekts (per Steuerungsprogramm) zu ergänzen (Whittaker & O'Conaill, 1997, S. 42f; Tani et al., 1992).

4 Erfahrungen

Konferenzwerkzeuge erfordern spezifische Interaktionsformen von den Kommunikationspartnern, die je nach Aufgabe Vor- oder Nachteile nach sich ziehen.

Die *Schriftsprache* in *textbasierten Konferenzsystemen* ist durch ihre hohe Interaktivität und das Fehlen para- und nonverbaler Ausdrucksmöglichkeiten charakterisiert. Durch die hohe Interaktivität weist sie *einige Charakteristika gesprochener Sprache* auf. Beispielsweise werden mehr Abkürzungen verwendet, Sätze sind oft unvollständig. Als Ersatz für die nonverbalen und paraverbalen Ausdrucksmöglichkeiten der gesprochenen Sprache hat sich eine eigene Parasprache (z. B. Smileys) entwickelt (Werry, 1996; Höflich, 1996). Auch die *Gesprächsorganisation* gestaltet sich anders. So ist es in Systemen mit ASCII-Oberflächen im Unterschied zu Systemen mit grafischen Oberflächen praktisch unmöglich, die Anwesenheit und Aufmerksamkeit inaktiver Kommunikationspartner einzuschätzen (Viegas & Donath, 1999).

Soziale Kontrollmechanismen beruhen teilweise auf der nonverbalen Kommunikation. Ihr Fehlen kann dazu führen, dass Kommunikationspartner eher Beiträge zu schriftlichen als zu mündlichen Diskussionen liefern (Egido, 1990). Andererseits wird ein *enthemmtes Verhalten* wie Beleidigungen erleichtert. Um diesem Verhalten Einhalt zu gebieten, hat sich ein explizites Regelwerk, die »*Netiquette*«, herausgebildet (Höflich, 1996).

Die *videovermittelte Kommunikation* unterscheidet sich von der Face-to-Face-Kommunikation. Wegen der festen und relativ niedrigen Auflösung des Videobildes besteht ein *Tradeoff zwischen der Erkennbarkeit von Mimik und Gestik*. Entweder lassen sich die Details der Mimik oder die Gestik erkennen (Gaver, 1992). Werden *Audio- und Videosignal nicht synchronisiert*, leidet die Verständlichkeit, da ein Lippenlesen ausgeschlossen ist (Angiollo et al., 1997). Werden sie synchronisiert, führen die langen Signallaufzeiten zu einem stockenden Gesprächsfluss (Isaacs & Tang, 1993; Bergmann et al., 1999), die Kommunikation erscheint formeller und distanzierter (Angiollo et al., 1997). Es können Missverständnisse entstehen, weil das Feedback der Zuhörer einen Sprecher mit erheblicher Verzögerung erreicht (Isaacs & Tang, 1993; Fussel & Benimoff, 1995). In der videovermittelten Kommunikation zwischen Gruppen gibt es drei *Adressatenkreise*: ein Teil der lokalen Gruppe, die gesamte lokale Gruppe und die Gesamtheit der Kommunikationspartner (Bergmann et al., 1999). Daher lassen sich keine Seitengespräche mit Teilnehmern an Gegenstellen führen, die jedoch oft wichtig für das Erzielen von Besprechungsergebnissen sind (Egido, 1990).

Permanente Videokonferenzverbindungen sind geeignet, mögliche Kommunikationspartner in Büros oder Gemeinschaftsräumen zu beobachten (Bly et al., 1993; Whittaker & O'Conaill, 1997). Weil das periphere Sehen eingeschränkt ist, ist es videovermittelt schwierig, die Aufmerksamkeit eines Gegenübers per Blickkontakt, Körperhaltung oder Gestik zu erwecken (Heath & Luff, 1991). Die kurzen Videokonferenzverbindungen im Cruiser führten selten zu den erwarteten zufälligen Telegesprächen, sondern wurden wie Telefone vorwiegend bei bestehendem Gesprächswunsch eingesetzt (Fish et al., 1992; Whittaker & O'Conaill, 1997).

Die videovermittelte Kommunikation hat gegenüber Telefonaten *Vorteile bei komplexen Aufgaben* wie Verhandlungen oder dem Aushandeln eines gemeinsamen Verständnisses, in denen die Einschätzung des Gegenübers eine große Rolle spielt (Veinott et al., 1999). Die Face-to-Face-Kommunikation erweist sich der videovermittelten in Bezug auf Gesprächsorganisation und das Einschätzen des Gegenübers überlegen (Olson et al., 1995; Whittaker & O'Conaill, 1997). Für das inhaltliche Besprechungsergebnis konnten Olson et al. (1995) keinen Unterschied zwischen beiden feststellen. Die Ergebnisse – gewonnen mit hydraähnlichen Systemen und vernachlässigbaren Signallaufzeiten – kehren sich bei der Übertragung auf kommerzielle Systeme teilweise um. Wegen der aus langen Signallaufzeiten resultierenden Schwierigkeiten (siehe oben) nutzten die von Isaacs & Tang (1993) beobachteten Anwender Telefone statt der Audiokomponente ihrer Videokonferenzsysteme.

5 Ausblick

Selbst wenn viele der in Forschungsprototypen entwickelten Funktionen in kommerzielle, standardisierte Konferenzsysteme integriert sind, kann das Ziel dieser Unterstützung nicht die Substitution von Face-to-Face-Besprechungen und Telefonaten sein. Solange sie keinen größeren oder anderen Nutzen als diese Formen der synchronen Kommunikation bringen, werden sie nicht oder nur selten angewandt (Hollan & Stornetta, 1992). Erfolgreiche Anwendungen von Konferenzsystemen zeichnen sich durch eine Ergänzung vorhandener synchroner Kommunikationsformen aus: Social Communities auf Grundlage gleicher Interessen durch Chatsysteme (Höflich, 1996), Telepräsenz außerhalb der engeren Arbeitsgruppe durch Media Spaces (Bly et al., 1993) oder Telebesprechungen an denen Personen teilnehmen, die an einer Dienstreise nicht hätten teilnehmen können (Egido, 1990).

Kommunikationsorientierte asynchrone Werkzeuge

Uta Pankoke-Babatz
GMD FIT/CSCW, Sankt Augustin

1 Einleitung

Asynchrone elektronische Kommunikationssysteme erlauben die Kommunikation zwischen räumlich entfernten und zu unterschiedlichen Zeiten arbeitenden Personen. Sie unterstützen Kommunikationsprozesse, die mit anderen Medien nur schwer oder gar nicht durchzuführen sind. Hierzu gehören z. B. die Kommunikation einer größeren Zahl von Teilnehmern, die zeitlich und räumlich getrennt sind. Dazu zählen auch lang andauernde Kommunikationsprozesse, die eine geringe Kommunikationsintensität und -häufigkeit haben.

E-Mail-Systeme[68] (Mailbox-Systeme, Mitteilungssysteme, Message-Handling-Systeme, elektronische Post o.ä.) erlauben den gezielten Austausch zwischen Sender und Empfänger. Multiadressierungstechniken und Verteilerlisten (Mailinglisten) erlauben, gleichzeitig mehrere Personen zu erreichen. Computerkonferenz- oder Bulletin-Board-Systeme unterstützen die Kommunikation in geschlossenen Gruppen. Newsgroups erlauben, weltweit öffentliche themenspezifische Diskussionen mit beliebigen Interessenten zu führen.

Im vorliegenden Beitrag wird ein kurzer Überblick über die Historie von asynchronen Kommunikationssystemen gegeben. E-Mail-Systeme und Newsgroups werden vorgestellt. Technische Spezifika, Einsatzmöglichkeiten und Nutzen dieser Systeme werden exemplarisch aufgezeigt. Probleme, die bei der Nutzung auftreten und Lösungsversuche werden erläutert.

2 Beginn der Nutzung von Computern für die Kommunikation

Als Ende der 60 Jahre die ersten Bildschirmarbeitsplätze zur Verfügung standen und sogenannte Timesharing-Systeme das gleichzeitige Arbeiten mehrerer Teilnehmer ermöglichten, da wurden auch erste Mitteilungen ausgetauscht. Das ARPANET bestand anfänglich nur aus drei miteinander zum Zwecke des

---

[68] Die asynchronen Kommunikationssysteme sind vor allem im anglo-amerikanischen Raum entstanden. Daher ist eine englische Fachterminologie entstanden, die ich in diesem Artikel verwende.

Datenaustausches verbundenen Großrechnern (Hafner et al., 1997, S. 222).
Laut einer ARPA-Studie (Advanced Research Projects Agency) von 1973 (Haf-
ner & Metthew, 1997, S. 227) bestand bereits drei Viertel des Datenverkehrs im
ARPANET aus E-Mail.

Auf den Großrechnern entstanden sogenannte Mailboxen, in denen Nachrichten für einzelne Empfänger hinterlegt werden konnten, und Computerkonferenzsysteme, die in einer zentralen Datenbank themenspezifische Ablage von
Mitteilungen erlaubten und den Lesern ermöglichten, noch ungelesene Beiträge herauszufinden.

Für Rheingold (Rheingold, 1994, S. 149) sind 1979 und 1980 die entscheidenden Jahre für die computergestützte Kommunikation, da seit diesem Zeitpunkt große Unternehmen wie The Source und CompuServe ihre Informationsdienste öffentlich im Netz anbieten. Im gleichen Jahr entstanden im
USENET, dem Netz der Unix-Anwender, die Newsgroups, in denen Mitteilungen nicht an einzelne Adressaten versendet, sondern als Beiträge zu einzelnen
Themen organisiert an alle USENET-Knoten verteilt und weiterverteilt werden.
Angefangen hatte es mit zwei Einrichtungen, die 1979 im Schnitt zwei Nachrichten täglich austauschten, 1981 gab es bereits 150 Knoten und 1992 über
11000 Knoten mit weltweit mehr als 2,5 Millionen Lesern (Rheingold, 1994).

EIES (Turoff, 1980), eines der ersten Computerkonferenzsysteme, wurde
Mitte der 70er Jahre entwickelt, um festzustellen, welche Koordinationsmechanismen Gruppen verwenden, wenn implizite in Face-to-Face-Kommunikation
verwendete Koordinationsmechanismen ausgeschlossen werden (Hiltz et al.,
1978). Das Computerkonferenzsystems KOMEX (Pankoke-Babatz, 1984) in
der GMD wurde entwickelt, um zu untersuchen, inwieweit sich Computer zur
Unterstützung von Entscheidungsvorgängen einsetzen lassen. Faktisch wurde
das System seit 1981 als hausinternes Mail-System mehr als 10 Jahre lang
genutzt und 1987 auch an öffentliche Netze angeschlossen (Bogen et al., 1987).

Im Folgenden werden E-Mail-Systeme, Computerkonferenzsysteme und
Newsgroups ausführlicher vorgestellt.

2.1 E-Mail-Systeme

E-Mail ist ein Medium für die persönliche Kommunikation zwischen zwei oder
mehr Personen. *E-Mail-Systeme* sind verteilte Systeme, die aus zwei Komponenten bestehen: dem Mail-Transport-Dienst und dem Mail-Benutzer-Dienst
(Costalis et al., 1994). Die erste Komponente übernimmt die Verteilung von
Mail über das Rechnernetz und das sogenannte Routing. Hier hat sich die
»store-and-forwarding« Technik durchgesetzt, die durch Zwischenspeicherung
und Weiterleitung dafür sorgt, dass Nachrichten während des Transports nicht
verloren gehen. Für E-Mail gibt es zwei Protokoll-Familien: die *X.400 Protokolle*

(Babatz et al., 1990; CCITT, 1985; CCITT, 1989a), die von den nationalen Post-Verwaltungen und ISO standardisiert worden sind, und die RFC-Protokolle RFC822 und RFC821 (IETF, 1999), die im ARPANET und später im Internet aus der Praxis heraus entstanden sind. RFC (Request for Comment) beschreibt das Verfahren der Entstehung dieser Protokolle. Vorschläge für eine neue Funktion, Protokollerweiterung oder -ergänzung können an die IETF (Internet Engineering Task Force) beim NIC (Network Information Center) geschickt werden. Jeder Vorschlag muss begründet und eine Implementierung muss vorgewiesen werden. In den entsprechenden Newsgroups wird dieser dann diskutiert. Schließlich entscheidet die IETF über die Annahme als Standard.

In RFC822 wird die Struktur der E-Mails definiert, also die Aufteilung in Kopf- und Rumpfteile einschließlich der Form der Adressierung. RFC821 definiert das Protokoll für den Transport von E-Mails im Netz, das »Simple Mail Transport Protocol« (SMTP).

Heute stehen viele verschiedene Mail-Benutzerdienste, auch Mailreader genannt, zur Verfügung, z. B. EUDORA, Netscape Communicator, Outlook (Salomon et al., 1998). Die meisten erlauben nicht nur die Verwendung von ASCII-Zeichen, sondern auch von Umlauten und anderen Sonderzeichen. Zudem ist die Übertragung von beliebigen Dateien als Anhänge von Mitteilungen (Attachments) möglich. Dazu wird das klassische SMTP Protokoll, das nur die Übertragung von ASCII-Zeichen vorsieht, durch das MIME-Protokoll (Multipurpose Internet Mail Extensions) erweitert.

E-Mail wird ergänzt durch Directorysysteme (CCITT, 1989a), d. h. Teilnehmerverzeichnisse, in denen die Adressen der Teilnehmer und auch die Verteilerlisten verwaltet werden können. Zur Vereinfachung der Adressierung werden häufig generische Namensschemata verwendet; z. B. werden Adressen aus <vorname>.<nachname> der Person und Firmen-Mail-Adresse gebildet. So können Mail-Adressen konstant bleiben, auch wenn lokale Netzkonfigurationen innerhalb einer Institution geändert werden, und Adressen von Teilnehmern können auch von Externen »erraten« werden.

Der Nutzen von E-Mail für die Kommunikation und für die Unterstützung der Arbeit in räumlich verteilten Teams wird durch den erforderlichen hohen Koordinationsaufwand beeinträchtigt (Fafchamps et al., 1989). Bedingt durch die Beschränkung auf textuelle Kommunikation entfallen alle Faktoren der nonverbalen Kommunikation, die jedoch eine zentrale Rolle in der zwischenmenschlichen Kommunikation spielen (Robinson, 1989; Watzlawick et al., 1967). Daher sind in der Forschung und in der Praxis viele Versuche unternommen worden, Strukturierungsmöglichkeiten für die Kommunikation anzubieten. Die Sprechakttheorie (Austin, 1962) wurde dazu in einigen Systemen verwendet, z. B. im Coordinator, Chaos und in Cosmos (Action Technologies, 1987; Bowers et al., 1988; De Cindio et al., 1986). Andere Ansätze beruhten darauf, Formulare oder sogenannte »semi-structured Messages« zu verwenden, um die Kommunikation besser strukturieren zu können (Prinz, 1989) oder Kommunikationsregeln ausdrückbar zu machen (Pankoke-Babatz, 1989).

Aber alle diese Ansätze haben sich aus den folgenden sozialen und technischen Gründen nicht durchsetzen können. Wenn vom Sender verlangt wird, explizit seine Erwartungen an den Empfänger auszudrücken, so erfordert dies unerwünschten Zusatzaufwand. Außerdem bewirken explizite Äußerungen über den Kommunikationsverlauf eine Formalisierung der Kommunikation und können vom Empfänger als zu repressiv empfunden werden. Dies wurde in einigen Systemen dadurch verschärft, dass die vordefinierten Sprechakte die Handlungsfreiheit des Empfängers beschränkten (Action Technologies, 1987; De Cindio et al., 1986).

Technisch beschränkt jede Extension die Kommunikation auf solche Partner, deren lokale Mailreader diese verstehen und technisch unterstützen. Dies widerspricht dem Prinzip der Offenheit von E-Mail. Es erfordert, dass sich die Partner vorher über die Verwendungsmöglichkeiten der Extensionen verständigen. Es bleibt also die Beschränkung auf pure E-Mail nach RFC822 oder in zunehmenden Maße mit den MIME-Erweiterungen. Statt einer protokolltechnischen Unterstützung der Strukturierung von Kommunikation gibt es sogenannte *Netiquettes*, die empfehlen, wie man sich als Mailpartner verhalten sollte (Pankoke-Babatz et al., 1999; RFC1855, 1995).

Strukturierungsmöglichkeiten für Kommunikation finden sich aber in einer anderen Form von asynchroner Kommunikation, den Computerkonferenz- oder Bulletin-Board-Systemen, die von ihrer Technik her nicht verteilt sind, sondern eine zentralistische Architektur haben.

2.2 Computerkonferenzsysteme

Zur Unterstützung der Kommunikation in Gruppen sind Computerkonferenzsysteme, z. B. EIES (Hiltz & Turoff, 1978; Turoff, 1980), COM (Palme, 1981), und *Bulletin-Board-Systeme*, z. B. WELL (Rheingold, 1994), entstanden. Diese Systeme bieten die Möglichkeit, Gruppen einzurichten. Gruppenmitglieder können Beiträge abgeben und die Beiträge aller anderen Gruppenmitglieder lesen. Bilaterale Kommunikation ist ebenfalls möglich. Alle Beiträge werden von einem zentralen Server verwaltet, der sicher stellt, dass nur die jeweiligen Gruppenmitglieder Zugriff auf die Beiträge erhalten. Zum Lesen oder Abgeben der Beiträge muss man sich mit diesem Server verbinden. Mit Hilfe von sogenannten »News Control« Mechanismen kann sich jeder einzelne Benutzer über die von ihm noch nicht gelesenen Beiträge informieren.

Die Beiträge können je nach Server beliebig lange aufbewahrt werden. Es entsteht ein »*Gruppengedächtnis*«, so dass jederzeit auf frühere Beiträge zugegriffen werden kann. Später hinzukommende Mitglieder können die alten Beiträge lesen und sich so ein Bild der vergangenen Kommunikation machen.

Diese zentralistische Architektur ermöglicht es, die Kommunikation gezielt zu strukturieren. Klassische Strukturierungsmechanismen sind die thematische Ordnung von Beiträgen und die Herstellung von Bezügen zwischen Beiträgen, wie z. B. Antwort auf, Ersatz von, Ergänzung zu usw. (Kerr et al., 1982; Palme, 1981). Die zentrale Verwaltung ermöglicht, die Beiträge neu zu ordnen, Spam- oder Junk-Mails (s.u.) zu löschen u.ä.

Rheingold (1994) schildert, wie diese Systeme – vor allem das WELL System – zur Bildung von virtuellen Gemeinschaften geführt haben. Auch wenn heutzutage die E-Mail dominiert, so sind doch auch einige dieser Systeme im Einsatz.

2.3 Newsgroups

Im Gegensatz zu den Computerkonferenzsystemen bieten Newsgroups eine weltweit offene themenspezifische Verbreitung von Beiträgen. Beiträge zu Newsgroups sind nicht an eine bestimmte Audienz gerichtet, sondern prinzipiell können sie von jedem gelesen oder erzeugt werden, der einen Netzzugang hat und über einen *Newsreader* verfügt. Der Begriff »group« bedeutet hier nicht, dass gezielt ein Teilnehmerkreis angesprochen werden soll, sondern die Gruppe ergibt sich sozusagen implizit aus allen am Thema Interessierten.

USENET begann 1980 (Rheingold, 1994) als »UNIX User Network« damit, ein Forum für alle Unix-Nutzer zu etablieren, das erlaubte, nach Themen organisiert Beiträge an alle USENET-Knoten weltweit zu verteilen. Jeder Unix-Rechner, der Beiträge erhält, verteilt sie zum einen an die benachbarten Knoten und bereitet sie zum anderen themenspezifisch auf, d. h. er stellt an Hand der Identifikation eines Beitrags fest, ob er diesen schon hat, wenn nein, speichert er ihn lokal für seine Benutzer.ab. Jedes Rechenzentrum kann entscheiden, welche Newsgroups es für seine Klientel zur Verfügung stellt. So können neue Beiträge sehr schnell weltweit verteilt werden.

Im Unterschied zu den Konferenzsystemen hat jeder USENET-Teilnehmer die Möglichkeit die Newsgroups zu lesen, d. h. die Leserschaft eines Beitrags ist dem Beitragerzeugenden vorher nicht bekannt.

Zur Bewältigung der durch das schnelle Wachstum und hohe Nachrichtenaufkommen von USENET (Rheingold, 1994) entstandenen Informationsflut sind moderne Newsreader und die Technik der FAQ's entstanden. Moderne Newsreader bieten jederzeit einen Überblick über alle abonnierbaren Newsgroups und vereinfachen das Lesen abonnierter Newsgroups durch die Sortierung der Beiträge nach Titel und Antwortketten (sog. Threads). Damit wird auch der sporadische Leser unterstützt. In der Gemeinschaft der Newsgroup-Leser ist eine Konvention (Mandel et al., 1996; RFC1855, 1995) entstanden, die empfiehlt, dass einzelne Mitglieder die wichtigen Antworten und Diskussions-ergebnisse zu einer Fragestellung sammeln und diese als sogenannte FAQ (Fre-quently Asked Questions) wieder zur Verfügung stellen. So können spätere Teilnehmer die Ergebnisse der Diskussionen unmittelbar nachlesen.

Um zu gewährleisten, dass die Diskussion in einer Newsgroup themenfo-kussiert und konzentriert bleibt, werden sogenannte »*moderated Newsgroups*« eingerichtet. Dies sind Gruppen, bei denen Beiträge, die an die Newsgroup adressiert sind, an einen Moderator weitergeleitet werden, der über deren Ver-öffentlichung in der Newsgroup entscheidet. So ist eine Qualitätskontrolle über die Inhalte der Newsgroup möglich.

2.4 Probleme asynchroner Kommunikation

Die Einfachheit der Erzeugung und Verteilung von Nachrichten über E-Mail, Verteilerlisten und Newsgroups an einen großen Teilnehmerkreis sowie die Anonymität, die vor allem in Newsgroups möglich ist, hat auch unerwünschte Nebeneffekte. Es besteht die Gefahr der Überlastung mit zuviel Informationen. Verstärkt wird dies durch Teilnehmer im Netz, die diese Medien bewusst zur Verteilung von Werbung oder gar gezielt zur Überschüttung des Netzes (spamming) mit unwichtiger Information benutzen (Junk-Mails). Ein weiteres Problem tritt vor allem in Newsgroups oder Mailinglisten auf, das sogenannte »*Flaming*«, d. h. eine Person wird vor dem Publikum der ganzen Newsgroup oder des Mail-Verteilers von einer anderen attackiert oder diffamiert. Die Dynamik führt dann meist dazu, dass sich eine solche Diskussion schnell erhitzt, und der Betroffene keine Eingriffsmöglichkeit hat. Anonymität des Täters und die mangelnde Perzeption von sozialer Präsenz (Short et al., 1976) der anderen »stillen Zuhörer« reduzieren die Hemmungen, solche Attacken (Kollock et al., 1994) auszuführen. Eine wesentliche Vorbeugungsmaßnahme besteht darin, in den Netiquettes auf das Problem hinzuweisen (Mandel & van der Leun, 1996; RFC1855, 1995). Außerdem gibt es auch technische Mittel, einen Beitrag wieder zu entfernen oder im schlimmsten Fall, einen ganzen Dienstbetreiber vom Datenverkehr im Internet auszuschließen. Letzteres ist aber eine sehr rigorose Maßnahme, die nur in Extremfällen angewendet wird.

3 Zusammenfassung

Die vorgestellten asynchronen Kommunikationssysteme bieten den Vorteil, dass eine vorherige Synchronisation der Kommunikationspartner, Terminvereinbarung u.ä. nicht erforderlich ist. Man kann einfach und zu jedem Zeitpunkt eine Nachricht versenden, seine Post bearbeiten, News lesen. Da Mail und Newsgroups überall im Internet zugänglich sind, kann man ohne großen Aufwand beliebige Personen erreichen, vorausgesetzt, man kennt ihre Mail-Adressen oder man kann sich über ein beliebiges Thema informieren und mitdiskutieren, indem man eine entsprechende Newsgroup abonniert. Trotz der genannten Schwächen der asynchronen Kommunikationsmedien sind sie nicht zuletzt durch ihre allgemeine Verfügbarkeit und den geringen Aufwand zur Nutzung heute aus dem Alltag der Kommunikation nicht mehr wegzudenken. Mit der Verbreitung des Internets haben sie auch Einzug in die private Kommunikation gehalten.

Vor allem E-Mail hat sich im Laufe der Jahre als wichtiges alltägliches verteiltes Kommunikationsmedium weltweit durchgesetzt. E-Mail wird sowohl für die hausinterne, als auch für institutionsübergreifende Kommunikation eingesetzt. Es wird in allen Bereichen von Fachkräften, Unterstützungskräften bis hin zu Führungskräften (Reichwald et al., 1996a) genutzt. Es kann mit Fug und Recht als das Mittel für computergestützte Kooperation betrachtet werden, das sich in der Praxis durchgesetzt hat.

Koordinationswerkzeuge

Gerhard Schwabe
Universität Koblenz-Landau, Koblenz

1 Einleitung

Koordination ist die Handhabung von Abhängigkeiten zwischen Aktivitäten (Malone & Crowston, 1994). Koordinationswerkzeuge erleichtern oder ermöglichen die Handhabung von Abhängigkeit. Durch die räumliche und zeitliche Verteilung der beteiligten Personen steigen die Koordinationsprobleme und Koordinationswerkzeuge gewinnen an Bedeutung.

Folgende Koordinationsmechanismen werden hier kurz vorgestellt:

1. Terminkoordination,

2. zentrale Koordination von strukturiert ablaufenden Aktivitäten durch Vorgangssteuerung,

3. zentrale Koordination von unstrukturiert ablaufenden Aktivitäten durch Projektmanagementwerkzeuge,

4. dezentrale Koordination von Aktivitäten durch gemeinsames Material und

5. die Koordination in computerunterstützten Sitzungen.

2 Terminkoordination

Terminkoordination in Gruppen wird umso schwieriger, je mehr Personen betroffen sind. Dies wird noch erschwert, wenn gleichrangige Personen Termine vereinbaren und dadurch ein Termin nicht autoritär durch Priorisierung anderer Aktivitäten durchgesetzt werden kann. Eine kurzfristige Terminvereinbarung vielbeschäftigter verteilter Personen ist für den Koordinierenden sehr schwierig. Insbesondere hierfür sind elektronische *Gruppenterminkalender* gut geeignet. Sie ermöglichen eine halbautomatische Terminvereinbarung. Die Unterstützung der Koordination reicht von der Verbreitung von Termininformationen bis zur automatischen Suche nach freien Terminen für Gruppen und den automatischen Eintrag in den Terminkalender aller Betroffenen.

Gruppenterminkalender wurden schon früh als relevante Technologie zur Telekooperation vorgestellt (Sarin & Greif, 1985; Beard et al., 1990). Sie waren zwar immer ein Randgebiet der Forschung, sind aber schon länger eine weit verbreitete CSCW-Werkzeugklasse und inzwischen Gegenstand empirischer Untersuchungen (Grudin, 1988 & 1995).

Zu den ersten Gruppenterminkalendern gehörten zentrale *Kalendersysteme*. Diese Kalender stellen einer Gruppe eine gemeinsame Datenbank zur Verfügung. In dieser Datenbank kann jeder Berechtigte alle Termine seiner Kollegen anschauen. Es ist auch möglich, den Gruppenterminkalender einen freien Termin für eine Gruppe automatisch suchen zu lassen. Ein freier Termin kann dann auch automatisch in die Kalender der Betroffenen eingetragen werden.

Diese Transparenz ist nur in wenigen Unternehmenskulturen möglich. Die meisten Personen wollen die Kontrolle über ihre Termine bewahren, haben nicht die Disziplin, alle Termine digital zu führen und wollen ihre Termine nicht allen bekannt geben. Deshalb wird in anderen Systemen die Transparenz eingeschränkt. Häufig wird ein gestuftes Berechtigungskonzept für die Einsicht in den Terminkalender verwendet und anderen Personen nur bekannt gegeben, welche Termine besetzt sind, aber nicht für welchen Zweck sie besetzt sind. Insbesondere auf der Führungsebene kann sonst das Wissen über die eigenen Außenkontakte im Wettbewerb um den Aufstieg gegen einen verwendet werden (Grudin & Palen, 1995, S. 272). Auch in diesem zentralen Kalender mit teilweisem Zugriff ist es noch möglich, einen freien Termin automatisch suchen zu lassen; ein Kalendereintrag muss aber von dem Betroffenen bestätigt werden.

In einem dezentralen Kalendersystem kann der Zugriff zu dem eigenen Kalender anderen Personen vollständig verwehrt bleiben. Ein Gruppenterminkalender dient dann nur noch dazu, Terminvorschläge an andere zu verschicken und die Rückmeldungen (Annahme oder Ablehnung des Vorschlags) zu verwalten.

Die Nutzung von Gruppenterminkalendern wurde insbesondere von Grudin (Grudin, 1988; Grudin & Palen, 1995) untersucht. In den 80er Jahren schlugen Einführungen von Gruppenterminkalendern fehl, weil sie technisch nicht ausgereift waren, zuviel Transparenz verschafften und weil die kritische Masse an Anwendern nicht erreicht wurde. Gruppenterminkalender stiften erst dann Nutzen, wenn alle Betroffenen darüber eingeladen werden können, d. h. sie auch den Gruppenterminkalender regelmäßig nutzen. In jüngster Vergangenheit scheint sich diese Situation aber zumindest in Softwarefirmen geändert zu haben. Grudin & Palen (1995) berichten sowohl von erfolgreichen Einführungen bei Microsoft als auch bei Sun. Der Erfolg der Einführung war unabhängig davon, wie viel Transparenz die Gruppenterminkalender schafften.

Kommerzielle Systeme prägen auch das derzeitige Bild bei den Gruppenterminkalendern. Sie entstammen entweder den allgemeinen Büroanwendungen
und Groupwareanwendungen, z. B. der Gruppenterminkalender von Lotus
Notes (siehe den entsprechenden Beitrag von Wilczek über Betriebliche
Groupwareplattformen in diesem Buch). Bei diesen Systemen ist die Einbindung in die anderen Büroanwendungen gut. Oder sie werden von Herstellern
auf den Markt gebracht, die *Personal Information Management Systeme* (PIM)
um Gruppenfunktionalitäten erweitern. Hierzu gehört zum Beispiel der
Marktführer für papierbasierte PIM Time/System (1998). Sein elektronisches
PIM Tasktimer 4.0 hat seine Stärken in der eigenen Aktivitätenplanung und in
dem Management fremder Aktivitäten. Damit ist der Gruppenterminkalender
nur eine Komponente eines umfassenderen Systems zum Projektmanagement.

3　Zentrale Koordination von strukturiert ablaufenden Aktivitäten durch Vorgangssteuerung

Vorgänge werden nach vorher festgelegten Regeln auf einem festgelegten Pfad
(gemäß dem Dienstweg) automatisch durch eine Organisation oder Behörde
geleitet und den zuständigen Bearbeitern nacheinander zugestellt. Diese Koordinationsmechanismen werden in der Literatur unter den Stichworten Büroau-
tomation und Workflowsysteme diskutiert. Workflowsysteme werden im
entsprechenden Beitrag von Jablonski über Grundlagen des Workflowmanagements in diesem Buch näher erläutert.

4　Zentrale Koordination von unstrukturiert ablaufenden Aktivitäten durch Projektmanagementwerkzeuge

Zentrale Koordination von Aktivitäten und Ressourcen wird durch Instrumente für das verteilte Projektmanagement unterstützt. Projekt sind einmalige
zeitlich begrenzte Vorhaben. Für die Koordination verteilter Projekte sind
Instrumente sinnvoll, die die Aktivitäten und Ressourcen der beteiligten
Akteure planen und den Status verfolgen. Das System GroupProject unterstützt
das Management eines verteilten Projekts, indem es die Kommunikation und
die Informationsbestände im Projekt mit dem Projektmanagement verknüpft
(Ehlers, 1997). GroupProject liegt eine prozessorientierte Vorgehensweise für
das Projektmanagement zugrunde. Eine grafische Benutzungsoberfläche macht
die Prozesse transparent und eine bidirektionale Schnittstelle zu MS-Project
verbinden es mit dem Standardwerkzeug für das individuelle Projektmanagement.

Natürlich dienen viele weitere Managementwerkzeuge aus dem Controlling (Berichtswesen, Budgetplanung usw.) der Koordination auch von verteilt zusammenarbeitenden Personen. Für diese Instrumente sei auf die einschlägige Literatur (z. B. Küpper, 1995) verwiesen, da die Instrumente nicht so sehr für die Koordination von Gruppen und Gremien, sondern von ganzen Organisationen gedacht sind.

5 Dezentrale Koordination von Aktivitäten durch gemeinsames Material

Die Aktivitäten von Kooperierenden können auch dezentral über ein *gemeinsames Material* gesteuert werden (vgl. den entsprechenden Beitrag von Schwabe über gemeinsames Material und Gruppengedächtnis in diesem Buch). Dieses Material kann z. B. eine To-do-Liste mit offenen Aktivitäten sein (Kreifels et al, 1993), in die sich Interessierte eintragen, ein elektronisches Tagebuch, welches von den Arbeitern einer Schicht gemeinsam genutzt wird (Kovalainen et al., 1998) oder eine Datenbank mit verfügbaren Ressourcen, die sich die Telekooperierenden reservieren.

Das Potenzial von gemeinsamem Material als Koordinationsinstrument lässt sich am besten an einem Beispiel erklären. Kollock (1998) dokumentierte die Koordination des »Schulen-ans-Netz-Tages 1996« in Kalifornien (NetDay, 1998). Kaliforniens Schulen waren 1996 schlecht mit Computertechnologie ausgestattet; insbesondere fehlte vielen Schulen ein Anschluss ans Internet. Da die Qualifikation der Schüler auch Mitarbeitern der in Kalifornien ansässigen Computerfirmen ein Anliegen war, bildete sich eine Bürgerinitiative, die sich zum Ziel setzte, möglichst viele Schulen an das Internet anzuschließen. Die Bürgerinitiative wählte den 9.März 1996 zum Schulen-ans-Netz-Tag aus. Die Aufgabe der Organisatoren war es nun sicherzustellen, dass möglichst viele Personen teilnahmen, dass sich das Personal möglichst gleichmäßig auf die Schulen verteilte und dass die benötigten Ressourcen und das benötigte Wissen in jeder anzuschließenden Schule vorhanden waren. Die Initiatoren koordinierten den Schulen-ans-Netz-Tag vollständig über das Internet. Die einzige Telefonnummer der Aktion verwies auf eine Internetseite.

Auf der Internet-Eingangsseite von Schulen-ans-Netz war die Karte von Kalifornien abgebildet. Ein Interessent konnte sich eine Stadt aussuchen und bekam dort wiederum eine Landkarte. In mehreren Schritten waren so Landkarten ineinander geschachtelt, bis auf unterster Ebene einzelne Schulen ausgewählt werden konnten. Jede Schule war in Abhängigkeit davon farbig gekennzeichnet, wie viele Freiwillige sich schon dafür eingetragen hatten, die Schule an das Internet anzuschließen: Eine rote Markierung stand für viel zu wenige

Freiwillige, eine gelbe für eine Zahl an der Grenze und eine grüne Markierung zeigte an, dass sich für diese Schule schon ausreichend Freiwillige gemeldet hatten. Jeder Freiwillige konnte sich nun gezielt eine Schule aussuchen, in der noch Bedarf zur Mithilfe bestand. Gleichzeitig vermittelten die vielen roten, gelben und grünen Punkte den Beteiligten sowohl den Eindruck, benötigt zu werden, als auch das Gefühl, Teil einer großen Bewegung zu sein. Da mit der Ortskarte im Internet auch eine Anleitung bereitgestellt wurde, wie man über das Telefon Computer verkabelt und an das Internet anschließt, sowie welche Ressourcen dazu benötigt werden, konnte jedes für eine Schule verantwortliche Team seine Arbeit selbst koordinieren. Eine klassische Koordination durch Menschen in Hierarchien entfiel ganz (Kollok, 1998).

Das Beispiel Schulen-ans-Netz zeigt, wie *gemeinsames Material* Koordination ermöglicht: Gemeinsames Material macht den Zustand des Gesamtsystems für alle Akteure transparent. Dadurch erhalten diese die Möglichkeit zur Selbststeuerung. Selbstgesteuerte Arbeit erspart nicht nur eine zentrale Koordination, sondern ist in hohem Maße motivierend. Es ist noch offen, ob eine Koordination über gemeinsames Material auch in Situationen funktioniert, in denen keine hohe Interessensgleichheit der Akteure vorhanden ist. Dies hängt davon ab, inwieweit eine Ergebniskontrolle in das Koordinationsschema eingebaut werden kann. Dann wäre dieser marktähnliche Mechanismus für viele lockerer Verbünde denkbar, z. B. in Parteien, die so ihren Wahlkampf organisieren könnten.

6 Koordination in computerunterstützten Sitzungen

Schon in traditionellen Sitzungen sind die einzelnen Sitzungsaktivitäten aufeinander abzustimmen und ein Gesamtsitzungsprozess zu entwerfen. Hierzu wird eine Tagesordnung verwendet, in der vorgeschrieben wird, welches Thema von wem wie lange wie bearbeitet wird. In computerunterstützten Sitzungen erfasst ein Facilitator mit einem Tagesordnungswerkzeug vor der Sitzung die Tagesordnungspunkte und die dabei verwendeten Werkzeuge.

Während der Sitzung steuert er den Arbeitsablauf, indem er festlegt, mit welchem Werkzeugen die Teilnehmer wann arbeiten (zu GroupSystems vgl. auch den entsprechenden Beitrag von Krcmar et al. über Sitzungsunterstützungssysteme in diesem Buch)).

In GroupSystems kann der Moderator gezielt die Funktionalität der Werkzeuge einschränken und dadurch die Teilnehmer auf die gewünschte Aktivität fokussieren. Innerhalb einer Sitzungsaktivität können einige Koordinationsaufgaben auch durch spezielle Software automatisch übernommen werden. Beispielsweise kann die Software beim Ideensammeln jedem Teilnehmer zufällig immer neue Stichworte zuspielen, die er mit der Problemstellung kreativ zu einer Lösung verbinden soll.

Kollaborationsorientierte synchrone Werkzeuge

Torsten Holmer, Jörg Haake, Norbert Streitz
GMD – IPSI, Darmstadt

1 Einleitung

Zusammenarbeit von Personen findet meistens mit gemeinsamen Materialien statt. Diese Materialien stellen dabei die Hintergrundinformationen, Zwischen- und Endprodukte der Zusammenarbeit dar. Stellen wir uns zum Beispiel eine Gruppe von Personen vor, die gemeinsam an einem Werkstück arbeiten. In einem Prozess der abwechselnden Manipulation und der Prüfung, ob die Veränderung richtig war, verändert sich das Objekt gemäß den Zielen der Einzelpersonen bzw. des Gruppenziels. Die Manipulation des Objektes kann dabei gleichzeitig erfolgen (wie die Reparatur eines Autos an verschiedenen Stellen) oder abwechselnd an derselben Stelle z. B. in dem man das Werkzeug an eine andere Person weiterreicht, damit sie das Objekt manipulieren kann. Die Personen, die ein gemeinsames Objekt bearbeiteten, sehen für gewöhnlich, dass noch jemand an diesem Objekt arbeitet und können sich verbal oder auch über Gesten mit ihr koordinieren. Sie können sogar anhand der Blickrichtung darauf schließen, was die andere Person als Nächstes tun wird oder tun könnte. Die bisherige Art mit elektronischen Dokumenten zu arbeiten (ein Benutzer an einem Computer benutzt eine Anwendung, um eine Datei zu erstellen oder zu verändern), erschwert diese gewohnte Art der Zusammenarbeit. Mit der Entwicklung kollaborationsorientierter synchroner Werkzeuge versucht man, Arbeit an gemeinsamen Objekten auf zweckmäßige Weise auch in der Welt elektronisch gespeicherter Materialien möglich und effektiv zu machen.

Dieser Beitrag ist folgendermaßen aufgebaut: Wir werden zunächst die Charakteristika erläutern, die für Werkzeuge kennzeichnend sind, die synchrone Zusammenarbeit unterstützen sollen. Danach werden wir einige Anwendungen aus Forschung und Praxis vorstellen und zeigen, wie einige Charakteristika realisiert wurden. Im letzten Abschnitt werden wir Zukunftstrends ansprechen, um zu zeigen, wohin sich die Werkzeuge in den Forschungs- und Anwendungsfeldern von CSCW entwickeln.

2 Charakteristika von kollaborationsorientierten synchronen Werkzeugen

Kollaborative Anwendungen sind in vieler Hinsicht unterschiedlich zu Einbenutzeranwendungen. Sie benötigen neben den Funktionen zur Lösung der Arbeitsaufgabe zusätzliche Funktionen, die die Zusammenarbeit mehrerer Benutzer unterstützen. Diese Funktionen lassen sich den zentralen Aspekten Kooperation, Koordination und Kommunikation (vgl. auch die entsprechenden Beiträge von Herrmann über Kommunikation und Kooperation und von Schwabe über Koordinationswerkzeuge in diesem Buch) zuordnen. Synchrone Anwendungen fokussieren besonders die zeitgleiche Zusammenarbeit mehrerer Personen in einem Arbeitsbereich. Wir werden daher in diesem Beitrag auf die Aspekte Kooperation, Koordination und Kommunikation nur insoweit eingehen, als sie auf die Verwendung eines gemeinsamen Arbeitsbereiches bezogen sind. Aspekte, die über die synchrone Zusammenarbeit hinausgehen, also z. B. die Unterstützung der Koordination und Kommunikation von Langzeitkooperationen werden in diesem Buch in den Beiträgen von Engel et al. über Telebesprechung und Telepräsenz und Krcmar et al. über Sitzungsunterstützungssysteme diskutiert. Als eher technisch orientierte Anforderungen an synchrone Werkzeuge werden Fehlertoleranz und schnelle Reaktionsfähigkeit besprochen.

2.1 Kooperationsunterstützung

Die Zusammenarbeit mehrerer Personen, die gemeinsames elektronisches Material bearbeiten wollen, erfordert Funktionalitäten, die die Kooperation in angemessener Weise ermöglichen, unterstützen und verbessern. Dies betrifft die Bereitstellung von gemeinsamen Arbeitsobjekten (Texte, Bilder und Grafiken, Hypertexte), die Ermöglichung gemeinsamer und individueller Sichten auf die Inhalte, die Modellierung von Gruppensitzungen und die Ermöglichung von *Gruppenbewusstsein* oder *Gruppenwahrnehmung* (zum Thema Awareness siehe den entsprechenden Beitrag von Prinz in diesem Buch).

2.1.1 Gemeinsame Objekte

Wichtiger Gegenstand der inhaltlichen Zusammenarbeit sind die Materialien, die bearbeitet werden. Damit diese als gemeinsame Arbeitsobjekte wahrgenommen werden, müssen sie stets im aktuellen Zustand für alle Beteiligten sichtbar sein und sich im Falle von Veränderungen bei allen Benutzern so schnell wie möglich aktualisieren. Dieses wird durch die synchrone Replikation der Daten auf allen beteiligten Systemen gewährleistet. Hierbei können mehrere Strategien für die Verteilung der Daten benutzt werden. Die *Teilreplikation* gibt jedem Teilnehmer nur den Teil des Dokumentes, für den er sich im Moment interessiert, während die *Vollreplikation* stets eine vollständige Kopie des Dokumentes bei jedem Teilnehmer verwaltet. In beiden Fällen werden nur die Veränderungen am Dokument zur Replikation weitergeschickt. Die Daten können als Teildokumente ebenfalls auf verschiedene Rechner verteilt sein, müssen aber von einer zentralen Komponente verwaltet werden. Veränderungen von Benutzerseite müssen nicht immer direkt in einer Veränderung des Kerndokumentes resultieren. Damit verschiedene Benutzer ihre Veränderungen leichter rückgängig machen oder ausblenden können, hat sich besonders im gemeinsamen Zeichnen die Layer-Technik bewährt. In diesem Fall gibt es mehrere Schichten, auf denen Objekte erzeugt und modifiziert werden können. Es gibt dann eine Basisschicht, »über« der jeweils eine eigene Schicht der Benutzer »schwebt« (Lu & Mantei, 1991). Dieser Ansatz regelt einerseits die Zugriffe auf Objekte (jeder Benutzer kann nur Objekte auf seiner Schicht verändern), andererseits können so die Ergebnisse der Benutzeraktionen eine nach der anderen angesehen, begutachtet und in die Basisschicht integriert werden.

Ein wichtiger Aspekt gemeinsamer Objekte ist deren Dokumenttyp. Traditionellerweise unterscheidet man zwischen Bildern (Bitmaps), Texten und komplexen Hypermedia-Objekten. Bitmaps sind vom technischen Standpunkt aus die einfachsten Strukturen, da sich bei ihrer Bearbeitung nur der Farbwert der Zellen ändert. Veränderungsoperationen dieser Art sind relativ einfach zu kombinieren und konfliktfrei zu integrieren. Die Schwierigkeit der Integration der Änderungen steigt jedoch mit der Komplexität des Dokumentformates. Bei der synchronen kooperativen Bearbeitung eines Textes sollen z. B. Inhalt und Attribute eines Textes (Textfont oder -farbe) unabhängig voneinander geändert werden können. Hierfür ist eine Nebenläufigkeit der Änderungen am Textinhalt und an seinen Eigenschaften zu gewährleisten, die eine konfliktfreie Bearbeitung gestattet. Bei komplexen Hypertextdokumenten ist die Abhängigkeit der Dokumentkomponenten (Objekte, Seiten und Querverweise) noch eine Stufe höher und die Konsistenzsicherung und Integration nebenläufiger Aktionen komplexer.

Um dieser Anforderung zu begegnen, gibt es zwei Strategien der Konsistenzsicherung: pessimistische und optimistische Verfahren der Nebenläufigkeitskontrolle. Bei den *pessimistischen Verfahren* wird eine lokale Aktion erst dann akzeptiert und angezeigt, wenn die Konsistenz mit den Änderungen der anderen Benutzer sichergestellt werden konnte. Dies führt tendenziell zu einer geringeren Reaktionsgeschwindigkeit. Bei den *optimistischen Verfahren* werden lokale Aktionen sofort lokal akzeptiert und angezeigt; falls später ein Konflikt mit anderen Benutzern erkannt wird, wird ggf. die lokale Aktion eines Benutzers zurückgenommen. Dies führt tendenziell zu einer schnelleren lokalen

Reaktionsgeschwindigkeit. Allerdings wird hier die globale Konsistenz des gemeinsamen Arbeitsbereichs zeitweise aufgegeben.

Die verschiedenen Zustände im Verlaufe der Bearbeitung sind oftmals wichtige Zwischenzustände, die gesondert, aber doch mit dem Original verbunden, abgespeichert werden sollen. Hierfür bieten sich Konzepte des Versionierung an (Haake & Hicks, 1996), deren Komplexität ebenfalls mit dem Dokumenttyp korreliert. Die Modularität von Hypermediadokumenten und deren parallele Bearbeitung in synchronen Hypermediaeditoren bietet jedoch auch neue Möglichkeiten der Kooperation an. Wie Mark et al. (1997) beobachtet haben, erweitert sich das Spektrum der Zusammenarbeitsmuster in einer Gruppenarbeitssitzung, wenn kooperative Hypermediadokumente ermöglicht werden. Die technisch aufwändigere Lösung ermöglicht den Benutzern ein flexibleres Arbeiten in schnell wechselnden Konstellationen.

2.1.2 Individuelle, gemeinsame und gekoppelte Sichten

Die Bereitstellung gemeinsamer Objekte sollte mit der Möglichkeit gemeinsamer Sichten auf das Material verbunden sein. Als Ansatz für identische Sichten wurde das Konzept WYSIWIS - What You See Is What I See (Stefik et al., 1987a) entworfen. Dieses Konzept bedeutet im Extremfall, dass die Bildschirme von allen Benutzern einer gemeinsamen Sitzung zu jedem Zeitpunkt exakt gleich aussehen. Erste Erfahrungen zeigten jedoch schnell, dass diese strikte Forderung zu überdenken ist, da sie zu einem inflexiblen Arbeiten führt. Benutzer möchten zusätzlich zu den gemeinsamen Informationsfenstern eigene Fenster öffnen und manipulieren. Diese Operationen sollen und können nicht für alle Benutzer sichtbar sein, da ansonsten ein Kampf um den Platz auf dem gemeinsamen Bildschirm stattfindet. Es ist also notwendig, ein Konzept zu entwickeln, welches sowohl die zeitweilige Koppelung von Sichten als auch das voneinander unabhängige Betrachten der gemeinsamen Objekte erlaubt. Dieser flexiblere Ansatz nennt sich *relaxed WYSIWIS*, und ermöglicht lose gekoppelte und fest gekoppelte Sichten (Haake & Wilson, 1992; Streitz et al., 1992). *Lose gekoppelte Sicht* bedeutet, dass die gemeinsamen Objekte für alle Benutzer denselben Zustand haben, die Benutzer die Größe des Anwendungsfensters und den Ausschnitt jedoch für sich persönlich einstellen können. *Fest gekoppelte Sicht* bedeutet, dass mehrere Benutzer eine gemeinsame Perspektive (bestimmtes Fenster und bestimmter Fensterausschnitt) einnehmen und diese für eine gewisse Zeit aneinander binden und behalten können.

2.1.3 Session-Konzept

Die Zusammenarbeit in Gruppen vollzieht sich normalerweise in einer großen Bandbreite von Kooperationskonstellationen wie Einzelarbeit, Arbeit in Unter-

gruppen und in der gesamten Gruppe. Dazwischen gibt es Übergänge, die
möglichst kurz und ohne Unterbrechung der Zusammenarbeit vollzogen werden sollten. Dies elektronisch zu unterstützen, wird durch das Konzept der
Session ermöglicht, d. h. der Modellierung einer Zusammenarbeit mehrerer
Personen in Bezug auf ein Dokument. Eine geeignete Modellierung erlaubt das
Hinzukommen und Verlassen einer Session (Sitzung) und den Rollentausch
innerhalb einer Sitzung, in dem z. B. Schreib- und Leserechte verändert werden. Eine ausgereifte Version des Sessionkonzeptes stellt das Tagesordnungswerkzeug von GroupSystems (Nunamaker et al., 1991a) bereit. Der Moderator
einer Sitzung kann sehr detailliert Schreib- und Aktionsrechte der Gruppe und
einzelner Teilnehmer kontrollieren. Andere Systeme, z. B. für die Konfiguration
von Videokonferenzen, ermöglichen oft nur Anzahl der Mitglieder sowie Start
und Dauer der Konferenz zu bestimmen.

2.1.4 Gruppenwahrnehmung - Awareness

Bei der gemeinsamen Arbeit ist das »Gewahrsein« (*awareness*) der Anwesenheit
und des Verhaltens anderer Gruppenmitglieder eine Grundvoraussetzung für
gemeinsames und koordiniertes Handeln. Oberste Ebene der Gruppenwahrnehmung ist das Wissen, wer überhaupt Teil der Gruppe ist und in welchen *globalen* Zustand er sich befindet (nicht eingeloggt, eingeloggt aber nur navigie-
rend aktiv oder das Dokument bearbeitend, alleine oder gemeinsam mit
anderen). Auf dieser globalen Ebene finden sich die Konzepte, die im entsprechenden Beitrag von Prinz über »Awareness« in diesem Buch erläutert werden.
Eine Ebene darunter stellt sich die Frage, in welchem Teil des Dokumentes sich
die Gruppenmitglieder *lokal* befinden und ob sie dort aktiv sind, bzw. welche
Tätigkeit sie ausüben (lesen, schreiben, navigieren). Befinden sie sich in demselben Dokumentteil wie der aktuelle Benutzer, so ist interessant zu wissen,
welche Bildausschnitte sie gewählt haben (Radarview-Konzept in Gutwin et al.,
1996), und an welchen Objekten sie konkret manipulieren (Activity Marker-
Konzept in Streitz et al., 1992).

2.2 Koordinationsunterstützung

Die Organisation und Koordination des Handelns ist eine unerlässliche Aktivität in der Zusammenarbeit mehrerer Personen. Während in der Gesamtsitua-
tion der Zusammenarbeit das Koordinationsproblem in der Handhabung der
Abhängigkeiten zwischen den Aktivitäten besteht, muss in der zeitgleichen
Zusammenarbeit besonderes Augenmerk auf die Unterstützung von parallelen
Aktivitäten an gemeinsamen Objekten gelegt werden. Hierbei gilt es, den
gemeinsamen Zugriff auf die Objekte zu kontrollieren und damit zu koordinieren. In der obersten Ebene der Zugriffsregulierung steht die Frage, wer über-

haupt Veränderungen oder Aktionen (Blättern, Zeigen, Annotieren) vornehmen darf (*floor control*). Die nächste Frage richtet sich darauf, wer was darf (*access control*). Eine sehr differenzierte Gestaltung der Zugriffsrechte gestattet das *Rollenkonzept*. Es legt fest, wer was unter welchen Umständen tun darf. Diese Rollen können aus der Konfiguration von Koordinationswerkzeugen heraus definiert werden, die zur langfristigen Aufgabenzuweisung und Planung verwendet werden. So ist z. B. die Rolle des Gruppenleiters meistens ein sitzungsübergreifendes Konzept, dessen Definition für aufeinanderfolgende Sitzungen wiederverwendet werden kann. An dieser Stelle zeigt sich eine Verknüpfungsmöglichkeit von synchronen und asynchronen Koordinationstechniken. In den Zusammenhang mit Koordinationsunterstützung ordnen wir auch das *Undo-Konzept* ein, also das Zurücknehmen von unerwünschten oder unpassenden Aktionen (Prakash & Knister, 1994; Dewan & Shen, 1998). Es ist für die Koordination wichtig, da es ein leichtes Korrigieren von ungewollten Veränderungen erlaubt und somit eher ein spontanes Arbeiten ermöglicht, bei dem nicht alle Arbeitsschritte im Vornherein abgesprochen werden müssen.

2.3 Kommunikationsunterstützung

Während der gemeinsamen Arbeit wird natürlich auch kommuniziert, um z. B. die Arbeitssitzung einzuleiten, Übergänge zwischen Phasen zu besprechen und eine Abstimmung der Aktivitäten zu ermöglichen. In gemeinsamen Arbeitsbereichen ist es daher üblich, das *Artefakt* als *Kommunikationsmedium* zu verwenden. In diesem Falle kann man z. B. eine Botschaft in Form eines Textes, einer Annotation oder Anmerkung im Arbeitsmaterial selbst hinterlassen, damit ein anderer Teilnehmer sie sofort danach oder später lesen kann. Dies kann der »post-it«-Zettel im realen Buch, aber auch eine Notizdatei im gemeinsamen Workspace sein.

Wenn man in einer Face-to-Face-Sitzung gemeinsam Material bearbeitet, ist es üblich, sich durch Gesten zu verständigen. Dazu gehört auch, dass man mit dem Finger auf bestimmte Stellen zeigt, um den Bezug der Äußerung deutlich zu machen. Im Falle einer räumlich verteilten Sitzung ist dies so nicht möglich, da die Finger des Partners in Bezug auf den Bildschirm nicht zu sehen sind. Für diesen Fall gibt es das Konzept des *Telepointers*, das einen virtuellen Zeigefinger darstellt, der durch die Maus kontrolliert wird.

Gesten und Zeigeaktionen sind ohne mündliche Kommunikation meist schwer zu verstehen. Daher werden im Falle des Einsatzes solcher Werkzeuge, aber auch des Einsatzes von synchronen Werkzeugen generell, *Audio- und Videoverbindungen* eingesetzt, um die Kommunikation anzureichern. In vielen Fällen werden auch *Chatwerkzeuge* (also der Austausch von Textzeilen in einem separaten Fenster in Form einer schriftlichen Frage-und-Antwort Kommunikation) eingesetzt.

Sie haben zwar den Nachteil, dass die Hände zum Tippen verwendet werden und man daher keine synchrone Zeige- und Textkommunikationshandlung ausführen kann. Als Vorteil ist jedoch zu sehen, dass sie keine Kopfhörer, Lautsprecher und Mikrofone erfordern, deren Verbreitung und korrekte Installation immer noch als selten angenommen werden kann. Statt Audio-Werkzeugen wird in der Praxis häufig das *Telefon* verwendet, dessen Einsatz bei mehr als zwei verteilten Teilnehmern jedoch *Konferenzschaltungen* erfordert. Bei mehreren Teilnehmern an einem Ort, z. B. einem Konferenzraum, sind außerdem *Freisprecheinrichtungen* notwendig.

2.4 Kurze Reaktionszeiten

In allen interaktiven Anwendungen ist die möglichst schnelle Rückmeldung (engl. *feedback*) vom System über die Änderungen am bearbeiteten Objekt eine Grundanforderung. In synchron kollaborativen Anwendungen ist eine weitere Anforderung das schnelle *feed through* (Gutwin et al. 1996), d. h. die Anzeige der Veränderungen durch eigene Aktionen auf den Bildschirmen der anderen Benutzer.

Weiterhin soll die Konsistenz des gemeinsamen Objektes, trotz sich eventuell widersprechender Veränderungen, die gleichzeitig von verschiedenen Benutzern erzeugt werden, gesichert werden. Schnelle Rückmeldungen und Konsistenzerhaltung stehen daher in einem gewissen Widerspruch: Die Erhaltung der Konsistenz des gemeinsamen Arbeitsbereichs erfordert einen Aufwand, der sich verlangsamend auf die Geschwindigkeit der Rückmeldungen an alle Benutzer auswirkt. Die zeitweise Verringerung der Ansprüche an die Konsistenzerhaltung erlaubt zwar eine Erhöhung der Geschwindigkeit der Rückmeldungen an alle Benutzer. Sie beinhaltet allerdings das Risiko, dass sich widersprechende Änderungen später wieder zurückgenommen werden müssen. Verantwortlich für eine schnelle Reaktionsfähigkeit sind daher die Strategie zur Konsistenzsicherung und die Leistungsfähigkeit der Rechner und des Netzes.

2.5 Fehlertoleranz

Genauso wie die Schnelligkeit ist die Stabilität einer interaktiven Anwendung gegenüber Fehlern ein Merkmal, dessen Ausprägung über die Einsatzfähigkeit entscheidet. Eine kooperative Anwendung sollte auch bei Netzunterbrechungen oder Abstürzen der Systeme einzelner Teilnehmer stabil bleiben und das reibungslose Hinzukommen und Verlassen von gemeinsamen Arbeitssitzungen gestatten. Inkonsistenzen im Zustand des gemeinsamen Materials durch konkurrierende Benutzeraktionen sollten entweder verhindert, von selbst aufgelöst oder durch eine aufgeforderte Benutzeraktion in einen konsistenten Zustand gebracht werden können. Dieser hohe Grad an Fehlertoleranz ist jedoch schwer zu erreichen. Einerseits ist es die hohe interne Komplexität und die vielfältigen Abhängigkeiten der Komponenten, die interne Fehler eher wahrscheinlicher machen, andererseits können nicht alle möglichen Situationen durchgetestet werden, da deren Anzahl durch die hohe Zahl von externen Faktoren (Benutzeraktionen, Übertragungsprobleme, zeitliche Reihenfolge der Aktionen usw.) sehr groß ist. Eine Abhilfe für das Problem der Fehlertoleranz versprechen Datenbankansätze (vgl. den entsprechenden Beitrag von Unland über Datenbankunterstützung für CSCW-Anwendungen in diesem Buch).

3 Beispiele für kollaborationsorientierte synchrone Werkzeuge

Unter den realisierten Anwendungen gibt es mittlerweile eine große Zahl von synchronen Kooperationswerkzeugen, die hier aus Platzgründen nicht annähernd dargestellt werden können. Der interessierte Leser sei auf den Übersichtsartikel von Schwabe & Krcmar (1996) verwiesen, der eine umfassende und ausführliche Darstellung der verschiedenen CSCW-Werkzeugtypen liefert. In diesem Abschnitt werden wir drei Hauptbereiche synchron kooperativer Werkzeuge, nämlich gemeinsames Browsen, Application-Sharing, und gemeinsames Editieren anhand von drei Anwendungsbeispielen darstellen. Dazu möchten wir drei Anwendungen vorstellen, die gemeinsam haben, dass sie aktuell und für den privaten Gebrauch umsonst erhältlich sind: Netscape Conference, Microsoft NetMeeting und DOLPHIN. Der Leser hat die Möglichkeit, diese Anwendungen selbst auszuprobieren und eigene Erfahrungen zu machen. Während die Werkzeuge von Netscape und Microsoft aus kommerziellen Softwarehäusern stammen, aber kostenlos benutzbar sind, ist DOLPHIN einer der Forschungsprototypen, die der Öffentlichkeit für nicht-kommerzielle Nutzung frei zur Verfügung zu stehen.

3.1 Netscape Conference

Seit der Version 4 des Netscape Communicators, einer Integration von WWW-Browser, Mail-Programm und News-Reader, ist dieser mit einer zusätzlichen Werkzeugsammlung für synchrone Konferenzen zwischen zwei Benutzern ausgestattet. Das Unterprogramm *Netscape Conference* enthält ein *Audiotool*, ein gemeinsames *Whiteboard*, einen *Chat*, die Möglichkeit, Dateien zu senden (*File*

Exchange) und gestattet das gemeinsame Betrachten von WWW-Seiten (*Colla-* *borative Browsing*) (siehe Abb. 25 »Netscape Conference mit Whiteboard, Audiotool und Chat.«).

Jede Teilanwendung hat ein eigenes Fenster und kann wahlweise aktiviert oder deaktiviert werden. Audiotool und Chat dienen der Kommunikation, während mit Whiteboard, Datenaustausch und der kooperativen Browsing-Funktionalität die Kooperation unterstützt wird. Während das Whiteboard das gleichzeitige, parallele Arbeiten erlaubt und die Partner den Zugriff somit nicht koordinieren müssen, kann beim gemeinsamen Browsen immer nur ein Benutzer bestimmen, welche Seite betrachtet wird. Die Rollen können durch Anklikken eines Benutzungselementes gewechselt werden, ohne dass der andere Benutzer dieses verhindern kann. Hier sind die Zugriffsrechte nicht reglementiert. Es wird davon ausgegangen, dass die Partner gleichberechtigt sind und sich nicht gegenseitig behindern wollen. Netscape Conference bietet damit die Möglichkeit, dass sich zwei Benutzer im Internet kontaktieren und einige kleine Applikationen miteinander nutzen können. Ein wesentlicher Pluspunkt ist dabei die Plattformunabhängigkeit, Netscape Conference ist auf allen Betriebssystemen einsetzbar, auf denen auch der Communicator eingesetzt werden kann.

3.2 Microsoft Netmeeting

Microsoft NetMeeting ermöglicht Audio- und Videokonferenzen im Internet zwischen zwei Benutzern nach dem H.323-Standard. Wenn keine Videokonferenz benutzt wird, können alle anderen Werkzeuge (Chat, Whiteboard, Application Sharing) im Multipoint-Modus nach dem T.120-Standard von mehr als zwei Personen benutzt werden. Da die Audioqualität über Internetverbindungen meist sehr niedrig ist, wird hier häufig zusätzlich eine parallele Telefonkonferenz aufgesetzt (Mark et al., 1999).

Der häufigste Einsatzbereich von NetMeeting liegt darin, eine Anwendung, die nur auf einem Rechner existiert, auf mehreren Rechnern zu zeigen und einen gemeinsamen, aber sequentiellen Zugriff auf diese geteilte Anwendung zu ermöglichen (*Application Sharing*). Damit kann einerseits eine Präsentation an mehreren Orten gezeigt werden, andererseits kann man abwechselnd gemeinsam an einem Dokument oder einer Grafik arbeiten. Der Initiator einer Konferenz kann den Zugriff auf diese Anwendung für alle Teilnehmer erlauben oder die Kontrolle selbst behalten. In Abb. 26 »Microsoft Netmeeting« erkennt man oben rechts das Hauptfenster, von dem aus die gemeinsame Sitzung gestartet und kontrolliert wird. Im Moment sind zwei Benutzer in einer Konferenz verbunden. Diese Benutzer verwenden sowohl das Chatfenster unten rechts, um zu kommunizieren, als auch das Application-Sharing Fenster, um

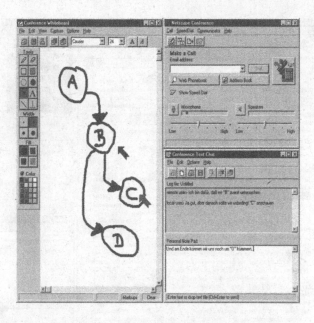

Abb. 25 Netscape Conference mit Whiteboard, Audiotool und Chat.

gemeinsam einen Text zu betrachten. Ein Benutzer hat einen Textabschnitt selektiert und bezieht sich im Chat auf diese Selektion. Der Maus-Cursor ist ebenfalls für den Partner zu sehen (Telepointer). Wegen der großen Verbreitung des Betriebssystems Microsoft Windows und der kostenlosen Benutzung von Microsoft NetMeeting gehört es zu den wohl am häufigsten benutzten synchronen Werkzeugen (Mark et al., 1999).

3.3 DOLPHIN

DOLPHIN ist ein Forschungsprototyp für computerunterstützte Besprechungen, der von der GMD - Forschungszentrum Informationstechnik am IPSI-Institut in Darmstadt entwickelt wurde. Das primäre Einsatz-Szenario von DOLPHIN sind gemeinsame Besprechungen, die in einem Raum stattfinden. Daher sind keine zusätzlichen Kommunikationswerkzeuge wie Chat, Audio- oder Videokonferenz integriert. Das System kann aber auch eingesetzt werden, um mehreren verteilten Teilnehmern oder Gruppen einen gemeinsamen Arbeitsbereich bereitzustellen. In diesem Falle müssen die Kommunikationskanäle durch zusätzliche Technologie ergänzt werden. Dies ist bei Multipoint-Konferenzen meist erfolgversprechender als reine Software-Lösungen (lei-

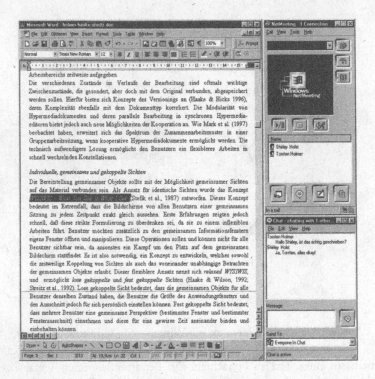

Abb. 26 Microsoft Netmeeting

stungsfähigere hardware-basierte Freisprecheinrichtungen mit Echo-Cancel-
ling, Video über mehrere ISDN-Leitungen anstatt Internet-Verbindung). Der
Unterschied zu den vorgestellten Kooperationswerkzeugen ist die *Dokument-
orientierung*, die Verwendung von *Hypermediastrukturen* und die *Mehrbenut-
zerfähigkeit* mit der Möglichkeit, *unterschiedliche Kooperationsmodi* fließend
ineinander übergehen zu lassen.

Die meisten Werkzeuge verwenden die Metapher des *Kontaktes*, d. h. eine
Sitzung wird dadurch initiiert, dass ein Partner einen anderen anruft (siehe
»Make a Call« in Netscape Conference oder das Telefon-Icon bei Microsoft
NetMeeting). In DOLPHIN wird die Kooperation durch die Arbeit am gemeinsamen Dokument initiiert. Wenn ein Benutzer ein DOLPHIN-Dokument
bearbeitet, wird ein zweiter Benutzer, der ebenfalls dieses Dokument bearbeiten möchte, automatisch mit dem ersten Benutzer verbunden. Das alleinige
Arbeiten wird ohne Unterbrechung in ein gemeinsames Arbeiten umgewan-
delt. Andere Benutzer können beliebig hinzu kommen oder das Dokument

verlassen, ohne dass die Zusammenarbeit der im Dokument arbeitenden Benutzer beeinträchtigt wird. Das Fenster »people working on the document« in Abb. 27 »DOLPHIN« unten links gibt eine ständige Information darüber, welche Benutzer mit dem Dokument verbunden sind (*globale Awareness*).

Innerhalb des Hypermediadokumentes können die Benutzer in mehreren Kooperationsmodi arbeiten:

- *eng gekoppelt* (Abb. 27 »DOLPHIN«, rechts oben)
  Im sog. Public-Window sind alle Benutzer, die im Dokument angemeldet sind, in einem Modus, der es ihnen erlaubt, gemeinsam durch das Hyperdokument zu navigieren und zu editieren. In diesem Fenster sehen alle Benutzer des Dokumentes immer denselben Inhalt (*striktes WYSIWIS*).

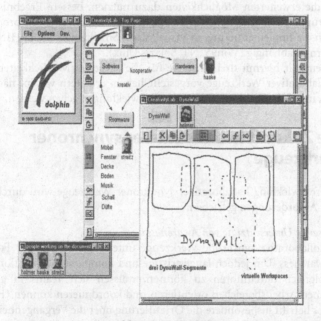

Abb. 27 DOLPHIN

- *lose gekoppelt* (Abb. 27 »DOLPHIN«, rechts unten)
  In sog. Private-Windows kann jeder Benutzer für sich allein navigieren. Wenn er auf eine Seite kommt, auf der sich bereits jemand befindet, so wird dies in der Personenleiste des Fensters angezeigt (*lokale Awareness*). Die Änderungen, die beide Benutzer parallel vornehmen können, werden

unverzüglich angezeigt. Die lose Koppelung bezieht sich darauf, dass die Ausschnitte der Fenster auf einer Seite sowie die Seite selbst von jedem Benutzer unabhängig bestimmt werden können (*gelockertes WYSIWIS*).

Dadurch, dass mehrere Benutzer vorhanden sind, besteht die Notwendigkeit, *personalisierte Telepointer* einzusetzen. Dies geschieht durch die Verbindung des Zeigepfeils mit dem Bild des Benutzers (Abb. 27 »DOLPHIN«: Mitte). Für die Dokumentbearbeitung gibt es jeweils nur ein Public-Window, jedoch kann jeder Benutzer zusätzlich beliebig viele Private-Windows geöffnet haben. Durch die Struktur des Dokuments als Hypermediadokument können sich so viele und auch komplexe Möglichkeiten ergeben, wie Personen in einer gemeinsamen Sitzung zusammenarbeiten. Von Mark et al. (1997) und Streitz et al. (1997) wurden dazu mehrere Experimente durchgeführt. Sie zeigen, dass die Benutzer die erweiterten Möglichkeiten dazu nutzten, bessere Ergebnisse als andere Gruppen mit traditionellen Kooperationsmöglichkeiten zu produzieren. Durch die Implementierung in VisualWorks Smalltalk ist DOLPHIN relativ plattformunabhängig (Win95, NT, Solaris Unix).

Nachdem wir hiermit drei Beispiele für die aktuellen Möglichkeiten synchron kollaborativer Werkzeuge vorgestellt haben, erläutern wir im nächsten Abschnitt, in welche Richtung zukünftige Entwicklungen gehen werden.

4   Die Zukunft kollaborativer synchroner Werkzeuge

Die Weiterentwicklung kollaborativer synchroner Werkzeuge wird durch eine Reihe von Anforderungen getrieben:

1. Umfassende Unterstützung von Awareness
Heutige kollaborative synchrone Werkzeuge unterstützen meist nur Formen lokaler Awareness. Um jedoch längerfristige und komplexe Kooperationsprozesse erfolgreich durchführen zu können, müssen sich Teams in großen gemeinsamen Arbeitsbereichen orientieren und koordinieren können (Haake, 1999). Dies betrifft insbesondere die Orientierung über die Vergangenheit, den aktuellen Zustand und die mögliche bzw. gewünschte zukünftige Entwicklung im Arbeitsbereich. Hier werden zukünftige Werkzeuge vielfältigere Formen von Awareness unterstützen, um die Orientierung in den räumlich (im Arbeitsbereich) und zeitlich (über den Kooperationszeitraum) verteilten Veränderungen des Arbeitsbereichs zu ermöglichen

2. Offene Kooperationsumgebungen

Wir sehen heute bereits einen Trend von individuellen, abgeschlossenen Werkzeugen für bestimmte Aufgaben hin zu Umgebungen, die viele Tätigkeiten unterstützen können (z. B. Netscapes Communicator mit E-Mail, News, Conference). Kooperationsprozesse sind jedoch durch fortwährende Veränderungen (bedingt durch wechselnde Phasen der Zusammenarbeit, der Aufgabenerledigung, des Teams usw.) gekennzeichnet. Diese Veränderungen führen dazu, dass eine feste Menge von Werkzeugen und Funktionen zwangsläufig zu suboptimaler Unterstützung führt. Hier setzen offene Systeme an. So versprechen offene kollaborative Hypermediasysteme mehr Flexibilität bei der Strukturierung von Arbeitsbereichen und bei der Integration wünschenswerter Funktionen bzw. Applikationen (Reich et al., 1999).

3. Von gemeinsamen Dokumenten zu gemeinsamen Welten

Die hier vorgestellten Beispiele für kollaborationsorientierte synchrone Werkzeuge beziehen sich vornehmlich auf die Bearbeitung von Dokumenten, seien es nun Texte, Grafiken oder Hypermediadokumente. In Ergänzung dazu gibt es Entwicklungen, bei denen weitergehende Konzepte für die gemeinsamen Inhalte, bzw. die gemeinsamen »Räume«, in denen sich die Benutzer »befinden«, eine Rolle spielen. Dabei handelt es sich einerseits um virtuelle Welten wie z. B. Chat Rooms, MUDs, usw. und andererseits um hybride Umgebungen, in denen virtuelle und reale Welten zur »augmented reality« in Kooperativen Gebäuden (siehe den entsprechenden Beitrag von Streitz über Kooperative Gebäude und Roomware in diesem Buch) integriert werden.

Die Forschung im Bereich synchroner Kooperationswerkzeuge ist noch längst nicht abgeschlossen. Mit der zunehmenden Verbreitung der Werkzeuge und der damit wachsenden Zahl von Anwendungssituationen werden sich die Anforderungen an die Werkzeuge ändern. Mag sein, dass die Vertrautheit der Face-to-Face-Zusammenarbeit, wie am Anfang dieses Beitrags skizziert, nicht vollständig durch Softwarewerkzeuge hergestellt werden kann. Dafür werden jedoch Kooperationsformen und Zusammenarbeitsweisen möglich und alltäglich sein, von denen bis vor kurzem noch kein Mensch ahnte, dass es sie geben könnte.

Kollaborationsorientierte asynchrone Werkzeuge

Wolfgang Appelt, Uwe Busbach, Thomas Koch
GMD FIT/CSCW, Sankt Augustin

1 Einleitung

Kollaborationsorientierte asynchrone Werkzeuge unterstützen die Gruppenarbeit von räumlich verteilten Arbeitsgruppen. Die individuellen Arbeitsschritte erfolgen dabei zu verschiedenen Zeiten (*asynchron*) – gleichzeitige Interaktionen sind nicht ausgeschlossen, werden jedoch in der Regel nur in geringem Umfang unterstützt. Sie erfolgen eher mittelbar.

Die Werkzeuge unterstützen den *Gruppenarbeitsprozess* durch Zugriffsmöglichkeiten auf gemeinsam genutzte Arbeitsmittel. Die Unterstützung erfolgt typischerweise prozess-unspezifisch, d. h. es werden primär schwach strukturierte Kooperationsprozesse gefördert. Neben dem kollaborativen Aspekt ist zumeist auch eine kommunikationsorientierte Komponente involviert, die eine gegenseitige Abstimmung der Gruppenmitglieder ermöglicht. Der *gemeinsame Arbeitsbereich* ermöglicht es, sowohl Information über die Arbeit selbst als auch die für die Zusammenarbeit benötigten Dokumente auszutauschen.

Anwendungsgebiete gemeinsamer Arbeitsbereiche sind z. B. der Aufbau von Informationssammlungen (Knowledge Management/Organisational Memory) in Organisationen (Abecker et al., 1998), die gemeinsame Dokumenterstellung und deren Pflege (Horstmann & Bentley, 1997), computerunterstütztes Lernen (Appelt & Mambrey, 1999) sowie die Softwareentwicklung in räumlich verteilten Gruppen[69].

In diesem Beitrag wird der gemeinsame Arbeitsbereich als wesentliches Konzept kollaborationsorientierter asynchroner Werkzeuge vorgestellt. Neben den inhaltlichen Bestandteilen gemeinsamer Arbeitsbereiche werden die notwendigen funktionalen Komponenten identifiziert. Es existieren vielfältige Realisierungen des Konzeptes des gemeinsamen Arbeitsbereiches, von denen in diesem Artikel einige Systeme exemplarisch vorgestellt werden. Am Beispiel des *BSCW Shared Workspace System* werden die vorgestellten funktionalen Komponenten genauer beschrieben.

---

[69] Kollaborative Softwareentwicklung ist ein spezielles Anwendungsgebiet für kollaborationsorientierte asynchrone Werkzeuge. Gemeinsame Arbeitsbereiche können hier (begrenzt) eingesetzt werden. Allerdings führen spezifische Anforderungen an die Funktionalität zur Entwicklung von dezidierten Werkzeugen. Siehe hierzu den entsprechenden Beitrag von Tietze & Schümmer über Kooperative Softwareentwicklung in diesem Buch.

2 Der gemeinsame Arbeitsbereich – Medium zur Kooperationsunterstützung

In kollaborationsorientierten asynchronen Werkzeugen erfolgt der Zugriff auf die gemeinsam genutzten Arbeitsmittel über einen gemeinsamen Informationsraum (Borghoff & Schlichter, 1998). Der Begriff des Informationsraumes wird in der Metapher des »gemeinsamen Arbeitsbereiches« näher präzisiert (Agostini et al., 1996; Pankoke & Syri 1996). Ausgehend vom Konzept des privaten Arbeitsbereiches, auf dem Dokumente und Werkzeuge des persönlichen Arbeitskontextes abgelegt werden, gelangt man unter Einbeziehung der Gruppe zum gemeinsamen Arbeitsbereich, der als Kooperationsmedium dient. Der gemeinsame Arbeitsbereich ist der zentrale Zugriffspunkt für Information über und zur Erledigung von Arbeiten innerhalb der Kooperation; er hilft, die räumliche und zeitliche Distanz der Gruppenmitglieder aufzuheben.

Gemeinsame Arbeitsbereiche werden bevorzugt in kleinen bis mittelgroßen Arbeitsgruppen eingesetzt. Das Medium macht wenig Vorgaben zum Ablauf des Arbeitsprozesses. Der erfolgreiche Einsatz hängt sehr stark von der Selbstorganisation und der sozialen Kontrolle innerhalb der Gruppe ab. Beide Prozesse werden durch die sich entwickelnden Normen und Konventionen der Gruppe und den Aufbau der Organisation, in der Gruppenmitglieder arbeiten, beeinflusst (Mark & Prinz, 1997; Prinz, 1998).

Inhaltliche Komponenten eines gemeinsamen Arbeitsbereiches sind Arbeits- und Ordnungsmittel sowie Metainformationen. *Arbeitsmittel* sind Dokumente und Werkzeuge, mit denen Dokumente bearbeitet werden. Werkzeuge können als Arbeitsmittel in einem gemeinsamen Arbeitsbereich abgelegt sein. Dokumente enthalten typischerweise Hintergrundinformation, die zur Kooperation benötigt wird (z. B. Gesetzestexte, Konferenzprotokolle usw.). Sie werden durch Objekte unterschiedlicher Art dargestellt/realisiert (Texte, Grafiken, Tabellen usw.). *Ordnungsmittel* (Mappe, Ordner, Schublade usw.) dienen der Strukturierung eines gemeinsamen Arbeitsbereiches. Metainformationen (Annotationen, Ereignisse, Historie von Arbeitsmitteln usw.) unterstützen die (Selbst-) Koordination innerhalb der Gruppe und ermöglichen den Gruppenmitgliedern, den aktuellen Zustand der gemeinsamen Aufgabe zu erfahren sowie die dazu führenden Arbeitsschritte nachzuvollziehen. Diese Wahrnehmbarkeit der Aktivitäten anderer Mitarbeiter ist eine wesentliche Voraussetzung für die Schaffung eines gemeinsamen Arbeitskontextes – sie wird in der CSCW-Literatur unter dem Begriff *Awareness* behandelt[70] – und ist einer der wesent-

---

[70] Siehe hierzu den entsprechenden Beitrag von Prinz über Awareness in diesem Buch.

lichen Unterschiede zwischen einem gemeinsamen Arbeitsbereich und einer Datenbankanwendung (Ellis et al., 1991).

Zu den funktionale Komponenten eines gemeinsamen Arbeitsbereiches gehören die Verwaltung von Mitgliedern (Bäcker & Busbach, 1996) und deren Zugriffsrechten (Sikkel, 1997; Stiemerling & Wulf, 1998), das Erheben und Darstellen von Metainformationen durch Annotationen, Informationsfilter und Ereignisdienste (Dourish & Bellotti, 1992; Fuchs et al., 1995; Schlichter et al., 1997) und die Koordination nebenläufiger Zugriffe (Busbach, 1997 & 1999). Die Konzepte dieser Funktionen sind im Prinzip aus anderen Anwendungen bekannt – Informationsfilter in E-Mail-Systemen, Zugriffsrechte und Benutzerverwaltung in Dateisystemen, Ereignisgenerierung in der Netzwerküberwachung, Synchronisation in Datenbanken[71], Versionsverwaltung in Quelltextverwaltungssystemen[72] usw. Eine unmittelbare Anwendung der Konzepte auf die Funktionalität in gemeinsamen Arbeitsbereichen ist aber nur bedingt möglich, da die Dimension der Kooperationsunterstützung fehlt. Eine Erweiterung durch gruppenunterstützende Konzepte ist notwendig. Bei Ereignisdiensten muss z. B. die Transparenz in einer Zusammenarbeit gegen das Recht auf Privatsphäre abgegrenzt und das unterschiedliche Interesse der einzelnen Gruppenmitglieder an Ereignissen berücksichtigt werden (Fuchs, 1999; Fitzpatrick et al., 1999). Die Möglichkeit einer dynamischen Erweiterung (bzw. Einschränkung) der Arbeitsgruppe durch die Gruppenmitglieder hingegen ist eine Anforderung an eine Mitgliederverwaltung, um wechselnde Anforderungen an die Gruppenstruktur im Laufe des Kooperationsprozesses berücksichtigen zu können.

3 Werkzeuge der Praxis

Es existieren vielfältige Realisierungen des Konzeptes des gemeinsamen Arbeitsbereiches, die sich sowohl im bereitgestellten Funktionsumfang als auch in der technischen Umsetzung unterscheiden. Teilweise hat die Idee des gemeinsam genutzten Informationsraums in Form von Dateiverzeichnissen bereits Einzug in die Betriebssystemebene gehalten (z. B. Windows NT Server) – allerdings mit reduzierter Funktionalität, insbesondere was die Nachvollziehbarkeit der Aktionen einzelner Benutzer anbelangt. Die kommerziell verfügbaren Produkte wie Lotus Notes[73], von IBM und LinkWorks[74] von Digital/Com-

---

[71] Zu Datenbanken siehe auch den entsprechenden Beitrag von Unland über Datenbankunterstützung für CSCW-Anwendungen in diesem Buch.
[72] Zu Quelltextverwaltungssystemen wie RCS, CVS usw. siehe den entsprechenden Beitrag von Tietze & Schümmer über Kooperative Softwareentwicklung in diesem Buch.

paq bieten – mit unterschiedlich hohem Anpassungsaufwand – Plattformen für die Bereitstellung gemeinsamer Arbeitsbereiche.

Lotus Notes und *LinkWorks* sind komplexe Client/Server-Systeme, die auf Basis einer zentralen (LinkWorks) oder replizierten Datenbank (Notes) eine umfassende Basisfunktionalität bieten (Dokumente, Werkzeuge, gemeinsame Arbeitsbereiche, E-Mail, z. T. Workflow). Der generische Charakter dieser Systeme wird durch verschiedene Möglichkeiten der Konfiguration (Views, Templates usw.) und Erweiterung (Programmierschnittstelle, Objektklassen usw.) unterstrichen.

Im Folgenden werden einige Systeme exemplarisch vorgestellt, die aus Forschungsprojekten entstanden sind und unterschiedliche Akzente bei der Umsetzung gemeinsamer Arbeitsbereiche setzen.

GroupDesk greift die Bürometapher auf und realisiert die Arbeitsbereiche als Räume, in denen Arbeitsmittel sichtbar sind und sich Gruppenmitglieder treffen können. Neben einem »privaten Schreibtisch« werden verschiedene »gemeinsame Schreibtische« angeboten, die den Austausch von Dokumenten unterstützen. Zur Kommunikation stehen Videokonferenzsysteme und E-Mail zur Verfügung. Arbeitsbereiche werden durch den Systemadministrator eingerichtet und können hierarchisch geschachtelt werden. Transparenz der Benutzeraktivitäten wird durch einen Ereignisdienst realisiert – Ereignisse informieren über den Zugriff anderer Mitarbeiter auf gemeinsam genutzte Arbeitsmaterialien (Fuchs et al., 1995).

Worlds realisiert gemeinsame Arbeitsbereiche als Umgebung der sozialen Interaktion auf Basis der *Locales*-Metapher, einem konzeptuellen Rahmen, der kooperative Aktivitäten in ihrer sozialen und technischen Dimension beschreibt (Fitzpatrick et al., 1995). Jeder Arbeitsbereich dient einer bestimmten Aktivität und ist mit entsprechenden Werkzeugen und Objekten ausgestattet. Mitgliedern des Arbeitsbereiches können verschiedene Rollen zugeteilt werden, die deren Aufgaben im jeweiligen Kontext beschreiben. Ein wesentlicher Aspekt des Worlds-Systems, der im Nachfolger Orbit (Mansfield et al., 1997) noch weiter verfolgt wurde, ist die individuelle Ausstattung der Arbeitsbereiche: Mitglieder können festlegen, inwieweit ihre Präsenz in einem Arbeitsbereich angezeigt wird; eigene Sichten auf die gemeinsamen Arbeitsbereiche können festgelegt werden. Worlds und Orbit unterstützen auch die gleichzeitige Zusammenarbeit über Audio/Videokonferenzsysteme und die Anzeige verfügbarer Kooperationspartner.

---

[73] Siehe hierzu http://www.lotus.com/ und den entsprechenden Beitrag von Wilcek & Krcmar über Betriebliche Groupwareplattformen in diesem Buch.

[74] http://www.digital.com/info/linkworks/

PoliTeam wurde für die Kooperationsunterstützung in großen verteilten Organisationen (speziell: die Bundesregierung bzw. deren Ministerien) entwickelt. Die Anwendung basiert auf der kommerziellen Groupwareplattform Link-Works. In PoliTeam werden sowohl stark als auch schwach strukturierte Arbeitsprozesse unterstützt: zum einen werden sogenannte »Vorgänge« durch elektronische Laufmappen realisiert, zum anderen eine kooperative Dokumentbearbeitung auf Basis gemeinsamer Arbeitsbereiche angeboten (Klöckner et al., 1995). Ausgehend von einem persönlichen Schreibtisch hat der Poli-Team-Benutzer Zugriff auf die gemeinsamen Arbeitsbereiche und die dort bereitgestellten Dokumente (Pankoke & Syri, 1996). Ein aktiver Ereignisdienst und ein passiver Informationsdienst bieten die notwendige Transparenz. Bei der Realisierung des PoliTeam Systems wurde ein evolutionärer Ansatz gewählt mit dem Ziel, ein flexibles Medium zur Kooperationsunterstützung zu schaffen (Prinz, 1998).

TeamRooms implementiert ähnlich wie GroupDesk Arbeitsbereiche als Räume zur privaten und gemeinsamen Nutzung. Wesentliche Eigenschaften von TeamRooms sind der transparente Übergang zwischen synchroner und asynchroner Zusammenarbeit sowie die vielfältigen Werkzeuge (Kalender, Notizzettel, Agenda, usw.). Die Räume dienen als Treffpunkt und zur Ablage von Artefakten der gemeinsamen Aufgabe (Roseman & Greenberg, 1996a). Zur synchronen Kollaboration stehen eine Anzeige der im Raum befindlichen Benutzer, Telepointer für den Arbeitsbereich und verschiedene Koordinationswerkzeuge (Chat, Voting, usw.) zur Verfügung. Die Persistenz der Artefakte ermöglicht auch die zeitversetzte Zusammenarbeit. Der Zugang zu einzelnen Räumen kann auf bestimmte Gruppen eingeschränkt werden.

Die rasante Entwicklung des World Wide Web und dessen erfolgreiche Verbreitung hat dies zu einer interessanten Basis für die Entwicklung von Groupwaresystemen gemacht (Dix, 1996). Dabei steht – nicht zuletzt bedingt durch die technischen Beschränkungen des Web – zumeist die Unterstützung asynchroner Zusammenarbeit im Vordergrund. Das im Folgenden näher vorgestellte *BSCW Shared Workspace System* ermöglicht die Nutzung gemeinsamer Arbeitsbereiche im World-Wide-Web. Inzwischen existiert eine Vielzahl ähnlicher, rein webbasierter Groupwareanwendungen; traditionelle Groupwaresysteme wie Notes und LinkWorks bieten den Web-Zugang über entsprechende Schnittstellen (DOMINO bzw. WebWorker) an.

4 Gemeinsame Arbeitsbereiche im WWW – das BSCW-System

Exemplarisch für die Gruppe der kollaborationsorientierten asynchronen Werkzeuge soll in diesem Abschnitt etwas ausführlicher das *BSCW Shared Workspace System* dargestellt werden, das von der GMD – Forschungszentrum Informationstechnik in Sankt Augustin entwickelt wurde und das insbesondere im akademischen Bereich auch international weit verbreitet ist (Bentley et al., 1997). Das System folgt dem üblichen Client/Server-Modell mit einem *BSCW Server* und einem *BSCW Client*. Ersterer ist eine Erweiterung normaler Webserver über das Common Gateway Interface (CGI), eine standardisierte Schnittstelle zur Anwendungsentwicklung auf Basis eines Webservers. Als BSCW Client fungieren gebräuchliche Web-Browser wie Netscape Navigator oder Microsoft Internet Explorer, d. h. die Benutzer des Systems müssen keine spezielle Client-Software installieren. Abb. 28 »Gemeinsamer Arbeitsbereich im BSCW-System« zeigt ein Beispiel, wie sich für einen Benutzer ein BSCW Arbeitsbereich darstellt.

Nachdem sich der Benutzer mit Name und Passwort identifiziert hat, findet er auf einer persönlichen Einstiegsseite die Arbeitsbereiche, zu denen er Zugriff hat. In den Arbeitsbereichen selbst sind die zur Kooperation erforderlichen Informationsobjekte abgelegt. Auf diese Objekte kann der Benutzer direkt über den Browser zugreifen und so zum Beispiel ein HTML-Dokument im Browser lesen oder ein Word-Dokument auf seinen lokalen Rechner herunterladen und dort mit MS Word bearbeiten. Umgekehrt kann er über die entsprechenden Schaltflächen Objekte im Arbeitsbereich erzeugen (etwa mit »URL« einen Verweis auf eine Webseite) und auch Dokumente von seinem lokalen Rechner in den Arbeitsbereich eines BSCW Servers übertragen (Schaltfläche »Dokument«).

Arbeits- und Ordnungsmittel im obigen Sinne sind im BSCW-System Dokumente jeglicher Art (einschließlich Grafiken, Tabellen, Software, usw. – für BSCW ist Inhalt und Format von Dokumenten im Prinzip ohne Bedeutung), Links zu Webseiten, Ordner und Unterordner in beliebiger Gliederungstiefe. Ferner gibt es einige spezielle Objekte wie etwa *Diskussionsobjekte*, die zur Diskussion über beliebige Themen dienen und ähnlich wie die Internet-Newsgroups aufgebaut sind, oder *Sitzungsobjekte*, die zur Vorbereitung und Durchführung realer oder virtueller Sitzungen gedacht sind. Zusätzlich zu den gemeinsam genutzten Objekten hat jeder Benutzer private Objekte, wie zum Beispiel den *Kalender* mit einem Verzeichnis der Sitzungsdaten, dem *Adressbuch* mit einer Liste seiner Kooperationspartner, einem *Koffer* zum Zwischenspeichern beim Kopieren und Verschieben von Objekten und einem

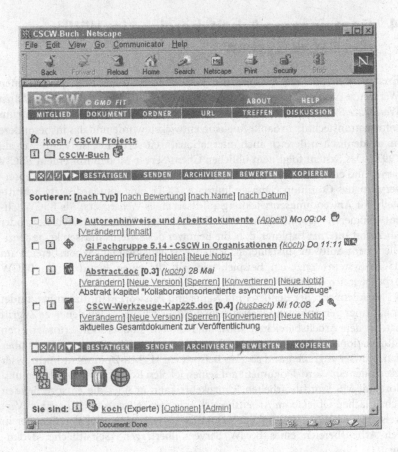

Abb. 28   Gemeinsamer Arbeitsbereich im BSCW-System

Mülleimer, der als temporärer Speicher vor dem endgültigen Löschen von Objekten dient.

BSCW erfasst zahlreiche Metainformationen zu den Objekten. Insbesondere registriert das System alle sogenannten *Ereignisse* und deren Verursacher. Ein Ereignis wird dabei durch einen beliebigen Zugriff auf einen Arbeitsbereich ausgelöst, zum Beispiel wenn ein neues Objekt abgelegt wird, eine neue Version eines existierenden Objekt erzeugt wird, ein Dokument von jemandem abgeholt (gelesen) wird oder einem bestimmten Benutzer der Zugriff auf Objekte ermöglicht oder entzogen wird. Neben diesen automatisch erzeugten Daten können die Benutzer auch zusätzliche Metainformationen, wie etwa Annotationen oder Bewertungen (*Ratings*), verwenden.

Zur Bearbeitung der Objekte direkt auf einem BSCW Server bietet das System eine Reihe von Funktionen an, wie zum Beispiel das Konvertieren von Dokumenten von einem Datenformat in ein anderes (etwa MS Word nach HTML), das Archivieren und Komprimieren von mehreren Dateien etwa als ZIP Datei vor dem Herunterladen auf den Rechner eines Benutzers oder dem direkten Editieren von Text- und HTML-Dokumenten auf dem BSCW Server.

BSCW besitzt ferner eine Reihe funktionaler Komponenten im obigen Sinne:

- *Awareness-Dienste*: Wenn ein Benutzer einen Arbeitsbereich »betritt«, wird er darüber informiert, welche Ereignisse sich in der letzten Zeit ereignet haben, das heißt, jedes Mitglied einer Arbeitsgruppe erhält auf diese Weise Informationen über die Aktivitäten der anderen Mitglieder (in Bezug auf die Objekte im Arbeitsbereich). Benutzer können auch die Benachrichtigung über Aktivitäten in BSCW Arbeitsbereichen über E-Mail abonnieren. Das System bietet ferner ein Java-Applet an, das es Benutzern ermöglicht, sich über die gleichzeitige Anwesenheit anderer Benutzer in BSCW Arbeitsbereichen und deren Aktivitäten zu informieren. Über diese Komponente können die Benutzer auch synchrone Kommunikation betreiben, zum Beispiel in Form einer *Chat Session* (Trevor et al., 1997).

- *Umfangreiche Zugriffskontrollen*: BSCW bietet vielfältige Möglichkeiten zur Vergabe von Zugriffsrechten. So kann der Erzeuger eines Dokuments zum Beispiel festlegen, dass bestimmte Mitglieder das Dokument ändern dürfen, andere aber nur lesenden Zugriff – oder überhaupt keinen Zugriff – haben sollen. Rechte können für einzelne Benutzer oder für Benutzergruppen vergeben werden.

- *Benutzerverwaltung*: Das BSCW-System stellt Funktionen zur Verwaltung der Mitglieder in einem gemeinsamen Arbeitsbereich zur Verfügung, zum Beispiel das Hinzufügen oder Entfernen von Mitgliedern nur durch solche Mitglieder, die hierzu autorisiert sind. Durch diese Form der selbstorganisierten Mitgliederverwaltung, die in der Regel keines Administrators bedarf, ist eine dynamische Gruppenarbeit gewährleistet. Darüber hinaus verwaltet das System zusätzliche Informationen wie zum Beispiel E-Mail-Adresse, Telefon- oder Telefaxnummern von Benutzern.

- *Dokumentmanagement*: Da bei vielen Kooperationsaufgaben die gemeinsame Dokumenterstellung ein wichtiges Thema ist, enthält das BSCW-System Funktionen zur Versionsverwaltung von Dokumenten. Die Benutzer können zum Beispiel explizit neue Versionen eines Dokuments ablegen, ohne dass ältere Versionen überschrieben werden. Benutzer, die ein Dokument überarbeiten wollen, können dies temporär *sperren*, um so die gleichzeitige Bearbeitung durch andere zu verhindern.

- *Suchfunktionen*: Benutzer können in BSCW Arbeitsbereichen nach Objekten und Mitgliedern suchen. Die Suchanfrage kann dabei auf Namen, Inhalt oder anderen Eigenschaften von Objekten, zum Beispiel nach dem Namen des Autors eines Dokuments oder dem Erstellungszeitraum, basieren. Darüber hinaus können Anfragen an Suchmaschinen im WWW geschickt werden und die Antworten der Suchmaschinen dann direkt als Objekte in die Arbeitsbereiche übernommen werden.

- *Adaptierbarkeit*: Die Benutzer können dem System gegenüber persönliche Präferenzen zur Gestaltung der Benutzungsschnittstelle des Systems angeben, zum Beispiel, ob die Schaltflächen und Meldungen englischsprachig oder deutschsprachig sein sollen. Da die Funktionalität des Systems im Laufe der Zeit sehr umfangreich geworden ist, gibt es verschiedener Benutzerprofile (*Anfänger, Fortgeschrittener, Experte*), die die Benutzer entsprechend ihrem Kenntnisstand auswählen können (Appelt et al., 1998).

- *Synchrone Kommunikation*: Zwar ist das BSCW-System vorrangig für asynchrone Kommunikation gedacht, aber es enthält in Form der oben erwähnten Sitzungsobjekte auch Schnittstellen zu synchronen Kommunikationswerkzeugen wie etwa Audio/Videokonferenzsystemen oder Werkzeugen zur gleichzeitigen Dokumentbearbeitung (*Application Sharing*).

5 Zusammenfassung

Asynchrone Kollaboration kann durch verschiedene Werkzeuge unterstützt werden. Die Werkzeuge weisen eine gemeinsame Grundfunktionalität auf – Zugriffskoordination, Benutzerverwaltung und gemeinsame Arbeitsbereiche sind grundlegende Konzepte. In der Praxis unterscheiden sich die Werkzeuge in der technischen Realisierung der beschriebenen Basisfunktionalität und in den verwendeten Metaphern zur Unterstützung der Zusammenarbeit.

Das vorgestellte BSCW-System hat frühzeitig gezeigt, wie man das Konzept der gemeinsamen Arbeitsbereiche auf Basis des WWW verwirklichen und so ein einfaches Medium zur Kooperationsunterstützung bieten kann. Die genannten Erweiterungen, die im Laufe der letzten Jahre in das System eingeflossen sind, und zum größten Teil auf Benutzeranforderungen basieren, machen gleichzeitig die Komplexität der Entwicklung kollaborationsorientierter asynchroner Werkzeuge deutlich. Bei der Entwicklung des BSCW-Systems hat sich insbesondere die langjährige Einbeziehung der Benutzer bewährt: das System ist vor allem im akademischen Bereich weit verbreitetet (weltweit existieren derzeit – Anfang 2000 – ca. 500 operative BSCW-Server).

In Zukunft wird der Bedarf an kollaborationsorientierten asynchronen Werkzeugen weiter zunehmen. Sie bieten eine sinnvolle Ergänzung zu den kommunikationsorientierten asynchronen Werkzeugen wie E-Mail und Newsgroups (Pankoke-Babatz) und ermöglichen die Zusammenarbeit in verteilt arbeitenden Gruppen. Globale Kooperationen, Jointventures, aber auch die veränderten Anforderungen an die Mobilität des Einzelnen und die daraus entstehenden neuen Formen des Lernen und Arbeiten (Stichwort: Telelearning/ Teleworking) machen diese Entwicklung unausweichlich.

Grundlagen des Workflowmanagements

Stefan Jablonski
Friedrich-Alexander-Universität Erlangen-Nürnberg, Erlangen

1 Abläufe

Analyse, Dokumentation und Modellierung betrieblicher, technischer oder verwaltungstechnischer Abläufe werden nicht erst seit dem Aufkommen von *Workflowmanagementsystemen* betrieben, sondern stehen unabhängig davon im Mittelpunkt betriebswirtschaftlicher Betrachtungen (Hammer & Champy, 1994; Nippa & Picot, 1995). Auf der Suche nach personellem Einsparpotenzial und nach Möglichkeiten zur Straffung von Verwaltungsverfahren unterziehen viele Organisationen ihre internen Strukturen einer eingehenden Untersuchung. Mit dem Ziel der Optimierung und der Senkung der Gemeinkosten sollen dabei Unzulänglichkeiten und Ineffizienzen bestehender Strukturen und Arbeitsabläufe aufgedeckt werden. Davon sind überwiegend die administrativen Unternehmensbereiche betroffen, da besonders dort überflüssige Formular- und Verfahrensvielfalt, Intransparenz der Arbeitsabläufe und unklare Zuständigkeiten vermutet werden. Untersuchungen administrativer Abläufe zeigen, dass von der Gesamtdurchlaufzeit 80 – 90 % auf Wartezeit und nur 10 – 20 % auf die effektive Bearbeitungszeit entfallen (Nippa & Picot, 1995).

Ursache der gefundenen Probleme ist nach (Nippa, 1995) die jahrelange funktionale Ausrichtung einzelner Unternehmensteile. Diese konzentrieren sich auf die Optimierung vertikaler Organisations- und Kommunikationsstrukturen, also auf die Erfüllung einer einzigen Funktion (z. B. Buchhaltung, Entwicklung, Archivierung). Statt diese Strukturen dem Lebenszyklus der Produkte oder der bestmöglichen Durchführung einer Dienstleistung anzupassen, ist gerade in Großbetrieben eine isolierte Betrachtungsweise dieser funktional hochspezialisierten Bereiche vorzufinden. Auch wenn sich dadurch aus lokaler Sicht eine Verbesserung der Effizienz ergeben mag, ist für das gesamte Unternehmen oft sogar eine kontraproduktive Entwicklung zu beobachten. Sobald mehrere derart organisierte Abteilungen kooperieren müssen, hat dies oft die Konsequenz von Medienbrüchen und Doppelarbeiten. Selbst örtlich benachbarte Abteilungen verwenden unterschiedliche Anwendungsprogramme und definieren inkompatible Dateistrukturen und Datenbankschemata.

Die beschriebene Fokussierung der Unternehmensteile auf Spezialaufgaben leitet sich ab aus der klassischen Trennung von Aufbau- und Ablauforganisation eines Unternehmens (Kosiol, 1976) und der damit verbundenen Idealvorstellung, dass beides unabhängig voneinander betrachtet werden könne. Man geht davon aus, dass durch die Aufbauorganisation die Weisungs- und Informationsbeziehungen zwischen den Organisationseinheiten festgelegt werden und sich der Ablauf daraus sozusagen automatisch ergibt. Diese Trennung und die resultierende Vernachlässigung des Arbeitsablaufs haben sich sowohl in der Theorie als auch in der Praxis vor allem in der Organisationslehre des deutschen Sprachraums durchgesetzt.

Die Rückbesinnung auf die Betrachtung der Abläufe, was auch als prozessorientierte Sichtweise bezeichnet wird (Nippa, 1995), hat ihren Ursprung vor allem in den Ideen des *Business Process Reengineering* (BPR) (Hammer & Champy, 1994). Dort wird davon ausgegangen, dass für jede Organisation nur einige wenige wesentliche Geschäftsprozesse existieren. Diese gilt es zu identifizieren und zu dokumentieren, damit sie anschließend durch ein geeignetes Konzept bestmöglich umgesetzt werden können. Bei dieser Umsetzung soll maximaler Gebrauch von neuester Technologien gemacht werden. Die Geschäftsprozesse eines Unternehmens werden nicht nur in den Vordergrund aller Betrachtungen gestellt, sondern sie werden zum Maß aller Dinge. Mit dem Ziel, durch das Reengineering nicht nur eine graduelle Verbesserung, sondern einen Quantensprung zu erreichen, wird eine rücksichtslose und radikale Umgestaltung existierender Strukturen gefordert. Bei dieser idealisierten Neugestaltung der Geschäftsprozesse stehen existierende Zuständigkeiten und etablierte Abläufe vollständig zur Disposition.

Maßnahmen des Business Process Reengineering und der Einsatz von Workflowmanagementsystemen werden immer wieder in Zusammenhang gebracht. Daher werden einige typische Resultate des Business Process Reengineering beschrieben, die bei der Umsetzung mit Hilfe eines Workflowmanagementsystems relevant sind.

- Aufgabenkonsolidierung

- Aufgabenwegfall

- Hierarchieabbau und Dezentralisierung

- Parallelisierung von Arbeitsschritten

- Stärkere Nutzung von Informationstechnologie

- Outsourcing und strategische Partnerschaften

Die Resultate sind weitgehend selbsterklärend; sie werden in (Schulze, 2000) eingehend diskutiert. Die genannten Punkte lassen die Vermutung zu, dass Workflowmanagementsysteme ein ideales Mittel zur Umsetzung von Maßnahmen des Business Process Reengineering sind. Diese Vermutung ist gerechtfertigt, da Workflowmanagementsysteme effizient und effektiv betriebliche Abläufe umzusetzen gestatten (Schulze, 2000). Die Kombination aus Business Process Reengineering und Workflowmanagement ist nur erfolgreich, wenn Geschäftsprozessmodellierung und Methoden des Business Process Reengineering weit vor der Einführung eines Workflowmanagementsystems angewandt werden.

Langfristig können Workflowmanagementsysteme ihre Stärken besonders bei einer systematischen und kontinuierlichen Optimierung bereits etablierter Geschäftsprozesse entfalten, was als *Business Process Streamlining* oder *Continuous Process Improvement* bezeichnet wird. Auch hier sind die Ziele eine gute Anpassung an die Kundenbedürfnisse, das Erreichen höherer Effektivität sowie die Erhöhung der Qualität.

In diesem Beitrag werden Grundlagen des Workflowmanagements (WfM) vorgestellt. Um dies fundiert tun zu können, wird in Abschnitt 2 »Anwendungssysteme« die Verwendung der Workflowmanagementtechnologie diskutiert. Workflowmanagementsysteme dienen dem Aufbau von betrieblichen, technischen oder verwaltungstechnischen Anwendungssystemen. Die charakteristischen Merkmale dieses Einsatzes von Workflowmanagementsystemen (WfMS) werden daher analysiert. Der Abschnitt 3 »Workflowmanagement« vermittelt anschließend Grundlagen von Workflowmanagement. Hierbei wird neben modell- und architekturbezogenen Fragen auch die gegenwärtige Situation dieser Technologie, also der Stand der Technik diskutiert.

2 Anwendungssysteme

Workflowmanagement stellt eine Technologie zur Umsetzung von Anwendungsprozessen dar. Dieses Kapitel diskutiert Anwendungssysteme, welche auf dem Workflowmanagementansatz basieren. Zunächst wird die Entwicklung solcher Anwendungssysteme untersucht (Abschnitt 2.1 »Entwicklung von Anwendungssystemen«). Anschließend wird ein kurzer Einblick in die Inhalte workflowbasierter Anwendungssysteme gegeben (Abschnitt 2.2 »Inhalt einer Workflowmanagementanwendung«).

2.1 Entwicklung von Anwendungssystemen

Anwendungssysteme, welche auf dem Workflowmanagementansatz beruhen, werden immer Prozesscharakter aufweisen (müssen), da der Workflow als implementierter Anwendungsprozess im Mittelpunkt des Geschehens steht. Bei der Entwicklung von Anwendungssystemen werden Vorgehensmodelle eingesetzt, welche eine Orientierung hinsichtlich der zu verrichtenden Aufgaben geben. Phasenorientierte Vorgehensmodell, wie eines exemplarisch in Abb. 29 »Vorgehensmodell zur Entwicklung einer WfM-Anwendung« gezeigt sind, werden zumeist zur Entwicklung von Workflowmanagementanwendungen herangezogen (Lehmann & Ortner, 2000). Eine Workflowmanagementanwendung besteht aus einer Menge von Workflows, welche auf einem Workflowmanagementsystem ausgeführt werden. Sie kann als workflowbasierte Umsetzung eines Anwendungssystems verstanden werden.

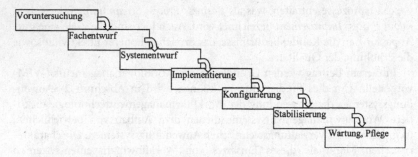

Abb. 29 Vorgehensmodell zur Entwicklung einer WfM-Anwendung

Zur Erstellung einer Workflowmanagementanwendung tritt man in einen Prozess der Informationssystem-Entwicklung ein, der in die in Abb. 29 »Vorgehensmodell zur Entwicklung einer WfM-Anwendung« gezeigten Phasen gegliedert werden kann. Dabei unterscheidet sich der Entwicklungsprozess einer Workflowmanagementanwendung im Kern nicht von dem eines beliebigen Informationssystems. Details eines solchen Vorgehensmodells sind beispielsweise in (Sommerville, 1996) nachzulesen. Im Folgenden wird lediglich ein kurzer Einblick in die verschiedenen Phasen vermittelt.

In der *Voruntersuchung* wird der Zweck einer zu entwickelnden Workflowmanagementanwendung bestimmt und der Anwendungsbereich abgegrenzt. Das fachliche Lösungskonzept für die geplante Workflowmanagementanwendung wird im *Fachentwurf* erarbeitet. Im Gegensatz zum Fachentwurf ist der *Systementwurf* bereits von der konkret gewählten Basissoftware abhängig. Seine Aufgabe ist die Definition der Gesamtarchitektur einer Workflowmanagementanwendung. Die zentrale Aufgabe der *Implementierung* ist das Programmieren und Testen der im Systementwurf spezifizierten Module. Die so entstandenen Komponenten werden bei der *Konfigurierung* zu einem installationsfähigen Softwaresystem zusammengefasst. Der Überführung eines Softwaresystems aus der Test- in die Anwendungsphase dient die *Stabilisierung*. Ihr Ergebnis ist eine in die Zielumgebung des Entwurfs eingebettete Workflowmanagementanwendung. Schließlich ist die Phase *Wartung* und *Pflege* zu identifizieren, welche die Anwendungsphase einer Workflowmanagementanwendung überdauert. In dieser Phase ist auch eine Analyse und Auswertung der aktuellen Installation einer Workflowmanagementanwendung durchzuführen. Sie vermittelt Einblick in die Qualität der gegenwärtigen Installation und ermöglicht Verbesserungen qualitativer und quantitativer Art.

Gegenstand dieses Beitrags ist nicht die Diskussion von Vorgehensmodellen für die Entwicklung von Workflowmanagementanwendungen. Sie werden lediglich als Mittel zum Zweck herangezogen, um die sogenannten zeitlichen Dimensionen der Entwicklung von Workflowmanagementanwendungen zu diskutieren. Für diese Diskussion wechseln wir die Perspektive. Bislang haben wir das Phasenmodell aus Abb. 29 »Vorgehensmodell zur Entwicklung einer WfM-Anwendung« in Bezug auf die Entwicklung von Software, hier Workflows verwendet. Nun wollen wir ein solches Vorgehensmodell aus Sicht des resultierenden Informationssystems betrachten.

In den Phasen Fachentwurf und Systementwurf entstehen Modelle für Arbeitsabläufe. Sie sind entweder anwendungsbezogen (*Fachentwurf*) oder systembezogen (*Systementwurf*) beschrieben. Auf das Anwendungsgebiet Verwaltung angewandt, bedeutet dies, dass bereits zu einem frühen Zeitpunkt bekannt ist, welche Vorgänge dort ablaufen werden. Diese Erkenntnis kann zum Zwecke der Planung der Verwaltungstätigkeiten herangezogen werden. Unter Verwendung von Simulationskomponenten kann untersucht werden, welche organisatorischen Einheiten mit welchen Aufgaben betreut sind, ob diese Einheiten überlastet sind oder ihnen Aufgaben zugeleitet werden, welche für sie nicht ausführbar sind oder ob Applikationen (Softwareprogramme) für die Bearbeitung verfügbar sind. Somit kann das zukünftige Verhalten einer Workflowmanagementanwendung in der Verwaltung mit großer Genauigkeit vorhergesagt werden. Dies stellt eine wertvolle Informationsquelle dar. Sie kann genutzt werden, um Arbeitsabläufe in der Verwaltung a priori zu planen und so weit wie möglich zu optimieren. Die hier aufgedeckte Möglichkeit deckt die zeitliche Dimension Zukunft ab, da die Planung eines Anwendungssystems vorgenommen werden kann.

Die tatsächliche Ausführung einer Workflowmanagementanwendung ist als solche nicht im Vorgehensmodell aus Abb. 29 »Vorgehensmodell zur Entwicklung einer WfM-Anwendung« zu erkennen, da sich dieses Modell auf die Entwicklung und nicht die Ausführung und Bedienung einer Workflowmanagementanwendung konzentriert. Die Ausführung ist aber logisch betrachtet Hintergrund der Phase Wartung und Pflege. Was macht eine Workflowmanagementanwendung für die Ausführung der Arbeitsabläufe? Das einer Workflowmanagementanwendung zugrunde liegende Workflowmanagementsystem

steuert eine solche Anwendung. Wie wir in Abschnitt 3 »Workflowmanagement« noch diskutieren werden, ordnet es Workflows Bearbeitern zu und startet gegebenenfalls Applikationen, die von den Bearbeitern benutzt werden. Die
hier gezeigte Steuerung und Kontrolle der Workflowmanagementanwendung
deckt die zeitliche Dimension Gegenwart ab, welche während der Ausführung
von Workflows vom Workflowmanagementsystem übernommen wird.

Neben den zeitlichen Dimensionen Zukunft und Gegenwart wird auch die
zeitliche Dimension Vergangenheit durch eine Workflowmanagementanwendung unterstützt. Während der Ausführung von Workflows werden Protokolle
angelegt, welche Informationen über die aktuelle Ausführung von Workflows
beinhalten. Somit können Analysen und Auswertungen bezüglich der Qualität
der Umsetzung einer Workflowmanagementanwendung angestellt werden.
Diese sind der Phase Wartung und Pflege zuzuordnen (vgl. Abb. 29 »Vorgehensmodell zur Entwicklung einer WfM-Anwendung«).

Als Ergebnis der Untersuchung kann festgehalten werden, dass der Workflowmanagementansatz sowohl die Planung eines Anwendungssystems, dessen
Ausführung und dessen Analyse unterstützt. Diese Integration der zeitliche
Dimensionen Zukunft, Gegenwart, Vergangenheit (vgl. Abb. 30 »Die drei Zeitdimensionen bei der Anwendung des WfM-Ansatzes«) ist anderen Entwick-
lungsansätzen im Softwarebereich kaum zu testieren. Sie muss als einer der
wichtigen Vorteile des Workflowmanagementansatzes betrachtet werden.
Damit soll nicht ausgesagt werden, dass bei anderen Entwicklungssätzen nicht
geplant wird. Allerdings beschränkt sich dort normalerweise die Planung auf
die Definition bestimmter Funktionen (Programme). Beim Workflowmanagementansatz geht man weiter und plant auch den Einsatz solcher Programme,
der in der Steuerung der Abläufe resultiert. Gleiches gilt für die Analyse und
Auswertung von Laufzeitdaten oder -informationen. Solche können auch bei
konventionellen Ansätzen generiert werden. Allerdings fällt es schwer, dort
einen systematischen Analyseprozess zu erkennen, welcher demgegenüber
optimal in einen Workflowmanagementansatz passt.

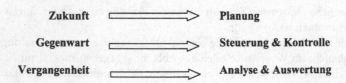

Abb. 30 Die drei Zeitdimensionen bei der Anwendung des WfM-Ansatzes

Es ist kaum eine Technologie zu nennen, die in ähnlicher Weise wie das
Workflowmanagement die zeitlichen Dimensionen Zukunft, Gegenwart und

Vergangenheit in integrierender Weise unterstützt. Schon alleine diese Eigenschaft macht Workflowmanagement zu einem hervorragenden Instrument für den Entwurf und Betrieb integrierter Informationssysteme.

2.2 Inhalt einer Workflowmanagementanwendung

In Jablonski & Bussler (1996) wird gefordert, dass sich eine Workflowbeschreibung auf alle relevanten Aspekte eines Anwendungssystems beziehen muss. Hierunter fallen unter anderem alle wichtigen Aspekte, welche sich auf die Aufbau- oder Ablauforganisation eines Anwendungssystems beziehen. Denkbar ist aber auch eine rein auf die Integration von Daten abzielende Unterstützung. Ein alternativer Ansatz ist die Integration der ein Anwendungssystem unterstützenden Applikationen (Programme). Wir verlangen allerdings nach einem gesamtheitlichen Ansatz, der alle Aspekte eines Anwendungssystems berücksichtigt, insbesondere die, welche von der Aufbau- und Ablauforganisation vorgegeben sind. Dies bedeutet, dass es nicht ausreicht, ausschließlich Daten oder Funktionen oder organisatorische Einheiten in Betracht zu ziehen. Vielmehr wird gefordert, dass all diese Aspekte gleichermaßen beachtet werden. Beispiele solcher Aspekte sind: Daten, Funktionen, Organisationseinheiten, Programme, Protokollinformationen, Kontroll- und Datenflüsse, Sicherheits-, Konsistenz- und Integritätsregeln. Neben den durch die klassische Aufbau- und Ablauforganisation vorgegebenen Aspekten kommen noch spezifische Komponenten hinzu, welche nur aufgrund des Einsatzes eines EDV-Systems relevant sind und in der ursprünglichen klassischen Aufteilung noch nicht in Betracht gezogen werden konnten.

3 Workflowmanagement

Dieses Kapitel vermittelt einen Einblick in das Workflowmanagement. Zunächst werden in aller Kürze die wesentlichen Begriffe des Workflowmanagements eingeführt. Danach werden technische Eigenschaften von Workflowmanagementsystemen diskutiert, sowie eine Bewertung des aktuellen Stands der Technik vorgenommen.

Dieser Abschnitt dient dem Zweck, Workflowmanagement als Technologie vorzustellen und insbesondere den momentanen Stand der Technik zu dokumentieren. Er ersetzt nicht ein ausführliches Studium weiterer Literatur zum Thema (Jablonski & Bussler, 1996; Jablonski et al., 1997), falls Workflowmanagement als Realisierungsansatz in Betracht gezogen werden sollte. Ein erster Überblick wird aber vermittelt.

3.1 Einführung in das Workflowmanagement

Der wohl prägnanteste Begriff im Bereich Workflowmanagement ist der Begriff
»*Workflow*« selbst. Wir verzichten aufgrund der mannigfaltigen Variationen der
Definitionen dieses Begriffs (vgl. Jablonski & Bussler, 1996) auf eine solche und
führen statt dessen Workflow in einem Beispiel ein. Abb. 31 »Beispiel eines
Workflows: Belegverarbeitung (Skizze)« zeigt ein Beispiel aus dem Bereich der
Belegverarbeitung, welches unter anderem in Bankanwendungen typischerweise anzutreffen ist. Ein Workflow ist gemäß dem Beispiel in Abb. 31 »Beispiel
eines Workflows: Belegverarbeitung (Skizze)« eine oftmals grafische Beschreibung eines Arbeitsablaufs. Er beschreibt, wie Arbeitsschritte in einer bestimmten, grafisch zumeist durch Pfeile vorgegebenen Reihenfolge ausgeführt werden
müssen.

Der in Abb. 31 »Beispiel eines Workflows: Belegverarbeitung (Skizze)«
gezeigte Ausschnitt einer Workflowbeschreibung ist weder vollständig noch
übersichtlich; beides konnte aufgrund der beschränkten Darstellungsmöglichkeiten in diesem Dokument nicht erreicht werden. Die Interpretation des Bei-
spielworkflows aus Abb. 31 »Beispiel eines Workflows: Belegverarbeitung
(Skizze)« ist trotz seiner Unvollständigkeit und mangelhaften Darstellung
offensichtlich. In einem ersten Schritt werden Belege gescannt. Eingaben für
diesen Schritt sind Belege, produziert werden Images, d. h. gescannte Belege.
Der Schritt ist von der Arbeitsgruppe SB(Scan) ausgeführt, welches steht für
»Sachbearbeitung Scannen«. Zur Ausführung des Arbeitsschrittes kann das
Werkzeug (Programm) Scan2000 verwendet werden. Anschließend werden
Belege einer Erkennungsroutine zugeführt. Das Ergebnis sind korrekt gelesene
Images (Images+) beziehungsweise nicht lesbare Images (Images -). Die Verar-
beitung der beiden unterschiedlichen Ausgabedatenklassen setzt sich in den
Schritten »Belege sichten« beziehungsweise »Belege korrigieren« fort. Schließlich werden alle Images archiviert. Ausführende und zu verwendende Werkzeuge können der grafischen Darstellung leicht entnommen werden. Obwohl
in Abb. 31 »Beispiel eines Workflows: Belegverarbeitung (Skizze)« keine Datenflüsse eingezeichnet sind, sind sie nachvollziehbar, indem man namensgleiche
Ausgabedaten mit den entsprechenden Eingabedaten verbindet. Eine weiterführende Betrachtung der einen Workflow ausmachenden Aspekte findet sich
in Abschnitt 3.3 »Inhalte einer Workflowsprache«.

Ein zweiter wesentlicher Begriff ist die *Workflowmanagementanwendung*,
welcher informell bereits eingeführt worden ist. Eine Workflowmanagementanwendung setzt sich aus einer Menge von Workflows zusammen, die gemeinsam ein Anwendungssystem realisieren. Beispielsweise konstituiert der Workflow aus Abb. 31 »Beispiel eines Workflows: Belegverarbeitung (Skizze)«

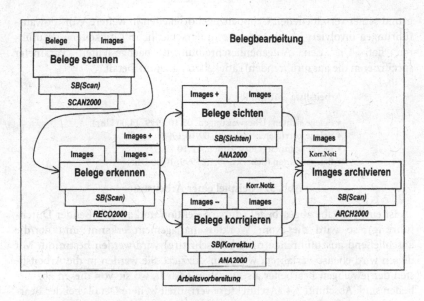

Abb. 31 Beispiel eines Workflows: Belegverarbeitung (Skizze)

zusammen mit weiteren, hier nicht gezeigten Workflows die Workflowmanagementanwendung Posteingang.

Der in Abb. 31 »Beispiel eines Workflows: Belegverarbeitung (Skizze)« skizzierte Workflow stellt vorerst lediglich eine Beschreibung, eine Definition eines Arbeitsablaufs dar. Führt man aber eine solche Beschreibung einem Workflowmanagementsystem zu, so kann solch ein Workflow abgearbeitet werden. Dabei wird folgendermaßen vorgegangen. Ein Anwender wählt einen Workflow zur Bearbeitung aus. Daraufhin interpretiert das Workflowmanagementsystem dessen Definition und sucht den/die zuerst auszuführenden Schritt(e). Aus solchen Schritten werden Aufgaben. Sie müssen dem spezifizierten Personenkreis zugeführt werden. Dies geschieht durch ihr Einstellen in sogenannte Arbeitslisten der Personen, welche für die Ausführung der Aufgaben verantwortlich sind. Ausführende werden im obigen Beispiel durch Zuordnungen wie »SB(Scan)« identifiziert. Eine solche Zuordnung bedeutet, dass den Mitgliedern einer so gekennzeichneten Arbeitsgruppe jeweils ein Eintrag in die Arbeitslisten eingestellt wird, der sie auf die durchzuführende Aufgabe hinweist. In Abb. 32 »Beispiel einer Arbeitsliste« ist die Arbeitsliste des Arbeitsgruppenmitglieds Müller gezeigt, welcher den Arbeitsgruppen SB(Scan), SB(Sichten) und SB(Korrektur) angehört. Man sieht auch, dass diese Person nicht nur den Schritt »Belege erkennen« durchführen muss, sondern auch auf-

grund seiner verschiedenen Gruppenzugehörigkeiten in weitere Workflowausführungen involviert ist, für welche er unterschiedliche Tätigkeiten auszuführen hat. Die den Aufgabenbeschreibungen nachgestellten Parameter
spezifizieren die auszuführenden Tätigkeiten näher im Detail.

Arbeitsliste MÜLLER

- Belege sichten (Überweisungen, 09.10.1999, 14.00 Uhr)
- Belege korrigieren (Schecks, 09.10.1999)
- Belege scannen (Gutschriften, 12.10.1999)
- Belege sichten (Schecks, 19.10.1999, 10.00 Uhr)

Abb. 32 Beispiel einer Arbeitsliste

Ist eine Aufgabe abgearbeitet (durch Selektion und anschließender Durchführung), so wird dies vom Workflowmanagement erkannt und der/die
anschließend auszuführende(n) Arbeitsschritt(e) wird/werden bestimmt. Mit
diesen wird ebenso verfahren, wie oben skizziert. Sie werden in die Arbeitslisten der jeweiligen Bearbeiter als Aufgaben gestellt, wo sie von diesen abzuar-
beiten sind. Abschnitt 3.4 »Architektur« vermittelt weitere Details bei der Bearbeitung von Workflows.

Für eine ausführliche Darstellung sowohl der Modellierung als auch der
Ausführung von Workflows sei auf die Literaturstellen (Jablonski & Bussler,
1996) und (Jablonski et al., 1997) verwiesen, welche eine sehr detaillierte
Behandlung beider Themenkomplexe beinhalten.

3.2 Das Wesen von Workflowmanagement

In diesem Abschnitt werden einige wesentliche Merkmale des Workflowmanagements zusammengestellt. Wir konzentrieren uns hierbei allerdings auf solche
Merkmale, die den integrierenden Charakter von Workflowmanagement
unterstreichen. Der erste zu diskutierende Gesichtspunkt bezieht sich auf die
Entwicklung von Workflowmanagementanwendungen.

Ein großes Problem bei der Entwicklung von EDV-Lösungen ist die enorme
sprachliche Distanz zwischen den Personen, welche einen Anwendungsbereich
kennen und dort arbeiten, und den Personen, welche dafür EDV-Lösungen
erstellen. Weder versteht der EDV-Experte die Fachsprache der Anwendung,
noch versteht der Anwendungsexperte die technische Fachsprache des EDV-
Entwicklers. EDV-Entwicklungen im Bereich Workflowmanagement haben
den Vorteil, dass sowohl Anwendungs- als auch Systemexperten die Beschreibungssprache von Workflows verstehen können. Dieses ist zum großen Teil auf
die in Abb. 31 »Beispiel eines Workflows: Belegverarbeitung (Skizze)« gezeigte

grafische Notation von Workflows zurückzuführen. Diese Situation macht einen integrierten Entwurf von Workflowmanagementanwendungen möglich. Ein solches Vorgehen erhöht die Angemessenheit einer EDV-Lösung und räumt damit Akzeptanzprobleme frühzeitig aus.

Das Beispiel aus Abschnitt 3.1 »Einführung in das Workflowmanagement« zeigt anschaulich, dass typischerweise Programme zur Bearbeitung von Workflows herangezogen werden. Sie werden für die Ausführung einzelner Workflows benötigt. Eine entscheidende Frage ist, ob solche Programme für eine Workflowmanagementanwendung neu erstellt werden müssen oder ob bereits existierende Programme (Altsoftware) in eine Workflowausführung integriert werden können. Letzteres hätte den entscheidenden Vorteil, bereits getätigte Investitionen weiterhin nutzen zu können. Es ist festzustellen, dass diese vorteilhafte Eigenschaft von Workflowmanagementlösungen unterstützt werden. Sie kann damit als eine weitere integrierende Eigenschaft solcher Lösungen angesehen werden. Somit kann bei Einführung einer Workflowmanagementlösung bereits bestehende Software in eine neue Architektur aufgenommen werden. Dies ist insbesondere dann häufig der Fall, wenn bestehende EDV-Lösungen keine Prozessorientierung aufweisen. Sie kann a posteriori durch die Integration der Programme in eine Workflowmanagementlösung erreicht werden.

Schließlich müssen die im Rahmen einer Umsetzung zu betrachtenden Anwendungsprozesse nochmals näher untersucht werden. Bereits das in Abschnitt 3.1 »Einführung in das Workflowmanagement« dargestellte Beispiel zeigt, dass es unterschiedliche Qualitäten von Arbeitsschritten gibt. Diese Beobachtung lässt sich auch auf ganze Workflows beziehungsweise auf Abschnitte von Workflows übertragen. Im Prinzip können zwei Arten von Arbeitsschritten oder Arbeitsfolgen unterschieden werden:

- *Arbeitsschritte, welche lediglich der Koordination im Rahmen größerer Arbeitsabläufe (Workflows) dienen.*
  Solche Arbeitsschritte können nicht direkt durch weitere EDV-Systeme unterstützt werden. Beispielsweise verlangt ein Arbeitsschritt »Mit Kunden in Verbindung setzen« nach Handlungen, welche außerhalb des Rechnersystems passieren. Es ist zumeist nicht ratsam, solche Handlungen, auch wenn oder gerade weil sie externer Art sind, weiter im Detail zu spezifizieren. Zumeist kann oder soll dem Ausführenden keinerlei Vorschrift gemacht werden, wie eine Aufgabe konkret zu erfüllen ist. Allerdings kann auch die hier diskutierte Art von Arbeitsschritten durch EDV-Systeme unterstützt werden; diese Unterstützung ist allerdings nicht direkter Art, sondern kann als indirekt bezeichnet werden. Beispielsweise werden dem Bearbeiter im obigen Beispiel sowohl die Telefonnummer als auch die Postadresse des zu

kontaktierenden Kunden angezeigt. Die Ausführung der eigentlichen Bearbeitung, d. h. beispielsweise das Telefonieren, ist aber außerhalb des Workflowmanagementsystems zu sehen. Für dieses Beispiel sei angenommen, dass es nicht möglich ist, über geeignete Software beispielsweise ein Telefongespräch über den Rechner zu initiieren.

- *Arbeitsschritte, welche direkt durch EDV-Systeme unterstützt werden.*
  Solche Arbeitsschritte involvieren im Normalfall die Ausführung eines oder mehrerer Applikationsprogramme. Diese werden direkt vom Workflowmanagementsystem bei der Ausführung eines Arbeitsschritts aufgerufen. So kann direkt aus dem Workflow heraus eine Aufgabe unterstützt werden. Beispielsweise unterstützt das Programm Scan2000 direkt das Scannen von Belegen.

Interessant ist, dass Workflowmanagementsysteme beide Arten von Arbeitsschritten oder -abläufen gut unterstützen. Somit realisieren sie Arbeitsabläufe dispositiver und ausführender Art gleichermaßen.

3.3 Inhalte einer Workflowsprache

Eine der viel diskutierten Fragen im Bereich Workflowmanagement ist die Frage nach den konstitutiven Inhalten einer Workflowbeschreibung. Sie lässt sich zurückführen auf die Frage nach den konstitutiven Inhalten einer Workflowsprache. Gemäß den Ausführungen in (Jablonski & Bussler, 1996; Böhm, 2000) betrachten wir fünf sogenannte Aspekte eines Workflows als konstitutiv. Dies sind der funktionale Aspekt, der datenorientierte Aspekt, der verhaltensorientierte Aspekt, der organisatorische Aspekt und der operationale Aspekt. Eine Reihe weiterer Aspekte wird als äußerst sinnvoll und wertvoll erachtet; diese sollen aber primär nicht zu den essentiellen Aspekten einer Workflowsprache gezählt werden. Diese Festlegung darf aber nicht fälschlicherweise so ausgelegt werden, dass eine als korrekt oder komplett anzusehende Workflowbeschreibung immer diese fünf Aspekte aufweisen muss. Es sind durchaus als adäquat anzusehende Workflowdefinitionen vorstellbar, welche beispielsweise vollständig auf das Einbeziehen des verhaltensorientierten Aspekts verzichten können. Nachfolgend werden die wichtigsten Aspekte einer Workflowsprache im Überblick vorgestellt. Es sei auf (Jablonski & Bussler, 1996) verwiesen, wo die Inhalte der Aspekte in allen Facetten diskutiert werden.

Der zentrale Aspekt einer *Workflowbeschreibung* wird vom *funktionalen Aspekt* gebildet. Er bestimmt, welche Funktion ausgeführt wird, das heißt, welche Aufgabe in einem Workflow zu erledigen ist. Dabei identifiziert der funktionale Aspekt einen Workflow als Bearbeitungseinheit. In Bearbeitungseinheiten werden Daten verarbeitet und Daten werden zwischen ihnen ausgetauscht.

Der *datenorientierte Aspekt* übernimmt die Beschreibung dieser Sachverhalte und organisiert sowohl Datendefinitionen als auch Datenflussbeziehungen. Um kausale und temporale Zusammenhänge beziehungsweise Abhängigkeiten zwischen Workflows zu spezifizieren, wird der *verhaltensorientierte Aspekt* eingeführt. Auf diese Weise wird der Kontrollfluss zwischen Workflows spezifiziert. Die organisatorische Einbindung von Workflows passiert durch den *organisatorischen Aspekt*. Er modelliert Zuständigkeiten für Aufgaben und die Anordnung von Aufgabenträgern in der Aufbauorganisation. Werkzeuge, Applikationen und Anwendungsprogramme werden im *operationalen Aspekt* spezifiziert. Diese werden zur Bearbeitung von Aufgaben benötigt.

Weitere Aspekte sind denkbar und oft sehr sinnvoll. Um beispielsweise eine nachträgliche Analyse von Workflowausführungen zu ermöglichen beziehungsweise aufgrund anwendungsbedingte inhaltliche Gründe, wird der *historische Aspekt* eingeführt. Er zeichnet die Ausführungsfolge von Workflows auf. Ein Sicherheitsaspekt wird in kritischen Anwendungen obligatorisch. Er kann unter anderem regeln, wie in unterschiedlichen Ausführungsumgebungen bestimmte Workflows ausgeführt werden dürfen. Somit kann beispielsweise festgelegt werden, dass bestimmte Applikationen nur lokal ausgeführt werden dürfen; eine verteilte Ausführung beispielsweise auf einem Laptop wird verboten.

Ein wesentliches Merkmal geeigneter Workflowsprachen muss sein, dass die Liste der darzustellenden Aspekte offen ist und im Bedarfsfall gekürzt oder erweitert werden kann. Somit kann in allen Fällen die Angemessenheit der Beschreibungssprache sichergestellt werden.

Gemäß der eben eingeführten Menge an Aspekten muss die in Abb. 31 »Beispiel eines Workflows: Belegverarbeitung (Skizze)« skizzierte Workflowdefinition teilweise ergänzt werden. So wird beispielsweise der datenorientierte Aspekt nur teilweise gezeigt, da der Datenfluss zwischen den Workflows nicht dargestellt wird. Weitere denkbare Aspekte wie beispielsweise der historische Aspekt werden aufgrund der leichteren Lesbarkeit der Abbildung nicht gezeigt.

3.4 Architektur

Dieser Abschnitt führt eine Grobstruktur einer *Architektur für Workflowmanagementsysteme* ein. Für ein einführendes Verständnis des Aufbaus eines Workflowmanagementsystems genügt es, die Architektur anhand von wenigen ausgezeichneten Komponenten zu beschreiben. Die zentrale Komponente eines Workflowmanagementsystems ist die *Engine*. Sie implementiert die in Abschnitt 3.3 »Inhalte einer Workflowsprache« eingeführten Aspekte; sie ist erweiterbar im Sinne der Aufnahme oder Ausgrenzung bestimmter Aspekte. In Jablonski & Bussler (1996) wird gezeigt, dass die Engine aus einer Menge von dedizierten Servern besteht, die jeweils einem Aspekt der Workflowsprache zugeordnet sind. Workflowdefinitionen und aktuelle Workflowinstanzdaten werden im Repository verwaltet. Engine und Repository zusammen bilden den Kern eines Workflowmanagementsystems.

Der Initialisierung von Workflowausführungen dienen die Arbeitslisten; sie stellen die wichtigste Schnittstelle der Anwender zum Workflowmanagementsystem dar. Im Normalfall bekommt jeder Teilnehmer einer Workflowmanagementanwendung eine Arbeitsliste zugeordnet. Werkzeuge werden benötigt, um Workflows zu editieren, zu simulieren, zu überwachen oder zu analysieren. Applikationen werden in Workflows eingebunden, um eine konkrete Verarbeitungsaufgabe zu unterstützen.

Für die weiteren Betrachtungen dieses Beitrags genügen die in Abb. 33 »Architektur eines Workflowmanagementsystems« eingeführten Architekturkomponenten. Entscheidend ist, wie diese Komponenten sich in einem verteilten Rechnersystem verteilen lassen. Schuster (1997) untersucht Verteilungsaspekte für Workflowmanagementsysteme umfassend. Als Destillat dieser Diskussion kann festgehalten werden, dass es vor allem für die in diesem Beitrag noch anzustellenden Untersuchungen darauf ankommt, dass Werkzeuge, Applikationen und Arbeitslisten beliebig im verteilten Rechnersystem verteilt werden können. Eine Verteilung der Engine mitsamt dem Repository ist wohl auch möglich, soll aber hier nicht weiter betrachtet werden. Sowohl Schuster (1997) als auch Schulze (2000) führen in viele Themengebiete der verteilten Workflowmanagementsysteme ein und diskutieren Lösungsvarianten in ausführlicher Weise.

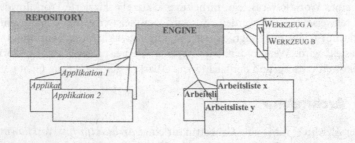

Abb. 33 Architektur eines Workflowmanagementsystems

4 Stand der Technik und Ausblick

Der Stand der Technik lässt sich am besten charakterisieren, indem man die Fähigkeiten kommerziell verfügbarer Workflowmanagementsysteme auf der einen Seite bewertet und auf der anderen Seite Standardisierungsbestrebungen in diesem Bereich untersucht. Leider kann den momentan am Markt verfügbaren Workflowmanagementsystemen im Allgemeinen kein gutes Zeugnis ausgestellt werden. Es mangelt vielen an ausreichender Funktionalität. Dürftige Konzepte zur Darstellung der in Abschnitt 3.3 »Inhalte einer Workflowsprache« vorgestellten Aspekte sind eine der Ursachen dieses negativen Urteils. Das schlechte Abschneiden bezüglich der nicht-funktionalen Anforderungen Skalierbarkeit, Robustheit und Flexibilität ist eine weitere Ursache für diese Beurteilung.

Wir möchten diese negative Kritik an den Anfang unserer Analyse stellen, um den häufig übertriebenen Darstellungen der Leistungsfähigkeit von Workflowmanagementsystemen entgegenzuwirken. Dieser frustrierenden Bewertung kann man aber durchaus positive Beobachtungen gegenüberstellen. Zum einen gilt diese Bewertung nicht für alle am Markt angebotenen Systeme; es lassen sich durchaus Workflowmanagementsysteme finden, welche für spezielle Problemstellungen adäquate Lösungsmittel anbieten. Auch kann die erfreuliche Tendenz festgestellt werden, dass einige Workflowmanagementsysteme im Verlauf ihrer Entwicklung stark an Funktionalität gewinnen. Mit dieser Feststellung ist die berechtigte Hoffnung verbunden, dass in abzuwartender Zeit leistungsfähige Vertreter kommerziell verfügbar sein werden.

Im Jahre 1993 ist die *Workflow Management Coalition* (WfMC) als Interessenverband der Hersteller und Anwender von Workflowmanagementsystemen gegründet worden. Das gemeinsame Ziel ist, den Einsatz dieser Technologie zu fördern, indem Standards für die Interoperabilität heterogener Systeme geschaffen werden. Zentraler Beiträge der WfMC sind ein Glossar (WfMC, 1996) und ein Referenzmodell für Architekturen von Workflowmanagementsystemen (WfMC, 1994). Leider sind die erzielten Ergebnisse nicht befriedigend. Kritikpunkte bezüglich des Referenzmodells beziehen sich auf die unpräzise Terminologie, das zugrunde gelegte starre Workflowmetaschema, die zentralistische Sichtweise, die monolithische Architektur der Engine, die unzureichenden Verteilungsaspekte und eine gewisse Willkür, welche der Grundkonzeption des Referenzmodells zugrunde liegt (Schulze, 2000). Die Ergebnisse der WfMC im gegenwärtigen Zustand sind deshalb noch nicht maßgeblich; es ist aber ebenfalls zu erwarten, dass sie aufgrund neuerer Bestrebungen einen Qualitätssprung machen werden. Unter einer solchen Voraussetzung können sie tatsächlich als Standardisierungsmaßnahme in Betracht gezogen werden.

Angesichts der bislang in diesem Abschnitt zusammengetragenen ernüchternden Erkenntnisse stellt sich die Frage, ob und wenn ja, wie sich die Technologie Workflowmanagement weiterentwickelt. Angesichts der – trotz der noch vorherrschenden technischen Defizite – zunehmenden Anerkennung des Bedarfs an Workflowmanagementanwendungen kann die Frage eindeutig positiv beantwortet werden. Es lassen sich bei den Weiterentwicklungen im Bereich Workflowmanagement zwei deutliche Trends ausmachen.

Zum einen hat man erkannt, dass viele konventionelle Ansätze zum Workflowmanagement an Flexibilität zu Wünschen übrig lassen. Aus diesem Grund befasst sich eine zunehmende Zahl an wissenschaftlichen und industriellen Forschungs- und Entwicklungsgruppen mit der Dynamisierung oder Flexibilisierung von Workflows. Mehrere Workshops zu diesem Thema (u.a. Klein et al., 1998) beziehungsweise eine Reihe von wissenschaftlichen Beiträgen bestätigen diese Entwicklung (u.a. van der Aalst, 1998; Reichert & Dadam, 1998).

Eine andere Tendenz sieht Workflowmanagement als Basistechnologie für eBusiness- beziehungsweise eCommerce-Anwendungen (Alonso et al., 1999). Unter diesem Thema lassen sich auch viele der sogenannten »cross- or interorganisational workflow management«-Ansätze subsumieren (Ludwig et al., 1999). Gegenstand der Untersuchungen ist es, Workflowmanagement als Basistechnologie für Ablaufprotokolle zwischen Unternehmen zu etablieren. Die hierbei notwendige Koordination der Abläufe ist Gegenstand des Workflowmanagements.

Aufgrund obiger Beobachtungen wird dem Thema Workflowmanagement in Zukunft eine wichtige Funktion zukommen. Allerdings zeichnet sich der Trend ab, Workflowmanagement nicht als »Stand-alone«-Technologie betreiben zu wollen, sondern im Sinne einer Komponente der Middleware als Basissystem einer EDV-technischen Infrastruktur anzusehen. Workflowmanagement wird hierbei die Rolle des Prozessintegrators übernehmen und aus solchen Middlewareumgebungen nicht mehr wegzudenken sein.

5 Schlussbemerkung

Dieser Beitrag führt in die Grundlagen von Workflowmanagementsystemen ein. Es wird hierbei explizit darauf verzichtet, Workflowmanagementsysteme in die verschiedenen Klassifikationen von CSCW-Systemen einzuordnen. Dies geschieht an anderer Stelle in diesem Buch. Solche Klassifikationen charakterisieren Workflowmanagement beispielsweise nach zeitlichen und örtlichen Kriterien oder nach der Nähe zu den Begriffen Kommunikation, Koordination oder Kooperation. Solche Zuordnungen sind hilfreich, um ein Gefühl über die

Einordnung von Workflowmanagementsystemen in die große Gruppe der CSCW-Systeme zu erhalten.

In diesem Beitrag wird nicht wie oft üblich das Workflowmanagementsystem sondern die Workflowmanagementanwendung in den Mittelpunkt der Betrachtung gestellt. Somit wird mehr die Benutzersicht auf die Technologie Workflowmanagement in den Fokus gesetzt. Dies erachten wir als vorteilhaft, da sich in der Regel eine viel größere Menge von Leuten mit der Anwendung der Technologie als mit dem Aufbau und der Implementierung von Workflowmanagementsystemen befassen wird.

Dieser Beitrag verzichtet vollständig auf eine Klassifizierung von Workflows nach Kategorien wie »Production Workflow«, »Administration Workflow« und dergleichen. Eine solche Kategorisierung kann vom Autor nicht nachvollzogen werden. Alle bisherigen Erfahrungen, welche sowohl auf eine ausgedehnte anwendungsorientierte Projektarbeit als auch auf langjährige Forschungsarbeit zurückzuführen sind, unterstützen eine derartige Klassifikation nicht. Sie erscheint eher willkürlich als ordnend.

Telebesprechungen und Telepräsenz

Andreas Engel, Siegfried Kaiser, Andreas Mayer
Universität Koblenz-Landau, Koblenz

1 Einleitung

In Kooperationsprozessen wechseln individuelle Arbeitsphasen mit synchronen Abstimmungen der Kooperationspartner ab (Lewe, 1995, S. 22), die an einem Ort in *persönlichen Gesprächen/Besprechungen* oder verteilt in *Telegesprächen* und *-besprechungen* stattfinden.

Telebesprechungen sind vereinbarte Treffen, in denen zwei oder mehrere Akteure an verschiedenen Orten – gegebenenfalls mit Bezug auf schriftliche Unterlagen – einen Sachverhalt technisch vermittelt mündlich erörtern (Engel et al., 1997, S. 165)[75]. Charakteristisch ist für sie eine synchrone Kommunikation und – optional – eine synchrone Kooperation an (gemeinsamem) Material. Im Unterschied dazu werden *Telegespräche* nicht vereinbart. Sie werden von einem Kooperationspartner spontan angestoßen (z. B. Telefonate) oder kommen zufällig zustande (etwa analog zu Treffen auf dem Flur oder in Teeküchen, vgl. Kraut et al. (1990)).

Bei synchronen Abstimmungen an einem Ort sind die Kooperationspartner *präsent*: Sie befinden sich im gleichen physikalischen Kontext und interagieren über eine Vielzahl von Kommunikationskanälen. Bei verteilten synchronen Abstimmungen sind die Kooperationspartner *telepräsent*: Sie befinden sich in verschiedenen physikalischen Kontexten, verfügen jedoch über technisch vermittelte Kontextinformationen und Feedback von entfernten Orten (Rahlff et al., 1999). Böcker und Mühlbach (1993, zitiert nach Kies et al., 1997, S. 993) definieren *Telepräsenz* daher als »the transferability of cues that allow one to get the impression of sharing space with a remote site«. Telepräsenz besteht in Telebesprechungen und Telegesprächen, da Telekonferenzsysteme akustisch und optisch wahrnehmbare Ereignisse von den Gegenstellen vermitteln. Wenn Kontextinformation und Feedback wie bei permanent geschalteten Audio- und Videoverbindungen der Media Spaces (Bly et al., 1993) ununterbrochen übermittelt werden, besteht Telepräsenz unabhängig von Telebesprechungen und Telegesprächen.

---

[75] Diese Definition von Besprechung entspricht weitgehend der von Sitzung als »Zusammenkommen einer Gruppe zur Gruppenarbeit am selben Ort zur selben Zeit für vorwiegend geistige Arbeit« in Schwabe (1995, S. 143).

2 Generisches Technologiebündel Telepräsenz und Telebesprechungen

Telekonferenzsysteme (Audio-, Video- und Datenkonferenzsysteme) unterstützen die technisch vermittelte synchrone Kommunikation und Kooperation in Telebesprechungen und Telegesprächen. Zusammen mit weiteren Komponenten, u.a. zur Koordination der Beteiligten, bilden sie *Telekonferenzinfrastrukturen*. Dem gegenüber unterstützen *Sitzungsunterstützungssysteme* (siehe den entsprechenden Beitrag von Krcmar et al. in diesem Buch) Entscheidungsprozesse in Gruppen explizit, indem sie Kommunikationsbarrieren abbauen und zur Steuerung und Strukturierung von Gruppen- und Entscheidungsprozessen beitragen (DeSanctis & Gallupe, 1987). Sitzungsunterstützungssysteme sind meist auf die Unterstützung von persönlichen Besprechungen ausgelegt (Schwabe, 2000). Es gibt jedoch Systeme wie DOLPHIN, die für eine *verteilte Sitzungsunterstützung* entworfen wurden (Streitz et al., 1994). Abb. 34 »Klassifikation von Konferenzsystemen« zeigt das daraus folgende, zweidimensionale Klassifikationssystem für Konferenzsysteme.

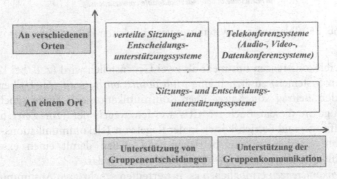

Abb. 34 Klassifikation von Konferenzsystemen

Das *Audio-/Videokonferenzsystem* bildet das Kernstück eines Telekonferenzsystems. Mit dem Austausch von Ton und Bewegtbildern ermöglichen sie den Telebesprechungsteilnehmern eine verbale und nonverbale Kommunikation (zur Technik siehe den Beitrag von Kaiser über kommunikationsorientierte synchrone Werkzeuge in diesem Buch). In den meisten Telebesprechungssystemen wird eine Audio- und Videoeinheit verwendet. Es kann jedoch sinnvoll sein, in einem Raum mehrere Audio- und Videoeinheiten an verschiedenen Plätzen mit unterschiedlicher sozialer Bedeutung zu installieren (siehe Abb. 35

»Telekonferenzsysteme an verschiedenen Plätzen eines Büros«, aus Buxton, 1995, S. 4). Beispielsweise können in einer Sitzgruppe informelle Telegespräche und -besprechungen, am Schreibtisch Arbeitssitzungen und an der Tür spontane Begegnungen stattfinden.

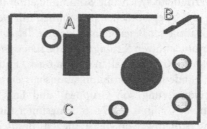

Figure 4: My Office Layout:
People visiting electronically can assume one of three locations (A, B or C). Location "A" on my desk is for close one-on-one work. Location "B" is above the door. This affords people glancing into my office without disturbing me and, on entering, making a gradual approach from a distance. Location "C" is a virtual seat around the coffee table. This affords the remote person to participate in informal round-table conversations.

Abb. 35 Telekonferenzsysteme an verschiedenen Plätzen eines Büros

Für Telekonferenzen mit mehr als zwei Gegenstellen wird (z. B. bei ISDN-basierten Systemen) zusätzlich eine *Multipoint Control Unit (MCU)* benötigt (siehe den Beitrag von Kaiser über Kommunikationsorientierte synchrone Werkzeuge in diesem Buch). MCUs werden wegen der (zur Zeit) hohen Anschaffungs- und Betriebskosten in der Regel von Telekommunikations- oder Videokonferenzdienstleistern betrieben und stellen damit einen externen Dienst für die Anwender von Telekonferenzsystemen dar.

Datenkonferenzen ermöglichen es, in verteilten synchronen Abstimmungen auf Dokumente Bezug zu nehmen, indem elektronische Objekte für alle Telebesprechungsteilnehmer visualisiert, gemeinsam annotiert oder editiert und bei Bedarf verteilt werden. Die elektronischen Objekte (Präsentationen, Dokumente, Modelle usw.) können sowohl in einem allen Akteuren zugänglichen *gemeinsamem Arbeitsbereich* (Shared Document Space; siehe unten) als auch in *privaten Arbeitsbereichen* liegen. Der Umgang mit physikalischen Objekten erfordert geeignete Schnittstellen, wie Scanner oder Dokumentenkameras.

Datenkonferenzsysteme umfassen Gruppeneditoren oder Whiteboards, Application-Sharing-Anwendungen und eventuell Shared Desktop Systeme. *Gruppeneditoren* sind für die verteilte Arbeit an einem Dokument (Objekt)

konzipierte Editoren, *Whiteboards* grafische Gruppeneditoren, die sich gut zum Anzeigen und Annotieren von Objekten eignen. Gruppeneditoren erfordern Im- und Exportschnittstellen, um am Arbeitsplatz (mit Büroanwendungen) erstellte Dokumente und Objekte lesen und bearbeiten zu können. Mit *Application Sharing* oder *Shared Window Systemen* können nicht kooperative (Büro-) Anwendungen (Einzelplatzanwendungen) durch mehrere (verteilt arbeitende) Akteure betrachtet und bedient werden. *Shared Desktop Systeme* stellen den gesamten Desktop eines Rechners für die Bedienung durch Akteure an der oder den Gegenstelle(n) zur Verfügung.

Da sich die *Vor- und Nachbereitung* unterscheiden, finden sich unterschiedliche Infrastrukturen zur Unterstützung von Telebesprechungen (z. B. Johannsen et al., 1998; Tietze et al., 1998) und Telegesprächen (z. B. Tang et al., 1994; Padberg, 1999).

Im Vorfeld von *Telebesprechungen* sind Termine zu koordinieren, eine Tagesordnung abzustimmen, Tagesordnungspunkte inhaltlich und methodisch vorzubereiten sowie technische Ressourcen zu reservieren (Dubs & Hayne, 1992). Für die terminliche und inhaltliche Abstimmung können *Gruppenterminkalender* und *E-Mail-Systeme* eingesetzt werden. Zur inhaltlichen Vorbereitung integrieren Weber et al. (1997) ein *Workflowsystem*, so dass für jeden Teilnehmer Telebesprechungsunterlagen automatisch zugestellt und Berichte über den Sachstand im bearbeiteten Geschäftsprozess generiert werden können. Die Reservierung von Räumen und anderen technischen Ressourcen (Rollaboutsysteme, MCUs) kann ggf. durch *Reservierungssysteme* unterstützt werden.

Die Initiative zu *intendierten Telegesprächen* geht von einem Kooperationspartner aus, der versucht einen (selten mehrere) Kooperationspartner zu erreichen. Daher findet eine Terminkoordination und Abstimmung von Telegesprächsinhalten im Vorfeld eher selten statt. Weil aber Kooperationspartner häufig nicht erreicht werden, sind Systeme für eine asynchrone Kommunikation (z. B. *Anrufbeantworter, E-Mail-Systeme*) eine wesentliche Unterstützung für die Koordination (Isaacs et al., 1997; Padberg, 1999, S. 355ff). Eine explizite Ressourcenreservierung behindert hingegen das Zustandekommen von Telegesprächen.

Nicht intendierte Telegespräche kommen in drei Schritten zustande. Dem (zufälligen) Zusammentreffen von Kooperationspartnern schließt sich ein vorwiegend nonverbales Einschätzen und Aushandeln der Gesprächsbereitschaft an. Erst dann folgt das eigentliche Telegespräch (Buß et al., 1999). Die meisten Telepräsenzsysteme vermitteln ein *raumbezogenes Zusammentreffen von Kooperationspartnern* (in Abb. 36 »Raum- (links) und tätigkeitsbezogenes (rechts) Zusammentreffen« links VideoWall in einer Teeküche, aus Fish et al., 1990, S. 5). *Permanente Videoverbindungen* von Portholes (Gaver et al., 1992) und das Zusammentreffen im *virtuellen Raum* sind raumbezogen (Nakanishi et al., 1996). Piazza ermöglicht dagegen ein *objekt- und tätigkeitsbezogenes Zusammentreffen*: potenzielle Kooperationspartner werden angezeigt, wenn sie auf dieselben Daten zugreifen oder dieselben Anwendungen verwenden (Abb. 36 »Raum- (links) und tätigkeitsbezogenes (rechts) Zusammentreffen« rechts zeigt ein tätigkeitsbezogenes Zusammentreffen bei der Nutzung desselben Browsers – potenzielle Gesprächspartner werden im Encounter-Fenster (links) angezeigt, aus Isaacs et al., 1996, S. 319). Das *Einschätzen und Aushandeln der Gesprächsbereitschaft* wird durch Audio- und Videoverbindungen sowie eine räumliche Orientierung unterstützt. So stellt der *Glance*-Mechanismus von Montage für drei Sekunden eine Audio- und Videoverbindung zu einem anderen Montage-System her. Erst bei einer manuellen Bestätigung durch Anrufer oder Angerufene wird eine dauerhafte Verbindung zwischen den beiden Systemen aufgebaut (Tang et al., 1994). Avatare ermöglichen im *virtuellen Raum* von FreeWalk, auf Andere zuzugehen und sich ihnen zuzuwenden. Audioverbindungen werden in FreeWalk erst aufgebaut, wenn zwei oder mehr Avatare sich nahe genug bei einander befinden (Nakanishi et al., 1996).

Gemeinsame Arbeitsbereiche (Shared Document Spaces) unterstützen die asynchrone Vor- und Nachbereitung durch das Bereitstellen von gemeinsamen elektronischen Objekten wie Tagesordnungen und Besprechungsunterlagen (siehe den Beitrag von Appelt et al. über kollaborationsorientierte asynchrone Werkzeuge in diesem Buch). Dies ist vor allem wertvoll, wenn Dokumente innerhalb einer Arbeitsgruppe oder eines Projektteams informell abgestimmt werden. Gleichzeitig stellen sie dieses Material für einen Zugriff in der synchronen Abstimmung bereit. Gemeinsame Arbeitsbereiche werden als gemeinsame Ablagen[76] (Tietze et al., 1998) oder Hypertext-Dokumente organisiert (Streitz et al., 1994).

Das Einbinden einer *Benutzer- und Infrastrukturverwaltung* erleichtert durch die Verwaltung von Adressen den *Verbindungsaufbau* und bietet die Voraussetzung für den Aufbau sicherer Telekonferenzinfrastrukturen. Eine Authentifizierung (durch Passwörter oder Zertifikate) und Verwaltung von Zugriffsrechten bietet die Grundlage für einen *kontrollierten Zugang* zu Telekonferenzsystemen und Netzwerkressourcen. Die *Sicherung* von Telekonferenzen *gegen Abhören* durch kryptografische Verfahren erfordert den Zugang zu öffentlichen Schlüsseln und Zertifikaten.

---

[76] Ablagesysteme sind gegenüber Dokumentenmanagementsystemen in ihrer Funktionalität eingeschränkt.

3 Anwendungen

Telebesprechungen und Telegespräche werden in sehr unterschiedlichen *Anwendungsbereichen* und für ein breites Spektrum von Inhalten eingesetzt. Der folgende Überblick vermittelt einen kleinen Eindruck von dieser Vielfalt.

Telearbeit und verteilte Arbeitsgruppen. Telebesprechungen bilden eine Möglichkeit, mit Kollegen in Teleheimarbeit oder in Telecentern Absprachen zu treffen und Aufgaben gemeinsam zu lösen (Sandkuhl, 1997, S. 366; Pribilla et al., 1996, S. 77f). Schnelle aufgabenbezogene Abstimmungen und das Aufrechterhalten des sozialen Zusammenhangs erfordern bei Telearbeitern die Unterstützung durch Telepräsenzsysteme (Tang et al., 1994; Buxton, 1995).

 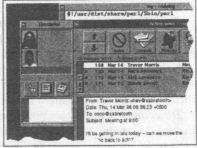

Abb. 36 Raum- (links) und tätigkeitsbezogenes (rechts) Zusammentreffen

Externe Dienstleister. Abstimmungen zwischen Unternehmen und externen Dienstleistern wie Steuerberatern, Wirtschaftsprüfern, Anwälten usw. werden teilweise per Telebesprechung durchgeführt (Lautz, 1995, S. 192ff).

Planung, Entwicklung, Einkauf, Fertigung von Produkten. In global agierenden Unternehmen erfolgen Planung, Entwicklung, Einkauf und Fertigung oft an verschiedenen Standorten weltweit. Die Arbeit erfordert die Koordination und Kooperation mit Akteuren aus benachbarten Bereichen und anderen Standorten sowie Zulieferern bzw. Abnehmern. Einen wichtigen Spezialfall bilden weltweit verteilte Designteams (v. a. in der Automobilindustrie und im Flugzeugbau), in denen Produkte in mehreren Entwicklungszentren gemeinsam entworfen werden (*Simultaneous Engineering*). Telebesprechungen erlauben, einen Teil der persönlichen Treffen zu substituieren und durch Telebesprechungen die Frequenz der Kontakte zu erhöhen (Pribilla et al., 1996, S. 76; Lautz, 1995, S. 184f).

Fernwartung, Help Desks. In der Fernwartung und an Help Desks werden Telebesprechungen eingesetzt, um technische Probleme durch die Zusammenarbeit von lokalem Personal und entfernten Experten zu fixieren oder zu lösen. Telebesprechungen vermitteln durch das Videobild bzw. durch ein Shared Desktop System vor allem einen visuellen Eindruck von defekten Produkten oder Geräten (Kraut et al., 1996; Sandkuhl, 1997; Lautz, 1995, S. 191f).

Interaktive Produktpräsentation/Business-TV. Produkte oder wichtige Informationen lassen sich per Telebesprechung einem verteilten Publikum vorstellen. Im Gegensatz zu Business-TV bieten interaktive Produktpräsentationen – ähnlich wie Präsentationen an einem Ort – die Möglichkeit zu Rückfragen (Borghoff & Schlichter, 1998, S. 306; Beispiele für Produktpräsentationen: Lautz, 1995, S. 186ff; Beispiel für Business-TV: Goecke, 1997, S. 219).

Management von Organisationen. Die direkte Führung von Mitarbeitern an mehreren Unternehmensstandorten (Pribilla et al., 1996, S. 192f und S. 196ff), die Teilnahme an Aufsichtsratssitzungen und standortübergreifende Abstimmungen (Lautz, 1995, S. 135 und S. 181f) bilden wichtige unternehmensinterne Anwendungen für Telebesprechungen. In geringerem Umfang werden sie auch für Abstimmungen mit Externen eingesetzt. Wesentliche Ziele sind die Beschleunigung von Abstimmungsprozessen sowie ein stärkerer Einbezug von Mitarbeitern in Entscheidungen (Lautz, 1995, S. 126ff und S. 135).

Teleteaching. Teleseminare und Televorlesungen ergänzen asynchrone Teleteaching-Angebote um synchrone Lehr- und Lernformen (Beispiel für ein Teleseminar: Böhm et al., 1998a; zu Teleteaching im Allgemeinen siehe den entsprechenden Beitrag von Wessner et al. über Kooperatives Lehren und Lernen in diesem Buch).

Telemedizin. Die medizinische Expertise von Spezialisten steht in der Regel nur an wenigen Unikliniken, nicht jedoch flächendeckend zur Verfügung. In Telebesprechungen können Spezialisten gemeinsam mit Ärzten vor Ort Untersuchungen durchführen, Diagnosen besprechen und Operationen vorbereiten (Schooler, 1996, S. 216; für Beispiele: Pribilla et al., 1996, S. 77).

Öffentliche Verwaltung. In der öffentlichen Verwaltung werden Telebesprechungen auf der Arbeits- wie der Leitungsebene eingesetzt. Dabei werden sie sowohl in der verwaltungsinternen Kooperation als auch im Geschäftsverkehr mit privaten Organisationen wie externen Beratern verwendet. Auf der Arbeitsebene steht die Abstimmung von Dokumenten und das Absprechen von Arbeiten im Vordergrund (Paul, 1999; Seibt & Baars, 1999; Engel et al., 1999a). Von den Anwendungen auf der Leitungsebene ist weniger bekannt, obwohl Pilotversuche stattgefunden haben. Klee-Kruse & Lenk (1995, S. 71), skizzieren mit Telebesprechungen zwischen Bürgerbüros und zentralen Kommunalverwaltungen eine Anwendung zwischen Verwaltungen und Bürgern.

Gerichte. Vor Gericht werden Telebesprechungen in der Zeugenvernehmung eingesetzt. Angewandt werden sie zum Schutz von Zeugen im Kindesalter sowie wenn ein persönliches Erscheinen von Zeugen nicht möglich ist (§ 247a Strafprozessordnung und die Entscheidung des Strafsenats des BGH vom 15.9.1999 – 1 StR 286/99, zitiert nach BGH, 1999).

Die *Inhalte* reichen von der Verteilung von Arbeitsaufgaben über die Erstellung und Redaktion von Entwürfen bis zur Festlegung von Strategien. Beispiele für weitere Inhalte sind Präsentationen, Vorträge und Pressekonferenzen, Beratungs- und Supportgespräche, Teleteaching und Business-TV. Je nach Anwendungsbereich dominieren andere Inhalte.

Neben dem Anwendungsbereich und Inhalten ist für die Unterstützung von Telebesprechungen die *Gruppenkonstellation* von entscheidender Bedeutung. Mit der *Gruppengröße* steigen die Anforderungen an die Unterstützung der audiovisuellen Kommunikation (siehe unten: Gruppen- und Konferenzraumsysteme; siehe auch den Beitrag von Kaiser über Kommunikationsorientierte synchrone Werkzeuge in diesem Buch). Entsprechend der *Position in der Hierarchie* stellen Telebesprechungsteilnehmer unterschiedliche Anforderungen an die audiovisuelle Unterstützung, die Funktionalität und Bedienbarkeit von Telekonferenzsystemen (siehe unten: Managerarbeitsplatzsysteme). In Ausnahmefällen, wie telemedizinischen Anwendungen (Schooler, 1996; Sandkuhl, 1997) oder der Begutachtung von Textilien in der Beschaffung (Lautz, 1995, S. 186), können sich spezifische Anforderungen ergeben, die durch marktgängige Telekonferenzsysteme nicht abgedeckt werden.

Zur Unterstützung von Telebesprechungen und Telegesprächen werden verschieden konfigurierte Telekonferenzsysteme eingesetzt (siehe Tab. 6 »Zuordnung von Typen verteilter synchroner Interaktion zu Konfigurationen von Telekonferenzsystemen«).

Telepräsenzsysteme sind in der Arbeitsumgebung installierte Telekonferenzsysteme, bei denen das dem Telegespräch vorausgehende Zusammentreffen sowie das Einschätzen und Aushandeln der Gesprächsbereitschaft unterstützt wird. *Arbeitsplatzsysteme* sind am Arbeitsplatz installiert und auf eine Nutzung durch Einzelne ausgelegt. Mit ihnen werden vorwiegend intendierte Telegespräche realisiert.

Tab. 6 Zuordnung von Typen verteilter synchroner Interaktion zu Konfigurationen von Telekonferenzsystemen

Typ der verteilten synchronen Interaktion	Konfiguration des Telekonferenzsystems
spontane Telegespräche zwischen Einzelnen	• Telepräsenzsysteme • Arbeitsplatzsysteme
intendierte Telebesprechungen zwischen Einzelnen (auf der Bearbeitungsebene, auf der Managementebene, hierarchieebenenübergreifend)	• Telepräsenzsysteme • Arbeitsplatzsysteme • Managerarbeitsplatzsysteme
Telebesprechungen zwischen kleinen Gruppen (auf der Managementebene, auf der Bearbeitungsebene, hierarchieebenenübergreifend)	• Gruppensysteme • Managerarbeitsplatzsysteme
Telebesprechungen zwischen großen Gruppen	• Konferenzraumsysteme

Unter *Gruppensystemen* werden Systeme verstanden, die in eigenen Räumen, in Besprechungsräumen oder auf Rollabouts installiert sind. Sie sind in der Regel für kleine Gruppen (bis ca. 5 Personen) ausgelegt. Ihre Nutzung ist normalerweise auf vereinbarte Telebesprechungen beschränkt. *Konferenzraumsysteme* sind in einem eigenen Videokonferenzraum installiert und für große Gruppen ausgelegt (bis ca. 50 Personen). Wegen der notwendigen Terminkoordination zwischen den Teilnehmern und der in der Regel erforderlichen Buchung der Videokonferenzräume finden in ihnen fast ausschließlich vereinbarte Telebesprechungen statt. In Besprechungsräumen installierte *Managerarbeitsplatzsysteme* unterstützen vorwiegend Telebesprechungen, im Büro installierte Systeme zusätzlich intendierte Telegespräche. Eine weitergehende Unterstützung durch Assistenzkräfte ermöglicht den Verbindungsaufbau (»Anrufweiterleitung«) und Telekonferenzsystembedienung aus dem Vorzimmer. Abb. 37 »POLIWORK-Chefarbeitsplatz« zeigt beispielsweise einen Managerarbeitsplatzsystem als Kombination von Arbeitsplatz- und Gruppensystem mit Unterstützung aus dem Vorzimmer (vgl. POLIWORK-Chefarbeitsplatz: Engel et al., 1999b, S. 21ff).

4 Erfahrungen

Die Mehrzahl der Publikationen bezieht sich auf *Selbstversuche* in der eigenen Arbeitsgruppe oder auf *Laborversuche* (z. B. Bly et al., 1993; Buxton, 1995). In diesen Fällen bildet das wissenschaftliche Arbeiten den Bezugsrahmen der Erfahrungen. Daneben finden sich *Erfahrungsberichte über den (Pilot-) Einsatz* in einzelnen Organisationen (z. B. Kydd & Ferry, 1994; Goecke, 1997; Engel et al., 1998; Kemper et al., 1998; Bergmann et al., 1999). Selten sind Erhebungen,

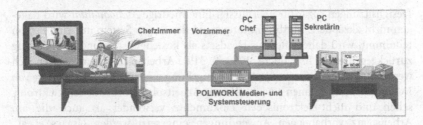

Abb. 37 POLIWORK-Chefarbeitsplatz

in denen *Einsatzerfahrungen aus verschiedenen Organisationen* verglichen werden (Lautz, 1995; Fuchs-Kittowski et al., 1997). Schließlich existiert eine kleine Anzahl von *Sekundäranalysen* der vorhandenen Videokonferenzliteratur (Egido, 1990; Fussel & Benimoff, 1995; Kies et al., 1997; Whittaker & O'Connail, 1997).

Arbeitsplatzsysteme

Zu Arbeitsplatzsystemen liegen vor allem Labor- und Selbstversuche vor. Erfahrungen über den Einsatz und Betrieb in der Praxis sind selten. Das mag daran liegen, dass erst seit Mitte der 90-er Jahre PC-basierte Arbeitsplatzsysteme zu Preisen verfügbar waren, die einen Einsatz in größerem Umfang wirtschaftlich vertretbar erscheinen ließen.

Arbeitsplatzsysteme werden auf der Bearbeitungs- und Managementebene (siehe unten) eingesetzt. Die *Ausbreitung auf der Bearbeitungsebene* kommt nach Fuchs-Kittowski et al. (1997) nur zögerlich voran. Sie vermuten als wichtigsten Grund dafür einen geringen Kooperationsbedarf aufgrund der Zerlegung von Aufgaben in unabhängige Teilaufgaben.

Typische Anwendungen für Telegespräche und -besprechungen auf der Arbeitungsebene sind der *Informationsaustausch* und die *synchrone Bearbeitung von gemeinsamem Material,* wie übereinstimmend von Padberg (1999, S. 293ff) für die IT-Abteilung einer Bank, von Seibt und Baars (1999, S. 94) für ein Bundesministerium und von Fuchs-Kittowski et al. (1997) für verschiedene andere Branchen berichtet wird.

Um bei einer flächendeckenden Ausstattung mit Arbeitsplatzsystemen die Kosten möglichst gering zu halten, werden häufig preiswerte *Codecs* (Hardware zum (De-) Komprimieren von Audio- und Videodaten; siehe auch den Beitrag von Kaiser über Kommunikationsorientierte synchrone Werkzeuge in diesem Buch) und Peripheriegeräte eingesetzt. Entsprechend werden *Ton- und Bildqualität* oft für unbefriedigend gehalten (z. B. Fuchs-Kittowski et al., 1997; Lautz, 1995, S. 68). Für die oben genannten Besprechungsinhalte reicht die *Videoqualität* jedoch oft aus. Scrivener et al. (1993) halten Video in verteilten

Designsitzungen sogar für überflüssig. Eine niedrige *Audioqualität* wird dagegen nicht akzeptiert. In Abstimmungen, an denen pro System nur eine Person teilnimmt, wird daher öfter auf Headsets als kostengünstige und gute Lösung zurückgegriffen (z. B. Padberg, 1999, S. 319). Arbeitsplatzsysteme eignen sich wegen ihrer Integration in die Arbeitsumgebung auch für die *Abstimmung von Dokumenten*. So können sowohl die am Arbeitsplatz vorhandenen elektronischen und nicht-elektronischen Dokumente verwendet als auch die am Arbeitsplatz vorhandenen Anwendungen eingesetzt werden (Isaacs et al., 1997). Für einen ausführlichen Überblick über die ergonomischen Eigenschaften von Arbeitsplatzsystemen sei auf Kies et al. (1997) verwiesen.

Mit Arbeitsplatzsystemen werden vor allem *Telefonate* ersetzt. Ein zeitlicher Vorteil ergibt sich hauptsächlich bei der Abstimmung zwischen mehreren Kooperationspartnern, die in Telebesprechungen und Telegesprächen leichter »an einen Tisch« geholt werden können (Lautz, 1995, S. 171). Unabhängig davon, ob an den Gegenstellen zusätzliche Personen einbezogen oder mehrere Gegenstellen beteiligt werden, erleichtert der visuelle Kommunikationskanal die Abstimmung zwischen mehr als zwei Kooperationspartnern (Fussel & Benimoff, 1995). In *dokumentenbezogenen Arbeitsprozessen* ergeben sich zwei Vorteile. Zum Einen können Missverständnisse bei der Bearbeitung von gemeinsamem Material in der Besprechung reduziert werden (Padberg, 1999, S. 368 und S. 372). Zum Anderen lässt sich die Nacharbeit verkürzen, weil die überarbeiteten Besprechungsunterlagen direkt in die Vorgangsbearbeitung übernommen werden können (Padberg, 1999, S. 189f und S. 374ff).

Gruppensysteme

Gruppensysteme sind erst seit drei bis vier Jahren auf dem Markt und als PC-basierte, teilweise mobile Systeme für gehobene Ansprüche eingeführt worden. Daher fehlen für Gruppensysteme Erfahrungen aus dem Einsatz. In einigen Untersuchungen (Lautz, 1995; Fuchs-Kittowski et al., 1997) werden Gruppensysteme auch unter den Raumsystemen subsumiert.

Gruppensysteme werden vorwiegend durch Sachbearbeiter und das untere Management verwendet. Sie werden entweder komplementär zu Arbeitsplatzsystemen für Telebesprechungen zwischen *kleinen Gruppen* (ab zwei bis drei Personen) oder anstelle einer flächendeckenden Ausstattung mit Arbeitsplatzsystemen eingesetzt (Schooler, 1996) und sowohl für die *Abstimmung von Dokumenten*, für den *Informationsaustausch* als auch für *Verhandlungen* und *Diskussionen* verwendet.

Bei Gruppensystemen sind die Anforderungen an die *Audiounterstützung* höher als bei Arbeitsplatzsystemen, weil mehr Personen beteiligt sind und diese sich ggf. im Raum bewegen. Daher ist nach den Erfahrungen aus POLIWORK ein Freisprechen unumgänglich (siehe auch den Beitrag von Kaiser über Kommunikationsorientierte synchrone Werkzeuge in diesem Buch). Die Anforderungen an die *Videounterstützung* steigen, weil in Gruppen die Bedeutung der nonverbalen Kommunikation für eine reibungslose Koordination der Sprecher und für die Verständnissicherung zunimmt (Fussel & Benimoff, 1995). Besprechungsinhalte wie Verhandlungen und Diskussionen, die ein genaues Einschätzen des Gegenübers erfordern, erhöhen die Anforderungen an die Unterstützung zusätzlich (Whittaker & O'Conaill, 1997). Ein grundsätzliches Problem besteht darin, dass sich das Übertragen der Mimik eines Einzelnen und ein Gesamtüberblick über die Gruppe, wie er für Aufmerksamkeitskontrolle und Verständnissicherung notwendig ist, wechselseitig ausschließen (Yamaashi et al., 1996; siehe auch den Beitrag von Kaiser über Kommunikationsorientierte synchrone Werkzeuge in diesem Buch). In Telebesprechungen lässt sich zudem eine Polarisation zwischen den Teilnehmern an der eigenen Gegenstelle (»wir hier«) und denen an der oder den Gegenstelle(n) (»die dort«) beobachten, was eine Konfliktlösung erschwert (Bergmann et al., 1999, S. 13).

Müssen Gruppensysteme gebucht werden, etwa weil sie stark frequentiert sind, lassen sich Telebesprechungen nur selten kurzfristig ansetzen. Auch lässt sich eine Terminkoordination und Ressourcenreservierung nur in Ausnahmefällen über die Grenzen der eigenen Organisation hinweg unterstützen, da ein Zugriff auf *(Gruppen-) Terminkalender* und *Reservierungssysteme* in anderen Organisationen nur selten zugelassen wird.

Telebesprechungen mit Gruppensystemen sind eine nützliche *Ergänzung zu persönlichen Besprechungen*, da sie einer relativ großen Zahl von Personen erlauben, sich kurzfristig und häufig und damit problemnah abzustimmen. Im Vergleich zu persönlichen Besprechungen ist der zeitliche und finanzielle Aufwand für diese Abstimmungen klein (Lautz, 1995, S. 170f).

Konferenzraumsysteme

Konferenzraumsysteme sind die ältesten Telekonferenzsysteme. Daher liegen mit ihnen die meisten Erfahrungen im Betrieb vor. Sie werden vor allem für den *Informationsaustausch* sowie *Diskussionen* und *Verhandlungen* eingesetzt. *Dokumente* werden *abgestimmt*, jedoch nicht bearbeitet (Fuchs-Kittowski et al., 1997). Einerseits werden Dokumente in größeren Gruppen üblicherweise nicht im Detail überarbeitet. Andererseits fehlt bei älteren Systemen oft eine Datenkonferenzkomponente, so dass auch die technischen Voraussetzungen fehlen.

Telebesprechungen zwischen größeren Gruppen, die von Diskussionen und Verhandlungen geprägt sind, stellen hohe Anforderungen an die Unterstützung durch die *Audio- und Videokomponente*. Typischerweise werden mehrere Kameras verwendet, um nicht nur die Teilnehmer am Besprechungstisch, sondern auch Präsentationen mit Overheadprojektionen, Flipcharts oder Videorecordern übertragen zu können. Unabhängig davon, ob ein Sprecher am Tisch

oder in der zweiten Reihe sitzt (erfordert mehrere Mikrophone) oder ob er sich
wie bei einer Präsentation im Raum bewegt (erfordert gute Echo Canceling
Systeme: siehe den Beitrag von Kaiser über Kommunikationsorientierte synchrone Werkzeuge in diesem Buch), muss die Audioübertragung von hoher
Qualität sein. Dass die Qualität der audiovisuellen Unterstützung als ausreichend empfunden wird (Fuchs-Kittowski et al., 1997), resultiert aus hohen
Investitionen für Design und Übertragungsnetzwerke. Mit der Zahl der Peripheriegeräte steigen die Anforderungen an die *Bedienung*, vor allem wenn sie
selten genutzt werden. Einerseits kann der Telebesprechungsablauf gestört werden, andererseits steigt der Bedarf nach Telechauffeuren und Schulungen
(Gowan & Downs, 1994).

Die maximale Teilnehmerzahl für Telebesprechungen hängt von der
Anwendung ab. Kydd & Ferry (1994) halten fünfzehn Personen für die Ober-
grenze bei typischen Arbeitsbesprechungen (fünf Gegenstellen mit drei Teilnehmern). Bei einem einseitigem Informationsfluss liegt sie deutlich darüber.
Der Nutzen von Konferenzraumsystemen entspricht dem von Gruppensystemen.

Managerarbeitsplatzsysteme

In den USA sind *Telebesprechungen* auf der Managementebene seit den 80er
Jahren verbreitet, in Europa dagegen noch die Ausnahme (Jones et al., 1989,
beide zitiert nach Lautz, 1995, S. 180). Bis in die Mitte der 90er Jahre wurden
dafür vorwiegend Konferenzraumsysteme genutzt, seitdem gewinnen Arbeitsplatzsysteme an Bedeutung.

Telebesprechungen mit Managern können vielfältige *Inhalte* umfassen (Beispiele: Kydd & Ferry, 1994). Sie sind insbesondere durch Diskussionen, Verhandlungen und Konfliktlösungen geprägt (Padberg, 1999, S. 372). Der *Teilnehmerkreis* kann von zwei oder drei Personen bis zu über zwanzig Managern
reichen (Goecke, 1997, S. 216f; Gowan & Downs, 1994).

Telebesprechungen werden als gut geeignet für die Unterstützung von
Managementaufgaben angesehen, da diese Tätigkeiten vor allem kommunikativer Natur sind (Lautz, 1995, S. 177ff). Sie stellen jedoch auf Grund des hohen
Anteils an Verhandlungen und Diskussionen sowie der teilweise großen Teil-
nehmerzahlen hohe Anforderungen an die *Audio- und Videokomponente* (siehe
Gruppen- und Konferenzraumsysteme). Für Kydd & Ferry (1994) sind sie
daher angesichts einer eingeschränkten Ton- und Bildqualität für emotions-
oder konfliktgeladene Inhalte ungeeignet. Auch wird von Managern die Möglichkeit zu Seitengesprächen vermisst (Bergmann et al., 1999, S. 13), die (für
europäische Manager) eine erhebliche Rolle bei der Pflege sozialer und informeller Kontakte spielt (Lautz, 1994, zitiert nach Lautz, 1995, S. 180). Kritisch
wird gesehen, dass der Wert von Informationen in Telebesprechungen schlech-

ter eingeschätzt werden kann als in persönlichen Besprechungen (McLeod & Jones, 1986). Nur ein Teil der Telebesprechungen findet längerfristig geplant oder regelmäßig statt. Daher wird es für sehr hinderlich gehalten, wenn Managerarbeitsplatzsysteme nicht *spontan verfügbar* sind (Goecke, 1997, S. 218; Lautz, 1995, S. 178). Die Anforderungen an die *Bedienbarkeit* sind höher als auf der Bearbeitungsebene, da der Lernaufwand meist in einem schlechten Verhältnis zum Ertrag steht (Lautz, 1995, S. 178f) und die Erfahrung im Umgang mit Technik geringer als auf der Bearbeitungsebene ist (Gowan & Downs, 1994). Für letzteres ist häufig eine indirekte Techniknutzung verantwortlich (Pribilla et al., 1996, S. 203f).

Kurzfristige und problemnahe Abstimmungen in Telebesprechungen mit relativ vielen Personen tragen zu einer *direkten Führung entfernter Standorte* bei (Pribilla et al., 1996, S. 197ff). In der Kommunikation mit fremdsprachigen Kooperationspartnern sind Telebesprechungen von Vorteil, da sie (eingeschränkt) Gestik und Mimik übertragen (Goecke, 1997, S. 218; zu dem gleichen Ergebnis kommt das Laborexperiment von Veinott et al., 1999). Wegen des entfallenden Reiseaufwands lassen sich leichter Mitarbeiter als *Experten* zu Telebesprechungen hinzuziehen, so dass die Qualität des Besprechungsergebnisses steigen kann (Lautz, 1995, S. 131f). Multilaterale Abstimmungen in (Mehrpunkt-) Telebesprechungen erfordern wesentlich weniger Zeit als eine Reihe von *Telefonaten* mit denselben Kooperationspartnern (Lautz, 1995, S. 171).

Telepräsenzsysteme

Erfahrungen mit Telepräsenzsystemen wurden überwiegend mit Selbstversuchen in verteilten Arbeits- und Projektgruppen gesammelt (z. B. Bly et al., 1993).

Telepräsenzsysteme werden typischerweise für Telegespräche genutzt, die kürzer sind als per Telefon, oder als Arbeitsplatzsystem (Fish et al., 1992; Tang et al., 1994). Sie betreffen so unterschiedliche *Inhalte* wie die Vereinbarung von Besprechungen, Hilfe bei (technischen) Problemen oder die Mitteilung von Neuigkeiten und Arbeitsfortschritten (Isaacs et al., 1997). An den meisten Telegesprächen *nehmen zwei Personen* teil, es besteht aber auch Bedarf an informellen Abstimmungen mit drei und mehr Personen (Tang et al., 1994).

Voraussetzung für das *Zustandekommen* von nicht intendierten Telegesprächen ist das Wissen um die Anwesenheit und Ansprechbarkeit von Kooperationspartnern. Dieses Wissen wird durch Kontextinformationen aufgebaut und aktualisiert, was einen Eingriff in die Privatsphäre bedeuten kann (Gaver et al., 1992; Fish et al., 1992; Hudson & Smith, 1996). Dieser Eingriff wird unterschiedlich bewertet, je nachdem ob er z. B. die Anwesenheit, Gesprächsinhalte oder Details der Tätigkeiten von Kollegen betrifft (Zhao & Stasko, 1998). Eine Einsicht in das eigene Büro durch Kollegen aus der eigenen Arbeitsgruppe wird in der Regel akzeptiert, durch Andere nicht (Isaacs et al., 1997). Das *Einschätzen der Gesprächsbereitschaft* kann durch Video gut unterstützt werden. Tang et al. (1994) beobachteten, dass ein *Glance* in ein Büro, in dem eine Besprechung stattfand, ohne weitere Kommunikation abgebrochen und nach dem Ende der Besprechung beantwortet wurde.

Der Unterstützungsmechanismus hat auch Auswirkungen auf die Art der stattfindenden Gespräche. Ist für ein Gespräch ein expliziter Verbindungsaufbau notwendig, werden vorwiegend *intendierte Telegespräche* geführt (für Cruiser: Fish et al., 1992; für Montage: Tang et al., 1994). Systeme mit permanenten Audio- und Videoverbindungen werden stärker für *nicht intendierte Telegespräche* verwendet (Whittaker & O'Conaill, 1997; für VideoWindow: Fish et al., 1990).

Der *Nutzen* von Telegesprächen liegt in der Unterstützung kurzfristiger arbeitsbezogener Abstimmungen, für die persönliche Treffen nicht lohnen (Tang et al., 1994). Auf diese Weise wird vor allem bei der Erledigung hochgradig unsicherer Aufgaben die Koordination und Entscheidungsfindung beschleunigt, weil Probleme unmittelbar nach ihrem Auftreten ausgeräumt werden können. Häufige Telegespräche fördern den sozialen Zusammenhalt in (Arbeits-) Gruppen, indem die Teilnehmer von den Aktivitäten in der Gruppe Kenntnis nehmen, auf die Gruppenziele ausgerichtet werden und ein Gruppengefühl durch gegenseitige Unterstützung entwickeln (Isaacs et al., 1997). Dabei werden auch andere für den Bestand einer Organisation wichtige Arbeiten erledigt, wie das Erlernen der Organisationskultur (Fish et al., 1992). Diesem Nutzen stehen derzeit jedoch hohe *Kosten* für die zur Übertragung notwendigen Netzkapazitäten entgegen, wenn der Bereich des lokalen Netzwerks verlassen wird. Daher sind auch bislang keine Marktprodukte bekannt.

5 Schlusswort

Für den *Einsatz von Telekonferenzsystemen in Organisationen* lassen sich drei wesentliche Ziele erkennen. Am Häufigsten wird das Ziel genannt, *Reisezeiten und Reisekosten* zu *sparen*, ohne die Zusammenarbeit und Organisation zu verändern (Fuchs-Kittowski, 1997). Dabei substituieren Telebesprechungen und -gespräche persönliche Besprechungen (Gruppen-, Konferenzraum- und Managerarbeitsplatzsysteme) und Telefonate (Arbeitsplatz- und Managerarbeitsplatzsysteme). Auf der Bearbeitungsebene werden Dienstreisen oft als Privileg angesehen. Ihre Substitution durch Telebesprechungen wird dann eher abgelehnt (Lautz, 1995, S. 169). Ist die Belastung durch Dienstreisen groß, werden Telebesprechungen als Entlastung angesehen. Auf der Leitungsebene wird dagegen die durch Telebesprechungen gewonnene Zeit häufig in Dienstreisen investiert (Telekooperationsparadoxon: Pribilla et al., 1996, S. 238).

Telebesprechungen werden auch eingesetzt, um die *Kooperation* zu *intensivieren*. Dazu kommt es, wenn Einzelarbeit mit wenig Kooperationsbedarf durch Teamarbeit ersetzt wird (Lautz, 1995, S. 130f) oder wenn Kompetenzen dezentralisiert werden, so dass mehr Personen an Abstimmungen beteiligt werden müssen (Egido, 1990).

Telebesprechungen werden schließlich als *Wettbewerbsfaktor* betrachtet, um die Produktentwicklung zu beschleunigen (Lautz, 1995, S. 127ff; bei Boeing: Egido, 1990; bei Ford: Lautz, 1995, S. 185), Geschäftsprozesszyklen zu verkürzen (Padberg, 1999, S. 189), die Produktqualität zu verbessern (Lautz, 1995, S. 131ff) und eine schnellere Anpassung an organisatorische Herausforderungen zu erreichen (Fuchs-Kittowski, 1998). Die *langfristigen Folgen* eines Telekonferenzeinsatzes sind wenig erforscht. Telebesprechungen und Telegespräche können in dislozierten Organisationen zentrifugalen Kräften Vorschub leisten. Sie können jedoch auch integrativ wirken, indem Mitarbeiter an entfernten Standorten früher in Entscheidungsprozesse eingebunden werden (Goecke, 1997, S. 217).

Die derzeit größte *technische Herausforderung* besteht in der Integration von Telekonferenzinfrastrukturen in die technische Infrastruktur der Anwenderorganisationen (für POLIWORK: Engel et al., 1998). Eine zentrale Aufgabe dabei ist es, das Sicherheitsniveau im Organisationsnetzwerk zu erhalten. Mit ISDN-basierten Telekonferenzsystemen werden Firewalls umgangen. TCP/IP-basierte Telekonferenzsysteme stellen dagegen höchste Anforderungen an die Firewalltechnik, um Verzögerungen in der Wiedergabe von Audio- und Videosignalen zu vermeiden (Beyer & Paul, 2000, S. 54ff).

Sitzungsunterstützungssysteme

Helmut Krcmar, Tilo Böhmann, Arnd Klein
Universität Hohenheim, Stuttgart

1   Einleitung

»If any substantial reduction were to be made in the executive working days ...,
the most fruitful place to begin would be to cut down on conference time«
(Case, 1962).

Seit etwa Mitte der achtziger Jahre beschäftigen sich Forscher mit der Problemstellung, Gruppen durch Computerunterstützung produktiver zu machen. Im Mittelpunkt dieses Beitrags steht die Computerunterstützung von *Sitzungen* als spezielle Form der Gruppenarbeit zur gleichen Zeit und am gleichen Ort. Die Motivation, dieses Forschungsfeld zu bearbeiten, resultiert aus einer Vielzahl von Veröffentlichungen, die die zunehmende Bedeutung von Sitzungen für Organisationen betonen und gleichzeitig die Frustration vieler Sitzungsteilnehmer deutlich machen. Nachfolgender Beitrag skizziert zunächst anhand eines Beispiels den Forschungsgegenstand computerunterstützter Sitzungen und geht dann auf Parameter der Sitzungsgestaltung ein.

Das Feld computerunterstützter Sitzungen ist ein Teilbereich der CSCW-Forschung (Krcmar, 1992). Allerdings hat sich bislang noch keine einheitliche Begrifflichkeit herauskristallisiert. Bis etwa 1990 wurde der Begriff der *Group Decision Support Systems* (GDSS) verwendet (DeSanctis, Gallupe, 1987). Die Forschergruppe um J. Nunamaker benutzt den Begriff der *Electronic Meeting Systems* (EMS) (Dennis et al., 1988; Nunamaker et al., 1991a), die Forschergruppe um H. Krcmar spricht von *Computer Aided Team* (CATeam) (Krcmar, 1989). In jüngerer Zeit werden vor allem die Begriffe *Group Support System* (GSS) (als Zusammenfassung der Group Communication Support Systems und der Group Decision Support Systems) und EMS benutzt (Fjermestad & Hiltz, 1999b; Lewe, 1995). Wir werden im Folgenden den Begriff des Electronic Meeting Systems verwenden, da er am ehesten Systeme zur Unterstützung von zeitgleicher Zusammenarbeit an einem Ort beschreibt. Ausgehend von der Annahme, dass Gruppen bestimmte Aufgaben besser erledigen können als Einzelpersonen, liegt der Ansatzpunkt für die Gestaltung von EMS in

- der Verstärkung von positiven Effekten (Prozessgewinnen) und

- der Vermeidung von negativen Effekten (Prozessverlusten)

der Gruppenarbeit auf das Sitzungsergebnis (Nunamaker et al., 1991). Prozessgewinne können beispielsweise darin liegen, dass eine Gruppe mehr Informationen hat als die einzelnen Gruppenmitglieder, Prozessverluste darin, dass Personen in Gruppen einem gewissen Konformitätsdruck unterliegen (Nunamaker et al., 1991).

Wie kann man sich eine computerunterstützte Sitzung vorstellen? Dazu folgendes Beispiel, dass eine tatsächlich durchgeführte Sitzung bei einem Medienunternehmen nachzeichnet:

Beispiel: Strategiesitzung einer Verlagsgruppe.

Ein Medienunternehmen möchte seine Internet-Strategie von Grund auf verändern. Dazu werden über dreißig Führungskräfte zu einem Strategie-Workshop eingeladen. Es gilt, die Ideen, Meinungen und Bewertungen dieser Menschen zu einem sinnvollen Ganzen zusammenzufügen. Damit dies in der gesetzten Zeit bei einer so hohen Teilnehmerzahl möglich ist, möchte die Firma ein EMS einsetzen. Sie beauftragt zwei Moderatoren, die gemeinsam mit dem Workshopleiter ein Sitzungskonzept entwickeln und die Hard- und Software des EMS »GroupSystems« beim Kunden bereitstellen.

Für jeden der Teilnehmer stellen die Moderatoren ein Notebook an seinem Arbeitsplatz in der Sitzung bereit. Auf diesem Rechner läuft die Software des Sitzungsunterstützungssystems, mit der die Teilnehmer schriftliche Beiträge abgeben können. In der ersten Arbeitsphase sollen die Teilnehmer Ideen generieren, welche Nutzungsmöglichkeiten das Internet für Kunden und Mitarbeiter des Unternehmens bietet. Dazu starten die Moderatoren auf den Computern der Teilnehmer das Werkzeug »Elektronisches Brainstorming«. In diesem wird bei jedem Teilnehmer ein leeres Notizblatt auf dem Bildschirm angezeigt, auf dem Ideen eingetragen werden können. Dieses elektronische Blatt wird dann einem weiteren Teilnehmer angezeigt, so dass dieser die Idee des anderen erweitern oder eine neue Idee hinzufügen kann. Innerhalb einer kurzen Zeit lassen sich auf diese Weise eine große Zahl von Ideen erzeugen. Diese werden dann in der folgenden Aktivität mit dem Werkzeug »Kategorisierer« in Themengruppen eingeordnet. Diese Gruppen könnten z. B. als Basis für Projektideen im Bereich Internet verwendet werden. Im Anschluss daran starten die Moderatoren ein Brainstorming über Bewertungskriterien für Projekte, nach denen Projekte für die Realisierung ausgewählt werden sollen.

Die Führungskräfte erstellen auf diesem Wege eine Liste von Projektideen, die in einem weiteren Schritt mündlich diskutiert werden, um ein gemeinsames Verständnis von allen Ideen zu erzeugen. Die wesentlichen Punkte der Diskussion werden dabei von den Moderatoren in einem weiteren EMS-Werkzeug für alle Teilnehmer sichtbar mitprotokolliert. Auf Basis der Brainstormings über Projektideen und dazu passenden Bewertungskriterien wird das Werkzeug

»Gruppenmatrix« gestartet, bei dem die Teilnehmer die Projektvorschläge nach den ermittelten Kriterien bewerten können.

Alle Beiträge und Bewertungen werden dabei im EMS gespeichert und können allen Teilnehmern direkt nach der Sitzung elektronisch zur Verfügung gestellt werden.

Im Folgenden erklären wir nun, wie die Informationssysteme zur Unterstützung von Sitzungen aufgebaut sind, in welchen Umgebungen solche Systeme eingesetzt werden, welche Rolle die Moderation für die erfolgreiche Verwendung der Systeme spielt, in welchen Feldern sie eingesetzt werden und wie sich der Einsatz solcher Systeme auf den Prozess und die Ergebnisse von Sitzungen auswirkt.

2 Gestaltungsoptionen für computerunterstützte Sitzungen

2.1 Werkzeuge

Wird eine Sitzung mit einem EMS unterstützt, so verändert dies die Möglichkeiten der Teilnehmer, miteinander zu kommunizieren, den Sitzungsprozess zu strukturieren und Informationen in der Sitzung zu verarbeiten (Zigurs & Buckland, 1998).

Kommunikationsunterstützung. Der zentrale Ansatzpunkt von EMS zur Verbesserung der Gruppenkommunikation ist das Ermöglichen von *paralleler* und *anonymer Kommunikation* von Sitzungsbeiträgen. Bei der parallelen Kommunikation können alle Teilnehmer unabhängig voneinander ihre Beiträge übermitteln oder andere Beiträge bearbeiten, wobei alle Änderungen und Ergänzungen der anderen Teilnehmer sehen. Nicht in allen Sitzungsphasen ist es erforderlich, alle Teilnehmer in einer streng sequentiellen Form zu Wort kommen zu lassen. Die Parallelisierung der Arbeit kann so Zeit sparen (siehe auch den Beitrag von Johannsen & Krcmar über Parallelität in diesem Buch). Durch die Anonymisierung ist der Urheber eines Beitrages für die anderen Sitzungsteilnehmer nicht zu erkennen. Dies wird durch den Einsatz von Computern erheblich erleichtert, da so kein Sprecher und keine Handschrift identifizierbar ist. Davon verspricht man sich eine sachlichere und offenere Kommunikation in Gruppen mit großen Status- oder Hierarchieunterschieden (siehe auch den Beitrag von Gräslund & Krcmar über Anonymität in diesem Buch).

Für die Kommunikation von Beiträgen unter den Teilnehmer sind in Forschung und Praxis verschiedene Ansätze verfolgt worden, die unterschiedlich stark strukturierte und »reiche« Kommunikationskanäle bieten. An dem einen Ende des Kontinuums stehen Systeme, bei denen Teilnehmer ausschließlich

Zahlenwerte beitragen können. Diese werden meist zur Unterstützung von Abstimmungen oder zur Umsetzung strukturierter Entscheidungsmodelle eingesetzt, vor allem auch in großen Gruppen. Hier arbeiten die Teilnehmer in der Regel mit einer kleinen Zifferntastatur (wie bei der Fernbedienung für den Fernseher), über die sie Eingaben an das System übermitteln. Am anderen Ende stehen Systeme, in denen Teilnehmer neben Zahlen und Texten auch Grafiken und grafische Verknüpfungen darstellen können (z. B. DOLPHIN: Streitz et al., 1994 und Cognoter: Stefik et al., 1987b). Die große Mehrheit der EMS (z. B. GroupSystems, SAMM) arbeitet aber auf Basis von Text- und Zahleninformationen, die von den Teilnehmern an persönlichen Sitzungsrechnern erzeugt und bearbeitet werden können. Dazu zählen z. B. die beiden in der Forschung meistverwendeten EMS-Systeme GroupSystems (Nunamaker et al., 1991) und SAMM (DeSanctis et al., 1987; Dickson et al., 1992). Eine Übersicht über weitere Werkzeuge findet sich bei Schwabe & Krcmar (1996).

Häufig unterstützen die Systeme die Kommunikation auch durch eine (großflächige) Gruppenanzeige, in der Beiträge der Teilnehmer öffentlich abgelegt und bearbeitet werden können.

Prozessstrukturierung. Die Strukturierung des Sitzungsprozesses durch das EMS kann auf zwei Wegen erfolgen. Einmal kann das System ein Tagesordnungswerkzeug zur Festlegung und Durchsetzung einer definierten Folge von Sitzungsaktivitäten zur Verfügung stellen. Zum anderen gibt es Werkzeuge für einzelne Sitzungsphasen, die ein in bestimmter Weise strukturiertes Vorgehen der Sitzungsteilnehmer erfordern oder nahe legen. Dabei gilt zumeist: Je spezieller ein Werkzeug auf eine bestimmte Problemstellung zugeschnitten ist, desto stärker kann ein Lösungsweg und damit eine Aufgabenstrukturierung vorgegeben werden.

In welchem Maße eine Strukturierung des gesamten Sitzungsprozesses vom System unterstützt oder sogar vorgegeben wird, ist häufig von der Philosophie der Softwaredesigner abhängig. Während in einigen Systemen die Moderation eine wesentliche Rolle spielt (z. B. GroupSystems), ist dies für andere weniger der Fall. Sie stellen eher die Eigenständigkeit und Fähigkeit zur Selbstorganisation der Gruppe in den Vordergrund (z. B. SAMM oder TeamCards: Barent, 1997).

Weiterhin können EMS den Sitzungsprozess mit allen seinen Elementen automatisch dokumentieren. Die Folge der Aktivitäten, die Beiträge der Gruppenmitglieder, Abstimmungsergebnisse und Zusammenfassungen werden von den Systemen festgehalten und können elektronisch oder auf Papier den Teilnehmern zur Verfügung gestellt werden (vgl. der Beitrag zum gemeinsamen Material und Gruppengedächtnis).

Informationsverarbeitung. Die Verbesserung der in Sitzungen erzeugten Informationen ist eine der zentralen Leistungen von EMS. Da Beiträge der Teilnehmer elektronisch erfasst werden, können die in einer Sitzungsphase gewonnenen Information in anderen Phasen weiterverwendet werden. Weiterhin lassen sich durch die Computerunterstützung bestimmte Verarbeitungsschritte automatisieren. So kann ein Computer natürlich schnell einen Fragebogen auswerten oder ein Abstimmungsergebnis ermitteln. EMS bieten zumeist Werkzeuge für die Sammlung von Beiträgen (z. B. durch Brainstorming), für ihre Verdichtung und Strukturierung (z. B. durch das gemeinsame Kategorisieren und Gliedern von Beiträgen) sowie für ihre Bewertung (z. B. durch Auswählen und Gewichten von Beiträgen, oder durch Abstimmungen darüber). Einige Systeme stellen für die Verdichtung und Strukturierung auch noch spezialisiertere Werkzeuge zur Verfügung (z. B. für die Identifikation von Stakeholders oder das Erarbeiten numerischer Entscheidungsmodelle).

Über die Verarbeitung von Informationen innerhalb einer Sitzung ermöglichen EMS auch ihr Festhalten und Weiterverarbeiten über eine Sitzung hinaus. Sie bilden dadurch die Grundlage für ein Organisationsgedächtnis, das die Wiederverwendung von Arbeitsergebnissen einer Sitzung erleichtern soll.

Beispiel für ein EMS: Wichtige Werkzeuge in GroupSystems[77]

- *Agenda:* Planung von Tagesordnungspunkten und der dafür benötigten Werkzeuge

- *Elektronisches Brainstorming:* Offenes Sammeln von Beiträgen

- *Kategorisierer:* Verdichtung von Beitragssammlungen durch Zuordnen von Beiträgen zu frei definierbaren Kategorien oder »Cluster«

- *Abstimmung:* Bewertung von Beitragssammlungen, z. B. durch Bilden von Rangreihenfolgen der enthaltenen Beiträge, durch Auswahl einer Teilmenge oder durch Vergabe von Punkten für einzelne Beiträge

- *Alternativenanalyse:* Entwickeln von Kriterien zur Bewertung von Alternativen sowie Bewertung konkreter Alternativen anhand dieser Kriterien

- *Gruppengliederer:* Ausarbeiten von Gliederungen, z. B. für Berichte oder Geschäftspläne

- *Themenkommentierer:* Sammeln von Beiträgen zu einer Gruppe von Themen

- *Berichte:* Automatisches Erstellen von Protokollen für die einzelnen Aktivitäten in einer mit der Software unterstützen Sitzung

---

[77] Quelle: www.groupsystems.com

2.2 Räume und Umgebungen

Raumdesign bezeichnet die physische Konfiguration des Raumes, in dem eine Sitzung stattfindet. Hauptsächlich werden Räume, die mit Unterstützungstechnologie für synchrone Zusammenarbeit am gleichen Ort ausgestattet sind, als »*Decision Room*« bezeichnet. Im Vordergrund stehen Fragen der Sitzordnung der Teilnehmer, der räumlichen Anordnung von Werkzeugen zur Unterstützung von Gruppenarbeit, Aspekte ergonomischen Möbeldesigns sowie Fragen der Akustik und der Beleuchtung. Insbesondere die räumliche Anordnung von Werkzeugen (Bildschirme von Arbeitsplatzsystemen mit Sitzungsunterstützungssoftware und Public Screens) und das Möbeldesign treten im Feld computerunterstützter Sitzungen in den Vordergrund. Eine detaillierte Beschreibung der Gestaltung von Sitzungs- bzw. Kollaborationsumgebungen liefert der Beitrag von Streitz über Kooperative Gebäude und Roomware in diesem Buch.

Aus den Forschungsergebnissen vor allem von Ferwagner et al. (1991), Mantei (1989), Nunamaker et al. (1991), Stefik et al. (1987b), Streitz et al. (1997, 1999a) und Watson et al. (1988) lassen sich folgende Hinweise für die Gestaltung von elektronischen Sitzungsräumen ableiten: Generell sollte die Technik, die zur Unterstützung der Gruppe eingesetzt wird, nicht im Vordergrund stehen, d. h. sowohl Design und Anordnung der Werkzeuge müssen auf eine leichte Erreichbarkeit durch die Teilnehmer ausgelegt und gleichzeitig so angeordnet werden, dass die Technologie nicht abschreckend wirkt und ein möglichst natürliches Sitzungsumfeld ermöglicht.

Sitzordnung. Sowohl in konventionellen als auch in computerunterstützten Sitzungen ist die Sitzordnung der Teilnehmer ein wesentlicher Parameter im Hinblick auf Macht und Partizipation. Wenn die Teilnehmer möglichst gleichmäßig partizipieren sollen, hilft ein runder Tisch mehr oder weniger machtvolle Plätze zu vermeiden. Soll eine Gruppe auf einen Redner hin zentriert werden, erweist sich ein parlamentarisches Halbrund als geeignetste Sitzordnung.

Design des Sitzungstisches. Neben der Schaffung von genügend Bewegungsraum im Arm- und Beinbereich sollten die Teilnehmer die Möglichkeit haben, eigene Materialien bequem auf dem Sitzungstisch abzulegen und zu bearbeiten. Insoweit sollten Ein- und Ausgabegeräte wie Bildschirm, Tastatur und Maus in den Sitzungstisch so integriert werden, dass noch ausreichend Platz für privates Material bleibt.

Arrangement des Public Screen. Die Idee der Nutzung gemeinsamen Materials legt die Vermutung nahe, dass neben der Repräsentation von Inhalten auf Bildschirmen von Teilnehmerrechnern eine Projektionsfläche, über die alle Teilnehmer die gleiche Sicht auf das Material haben, Vorteile für die Gruppenarbeit hat. Um diese Vorteile zu realisieren, ist eine für alle Teilnehmer gleich gute Sicht auf die Public Screen notwendig.

Medienflexibilität. Die Wahl des Mediums für eine Aufgabe sollte der Gruppe bzw. dem Moderator überlassen werden. Der Raum sollte nur auf Medienauswahlentscheidungen vorbereitet sein (Flipchart, Whiteboard, Rückprojektionsbox, Projektoren, Video-, Audio-Geräte usw.). Streitz (1998a, 1999b) greift die früheren Konzepte des Raumdesigns auf und entwickelt unter dem Begriff »Roomware« den neuen technischen Möglichkeiten entsprechend kollaborative Räume, welche synchrone und asynchrone Werkzeuge der Computerunterstützung von Gruppen integrieren.

2.3 Sitzungsstruktur und Moderation

Die vorhergehenden Abschnitte haben Ziele, Werkzeuge und Umgebungen von EMS vorgestellt. Der folgende Abschnitt beschäftigt sich nun mit Fragen der Gestaltung des Sitzungsablaufs, also der Strukturierung des Arbeitsprozesses einer Gruppe. Die bewusste Planung und Gestaltung dieses Parameters ist als Moderation oder Facilitation (in computerunterstützten Sitzungen) von enormer Bedeutung für das Ergebnis der Sitzung (Bostrom et al., 1993; McGoff & Ambrose, 1991), unabhängig davon, ob die Sitzung computerunterstützt oder konventionell durchgeführt wird. Ausgehend vom Sitzungsergebnis analysiert ein *Facilitator* (ggf. zusammen mit einer Vorbereitungsgruppe) den derzeitigen Zustand und entwickelt aus der Problemstellung (Ist-Zustand vs. gewünschtes Ergebnis) eine Tagesordnung bzw. eine Sitzungsstruktur (Schwabe, 1995). In unserem Beispiel der Internet-Strategiesitzung war das gewünschte Ergebnis eine priorisierte Liste von Projektideen. Als nächster Schritt werden Themen festgelegt, die als Zwischenergebnisse auf dem Weg zum Sitzungsziel definiert werden. Im Beispiel waren das

- Ideen für die Neuausrichtung der Internetstrategie zu entwickeln,

- Ideen zu organisieren,

- Kriterien für die Bewertung der Projektideen zufinden und

- das Bewerten der Projektideen.

Wenn Zwischenergebnisse definiert sind (was soll erreicht werden?), werden Aktivitäten für das Erreichen der Ergebnisse in der Gruppe entwickelt (wie sollen die Ergebnisse erreicht werden?). Die Abfolge der Aktivitäten bestimmt sodann den Arbeitsprozess der Gruppe (s.o.), der jeweils mit entsprechenden Werkzeugen unterstützt werden kann. Abb. 38 »Ergebnisorientierte Sitzungsgestaltung« (nach Schwabe, 1999a, S. 264) fasst die Planungsschritte der Sitzungsstrukturierung zusammen.

Ist die Planungsphase abgeschlossen, wird die Sitzungsstruktur in ein Sitzungsunterstützungssystem implementiert. Abb. 39 »Agenda einer GroupSystems Sitzung« zeigt die Sitzungsstruktur aus Sicht des Moderators der Strategiesitzung wie sie nach der Implementierung in die Software »GroupSystems for Windows« auf dem Bildschirm erscheint. Der Moderator (oder Facilitator) hat die Kontrolle über die Arbeitsstationen der Teilnehmer und kann entsprechend dem Sitzungsverlauf Werkzeuge für die Teilnehmer starten und beenden. Für jede Aktivität ist ein bestimmter Zeitrahmen festgelegt.

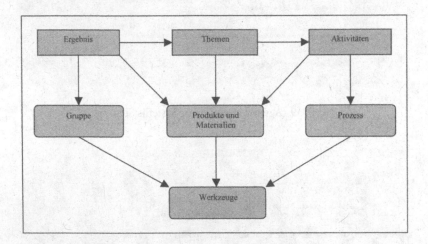

Abb. 38 Ergebnisorientierte Sitzungsgestaltung

In unserem Beispiel führt der fachliche Sitzungsleiter oder der Moderator zu Beginn der Sitzung die Gruppe auf das Thema hin, indem die Ziele für die Sitzung erläutert werden. Danach startet der Moderator das Werkzeug elektronisches Brainstorming für die Teilnehmer. Die Teilnehmer bekommen elektronische Kärtchen auf den Bildschirm gesandt (vgl. Abb. 40 »Elektronisches Brainstorming«), auf die sie ihre Ideen eintragen können. Nachdem sie Ihre Ideen eingetragen und abgeschickt haben, bekommen sie eine andere Karte auf den Bildschirm geschickt, die ggf. schon Ideen anderer Teilnehmer enthält. Dadurch können sich die Sitzungsteilnehmer durch die Ideen anderer inspirieren lassen.

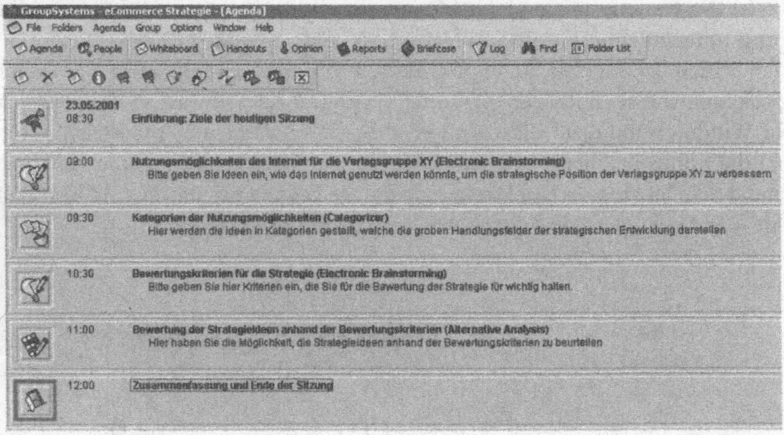

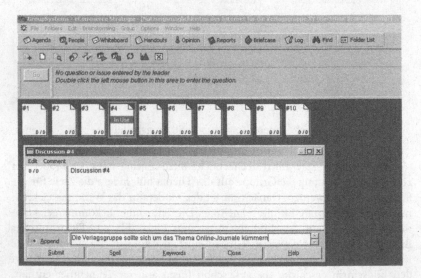

Abb. 39 Agenda einer GroupSystems Sitzung

Abb. 40 Elektronisches Brainstorming

Nachdem das Brainstorming abgeschlossen ist, beendet der Moderator das elektronische Brainstorming und überführt die Ergebnisse zur Ideenorganisation in das nächste Werkzeug, den *Kategorisierer*. Hier werden Ideen organisiert und Kategorien zugeordnet. Nachdem alle Prozessschritte (siehe Agenda in Abb. 39 »Agenda einer GroupSystems Sitzung«) durchlaufen sind, wird das

Ergebnis der Sitzung als elektronisches Dokument an die Teilnehmer verschickt. Nachfolgender Abschnitt stellt einige ausgewählte Anwendungsfelder für EMS vor und berichtet über Erfahrungen bei der Nutzung, insbesondere im Hinblick auf die angesprochenen Eigenschaften von EMS.

3 Anwendungen und Erfahrungen

EMS sind in den verschiedensten Umgebungen und Anwendungen zum Einsatz gekommen. Der Schwerpunkt lag dabei auf der Unterstützung von Management-Teams in Unternehmungen. Neben Strategiesitzungen sind unter anderem auch EMS für Sitzungen im Rahmen eines kontinuierlichen Verbesserungsprozesses (Barent et al., 1995), für Krisensitzungen in Projekten (Hertweck & Krcmar, 1998) sowie für die Szenarioanalyse eingesetzt worden (Breiner, 1997). Daneben sind die Systeme aber auch z. B. zur Unterstützung von Aus- und Weiterbildungsveranstaltungen (z. B. Johannsen et al., 1999), von militärischer Entscheidungsfindung (z. B. Briggs et al., 1998a), sowie im Bereich der Politik und Bürgerbeteiligung eingesetzt worden (z. B. Schwabe & Krcmar, 1998a). Weitere Beispiele finden sich z. B. in Schwabe (1995).

Ziel der Forschung über Sitzungsunterstützungssysteme war von Beginn an nicht nur die Entwicklung von Softwaresystemen, sondern auch die empirische Erforschung von Wirkungen der Systeme auf den Sitzungsprozess und das Sitzungsergebnis. Dabei haben sich im Wesentlichen zwei Forschungsrichtungen entwickelt. Die eine versucht, die Wirkungen der Systeme auf Sitzungen in Experimenten zu ermitteln. Die andere ist eher auf die Erhebungen von Erfahrungen im »Echteinsatz« der Systeme durch Feldstudien ausgerichtet.

Insgesamt liegt der Schwerpunkt der empirischen Forschung dabei auf den experimentellen Studien (Pervan, 1998)[78]. Dies ist sicherlich zum einen darin begründet, dass man so gezielt einzelne Wirkungen von EMS auf Sitzungen testen kann. Dazu kommt, dass für eine lange Zeit EMS nur in speziell dafür vorgesehenen Räumen installiert werden konnten, da nur dort die früher sehr sperrigen Computerarbeitsplätze durch spezielle Möbelstücke so versteckt werden konnten, dass weiterhin eine direkte Kommunikation der Sitzungsteilneh-

---

[78] Pervan bietet auch einen guten Überblick über die wesentlichen Forschergruppen im angelsächsischen Raum, die sich mit EMS beschäftigen, sowie über die wissenschaftlichen Zeitschriften, in denen Ergebnisse der EMS-Forschung veröffentlicht werden. Dazu zählen vor allem das Journal of Management Information Systems (JMIS), Small Group Research, Information Systems Research, MIS Quarterly und Information and Management. Im deutschsprachigen Raum finden sich einzelne Veröffentlichungen in Wirtschaftsinformatik und IM – Information Management & Consulting. Weitere wichtige Quellen sind unter anderem die Proceedings der Annual Hawaii International Conference on System Sciences (HICSS), der europäischen E-CSCW Konferenz, der deutschen D-CSCW, sowie des EuroGDSS Workshops zu finden.

mer möglich war. Solche Sitzungsunterstützungslabore, die vor allem in Universitäten zu finden sind, fördern natürlich das Durchführen von Experimenten. Auch die Stärke der positivistischen Forschungstradition in Nordamerika hat diese Herangehensweise sicherlich gefördert.

Dabei folgen viele Autoren dem Forschungsmodell von Dennis et al. (1988), das aufbauend auf den Überlegungen von DeSanctis & Gallupe (1987) die Wirkungen von EMS in ein *Kontingenzmodell* einordnet. Danach sind die Wirkungen von den Ausgangsfaktoren der an die Gruppe gestellten Aufgabe, der Gruppenzusammensetzungen, der verwendeten Technologie und der organisationalen und kulturellen Umwelt abhängig, die auf den Sitzungsprozess Einfluss nehmen und so das Ergebnis mit bestimmen. Zugleich weisen DeSanctis & Poole (1994) darauf hin, dass darüber hinaus EMS von jeder Gruppe anders angeeignet werden, so dass sich Gruppen- und Sitzungsstrukturen nicht aus dem EMS alleine ergeben, sondern die Gruppe und das System in einen gegenseitigen Strukturierungsprozess treten.

Wie steht es nun um die Auswirkungen von EMS auf den Sitzungsprozess und dessen Ergebnis im Vergleich mit herkömmlichen Sitzungen? Der Tenor früherer Feldstudien ist geradezu enthusiastisch (z. B. Vogel et al., 1990). Auch übergreifende Analysen der empirischen Ergebnisse, vor allem aus der Experimentforschung, kommen zu einem vorsichtig positiven Fazit (Benbasat & Lim, 1993; McGrath & Hollingshead, 1994; Pinsonneault & Kraemar, 1989). Misst man sie nach über 10 Jahren Forschung aber an ihrem Anspruch, Sitzungen grundsätzlich zu verbessern, so zeichnen Fjermestad & Hiltz (1999b) in einer neueren, sehr umfangreichen Analyse ein pessimistisches Bild. Bei einer Mehrzahl der getesteten Hypothesen über die Wirkungen der Systeme zeigen sich keine signifikanten Verbesserungen gegenüber dem herkömmlichen Vorgehen. Im Detail zeigt sich mehr positive Wirkungen bei großen Gruppen[79] (ab 10 Personen) sowie bei bestimmten Aufgabentypen, die die Gruppe in der Sitzung bearbeiten soll. Dazu zählen (nach der Aufgabenklassifikation von McGrath, 1984) Entscheidungsaufgaben, Planungsaufgaben, Aufgaben zur Lösung von Interessenskonflikten sowie, mit Einschränkungen, Ideengenerierungsaufgaben. In neueren Fallstudien zeigt sich, dass sich die Verwendung von EMS in vielen Organisationen nur schwer dauerhaft verankern ließ.

Eine spezialisiertere Diskussion der Wirkungen von Gruppenunterstützungssystemen findet sich in den Beiträgen von Lewe zur Gruppenproduktivität, von Gräslund & Krcmar zur Anonymität sowie von Johannsen & Krcmar zur Parallelität in diesem Buch.

---

[79] Bei diesem Ergebnis werden von Fjermestad und Hiltz aber Studien über GSS und CMC zusammengefasst.

4 Ausblick

EMS – Quo vadis? Um Sitzungen zu verbessern, reicht eine technologische Intervention nicht aus. Vielmehr gilt es, Gruppenarbeitssituationen in ihrer Gänze zu gestalten. Daher wird es für zukünftige Forschungen wichtig sein, neben allgemein anwendbaren Sitzungstechnologien auch auf bestimmte Betriebe, Branchen oder Anwendungsgebiete zugeschnittene Sitzungsprozesse zu gestalten und zu evaluieren. Dabei werden EMS sicherlich nicht mehr das Werkzeug für alle Aufgaben sein, sondern ein Moderationswerkzeug unter anderen mit spezifischen Vor- und Nachteilen. Es gilt dabei vor allem zu untersuchen, wie EMS mit anderen Moderationswerkzeugen kombiniert werden können, um das beste Sitzungsergebnis zu erzielen.

Dort, wo herkömmliche Werkzeuge zur Strukturierung und Moderation nicht eingesetzt werden können, liegt sicherlich ein besonderes Potenzial für EMS. Dies gilt vor allem bei der Unterstützung verteilter Sitzungen, bei denen die Teilnehmer nicht an einem Ort zusammenkommen, sondern Audio- und Videoverbindungen für die Kommunikation nutzen. Diese Kommunikationswege bieten jedoch nicht den gleichen Reichtum wie Face-to-Face Situationen. EMS eröffnen hier einen zusätzlichen, aufgabenbezogenen und strukturierten Kommunikationskanal. Zudem ist es in verteilten Sitzungen nur durch Computerunterstützung für alle Teilnehmer sinnvoll möglich, an einem gemeinsamen Material zu arbeiten.

Die Analyse der Wirkungen von EMS zeigt, dass sie kein Allheilmittel gegen unproduktive Sitzungen sind. Sie haben besondere Stärken beim Einsatz für bestimmte Aufgaben und in großen Sitzungen. Sie machen aber in keinem Fall die Strukturierung und Moderation von Sitzung überflüssig. Im Gegenteil: Sie scheinen ihre Wirkungen vor allem in den Händen einer begabten Moderatorin oder eines Moderators zu zeigen.

Diese Ergebnisse haben für einen größeren Bereich als EMS allein Bedeutung. Es zeigt sich, dass die Gestaltung und der Einsatz von Technik allein organisationale Probleme oft nicht zu lösen vermag. Es kommt daher immer auf die inhaltliche wie auf technologische Gestaltung eines sozio-technischen Gesamtsystems an. Zum anderen zeigt sich bei EMS wie bei anderen CSCW-Technologien auch, dass ihre Nutzung und ihre Wirkungen selten determiniert sind, sondern dass sich im Zusammenspiel von technischen und sozialen Eigenschaften neue Strukturen entwickeln.

Kooperatives Lehren und Lernen

Martin Wessner, Hans-Rüdiger Pfister
GMD-IPSI, Darmstadt

1 Einführung

Computerunterstütztes kooperatives (oder kollaboratives) *Lernen* ist eine neue Entwicklung in einer langen Reihe von Versuchen, Lehren und Lernen durch den Einsatz von Computern und Computernetzen zu unterstützen und zu verbessern (O'Malley, 1994). Viele der älteren, auf individuelles Lernen beschränkten Ansätze, vom programmierten Lernen bis zu intelligenten tutoriellen Systemen, konnten sich bislang nicht auf breiter Basis durchsetzen (Oberle & Wessner, 1998). Für den Bereich computerunterstützten kooperativen Lernens hat sich die Abkürzung CSCL (für: *Computer-Supported Cooperative Learning*) eingebürgert; manche sprechen sogar von CSCL als einem neuen Paradigma in der Bildungstechnologie (Koschmann, 1996b). CSCL kann als Anwendung von CSCW-Systemen im Bereich des Lehrens und Lernens verstanden werden; unter dieser Sichtweise werden CSCW-Systeme eben statt zum kooperativen Arbeiten zum kooperativen Lernen eingesetzt. Im engeren Sinn versteht man unter CSCL jedoch die Kombination von Computersystemen und pädagogisch-didaktischen Methoden, die die Vorteile kooperativen Lernens spezifisch realisieren. Unter dieser Sichtweise ist CSCL ein eigenständiges Forschungsfeld und eine eigene Lernform, auf die sich Befunde aus der sonstigen CSCW-Forschung und der traditionellen Pädagogik nur eingeschränkt übertragen lassen.

Über die Definition von CSCL herrscht in der Literatur keine Einigkeit (Koschmann, 1996b). CSCL kann als eine Lernform definiert werden, in der mehrere Personen (mindestens zwei) unter (nicht unbedingt ausschließlicher) Nutzung von Computern ein Lernziel verfolgen, indem sie über den Lehrinhalt kommunizieren und neues Wissen kooperativ aufbauen. Kooperativ bedeutet, dass die Erreichung des Lernziels ein von allen Beteiligten geteiltes Ziel darstellt (vgl. auch Dillenbourg, 1999). Als Ergebnis können entweder alle Lerner das gleiche, gemeinsam erarbeitete Wissen besitzen oder aber die Gruppe als Ganzes kann das für eine Problemlösung relevante Wissen besitzen. Im Gegensatz dazu steht das traditionelle individuelle Lernen, bei dem sich ein einzelner Lerner isoliert einen Lehrstoff aneignet, etwa mit Hilfe eines Buchs, eines Lehrers oder mit einem Lernprogramm. Kooperatives Lernen ist auch abzugrenzen von kompetitivem Lernen, bei dem in Auseinandersetzung und Konkurrenz zu anderen Lernern individuelles Wissen erworben wird.

Viele Entwicklungen auf dem Gebiet des CSCL entstammen dem universitären Umfeld und zielen auf den Einsatz in Schulen und Hochschulen. Zunehmend jedoch stellen auch Anforderungen des betrieblichen Trainings und der Weiterbildung die treibenden Kräfte dar. Dabei werden häufig traditionelle Lehr-/Lernformen virtuell abgebildet, z. B. bei Televorlesungen. Vor allem in der Weiterbildung wird aber heute zunehmend weniger »auf Vorrat«, sondern bedarfs- und problemgetrieben gelernt (Learning on demand). Die benötigten Kenntnisse liegen häufig nicht unmittelbar in Form didaktisch wohlaufbereiteter Dokumente, sondern nur »in den Köpfen« von Experten vor. Nur durch die direkte Kommunikation mit Experten kann auf solches Wissen zugegriffen werden. In globalen Unternehmen sind Experten jedoch oft nicht vor Ort verfügbar: Kooperatives Lernen über weltweite Computernetze stellt eine Möglichkeit dar, effizient aktuelles Wissen zu transferieren.

2 Dimensionen kooperativen Lernens

Die Klassifikation von CSCL-Situationen folgt teilweise den CSCW-Dimensionen. Man unterscheidet üblicherweise folgende wichtige Dimensionen, anhand derer CSCL-Situationen klassifiziert werden können:

1. *Ort*: lokales versus verteiltes CSCL

2. *Zeit*: synchrones versus asynchrones CSCL

3. *Symmetrie*: symmetrisches versus asymmetrisches CSCL

4. *Direktivität*: angeleitetes versus selbstgesteuertes CSCL

5. *Dauer*: persistent versus transient

6. *Wissen*: individuelles versus verteiltes Wissen

7. *Gruppengröße*: kleine versus große Lerngruppen

Befinden sich die Lerner zur selben Zeit im selben Raum, dann sprechen wir von lokalen Gruppen oder von »*Face-to-Face*«-Lernen. Die wichtigste Variante von CSCL ist »verteiltes« CSCL (D-CSCL für Distributed CSCL; vgl. Pfister & Wessner, 2000). Hier befinden sich die Lerner an verschiedenen Orten und sind über Computernetze, etwa das Internet, verbunden. Die Durchdringung aller Lebensbereiche durch das Internet und besonders das WWW wird dazu führen, dass verteiltes kooperatives Lernen in Schulen, Hochschulen, Betrieben und Weiterbildungsinstitutionen verstärkt eingesetzt werden wird. Diese

Dimensionen stellen Kontinua dar. Reale Lernsituationen sind meist Mischformen, beispielsweise können Phasen synchronen mit Phasen asynchronen Lernens abwechseln, oder einige Lerner arbeiten lokal, während andere Lerner von anderen Standorten aus zugeschaltet sind.

Die Dimensionen drei bis sieben helfen bei der didaktischen Charakterisierung einer CSCL-Situation. Die Symmetriedimension bezieht sich auf die Richtung, in der Wissen transferiert wird: *asymmetrisch* heißt, von einem wissenden Lehrer hin zu unwissenden Schülern, *symmetrisch* heißt, dass Lerner mit vergleichbaren Wissensniveaus aber heterogener inhaltlicher Kompetenz ihr Wissen austauschen. Die Dimension *Direktivität* beschreibt, ob der Lernprozess durch bestimmte Personen (oder Programme) angeleitet wird oder ob die lernende Gruppe als sich selbst organisierende Einheit agiert. Die Dimension Dauer unterscheidet Lerngruppen, die sich spontan für kurze Zeit (transient) bilden oder gebildet werden, von Lerngruppen, die über längere Zeit einen Lehrstoff bearbeiten und dabei persistente Wissensobjekte erzeugen; hier können sich Lerngemeinschaften bilden, deren Mitglieder sich über Monate oder Jahre gemeinsam fortbilden. Die Wissensdimension bezieht sich auf die Form des aufzubauenden Wissens: Ist das Ziel des kooperativen Lernens eher der individuelle Wissenserwerb oder der Wissenserwerb der Gruppe als Ganzes. Wie auch in traditionellen Face-to-Face-Situationen bestimmt die Gruppengröße die möglichen Interaktionsformen in der Lerngruppe. Aus der Gruppengröße ergeben sich jeweils spezifische Anforderungen an die Benutzungsschnittstelle, z. B. um die soziale Präsenz der Lernenden abzubilden.

Schließlich ist für die Realisierung von CSCL-Systemen die technische Dimension zu beachten, d. h. besonders, welche Kommunikationskanäle (z. B. textbasierte E-Mail, Audio/Video) und welche Kooperationsmöglichkeiten (z. B. Application Sharing, Document Repositories) zur Verfügung stehen.

3 Theoretische Ansätze

Jede didaktische Methode und jede Art der Computerunterstützung für Lernprozesse basiert explizit oder implizit auf einem bestimmten Verständnis davon, wie menschliche Lernprozesse ablaufen. Behavioristische Lerntheorien betrachten Lernen mit den Begriffen Stimulus, Reaktion und Verhaltensänderung durch Konditionierung. Vor diesem Hintergrund entwickelte Lernsoftware (Drillprogramme, einfache tutorielle Systeme) übernimmt die Steuerung des Lernprozesses und präsentiert dem Lernenden die nötigen Stimuli solange, bis er die erwünschte Reaktion darauf zeigt. Demgegenüber betrachten die heute vorherrschenden kognitivistischen und konstruktivistischen Lerntheorien das Lernen als Aufbau kognitiver Strukturen und individueller Erfahrungen (Koschmann, 1996a). Lernsoftware muss dazu »Denkzeuge«, z. B. in Form von Simulationen, Mikrowelten und Hypermedia-Lernumgebungen bereit stellen (Oberle & Wessner, 1998). Wissen, das bei konkreten Problemen angewandt werden soll, muss im Rahmen seiner »Situiertheit« erlernt werden (Clancey, 1997). Der Konstruktionsprozess sowie die Situiertheit sind »sozial«, d. h. dass ein tiefergehendes Verständnis erst durch soziale Kommunikations- und Kooperationsprozesse entsteht. Dass kooperatives Lernen in der Tat unter vielen Bedingungen erfolgreicher ist als individuelles Lernen, konnte empirisch nachgewiesen werden (Dillenbourg et al., 1995; Johnson & Johnson, 1990; Slavin, 1995). Den theoretischen Begründungsrahmen für kooperatives Lernen liefern vor allem die Ansätze des konstruktivistischen Lernens, des situierten Lernens und der verteilten Kognition.

3.1 Konstruktivismus

Das konstruktivistische Paradigma betont, dass unser Wissen über die Welt keine passive Abbildung objektiver Sachverhalte ist, sondern Ergebnis eines mentalen Konstruktionsprozesses. Für die Pädagogik bedeutet das, dass das Modell des »Nürnberger Trichters«, nach dem Wissen einem passiven Schüler »eingegossen« wird, inadäquat ist (Oberle & Wessner, 1998). Lerner müssen angeregt werden, sich aktiv mit den Lehrinhalten auseinander zu setzen; sie konstruieren und festigen ihr Wissen und Können, indem sie beispielsweise das eigene Verständnis anderen Mitlernern erklären (Brown & Palincsar, 1989). Kooperation ist deshalb ein Kernelement einer konstruktivistischen Pädagogik (Duffy & Jonassen, 1992).

3.2 Situiertes Lernen

Die pädagogische Erfahrung lehrt, dass Wissen meist nicht dekontextualisiert vermittelt werden kann, sondern möglichst in jenem Kontext, in dem es angewendet werden soll, auch erlernt werden soll. Es wird gefordert, Lernprozesse »situiert«, d. h. eingebettet in die materiale und soziale Umwelt, auf die sie sich beziehen, zu gestalten. Verbunden damit ist die Forderung nach Authentizität und Komplexität der Lernaufgaben (Mandl et al., 1995). Ein so gestalteter Lernkontext erhöht die Anwendbarkeit und den Transfer des Gelernten (Greeno et al., 1993). Theoretische Ausarbeitungen dieses Ansatzes findet man in Clancey (1997) und Lave & Wenger (1991). Reale Anwendungskontexte, vor allem in der Arbeitswelt, sind meist sozialer Natur, dafür stellt CSCL einen besonders geeigneten Rahmen dar.

3.3 Verteilte Kognition

Kooperatives Lernen fokussiert auf den Wissenserwerb von und in Gruppen. Die lernende Einheit ist nicht mehr primär das Individuum, sondern die Gruppe als solche (Hinsz et al., 1997). Aus Sicht des Ansatzes der verteilten Kognition liegt das erlernte Wissen nicht mehrfach repliziert »in den Köpfen« der einzelnen Lerner vor, sondern – mit mehr oder weniger Überlappung – über die Mitglieder der Gruppe verteilt. In einem weiteren Sinne ist das Wissen auch verteilt über verschiedenste externe Repräsentationsformen, z. B. in Datenbanken oder als Sammlungen von Text- oder Bilddateien. Die Forschung über verteilte Kognitionen hat sich zu einem eigenständigen Forschungszweig entwickelt (Salomon, 1993; Hutchins, 1995). CSCL-Systeme müssen die Bildung und das Management verteilten Wissens unterstützen, indem etwa explizite Repräsentationen verteilten Wissens in Form von Diagrammen oder Begriffsgraphen konstruiert werden können (Nickerson, 1993; Suthers, 1999).

4 Potenziale kooperativen Lernens

Die Spezifik von CSCL-Lernszenarien bietet eine Reihe von Potenzialen gegenüber herkömmlichen, auch computerunterstützten Lernformen wie Computerbasiertem Training (CBT). Typische Szenarien von CSCL sind beispielsweise:

- *Lokale Gruppen*, die gemeinsam in einem Raum Lehrmaterial an Computern bearbeiten, indem sie z. B. kooperativ Diagramme erstellen oder Übungsaufgaben lösen. Der Stoff wird hier kontinuierlich Face-to-Face diskutiert (Roschelle, 1996; vgl. auch McGrath & Hollingshead, 1994).

- *Große Gruppen von verteilten Lernern*, die asynchron per E-Mail und Bulletin Board über längere Zeit einen Lerndiskurs führen (Wegerif, 1998), beispielsweise Personen, die moderiert durch einen Tutor einen netzbasierten Weiterbildungskurs durchführen.

- *Verteilte kleine Gruppen*, die selbstorganisiert und synchron Wissen austauschen, Informationen aufnehmen (z. B. kooperative Navigation durch Web-Seiten), Material erstellen und wechselseitig Erklärungen und Erläuterungen abgeben (Pfister et al., 1998).

Gemeinsam ist all diesen CSCL-Szenarien, dass es sich nicht um bloße Informationsbeschaffung handelt, sondern dass Wissen aktiv konstruiert und kontinuierlich in einem kritischen Diskurs reflektiert werden kann (Pea, 1996). Sogenannte »virtuelle Klassenzimmer« (Hiltz, 1993) erweisen sich für diesen

Zweck reinen Face-to-Face-Situationen oft als überlegen: Auf kognitiver Ebene wird die Manipulation von Wissensobjekten erleichtert, auf sozialer Ebene treten nicht-aufgabenbezogene Kommunikationsstörungen, beispielsweise Status- und Geschlechtsunterschiede, in den Hintergrund (Kiesler, 1992).

4.1 Werkzeuge zur Kommunikations- und Kooperationsunterstützung

Die Basiswerkzeuge zur Kommunikation lernender Gruppen sind E-Mail, Newsgroups mit nach Themensträngen geordneten Beiträgen und Audio/ Videokonferenzsysteme. Systematische Unterstützung für strukturierte Lerndiskurse, etwa im Sinne spezifischer Lernstrategien (Dansereau, 1988) oder im Sinne implementierter Diskursregeln (Baker & Lund, 1997; Hron et al. 1997; Wessner et al., 1999), regen das Explizitmachen von Wissen an und fördern den Verstehensprozess. Solche Diskurse können permanent gespeichert und als eine Wissensbasis benutzt werden, die der Lerner im Sinne von Modelllernen benutzen kann.

Basiswerkzeuge für kooperierende Lerngruppen sind Shared Workspaces (z. B. BSCW, vgl. Appelt & Mambrey, 1999) und Shared Whiteboards (Geyer & Effelsberg, 1998). Die Hauptvorteile von CSCL-Umgebungen liegen darin, dass die Resultate kooperativer Aktivitäten zum einen explizit gemacht werden können und müssen, zum anderen darin, dass diese expliziten Repräsentationen gespeichert und wiederverwendet werden können. Beide Faktoren sind bei CSCL nicht nur notwendig, sondern dem Lernen und Problemlösen förderlich (Jeong & Chi, 1997; Suthers, 1999; Zhang & Norman, 1994).

4.2 Multiple Perspektiven und Simulation

Durch die kooperative Konstruktion von Wissensrepräsentationen kann eine Wissensbasis generiert werden, die es erlaubt, multiple Perspektiven über einen Lerngegenstand gemeinsam zu diskutieren, indem etwa mehrere Versionen des gleichen Lehrtextes simultan verfügbar sind. Je vielfältiger die Kontexte sind, in denen ein Inhalt eingebettet ist, um so elaborierter wird dessen Vernetzung im kognitiven System und um so leichter fällt der Transfer auf ähnliche Situationen; multi- und hypermediale Lernumgebungen stellen hierfür eine geeignete Plattform dar (Spiro & Jehng, 1990). Eine andere Variante multipler Perspektiven ist die Möglichkeit, den gleichen Inhalt in multiplen Repräsentationsformaten (Text, Bild) darzustellen (van Someren & Reimann, 1995), was den Lernprozess unterstützt, wenn verschiedene Personen unterschiedliche mediale Präferenzen haben.

Spezielle kooperative Aufgabenstellungen (z. B. im Bereich des Sprachtrainings: Ausspracheübungen, Konversationstraining) sowie verschiedene Arten von Simulationen (z. B. Markt- und Börsensimulation) und Rollenspielen können kooperativ durchgeführt werden, indem Phasen synchronen und asynchronen sowie lokalen und verteilten Lernens kombiniert werden. Eine Mischform von direkter Kommunikation und spielerischer Simulation stellen sogenannte MUDs (Multi User Dimensions) dar (Bruckman & De Bonte, 1997).

4.3 Neue Kompetenzen

CSCL definiert die Rollen in computerunterstützten Lernsituationen neu. An die Stelle der traditionellen dyadischen Lerner-Autor- bzw. Lerner-Lernsoftware-Interaktion treten komplexe Konfigurationen aus Lernern, Tutoren, Mediatoren und Experten. CSCL-Systeme können dies durch adaptive Anpassung an die Rollen abbilden, z. B. durch unterschiedliche Rechte beim Zugriff auf Ressourcen (Lernmaterialien, Werkzeuge und Kommunikationskanäle). Dadurch erlernen die Beteiligten, in unterschiedlichen Rollen zu agieren und eine flexible, kontextbezogene Rollenübernahme, wie sie gerade in modernen Projektteams gefordert wird.

Durch diese Rollendiversifikation und ihre Einbettung in authentische Lernsituationen ergeben sich weitere positive Sekundäreffekte kooperativen Lernens, die als Metakompetenzen bezeichnet werden können: Lernen zu kooperieren (über den aktuellen Lernkontext hinaus), Lernen zu lernen (durch Modelllernen von anderen erfolgreichen Lernern) und Medienkompetenz (Umgang mit moderner Informations- und Kommunikationstechnik).

5 Probleme des CSCL

Einige Kernprobleme des CSCL sind beim heutigen Stand der Forschung und Technik allerdings erst ansatzweise gelöst (Hesse et al., 1997; Pfister et al., 1999). Die in Face-to-Face-Situationen natürlich gegebene Erfahrung der sozialen Präsenz (Social Awareness) muss in verteilten CSCL-Systemen expliziert modelliert werden. Wegen der Filterung durch verfügbare Kommunikationskanäle bleibt die Bildung eines kohärenten gemeinsamen Wissenshintergrundes problematisch. Auch die Koordination nicht-trivialer Aktivitäten über soziale Protokolle muss explizit modelliert werden und geschieht noch nicht auf die reibungslose Weise wie in Face-to-Face-Situationen. Die wichtigsten Problemfelder sollen kurz skizziert werden.

5.1 Soziale Präsenz

Ein weitgehend ungelöstes Problem des CSCL ist das der »*Group Awareness*« (Dourish & Belloti, 1992): Wie weiß ich, wer gerade »anwesend« ist und mit wem ich aktuell zusammen lernen kann? Wie kann ich erkennen, was meine Kooperationspartner gerade tun wollen? Wie erhalte ich Feedback über meine eigenen Aktionen? Woran erkenne ich die Identität anderer Mitlerner und wie kann ich meine Identität über wechselnde Lernsituationen transportieren? Der Lerner kann die Gruppe nur durch den Filter der verfügbaren Kommunikationskanäle wahrnehmen. Die fehlenden impliziten Hinweisreize, die bei Face-to-Face-Kommunikation direkt wahrgenommen werden können, verhindern eine automatische Koordinierung der Lerngruppe. Dies kann beispielsweise durch die Metapher virtueller Lernräume (Pfister et al., 1998) unterstützt werden. Allerdings zeigen empirische Studien, dass das Fehlen sozialer Hinweisreize auch positive Effekte hat (Kiesler & Sproull, 1992), z. B. werden Status- und Geschlechtsunterschiede reduziert (Egalisierung), was oft zu einer stärkeren Fokussierung auf die inhaltliche Aufgabe führt.

5.2 Gemeinsamer Wissenshintergrund

Hesse et al. (1997) betonen als eine wesentliche Problematik des CSCL, dass die Herstellung eines gemeinsamen Wissenshintergrund wegen mangelnder sozialer Hinweise und heterogener Vorkenntnisse oft defizitär ist. Dazu müssen personenbezogene Informationen in den Lernprozess einbezogen werden.

5.3 Gruppenkoordination

CSCL-Systeme bieten bislang lediglich passive Plattformen für Lernprozesse. Wie kooperative Aktivitäten auf »intelligente« Weise unterstützt werden können, ist kaum untersucht worden. Hoppe (1995) schlägt einen Ansatz vor, in dem in Anschluss an intelligente tutorielle Systeme versucht wird, die Koordination von kooperativen Aktivitäten durch ein Gruppenmodell zu unterstützen, in dem individuelle Lernermodelle integriert werden.

5.4 Evaluation

Die Evaluation von CSCL-Systemen hinkt, genau wie die Evaluation und Qualitätsbewertung multimedialer Lernsysteme (Schenkel et al., 2000), bislang der technischen Entwicklung deutlich hinterher. Allerdings ist deren Evaluation mit speziellen Problemen verbunden: Die wechselseitige Beeinflussung technischer und pädagogischer Variablen, Abhängigkeit vom spezifischen sozialen und organisationalen Kontext, sowie Unklarheit darüber, welche empirischen Methoden für Gruppenprozesse angemessen sind (Pfister & Wessner, 2000).

6 Beispielsysteme

CSCL-Systeme adressieren unterschiedliche Anwendungsszenarien in Schulen, Universitäten, in der beruflichen Aus- und Weiterbildung und für das lebensbegleitende Lernen. Hier werden einige Beispiele kurz vorgestellt.

6.1 CSILE

CSILE (für: Computer-Supported Intentional Learning Environment) wird seit 1986 an der Universität Toronto in Kanada in verschiedenen Versionen (CSILE, WebCSILE, Knowledge Forum) entwickelt (Scardamalia, 1989; http:// csile.oise.on.ca). CSILE wird in einem mit vernetzten Computern ausgestatteten Klassenzimmer eingesetzt. Jeder Rechner ist mit einer Multimedia-Datenbank verbunden, in der alle Lernerbeiträge gespeichert werden. Die Beiträge (Anregungen, Fragen, Theorien, Entdeckungen) sind für alle sichtbar und können miteinander verknüpft werden, um die Bildung geteilten Wissens zu erleichtern. Der Aufbau von Wissen wird zum sozialen Prozess. CSILE fordert die Lerner auf, persönliche Lernziele, Wissenslücken, Hypothesen und Theorien zu formulieren, um metakognitive Fähigkeiten zu fördern. Leitbild der Entwicklung von CSILE ist die Sichtweise der Klasse als ein Team von »Forschern«, das zur Erweiterung des kollektiven Wissens kontinuierlich gemeinsame Untersuchungen durchführt.

6.2 CLARE

Das CLARE-System wurde an der Universität von Hawaii speziell zur Unterstützung des Durcharbeitens und Diskutierens wissenschaftlicher Artikel entwickelt (Wan, 1994). Eine wissenschaftliche Arbeit wird mit CLARE als Menge miteinander verbundener kleinerer logischer Einheiten (Hypothese, Folgerung, Beobachtung, usw.) dargestellt. Die Lerner werden vom System durch den Prozess der Analyse und Diskussion wissenschaftlicher Artikel in mehreren Stufen geführt: Zunächst entwickelt jeder Lerner individuell durch Zusammenfassen und Bewerten eine Repräsentation des wissenschaftlichen Artikels. Danach vergleichen und diskutieren die Lerner ihre jeweiligen Repräsentationen und integrieren sie zu einer gemeinsamen Darstellung. Durch die gewählte explizite Modellierung des Lerninhalts und des Bearbeitungsprozesses kann das System die Lerner in den jeweiligen Phasen beobachten und gezielt unterstützen.

6.3 CLear

Im Projekt CLear werden seit 1997 am GMD-IPSI in Darmstadt CSCL-Umgebungen für verteilte Gruppen im Bereich der Weiterbildung basierend auf der Metapher virtueller Lernräume entwickelt (http://www.darmstadt.gmd.de/concert/projects/clear). Abb. 41 »Die virtuelle Lernumgebung VITAL« zeigt die Lernumgebung VITAL (für: Virtual Teaching and Learning), in der Lerner durch die kooperative Bearbeitung von Hypermediadokumenten in einer gemeinsamen virtuellen Lernwelt lernen können. Zur Unterstützung spezifischer Lernsituationen stehen private Räume (für individuelles Lernen), Gruppenräume (für gleichberechtigtes Lernen) und Auditorien (für angeleitetes Lernen) bereit. Benutzer können verschiedene Rollen (Lerner, Trainer) einnehmen, die mit bestimmten Berechtigungen verbunden sind (Zutritt zu Räumen, Funktionalität der Werkzeuge, Kontrolle des Kooperationsmodus).

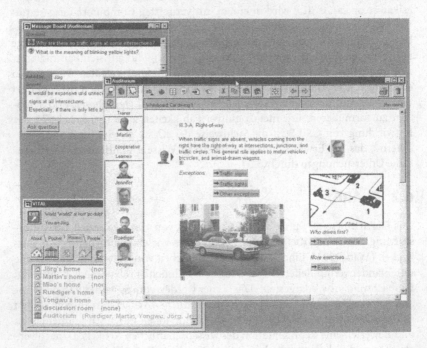

Abb. 41 Die virtuelle Lernumgebung VITAL

Der VITAL-Nachfolger CROCODILE (für: Creative Open Cooperative Distributed Learning Environment) stellt der Lerngruppe zusätzlich Lernnetze zur inhaltlichen Strukturierung sowie Lernprotokolle zur Strukturierung des Lernprozesses zur Verfügung (Pfister et al., 1998; Wessner et al., 1999).

6.4 Virtuelle Universität an der FernUniversität Hagen

Im Projekt »Virtuelle Universität« an der FernUniversität Hagen werden alle Funktionen einer Universität virtuell umgesetzt (https://vu.fernuni-hagen.de/). Neben Lernmaterial werden auch die Kommunikations- und Kooperationsmöglichkeiten zur Realisierung von Gruppen- und Seminararbeit, neuen Formen des Übungs- und Praktikumsbetriebs, der Beratung sowie Werkzeuge zur Administration bereitgestellt. Dazu wird eine Vielzahl von CSCW-Komponenten (Chat, Audio-/Videokonferenz, E-Mail, Schwarze Bretter, usw.) in ein homogenes, WWW-basiertes System integriert. Abb. 42 »Die Virtuelle Universität an der FernUniversität Hagen« zeigt links das reichhaltige Angebot der Virtuellen Universität von Lehrveranstaltungen, Informationsbrettern, Veröffentlichungen über die virtuelle Cafeteria und Bibliothek bis hin zum Universitätsshop, in dem u.a. Weiterbildungsmaterial zum Verkauf angeboten wird. Der Hauptbereich des Fensters zeigt die Kommunikationsmöglichkeiten für einen Kurs.

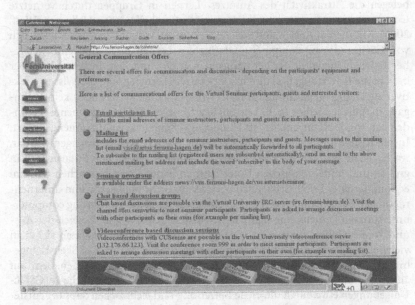

Abb. 42 Die Virtuelle Universität an der FernUniversität Hagen

6.5 LearningSpace

LearningSpace bezeichnet eine Produktfamilie der Firma IBM (früher: Lotus) basierend auf Lotus Notes. Aus den verschiedenen LearningSpace-Komponenten lassen sich CSCL-Systeme konfigurieren, die ein breites Spektrum kooperativer Lernsituationen unterstützen können (http://www.lotus.com/learningspace). Die Komponente für selbstgesteuertes Lernen unterstützt die asynchrone Kooperation. Technisch ist sie als Datenbank realisiert, die Lernmaterialien, Übungen, Tests und Benutzerprofile bereitstellt. Weitere Module erlauben die Kursverwaltung und das Verfolgen des Lernfortschritts. Eine Echtzeit-Komponente realisiert einen virtuellen Klassenraum für die synchrone Nutzung: Neben normalen WWW-Inhalten werden Shared Whiteboards, Application Sharing, Frage-Antwort-Bretter sowie Werkzeuge zum »Sich-Melden« und zur Audio- und Videokommunikation zur Verfügung gestellt.

7 Ausblick

Die rasant steigende Zahl wissenschaftlicher Projekte, Konferenzen und Prototypen auf dem Gebiet des CSCL, die Dynamik des Marktes kommerzieller CSCL-Lösungen und das zunehmende Interesse der breiten Öffentlichkeit belegen die Attraktivität des Ansatzes, Lernen in Gruppen durch vernetzte Computer zu unterstützen (vgl. Hoadley & Roschelle, 1999; Uellner & Wulf, 2000). Mit diesem Ansatz sind viele Erwartungen verbunden. Man erhofft sich von CSCL, wie von computerunterstütztem Lernen insgesamt, eine weitgehende Unabhängigkeit der Lerntätigkeit von Ort und Zeit. Insbesondere aber besteht die Erwartung, dass durch kooperatives Lernen genau das Wissen effektiver zugänglich gemacht und transferiert werden kann, das noch keinen Eingang in übliche Medien (z. B. Lehrbücher, Skripte, HTML-Dokumente) gefunden hat, sondern nur implizit als Handlungskompetenz von Personen existiert. Insofern stellt CSCL auch ein Brücke zum Bereich Wissensmanagement dar, wo es genau darum geht, relevantes und aktuelles Wissen von Mitarbeitern in großen und mittelständischen Unternehmen handhabbar zu machen (Antoni & Sommerlatte, 1999). Schließlich besteht aus Sicht politischer und unternehmerischer Entscheidungsträger die Hoffnung, durch die Einführung computerunterstützten Lernens eine signifikante Kosteneinsparung im Bereich der Aus- und Weiterbildung zu erzielen. Verteilte Lernumgebungen ersparen sicher in vielen Fällen Reise- und Hotelkosten für Mitarbeiter, dennoch ist Skepsis angebracht. Die hohen Produktionskosten multimedialer Kurse stehen dem auf absehbare Zeit noch genauso entgegen wie die Personalkosten, die in CSCL-Umgebungen etwa durch tutorielle Betreuung und technischen Support entstehen. Insgesamt wird der Erfolg von CSCL gerade bei Qualifizierungsmaßnahmen in Unternehmen davon abhängen, ob es gelingt, eine »neue Lernkultur« herauszubilden, in der Begriffe wie Eigenverantwortlichkeit, selbstgesteuertes und lebenslanges Lernen nicht nur Schlagworte sind (Tenbusch & Hohenstein, 1997).

Aus wissenschaftlicher Sicht fehlt, trotz weitgehend positiver Einzelbefunde hinsichtlich der Effektivität und Anwendbarkeit von CSCL, ein integrativer theoretischer Ansatz, mit dem die generellen pädagogischen Prämissen des kognitivistisch-konstruktivistischen Paradigmas soweit konkretisiert werden, dass sowohl für Forscher als auch für Praktiker umsetzbare Handlungshilfen abgeleitet werden können. Theoretische Integration und breite empirische Evaluation stellen die aktuellen wissenschaftlichen Desiderate im Bereich CSCL dar, ohne deren Erfüllung eine langfristige erfolgreiche Anwendung unsicher bleibt.

Kooperative Softwareentwicklung

Daniel A. Tietze, Till Schümmer
GMD-IPSI, Darmstadt

1 Einleitung

Die Entwicklung komplexer Softwaresysteme findet heutzutage meistens arbeitsteilig in – zunehmend räumlich verteilten – Teams statt. Unter einem Team versteht man in diesem Zusammenhang eine Gruppe von Entwicklern mit einem gemeinsamen Ziel – der Fertigstellung des Softwaresystems – und oft unterschiedlichsten Qualifikationen.

Die Arbeit im Team lässt sich anhand der einzelnen Arbeitsabläufe (Workflows) gliedern, die in den meisten Fällen kooperativ durchgeführt werden müssen: von der ersten Anforderungsanalyse, über das Design und die Implementation bis hin zu Tests und Debugging (vgl. Jacobson et al., 1999; Noack & Schienmann, 1999). Nach Vessey & Sravanapudi (1995) liegt der Anteil an kooperativ durchgeführten Arbeiten inzwischen sogar bei 70% der gesamten Arbeitszeit eines Entwicklers. 1986 lag diese Schätzung mit 50% noch deutlich niedriger (vgl. Sommerville, 1996).

Dieser Beitrag soll einen Überblick über die Anforderungen an Systeme zur Unterstützung kooperativer Softwareentwicklung geben. Es soll gezeigt werden, in welcher Weise Ansätze und Methoden aus dem Bereich CSCW genutzt werden können, um die Softwareentwicklung im Team zu unterstützen. Anhand einiger Beispiele aus der aktuellen Forschungslandschaft sowie einiger kommerziell verfügbarer Werkzeuge sollen sowohl die Möglichkeiten der Computerunterstützung als auch die Defizite existierender Ansätze aufgezeigt werden.

Hierbei konzentrieren wir uns auf Ansätze bzw. Werkzeuge, welche explizit für die gemeinsame Arbeit am Softwareprodukt konzipiert wurden. Auf die vielfältigen Möglichkeiten, allgemeinere Ansätze zur Kooperation und Kommunikation (wie z. B. Shared Editing, Video Conferencing oder Application Sharing) auf Softwareentwicklungswerkzeuge anzuwenden, wird nicht eingegangen.

2 Integration von CSCW und Software Engineering

Nach Pickering & Grinter (1994) verfolgen CSCW und Software Engineering (SE) zwei verschiedene Strategien zur Organisation von kooperativer Arbeit: Beim Software Engineering stehen formale Strukturen und Methoden im Vordergrund, nach denen der Softwareprozess strukturiert werden soll. CSCW versucht, die Möglichkeiten zur Informationsverarbeitung und Kooperation in der Gruppe zu verbessern. Hierzu wurden verschiedene Kooperations- und Kommunikationswerkzeuge entwickelt, wie sie in vorangegangen Kapiteln dieses Buches beschrieben wurden.

Computer können den SE-Prozess mit CASE-Tools unterstützen, welche (nach Heinatz, 1995) einige der im Folgenden beschriebenen Komponenten in sich vereinen. Diese Auflistung von Komponenten dient später zur Darstellung, welche Funktionalitäten eine kooperative SE-Umgebung abdeckt.

Tab. 7 Komponenten von SE-Systemen

Komponente	Aufgabe im SE-Prozess
Repository	(Strukturierte) Ablage aller Dokumente, die im Entwicklungsprozess anfallen
Grafische Planungs-, Analyse- und Designtools	Erstellen von Modellen, Analysen und Entwürfen für das zu entwickelnde Softwaresystem
Werkzeuge zur Anforderungsanalyse	Strukturierte Anforderungsanalyse; Erstellen eines Anforderungskatalogs (Pflichtenheft)
User Interface-Designer	Entwurf und Simulation von Prototypen der Benutzungsschnittstelle; später Realisierung der Benutzungsschnittstelle
Reverse-Engineering-Tools	Integration externer Quellen (Dokumente, Bibliotheken, usw.) in den Entwicklungsprozess
Workflow Management (WfM)	Prozessunterstützung für Softwareentwicklung; Koordination und Terminierung von Aktivitäten
Versionsverwaltung	Ablage aller Dokumente (Quelltexte, Entwürfe, Dokumentation) in versionierter Form; ermöglicht Nachvollziehen von Änderungen und strukturierten Austausch von Systemmodulen im Fortschritt der Entwicklung
Zugriffs- und Rechteverwaltung	Beschränkung von Zugriffsmöglichkeiten je nach Rolle oder Rechten der Benutzer (z. B. Entwickler, Modulverantwortlicher, Reviewer, usw.)

Eine wichtige Anforderung an moderne CASE-Umgebungen ist die, dass es sich um so genannte »*Integrated Environments*« handelt. Bei Sharon & Bell (1995) wird ein solch integriertes Entwicklungssystem, welches Unterstützung für Projektkoordination und -durchführung beinhaltet, als IPSE (*Integrated Project-Support Environment*) bezeichnet. In einem IPSE müssen die jeweiligen Werkzeuge für diese Aufgaben integriert werden, so dass sie möglichst nahtlos zusammenarbeiten und die Übergänge zwischen den einzelnen Werkzeugen (möglichst automatisiert) unterstützt werden. Für die Entwicklung eines solchen IPSE ist ein unterstützendes Framework, in welches existierende Werkzeuge integriert werden können, von entscheidender Bedeutung. Ein solches Framework, an dem bereits seit 1983 viele führende Vertreter der Computer-Industrie und Organisationen mitarbeiten, ist PCTE (*Portable Common Tool Environment*; siehe Boudier et al., 1988). PCTE wird realisiert als ein verteiltes System, welches einen standardisierten Satz von Programmierschnittstellen (APIs) für eine Reihe von wesentlichen Funktionalitäten bereitstellt, wie Objektverwaltung, Programmausführung, Inter-Prozess-Kommunikation, Verteilung, Versionsverwaltung, usw. Durch Anbindung an diese Schnittstellen können SE-Werkzeuge (z. B. CASE-Tools, Editoren für Dokumentation, usw.) in PCTE integriert werden. Auf diese Weise entstehen umfassende Umgebungen für die Softwareentwicklung.

Zur Unterstützung von *kooperativer Softwareentwicklung* ist darüber hinaus wichtig, dass sich die Arbeitsumgebung an die gewählte Projekt- und Gruppenorganisation sowie die gewählte Entwicklungsmethode anpassen lässt (siehe hierzu Lyytinen et al., 1998) und diese Strukturen bei der Unterstützung durch das System berücksichtigt werden.

Kooperative Softwareentwicklung ist mehr als *Collaborative Authoring*, mehr als *Workflow Management*, mehr als *Joint Viewing and Editing* und mehr als *Telekonferenztechnologie*. Es beinhaltet jedoch Aspekte aller dieser Anwendungsfelder, daher bildet es ein eigenständiges »Technologiebündel« innerhalb der Struktur des vorliegenden Buches. In der Kombination aus CASE (Computer Aided Software Engineering) und CSCW (Computer-Supported Cooperative Work) entsteht das Arbeitsgebiet CSCSE – Computer-Supported Cooperative Software Engineering.

3 Anforderungen an CSCSE-Umgebungen

Bevor später im Artikel einzelne Vertreter von CSCSE-Umgebungen vorgestellt werden, sollen im Folgenden die wesentlichen Anforderungen an eine solche Umgebung dargestellt werden (vgl. die Arbeiten von Altmann & Weinreich, 1998; Vessey & Sravanapudi, 1995; Dewan & Riedl, 1993; Heinatz, 1995). Die

Anforderungen beziehen sich, soweit es nicht explizit anders angegeben ist, auf alle Arbeitsabläufe nach Jacobson et al. (1999) innerhalb eines Softwareprozesses, also auf Analyse, Design, Implementierung und Test.

Als grundlegende Anforderung sollte die Umgebung die Möglichkeit der gemeinsamen Bearbeitung von Artefakten (Quelltexte, Entwurfsdokumente, usw.) bieten. Hierunter fallen die folgenden Kriterien:

- Entwicklern sollen gemeinsame Sichten und Bearbeitungsmöglichkeiten auf die Entwicklungsdokumente geboten werden (Quelltexte, Diagramme, usw.).

- Es muss die Möglichkeit sowohl zu synchroner als auch zu asynchroner Zusammenarbeit geben. Dabei ist – im Gegensatz zu einigen anderen Anwendungsfeldern – ein konsistenter Zustand immer wichtig.

- Kooperatives Testen sollte möglich sein, denn gerade bei der Fehlersuche arbeiten Gruppen effizienter als Einzelpersonen.

- Entwickler sollen sowohl kooperativ als auch unabhängig voneinander eigene Entwicklungspfade beschreiten können.

- Die Artefakte müssen kontinuierlich mit jedem Werkzeug der einzelnen Arbeitsabläufe manipulierbar sein. So sollten zum Beispiel die selben Artefakte sowohl von einem Designwerkzeug als auch von einem Implementierungswerkzeug interpretiert werden können.

Sind diese Basisanforderungen erfüllt, so ergeben sich weitere Anforderungen bezüglich der Awareness (siehe dazu auch den entsprechenden Beitrag von Prinz über Awareness in diesem Buch). Hierzu zählt Wissen über

- das gemeinsame Ziel,

- die aktuellen Tätigkeiten der anderen Mitglieder der Entwicklergruppe, sowie

- die Beziehungen zwischen den eigenen Änderungen am Softwareprojekt und der Arbeit anderer Projektmitarbeiter.

Neben diesen recht allgemeinen Anforderungen an die vermittelte Awareness resultieren aus der speziellen Tätigkeit der Softwareentwicklung weitere Forderungen, die vor allem in der Nachvollziehbarkeit der Entwicklung begründet liegen. Da es bei einem Softwaresystem von hoher Bedeutung ist, welche Veränderungen und Entscheidungen in der Vergangenheit getroffen wurden, sind die folgenden Kriterien für die Bewertung einer CASE-Umgebung zusätzlich heranzuziehen:

- *Veränderungen* an den Dokumenten müssen *nachvollziehbar* sein. Das heißt, dass man zu jedem Zeitpunkt erkennen und nach verfolgen kann, welcher Entwickler wann welche Änderungen vorgenommen hat.

- *Verpflichtungen* anderer Mitarbeiter müssen sowohl für den aktuellen Zeitpunkt als auch für die Vergangenheit und die Zukunft *sichtbar* sein. Somit können klar die Zuständigkeiten einzelner Gruppenmitglieder für eine bestimmte Softwarekomponente erkannt werden.

Die Aussagen über andere Mitarbeiter gelten immer auch für den einzelnen Entwickler: Auch für ihn ist es wichtig, dass er sich darüber im Klaren ist, an welcher Aufgabe er zur Zeit arbeitet, oder welche Veränderungen er in der Vergangenheit vorgenommen hat.

Darüber hinaus müssen die Entwickler direkt miteinander kommunizieren können (z. B. synchron mittels eines Chats oder asynchron mittels elektronischer Post). Hierbei sollten sich Beziehungen zwischen den Kommunikationsbeiträgen und den Artefakten des Entwicklungsprozesses ausdrücken lassen.

Nach Bailey et al. (1995) haben Interviews mit CASE-Experten im Rahmen einer Studie von Henderson und Cooprider bereits 1990 als wesentliche Anforderungen an die Teamunterstützung in CASE-Umgebungen unter anderem folgende Anforderungen identifiziert: Unterstützung des Dialogs zwischen den Team-Mitgliedern; Möglichkeiten der gleichzeitigen Arbeit an einer gemeinsamen Aufgabe; E-Mail-Unterstützung; gleichzeitiger Zugriff auf (bzw. Einsatz von) Dictionaries, Diagrammen, usw.; Unterstützung der Gruppen-Interaktion (Brainstorming, usw.); elektronische Annotation von Objekten; Unterstützung für anonymes Feedback; Benachrichtigung der Entwickler, wenn eine Designänderung ihre Arbeit beeinflusst; Aufbau eines Katalogs von Makros, der dem gesamten Team zugreifbar ist.

Im Folgenden werden einige typische CSCSE-Ansätze und -Werkzeuge vorgestellt und vor dem Hintergrund dieser Anforderungen diskutiert.

4   Untersuchung existierender Lösungsansätze für CSCSE

Nach einem Überblick über die Anforderungen an CSCSE-Umgebungen werden hier einige Werkzeuge vorgestellt, die für die Softwareentwicklung im Team eingesetzt werden können. Hierbei wird sowohl auf am Markt verfügbare Werkzeuge als auch auf Prototypen und Ansätze aus dem aktuellen Stand der Forschung eingegangen. Den Schwerpunkt bilden Werkzeuge für die Arbeitsschritte vom Softwareentwurf bis zur Implementierung. Die Themenkomplexe im Umfeld von kooperativer Anforderungsanalyse sowie Test und Auslieferung werden aus Platzgründen ausgeklammert. Hierbei kann natürlich bezüglich der Werkzeuge immer nur eine mehr oder weniger repräsentative Auswahl präsentiert werden. Gerade auf dem Gebiet kommerzieller CASE-Tools existieren hier vielfältige Lösungen, deren vollständige Auflistung den Rahmen des Artikels sprengen würde.

Für die einzelnen Repräsentanten wird dargestellt, welche Möglichkeiten die jeweilige Lösung bietet und in welchen Projektphasen bzw. bei welcher Teamorganisation sie einzusetzen sind. Am Ende des Abschnittes folgt eine zusammenfassende Übersicht über die Möglichkeiten sowie die identifizierten Defizite der Lösungen.

4.1 Werkzeuge für Versions- und Konfigurationsmanagement

Am Ende des Entwicklungsprozesses steht immer ein Programm. Das Zusammenfügen dieses Zielproduktes (der Zielkonfiguration) wird durch Werkzeuge zur Versionsverwaltung (VM – Version Management) und Konfigurationsverwaltung (CM – Configuration Management) unterstützt.

Ein wesentliches Unterscheidungsmerkmal für VM- bzw. CM-Werkzeuge ist, in welcher Art mit parallelen Entwicklungen bzw. Versions-Historien umgegangen wird. Über die Lebensdauer eines Entwicklungsprojektes kann es oft sinnvoll und notwendig sein, parallele Entwicklungen vorzunehmen, bspw. wenn an einem Modul weiterentwickelt wird, während ein früheres Release des Moduls auf Fehler untersucht und korrigiert wird (man spricht hier in Bezug auf die Versionshistorie von »Branches«).

4.1.1 RCS/CVS

RCS und CVS (vgl. Havewala, 1999) bieten den Entwicklern einen gemeinsamen Arbeitsbereich in Form eines Repositories. Entwickler können Quelltexte und andere SE-Artefakte aus diesem Repository in einen privaten Arbeitsbereich ausleihen (*Check-out*) und dort bearbeiten. Bei RCS werden diese Dateien gegen Zugriffe durch andere Entwickler gesperrt: Andere Entwickler können keine Veränderungen an der Datei vornehmen, bis sie wieder an das Repository zurück gegeben wird (*Check-in*). Informationen über den Dateizustand können anderen Benutzern an einem GUI angezeigt werden; in diesem Sinne bieten RCS/CVS Awareness-Informationen.

CVS besitzt keine Sperre für ausgeliehene Dateien, damit mehrere Entwickler gleichzeitig eine Kopie der Quelltextdatei bearbeiten können. Bei Rückgabe an das Repository müssen dann gegebenen. Falls die parallelen Versionen der Quelltexte zu einer Version integriert und eventuell auftretende Konflikte aufgelöst werden.

Sowohl RCS als auch CVS verwenden für die Synchronisation und die Realisierung des Ablagebereiches keinen dedizierten Server. Statt dessen synchronisieren sich die Klienten über ein gemeinsames Arbeitsverzeichnis (welches sinnvollerweise im Netzwerk freigegeben und allen Entwicklern zugreifbar gemacht wird).

Da RCS/CVS (und verwandte Werkzeuge) allgemeine Mechanismen zur Versions- und Konfigurationsverwaltung auf Basis gemeinsamer Dokumente bereitstellen, eigenen sie sich prinzipiell für alle Aufgaben im SE-Prozess, in denen gemeinsame Dokumente bearbeitet werden müssen – von der Anforderungsanalyse bis zum Debugging. Aufgrund ihrer sehr allgemeinen Funktionsweise bieten sie jedoch keine spezialisierte Unterstützung der Softwareentwicklung. Die Programmierschnittstellen von CVS und RCS sind offengelegt und Anbindungen existieren in vielen modernen SE-Werkzeugen. Sie lassen sich daher leicht in Entwicklungsprozesse integrieren.

4.1.2 Envy

Das System ENVY der Firma Object Technology International (1998) basiert wie CVS auf einem Repository mit konkurrierendem Zugriff, besitzt jedoch zentrale Unterschiede zu CVS:

- Integration mit einer IDE: Das Envy-Repository sowie die verschiedenen Versionen der Module sind direkt in der Entwicklungsumgebung zugreifbar; es wird spezielle Unterstützung für die Aufgaben der Smalltalk- und Java-Entwicklung geboten.

- Gruppen und Rollen (Manager, Developer) werden in Envy unterstützt und für Zugriffsrechte innerhalb des Repository verwendet.

- Awareness innerhalb des Entwicklungsprozesses ist durch eine Darstellung aktueller Editionen, Versionen, usw. gewährleistet.

Durch seine enge Integration mit der Smalltalk-Entwicklungsumgebung bietet Envy nur Unterstützung für diejenigen SE-Aufgaben, in denen am Quelltext gearbeitet wird. Kooperative Aufgaben auf anderen Dokumenten oder Entwürfen wird nicht unterstützt. Ebenfalls bietet Envy keine Möglichkeiten der Kommunikation zwischen den Anwendern.

ENVY bietet weitgehende Unterstützung für parallele Versionshistorien und eine Aufteilung von Zuständigkeiten im Entwicklungsteam auf Basis zusammenhängender Teilmodule.

4.1.3 VMCM

Mit VMCM (Berrada et al., 1991) existiert ein Ansatz, weitergehende Unterstützung für Versions- und Konfigurationsverwaltung innerhalb von PCTE-basierten Entwicklungsumgebungen bereitzustellen. Es wird ein Modell entwickelt, welches das Erstellen komplexer Versions-Graphen und Konfigurationen sowie selektive »Build«-Prozesse selektierter Konfigurationen erlaubt.

Die Bereitstellung allgemeiner Unterstützung im Rahmen eines integrierenden Frameworks wie PCTE macht komplexe VM/CM-Unterstützung für eine große Anzahl von Werkzeugen und Entwicklungssystemen verfügbar.

4.2 Konzepte zur Unterstützung von mehreren Arbeitsabläufen

4.2.1 GDPro

Das CASE-Tool GDPro der Firma Advanced (1999) ist eine integrierte UML Entwicklungsumgebung (UML steht für *Unified Modelling Language* – vgl. Booch et al., 1998). Neben den in der UML definierten Diagramm-Typen werden auch die Code-Erzeugung sowie das Reverse Engineering unterstützt.

Durch die Verwendung eines Server-basierten gemeinsamen Repository für die Entwurfsdiagramme, Dokumentationen und andere projektbezogene Daten unterstützt GDPro den Austausch dieser Informationen zwischen den Teammitgliedern. Das gemeinsame Repository sorgt für konsistente Arbeitsbereiche der einzelnen Entwickler. Die darüber hinaus gebotene Möglichkeit zur synchronen Kopplung der Arbeitsbereiche der Team-Mitglieder erlaubt die direkte Kooperation. So können mehrere – auch räumlich verteilte – Entwickler gemeinsam innerhalb des Systems an den Entwurfsdiagrammen arbeiten.

Da GDPro jedoch Möglichkeiten zur Kooperation bei der Implementation fehlen (z. B. Shared Editors für die gemeinsame Code-Bearbeitung, gemeinsames Build und Debugging), handelt es sich um keine echte integrierte CSCSE-Umgebung. Vielmehr beschränkt sich die Kooperationsunterstützung auf UML-basierte Zusammenarbeit bei den Projektaufgaben Design, Spezifikation und Code-Generierung.

4.2.2 FLECSE

FLECSE (FLExible Collaborative Software Engineering) von Dewan & Riedl (1993) beinhaltet Werkzeuge zur Unterstützung von allen vier der zuvor vorgestellten Arbeitsabläufe (Analyse, Design, Implementierung und Test). Dabei handelt es sich nicht um eine integrierte Umgebung in Form eines einzelnen Programms. Vielmehr besteht FLESCE aus einer Reihe von eigenständigen

Werkzeugen, die allerdings aufeinander abgestimmt sind. Die Werkzeuge sind
RCSTool, MShell, TeleConf, MDebug und Annotator. Allen Werkzeugen
liegt eine zentrale Architektur mit verteilter Benutzungsschnittstelle zu
Grunde.

RCSTool ist eine Schnittstelle zum oben beschriebenen RCS, die gegenüber
dem reinen RCS den Vorteil bietet, dass Benutzer über Veränderungen in
Dateien direkt informiert werden, wenn neue Versionen vorliegen. MShell
und MDebug sind Werkzeuge, die das kooperative Ausführen und Debugging
von Programmen erlauben. MDebug unterstützt zusätzlich das schrittweise
Ausführen von Programmen. Dabei werden die Ausgaben an alle Teilnehmer
weitergeleitet und jeder Teilnehmer kann Eingaben vornehmen. Wurde ein
Fehler gefunden, so kann dieser mittels eines kooperativen Code-Editors
(MEDIT) beseitigt werden. Hierbei handelt es sich um einen spezialisierten
Mehrbenutzereditor, der entweder eine lose gekoppelte Arbeit (mit Sperren auf
Methodenbasis) oder eine eng gekoppelte Arbeit (mit Sperren auf Zeilen-
Ebene) zulässt.

FLESCE erfüllt bis auf die fehlende asynchrone Kollaboration alle Anforderungen bezüglich der gemeinsamen Bearbeitung von Artefakten sowie kooperativem Testen. Awareness-Informationen werden nur bei synchroner Kooperation mittels MEDIT vermittelt. Sie beschränken sich auf Informationen über
die aktuell bearbeitete Zeile im Quelltext. Es werden keine Informationen über
Ziele, Verpflichtungen und aktuelle Tätigkeiten der Entwickler übermittelt.
Ebenso sind Veränderungen nur in dem von RCS gebotenen Rahmen nachvollziehbar. An Kommunikationsunterstützung bietet FLESCE TeleConf für synchrone Gespräche.

4.2.3 C-SPE

C-SPE (siehe Grundy et al., 1995 & 1996) ist eine kollaborative Umgebung, in
der sowohl Quelltexte als auch Designdiagramme gemeinsam bearbeitet werden können. Dabei werden bei jeder Manipulation der Dokumente diese Veränderungen als einzelne Einheiten protokolliert. In den verschiedenen Graden
der Zusammenarbeit werden diese Veränderungen dann unterschiedlich interpretiert.

Bei asynchroner Arbeit werden alle Veränderungen gesammelt. Zu einem
späteren Zeitpunkt können die Veränderungen dann von anderen Entwicklern
übernommen und in deren Arbeitsbereiche integriert werden. Dabei werden
Konflikte, soweit möglich, automatisch erkannt und behoben.

Bei synchroner Zusammenarbeit werden die Veränderungen sofort an die anderen Entwickler weitergeleitet und in deren Arbeitsbereiche integriert. Entwickler können jederzeit zwischen den beiden Zusammenarbeitsmodi wechseln.

In einem dritten Modus der Zusammenarbeit, dem halb-synchronen Modus, werden Änderungen nur signalisiert, aber nicht in den Arbeitsbereich übernommen.

C-SPE bietet somit umfassende Möglichkeiten zur gemeinsamen Bearbeitung von Artefakten. Lediglich die Testunterstützung fehlt. Bzgl. Group Awareness gibt es in C-SPE keine Informationen über die aktuellen Tätigkeiten der anderen Entwickler. Allerdings können Veränderungen sehr gut nachvollzogen und den einzelnen Entwicklern zugeordnet werden, da alle Schritte der Veränderung protokolliert werden. Verpflichtungen können nur für den aktuellen Zeitpunkt und die Vergangenheit erfasst werden. Eine Projektplanung für die Zukunft ist nicht enthalten. Synchrone Kommunikation ist mittels eines Chat möglich. Weitere Koordinationsunterstützung wird nicht geboten.

4.2.4 TUKAN

Eine Umgebung zur Unterstützung von synchroner Kollaboration während der Implementierung stellt TUKAN zur Verfügung (Schümmer & Schümmer, 1999). Hierbei handelt es sich um eine Smalltalk-Programmierumgebung, die Aktionen der einzelnen Benutzer »beobachtet« und in Abhängigkeit von den aktuell bearbeiteten Artefakten verschiedene Zusammenarbeitsformen vorschlägt. In der lose gekoppelten Zusammenarbeit werden mögliche Konflikte sowie aktuelle Arbeitspositionen der anderen Benutzer im Projekt innerhalb eines Klassenbrowsers in Form von Wahrnehmungsinformationen dargestellt[80]. Je enger die von zwei Benutzern bearbeiteten Artefakte zueinander in Beziehung stehen, desto höher ist der Grad der Benachrichtigung über die Arbeit des anderen Benutzers.

Eine engere Form der Kopplung wird im *Pair Programming Browser* erreicht (vgl. Abb. 43 »Pair Programming Browser mit geöffnetem Chat-Tool«). Hierbei handelt es sich um einen synchron kooperativen Klassenbrowser, in dem Quelltexte mittels eines Mehrbenutzereditors bearbeitet werden können. Zur zusätzlichen Kommunikation kann beispielsweise ein Chat-Tool benutzt werden.

---

[80] Dabei wird auf Basis von semantischen Elementen der Software das abgewandelte räumliche Bewusstseinsmodell von Rodden (1996) angewandt, das im Beitrag von Streitz über Kooperative Gebäude und Roomware in diesem Buch näher beschrieben ist. Dort finden sich auch die dazugehörigen Literaturverweise.

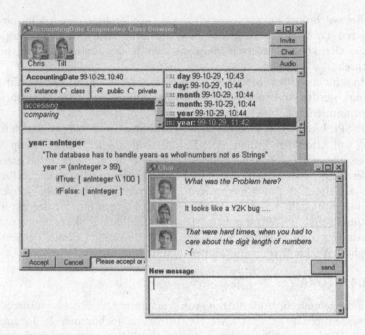

Abb. 43 Pair Programming Browser mit geöffnetem Chat-Tool

Diese beiden Werkzeuge ermöglichen verteiltes Pair Programming, wie es in der aktuell diskutierten Methodologie von *eXtreme Programming* (XP, vgl. Beck 1999) gefordert wird, wobei alle Programme immer in Partnerarbeit entwickelt werden sollten: Ein Partner bedient die Tastatur, während der andere die Methode nach Fehlern hin untersucht, oder das Gesamtkonzept des Projektes mit dem bearbeiteten Programmtext in Einklang bringt.

Neben Werkzeugen zur Implementierung unterstützt TUKAN die Projektplanung und stellt Informationen über die Projekthistorie zur Verfügung. TUKAN ist mit dem bereits beschriebenen ENVY eng integriert und ergänzt dies um Unterstützung für synchrone Kooperation und erweiterte Awareness.

5 Zusammenfassende Analyse

Die Anforderungen an Umgebungen zu Unterstützung gemeinsamer Software-entwicklung sind ebenso umfangreich wie die verschiedenen im SE-Prozess anfallenden Arbeitsschritte bzw. Aufgaben. Es existieren Ansätze, die jeweils bestimmte Teilbereiche adressieren, aber zur Zeit gibt es kein CSCSE-Werk-zeug, welches alle Anforderungen während allen Arbeitsabläufen unterstützt. Die einzelnen Lösungsansätze zeigen eine Entwicklungsrichtung auf und bieten – jede für ihr spezielles Anwendungsgebiet – Unterstützung für die kooperative Softwareentwicklung. Die Unterstützung gemeinsamer Arbeit wurde bereits in kommerzielle Werkzeugen integriert. Insbesondere auf dem Gebiet der syn-chronen Gruppen- und Prozess-Awareness besteht hier aber noch der Bedarf nach weitergehender Unterstützung. Mit den Forschungsprototypen TUKAN, Beyond Sniff (Bischofsberger et al., 1995) und CSDE (Altmann & Weinreich, 1998) existieren jedoch vielversprechende Ansätze.

Der Computer als soziales Medium

Peter Hoschka, Wolfgang Prinz, Uta Pankoke-Babatz
GMD FIT/CSCW, Sankt Augustin

1 Einleitung

Seit einiger Zeit können wir beobachten, dass Computer und Netze beginnen, als eine soziale Umgebung genutzt zu werden, in der Menschen sich selbst darstellen, sich mit anderen treffen, Informationen austauschen, Spiele spielen, Geschäfte machen, gemeinsam auf Informationssuche gehen und vieles andere mehr. Es entsteht eine neue Art von Begegnungsstätte und Handlungs- und Kulturraum (Rheingold, 1994; Turkle, 1999).

Computer und Netze werden nicht nur zur Unterstützung wohldefinierter Teams und Organisationen genutzt, sondern Tätigkeit am Computer ermöglicht Begegnungen mit anderen und die Bildung von neuen Treffpunkten und Gemeinschaften. So wie im realen Leben Straßencafes, wie Oldenburg (1989) schreibt, als dritte Begegnungsstätte neben Arbeit und Familie fungieren, so wird in zunehmendem Maße der Computer und »das Netz« zum Aufenthaltsort und zu einer weiteren Begegnungsstätte. Das Netz bietet themenspezifische Treffpunkte. Die Nutzung von Computern und Netzen bleibt damit nicht auf wohlstrukturierte Teams und Organisationen beschränkt, sondern eine neue Form der Gemeinschaftsbildung wird ermöglicht. Um diese Entwicklung zu unterstützen, müssen soziale Aspekte bei der Entwicklung und Nutzung der Werkzeuge im Netz verstärkt berücksichtigt werden. Tim Berners-Lee (1999, S. 172) fordert die Schaffung von neuen »sozialen Maschinen auf dem Web«.

Computernetze werden in Zukunft »bevölkert« und »bewohnt« sein – von Menschen und ihren Agenten. Sie werden zu einem »sozialen Medium« und bilden eine neue Art von Lebensraum. Und dies bedeutet: Wie bei der Erschließung eines realen Lebensraums muss auch dieser neue virtuelle Raum mit Regeln und Konventionen, mit Infrastruktur und mit Services ausgestattet werden, die das Zusammenleben in einer Umgebung erst ermöglichen und interessant machen. Man braucht Mittel, um sich im Raum zu bewegen, sich zu orientieren, andere zu finden, seine Privatsphäre zu schützen, sicher vor Übergriffen zu sein, Handel zu treiben und vieles andere mehr. Es ist viel mehr an Ordnung und Organisation erforderlich, als heute in den Netzen existiert. Diese Ordnung sollte einerseits helfen, die neuen Potenziale zeit- und ortsungebundener Kontakte auszuschöpfen, aber andererseits nicht gegen geltende ethische kulturelle Prinzipien verstoßen.

Ein Netz, das eine solche Qualität bietet, nennen wir »*Social Web*«. Es soll gleichermaßen für Arbeit und Erwerbsleben wie auch für Unterhaltung und Freizeit genutzt werden können. Physikalisch kann man sich solche Umgebungen als reale Räume vorstellen, in die Computer eingebettet sind, oder als virtuelle Räume in Computern mit »Verkörperungen« von Menschen und ihren Agenten oder als eine Kombination von beidem.

Grundlegende Werkzeuge für die Bildung elektronischer Gemeinschaften sind bereits heute verfügbar. Man kann mit Electronic Mail miteinander kommunizieren, themenspezifische Beiträge weltweit über Newsgroups verteilen, mittels Groupware miteinander kooperieren, sich mit andern in Chats oder 3-D-Welten treffen, in MUDs und MOOs gemeinsame Geschichten erzählen oder miteinander spielen, und natürlich auch beliebige Dateien über Dateitransferdienste austauschen, im WEB Informationen publizieren oder surfen und nach Informationen suchen und browsen, und vieles andere mehr. Die darüber hinausgehenden Anforderungen an eine Technologie der Zukunft werden in diesem Abschnitt herausgearbeitet.

2 Anforderungen an die Entwicklung eines Social Web

In einem Social Web sollten Personen viel besser sichtbar sein, als dies jetzt im Netz der Fall ist. Sie sollten als Individuen zu erkennen sein und sich auch zu erkennen geben können. Menschen sollten sich der Präsenz anderer Menschen in ihrer virtuellen Nachbarschaft bewusster sein und direkter und spontaner aufeinander reagieren können. Soziale Präsenz ist derzeit nur bei Face-to-Face-Begegnungen oder bestenfalls noch bei Video-Verbindungen wirksam (Short et al., 1976). Der Mangel an wahrnehmbarer Präsenz anderer sowie die mögliche Anonymität der Akteure führen im Netz durch die Verringerung von Hemmungen häufig zu unsozialem Verhalten. Dies kann Gemeinschaften empfindlich stören oder sogar zerstören (Kollock et al., 1994; Rheingold, 1994). Daher ist es in einem Social Web wichtig, dass Präsenz ausdrückbar und wahrnehmbar wird, damit das Gefühl ermöglicht wird, dass eine Beziehung zu Anderen entsteht oder besteht.

Social Web Sites sollten auch mehr wie Orte oder Plätze sein, die einen eigenen und spezifischen Charakter aufweisen, durch den bestimmte Einstellungen und Erwartungen für die Besucher entstehen. So, wie man sich in einem Museum anders verhält als in einer Kneipe, wird es auch in virtuellen Umgebungen mit unterschiedlichem Charakter verschiedene Verhaltensweisen geben.

Ein Social Web sollte ganz unterschiedliche Gemeinschaften unterstützen können. So können z. B. *Bürgerplätze, globale Lernumgebungen, Umgebungen für virtuelle Teams* oder *für lose Organisationen* mit Hilfe des Social Web entstehen. *Bürgerplätze* unterstützen die verschiedensten Formen der gesellschaftlichen und kulturellen Begegnung sowohl in lokalen als auch in weltweiten Gemeinschaften. Neben Zentren für alle gibt es speziellere Orte für Kinder, Jugendliche, ältere Menschen oder für besondere Zwecke wie Stadtplanung oder künstlerische Darbietungen. Globale *Lernumgebungen* unterstützen Telelernen, insbesondere auch das Lernen und den Austausch in verteilten Gruppen. Schüler, Studenten und Lehrer mit ähnlichen Interessen können unabhängig von ihren geografischen Standorten zusammenfinden und miteinander arbeiten. Umgebungen für *virtuelle Teams* ermöglichen die Bildung von sozialen Netzwerken in einem Unternehmen, um die verteilte und kooperative Bearbeitung von informations- und bewertungsintensiven Aufgaben durch virtuelle Teams zu unterstützen. Virtuelle Umgebungen für *lose organisierte Institutionen* helfen Organisationen, in denen viele freiwillige Helfer mitwirken (z. B. Greenpeace, Gewerkschaften, Parteien, Vereine), ihre Kommunikation mit und die zwischen ihren regional verteilten Mitgliedern und Mitarbeitern zu pflegen und ihre Arbeit zu organisieren.

Ein Social Web ist nicht die einfache Fortschreibung vorhandener Netze, sondern wirft neue Fragen auf. Aus den genannten Beispielen lassen sich Anforderungen ableiten, wie die heutigen Netze zu einem Medium weiterentwickelt werden können, durch das Menschen miteinander vielfältig interagieren können.

2.1 Repräsentation von Menschen und virtuelle Identität

Repräsentationsmöglichkeiten von Menschen sollten im Social Web angeboten werden. Ein breites Spektrum von verbalen und nicht-verbalen Ausdrucksmöglichkeiten ist erforderlich. Die Personalisierung und Individualisierung der Repräsentanten müssen den situativen Anforderungen angemessen erfolgen können. Die Repräsentanz von Personen sollte von bloßer Notiz anonymer Anwesender bis hin zu identifizierbaren und authentifizierbaren Individuen reichen. Eine repräsentierte Person muss über den Grad ihrer Identifizierbarkeit entscheiden können; in Abhängigkeit von ihrer eigenen Identifizierungsbereitschaft kann sie sich über andere informieren. Für andere muss der Grad der Authentizität eines Repräsentanten erkennbar sein. Prinzipien von Reziprozität müssen eingehalten werden. Der Grad der Authentizität der Repräsentationen ist aber auch für die Glaubwürdigkeit, die Zuverlässigkeit und Vertrauenswürdigkeit von entscheidender Bedeutung und muss situations- orts-, aufgaben- und personenangemessen realisiert werden können.

2.2 Gegenseitige Wahrnehmung und Gruppenbewusstsein

Die Umgebung selbst sollte sensorische Signale aussenden, damit Anwesende sich orientieren können und ein Gespür dafür entwickeln können, wo sie sich befinden. Die Wahrnehmbarkeit anderer Anwesender, d. h. die Wahrnehmbarkeit von deren Repräsentanten ist erforderlich, damit ein Gruppengefühl zwischen den Anwesenden entstehen kann. Die Wahrnehmbarkeit Anderer kann von der bloßen Information der Existenz Anderer, über die Information über die Anzahl der Anwesenden oder den Grad der Auslastung des Ortes, bis hin zur konkreten Sichtbarkeit und Identifizierbarkeit Einzelner und ihrer Aktivitäten reichen. Eine Umgebung kann auch eine Anwesenheitshistorie führen, damit auch vergangene Aktivitäten sichtbar werden. So ist z. B. allein die Anzahl der Besucher einer Web-Seite auch heute schon eine interessante Information, die etwas über die Wichtigkeit dieser Seite aussagt. Von einer Webseite aus sollte man auch »ausgetretene« Wege erkennen und verfolgen können, d. h. erkennen können, wohin die meisten Besucher dieser Seite gegangen sind, d. h. welches die meist benutzten Links sind. So kann, auch ohne direkte Kommunikation der Beteiligten, die Kompetenz früherer Besucher für spätere nutzbar gemacht werden.

Bei der Wahrnehmbarkeit der Anwesenden ist es wichtig, eine Balance zu halten zwischen dem Informationsbedarf des Einzelnen, der Privatsphäre aber auch der Informationsüberlastung. Ethische Konventionen, wie z. B. die der Reziprozität der Beobachtbarkeit, des Verbotes eines unsichtbaren Beobachters u.ä. müssen dabei berücksichtigt werden.

2.3 Bildung und Einführung von Normen und Konventionen

Normen und *Konventionen* erfüllen im realen Leben eine wichtige Funktion bei der Gestaltung und dem Erhalt von Gemeinschaften, sie dienen der Balance zwischen den Interessen des Einzelnen und den Interessen und dem Zusammenhalt einer Gemeinschaft. Sie sind ständiger Gegenstand von Verhandlung. »Die Kontrolle und die Koordination der Normen, die das Verhalten der Mitglieder steuern, kann daher die Kontinuität und den Erfolg der Gruppe fördern« (Mann, 1972, S. 64). Normen liefern der Gruppe einen Bezugsrahmen für das Verständnis der Umwelt (ebenda: S. 63). In Computernetzen sind daher Normen im Prozess der Bildung und des Zusammenhalts von Gemeinschaften ebenfalls von zentraler Bedeutung. Zusätzlich erfüllen sie, im Sinne der Auseinandersetzung mit der Umwelt, die Funktion, die Nutzung der Technik im für die

Gruppe zuträglichen Sinne zu erschließen. So kann man z. B. auch im Chat oder im MUD Neulinge (*Newbies* genannt) an Hand ihrer Regelverstöße erkennen.

In einem Social Web sind folglich insbesondere Möglichkeiten der Heraus-bildung, Kommunikation und Aneignung von Normen, sowie Möglichkeiten zur Unterstützung einer entsprechenden Verhaltensanpassung anzubieten. Dazu ist zu klären, welche Konventionen geeignet sind, um Beziehungen in vir-tuellen Umgebungen aufzunehmen, zu pflegen oder auch abzubrechen. Unter-schiedliche gruppen-, orts- oder zweckspezifische Normen müssen entstehen können, die die Entwicklung vertrauensvoller und sicherer Beziehungen priva-ter wie geschäftlicher Natur erlauben und gewährleisten.

Ein Social Web soll die Selbstorganisation von Gruppen und Gemeinschaf-ten ermöglichen. Hierzu gehört, dass sowohl soziale Regeln als auch technische Infrastruktur entwickelt werden, die virtuelle Gemeinschaften darin unterstüt-zen, ihre Angelegenheiten selbst zu ordnen und zu organisieren. Geeignete, akzeptable und ethisch vertretbare Maßnahmen zur Sichtbarkeit und Kontrolle von Verhalten und Aktionen der Teilnehmer müssen verfügbar gemacht wer-den, um eine Gemeinschaft funktionsfähig zu machen.

2.4 Bildung von gemeinsamem Wissen

Ein weiterer wichtiger Aspekt der Gemeinschaftsbildung ist die Möglichkeit, eine gemeinsame Informations- und Wissensbasis aufbauen und nutzen zu können. Ein Social Web unterstützt eine Gemeinschaft dabei, die Kompetenzen der Individuen beim Aufbau einer gemeinsamen Wissensbasis zu nutzen und gemeinsam Wissen zusammenzutragen, Informationen zu sammeln, zu disku-tieren und zu bewerten, und so für die Gemeinschaft zu erschließen. Auch dies muss durch geeignete Konventionen unterstützt werden. Die Zuverlässigkeit und Authentizität der Informationen muss überprüfbar sein, so dass die Quali-tät von Informationen verifiziert werden kann.

Im Social Web sollten auch *Softwareagenten* angeboten werden, die als Mediatoren in sozialen Prozessen fungieren können. Agenten können z. B. als eine Art Reiseführer Neulinge in die Spezifika eines Ortes einführen, oder sie können im Auftrag einer realen Person agieren. Agenten können ausgesendet werden, um für einzelne Personen zu agieren, Informationen zu recherchieren, Orte zu explorieren o.ä. Agenten müssen von Repräsentanten menschlicher Akteure unterscheidbar sein. Sie sollten in der Lage sein, mit ihrem Auftrag-ge-ber, mit den verschiedenen Zielorten, aber auch mit anderen Agenten oder Repräsentanten von Personen zu interagieren. Eine Kommunikationsschnitt-stelle zwischen Agent und ihrem Auftraggeber muss so gestaltet sein, dass eine Aufgabe eindeutig spezifiziert werden kann und für den Auftraggeber die

Handlungen des Agenten kontrollierbar bleiben, die vom Agenten erzielten Erfolge überprüfbar und Ergebnisse für ihn nutzbar sind. Bei Interaktionen mit anderen Agenten oder Repräsentanten von Personen muss ein Agent gegebenenfalls auch persönliche Daten über seinen Auftraggeber bekannt geben können. Auch dies muss mit dem Auftraggeber geklärt werden. Agenten müssen sich bei ihren Interaktionen mit menschlichen Akteuren ebenfalls an vereinbarte Normen und Konventionen halten.

3 Ansätze zu einem Social Web

Es gibt bereits eine ganze Reihe von Systemen und Entwicklungen, die zu der gewünschten gemeinschaftsförderlichen Qualität eines Social Web beitragen können. Als wesentliche Elemente zur Entwicklung von Gemeinschaften sind E-Mail, Newsgroups, Chats und MUDs und MOOs bereits genannt worden. E-Mail erlaubt weltweite Kommunikation, die anderen Medien erlauben es, mehr oder weniger wohlorganisierte Plätze zu gestalten, an denen man sich trifft.

Im Folgenden werden einige Projekte, Konzepte, Ansätze und Komponenten vorgestellt, die den Anwendern ermöglichen, durch ihre Aktivitäten gemeinsam Plätze und Wege im Social Web zu gestalten und diese gemeinsam zu erleben.

3.1 Vom Workspace zum Meeting Place

BSCW ist ein weltweit viel genutztes Groupwaresystem, das als Shared-Workspace-System Gruppen ermöglicht, Informationen aller Art abzulegen, sich gegenseitig zugänglich zu machen und miteinander zu diskutieren (siehe den entsprechenden Beitrag von Appelt et al. über Kollaborationsorientierte asynchrone Werkzeuge in diesem Buch). Bisher unterstützt BSCW vor allem asynchrones Arbeiten in einer Gruppe. Für den Social Web wurden neue Möglichkeiten ergänzt, sich über das aktuelle Geschehen in einem Workspace zeitnah zu informieren und mit anderen direkt und »real-time« Kontakt aufzunehmen. Dadurch wird für BSCW die Metapher des Workspace um die Funktionen eines »Meeting Place« ergänzt (Appelt, 1999; Trevor et al., 1997). BSCW wird dadurch zu einem Platz, wo man anderen aus der Gruppe begegnen und sich mit ihnen aktuell austauschen kann.

3.2 Wege durchs WEB: Kooperative Informationssammlung

Arbeitsgruppen können Probleme besser und schneller lösen, wenn ihre Mitglieder auch die Informationen, mit denen sie arbeiten, gemeinsam sammeln, erschließen und bewerten. Für die dabei ablaufenden sozialen Prozesse bietet heutige Groupware noch wenig Unterstützung. Kernidee für zukünftige Entwicklungen ist, die Informationssammlung dadurch zu verbessern, dass man sich die Arbeit anderer zunutze macht.

Die Suche nach Dokumenten im Web mittels Suchmaschinen kann effektiver werden, wenn die Bewertungen und Annotationen anderer in die Beurteilung von Suchergebnissen einbezogen und gut bewertete Dokumente weiter empfohlen werden können. Hierzu leisten sogenannte Recommender-Systeme (Resnik et al., 1997) wichtige Beiträge. Für ein Social Web sollte dies jedoch auch gemeinschaftsspezifisch genutzt werden können, um gemeinsame Wege durchs Web zu finden und sich gemeinsam Informationen zu erschließen (Voß & Kreifelts, 1997; Voß et al., 1998). Darüber hinaus können Aktivitäten und Interessen der einzelnen Gruppenmitglieder bei der Informationssuche im World Wide Web analysiert und erfasst werden. Daraus werden Themen- und Interessenprofile für die Gruppe entwickelt und mittels Agenten passende Informationen zusammengetragen (Voß & Kreifelts, 1997).

Die gemeinsame Erarbeitung eines Wissensgebietes kann durch den Aufbau einer gemeinsamen Terminologie unterstützt werden. Teilnehmer können beim Lesen von Dokumenten Schlüsselbegriffe und -passagen markieren. Diese Schlüsselbegriffe können genutzt werden, um aus Lesersicht ein Netz von Querverweisen zwischen den Dokumenten aufzubauen, das die Navigation durch die Dokumente unter den Perspektiven verschiedener Gruppenmitglieder unterstützt. Aus den Schlüsselbegriffen kann ein sogenannter ConceptIndex für die Thematik erstellt werden, der für die Aufbereitung der vorhandenen Dokumente, aber auch für die Erschließung weiterer Dokumente genutzt werden kann (Nakata et al., 1998; Voß et al., 1999).

3.3 Personalisierte Repräsentationen

Kommunikation zwischen Menschen ist eine komplexe Mischung aus beabsichtigten und spontanen, aus verbalen und nonverbalen Aktionen und Gesten. Vieles, vor allem von der nonverbalen Kommunikation, geht in den heutigen elektronischen Medien verloren. Für ein Social Web ist es wünschenswert, einen Teil der Bewegungen und Gesten eines Menschen möglichst direkt und spontan aus der realen Welt in eine virtuelle Welt zu transferieren. Die Menschen sollten nicht mit lästigen Apparaturen verkabelt werden, denn dies würde die Spontaneität der Gestik reduzieren. Außerdem sollte es nicht erforderlich sein, reale Räume mit aufwändiger Technik auszustatten, denn dies würde die Verfügbarkeit und Zugänglichkeit erheblich einschränken.

Mit der Entwicklung eines kleinen Gerätes, dem »*Movy*«, das drahtlos seine Bewegungen an einen in Sichtweite befindlichen Computer melden kann, ist ein genügend kleines und ubiquitäres Gerät verfügbar. Das Movy kann man in die Hand nehmen und damit »gestikulieren«. Die Bewegungen werden vom Rechner entweder direkt wiedergegeben, zum Beispiel als Bewegungen eines Avatars in einer virtuellen 3D-Welt, oder als Gesten mit einer Bedeutung für den Rechner interpretiert.

Mit Movy (Henne et al., 1998) können die Repräsentanten von Personen, also z. B. die Avatare, durch die natürliche Gestik der realen Personen gesteuert werden. Dies ermöglicht eine sehr viel größere Spontaneität der Gestik als sie bei menü-gesteuerten oder textuellem Ausdruck möglich ist. Die Vertrauenswürdigkeit der Gestik kann durch die erhöhte Authentizität der Bewegungen ebenfalls verbessert werden. Movy kann jedoch auch so genutzt werden, dass nur aus einem Repertoire von vordefinierten Bewegungen oder Positionen ausgewählt wird. So wurde z. B. eine Telefonkonferenz mit Movy unterstützt, in dem alle an der Konferenz Beteiligten durch ein Foto auf dem Bildschirm repräsentiert wurden. Wenn jemand mit dem Movy durch Handheben eine Wortmeldung signalisierte, so wurde sein Foto durch ein anderes ersetzt, in dem der Betreffende die Hand erhoben hat. Außerdem wurden geringfügige Bewegungen mit dem Movy als »Lebenszeichen« interpretiert und führten zu kleinen Bewegungen im Bild, so dass man auch visuell wahrnehmen konnte, wer noch anwesend ist. Dieses Beispiel zeigt, dass es ganz unterschiedliche Weisen geben kann, wie die mit Sensoren erfassten natürlichen Bewegungen als symbolische Aktionen in einer virtuellen Umgebung dargestellt und wirksam werden können.

3.4 Orientierung im Social Web

Eine wichtige Voraussetzung für eine soziale Umgebung ist, dass man mitbekommt, was dort alles passiert, auch wenn man sich gerade nicht in der Umgebung aufhält. Eine Orientierung in der Umgebung, in den ablaufenden Prozessen und natürlich in der Gemeinschaft sind für ein Social Web erforderlich. Hierfür wird eine Infrastruktur benötigt, die es erlaubt, das Geschehen in elektronischen Umgebungen zu erfassen und situationsgerecht für berechtigte Benutzer an dezidierten Orten angemessen verfügbar zu machen. Insbesondere müssen alle Ereignisse erfasst und kommunizierbar werden, die Präsenz, Aktionen und Bewegungen von anderen Teilnehmern, Agenten oder Objekten signalisieren, die ein Social Web »bevölkern«. Im Beitrag von Prinz über Awareness in diesem Buch ist eine solche Infrastruktur beschrieben.

Orte im Social Web müssen so gestaltet werden können, dass sie für die
Gemeinschaft nützlich sind. Die Orientierung wird erleichtert, wenn nicht nur
textuelle Informationen angeboten werden, sondern eine räumliche Orientierung, z. B. in virtuellen Welten, möglich wird. Navigation, Bewegung und
Aktion in einem solchen Raum sollte gemeinsam erfolgen können. Akteure
und ihre Aktionen und Positionen im Raum sollten für alle Beteiligten erkennbar sein. Mit SmallView (Broll, 1998) gibt es ein Werkzeug zur Gestaltung virtueller Räume, in denen gemeinsam navigiert werden kann.

Ein virtueller Raum kann auch genutzt werden, um Aktivitäten einer
Gemeinschaft zu visualisieren. Die Navigation im Raum erfolgt dann nicht
direkt durch die Akteure, sondern Akteure handeln in Shared-Workspaces,
browsen im Web oder editieren Dokumente. Diese Aktionen werden durch
Navigationsaktionen im virtuellen Raum visualisiert. Damit wird ein virtueller
Raum zur Repräsentanz der Aktivitäten einer Gemeinschaft. Hierbei können
auch Aktionen aus dem realen physikalischen Umfeld der Akteure einbezogen
werden. Dazu ist es notwendig, realweltliche Sensoren, z. B. Lichtschranken,
Geräuschsensoren, Bewegungsmelder, zu installieren, die realweltliche Ereignisse erfassen und in die virtuelle Welt übertragen. So kann sich eine Gemeinschaft einen an ihren Bedarf angepassten eigenen virtuellen Raum schaffen.
Um dies zu ermöglichen, wird eine Infrastruktur zur Ereignisbearbeitung mit
einer SmallView-Welt kombiniert.

4 Zusammenfassung

Bei der Entwicklung eines Social Web muss geklärt werden, wie heutige Groupware und Anwendungen im Netz weiterentwickelt und modifiziert werden
müssen, um den Anforderungen eines Social Web zu genügen. Das Social Web
ist nicht einfach eine neue Funktionalität, die hinzugefügt werden kann, sondern es erfordert eine neue Qualität der angebotenen Dienste und Funktionen.
Diese Qualität muss nonverbale Ausdrucks- und Verständigungsmöglichkeiten
unterstützen und Präsenz von Akteuren wahrnehmbar machen. Das ganze
Spektrum von persönlichen, privaten, über gruppen- und gemeinschaftsspezi-
fischen bis hin zu öffentlichen anonymen Interaktionen muss angemessen
unterstützt werden können. Ebenso sollten sowohl synchrone als auch asynchrone Interaktionen sowie der kontinuierliche Übergang von einem zum
anderem ermöglicht werden.

Wir haben einige Ansätze gezeigt, die dazu beitragen können, ein Social Web zu realisieren. Bei der Entwicklung neuer Funktionalität von Groupware und Communityware (siehe den entsprechenden Beitrag von Koch über Community-Support-Systeme in diesem Buch) finden sich weitere vielversprechende Ansätze. Doch stehen wir hier erst am Anfang einer Entwicklung, denn die sozialen Implikationen dieser neuen Funktionalität müssen auch erst analysiert und verstanden werden.

Bei der Entwicklung eines Social Web müssen sozialwissenschaftliche Studien und Systementwicklung Hand in Hand gehen. Die Implikationen neuer technischer Funktionalität für die Entstehung, Organisation und für gemeinsames Vorgehen von Gruppen bzw. Gemeinschaften müssen genau untersucht werden, um zu überprüfen, ob die gewünschten Effekte erreicht werden oder ob nicht statt dessen unsoziales Verhalten und Dissoziierung von Gruppen forciert werden und Schäden für Einzelne oder für Gemeinschaften entstehen. Da jede neue Technologie – zusätzlich zu den beabsichtigten – neue Interaktionsformen ermöglicht und unvorhersagbare Nutzungsmöglichkeiten eröffnet, deren Auswirkungen erst recht nicht vorhersehbar sind, ist eine ständige Untersuchung der Folgen notwendig. Die Effekte sind hinsichtlich ihrer gesellschaftlichen Wünschbarkeit zu überprüfen.

Für die weitere Entwicklung werden sozialwissenschaftliche Analysen benötigt, die ein tieferes Verständnis der Anforderungen und Bedingungen für ein Social Web zum Ziel haben, und Anwendungssysteme werden gebraucht, mit denen wirkliche Benutzer in realen Umgebungen mit einem Social Web ernsthaft experimentieren können.

Community-Support-Systeme

Michael Koch
Technische Universität München, München

1 Einleitung

Im vorhergehenden Beitrag von Hoschka et al. wurde motiviert, dass sich das Internet mehr und mehr zu einem sozialen Medium entwickelt, in dem sich Personen darstellen, mit anderen treffen, Informationen austauschen und gemeinsam arbeiten oder Geschäfte miteinander abwickeln können. Neben der Unterstützung von konkreten kollaborativen Tätigkeiten werden dabei die Möglichkeiten des Netzes immer stärker auch zur Unterstützung loser Gruppen genutzt. Dabei geht es weniger um die Unterstützung konkreter Kooperationsvorgänge, wie bei klassischer Groupware, sondern mehr um die Unterstützung der indirekten, beiläufigen Kommunikation zwischen Personen.

Anwendungen finden sich sowohl bei losen Interessensgruppen als auch in Unternehmen. Dort werden beispielsweise Intranets zunehmend für lose Kommunikation eingesetzt. Neben Awareness ist in diesen Unternehmensumgebungen eine sehr wichtige Anwendung das *Wissensmanagement* (Knowledge Management). Darunter versteht man allgemein Prozesse und Tools, die das Finden und Verstehen von arbeitskritischer Information unterstützen. Wissen wird mehr und mehr als Produkt der (indirekten) Kommunikation zwischen Personen gesehen (Davenport & Prusak, 1998).

Systeme und Infrastrukturen, welche sich der Unterstützung von losen Gruppen, dem Aufbau und der Nutzung von in diesen Gruppen vorhandenem Synergiepotenzial widmen, werden häufig unter dem Begriff »Community-Support-Systeme« oder auch »Communityware« zusammengefasst. Dabei spielen arbeitsbezogene Wissensmanagement-Communities und nicht-arbeitsbezogene (Interessens-)Communities gleichermaßen eine Rolle.

Nachdem im vorhergehenden Beitrag allgemeine Ideen und Herausforderungen des »Social Web« vorgestellt worden sind, werden wir hier die dort aufgeführten ersten Ansätze weiterführen und näher auf die Anwendungsklasse eingehen, die zur Konstitution eines Social Web beiträgt, den Community-Support-Systemen.

2 Communities

Groupware oder CSCW beschäftigt sich meist mit Gruppen von Personen, die (räumlich verteilt) zusammenarbeiten. Kennzeichnend für diese Gruppen, die wir im Weiteren als »*Teams*« bezeichnen, ist üblicherweise, dass sich die einzelnen Gruppenmitglieder gegenseitig kennen, und dass alle an einer gemeinsamen (Teil-)Aufgabe arbeiten.

Community-Support-Systeme beschäftigen sich primär mit etwas allgemeineren Personengruppen. Es wird nicht mehr gefordert, dass sich die Gruppenmitglieder kennen oder dass sie ein gemeinsames Ziel haben. Einzige Forderung ist ein gemeinsames Interesse oder eine sonstige Gemeinsamkeit (z. B. gemeinsame Wohngegend, gemeinsamer Beruf). Solche Gruppen nennt man »*Communities*«[81].

Je nach Art der Gemeinsamkeit unterscheidet man zwischen:

- *Communities of Interest*: Gruppen von Personen, die als Gemeinsamkeit das Interesse an etwas Bestimmtem haben, z. B. Briefmarkensammler, Fans einer Popgruppe.

- *Communities of Practice*: Gruppen von Personen, die als Gemeinsamkeit die Beteiligung an einem Prozess oder die Anwesenheit an einem gemeinsamen Ort (z. B. Wohngebiet) haben.

Es gibt keine klare Trennlinie zwischen Communities und Teams. Unterscheidungskriterien sind *Größe, Interaktionsgrad, Orientierung* und die *Arbeitsobjekte*: Die Größe ist bei Teams eher klein, bei Communities eher groß. Team-Mitglieder interagieren meist häufig miteinander, bei Communities ist die direkte Interaktion zwischen Community-Mitgliedern meist eher selten. Bei Teams kann man gemeinsame Ziele feststellen, Communities zeichnet dagegen nur ein gemeinsames Interesse aus. Dazu haben Teams meist auch ein festgelegtes Innenverhältnis und eine administrative Festschreibung. Hinsichtlich der Arbeitsobjekte finden sich bei Teams gemeinsame Artefakte. Bei Communities ist nur ein gelegentlicher Austausch von persönlichen Objekten zu beobachten.

---

[81] Wir bleiben hier bei dem englischen Begriff, der sich in der einschlägigen Literatur durchgesetzt hat.

3 Funktionalitäten von Community-Support-Systemen

Der Begriff »Community« ist ein abstrakter Begriff für Gruppen von Personen, die Gemeinsamkeiten haben. Die Idee hinter Community-Support-Systemen ist es erstens, diesen Gruppen eine Möglichkeit zur Interaktion zu geben, und zweitens, die Kenntnis von Existenz und Zusammensetzung dieser Gruppen zu nutzen, um die Mitglieder der Community oder andere Personen bei individuellen oder kollaborativen Aufgaben zu unterstützen.

Bei den Möglichkeiten der Unterstützung kann man also grundlegend die folgenden Konzepte zu unterscheiden:

Bereitstellung von (virtuellen) Treffpunkten und Bereitstellung von Kommunikations- und Interaktionsplattformen. Neben der Bereitstellung von Servern und Zugangssoftware (teilweise sogar Zugangshardware), spielt hier auch die Bewerbung bzw. Bekanntmachung des Treffpunkts eine Rolle.

Aufdecken und Visualisieren von Beziehungen zwischen Personen (z. B. Zugehörigkeit zu einer Community oder die Existenz gemeinsamer Interessen). Dies kann die Personen dabei unterstützen, mögliche Kooperationspartner für eine direkte Interaktion zu finden. Es geht also darum, Personen dabei zu helfen, mit anderen, die ihnen weiterhelfen können, in Kontakt zu treten. Man nennt diesen Bereich deshalb auch »*Matchmaking*«.

Nutzung der Kenntnis dieser Beziehungen, um (semi-)automatische Informationsfilterung zu ermöglichen. Die Community schränkt also den Suchraum ein und erlaubt so, besser mit der Informationsflut zurechtzukommen. Hauptinhalt hier ist die Filterung von Informationen – man nennt diesen Bereich deshalb auch »Community-basiertes Wissensmanagement«.

Das Aufdecken von Beziehungen und der Informationsaustausch können durch direkte Kommunikation der Community-Mitglieder untereinander bewerkstelligt werden. Zusätzlich bieten sich hier aber noch Ansatzpunkte für eine konkrete Unterstützung. Im Folgenden werden wir deshalb auf diese Punkte noch etwas näher eingehen.

3.1 Matchmaking

Bei der *Aufdeckung von Verbindungen* geht es darum, Verbindungen zu erarbeiten, die der Benutzer noch nicht kennt. Ein Beispiel ist das Finden von anderen Personen in einer Organisation, die sich für ein bestimmtes Thema interessieren.

Verbindungen können beispielsweise über die Beobachtung eines Objektes aufgedeckt werden, dessen Benutzung eine gewisse Gemeinsamkeit ausdrückt (z. B. Bücher in einer Bibliothek oder Newsgruppen im Web). Die Ausleiher eines Buches oder die (aktiven) Mitglieder einer Newsgruppe bilden dann eine *Community of Interest*. Eine andere Möglichkeit ist der Vergleich von Profilinformation oder von Bewertungen.

Bei der *Visualisierung der Verbindungen* geht es darum, dem Benutzer die Verbindungen bei Bedarf auf geeignete Weise zugänglich zu machen. Ein Beispiel dafür ist die Suche nach Experten über ein bestimmtes Thema in allen bereits explizit eingegebenen oder durch den ersten Schritt entdeckten Verbindungen. Ziel dabei ist meist, den Benutzer bei der Abwicklung einer Aufgabe oder dem Finden von Information zu unterstützen, beispielsweise einen geeigneten Reviewer für ein bestimmtes Paper zu finden oder Jemanden zu finden, den man nach einer bestimmten Information fragen kann.

3.2 Informationsaustausch

Matchmaking hat zum Ziel, einen direkten Kommunikationskanal zu einer anderen Person aufzubauen. Über diesen Kanal wird dann die eigentliche Zusammenarbeit abgewickelt. Im Gegensatz dazu helfen sich bei *indirekter Kooperation* Personen, ohne sich persönlich zu kennen. Information, die von jemandem bereitgestellt wird, wird von anderen zur Unterstützung der eigenen Arbeit benutzt. Die Unterstützung dieses »Knowledge Flow« wird als ein Hauptziel von Wissensmanagementsystemen gesehen (Borghoff & Pareschi, 1998). Durch den Austausch von Information und das Setzen der Information in den Kontext des Empfängers wird Wissen generiert.

Klassische Informationssysteme, bei denen verschiedene Benutzer Daten eingeben und abfragen, sind typische Beispiele für indirekten Informationsaustausch. Communities helfen hier beispielsweise durch die Festlegung eines Kontextes für die Informationsbereitstellung und –suche, schränken also den Suchraum ein.

Neben dem Austausch von Information gibt es noch die Möglichkeit, Metainformation auszutauschen. Darunter versteht man den Austausch von Bewertungen und Kommentaren zu eigentlichen Informationseinheiten. Diese Bewertungen können dann automatisch oder manuell ausgewertet werden, um interessante Information in größeren Sammlungen zu identifizieren. Dieses Konzept wird von sogenannten Recommender-Systemen genutzt (siehe dazu auch den Beitrag von Koch über Kollaboratives Filtern in diesem Buch).

3.3 Awareness

Sowohl im Zusammenhang mit Matchmaking, als auch mit Wissensmanagement wird häufig die Bedeutung von Awarenessinformation erwähnt. Dabei handelt es sich um Information zu den Aktivitäten anderer, die eigene Aktivitäten oder die Koordination mit anderen unterstützt (siehe dazu auch den entsprechenden Beitrag von Prinz über Awareness in diesem Buch). Beispiele für Awarenessinformation sind der Erreichbarkeitsstatus von anderen Community-Mitgliedern oder die Historie der Ausleihvorgänge zu einem Buch.

Durch die Anzeige von Historien oder die Auflistung aktueller Aktivitäten kann der Benutzer darin unterstützt werden, passende Kooperationspartner oder Informationen zu finden (siehe dazu auch Schlichter et al., 1998). Die Zugehörigkeit zu Communities liefert einen Anhaltspunkt dafür, welche Information angezeigt werden soll oder darf.

4 Typen von Community-Support-Systemen

Im vorhergehenden Abschnitt haben wir grob klassifiziert, welche Funktionalitäten für Community-Support-Systeme in Betracht kommen. Nachfolgend wird versucht, die Hauptgruppen der Systeme, die bereits heute solche Funktionalität bereitstellen, herauszuarbeiten.

News- und Chatsysteme

Diese Systeme gibt es schon seit den Anfängen der Vernetzung. Es handelt sich um Tools, in denen (synchron oder asynchron) Diskussionen zu bestimmten Themen (Interessensbereichen) geführt werden können. Eines der ersten und immer noch stark benutzte System dieser Art ist »USENET News«. Ein Beispiel für ein neueres System ist unter www.communityware.com zu finden. Die Tools unterstützen sowohl den Austausch von Information als auch das Matchmaking, da man durch nicht-anonyme Beiträge auf andere Community-Mitglieder aufmerksam werden kann, um dann direkt mit ihnen in Kontakt zu treten.

Auf der Basis von News-ähnlichen Setups haben sich sogenannte *Community-Netzwerke* (oder »Civic Networks«) entwickelt. Im Gegensatz zu Newsgruppen, die sich gemeinsamen Interessen widmen (»Communities of interest«), sind Community-Netzwerke elektronische Foren für Personengruppen, deren Gemeinsamkeit ein gemeinsamer Ort ist (z. B. Bewohner einer Stadt, eines Landstrichs). Neben der Einrichtung und Moderierung von Ankündigungs- und Diskussionsgruppen haben sich diese Projekte meist auch sehr um die Bereitstellung von Infrastruktur und Schulungsmöglichkeiten verdient gemacht (siehe z. B. Seattle Community Network (www.scn.org)).

Eine weitere interessante Entwicklung im Bereich der News- und Chatsysteme sind sogenannte *Online-Communities* (siehe Hagel & Armstrong, 1997 oder Paul & Runte, 1998). Hierbei handelt es sich um Websites, auf denen (newsgruppenähnlich) Information zu einem Thema ausgetauscht werden kann. Oft werden solche Dienste von einem Anbieter um ein spezielles Angebot herum aufgebaut. Im Gegensatz zu Websites von Firmen mit reinen Informations- und Werbezwecken steht der Bereich unter der Kontrolle der Community. Ziel ist, dass sich möglichst viele Mitglieder der Community aktiv an der Gestaltung des Bereichs und dem Informationsaustausch beteiligen.

Buddy-Systeme

Hierunter versteht man Systeme, die einem nach dem Einloggen anzeigen, welche seiner Kollegen oder Freunde gerade elektronisch erreichbar sind. Diese Tools liefern also Awarenessinformation zu den Mitgliedern einer meist explizit definierten Community oder eines Teams. Oft wird noch zusätzliche Information zur Erreichbarkeit von Personen angegeben, z. B. ob eine Person gestört werden kann. Weiterhin ist meist eine Verbindung zu Chat- oder Mail-Systemen integriert. Bekannte Beispiele für solche Systeme sind. ICQ (Mirabilis, 1998 und www.icq.com) oder AOL Instant Messenger (siehe Michalski (1997) für mehr Information zu dieser Anwendungsklasse).

Recommender-Systeme

Dies sind Systeme, die versuchen, die Vorlieben eines Benutzers herauszufinden und ihm dann Vorschläge machen, die ihn interessieren könnten. Die Systeme widmen sich also hauptsächlich der Funktionalität des Wissensmanagements. Grundlage solcher Systeme sind entweder einfache inhaltsbasierte Verfahren oder kollaborative Filterverfahren (siehe dazu auch den Beitrag von Koch über Kollaboratives Filtern in diesem Buch). Konkrete Systeme findet man bereits vielfach im Einsatz (z. B. für Bücher in www.amazon.com oder für Filme in www.moviecritic.com).

Matchmaking-Systeme

Diese Systeme nutzen die Kenntnis der Interessen eines Benutzers und der Beziehungen zwischen Benutzern, um andere Benutzer vorzuschlagen, mit denen man vielleicht in Kontakt treten könnte. Einen sehr interessanten Ansatz bietet hier SixDegrees (www.sixdegrees.com). Dort wird versucht, Netzwerke von Bekanntschaften (vor allem Bekannte von Bekannten) auszunutzen, um Kontakte auf einer bereits vorhandenen Vertrauensbasis knüpfen zu können.

5 Beispiele für Community-Support-Systeme

5.1 Knowledge Pump

Knowledge Pump ist ein Projekt des Xerox Research Centers Europe (Glance et al., 1998, Glance et al., 1999). Dessen Ziel ist es, vernetzte Gruppen von Personen mit ähnlichen Interessen beim Austausch, Finden und Bewerten von Informationen zu unterstützen. Grundlage dieser Unterstützung ist die Sammlung von *Informationsitems*, welche man sich selbst merken oder seinen Kollegen weiterempfehlen möchte (im aktuellen Prototypen des Systems werden beliebige Web-Dokumente (URLs) und Literaturreferenzen als Informationsitems unterstützt).

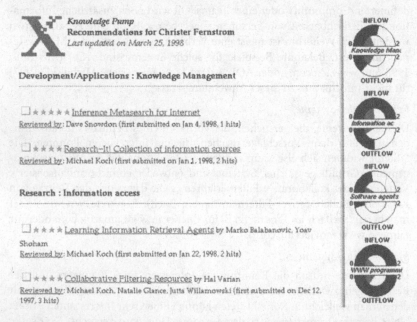

Abb. 44 Web-Seite mit persönlichen Empfehlungen der Knowledge Pump

Neue Informationen können wie bei einem Shared-Bookmark-System oder einer Literaturdatenbank eingetragen werden. Zusätzlich zu den Grundattributen (URL und Titel bei Web-Dokumenten) muss zu einem Item eine Einordnung in eine vorgegebene Menge von Themenbereichen (Communities) angegeben werden. Weiterhin ist es erforderlich, eine Bewertung für das Dokument einzutragen. Diese kann durch einen optionalen Kommentar ergänzt werden. Die so gespeicherten Items kann man später mit verschiedenen Suchverfahren wiederfinden. Neben einer Volltextsuche wird insbesondere eine Suche nach Bewertungen und bewertenden Benutzern angeboten. Die Bewertungen werden weiterhin dazu benutzt, Interessens-Korrelationen zwischen den Benutzern des Systems zu berechnen und damit Vorschläge eventuell interessanter Items zu generieren (siehe dazu auch den entsprechenden Beitrag von Koch über Kollaboratives Filtern in diesem Buch). Wegen des Cold-Start-Problems bei dieser Technik fordert Knowledge Pump beim Anmelden zusätzlich noch die Nennung einer Liste von Ratgebern unter den schon angemeldeten Benutzern. Für diese Ratgeber wird automatisch eine positive Korrelation angenommen, so dass von ihnen hoch bewertete Dokumente gleich empfohlen werden können. Die empfohlenen Items werden für jeden Benutzer individuell berechnet und auf einer täglich aktualisierten persönlichen Web-Seite angezeigt. Empfohlene Dokumente können vom Benutzer, für den die Empfehlung bestimmt war, wieder mit einer Bewertung und einen Kommentar versehen werden.

Hauptunterschied zu bisherigen Datenbank- oder Mailinglisten-Lösungen zum Informationsaustausch ist die Verteilung mittels Empfehlung sowie die Berücksichtigung und Visualisierung der Bewertungen und Kommentare anderer Benutzer bei der Anzeige der Dokumente.

Um die Motivation der Benutzer, Dokumente einzugeben, zu steigern, wurden in der Knowledge Pump ein Bewertungssystem für Eingaben (nicht nur quantitativ, sondern qualitativ über die Bewertungen anderer Benutzer) und eine Visualisierung der Aktivitäten in der Pump realisiert (mehr dazu in Glance et al., 1999).

5.2 Referral Web

Ausgangspunkt für die Entwicklung von Referral Web (Kautz et al., 1997 & b) war die Beobachtung, dass ein großer Teil des Informations- und Fachkenntnisaustausches über informelle Kanäle, z. B. über Freunde und Kollegen, abgewickelt wird. Direkte Kontakte werden in vielen Situationen anderen Mitteln wie z. B. anonymen Collaborative-Filtering-Systemen vorgezogen, da man in diesen Fällen auf die Meinung eines Experten angewiesen ist, dem man vertraut. Das soziale Netzwerk der Mitarbeiter hat also eine wichtige Rolle bei der Verbreitung von Informationen und bei der Organisation von Arbeit.

Referral Web unterstützt Benutzer darin, den Überblick über ihr soziales Netzwerk zu behalten und es zu nutzen. Dabei werden auch indirekte Verbindungen berücksichtigt (Personen, die über eine direkt bekannte Person bekannt sind). Mit Hilfe von Referral Web kann man sich seinen Bekannten-

kreis auf einen Blick zeigen lassen (siehe Abb. 45 »Anzeige der Beziehungen
erster Ordnung in Referral Web«) oder man sucht nach bestimmten Personen
oder nach Personen mit bestimmten Eigenschaften, z. B. nach Experten eines
Wissensgebietes. Außerdem ist es möglich, nach Dokumenten von Autoren, die
eine Beziehung zu einer bestimmten Person haben, zu suchen.

Beziehungen werden ohne Mithilfe des Benutzers automatisch ermittelt.
Wenn sich ein neuer Benutzer bei Referral Web registriert, dann werden diverse
Suchmaschinen mit dem Namen dieses Benutzers gestartet. Aus den so gefundenen Web-Seiten werden die Namen von anderen Personen extrahiert, und zu
jeder dieser Personen wird eine Beziehung im Beziehungsnetzwerk eingetragen. Andere Datenquellen, die beim Aufbau des Beziehungsnetzwerkes berücksichtigt werden, sind Links auf der Homepage des Benutzers, Listen von Co-
Autoren von Dokumenten und zitierte Dokumente und Reaktionen auf News-
Artikel.

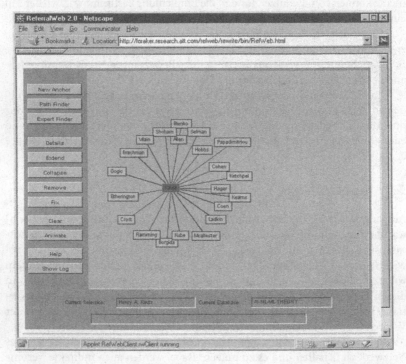

Abb. 45 Anzeige der Beziehungen erster Ordnung in Referral Web

Referral Web bietet also eine Unterstützung zur automatischen Erfassung des eigenen sozialen Netzwerks und zur Arbeit mit diesem Netzwerk, um Personen zu identifizieren, welche einem in bestimmten Situationen weiterhelfen können. Einerseits werden aktuelle Anforderungen bei der Kommunikation angesprochen, andererseits wird die Awareness des Benutzers über das soziale Netz, zu dem er gehört, erhöht. Durch den zentralen Ansatz (alle Relationen in einer Datenbank) werden auch Freunde von Freunden gefunden. Benutzer können Verbindungen finden, die ansonsten verborgen geblieben wären.

5.3 Yenta

Das Ziel von Yenta ist es, Personen mit gleichen Interessen zu finden (Foner, 1998 & 1997). Im Gegensatz zu Referral Web wird hier ein dezentraler Architekturansatz verfolgt.

Jeder Benutzer betreibt einen lokalen *Agenten*, der durch Analyse der lokal vorhandenen Dokumente über den Benutzer lernt. Dazu werden in der aktuellen Version aus den im lokalen Dateisystem vorhandenen Textdokumenten, dem E-Mail-Log und allen gelesenen und geschriebenen News-Artikeln Schlüsselworte extrahiert. Diese werden gewichtet und daraus Vektoren zur Beschreibung der Dokumente zusammengesetzt. Durch die Berechnung des Ähnlichkeitsmaßes zwischen Dokumenten werden Cluster gebildet, die verschiedenen Interessensgebieten des Benutzers entsprechen. Der Benutzeragent kommuniziert dann regelmäßig mit den Agenten anderer Benutzer und vergleicht die durch diese Cluster definierten Interessen.

Neben der automatischen Identifikation der Interessen eines Benutzers liegt das Hauptaugenmerk in Yenta darauf, wie man andere Agenten zur Abprüfung gemeinsamer Interessen finden und wie diese Kommunikation sicher gestaltet werden kann. Beim Finden anderer Agenten wird bei jedem Agenten mit verschiedenen Cache-Listen gearbeitet, in denen Agenten geführt werden, die bekanntermaßen einem bestimmten Cluster angehören oder mit welchen man generell schon mal kommuniziert hat. Solche Listen werden bei der Kommunikation untereinander ausgetauscht.

Yenta bietet also einen interessanten dezentralen Ansatz, andere Personen zu finden, die dieselben Interessen haben. Besonders hervorzuheben ist das Konzept, die Interessen eines Benutzers automatisch zu bestimmen.

6 Zusammenfassung

Community-Support-Systeme versuchen Gruppen von gleichgesinnten Personen bei der Kommunikation oder dem Informationsaustausch zu unterstützen.
Dazu gehört die Bereitstellung einer Kommunikationsmöglichkeit, die Unterstützung bei der Herstellung oder Pflege von Kontakten und die Nutzung von
Information zu vorhandenen Beziehungen zwischen Menschen, um Information zu filtern oder zu bewerten.

Im Vergleich zu CSCW-Systemen decken Community-Support-Systeme die
Vorphase der Teambildung und die lose Zusammenarbeit durch Austausch von
Information ab.

Neben der Nutzung in Unternehmen zum Wissensmanagement im weitesten Sinne haben Community-Support-Systeme auch außerhalb von Unternehmungen ein breites Einsatzgebiet. So existieren heute bereits unzählige
Online-Communities und Community-Netzwerke (ältestes und bekanntestes
Beispiel hier ist »The Well«, www.well.com).

Aktuelle kommerzielle Entwicklungen sind webbasierte Online-Commu-
nity Plattformen wie z. B. NetCommunity von Cassiopeia[82] oder Knowledge
Management Plattformen. In der Forschung finden sich integrierte, agentenba-
sierte Ansätze wie im Social Web-Projekt der GMD[83] oder im Cobricks Projekt
der TU München[84].

Weiterführende Information zu Community-Support-Systemen findet man
u.a. in aktuellen CSCW-Konferenzen (z. B. ACM Group99, ECSCW99) oder in
ersten Sammelbänden wie z. B. Ishida (1998a & b).

---

[82] Siehe http://www.cassiopeia.de/
[83] Zu mehr Information über Social Web siehe der entsprechende Beitrag von Hoschka et al. über Der
   Computer als soziales Medium in diesem Buch oder http://orgwiss.gmd.de/projects/SocialWeb/
[84] Zu mehr Information über Cobricks siehe http://www11.in.tum.de/proj/cobricks/

Synchrone Softwarearchitekturen

Jan Schümmer, Christian Schuckmann
GMD-IPSI, Darmstadt

1 Einleitung

Synchrone Groupware ermöglicht es einer Gruppe von Benutzern, simultan an gemeinsamen Daten zu arbeiten. Dabei werden von einem Benutzer ausgelöste Änderungen in Echtzeit anderen Benutzern sichtbar gemacht (daher auch die alternative Bezeichnung »real-time groupware«). Zur Koordination ihrer Arbeit benötigen Benutzer einer solchen Anwendung Zusatzinformationen über die Anwesenheit anderer Benutzer im gemeinsamen Datenraum, über deren Aktionen und Wirkungsbereich (sogenannte Awarenessinformation).

Aus technischer Sicht benötigt jeder Benutzer zumindest eine eigene Benutzungsschnittstelle als Zugang zu der Software. Weiterhin sind Komponenten zum Zugriff auf gemeinsame Daten und zur Synchronisation der simultan möglichen Benutzereingaben erforderlich. Diese Elemente, die in ihrer Gesamtheit die Groupwareanwendung ausmachen, sind auf mehrere Rechner verteilt und über ein Netzwerk verbunden. Welche funktionalen Elemente eine synchrone Groupware enthält und wie diese über mehrere Rechner verteilt zusammenarbeiten, wird durch Groupwarearchitekturen beschrieben.

Verglichen mit Design und Implementierung von Einbenutzeranwendungen treten bei der Entwicklung synchroner Groupware eine Reihe zusätzlicher Herausforderungen auf:

- Die Benutzungsschnittstelle einer solchen Anwendung ist in der Entwicklung aufwändiger als bei einer vergleichbaren Einbenutzeranwendung (Anzeige von Awareness-Informationen, Unterstützung unterschiedlicher Kooperationsmodi ...).

- Im Gegensatz zu Einbenutzersystemen müssen mehrere Eingabeströme von verschiedenen Benutzern verarbeitet werden. Weiterhin müssen die Anzeigen aller Benutzer stets aktualisiert werden, wenn ein Benutzer die gemeinsamen Daten modifiziert hat. Mehrbenutzerbetriebssysteme oder -datenbanken kennen diese Problematik nicht.

- Groupwareanwendungen sind im Allgemeinen verteilt. In diesem Zusammenhang müssen Fragestellungen wie Prozesssynchronisation, Konsistenzerhaltung, Interprozesskommunikation, Ausfallsicherheit von Komponenten oder Netzverbindungen usw. adressiert werden.

Diese zusätzlichen Problemstellungen wirken sich in Form von langen Entwicklungszeiten und hoher Fehlerrate aus. Groupwarearchitekturen versuchen, die zusätzliche Komplexität für die Entwickler handhabbar zu machen, indem sie ihnen bewährte Strukturen an die Hand geben. Eine noch weitergehende Unterstützung kann durch Groupware-Toolkits und -Frameworks geboten werden, in denen Teile einer Architektur bereits fertig implementiert sind.

Der folgende Abschnitt gibt ein Überblick über Architekturen für synchrone Groupware und stellt ausgewählte Groupware-Toolkits und -Frameworks vor. In Inhalt und Struktur lehnen wir uns an den ausgezeichneten Artikel »Architectures for Synchronous Groupware« von W. Greg Phillips (1999) zum gleichen Thema an.

2 Groupwarereferenzmodelle

Das erste auf Groupware spezialisierte Referenzmodell wurde von Patterson (1995) vorgelegt. Es geht von der Basisanforderung an jede Groupwarearchitektur aus, einen gemeinsamen Anwendungszustand bereitzustellen. Patterson schlägt hierzu eine vierstufige Schichtenarchitektur vor, in der auf jeder Schicht Anwendungszustand vorhanden ist:

Die Anzeigeschicht besteht aus den für die Anzeige benötigten Betriebssystemteilen, also Treiber und Bildschirmspeicher. Offensichtlich ist diese Schicht in Groupwareanwendungen für jeden Anwender lokal vorhanden, also repliziert. Die Visualisierungsschicht bildet eine erste Abstraktion über der Anzeigeschicht innerhalb der Groupwareanwendung und beschreibt die Darstellung der Modelldaten. Die Modellschicht beinhaltet die von der Groupwareanwendung bearbeiteten Daten. In der Persistenzschicht erfolgt die Speicherung der bearbeiteten Daten z. B. in einer Datei oder einer Datenbank. Der den vier Schichten zugeordnete Anwendungszustand wird mit Anzeigezustand, Visualisierungszustand, Modellzustand und Persistenzzustand bezeichnet.

Wie in Abb. 47 »Pattersons Referenzmodell« dargestellt, unterscheidet das Referenzmodell drei Klassen von Groupwarearchitektur.

In der synchronisierten Architektur (Abb. 47 »Pattersons Referenzmodell« (a)) arbeitet jeder Anwender mit einer lokalen Kopie der kompletten Anwendung, d. h. auf jedem Teilnehmerrechner sind alle vier Schichten vorhanden. Die Bereitstellung des gemeinsamen Anwendungszustandes erfolgt durch den Austausch von Änderungsinformationen zwischen korrespondierenden Schichten der einzelnen Anwendungen.

In der auf *geteiltem Zustand* basierenden Architektur werden höhere Schichten der Anwendung von allen Benutzern gemeinsam verwendet. Diese Schichten sind also im Gesamtsystem jeweils nur einmal vorhanden. In Abb. 47 »Pattersons Referenzmodell«(b) sind dies die Modell- und die Persistenzschicht. Unter die Rubrik »geteilter Zustand« fallen allerdings auch Architekturen, bei denen bereits die Visualisierungsschicht oder auch nur die Persistenzschicht gemeinsam benutzt wird. Dieses Architekturmodell wird auch als »*Pattersons Reißverschlussmodell*« bezeichnet, da seine Diagrammdarstellung an einen von unten geöffneten Reißverschluss erinnert.

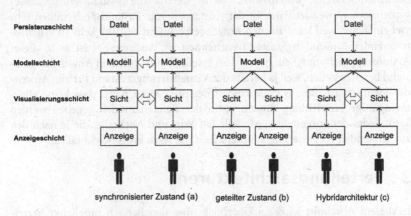

synchronisierter Zustand (a)   geteilter Zustand (b)   Hybridarchitektur (c)

Abb. 47 Pattersons Referenzmodell

Abb. 47 »Pattersons Referenzmodell« (c) zeigt eine Mischung aus dem geteilten und dem synchronisierten Modell (*Hybridarchitektur*). Der gemeinsame Modellzustand wird hier über den gemeinsamen Zugriff auf ein identisches Modell realisiert, während der gemeinsame Visualisierungszustand durch Synchronisation zwischen den Visualisierungsschichten der Client-Anwendungen hergestellt wird. Dieser Ansatz weist eine hohe Flexibilität bezüglich der Kopplung des Visualisierungszustandes auf. Für komplexere Anwendungen hat er sich allerdings nicht bewährt, weil er architekturbedingt ein erhöhtes Risiko für Inkonsistenzen zwischen lokalem Visualisierungszustand und geteiltem Modellzustand aufweist.

Dewan (1999) hat Pattersons Taxonomie zu einer generischen Architektur verallgemeinert. Eine Groupwareanwendung besteht demnach aus einer Reihe aufeinander aufbauender Schichten, die untereinander über Ereignisse kommunizieren. Wie in Pattersons Modell kann die Schichtenarchitektur auf einer beliebigen Schicht aufgespalten werden. Weder Anzahl noch Funktion der einzelnen Schichten sind durch das Modell festgelegt.

Bereits die Wahl des Referenzmodells hat entscheidenden Einfluss auf das Verhalten einer Groupwareanwendung und auf den für die Realisierung benötigten Aufwand. So ist es zum Beispiel in einer Architektur, die lediglich auf einer gemeinsamen Persistenzschicht beruht, sehr aufwändig, die *Synchronität* auf der Anzeigeschicht zu gewährleisten. Als Austauschmedium für Zustands-änderungen steht hier ausschließlich das Persistenzmedium zur Verfügung. Änderungen in der Anzeigeschicht, die von einem Client zu einem anderen Client übertragen werden sollen, müssen also auf beiden Seiten die komplette Schichtenhierarchie durchlaufen. Wenn bereits die Visualisierungsschicht gemeinsam verwendet wird, ist der Austausch von Zustandsänderungen sehr viel einfacher, weil lokal auf den Anwenderrechnern beinahe kein zu synchro-nisierender Anwendungszustand vorhanden ist. Andererseits ist es in dieser Architektur nicht möglich, neben dem geteilten auch privaten Anwendungszu-stand bereitzustellen, weil ja bereits der Visualisierungszustand für alle Anwen-der identisch ist. Bereits diese beiden Beispiele legen nahe, dass keine allge-meingültige Empfehlung für ein optimales Referenzmodell gegeben werden kann: Jedes der vorgestellten Modelle hat Vor- und Nachteile, die je nach den zu erfüllenden Anforderungen unterschiedlich stark ins Gewicht fallen.

3 Verteilungsarchitekturen

In diesem Abschnitt wird ein Überblick über den Bereich möglicher Vertei-lungsarchitekturen gegeben. Dabei wird untersucht, auf welche Weise die funk-tionalen Komponenten einer kollaborativen Anwendung sinnvoll auf verschie-dene Rechner verteilt werden können und welchen Einfluss die jeweilige Verteilung auf das Verhalten der Gesamtanwendung hat. Jede der drei Basisver-teilungsarchitekturen (zentral, repliziert und Mischformen) werden zusammen mit ihren gebräuchlichen Varianten kurz beschrieben und anschließend bewer-tet. Zur Illustration wird die in Abb. 48 »Grafische Notation für Verteilungsar-chitekturen« dargestellte grafische Notation verwendet, welche im Folgenden erläutert wird.

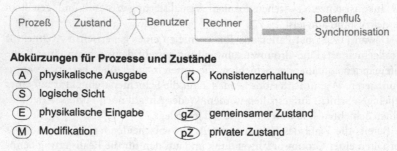

Abb. 48 Grafische Notation für Verteilungsarchitekturen

- *Physikalische Ausgabe* bezeichnet den Prozess, der sich mit der Umsetzung von Ausgaben auf ein konkretes Gerät (Bildschirm, Lautsprecher) beschäftigt. Die Physikalische Ausgabe ist üblicherweise kein Teil der Anwendung sondern wird vom Betriebssystem bereitgestellt.

- Die *logische Sicht* ist der Teil der Anwendung, der eine Sicht auf Teile des Anwendungszustandes definiert und in eine konkrete physikalische Ausgabe umsetzt.

- *Physikalische Eingabe* bezeichnet analog zur physikalischen Ausgabe den Prozess der die Eingaben konkreter Geräte (Maus, Tastatur) oder vom Betriebssystem bereitgestellte Benutzungsschnittstellenprimitive (Menü, Schaltfläche, Bildlaufleiste) verarbeitet.

- Der *Modifikationsprozess* ist der Teil der Anwendung, der die vorverarbeiteten Eingabeströme aus der physikalischen Eingabe interpretiert und daraufhin Modifikationen am Anwendungszustand vornimmt. Hier ist die Anwendungslogik implementiert.

- Der *Konsistenzerhaltungsprozess* hat die Aufgabe, den Zugriff auf geteilte Ressourcen zu koordinieren, um Inkonsistenzen in der Anwendung zu vermeiden. An dieser Stelle können unterschiedliche Strategien bzw. Nebenläufigkeitskontrollen zum Einsatz kommen, die das Verhalten der Anwendung maßgeblich beeinflussen.

- Mit dem *gemeinsamen Anwendungszustand* wird der Zustand bezeichnet, den sich alle Anwendungsinstanzen teilen.

- Zusätzlich zu dem gemeinsamen Anwendungszustand können Anwendungsinstanzen über einen *privaten Anwendungszustand* verfügen. Die Entkopplung von Sichten auf eine Anwendung kann durch solche privaten Zustände unterstützt werden.

3.1 Zentralisiert Verteilungsarchitektur

In vollständig zentralisierten Architekturen befindet sich die Anwendung auf einem einzelnen Server. Lediglich die physikalischen Ein- und Ausgabeprozesse befinden sich auf den Anwenderrechnern. Die Kommunikation zwischen der Anwendung und den physikalischen Ein- und Ausgabeprozessen verläuft auf der Basis von Benutzungsschnittstellenereignissen bzw. Grafikanweisungen (wie z. B. im X-Window System). Zentralisierte Groupware kann darin variieren, inwiefern sich die Anwendung des Einsatzes als Groupware bewusst ist. Man spricht hier auch von *kooperationsbewussten* bzw. *kooperationstransparenten Anwendungen*.

Die Standardschnittstelle zwischen Anwendung und Fenstersystem erlaubt
ein transparentes Zwischenschieben einer Verteilungskomponente für Grafikanweisungen und einer Bündelungskomponente für Benutzungsschnittstelle-
nereignisse (siehe Abb. 49 »Zentralisierte Verteilungsarchitektur« (a)). Diese
sogenannte *Application Sharing* Technik ermöglicht den Einsatz beliebiger existierender Anwendungen als synchrone Groupware. Nachteil einer solchen
Architektur ist, dass nur ein Benutzer zu einer Zeit mit der Anwendung interagieren kann, und dass Benutzer keine entkoppelten Sichten haben können.
Diese Architektur wurde z. B. in Mircosoft NetMeeting umgesetzt.

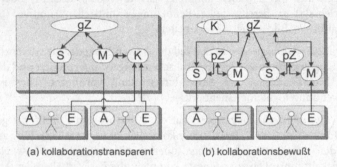

(a) kollaborationstransparent   (b) kollaborationsbewußt

Abb. 49 Zentralisierte Verteilungsarchitektur

Durch die individuelle Behandlung der einzelnen physikalischen Ein- und
Ausgaben und der Einführung von privaten Zuständen können die genannten
Nachteile vermieden werden. Solche Anwendungen sind dann speziell als
Groupware konzipiert (siehe Abb. 49 »Zentralisierte Verteilungsarchitektur«
(b)). Ein Nachteil der Variante ist jedoch die schlechte Skalierbarkeit, weil ein
zentraler Prozess die Benutzungsschnittstellen aller beteiligter Anwender individuell bedienen muss.

Der größte Vorteil der zentralisierten Architektur ist ihre einfache Imple-
mentierbarkeit, da die Anwendung praktisch komplett in einem Prozess
abläuft. Die Nachteile liegen in dem relativ hohen Kommunikationsaufwand
(benötigte Netzwerkbandbreite) und darin, dass das Antwortverhalten der
Benutzungsschnittstelle von der Qualität (Latenzzeit) der Netzwerkverbindung
zwischen Client und Server abhängt.

3.2 Vollständig replizierte Verteilungsarchitektur

Bei der vollständig replizierten Verteilungsarchitektur existiert eine vollständige Kopie der Anwendung auf jedem Anwenderrechner. Es gibt keine zusätzlichen Komponenten neben denen der Anwendung. Wie bei der zentralisierten Architektur existieren die Varianten kollaborationsbewusst und -transparent.

Für die Realisierung einer kollaborationstransparenten Anwendung bietet sich wieder die Schnittstelle zwischen Anwendung und Fenstersystem an (siehe Abb. 50 »Vollständig replizierte Architektur« (a)). Durch die Synchronisation der verschiedenen Eingabeströme können die einzelnen Anwendungskopien bei gegebenem gemeinsamen Ausgangszustand synchron gehalten werden. Da die Semantik der Eingaben unbekannt ist, können zur Konsistenzerhaltung nur sehr restriktive Algorithmen zur Nebenläufigkeitskontrolle, wie z. B. *floor control*, eingesetzt werden.

Die kollaborationsbewussten Varianten replizierter Anwendungen synchronisieren typischerweise den Anwendungszustand (siehe Abb. 50 »Vollständig replizierte Architektur« (b)). Auf diese Weise sind zusätzliche private Zustände möglich und damit eigene Sichten und ein entkoppeltes Arbeiten. Auch in der Wahl der Nebenläufigkeitskontrolle bietet die Variante eine größere Flexibilität.

Der größte Vorteil vollständig replizierter Anwendungen liegt in der Unabhängigkeit der einzelnen Anwendungsinstanzen untereinander und von einer zentralen Komponente. Diese Unabhängigkeit macht sie zum einen extrem robust gegenüber dem Ausfall einzelner Komponenten und zum anderen potenziell schnell in der Antwortzeit der Benutzungsschnittstelle. In der Realität sind diese Vorteile jedoch nur schwer zu realisieren. Die Antwortzeit der Benutzungsschnittstelle einer Anwendungsinstanz ist nur beim Einsatz optimistischer Algorithmen zur Nebenläufigkeitskontrolle wirklich unabhängig von den anderen Anwendungsinstanzen. Weiterhin wirft das Fehlen einer zentralen Komponente große Schwierigkeiten für die Behandlung von Nachzüglern auf. In diesem Fall muss eine hinzugekommene Anwendungsinstanz zunächst den Anwendungszustand der anderen Anwendungen annehmen. Es muss geklärt werden, welche der Anwendungsinstanzen dafür zuständig ist, und mit welcher Technik die Übermittlung des Zustands stattfindet, was im Falle der kollaborationstransparenten Variante nur durch Abspielen aller bisherigen Eingaben möglich ist.

Das wohl größte Problem liegt in der Realisierung einer verteilt arbeitenden Konsistenzerhaltung. Die Literatur über verteilte Systeme hält hier zwar Lösungen bereit, diese sind jedoch durchweg von außerordentlicher Komplexität und meist unfähig eine Änderung der Anzahl beteiligter Anwendungsinstanzen zu behandeln.

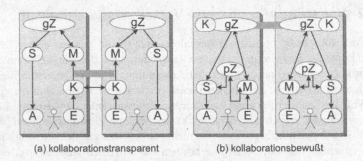

(a) kollaborationstransparent   (b) kollaborationsbewußt

Abb. 50 Vollständig replizierte Architektur

3.3 Verteilungsarchitektur mit zentraler Koordinationskomponente

Im Unterschied zu der vollständig replizierten Verteilungsarchitektur ist bei dieser Verteilungsarchitektur die Koordinationskomponente zentralisiert. Auch hier gibt es die Varianten kollaborationstransparent (siehe Abb. 51 »Replizierte Architektur mit zentraler Konsistenzerhaltungskomponente« (a)) und kollaborationsbewusst (siehe Abb. 51 »Replizierte Architektur mit zentraler Konsistenzerhaltungskomponente« (b)), die auf die gleiche Weise funktionieren wie die entsprechenden Varianten der vollständigen Replikation. Eine weitere Variante hält den Anwendungszustand zusätzlich zentral als Primärkopie für Nachzügler (siehe Abb. 51 »Replizierte Architektur mit zentraler Konsistenzerhaltungskomponente« (c)).

Durch die Kombination vollständig replizierter Anwendungen mit einer zentralen Koordinationskomponente können fast alle Vorteile der replizierten Architektur bei wesentlich vereinfachter Realisierung erhalten werden.

3.4 Abschließende Betrachtungen zur Verteilungsarchitektur

Der allgemeine Trend der Verteilungsarchitekturen geht von einfachen zu komplexen Lösungen. Frühe Systeme waren meist vollständig zentralisiert oder vollständig repliziert, während später vor allem die zahlreichen Mischformen aufkamen. Sicherlich ist auch nicht jede Verteilungsarchitektur für alle Anwendungsfälle gleich gut geeignet. Aus diesem Grunde gibt es bereits Systeme, die

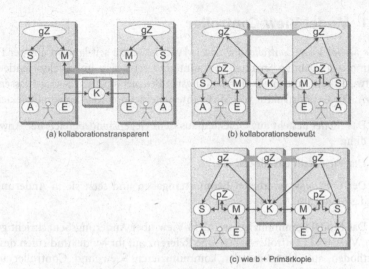

(a) kollaborationstransparent

(b) kollaborationsbewußt

(c) wie b + Primärkopie

Abb. 51 Replizierte Architektur mit zentraler
Konsistenzerhaltungskomponente

ihre Architektur dem jeweiligen Anwendungsfall flexibel anpassen können. Schließlich muss die Verteilungsarchitektur eine Vielzahl zum Teil untereinander in Konflikt stehender Anforderungen erfüllen. Darunter sind zu nennen: Antwortzeiten der Benutzungsschnittstelle, Konsistenz, Nutzung der Netzwerkbandbreite und Rechnerressourcen, Skalierbarkeit, Fehleranfälligkeit, Unterstützung für zeitweise nicht verbundene Benutzer, Zugriff auf externe Ressourcen (z. B. Datenbanken) und zahlreiche weitere Aspekte. Flexible Systeme, die all diese Anforderungen berücksichtigen und durch Anpassung ihrer Architektur möglichst gut erfüllen, sind jedoch noch in der Erforschung.

4 Konkrete Architekturbeispiele

Nachdem Groupwarearchitektur in den vorigen Abschnitten von verschiedenen Blickwinkeln auf abstraktem Niveau beleuchtet wurden, wenden wir uns jetzt einigen ausgewählten konkreten Architekturen, Toolkits und Frameworks zu, in denen die beschriebenen Konzepte umgesetzt sind.

4.1 Model-View-Controller

Das *Model-View-Controller*-Prinzip (MVC) ist schon seit langem aus der Programmierumgebung Smalltalk bekannt und setzt sich im objektorientierten Entwurf mehr und mehr durch. Jüngstes Beispiel sind die Swing-Klassen in JAVA. Die Grundstruktur von MVC unterscheidet drei Klassen von Objekten:

- Das *Model* besteht aus Objekten aus dem Gegenstandsbereich der Anwendung

- Der *View* stellt das Modell dar.

- Der *Controller* verarbeitet Benutzereingaben und setzt sie in Änderungen des *Model* um.

Das Model kommuniziert mit dem View über Änderungsbenachrichtigungen. View und Controller haben eine Referenz auf ihr Model und rufen dessen Methoden auf. Untereinander kommunizieren View und Controller über Methodenaufrufe. Das Model ist von View und Controller unabhängig, insbesondere können auch mehrere View/Controller-Paare auf einem identischen Model arbeiten. Model, View und Controller sind keine monolithischen Blöcke, sondern sind in sich strukturiert. Eine komplette MVC-Anwendung besteht aus einer Hierarchie von Model-View-Controller-Triaden.

MVC wurde zunächst für herkömmliche Einbenutzeranwendungen konzipiert, lässt sich aber leicht zu einer Groupwarearchitektur erweitern. Hierzu arbeitet jeder Anwender mit einem eigenen View/Controller-Paar auf einem gemeinsamen Model. Der gemeinsame Modellzustand kann dabei sowohl durch Synchronisation als auch durch die Verwendung eines gemeinsamen Models hergestellt werden.

Die beschriebene Erweiterung weist indes zwei Schwachpunkte auf:

- MVC geht davon aus, dass zu jeder Zeit maximal ein Controller aktiv ist. Diese Annahme kann für Mehrbenutzeranwendungen nicht aufrechterhalten werden. Das Problem kann durch die Einführung von Transaktionen gelöst werden.

- MVC verwendet das *Observer-Pattern* (vgl. Gamma, 1995) für die Kopplung zwischen Model und View/Controller, d. h. dass die Observer-Beziehung vom View aus aufgebaut werden muss und dass an geeigneten Stellen im Model-Code Änderungsbenachrichtigungen versandt werden müssen. Dies ist zwar in Einbenutzeranwendungen handhabbar, skaliert aber nur schlecht für Groupwareanwendungen. Aufgrund der multiplen Eingabeströme und den daraus resultierenden zahlreichen Möglichkeiten für Model-Änderungen wird die Observer-Struktur sehr schnell unübersichtlich und fehleranfällig. Eine Lösung für dieses Problem besteht darin, Model und View durch Bedingungen, sogenannte *Constraints*, miteinander zu verbinden.

4.2 Abstraction-Link-View (ALV)

In der »Abstraction-Link-View«-Architektur, die im Rendezvous-Toolkit (Hill et al., 1994) umgesetzt wurde, wird ein Constraintmechanismus zur Kopplung zwischen View/Controller (in Rendezvous »*View*«) und Model (in Rendezvous »*Abstraction*«) eingesetzt. Die Verbindung zwischen Model und View besteht aus deklarativen Informationen darüber, wie aus dem Zustand des Models der Zustand des zugehörigen Views abgeleitet werden kann. Ein in Rendezvous integrierter Constraintmechanismus wacht über die Einhaltung dieser Bedingungen und berechnet bei Zustandsveränderungen in der Modellschicht die betroffenen Views neu.

Rendezvous fällt unter die Kategorie »geteilter Zustand« (Abb. 47 »Pattersons Referenzmodell« (b)) in Pattersons Referenzmodell und folgt der in Abb. 49 »Zentralisierte Verteilungsarchitektur« (b) skizzierten zentralisierten kollaborationsbewussten Verteilungsarchitektur.

4.3 Clock

Clock ist eine deklarative Programmiersprache für grafisch-interaktive Anwendungen. Die Programmentwicklung in Clock erfolgt in einer visuellen Programmierumgebung, ClockWorks. Eine unter Clock entwickelte Anwendung besteht aus einer Hierarchie von MVC-Triaden, wobei die hierarchische Struktur durch die Enthaltenseins-Beziehungen auf Visualisierungsebene vorgegeben ist. Wie in ALV werden Views über Constraints an ihr Model gebunden werden. Ähnlich wie für MVC beschrieben erfolgt der Schritt von der Einbenutzer- zur Groupwareanwendung, indem die Architektur auf einer beliebigen Hierarchieebene pro Benutzer aufgespalten wird. Anders als bei MVC betrifft die Aufspaltung in Clock allerdings nicht nur die Visualisierungsschicht, sondern sie verläuft quer durch die Visualisierungs- und Modellschicht.

4.4 COAST

Die COAST-Architektur und das objektorientierte COAST Framework (Schuckmann et al., 1996) bauen auf MVC mit gemeinsamen Model auf und verwenden die in Abb. 51 »Replizierte Architektur mit zentraler Konsistenzerhaltungskomponente« (c) gezeigte replizierte Verteilungsarchitektur. Um in dieser Verteilungsarchitektur Skalierbarkeit zu erreichen, arbeitet

COAST mit Teilreplikation. Jeder Anwenderrechner hält also nur den für ihn relevanten Ausschnitt aus dem geteilten Modellzustand im Arbeitsspeicher.

COAST benutzt Transaktionen zur Kapselung von Benutzeraktionen. Es stehen sowohl optimistische als auch pessimistische Verfahren zur Nebenläufigkeitskontrolle zur Verfügung. Die Konsistenzerhaltung der Visualisierungsschicht erfolgt auch in dieser Architektur durch einen integrierten Constraintmechanismus. Der Unterschied zu anderen constraintbasierten Systemen liegt in der Kombination mit Transaktionen: Transaktionen überführen die Modellschicht von einem konsistenten Zustand in einen anderen ebenfalls konsistenten Zustand. Anzeigeaktualisierungen finden nur jeweils zwischen Transaktionen statt, und während der Anzeigeaktualisierung ist sichergestellt, dass sich der Modellzustand nicht ändert. Durch Einführung dieser zusätzlichen Mechanismen konnte die Komplexität der Anzeigeprogrammierung wesentlich reduziert werden.

4.5 Suite

In Suite (Dewan 92) wurde eine Hybridarchitektur umgesetzt (siehe Abb. 51 »Replizierte Architektur mit zentraler Konsistenzerhaltungskomponente«(c)). Modelldaten werden von einem zentralen Anwendungsprozess allen beteiligten Stationen bereitgestellt. Die Kommunikation mit diesem Anwendungsprozess erfolgt über lokal ablaufende »*Dialogmanager*«, die für die Verarbeitung von Benutzereingaben und die Anzeigeaktualisierung zuständig sind. Attribute der Benutzungsschnittstelle, wie z. B. Fenstergröße und Selektion, werden im Dialogmanager verwaltet. Für diejenigen Daten des Anwendungsprozesses, die durch einen Dialogmanager verändert werden können, sind lokale Kopien im Dialogmanager vorhanden. Diese Daten sind für die Dauer der Bearbeitung im zentralen Anwendungsprozess gesperrt. Die Kopplung zwischen Dialogmanagern erfolgt über flexibel konfigurierbare Verbindungen, wobei jeweils eine Verbindung für ein im Dialogmanager verwaltetes Attribut zuständig ist. Über diese Verbindungen wird es möglich, Änderungen eines Benutzers anderen Benutzern sichtbar zu machen, bevor diese Eingaben dem zentralen Anwendungsprozess als neuer globaler Zustand mitgeteilt wurden. Eine Stärke von Suite liegt in den Konfigurationsmöglichkeiten der Verbindungen: Hier ist sowohl auf Sender- als auch auf Empfängerseite einstellbar, zu welchem Zeitpunkt lokale Änderungen anderen Benutzern zugänglich gemacht werden sollen (z. B. in festen Intervallen oder bei Erreichen eines syntaktisch korrekten Zustandes).

4.6 GroupKit

Das Groupware-Toolkit GroupKit (Roseman & Greenberg, 1996b) verwendet vollständige Replikation, überlässt allerdings einen Großteil des damit einher gehenden Programmieraufwandes für Kommunikation und Synchronisation dem Anwendungsentwickler. GroupKit-Anwendungen laufen lokal auf jedem der beteiligten Anwenderrechner. Eine *Konferenz* fasst die Anwendungsprozesse aller an einer Sitzung beteiligten Benutzer zusammen. Die Kommunikation der Anwendungsprozesse innerhalb einer Konferenz erfolgt entweder direkt über Mehrpunkt-RPC oder indirekt über gemeinsam genutzte Datenstrukturen. Diese gemeinsamen Datenstrukturen, in GroupKit »Umgebungen« *(Environments)* genannt, können entweder zentral auf einem Server liegen oder von den einzelnen Stationen repliziert werden. Sobald in einer Umgebung Änderungen stattfinden, wird auf jeder Station ein Ereignis ausgelöst, das die Änderung beschreibt. Die jeweiligen Anwendungen müssen, um auf diese Ereignisse reagieren zu können, explizit Behandlungsroutinen installieren.

Die Konferenzsteuerung, also das Starten und Beenden von Anwendungsprozessen und das Hinzufügen von Anwendungsprozessen zu Konferenzen, erfolgt in GroupKit durch eigenständige Komponenten. Auf jedem Anwenderrechner muss hierzu ein *Konferenzsteuerungsprozess (session manager)* gestartet werden, der mit einem zentralen *Registrierungsprozess (registrar)* in Verbindung steht.

GroupKit zeichnet sich durch eine Vielzahl von integrierten groupwarespezifischen Benutzungsschnittstellenelementen wie z. B. Mehrbenutzer-Rollbalken, aus.

Betriebliche Groupwareplattformen

Stephan Wilczek, Helmut Krcmar
Universität Hohenheim, Stuttgart

1 Einleitung

Zur Unterstützung inner- und zwischenbetrieblicher Kommunikation, Koordination und Kooperation haben sich seit Anfang der neunziger Jahre im betrieblichen Umfeld kommerzielle Groupwareprodukte etablieren können. Neben vielen im Forschungsumfeld entwickelten Prototypen (Schwabe & Krcmar, 1996) werden im Rahmen dieses Beitrages aus einer Vielzahl kommerziell verfügbarer Lösungen heraus[85] die beiden marktführenden Produktpakete NOTES/ DOMINO (im Folgenden: DOMINO) der Firma Lotus (Lotus 2000) und OUTLOOK/EXCHANGE (im Folgenden: EXCHANGE) der Firma Microsoft (Microsoft 2000) beispielhaft betrachtet. Die Namenskombinationen weisen dabei jeweils auf das einzelne Clientprodukt (NOTES, OUTLOOK) bzw. das Serverprodukt (DOMINO, EXCHANGE) hin.

Die genannten Produkte bieten eine Messaging-Komponente (Senden, Weiterleiten und Empfangen elektronischer Dokumente), die die Basis für viele der anderen zur Verfügung gestellten Groupwarefunktionalitäten bildet. So liegt derzeit auch in der Praxis der Schwerpunkt der Nutzung immer noch auf der E-Mail-Komponente und ein großer Teil der Anwender verbindet mit den Produktnamen lediglich das unternehmens- oder konzernweite elektronische Mailingsystem. Mit der Weiterentwicklung der Produkte zeichnete sich der Trend ab, die eigentlich als Groupwareapplikationen entwickelten Systeme zu Groupwareplattformen zu erweitern. Die Hersteller bieten dabei mit Programmierschnittstellen oder integrierten Programmierumgebungen die Möglichkeit für Drittanbieter, unter Zuhilfenahme der Funktionalitäten des bestehenden Systems eigene Applikationen zu gestalten. Groupware wird so zu einer Plattform zwischen Betriebssystem und eigentlicher Applikation. Im Umfeld von DOMINO existieren bspw. weltweit über 19.000 Softwarehäuser (Schimpf, 1999), die auf dieser Basis eigene Produkte anbieten.

---

[85] Eine Liste mit Links zu 70 Groupwareplattformen findet sich unter http://www.do.isst.fhg.de/workflow/produkte/index_e.html

Das Anforderungsprofil an eine Groupwareplattform in der betrieblichen Praxis ist uneinheitlich. Während einige Unternehmen lediglich eine Plattform für den Bereich »Messaging« benötigen, wollen andere Unternehmen den gesamten Bereich synchroner und asynchroner Teamarbeit elektronisch unterstützen. Weit verbreitete Groupwareapplikationen in der Praxis sind Gruppenkalender, Aufgabenmanagement-Tools, Diskussionsforen, einfache Workflowanwendungen und elektronische Formulare. All diese Applikationen basieren auf einer funktionierenden Messaging- bzw. E-Mail-Komponente, wobei sich das Gesamtsystem durch Zuverlässigkeit, Sicherheit, Skalierbarkeit, Connectivity und einfache Administration auszeichnen muss (Microsoft, 1997).

Zuverlässigkeit bedeutet, dass die jeweilige Nachricht ihr Ziel erreicht, der Server hohe Verfügbarkeit garantiert und im Fall eines Systemabsturzes eine Wiederherstellung der Daten erfolgen kann. Da viele Personen mit dem System arbeiten, muss die *Sicherheit* in Bezug auf gespeicherte Informationen, Übertragung von Daten sowie Authentisierung von Nutzern gewährleistet sein. *Skalierbarkeit* bezieht sich auf die performante Unterstützung einer großen Zahl von Benutzern, die Möglichkeit, das System sowohl auf leistungsstarken Servern wie auch schwächeren Desktop-Computern einsetzen zu können und die Möglichkeit, die bestehenden Systeme um weitere Server zu ergänzen. Unter *Connectivity* wird die Möglichkeit des Datenaustausches mit anderen Systemen und Komponenten verstanden. Darunter lässt sich die Verbindung zum Internet, aber auch der Datenaustausch mit bestehenden anderen Client- und Serverapplikationen (z. B. Microsoft Office, SAP R/3) fassen. *Einfache Administration* muss durch effiziente Unterstützungswerkzeuge für das Management des Gesamtsystems und der Teilsysteme gewährleistet werden: Tools für Konfiguration, Monitoring und Backup seien beispielhaft genannt. Das System muss sich in die vorhandene IT-Infrastruktur einbetten lassen. Die einfache *Anpassbarkeit* und *Erweiterbarkeit* des Systems sollte durch offene Schnittstellen und integrierte Entwicklungswerkzeuge unterstützt werden. Daneben bestimmen, je nach Strategie des Kunden, weitere Aspekte wie die *Möglichkeit zur Replikation von Datenbeständen*, *Schulungsaufwand* für Nutzer und Entwickler, *Administrationskosten* des Systems, *Qualität der Dokumentation* usw. das Anforderungsprofil an die Groupwareplattform.

Für einen Einblick in betriebliche Groupwareplattform wird zunächst exemplarisch die grundlegende Struktur der Plattform DOMINO beschrieben. In Anlehnung daran erfolgt eine Skizzierung der Grundelemente von EXCHANGE und eine Gegenüberstellung der beiden Systeme. Strukturen und Technologien der Plattformen anderer Hersteller weichen an vielen Stellen zwar erheblich ab, ein Verständnis für die grundlegenden Problematiken kann aber auch mit Fokus auf die Systeme DOMINO und EXCHANGE vermittelt werden.

Auf Basis des oben beschriebenen, fiktiven betrieblichen Szenarios werden Themenbereiche, die mit einer Groupwareplattform in Verbindung gebracht werden, beispielhaft aufgezeigt und es wird beschrieben, wie diese Bereiche (Basisarchitektur, Kommunikation, Koordination, Kooperation, Schnittstellen, Entwicklung, Integration anderer Systeme, Standards) durch den Einsatz von DOMINO in der Praxis unterstützt werden können.

Betriebliches Szenario

Das Entwicklungsteam der FIT AG hat den Auftrag, eine Krankenhaussoftware für den amerikanischen und den deutschen Markt zu entwickeln. Das grundlegende Architekturmodell und Teile der Software wurden zusammen von allen Teammitgliedern im Stammhaus der FIT AG in Stuttgart entwickelt, die Weiterentwicklung und die landesspezifische Anpassung der Software soll in San Francisco und Stuttgart erfolgen. Der Projektpartner in San Francisco wird durch einen Teil des Teams vor Ort unterstützt, während die restlichen Teammitglieder in Stuttgart bleiben. Im weiteren Entwicklungsprozess sollen möglichst viele der gemeinsamen Kommunikations-, Koordinations-, Kooperationsaktivitäten im Entwicklungsprozess elektronisch unterstützt werden. Gemeinsam und verteilt entwickelte Architektur- und Objektmodelle müssen für alle Teammitglieder in aktueller Form vorliegen, der letzte Stand der Teilprojekte, Projektteilberichte usw. müssen für alle Teilnehmer verfügbar sein.

Im Hinblick auf das Wissensmanagement sollten Problembeschreibungen für das von allen Teams eingesetzte CASE-Tool jedem aktuell zur Verfügung stehen. Änderungsanfragen (Change Requests) in Bezug auf die Basisarchitektur müssen immer einen vorgegeben Weg gehen, wobei der verantwortliche Teilprojektleiter die Anfrage genehmigen muss, die Anfrage danach dem Gesamtprojektleiter zur Genehmigung vorgelegt wird und bei positiver Rückmeldung anschließend die Abteilung sowie das gesamte Team davon informiert wird. Der Projektleiter benutzt zur Projektplanung ein auf einer relationalen Datenbank basierendes System, wobei er einige Informationen aus dieser Datenbank allen zur Verfügung stellen und bspw. Kapazitätsplanungen der Teilprojektleiter wiederum in diese Datenbank exportieren muss.

Teilergebnisse (wie Meilensteine usw.) des Projektes sollen für den Auftraggeber in geeigneter Form mit entsprechender Autorisierung über das Internet abrufbar sein, die Kommunikation mit dem Auftraggeber erfolgt ebenfalls über das Internet.

2 DOMINO – Elemente einer Groupwareplattform

Zentrales Element im DOMINO-System ist das einzelne *Dokument*, vergleichbar mit einem aus einzelnen Feldern bestehenden Datensatz in einer relationalen Datenbank. Bei den Feldern werden verschiedene Datentypen unterstützt, wobei die Möglichkeit der Speicherung multimedialer Objekte die Erstellung sogenannter »*Compound Documents*« erlaubt. Diese Dokumente enthalten dann beispielsweise eine Grafik, eine Tabelle aus einer Tabellenkalkulation und einen Text aus einem Textverarbeitungsprogramm. Für ein Dokument können mehrere *Dokumentmasken* definiert werden, die unterschiedliche Sichten auf das Dokument zulassen und bspw. eine Auswahl der im Dokument enthaltenen Daten in anderer Anordnung mit einem anderen Layout zeigen. Eine Eingabemaske kann sich so von einer Anzeigemaske unterscheiden und verschiedene Personen bekommen individuelle Sichten auf das Dokument.

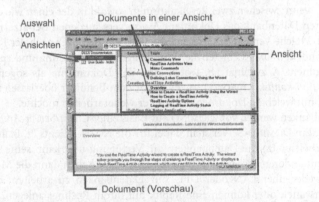

Abb. 52 Datenbank in DOMINO

Dokumente werden vom System in hierarchischen *Dokumentdatenbanken* verwaltet. Innerhalb einer Datenbank können sogenannte »*Ansichten*« auf alle oder auf eine Auswahl von in der Datenbank gespeicherten Dokumenten definiert werden. Innerhalb einer Ansicht werden dem Benutzer zeilenweise die Inhalte einzelner Felder eines Dokuments angezeigt. Für jede Datenbank können explizite Zugriffslisten definiert werden. Die Erzeugung eines Volltextindexes für eine Datenbank ermöglicht Volltextsuchen über alle Dokumente.

Neben den Dokumenten können in einer Datenbank noch weitere *Gestaltungselemente* erzeugt und gespeichert werden. Dazu zählen bspw. die oben beschriebenen Dokumentmasken, aber auch ausführbare Programme (in DOMINO sogenannte »*Agenten*«), die u.a. in einer mit Visual Basic kompatiblen Sprache (»LotusScript«) oder in JAVA geschrieben werden können und durch bestimmte Ereignisse (etwa: Mausklick des Benutzers auf ein bestimmtes Element, Schließen einer Maske oder nach Ablauf eines bestimmten Zeitintervalls) gestartet werden.

Die Datenbanken bilden den Mittelpunkt der Arbeit mit DOMINO. Wie aber wird die räumliche Verteilung der Daten gewährleistet? Zentrales Konzept von DOMINO ist hierbei die *Replikation* von Datenbanken. Zunächst wird dazu eine spezielle Kopie der Datenbank angelegt. Diese spezielle Kopie erhält eine eindeutige Markierung, die mit der Markierung der Originaldatenbank übereinstimmt, und wird als *Replik* bezeichnet. Liegen die beiden Datenbanken auf räumlich verteilten Servern, so kann man die Server dazu veranlassen, miteinander zu kommunizieren und einen Replikaktionsprozess zu starten, der Originaldatenbank und Replik miteinander abgleicht. Problematisch wird dieser Abgleich, wenn zwischen zwei Replikaktionen sowohl in der einen wie auch in der anderen Datenbank das Dokument A von verschiedenen Benutzern geändert wird. Welche Version des Dokuments wird ein Benutzer nach der Replikation vorfinden? DOMINO bietet hier eine pragmatische Lösung und speichert das Dokument A zweimal ab, wobei eins der Dokumente als sogenannter »*Replikaktionskonflikt*« markiert ist. Es bleibt dem Benutzer überlassen zu entscheiden, mit welchem Dokumentenstand er weiterarbeiten möchte.

Datenbanken werden von DOMINO auf Basis einer *Client/Server-Architektur* verwaltet. Ein DOMINO-Server stellt dabei für die NOTES-Clients (z. B. am Mitarbeiterarbeitsplatz) die Datenbanken zur Verfügung und kann seine Datenbanken mit anderen Servern abgleichen. Mitarbeiter haben dann die Möglichkeit, entweder über LAN oder DFÜ mit Datenbanken zu arbeiten, die der Server verwaltet, oder können eine Replik auf ihrem Rechner anlegen, offline mit dieser Replik arbeiten und bei Bedarf diese Datenbank wieder mit dem Server abgleichen.

Neben dem Replikaktionsprozess erlaubt der Server zur Unterstützung verteilter Arbeit das *Routing* von Dokumenten. Dabei wird ein Dokument mit einem entsprechend ausgefüllten »Empfängerfeld« versehen und dem Server übergeben. Der Server sucht eine dem Empfängereintrag zuordenbare Datenbank und fügt das Dokument bei erfolgreicher Suche dieser Datenbank hinzu. Weist die Adresse des Empfängers auf einen Bereich (Domäne) hin, der nur über die Weiterleitung an andere Server erreicht werden kann, so wird das Dokument an den nächsten Server auf dem Weg zum Server mit der Datenbank des Empfängers übertragen.

DOMINO bietet *Sicherheitskonzepte* auf verschiedenen Ebenen an (Schimpf, 1999). Neben Zugriffslisten (bspw. für Datenbanken und Server) und der Verschlüsselung von Feldern, Dokumenten und ganzen Datenbanken bietet DOMINO auch die Verschlüsselung von Informationen, die über ein Netz (etwa zwischen zwei Servern oder zwischen Server und Client) ausgetauscht werden. Forderungen nach Vertraulichkeit, Unveränderbarkeit, Authentizität und Verbindlichkeit werden auf Basis eines Public-Private-Key Verfahrens gewährleistet: Jeder Benutzer bekommt eine persönliche Datei (»User-ID«), in der sein Private Key gespeichert ist und die zusätzlich mit einem Passwort gesichert wird.

Aufgrund der Möglichkeit, durch Replikation Datenbestände redundant zu halten, ist Lotus DOMINO für die Haltung von Datenbeständen ungeeignet, die zu jedem Zeitpunkt einen *konsistenten Datenbestand* und *referenzielle Integrität* erfordern. So kann bspw. der Verweis auf ein Dokument in einer Datenbank noch Bestand haben, während in einer Replik dieser Datenbank (auf einem zweiten Server) das referenzierte Dokument aus aktuellem Anlass schon gelöscht worden ist. In diesem Fall ist für die Verwaltung großer Mengen strukturierter Daten der Einsatz transaktionsorientierter relationaler (verteilter) Datenbanken zu empfehlen.

3 EXCHANGE – Gemeinsamkeiten und Unterschiede

EXCHANGE ist von seiner Grundstruktur her ähnlich aufgebaut, die verwendete Terminologie lehnt sich aber mehr an die Windows- bzw. Datenbank-Welt an. Auch hier ist das Grundelement der Datensatz (»item«), der in Verbindung mit einer Maske (»form«) das Dokument repräsentiert (Microsoft, 1998). Container für mehrere Dokumente heißen hier nicht Datenbank, sondern »*Ordner*«. Innerhalb von Ordnern können dann, genauso wie in DOMINO-Datenbanken, individuelle »Ansichten« angelegt werden, und der Benutzer kann auch hier Zugriffsrechte verteilen. Die individuelle Gestaltung von Masken wird auch für den OUTLOOK-Client angeboten und auch hier ist es möglich, individuelle Programme durch Ereignisse triggern zu lassen (»Event Scripting Service«).

EXCHANGE erlaubt innerhalb des OUTLOOK-Clients die Erzeugung eines »*Offline Store*« (.OST-Datei). In dieser Datei werden lokale Kopien von serverbasierten Ordnern gespeichert. Anders als bei DOMINO, wo jede Datenbank durch eine Datei repräsentiert wird, legt EXCHANGE die zu replizierenden Daten in eine einzige Datei ab.

Parallel zur Replikation in DOMINO bietet EXCHANGE die »Synchronisation« zwischen OUTLOOK-Client und EXCHANGE-Server auf Ordnerebene und somit auch den Abgleich zwischen Online- und Offline-Ordnern.

Durch die gewollte Integration des EXCHANGE-Servers in die Microsoft-Betriebssystemarchitektur finden sich bei Sicherheits- und Administrationskonzepten viele Parallelen zu entsprechenden Konzepten bei Windows NT bzw. Windows 95, die in Microsoft (1998a) detailliert ausgeführt werden. So ist auch die Integration des Microsoft-eigenen Webservers (IIS: Internet Information Server) möglich.

4   Beispielarchitektur und ausgewählte Konzepte

Bezugnehmend auf das vorgestellte betriebliche Szenario (siehe Kasten) werden im Folgenden Lösungsansätze mit DOMINO für ausgewählte Anforderungen vorgestellt.

4.1 Zu Grunde liegende Infrastruktur und Anbindung der Teammitglieder

Die Teammitglieder benötigen zunächst den physischen Zugriff auf einen oder mehrere gemeinsame Datenbestände über ein Netz oder eine andere Verbindung (Modem usw.).

Abb. 53 »Architektur des Beispielszenarios« zeigt eine für das Beispielszenario geeignete Architektur auf der Basis von Lotus DOMINO. Die einzelnen Teilnehmer innerhalb eines Teams greifen über LAN oder andere Verbindungen direkt auf ihren jeweiligen Server zu. Die auf den beiden Servern gespeicherten verteilten Datenbestände werden in regelmäßigen Abständen über den beschriebenen Replikationsmechanismus miteinander abgeglichen.

Jedem Teilnehmer sollte eine Liste mit Informationen über die anderen Gruppenteilnehmer bereitgestellt werden können (verteilte Systemdienste). Informationen können sich dabei beziehen auf Namen, Adressen und Positionen im Unternehmen, aber auch auf Rollen, Rechte und öffentliche Schlüssel. DOMINO benutzt hierzu eine Datenbank, das sogenannte Namens- und Adressbuch, in der für jede Person ein eigenes Dokument angelegt wird und in dem Konfigurationsdokumente für das Gesamtsystem abgelegt sind. Die Repliken einzelner Datenbanken werden über das Netz in eingestellten Zeitintervallen abgeglichen. Benutzer können sich eigene Repliken der Datenbanken lokal auf ihren Rechnern anlegen und offline mit diesen arbeiten.

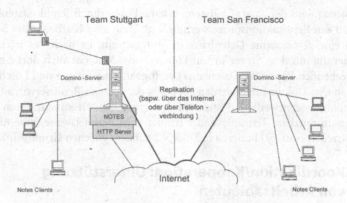

Abb. 53 Architektur des Beispielszenarios

4.2 Kommunikation

Jedes Teammitglied benötigt zunächst einen »privaten« Arbeitsplatz mit einem persönlichen Informationsmanager. Hier besteht die Möglichkeit, Daten zu verwalten, auf die nur der Besitzer zugreifen darf. Dazu gehören E-Mails, Notizen, ToDo's, Einträge im persönlichen Kalender usw. Von diesem Arbeitsplatz aus können E-Mails verschickt werden, und die eingehende Post wird an dieser Stelle gesammelt.

DOMINO legt zu diesem Zweck für jeden Benutzer eine entsprechende »Mail und Kalender Datenbank« auf dem ihm zugeordneten Server an. Eine E-Mail ist dabei lediglich ein spezielles Dokument, das mit Hilfe des Routingprozesses auf dem jeweiligen Server von der Datenbank des Senders zur Datenbank des Empfängers transportiert wird und dieser hinzugefügt wird. Ebenso sind Einträge im Kalender nichts anderes als Dokumente, die in einer dafür speziell vorgesehenen »Kalenderansicht« gezeigt werden.

4.3 Koordination/Kooperation: Zugriff auf gemeinsame Datenbestände

Neben dem persönlichen Bereich benötigt das beschriebene Entwicklungsteam Zugriff auf gemeinsame Daten, seien es gemeinsame Architekturmodelle oder Projekt-Teilberichte. Abhängig von ihrer Rolle und den damit verbundenen Rechten haben die Teammitglieder auf das Material verschiedene Arten des Zugriffs, von der Berechtigung »nur lesen« über »bearbeiten« bis hin zu »löschen«.

In DOMINO wird der Zugriff auf gemeinsame Daten durch Replik-Datenbanken und den Replikaktionsprozess ermöglicht. Stellt ein Mitarbeiter das Material in eine gemeinsame Datenbank in Stuttgart ein, ist nach der nächsten Replizierung mit dem Server in San Francisco das Material auch dort (in der entsprechenden Replik der Datenbank) verfügbar. Änderungen und Löschvorgänge in den Dokumenten werden ebenfalls nach einem Replizliervorgang an alle Repliken der jeweiligen Datenbank weitergegeben. Diskussionsforen und gemeinsam nutzbare Terminkalender (in der jeder beispielsweise seine Abwesenheitszeiten einträgt) basieren in DOMINO auf dem gleichen Grundprinzip.

4.4 Koordination/Kooperation: Unterstützung von Arbeitsabläufen

Neben der aktiven Speicherung und Bearbeitung von Dokumenten durch die Benutzer wird im Szenario die automatische Weiterleitung von Informationen in Abhängigkeit von bestimmten Umweltzuständen gefordert. Arbeitsabläufe sollen teilautomatisiert werden. Das System ergreift nach der Bearbeitung durch den Mitarbeiter wieder die Initiative, führt in Abhängigkeit von im Dokument enthaltenen Daten Aktionen aus und/oder leitet das Dokument an den nächsten Bearbeiter weiter.

Zur Unterstützung von Arbeitsprozessen werden von verschiedenen Herstellern für DOMINO sogenannte »*Workflowmanagementsysteme*« angeboten. Mit Hilfe dieser Produkte lassen sich u.a. Prozesse modellieren, testen und implementieren. Grundsätzlich gibt es in DOMINO zwei Ansätze, wie man einen solchen Prozess unterstützt, wobei einige Systeme die Ansätze auch kombinieren:

- Der eine Ansatz beruht dabei auf der *Messaging-Komponente*: Das Arbeitsdokument führt Informationen über die Reihenfolge der zukünftigen Bearbeiter und über entsprechende Bedingungen mit sich und sendet sich aktiv oder passiv nach Bearbeitung zum nächsten Bearbeiter.

- Der zweite Ansatz ist *datenbankorientiert*: Das von mehreren Bearbeitern zu bearbeitende Dokument verlässt eine gemeinsame Datenbank nicht, sondern nach Bearbeitung werden lediglich der Status des Dokuments und die Zugriffsrechte verändert: Nur diejenigen Personen können auf das Dokument zugreifen und es bearbeiten, die gerade die Bearbeiter-Rolle bezogen auf das Dokument innehaben. Die neuen Bearbeiter können in diesem Ansatz durch automatisch generierte E-Mails auf den Bearbeitungsstatus hingewiesen werden.

4.5 Schnittstelle zu externen Systemen/Entwicklung

Hinsichtlich der Schnittstellen zu anderen Systemen werden in der betrieblichen Praxis an eine Groupwareplattform erhöhte Anforderungen gestellt. Die Mitarbeiter arbeiten in der Regel mit anderen Desktopprogrammen (z. B. MS Office) oder im konzernweiten ERP-System (z. B. SAP). Neben der Einbindung von »fremden« Dateien bedarf es einer weitergehenden Integration insofern, dass aus anderen Applikationen Daten übernommen werden können und Daten an diese Applikationen wieder zurückfließen können.

DOMINO bietet für *Enterprise Resource Planning-Systeme* (ERP-Systeme) entsprechende Integrationsanwendungen. So wird der Zugriff auf unternehmensweite SAP R/3 Anwendungen mit dem Tool »SAP Connection« unterstützt, während sowohl der Lese- wie auch der Schreibzugriff auf relationale Datenbanksysteme mit integrierten Tools (DECS) oder über die ODBC-Schnittstelle erfolgen kann.

Auf Desktop-Ebene können in die Compound-Dokumente OLE-Objekte und andere, fremde Datenformate eingefügt werden. Zugriffe auf andere Systeme können mit Hilfe von OLE-Objekten oder anderer Schnittstellen realisiert werden.

Mit der integrierten Entwicklungsumgebung können eigene Applikationen und Zugriffe, bspw. auf Basis von JAVA, programmiert werden.

4.6 Internet-Integration und Unterstützung von Standards

Der immer größer werdenden Bedeutung von Internettechnologien können sich auch die Hersteller von Groupware nicht entziehen. Nach und nach werden hier die vormals proprietären Protokolle der Groupwareplattformen durch Internet-Standards ergänzt bzw. vollständig ersetzt.

Lotus stellt mit dem DOMINO-Server nun nicht mehr nur eine proprietäre Groupwareplattform sondern einen integrierten Webserver zur Verfügung (Fochler et al., 1998). Auf Datenbanken kann mit Browsern über das Internet zugegriffen werden, wobei der DOMINO-Server eine Umwandlung der Dokumentinformationen der Datenbanken in HTML vornimmt und das in HTML umgewandelte Dokument anschließend an den Browser schickt.

5 Fazit

Das Potenzial der Unterstützung asynchroner Kommunikations-, Kooperations- und Koordinationsprozesse in Unternehmen mit Hilfe der heute etablierten Groupwareplattformen ist noch in keinster Weise ausgeschöpft. Häufig wird dabei die Groupwareplattform lediglich als ein besseres E-Mail-System angesehen. Daneben entwickeln die Hersteller mittlerweile auch Ergänzungsprodukte zur synchronen Unterstützung, die Systeme wie DOMINO oder EXCHANGE um eine Chat-, eine Shared Screen- oder eine Shared Whiteboard-Funktion ergänzen. Inwieweit sich diese Funktionen in der betrieblichen Praxis bewähren, bleibt abzuwarten.

Anpassbarkeit

Gunnar Teege
Technische Universität München, München

Oliver Stiemerling, Volker Wulf
Rheinische Friedrich-Wilhelms-Universität, Bonn

1 Motivation

Anpassbarkeit wird als eine Schlüsseleigenschaft von Groupware angesehen (Paetau, 1994; Oberquelle, 1994; Wulf, 1999a; Bentley & Dourish, 1995). Bei Groupware gibt es charakteristische Faktoren, die die Notwendigkeit einer anpassbaren Arbeitsumgebung gegenüber Einzelplatzsystemen erhöhen:

- *Individuelle Bedürfnisse*: Das CSCW-System muss nicht nur von einer Einzelperson, sondern von allen Gruppenmitgliedern mit ihren unterschiedlichen Bedürfnissen akzeptiert werden, um erfolgreich eingesetzt zu werden.

- *Bedürfnisse der Gruppe*: Das CSCW-System muss an unterschiedliche, dynamisch wechselnde Gruppenstrukturen und -aufgaben angepasst werden können.

- *Organisatorischer Kontext*: Das CSCW-System wird in einem Umfeld eingesetzt, in dem sowohl kurzfristige Ausnahmesituationen als auch langfristige Evolution eine Anpassung erforderlich machen.

Es existiert ein breites Spektrum von Anpassbarkeit, je nachdem welche Anteile eines CSCW-Systems anpassbar sind. Um hier eine Orientierung zu geben, beschreiben wir zuerst verschiedene Anpassbarkeitsstufen anhand eines konzeptionellen Modells für anpassbare CSCW-Systeme. Im Hauptteil des Abschnitts wird die Gestaltung anpassbarer Groupware aus der Sicht der Softwaretechnik und der Softwareergonomie untersucht. Da Anpassungsaktivitäten häufig kooperativ vorgenommen werden, wird auf diese Thematik gesondert eingegangen. Abschließend werden beispielhaft einzelne existente Systeme vorgestellt.

2 Ein konzeptionelles Modell anpassbarer Groupware

Um Anpassungsmöglichkeiten in verschiedenen Groupwareanwendungen klassifizieren zu können, ist ein konzeptionelles Systemmodell erforderlich. Teege (1999) schlägt eine Erweiterung des Modells von Ellis & Wainer (1994) vor (siehe Abb. 54 »Konzeptionelles Modell anpassbarer Groupware«). Der zentrale Teil eines Systems ist das Domänenmodell, das die für die jeweilige Arbeitsunterstützung relevanten Objekte enthält. Wir unterteilen das *Domänenmodell* thematisch in die Abschnitte für die Organisationsstruktur (Personen, Rollen, Abteilungen usw.), für Gegenstände und Werkzeuge (Dokumente, Programme, usw.) und für Koordination und Prozesse (Workflows, Gruppenkalender). Orthogonal dazu unterscheiden wir den generischen Teil und den Instanzenteil. Der *generische* Teil legt fest, welche *Objekttypen* es im Domänenmodell gibt und wie sie aufgebaut sind. Er ist vergleichbar mit einem Datenbankschema oder, in der objektorientierten Sichtweise, mit einer Menge von Klassen. Der *Instanzenteil* enthält die *Objekte*. Das Domänenmodell wird ergänzt durch einen Systemteil zu seiner Formulierung und Speicherung (bspw. einer Datenbank), Dienste zum Zugriff und für die Verarbeitung (beispielsweise Terminvereinbarung) und die Benutzungsoberfläche, wobei jeweils noch spezifische Anteile für Instanzen identifiziert werden können.

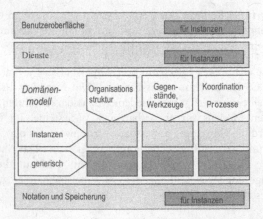

Abb. 54 Konzeptionelles Modell anpassbarer Groupware

Je nach Art des CSCW-Systems liegt der Schwerpunkt auf bestimmten Systemteilen. Systeme zur Kommunikationsunterstützung (Videokonferenzsysteme, Diskussionsforen) enthalten vorwiegend die Organisationsstruktur und die Kommunikationsdienste. Bei gemeinsamen Informationsräumen ist der Domänenmodell-Teil für Gegenstände und Werkzeuge und der Teil für die Speicherung von zentraler Bedeutung. Im Fall von Workflowmanagement-systemen sind die wesentlichen Teile typischerweise die Organisationsstruktur, der Teil für Koordination und Prozesse und der Dienst zur Verwaltung der Workflows (»*Workflow-Engine*«). Weitere Bezüge zu existierenden Systemen sind in (Teege, 1998) aufgeführt.

Prinzipiell können alle im Modell vorkommenden Teile anpassbar sein. In der Praxis findet man vorwiegend die folgenden Fälle:

- *Ad-hoc-Anpassbarkeit*: nur der Instanzenteil des Domänenmodells ist anpassbar. Beispielsweise können die Benutzer in diesem Fall einzelne Workflowinstanzen an Ausnahmefälle anpassen. Die Workflowdefinitionen können sie aber nicht modifizieren.

- *Anpassbarkeit des Domänenmodells*: sowohl Instanzen- als auch generischer Teil des Domänenmodells können angepasst werden. Damit erreicht man eine mehr oder weniger flexible Anpassung des Systems innerhalb der jeweiligen Domäne. Zusätzlich ist typischerweise der Anteil der Benutzungs-schnittstelle für Instanzen anpassbar (meist durch Erstellung/Modifikation von Masken oder Formularen zur Interaktion mit Instanzen).

- *Anpassbarkeit aller Systemteile*: Damit lässt sich die höchste Flexibilität erreichen, aber die Anpassung erfordert praktisch immer Programmierung.

3 Anpassbarkeit aus Sicht der Softwaretechnik

Unabhängig davon, welche Systemteile angepasst werden, müssen die veränderlichen Aspekte dieser Teile in einem anpassbaren Softwaresystem als Daten vorliegen. Das klassische Beispiel ist die Initialisierungsdatei, die die Einstellung bestimmter Systemparameter erlaubt (z. B. Hintergrundfarbe der Benutzungsschnittstelle) und die der Benutzer mit Hilfe eines einfachen Texteditors oder einer speziellen Schnittstelle anpassen kann. Bei Anpassungen auf der Ebene des Programmcodes muss dieser ebenfalls in editierbarer (und kompilierbarer oder interpretierbarer) Form vorliegen. Die durch Anpassbarkeit aufgeworfenen softwaretechnischen Fragen beziehen sich

- auf die systeminterne Darstellung der veränderlichen Aspekte des Systems als Daten, d. h. die Frage nach angemessen Datenstrukturen, und

- auf die Verbindung zwischen den veränderlichen Daten und den flexiblen Aspekten des Systems, d. h. auf die Frage, wann und wie eine Veränderung der Anpassungsdaten das Verhalten des Systems beeinflusst.

Die erste Frage bestimmt dabei die Mächtigkeit der Anpassbarkeit eines Systems, die zweite den Zeitpunkt und den Bereich, in dem Veränderungen wirksam werden. Bei Anpassung durch Benutzer ist wichtig, dass man eine angemessene Repräsentation von Systeminterna (nämlich den o. a. Datenstrukturen) an der Benutzungsschnittstelle findet. Diese Anforderung ist schon auf der Implementierungsebene zu berücksichtigen, indem man technische Konzepte bevorzugt, die sich für eine angemessene (vielleicht metaphorische) Repräsentation an der Benutzungsschnittstelle eignen.

Während diese Fragen auch bei der Gestaltung von anpassbaren Einzelplatzsystemen aufgeworfen werden, stellen Groupwaresysteme den Entwickler vor zusätzliche Herausforderungen (Stiemerling et al., 1999). Groupwaresysteme sind in der Regel recht komplexe, verteilte Mehrbenutzersysteme, die nicht einfach zum Anpassen einzelner Aspekte heruntergefahren und nach einiger Zeit wieder gestartet werden können. Sie sollten daher zur Laufzeit angepasst werden können. Zudem spielt der Geltungsbereich einer Anpassung eine wichtige Rolle: einige Anpassungen (z. B. neue Formulare zur Eingabe und Bearbeitung von gemeinsam benutzten Daten) müssen für alle Mitglieder einer Gruppe gelten, um die Kooperation nicht zu behindern. Andere Anpassungen sollen nur Mitglieder mit bestimmten Aufgaben betreffen. Diese Besonderheiten betreffen vor allem die zweite o.a. Frage nach der Art der Verbindung zwischen Daten und flexiblen Systemaspekten.

Betrachten wir das konzeptionelle Modell aus dem vorigen Abschnitt, so können wir zwei wichtige Fälle in Bezug auf die angemessene systeminterne Darstellung der anpassbaren Aspekte unterscheiden:

- Anpassung des *Domänenmodells*,

- Anpassung komplementärer *Systemteile*, z. B. Benutzungsoberfläche und Dienste.

Im ersten Fall ist die Wahl der Darstellungsform klar an den zu modellierenden Aspekten der Umgebung (z. B. Darstellung eines Organigramms als Baumstruktur) orientiert, während der zweite Fall eine mehr systemorientierte Form erfordert (z. B. Darstellung einer WWW-Benutzungsschnittstelle durch HTML Code). Die beiden Fälle unterscheiden sich auch dadurch, dass eine Anpassung des Systems im ersten Fall immer genau dann erfolgen muss, wenn sich die modellierten Aspekte der Domäne ändern. Im zweiten Fall muss erst geprüft werden, ob die Änderung indirekt eine Anpassung des Systems notwendig macht.

Ein gutes Beispiel für den ersten Fall ist die Abbildung von Arbeitsprozessen in Workflowmanagementsystemen (siehe auch den entsprechenden Beitrag von Jablonski zu diesem Thema in diesem Buch). Weitere Beispiele sind *Systeme zur*

Zugriffskontrolle (Modellierung von Zugriffsstrategien, d. h. welcher Nutzer darf wie auf welche Objekte zugreifen) und *E-Mail-Verteiler* (Modellierung von Gruppenstrukturen).

Als Beispiel für den zweiten Fall, die Anpassung von Systemaspekten, die nicht direkt Teile der Domäne modellieren, kann die von Syri (1997) vorgestellte objektorientierte Architektur zur Anpassung von gemeinsamen Arbeitsbereichen dienen. Diese Architektur erlaubt, an einen gemeinsamen Arbeitsbereich gewisse gruppenrelevante Funktionalitäten dynamisch anzufügen und damit z. B. die Einhaltung von Konventionen in der Dokumentenbenennung zu unterstützen oder *Awareness* Information über die Ereignisse im Bereich zu erzeugen und zu verteilen. Dabei liegt der Fokus hier nicht auf dem Modellieren von Aspekten der realen Welt, sondern auf dem Modellieren von Veränderungen eines Artefakts (des gemeinsamen Arbeitsbereichs), das kein direktes realweltliches Pendant hat. Ein weiteres Beispiel ist der Ansatz der *komponentenbasierten Anpassbarkeit* (Stiemerling, 1998). Grundidee dieses Ansatzes ist es, ein Groupwaresystem (oder Teile davon) als veränderbare Komposition von Komponenten zu beschreiben. Der Ansatz wurde im POLITeam Projekt dazu benutzt, das Werkzeug für die Dokumentensuche im System an unterschiedlichste Benutzerbedürfnisse anzupassen. Dabei wird die komponentenbasierte Architektur des Werkzeugs beim Anpassen direkt dem Benutzer dargestellt und zur Veränderung freigegeben:

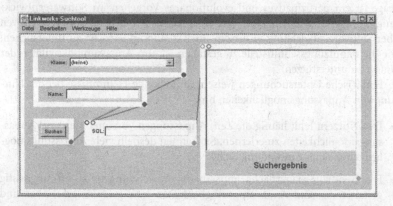

Abb. 55 Komponentenbasiertes, anpassbares Suchwerkzeug in POLITeam

Die Komponenten in Abb. 55 »Komponentenbasiertes, anpassbares Suchwerkzeug in PoliTeam« sind als weiß umrandete Kästchen dargestellt. Die kleinen ausgefüllten oder leeren Kreise sind die Ports (Schnittstellen) der Komponenten, die miteinander verbunden werden können. Der Benutzer kann durch Hinzufügen und Verdrahten von Komponenten beispielsweise neue Suchkriterien hinzufügen oder die Anzeige des Suchergebnisses verändern. Durch diese Form der Anpassbarkeit konnten verschiedenen Benutzern maßgeschneiderte Suchwerkzeuge zur Verfügung gestellt werden. Der veränderliche Aspekt des Systems ist dabei die Komposition, die in einer speziellen Kompositionssprache beschrieben wird.

Zusammenfassend liegen die Herausforderungen bei der technischen Unterstützung von Anpassbarkeit in der Architektur der anpassbaren Systemteile und der Verbindung zu den Anpassungswerkzeugen. Neben einfachen Ansätzen, wie der Verwendung von Konfigurationsdaten in Textform und der Programmierung, werden meist komponentenbasierte Architekturen eingesetzt, zum Teil auch Techniken aus dem Bereich reflektiver Systeme. Eine Standardtechnik hat sich bisher nicht etabliert.

4 Anpassbarkeit aus Sicht der Softwareergonomie

Bei einer softwareergonomischen Betrachtungsweise stellen sich zunächst zwei wesentliche Fragen: Zum einen ist zu untersuchen, welche Teile einer Anwendung in welchem Umfang anpassbar zu gestalten sind. Zur Beantwortung dieser Frage ist ein partizipatives und evolutionäres Vorgehen im Softwareentwicklungsprozess erforderlich (vgl. den entsprechenden Beitrag von Züllighoven über Softwareentwicklung in diesem Buch). Zum anderen ist zu untersuchen, wie die Benutzungsschnittstelle zu gestalten ist, um Anpassungsaktivitäten der Nutzer zu unterstützen.

Empirische Untersuchungen weisen auf folgende Hemmnisse bei der Nutzung von Anpassungsmöglichkeiten hin:

- Den Nutzern fehlt häufig die Zeit, Anpassungen vorzunehmen und Anpassungsmöglichkeiten zu erlernen. Sie kennen deshalb viele Anpassungsmöglichkeiten einer Anwendung nicht.

- Die Benutzungsoberfläche anpassbarer Anwendungen ist oft ungünstig gestaltet. So sind Anpassungsmöglichkeiten häufig kaum erkennbar und deshalb schwer zu finden. Anpassungsmöglichkeiten sind kompliziert zu nutzen und schlecht dokumentiert.

- Die Auswirkungen ausgeführter Anpassungen sind für Benutzer häufig schwer zu erkennen. Daraus resultiert die Angst, durch Anpassung etwas am System zu beschädigen (vgl. Mackay, 1990; Nardi, 1993; Oppermann & Simm, 1994; Wulf, 1999b).

Vor dem Hintergrund der beschriebenen Probleme wollen wir im Folgenden vier für die Gestaltung von anpassbarer Groupware besonders relevante Lösungsansätze vorstellen: Verbesserte Unterstützung für die Orientierung, Unterstützung zum Experimentieren, in der Komplexität abgestufte Anpassungsmechanismen und die Aufgabenorientierung von Anpassungsmechanismen.

Zum einen ist zu versuchen die Suche nach *Anpassungsfunktionen* dadurch zu erleichtern, dass die *Orientierung der Benutzer innerhalb der gegebenen Funktionalität* verbessert wird. Dies erreicht man durch Überblicksmöglichkeiten, durch die den Nutzern alle (Anpassungs-)Funktionen einer Anwendung geordnet nach bestimmten Kriterien angezeigt werden (vgl. Paul, 1994). Zusätzlich kann ein Bezug zwischen der Darstellung der anpassbaren Systemteile und der Aktivierung der zugehörenden Anpassungsfunktion bei der Gestaltung der Benutzungsoberfläche implementiert werden. Der Bezug wird durch räumlich aufeinander bezogene visuelle Repräsentation oder durch einen über eine ganze Anwendung hinweg konsistenten Aktivierungsmodus der Anpassungsfunktionen realisiert.

Visueller Bezug durch räumliche Nähe an der Benutzungsoberfläche wurde von Wulf (1999b) genutzt, um den Empfangsfilter eines Ereignisdienstes einfacher anpassen zu können (vgl. den entsprechenden Beitrag von Prinz über Awareness in diesem Buch). Die zum Filter gehörende Anpassungsfunktion wurde visuell der Anzeige der eingehenden Ereignisse zugeordnet. Die Ereignisse wurden als Fenster oder als Icons in einer Liste dargestellt. Der Knopf, mit dem die zum Filter gehörende Anpassungsfunktion aktiviert werden konnte, war entweder im Fenster oder in der Liste platziert.

Ein konsistenter Aktivierungsmodus der Anpassungsfunktionen ist beispielsweise bei Mørch (1997) realisiert. In der von ihm implementierten Grafikanwendung können die Nutzer alle Anpassungsfunktionen dadurch aktivieren, dass sie die für die Aktivierung der anzupassenden Funktion notwendigen Eingaben machen und gleichzeitig eine zusätzliche Taste drücken. Bei der Gestaltung hochgradig anpassbarer Groupware ist eine solche direkte Form der Aktivierung auf Grund der Vielzahl von Anpassungsmöglichkeiten besonders wichtig.

Zum zweiten können Nutzer dabei unterstützt werden, *die Wirkung einer von ihnen durchgeführten Anpassung auszuprobieren.* In Einzelplatzanwendungen haben sich beispielsweise Undo-Funktionen und Spieldaten als geeignete Unterstützungsmittel erwiesen (vgl. Paul, 1994). Ressel et al. (1996) haben ein Konzept entwickelt, Undo-Funktionen auf Mehrbenutzereditoren zu übertragen. Bei der Exploration von Groupwarefunktionen besteht allerdings häufig das Problem, dass der explorierende Nutzer die ausgelösten Zustandsübergänge an seiner Benutzungsoberfläche nicht vollständig wahrnehmen kann. So kann beispielsweise der Erzeuger eines Ereignisses in einen Ereignisdienst nicht nachvollziehen, ob und in welcher Weise das Ereignis bei anderen Nutzern angezeigt wird.

Deshalb hat Wulf (1999b) vorgeschlagen, Explorationsumgebungen für anpassbare Groupware zu schaffen. Eine Explorationsumgebung für eine Groupwarefunktion bietet dem Nutzer die Möglichkeit, neben seiner eigenen Benutzungsschnittstelle das Systemverhalten an der Schnittstelle anderer Nutzer zu simulieren. Dabei wird die Benutzungsoberfläche anderer Nutzer an der des explorierenden Nutzers dargestellt. Durch Wechseln der Perspektiven zwischen verschiedenen möglichen Nutzern und Ausprobieren der anpassbaren Funktion kann der Nutzer die Effekte der Ausführung der Anpassungsfunktion auf die Schnittstelle anderer Nutzer erkunden.

Zum dritten sollten weitreichende Anpassungsmöglichkeiten durch eine in der *Schwierigkeit ihrer Nutzung gestufte Gestaltung der Anpassungsfunktion* realisiert werden. MacLean et al. (1990) argumentieren, dass durch die Bereitstellung von kontinuierlich komplexer werdenden Anpassungsfunktionen einzelne Nutzer zum Lernen ermutigt werden. Außerdem fördern in ihrer Nutzungskomplexität gestufte Anpassungsfunktionen die Kooperation zwischen den Nutzern (vgl. Abschnitt 5 »Anpassen als kooperative Aktivität«).

In ihrem »Buttons System« haben MacLean et al. einen der weitreichendsten Ansätze gestufter Anpassungsfunktionen realisiert. Nutzer können das System anpassen, indem sie schaltflächenähnliche Objekte auf der Benutzungsoberfläche verschieben, neue Objekte durch Aufzeichnen ihrer Aktivitäten erzeugen, Parameter bezüglich einzelner Schaltflächenobjekte verändern, den zu einer Schaltfläche gehörenden LISP- Programmcode verändern oder ein neues Schaltflächenobjekt in LISP programmieren.

Ist Anpassbarkeit durch die Komposition von Komponenten zur Laufzeit realisiert (vgl. Abschnitt 3 »Anpassbarkeit aus Sicht der Softwaretechnik«), erreicht man eine in ihrer Schwierigkeit gestufte Gestaltung von Anpassungsfunktionen durch Realisierung einer geeigneten Komponentenhierarchie. Das in Abschnitt 3 »Anpassbarkeit aus Sicht der Softwaretechnik« beschriebene Suchwerkzeug wird entweder durch die Verbindung von vielen elementaren Komponenten oder durch die Verknüpfung von wenigen Verbundkomponenten erzeugt bzw. verändert.

Um Nutzer beim Erlernen der nächst komplexeren Anpassungsebene zu unterstützen, schlagen DiGiano & Eisenberg (1995) vor, dass die Anwendung situationsspezifische Informationen über die nächste Ebene der Anpassungsfunktion bereitstellt.

Zum vierten sollte die *Gestaltung der Anpassungsfunktionen aufgabenorientiert* erfolgen und auf Interaktionstechniken zurückgreifen, die den Nutzern vertraut sind. Nardi (1993) hat die Nutzung von CAD und Spreadsheet-

Anwendungen empirisch untersucht. Sie kommt dabei zu dem Ergebnis, dass Nutzer dann in der Lage sind, mit Programmiersprachen oder programmiersprachen-ähnlichen Konstrukten umzugehen, wenn der Umfang der zu erlernenden Sprachkonstrukte begrenzt ist und deren Gestaltung an den durchzuführenden Anpassungsaufgaben ausgerichtet ist. Bei der Gestaltung der Interaktionsformen der Anpassungsfunktion ist auf den Bezug zu der anzupassenden Funktionen zu achten. Oberquelle (1994) weist darauf hin, dass es für Nutzer, deren primäre Aufgaben aus der Bearbeitung von Formularen besteht, besonders einfach ist, Anpassungen mit Hilfe von Formularen vorzunehmen. Bei der Gestaltung anpassbarer Groupware muss diesbezüglich allerdings eher auf Interaktionstechniken gängiger Einzelplatzanwendungen zurückgegriffen werden.

5 Anpassen als kooperative Aktivität

Empirische Untersuchungen haben gezeigt, dass *Anpassungsaktivitäten* häufig kooperativ von Nutzern gemeinsam vorgenommen werden. Dies gilt speziell für CSCW-Systeme, in denen bereits bei normaler Anwendung mehrere Nutzer zusammenarbeiten. Mackay (1990) und Nardi (1993) haben in mehreren Fallstudien untersucht, wie Anpassungsmöglichkeiten bei verschiedenen Anwendungen (z. B. Mailfiltern, Spreadsheets und CAD-Systemen) genutzt werden. Dabei haben sie festgestellt, dass sich innerhalb von bestimmten Nutzergruppen häufig sehr unterschiedliche Fähigkeiten zur Durchführung von Anpassungen herausbilden. Während es ein hohes Maß an Qualifikation erfordert, Anpassungen selber vorzunehmen, ist es dagegen recht leicht, Anpassungsdaten in Form von Dateien von Kollegen zu kopieren und dann im eigenen System zu benutzen. Hinsichtlich der verschiedenen Fähigkeiten von Nutzern, Anpassungen durchzuführen, unterscheiden MacLean et al. (1990) beispielsweise die drei Kategorien der »*Worker*« (keine Teilnahme an Anpassung), der »*Tinkerer*« (Anpassung von Systemparametern) und der »*Programmer*« (Anpassung durch Programmierung). Nardi (1993) sieht kooperative Anpassungsaktivitäten als eine natürliche Konsequenz dieser Qualifikationsunterschiede und betont, dass dieser Aspekt der Anpassung bei der Gestaltung von Softwaresystemen berücksichtigt werden muss.

Unkoordinierte, individuelle Anpassungen können aber auch negative Effekte auf eine Organisation haben (Paetau, 1991). Hoch individualisierte Systeme sind schwer zu unterstützen/unterhalten, schwer von Vertretern (z. B. bei Krankheit) zu benutzen und für das Management nicht transparent. Des Weiteren kann Individualisierung sogar einen Punkt erreichen, an dem Kooperation tatsächlich behindert wird und zwar durch Inkompatibilitäten individueller Anteile bei gemeinsamer Arbeit (z. B. Formulare). Vor dem Hintergrund dieser Problematik fanden Trigg & Bødker (1994) eine aufkommende Systematisierung von kooperativen Anpassungsaktivitäten.

Eine »*Kultur der Anpassung*« (»tailoring culture«) innerhalb einer Organisation fordern Carter & Henderson (1990). Da Anpassungen des technischen Systems auch die Art und Weise verändern, wie Individuen und Gruppen miteinander arbeiten, sollte eine Kultur geschaffen werden, in der technische und organisatorische Veränderungen etwas sind, an der Jeder teilhaben und dazu beitragen kann und will.

Obwohl alle empirischen Untersuchungen darauf hinweisen, dass Anpassungen kooperativ vorgenommen werden, existieren bisher wenige Anwendungen, die den Austausch von Anpassungsdaten zwischen Nutzern unterstützen. Es lassen sich zwei Unterstützungsformen unterscheiden.

- E-Mail kann dazu genutzt werden, Anpassungsobjekte an einzelne Nutzer gezielt zu verschicken. MacLean et al. (1990) haben diese Möglichkeit realisiert. Die Autoren beschreiben das »Buttons System«, dessen wesentlicher Bestandteil schaltflächenartige Objekte (Buttons) sind. Diese Objekte sind so gestaltet, dass sie per E-Mail verschickt werden können.

- Ein alternativer Ansatz dazu besteht in der Bereitstellung von gemeinsamen Arbeits- und Ablagebereichen für Anpassungsobjekte. In diesen Bereichen werden für nützlich gehaltene Anpassungsdaten von ihren Herstellern abgespeichert. Andere Nutzer können diese Daten dann zur Anpassung ihrer privaten Anwendungen kopieren.

Als Beispiel für den zweiten Ansatz haben Kahler et al. (1999) und Wulf (1999c) gemeinsame Arbeits- und Ablagebereiche für Anpassungsobjekte für eine marktgängigen Textverarbeitung und für das komponentenbasierte Suchtool aus Abschnitt 3 »Anpassbarkeit aus Sicht der Softwaretechnik« realisiert. Im Fall der Textverarbeitung wurde die Funktionalität zugefügt, die Nutzer beim Austausch von Anpassungsobjekten (z. B.: Symbolleisten oder Dokumentvorlagen) zu unterstützen. Jeder Nutzer verfügt über private Ablagebereiche und einen Posteingang zum Empfang von Anpassungsdaten, die von anderen Nutzern gesendet wurden. Darüber hinaus ist ein gemeinsamer Ablagebereich implementiert, in den Nutzer Anpassungsdaten aus ihrem privaten Ablagebereich übertragen können und aus dem sie Anpassungsdaten in ihre lokale Ablage kopieren können. Ein anpassbarer Ereignisdienst unterstützt Nutzer dabei, auf zugesandte Anpassungsdaten aufmerksam zu werden, Veränderungen in den gemeinsamen Arbeits- und Ablagebereichen zu erkennen und die Nutzung der von ihnen erstellten Anpassungsdaten nachzuvollziehen.

Ein besonderes Problem beim Austausch von Anpassungsdaten zwischen Nutzern besteht darin, ihre Bedeutung zwischen den Nutzern zu kommunizieren. Mit diesem Problem kann durch Konventionen bei der Benennung und Klassifizierung der Anwendungsobjekte sowie durch Annotations- und Explorationsmöglichkeiten (vgl. Abschnitt 4 »Anpassbarkeit aus Sicht der Softwareergonomie«) umgegangen werden. Im Fall der Textverarbeitung wurde zur Dokumentation der ausgetauschten Anpassungsdaten die Möglichkeit von Freitext-Annotationen geschaffen. Außerdem konnten die Nutzer mittels eines Vorschaumodus die Anpassungsdaten explorieren.

Während in Einzelplatzanwendungen, wie der beschriebenen Textverarbeitung, die technische Unterstützung von kooperativen Anpassungsaktivitäten zusätzlich implementiert werden muss, kann bei Groupware häufig auf schon existente Funktionalität zurückgegriffen werden. Bei Anpassungen, deren Ausführung das Verhalten der Groupware so verändert, dass davon mehrere Nutzer betroffen sind, können technisch unterstützte Regelungsmechanismen erforderlich sein. So kann die Ausführung solcher Anpassungen über die Vergabe von Zugriffsrechten geregelt werden, oder es kann eine technisch unterstützte Aushandlung zwischen den Betroffenen angestoßen werden (vgl. Herrmann, 1995; Wulf, 1997a).

6 Beispiele existierender Systeme

Aufgrund der Wichtigkeit, die Anpassbarkeit für CSCW-Systeme hat, ist diese Eigenschaft in einer ganzen Reihe von Forschungsprototypen untersucht worden und steht auch bei kommerziellen Systemen im Vordergrund. Gemäß der Klassifizierung aus Abschnitt 2 »Ein konzeptionelles Modell anpassbarer Groupware« unterstützen kommerzielle Systeme meist die Stufe der Anpassbarkeit des Domänenmodells. Forschungsprototypen untersuchen die Erweiterung der Anpassbarkeit auf weitere Systemteile. Im Folgenden wird eine Auswahl von Systemen vorgestellt, bei denen die Anpassbarkeit über das Domänenmodell hinausgeht. Im Fall der Forschungsprototypen standen die in Abschnitt 3 »Anpassbarkeit aus Sicht der Softwaretechnik« beschriebenen technischen Aspekte bei der Entwicklung im Vordergrund.

6.1 LOTUS NOTES

LOTUS NOTES (Dierker & Sander, 1997) ist eines der prominentesten kommerziellen Groupwaresysteme und stellt vielfältige Anpassungsmöglichkeiten zur Verfügung. Während eine ganze Reihe von Aspekten im Bereich der grundlegenden Konzepte von Notes (Datenbanken, Sichten, Agenten, Formulare) ein-

fach anpassbar sind, bietet das System darüber hinaus mehrere unterschiedlich
mächtige Programmierschnittstellen an. Agenten beispielsweise können mit
Hilfe einer Art Makrosprache angepasst und so zur Automatisierung von Rou-
tineaufgaben verwendet werden. Die Erweiterbarkeit der Funktionalität durch
Einbinden von und Interoperation mit anderen Softwaresystemen steht bei der
C, C++ und JAVA API (Application Programming Interface) im Vordergrund.
So ist es beispielsweise möglich, neue Anwendungsteile zu schreiben, die auf
den in Lotus Notes zur Verfügung stehenden Daten operieren können und wei-
tere Funktionen des Systems nutzen. Ein interessantes Feature bei NOTES ist die
Möglichkeit, Änderungen mit den gleichen Mechanismen an unterschiedliche
Standorte, Gruppen und Benutzer zu verteilen, die auch zum Replizieren der
Anwendungsdaten verwendet werden.

6.2 Die EVOLVE Plattform

EVOLVE (Stiemerling et al., 1999) ist eine Systemplattform, die den beschriebe-
nen Ansatz der komponentenbasierten Anpassbarkeit auf komplette, über das
Internet verteilte Groupware ausdehnt. Sowohl serverseitige Systemteile als
auch die Gestaltung von Funktionalität und Benutzungsschnittstelle auf den
Clients kann während der Laufzeit durch Rekomposition angepasst werden.
Neue Systemkomponenten können dynamisch eingebunden werden. Die Kom-
positionspläne gehören gemäß dem konzeptionellen Modell zum generischen
Teil und sind in einer speziellen Kompositionssprache repräsentiert. Sie werden
auf dem EVOLVE Server vorgehalten. Multiple Instanzen dieser Pläne können
sich zusätzlich auf verschiedenen Clients befinden. Pläne und deren Instanzen
sind zur Laufzeit verbunden, so dass Änderungen der Komposition im Plan
sofort zur Laufzeit an alle Instanzen weitergegeben werden. Dabei kann der
Effekt einer Änderung auf eine Teilmenge aller Instanzen beschränkt werden,
z. B. um das System nur für eine bestimmte Benutzergruppe anzupassen. Die
hierarchische Schachtelung der Komponenten ermöglicht zudem die Betrachtung und Anpassung des Systems auf verschiedenen Detailebenen. Die zur Verfügung gestellte technische Flexibilität kann sowohl durch Benutzungsschnittstellen als auch durch automatisierte Mechanismen angesprochen werden.

6.3 OVAL

OVAL von Malone et al. (1995) ist ein Groupware-»Baukasten«, aus dessen vier
Primitiven *Objects*, *Views*, *Agents* und *Links* kooperationsunterstützende
Systeme zusammengebaut werden können. Die *Objects* erlauben dabei die
direkte Modellierung von Arbeitsgegenständen und Daten, die *Links* stellen
Verbindungen zwischen *Objects* dar. *Agents* können mit Hilfe von Regeln ange-

passt werden und dienen z. B. der Filterung von E-Mail-Nachrichten. *Views* schließlich erlauben verschiedene Sichten auf Sammlungen von Objects und Links. Die Autoren beschreiben, wie sie mit diesen vier Elementen eine Reihe von existierenden Groupwaresystemen nach-implementiert haben. Dabei bezeichnen sie die unterschiedliche Zusammenstellung der Bausteine als »radikale Anpassbarkeit«. Ihre These ist, dass man mit den vier Primitiven von OVAL viele wichtige CSCW-Funktionalitäten abdecken kann. Dabei muss allerdings gesagt werden, dass bei mehreren Nach-Implementierungen Programmierung vorgenommen werden musste, die weit über die Anpassung mit OVAL Elementen hinausgeht.

6.4 Der PROSPERO Toolkit

Das System PROSPERO von Dourish (1996), das auf der Basis einer reflektiven Programmiersprache (CLOS) ein hochgradig anpassbares CSCW-Toolkit implementiert, ist im Gegensatz zu OVAL ein Beispiel für einen Ansatz, der mehr auf Groupwareentwickler als auf weniger technisch qualifizierte Benutzer ausgerichtet ist. Das System stellt eine Art Programmbibliothek zur Verfügung, deren einzelnen Funktionalitäten (z. B. Datenverteilung und Konfliktbehandlung) vom Benutzer (hier: Entwickler) eingesehen und manipuliert werden können. Das System wurde unter der Annahme entwickelt, dass Ansätze wie OVAL, die einen generischen Satz von Funktionalitäten zur Verfügung stellen, zu restriktiv seien und dann doch zu Anpassungen durch Anwendung von systemnahen Programmiersprachen führen würden.

7 Zusammenfassung

Anpassbarkeit ist eine Schlüsseleigenschaft von Groupwaresystemen, da kooperative Arbeit durch starke Differenziertheit und Dynamik geprägt ist. Je nachdem, welche Teile eines Groupwaresystems anpassbar gestaltet werden, existiert ein breites Spektrum an Ausprägungen von Anpassbarkeit mit unterschiedlichsten Eigenschaften.

Die anpassbare Gestaltung von Systemteilen wirft Fragen auf drei Ebenen auf. Auf der technischen Ebene muss die erforderliche Flexibilität durch geeignete Technologien (z. B. Komponenten oder Regeln) zur Verfügung gestellt werden. Auf der ergonomischen Ebene muss die Benutzungsschnittstelle die Anpassungsaktivitäten der Benutzer in geeigneter Weise unterstützen. Zudem sollte die Frage, welche Aspekte einer Groupware anpassbar gestaltet werden, in einem benutzerorientierten, partizipativen Prozess beantwortet werden. Auf der dritten Ebene stellt sich die Frage nach der organisationellen Unterstützung von Anpassung als kooperative Aktivität.

Die Herausforderung bei der Gestaltung von Anpassbarkeit für ein Groupware System besteht in der zusammenhängenden Beantwortung dieser drei
interdisziplinären Fragestellungen. Dabei kann an einigen Stellen auf grundlegende, auch für Einzelplatzanwendungen relevante Technologien und Schnitt-
stellenkonzepte zurückgegriffen werden. Es darf jedoch nicht vergessen werden, dass Anpassungen einer gemeinsam benutzten Anwendung meistens
Auswirkungen auf die übrigen Gruppenmitglieder haben. Dies muss im Design
berücksichtigt werden, z. B. durch die Möglichkeit der flexiblen Wahl von Gel-
tungsbereichen von Anpassungen.

Awareness

Wolfgang Prinz
GMD FIT/CSCW, Sankt Augustin

1 Einleitung

Erfahrungen mit der Nutzung von CSCW-Anwendungen für verteilte Arbeit zeigen, dass diese System nur dann sinnvoll einsetzbar sind, wenn den Kooperationspartnern Informationen darüber präsentiert werden, in welchem Zustand sich der gesamte Kooperationsprozess befindet und welche Aktivitäten aktuell bzw. rückblickend von den Kooperationspartnern durchgeführt wurden. Nur so lassen sich Missverständnisse, Abstimmungs- und Synchronisationsprobleme vermeiden. Es ist also erforderlich, den Benutzern von Groupware auch die Aktivitäten anderer an einem Prozess oder einer Aktivität beteiligten Partner zu vermitteln, um so eine Wahrnehmung der gesamten Aktivitäten zu erzielen.

Im englischsprachigen Raum wurde für dieses Phänomen verteilter kooperativer Arbeit der Begriff *Awareness* geprägt. Eine der ersten Definitionen findet sich in (Dourish & Bellotti, 1992): »... Awareness is an *understanding of the activities of others*, which provides *a context for your own activities*«. Nun ist es verlockend, diesen Begriff als Kunstwort in der deutschen Sprache zu nutzen, zumal die direkte Übersetzung des Begriffes mit »Bewusstsein« missverständlich ist. Obwohl es bei der behandelten Problematik darum geht, den Benutzern den Zustand eines kooperativen Prozesses bewusst zu machen, wäre die Verwendung dieses Begriffs doch sehr missverständlich. Es ist ja nicht das Ziel, ein Bewusstsein zu erzielen, sondern eine Wahrnehmung des kooperativen Geschehens und der Aktivitäten in der Gruppe. Man kann das Phänomen daher am ehesten mit den Begriffen Gruppenwahrnehmung oder Geschehenswahrnehmung bezeichnen.

Dieses Kapitel gibt einen Überblick über Modelle, Anwendungen und Erfahrungen, die die CSCW-Forschung zu dem Thema Gruppenwahrnehmung hervorgebracht hat. Dabei wird eine Gliederung vorgenommen, die sich an dem Anwendungsbereich und den eingesetzten Technologien orientiert. Zusätzlich werden abstrakte Modelle betrachtet. Die einzelnen Bereiche dieser Gliederung sind nicht disjunkt, sie charakterisieren aber Schwerpunkte. Dabei kann zu vielen Aspekten nur ein kurzer Einblick und eine Übersicht gegeben werden, die jedoch mit Hilfe der angegebenen Literatur leicht vertieft werden kann.

2 Arten der Gruppenwahrnehmung

Dieser Abschnitt stellt verschiedene Klassifizierungskriterien für das Phänomen der Gruppenwahrnehmung vor. Diese sind nicht konkurrierend, sondern basieren hauptsächlich auf unterschiedlichen Blickwinkeln.

Naheliegend ist die Nutzung der zeitliche und räumliche Kooperationsform als Unterscheidungskriterium. So kann man zwischen der Gruppenwahrnehmung bei synchroner und asynchroner, sowie bei räumlich getrennter oder nicht getrennter Zusammenarbeit unterscheiden. Bei *synchroner Zusammenarbeit* ergeben sich andere Anforderungen an die Granularität und Laufzeit der Ereignisvermittlung als bei asynchroner Arbeit. Im synchronen Fall, z. B. im Fall der gemeinsamen Bearbeitung eines Dokuments, sollten alle Ereignisse, die für die Kooperationspartner relevant sind, möglichst zeitgleich vermittelt werden, damit es nicht zu Zugriffskonflikten kommt. Ebenfalls können Ereignisse auf einem viel detaillierten Niveau relevant sein als im asynchronen Fall, wo nicht jede Aktion der Kooperationspartner vermittelt werden muss, sondern wo vielmehr eine Zusammenfassung der Aktionen gewünscht ist.

Unabhängig von der zeitlichen oder räumlichen Kooperationsform ist die soziale oder aufgabenorientierte Gruppenwahrnehmung (Prinz, 1999). Die *aufgabenorientierte Gruppenwahrnehmung* bezieht sich auf die Wahrnehmung von Aktivitäten im Zusammenhang einer gemeinsamen Aufgabe und an gemeinsam bearbeiteten Objekten. Diese Art der Wahrnehmung kann z. B. durch Benachrichtigung über Zustandsänderungen an einem gemeinsamen Informationsraum oder über Dokumentmodifikationen vermittelt werden. Solche Benachrichtigungen verkörpern Informationen darüber, wer welche Aktivitäten an welchem aufgabenbezogenen Objekt ausführt oder ausführte. Die über diese Benachrichtigungen erzielte Wahrnehmung des Gesamtzustands ermöglicht den Benutzern implizit die Koordination von Aktivitäten an gemeinsam genutzten Objekten ohne eine explizite Koordinationssteuerung. Beispiele für Systeme, die diese Art der Wahrnehmung unterstützen sind PoliAwaC (PoliTeam Awareness Client) (Sohlenkamp, 1998; Prinz et al., 1998) oder Interlocus (Nomura et al., 1998). *Soziale Gruppenwahrnehmung* bezieht sich auf die Wahrnehmung von Aktivitäten und Handlung in einer gemeinsam genutzten Umgebung. Beispielsweise die Dinge, die wir wahrnehmen, wenn wir über einen Flur gehen und dabei einen Blick in Büros oder die Kaffeeküche werfen. Benachrichtigungen die zur sozialen Gruppenwahrnehmung beitragen, verkörpern Informationen über die Präsenz anderer und über den Zustand einer gemeinsamen Umgebung. Beispiele für Systeme, die diese Art der Wahrnehmung unterstützen sind Portholes (Dourish & Bly, 1992) oder ICQ (Mirabilis, 1998). Der Unterschied zwischen beiden Formen liegt im Wesentlichen in dem gemeinsam genutzten Kontext. Bei der aufgabenorientierten Wahrnehmung ist dies ein Objekt, das einen Teil eines kooperativen Prozesses bildet, bei der sozialen Gruppenwahrnehmung ist es die von mehreren Benutzern gemeinsam genutzte reale oder virtuelle Umgebung. Da eine explizite Trennung zwischen beiden Arten der Gruppenwahrnehmung bei kooperativer Arbeit nicht stattfindet, ist es sinnvoll, wenn CSCW-Systeme auch beide Formen unterstützen. Dies ist z. B. bei raumbasierten Systemen wir Diva (Sohlenkamp & Chwelos, 1994) oder TeamRooms (Roseman & Greenberg, 1996a) der Fall.

3 Januskopf: Gruppenwahrnehmung und Privatsphäre

Auch wenn die Benachrichtigung über die Aktivitäten anderer bei kooperativer Arbeit einerseits notwendig und hilfreich ist, so birgt sie andererseits eine Gefahr der Verletzung der Privatsphäre und unerwünschter Kontrolle. Um dem zu begegnen existieren verschiedene Ansätze.

Das von Sohlenkamp et al., 1997 vorgestellte Pipeline-Modell sieht vor, dass Benutzer und Organisationen über die Konfiguration von Filtern entscheiden können, welche Aktivitäten sie anderen sichtbar machen wollen. Die Filter stoppen dann alle Ereignisse, die von Aktionen ausgelöst wurden, von denen ein Benutzer nicht wünscht, dass sie anderen vermittelt werden. Neben *benutzerspezifischen Filterkonfigurationen* kann es auch gruppen- oder organisationsspezifische geben, mit den organisationsweite Regelungen festgelegt werden können.

Während dieser Ansatz Ereignisse bei ihrer Entstehung unterdrückt, ermöglicht die Verwendung von *ereignisbasierten Zugriffsrechten* die Kontrolle über die Benutzergruppe, die Zugriff auf Ereignisinformationen erhält. Damit lässt sich nicht nur im restriktiven Sinn der Zugriff auf Ereignisse beschreiben, sondern gleichzeitig die Verteilung von Ereignisinformationen kontrollieren, um eine Überflutung Unbeteiligter zu vermeiden. Die NESSIE Infrastruktur (Prinz, 1999) realisiert diesen Ansatz.

Die Beschränkung des Zugriffs oder der Verteilung von Ereignissen verhindert jedoch noch nicht die unerwünschte Kontrolle oder intensive Beobachtung der eigenen Aktivitäten durch andere. Dies kann durch die Schaffung von Transparenz über die Beobachter von eigenen Aktionen zumindest sichtbar gemacht werden. Dieses Prinzip der *Reziprozität* (wenn Benutzer A die Aktivitäten von Benutzer B vermittelt bekommt, dann wird Benutzer B darüber informiert, bzw. Benutzer A kann nur dann die Aktivitäten von B sehen, wenn dies auch umgekehrt gilt) wird häufig bei videobasierten Media Spaces angewandt. Das wirkt sich so aus, dass man nur dann das Videobild aus dem Büro eines Partners empfängt, wenn man gleichzeitig sein eigenes ebenfalls freigibt. Bei ereignisbasierten Infrastrukturen, wie NESSIE, ist das Prinzip so realisiert, dass Benutzer vom System erfahren können, wer Interesse an bestimmten Ereignissen registriert hat. Damit wird die nötige Transparenz hergestellt, gleichzeitig sorgt diese Metagruppenwahrnehmung dafür, dass man erfährt, wer automatisch über eine Aktion informiert wird, d. h. wen man nicht mehr explizit informieren muss.

Auch wenn diese Ansätze wichtige Maßnahmen sind, um die Privatsphäre in CSCW-Systemen zu schützen, können diese technischen Methoden keinen sicheren Schutz bieten. Entscheidend ist auch immer das soziale und organisatorische Umfeld. Bestimmend für die Akzeptanz und den Erfolg von Systemen zur Vermittlung von Gruppenwahrnehmung ist das Verhältnis zwischen dem Risiko und Nutzen, den jeder Benutzer und die Gruppe hat.

4 Abstrakte Modelle zur Gruppenwahrnehmung

Neben dem Bemühen, die Gruppenwahrnehmung in einem konkreten Anwendungsfall oder für eine konkrete Anwendung zu unterstützen, werden generische Modelle entwickelt. Diese haben das Ziel, die Entstehung, Verteilung und Wahrnehmung von Ereignissen zu modellieren und für unterschiedliche Anwendungen anwendbar zu machen. Man kann zwischen ereignisbasierten und raumbasierten Modellen unterscheiden.

4.1 Ereignisbasierte Modelle

Das Modell von Mariani & Prinz (1993) lehnt sich an den Effekt sich ausbreitender Wasserwellen, ausgelöst durch einen Steinwurf in einen See an. Damit wird versucht, die gegenseitige Wahrnehmung von Benutzern zu modellieren, die Handlungen in einer gemeinsam genutzten Datenbasis ausführen. Grundlage für das Modell ist, dass die Ausführung einer Operation auf ein Datenobjekt Ereignisse erzeugt, die sich über Beziehungen, die dieses Objekt mit anderen Objekten verbindet, ausbreiten, ähnlich der Wellen, die durch einen Steinwurf in einen See ausgelöst werden. Die Relationen zwischen Objekten dienen also als Transportmedium für die Ereignisse. Trifft ein Ereignis über eine Beziehung auf ein Objekt, das gerade von einem anderen Benutzer bearbeitet wird, so können beide Benutzer darüber informiert werden, dass sie an ähnlichen oder benachbarten Objekten arbeiten. Um zu vermeiden, dass Ereignisse sich endlos ausbreiten, werden sie bei jedem Transport über eine Objektbeziehung in ihrer Intensität vermindert. Zusätzlich besitzt jede Beziehung eine

Schwelle, die die Mindestintensität bestimmt, die ein Ereignis besitzen muss, damit es noch transportiert wird. Unterschreitet das Ereignis die Schwelle, wird es nicht weiter transportiert. Die Intensität, mit der ein Ereignis bei einem Objekt ankommt, ist daher auch ein Hinweis auf die Entfernung, die es bereits zurückgelegt hat. Entsprechend können unterschiedliche Darstellungsformen gewählt werden, wie zwei Benutzern die gegenseitige Wahrnehmung signalisiert werden soll.

Das Modell geht zusätzlich davon aus, dass unterschiedliche Operationen Ereignisse mit unterschiedlichen Intensitäten auslösen. Beispielsweise löst die Modifikation eines Objekts ein intensiveres Ereignis aus als eine Leseoperation. Entsprechend sind Änderungsoperationen auch in einem größeren Umkreis sichtbar als Leseoperationen. Darüber hinaus kann die Transportfähigkeit von Objektrelationen für verschiedene Ereignisse unterschiedlich sein, wodurch zusätzliche, allerdings auch aufwändige Anpassungen an den Anwendungskontext möglich sind.

Das Modell wurde prototypisch in dem Organisationsinformationssystem TOSCA (Prinz, 1993) realisiert, dem ein objektorientiertes Datenmodell zugrunde liegt. Die gegenseitige Wahrnehmung von Benutzern erfolgte über Skalen, die die jeweilige Nähe bzw. Distanz von Benutzern zueinander ausdrückte.

Eine Weiterentwicklung dieses Modells erfolgte zunächst innerhalb des GroupDesk Systems und später im Rahmen der PoliAwaC Realisierung des PoliTeam Projekts. L. Fuchs (1998 & 1999) entwickelte dazu das Area-Modell, das eine detaillierte Beschreibung der Objektrelationen ermöglicht und das zusätzlich die Beschreibung von Interessensprofilen ermöglicht. Ein *Interessensprofil* erlaubt es den Benutzern detailliert zu beschreiben, über welche Ereignisse an welchen Objekten sie in welchen Situationen benachrichtigt werden möchten. Die vollständige Objektorientierung des Modells ermöglicht eine Beschreibung von Interesse auf Objektklassen- oder Instanzenebene. So kann z. B. festgelegt werden, dass man generell an allen Modifikationen eines bestimmten Dokumenttyps oder an einzelnen Leseoperationen an einem bestimmten Dokument interessiert ist. Zusätzlich kann die Situation beschrieben werden, in der die Benachrichtigung über ein Ereignis erfolgen soll. Bei wichtigen Ereignissen kann dies unmittelbar geschehen, bei anderen erfolgt eine Benachrichtigung erst dann, wenn der Benutzer das betroffene Objekt selbst oder ein damit in Beziehung stehendes benutzt, beispielsweise einen Ordner, der das Dokument enthält. Damit die flexiblen Gestaltungsmöglichkeiten des Area-Modells in der Anwendung nicht zu komplex für die Benutzer werden, bietet die PoliAwaC Benutzungsschnittstelle die Möglichkeit, Muster festzulegen, mit denen häufig genutzte Konfigurationen wiederverwendbar werden. Erfahrungen mit dem Einsatz von PoliAwaC (Sohlenkamp et al., 1998) zeigen, dass Benutzer dieses Konzept rasch verstehen können. Die Möglichkeit Interessensprofile über Objekttypen zu definieren wird dabei am häufigsten genutzt. Verfeinerte Profile werden zusätzlich für Objekte definiert, die im Zentrum des aktuellen Arbeitskontexts liegen.

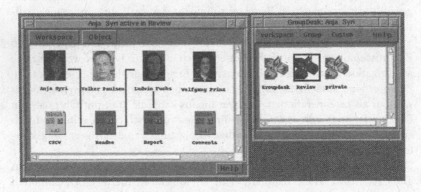

Abb. 56   Die GroupDesk Benutzungsschnittstelle

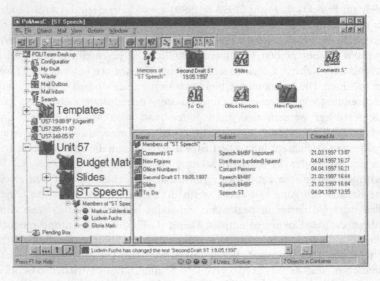

Abb. 57   Die PoliAwaC Benutzungsschnittstelle

4.2 Raumbasierte Modelle

Medium, Aura, Fokus und Nimbus sind die Schlüsselkonzepte eines Modells von Benford & Fahlén (1993). Das Modell nutzt zur Beschreibung der Wahrnehmung, die zwei Objekte voneinander haben, räumliche Beziehungen als Metapher (*spatial Awareness model*). Die primäre Anwendung findet das Modell in der Realisierung von DIVE, einer Mehrbenutzer 3D-Umgebung. Hier wird es dazu genutzt, die Wahrnehmung zu beschreiben, die zwei Objekte einer 3D-Welt voneinander haben. Dies können beispielsweise mehrere Avatare oder eine Kombination von Avataren und anderen Objekten sein, z. B. Möbelstücke oder Tafeln.

Mit dem *Medium* wird das Mittel beschrieben, durch das eine Interaktion stattfindet, z. B. Audio oder Video. Um zu entscheiden, welche Objekte eines Raums miteinander kommunizieren können wird das Aura Konzept genutzt. Aura ist ein Teilraum, der die Präsenz eines Objekts in einem Medium beschreibt und der als Vermittler einer potenziellen Interaktion dient. Überschneiden sich die Auren von zwei Objekte in einem Medium, so können diese miteinander interagieren. Um darüber hinaus den Grad der Wahrnehmung zu bestimmen, den diese Objekte voneinander haben, werden die Konzepte Fokus und Nimus eingeführt.

Jedes Objekt besitzt einen Fokus und einen Nimbus. Der *Fokus* drückt die Blick- bzw. Aktionsrichtung eines Objekts aus. Der *Nimbus* beschreibt die Ausstrahlung eines Objektes, die es für andere wahrnehmbar macht. Je mehr ein Objekt A im Fokus von Objekt B liegt, je größer ist die Wahrnehmung von A durch B, und je mehr Objekt A im Nimbus von Objekt B liegt, je größer ist die Wahrnehmung von A durch B. Verschiedene Möglichkeiten existieren für die Kombination des Fokus und Nimbus von zwei Objekten. Die größte Wahrnehmung wird erreicht, wenn Fokus und Nimbus sich gegenseitig überlappen. Zwischenstufen ergeben sich, wenn sich beide Elemente nicht oder nur teilweise überlappen: »The level of awareness that object A has of object B in medium M is some function of A's focus on B in M and B's nimbus on A in M« (Benford & Fahlén, 1993, S. 112)

Abhängig von dem Grad der Wahrnehmung, ausgedrückt über die Beziehung der Foken und Nimbusse der Objekte zueinander, kann dann eine bestimmte Reaktion der Objekte erfolgen. Beispielsweise erhält ein Avatar einen Schreibstift, mit dem er an einer Tafel schreiben kann, wenn er seinen Fokus auf die Tafel richtet und sich in ihrem Nimbus befindet. Oder zwei Avatare können über eine Audioverbindung miteinander kommunizieren, wenn sich ihre Foken und Nimbusse überlagern.

Die Konzentration des »*spatial model*« auf die Modellierung der Geschehenswahrnehmung in Anwendungen, deren Datenmodell räumliche Beziehungen beschreibt und deren Benutzungsschnittstelle eine Raummetapher zugrunde liegt, inspirierte T. Rodden (1996) zu einer Erweiterung. Diese erlaubt die Anwendung des Modells auf beliebige Datenmodelle, indem die Beziehungen zwischen den Objekten des Modells als Relationen interpretiert werden. Rodden definiert dann Funktionen für Fokus und Nimbus, die auf dieser Relationenmenge operieren und zeigt, wie das »spatial model« damit auch für Hypertext oder Workflowanwendungen anwendbar wird.

Mit dem Aether-Modell (Sandor et al., 1997) wird das »spatial model« verfeinert, in dem der Raum, der Objekte umgibt als Konsument von Aura, Fokus und Nimbus betrachtet wird. Der Grad der Wahrnehmung von zwei Objekten ist damit zusätzlich durch den umgebenden Raum bestimmt, der Fokus und Nimbus filtert. Mit dieser Erweiterung erhält das »spatial model« eine Gemeinsamkeit mit dem oben beschriebenen Wellenkonzept von Mariani und Prinz. Auch hier werden Objektbeziehungen als Konsument betrachtet, die Ereignisse filtern.

5 Desktop-basierte Systeme

Desktop-basierte Systeme, erweitern den Standarddesktop von Betriebssystemen oder Anwendungen um zusätzliche Gruppenwahrnehmungsfunktionen. Im Vordergrund steht dabei im Wesentlichen die Anzeige aktueller und vergangener Aktionen von Gruppenmitgliedern an gemeinsam genutzten Dokumenten.

Das GroupDesk System bietet den Benutzern verschiedene gemeinsame Ablagen (einen GroupDesk) an, auf denen Dokumente abgelegt werden können. Zusätzlich zu den Dokumenten werden die Mitglieder eines GroupDesk durch ihr Photo angezeigt. Dabei wird der Zustand der Teilnehmer (anwesend, abwesend, aktiv) durch unterschiedliche Färbungen dargestellt. Gleiches gilt für den Bearbeitungszustand von Dokumenten. Wird ein Dokument aktuell von einem Benutzer bearbeitet, so wird dies durch eine Linie zwischen den beiden Icons ausgedrückt.

Die PoliAwaC-Benutzungsschnittstelle für das PoliTeam-System stellt eine Erweiterung des Windows 95 Explorer um Gruppenwahrnehmungsfunktionen dar. Die Anlehnung an den Explorer erfolgte mit Absicht, um den Benutzern eine gewohnte Schnittstelle anzubieten. Die Vermittlung von Aktionen anderer an gemeinsam genutzten Dokumenten erfolgt in PoliAwaC über unterschiedliche Visualisierungen:

- Icons werden vergrößert, um Aktionen darzustellen;

- kleine Overlay Icons signalisieren die Art der erfolgten Aktion;

- unterschiedliche Einfärbung signalisieren den Benutzer, der die Aktion durchführte.

Zusätzlich zu dieser Ereignispräsentation am Objekt werden aktuelle Ereignisse in einem kleinen Ereignisfenster textuell dargestellt. Dieses Fenster kann von dem Explorer »abgerissen« werden und frei auf dem Bildschirm, z. B. am Bildschirmrand, positioniert werden. So bleibt der Benutzer informiert, auch wenn andere Anwendungen den Explorer überlagern. Die Auswahl der Ereignisse, über die ein Benutzer informiert werden möchte, die Situation, in der die Benachrichtigung erfolgen soll, und die Konfiguration, wie die visuelle Darstellung erfolgen soll, geschieht auf Basis des oben beschriebenen Area-Modells. Erfahrungen mit dem Einsatz dieser Schnittstelle zeigen, dass die Anwender sehr positiv auf die unterschiedlichen Icondarstellungen reagierten. Diese erlaubten es ihnen, auf den ersten Blick zu erkennen, an welchen Orten im Dokumentenraum Änderungen geschahen.

6 Raumbasierte Systeme

Raumbasierte Systeme nutzen die Raummetapher um die Aktionen der Kooperationsteilnehmer und deren Darstellung zu strukturieren und damit anderen Teilnehmer sichtbar zu machen. Dazu wird die Benutzungsschnittstelle in unterschiedliche Räume aufgeteilt. Jeder Raum entspricht einem bestimmten Arbeitskontext, z. B. einem Projekt oder auch dem persönlichen Büro.

Die Räume des Diva-Systems (Sohlenkamp & Chwelos, 1994) beinhalten Dokumente und Benutzer. Um ein bestimmtes Dokument bearbeiten zu können, muss ein Benutzer zunächst ein Icon, das ihn repräsentiert, in den Raum, der das Dokument und damit den entsprechenden Arbeitskontext enthält, navigieren. Für alle anderen ist damit sofort sichtbar, in welchem Kontext ein Benutzer gerade arbeitet. Möchte ein Benutzer mit einem anderen Benutzer Kontakt aufnehmen, dann begibt er sich ebenfalls in den Raum. Automatisch wird dann eine Videokonferenz zwischen den Anwesenden gestartet. Zusätzlich können Dokumente gemeinsam bearbeitet werden. Möchten Benutzer in einem Raum nicht gestört werden, so können sie ihn verschließen. Anderen Teilnehmern wird dies durch eine heruntergelassene Jalousie angezeigt.

TeamRooms (Roseman & Greenberg, 1996a) nutzt ebenfalls Räume zur Strukturierung der Arbeitsumgebung. Anwesende Benutzer werden in den Räumen durch Bilder oder Video Snapshots angezeigt, die periodisch aktualisiert werden. Telepointer dienen dazu, Gesten und Aktionen anderer in einem Raum zu übertragen. Wenn die Größe eines Raums die Bildschirmgröße überschreitet, dann bietet ein Radarfenster eine Übersicht.

7 Media Spaces

Durch die ständige Verbindung verschiedener Orte über Video- und Audioverbindungen werden sogenannte Media Spaces aufgebaut. Die räumliche Trennung wird damit teilweise aufgehoben. Aus zwei oder mehreren Büros wird beispielsweise ein Großraumbüro. Zwei Flure oder Kopierräume werden zu einem Treffpunkt für zufällige Begegnungen. Die Einblendung verschiedener Videobilder auf dem Bildschirm bietet eine ständige Wahrnehmung der Gruppenaktivitäten, d. h. ob Kollegen anwesend sind, ob sie Besuch haben, ob sie telefonieren, usw. Für die meisten Büroaktivitäten vermitteln Media Spaces hauptsächliche eine soziale Gruppenwahrnehmung. Das Erkennen der Dokumente und damit der aktuellen Aufgabe, an der ein Kooperationspartner arbeitet, ist nicht möglich.

Um eine ungewollte Kontrolle zu verhindern, wurden unterschiedliche Maßnahmen entwickelt. Ein heimliches Beobachten wird durch Geräusche, z. B. Klopfgeräusche, verhindert, die automatisch ausgelöst werden, wenn man besucht wird. Zusätzlich können Benutzer konfigurieren, ob Sie besucht werden möchten und ob automatisch ein Videobild gesendet wird. Die Qualität des Videobilds kann ebenfalls beeinflusst werden. Unscharfe Bilder sind immer noch in der Lage, Anwesenheit zu signalisieren, ermöglichen aber keine detaillierte Beobachtung der Aktivitäten. Eine weitere Maßnahme ist die Notwendigkeit einer symmetrischen Videoübertragung, d. h. beide Benutzer müssen ein Videobild der gleichen Qualität liefern. Stellt ein Benutzer sein Videobild nur in schlechter Qualität zu Verfügung, so kann er das anderer auch nur in dieser Qualität empfangen

Während die ersten Media Space Realisierungen noch auf dem Einsatz analoger Videotechnik beruhten, bieten heute Webcams eine einfache Möglichkeit diese Form der sozialen Gruppenwahrnehmung zu realisieren. Ein System, das diese Technologie nutzt ist NYNEX Portholes (Lee et al., 1997).

8 Präsenz in realen und virtuellen Räumen

Ein wesentliche Komponente sozialer Gruppenwahrnehmung besteht in der Information über die Präsenz und Ansprechbarkeit von Kooperationspartnern. Man kann zwischen der Präsenz von Benutzern in realen oder virtuellen Räumen unterscheiden.

Xerox entwickelt mit den »*Active Badges*« eine Technologie, die die Bestimmung des Aufenthaltsortes einer Person in einem Gebäude ermöglicht. Benutzer des Systems tragen einen active badge, der periodisch ein benutzerspezifische Signal aussendet, das von Empfängern, die flächendeckend in einem Gebäude verteilt sind, empfangen wird. Damit lässt sich der Aufenthaltsort der betreffenden Person ermitteln. Es wird aber nicht nur die Suche nach der Person vereinfacht. Andere Anwendungen bestehen darin, dass man sich automatisch informieren lassen kann, wenn sich bestimmte Kollegen in der Kaffeeküche treffen oder ein Kollege, den man ansprechen wollte, gerade den Flur entlang kommt. Ziel dieser Systeme ist nicht das Auffinden von Personen, sondern auch die Vermittlung spontaner Kontakte, ausgelöst durch die Wahrnehmung der Präsenz anderer an bestimmten Orten.

Eines der ältesten Werkzeuge zur Darstellung der Präsenz von Benutzern in virtuellen Räumen ist das Unix Kommando »who«. Es zeigt an, welche Benutzer ebenfalls auf einem Unix Rechner angemeldet sind, wie lange sie dort schon angemeldet sind und welches Kommando sie gerade ausführen. Der Rechner bildet damit einen Ort, für den das who-Kommando eine Präsenzfunktion zur Verfügung stellt. Für Internetbenutzer bieten ICQ (Mirabilis, 1998) oder AOL Instant Messenger ähnliche Funktionen. Diese Anwendungen übermitteln die Präsenz eines Benutzers über das Internet an einen zentralen Server, wo diese Information von berechtigten Benutzern abgerufen werden kann. Präsenz bedeutet dabei, dass der Benutzer die Anwendung auf seinem Rechner gestartet hat, was meistens automatisch erfolgt, und dass der Rechner mit dem Internet verbunden ist. Zusätzlich kann übermittelt werden, ob der Benutzer aktiv am Rechner tätig ist, sich der Bildschirmschoner eingeschaltet hat oder der Benutzer nicht gestört werden möchte. Durch die Zusammenstellung sogenannter Buddy Listen kann der Benutzer nun erfahren, in welchem Zustand sich seine Kooperationspartner oder Freunde befinden. Neben der Präsenzinformation bieten die System die Möglichkeit zum direkten Austausch von Nachrichten mit anderen Benutzern oder der gemeinsamen Nutzung verschiedener Anwendungen.

Erweiterungen solcher einfachen, aber doch sehr praktischen und wir-
kungsvollen Systeme sind Anwendungen, die die Anwesenheit auf Webseiten
anzeigen. Damit wird die Möglichkeit geschaffen, sich auf Webseiten zu treffen.
Eine Webseite wird also als ein virtueller Ort interpretiert, der den Kontext für
eine zufällige oder geplante Begegnung bietet. CoBrow (Siedler et al., 1997) ist
ein Beispiel für ein solches System. Lädt ein Benutzer eine mit CoBrow assozi-
ierte Webseite, so startet automatisch eine Anwendung, bei der er sich anmelden kann und die ihn dann über andere Anwesende informiert. Zusätzlich werden Kommunikationsmöglichkeiten geboten. Die Links zwischen Webseiten
werden von CoBrow interpretiert, um zusätzlich anzuzeigen, wer sich in der
»Nähe« der aktuell geladenen Webseite befindet. Eine Spezialisierung dieses
Ansatzes liefert das MetaWeb Konzept (Trevor et al., 1997), das als Monitor-
Applet in dem BSCW-System realisiert ist. Diese für BSCW Benutzer spezialisierte Anwendung liefert zusätzlich Information über die Aktivitäten anderer
Benutzer an gemeinsam genutzten Objekten.

9   Infrastrukturen

Generische Infrastrukturen bieten unabhängig von einer konkreten Anwendung eine Plattform zur Erfassung und Präsentation von Informationen über
Aktionen in Form von Ereignissen. Diese können entweder als eigenständige
Anwendung genutzt werden oder zur anwendungsübergreifenden Vermittlung
von Ereignissen dienen. In diesem Abschnitt wird zunächst die NESSIE Awareness Infrastruktur detailliert beschrieben, dann werden zwei weitere Systeme,
Khronika und Elvin, kurz erläutert.

Ziel von NESSIE (Prinz, 1999) ist die Entwicklung einer Infrastruktur, mit
der das Geschehen in elektronischen Umgebungen erfasst und andernorts für
berechtigte Benutzer verfügbar gemacht werden kann. Zum Geschehen zählen
insbesondere die Präsenz, die Aktionen und die Bewegungen von anderen Teilnehmern, Agenten oder Objekten in der realen oder elektronischen Welt. Die
folgende Abbildung illustriert die NESSIE-Architektur. Für das Design von
NESSIE sind folgende Aspekte wesentlich:

● mit NESSIE soll ein anwendungsübergreifender und unabhängiger »Awa-
  reness-Service« bereit gestellt werden;

● offene, erweiterbare Protokolle sollen einen flexiblen Einsatz und eine
  rasche Anpassung an verschiedene organisatorische Randbedingungen
  gewährleisten;

● die Realisierung von ereignisbasierten Zugriffsrechten und Transparenz
  über Ereignisverteilung und Empfänger;

- die Integration und Nutzung von Internet-Technologien als Basis für die Skalierbarkeit;

- die Möglichkeit zur schnellen Realisierung von Sensoren zur Ereignis-generierung und Indikatoren zur Ereignisdarstellung sowie deren Integration mit NESSIE.

Die Erfassung von Ereignissen erfolgt mittels Sensoren, die Aktivitäten in Form von Ereignismeldungen an den NESSIE-Server schicken. Um dies möglichst einfach zu gestalten, können Ereignisse in Form eines HTTP-Aufrufs an ein CGI-Skript gesendet werden. Der NESSIE-Server verwaltet die Ereignismeldungen und ist für die Weiterleitung an berechtigte und interessierte Benutzer zuständig.

Die Weiterleitung von Ereignissen kann auf zwei Arten erfolgen. Anwendungen können explizit den Server nach neuen Ereignissen fragen (*Pull-Prinzip*). Dazu wird über eine CGI Schnittstelle eine Serveroperation angeboten, über die mittels einer Query-Sprache Ereignisse gefiltert werden können. Alternativ besteht die Möglichkeit, Interessensprofile bei dem Server zu registrieren. Dies erfolgt über den NESSIE-Client, einer Anwendung, die Benutzer bei der Beschreibung von Interessensprofilen unterstützt und die Registrierung bei dem NESSIE-Server erledigt. Diese Profile können entweder auf dem lokalen Rechner oder in gemeinsamen Arbeitsbereichen des BSCW-Systems gespeichert werden. Letzteres eröffnet einer Gruppe die Möglichkeit gruppenspezifische Interessensprofile zu erstellen, z. B. für Aktivitäten an gemeinsam genutzten Dokumenten oder in Ablagen, die dann für jedes Gruppenmitglied gelten. Jeder Benutzer kann diese Profile durch individuelle ergänzen. Die Nutzung von BSCW ermöglicht zusätzlich den ortsunabhängigen Zugriff auf Profile und den leichten Austausch von Profilen zwischen Benutzern. Beim Start lädt der NESSIE-Client die Interessensprofile aus der Liste der angegebenen Arbeitsbereichen und registriert sie bei dem Server.

Sobald der NESSIE-Server Ereignismeldungen erhält, die dem Interessensprofil eines Benutzers entsprechen, werden diese sofort an den entsprechenden NESSIE-Client weitergeleitet (*Push-Prinzip*). Die Darstellung von Ereignissen kann benutzerspezifisch konfiguriert werden. Zur Präsentation von Ereignissen nutzt NESSIE unterschiedlichste Darstellungsformen, wie PopUp Windows, Animationen, Laufbänder oder Sound.

Vergleichbar zu NESSIE sind Khronika und Elvin, die jedoch beide nicht den Funktionsumfang von NESSIE realisieren und im Wesentlichen als Benachrichtigungsdienste entwickelt wurden. Elvin (Segall & Arnold, 1997) ist ein Notification-Server, der auf einer inhaltsbasierten Adressierung zur Auswahl von interessanten Benachrichtigungen beruht. Von den Entwicklern wird der Anwendungsbereich von Elvin im Bereich Netzwerkmanagement, zur

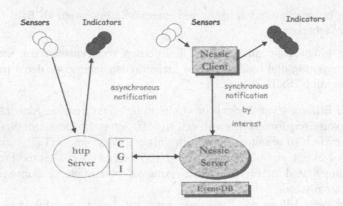

Abb. 58 Die NESSIE-Architektur

Anwendungsintegration und als Infrastruktur für CSCW-Anwendungen gese-
hen. Erfahrungen mit Elvin (Fitzpatrick et al., 1999) haben ergeben, dass die
Möglichkeiten zum direkten Austausch von Nachrichten über ein Laufband
(TickerTape) sich als besonders nützlich erwiesen hat. Motiviert durch die
Informationsüberflutung, die durch eine ungerichtete Informationsverteilung
entsteht, bietet Khronika (Lövstrand, 1991) einen Benachrichtigungsdienst für
Ereignisse. Kernelemente des Systems sind Ereignisse, Daemons und Benachrichtigungen. Benutzer können ihr Interesse in Ereignisse über Bedingungen
formulieren, die von Daemons beobachtet werden.

10 Ausblick

In diesem Kapitel wurden Methoden und Realisierungen zur Vermittlung einer
Gruppenwahrnehmung für unterschiedliche kooperationsunterstützende
Anwendungen vorgestellt. Viele dieser Ansätze konzentrieren sich auf einzelne
Anwendungen unter Einsatz von klassischen Visualisierungstechniken.

Neue Visualisierungstechniken unter Verwendung dreidimensionaler Darstellungen gestatten es, eine große Zahl an Ereignissen und komplexe Geschehnisse anschaulich und für den Betrachter unmittelbar und intuitiv erfassbar zu
machen. NESSIE beispielsweise ermöglicht die Visualisierung von Ereignissen
innerhalb der 3D-Umgebung SmallView. SmallView basiert auf dem Multi-
user-VR-Toolkit SmallTool (Broll, 1998) und ermöglicht die Repräsentation
von Benutzern durch Avatare. Dabei können die Benutzer über das Internet in
virtuellen Welten kommunizieren und interagieren. Zur Visualisierung von

Ereignissen und Geschehnissen verfügt SmallView über einen integrierten NESSIE-Client. Dieser ermöglicht es, eine dreidimensionale Umgebung an einen NESSIE-Server zu koppeln. Die empfangenen Ereignisse werden dabei zur Steuerung und Animation von Objekten der virtuellen Welt eingesetzt. In Abb. 59 »Projektion einer 3D-Welt« werden die Aktivitäten in verschiedenen BSCW-Arbeitsbereichen visuell am Arbeitsplatz eines Benutzers angezeigt. Dabei sind die einzelnen Benutzer durch Avatars repräsentiert. Aktionen, wie das Lesen oder Modifizieren von Dokumenten, werden in diesem Beispiel durch entsprechende Animationen der Avatars dargestellt. Aufgrund der 3D-Visualisierung kann der Tätigkeit einer Vielzahl an Benutzern unmittelbar auf den ersten Blick erfasst werden. Darüber hinaus kann der Betrachter innerhalb der Szene navigieren, um sich zusätzliche Detailinformationen über die Geschehnisse oder auch die Benutzer zu verschaffen und mit diesen zu kommunizieren.

Zusätzlich zu den elektronischen Darstellungsformen wird mit *taktilen Schnittstellen* experimentiert, die eine Erfassung und Darstellung von Geschehnissen jenseits einer grafischen Bildschirmdarstellung erlauben (Ishii & Ullmer, 1997). Damit können Anzeigen für Ereignisse an andern Orten oder im elektronischen Umfeld im Ambiente des realen Arbeitsplatzes vergegenständlicht werden. Experimente mit solchen Indikatoren dienen dazu festzustellen, wie am geeignetsten eine periphere Wahrnehmung von Geschehen in virtuellen Umgebungen in die reale Welt vermittelt werden kann.

Abb. 59 Projektion einer 3D-Welt

Diese Entwicklungstendenzen verdeutlichen, dass eine Geschehenswahrnehmung nicht nur innerhalb kooperativer Anwendungen erfolgen, sondern Bestandteil einer hybriden Arbeitsumgebung werden, die reale und virtuelle Komponenten enthält. Sie ermöglicht die Verbindung entfernt liegender Orte zu einer gemeinsamen Umgebung, in der die verteilt arbeitenden Personen sich so orientieren und situationsbezogen so reagieren können wie Personen, die am gleichen Ort arbeiten. Statt von einer Gruppenwahrnehmung in kooperativen Anwendungen kann man dann von Gruppenwahrnehmung in einer Gemeinschaft sprechen. Entsprechend lässt sich die eingangs genutzte Definition von »Awareness« wie folgt erweitern zu einer neuen Definition von »*Community Awareness*«

»Awareness is an understanding of *the presence* and activities of *others within a shared hybrid environment*, which provides a *context for mutual orientation and opportunities for situative reactions.*«

Kollaboratives Filtern

Michael Koch
Technische Universität München, München

1 Einleitung

In vielen Anwendungen findet sich héute als Teilfunktionalität das *Filtern von Information*. Darunter versteht man die Funktion, mit der aus einer Menge von Informationsobjekten (im Weiteren *Items* genannt) eine Teilmenge selektiert werden kann, welche einer Anfrage oder allgemeiner den Interessen eines Benutzers entspricht. Ein Beispiel für *Informationsfilterung* ist das Suchen von Web-Seiten zu einem bestimmten Thema. Hier sind die zu durchsuchenden Items die Menge aller Web-Seiten und das angestrebte Ergebnisse eine Teilmenge davon, welche auf das angegebene Thema passt. Ein weiteres Beispiel ist die Suche nach einem Kinofilm, den man am Abend sehen kann. Ausgangsmenge ist die Menge aller Kinofilme, die am Abend gezeigt werden, Ergebnis ist eine (nach Präferenz geordnete) Auswahl von Filmen.

Es gibt eine große Menge von Verfahren, die das Problem der Informationsfilterung adressieren (siehe Abb. 60 »Überblick über (Informations-)Filtermechanismen«). Traditionell finden hier vor allem inhaltsbasierte Verfahren Anwendung. Sie benutzen zur Filterung meist Metainformation zu den Items, z. B. Schlüsselworte, die zu einem Item eingegeben worden sind, und vergleichen diese mit den Attributen einer Anfrage, die entweder explizit vom Benutzer vorgegeben wird (Suchanfrage) oder durch das Benutzerprofil des Benutzers bestimmt wird. Der Vergleich erfolgt entweder direkt oder über neuronale Netzwerke. Die Filterung von Items aus einer großen Menge von Items rein nach Inhaltsattributen liefert allerdings meist zu viele Ergebnisse, insbesondere dann, wenn der Inhalt nicht gut indiziert ist oder die Anfrage ungenau war. Unbefriedigende Ergebnisse liefern die inhaltsbasierten Verfahren meist auch dann, wenn nicht nach bestimmten Inhalten, sondern nach »Qualität« gesucht wird, also beispielsweise nach Filmen, die dem anfragenden Benutzer gefallen könnten.

Beim kollaborativen Filtern versucht man, diese Nachteile zu umgehen, indem die Erfahrungen anderer Benutzer mit berücksichtigt werden. Bei der Suche nach Information wird also direkt oder indirekt auf die Erfahrung zurückgegriffen, die andere Benutzer haben. Entsprechend ist hier zwischen interaktiven Verfahren (d. h. mehrere Benutzer interagieren explizit bei der Suche nach Information) und automatischen Verfahren zu unterscheiden. Dieses Unterkapitel konzentriert sich auf das automatische kollaborative Filtern. Informationen zu interaktiven Verfahren sind u.a. in Twidale et al. (1997), Twidale & Nichols (1996) und Nichols et al. (1997) zu finden.

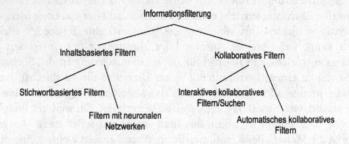

Abb. 60 Überblick über (Informations-)Filtermechanismen

2 Automatisches kollaboratives Filtern

Die Methode des automatischen kollaborativen Filtern stützt sich auf die Annahme, dass Personen, die in der Vergangenheit gleicher Meinung waren, voraussichtlich auch zukünftig gleicher Meinung sein werden. Such- bzw. Filter-Anfragen werden deshalb folgendermaßen behandelt:

1. Suche Personen mit gleicher Meinung

2. Suche Dokumente, die diesen Personen gefallen haben

3. (Bevorzugter) Vorschlag dieser Dokumente

Zu Schritt 1: Ermittlung von Personen mit gleicher Meinung

Die beim automatischen kollaborativen Filtern eingesetzte Methode zum Finden gleichgesinnter Benutzer ist entweder der direkte Vergleich von Interessensbekundungen im Benutzerprofil (mit Methoden wie sie beim inhaltsbasierten Filtern eingesetzt werden) oder der Vergleich von Bewertungen, welche die Benutzer zu verschiedenen Items abgegeben haben.

Bei der Korrelation basierend auf der Bewertung von Items wird im Unterschied zu den meisten inhaltsbasierten Methoden, die vom Benutzer nur die Spezifikation eines Profils erwarten, vorausgesetzt, dass der Benutzer im Vorfeld aktiv Items bewertet. Erst mit dieser Information kann das System sich auf die Suche nach gleichgesinnten Benutzern machen und dann deren Bewertungen extrapolieren.

Item-Bewertungen werden üblicherweise als Tupel der Form (Benutzeridentifikator, Itemidentifikator, Bewertung) gespeichert. Zur besseren Übersichtlichkeit kann man diese auch folgendermaßen in eine Tabelle eintragen:

	Item 1	Item 2	Item 3	Item 4	Item 5	Item 6	Item 7
User A	7	7	1	1	1	7	7
User B	1	7	7	1			
User C					1		7

Die zur Korrelation verwendeten Algorithmen beruhen dabei im Wesentlichen auf Standard-Korrelationstechniken. Die am häufigsten verwendete Technik ist der »*Pearson-r Algorithmus*«. Er berechnet über die Kovarianz aus der Benutzer-Objekt-Matrix die Korrelation eines Benutzers zu anderen Anwendern. Das Ergebnis ist ein Wert von -1 (X und Y stimmen überhaupt nicht in den Bewertungen der Items überein, die sie gemeinsam bewertet haben) über 0 (X und Y bewerten nicht korreliert) zu 1 (X und Y stimmen perfekt überein). Weitere Details zum Algorithmus sind z. B. in Grasso et al. (1999) oder Resnick et al. (1994) zu finden.

Zu Schritt 2 und 3: Vorschlag von Dokumenten

Wenn eine Anfrage gestellt wird, dann werden die in Schritt 1 berechneten Korrelationsdaten auf die Bewertungen der anderen Benutzer zu bisher nicht selbst bewerteten Items angewandt. Das Ergebnis dieses Prozesses sind Werte, die eine Aussage darüber treffen, wie sehr ein Item voraussichtlich den eigenen Interessen entspricht (d. h. welche Bewertung man ihm voraussichtlich geben würde). Das Suchergebnis entspricht dann allen Items, deren vorausgesagte Bewertung größer als ein vorgegebener Schwellenwert ist. Die Ergebnisitems werden meist sortiert nach der vorausgesagten Bewertung ausgegeben.

3 Community-basiertes kollaboratives Filtern

Beim realen Einsatz von kollaborativem Filtern (z. B. in der Knowledge Pump (Glance et al., 1998)) hat sich gezeigt, dass es sinnvoll ist, die Korrelation der Benutzer nicht über alle bewerteten Items, sondern in verschiedenen Themenbereichen (*Communities*) getrennt voneinander vorzunehmen. Damit wird z. B. dem Fakt Rechnung getragen, dass jemand, mit dem man bei kulinarischen Fragen übereinstimmt, nicht auch gleichzeitig denselben Musikgeschmack haben muss.

Ziel dieses Verfahrens, welches auch unter dem Namen »Feature Guided Automated Collaborative Filtering« bekannt ist, ist es, die Stärken des inhaltsbasierten Filterns (Nutzung von Domäneninformation) mit denen des kollaborativen Filterns (Nutzung der Beziehungen zwischen Benutzern, die durch die subjektiven Ansichten die Qualität der Objekte darstellen) zu kombinieren.

4 Probleme beim Einsatz von kollaborativem Filtern

Das erste Problem, dem man beim Einsatz von reinem kollaborativen Filtern begegnet, ist, dass ein leeres System keine Suchergebnisse liefern kann. Dies liegt daran, dass noch keine Bewertungen von Items vorhanden sind und dass deshalb weder Korrelationen noch Bewertungsvorhersagen berechnet werden können. Auch beim ersten Kontakt eines neuen Benutzers mit einem bereits laufenden System trifft diese Situation zu.

Für dieses auch unter dem Namen »*Kaltstartproblem*« bekannte Problem gibt es zwei praktizierte Lösungsansätze:

1. Bevor der Benutzer das System nutzen kann, wird er während der Anmeldung dazu aufgefordert, eine Menge vorgegebener oder frei bestimmbarer Items zu bewerten. Diese Information wird dann benutzt um Korrelationen zu berechnen. Verwendung findet dieses Verfahren in vielen Film- und Buchempfehlungssystemen (recommender), z. B. bei www.amazon.com oder bei www.MovieCritic.com.

2. Anstatt einer Menge von Bewertungen kann ein neuer Benutzer bei der Anmeldung auch um die Nennung von anderen Personen gebeten werden, von denen er glaubt, dass sie dieselbe Meinung haben wie er. Das Verfahren wird beispielsweise vom System Knowledge Pump (Glance et al., 1998) angewandt. Die expliziten Advisor-Korrelationen können dann später durch neue Information korrigiert werden.

Neben dem Kaltstartproblem wird im Zusammenhang mit kollaborativem Filtern häufig auch noch das »Early-Rater«-Problem und das »Sparsity«-Problem angesprochen (Sarwar et al., 1998).

Das »*Early-Rater*«-Problem bezieht sich darauf, dass bei neuen Items erst einmal keine Hilfestellung gegeben werden kann. Erst wenn ein paar Benutzer Items bewertet haben, dann können die Algorithmen benutzt werden, um diese Items anderen vorzuschlagen. Diejenigen, welche Items zuerst bewerteten haben also den Aufwand während andere davon profitieren.

Das »*Sparsity*«-Problem beruht darauf, dass in Item-Sammlungen, in denen der Zufluss an neuen Items hoch ist (z. B. bei den USENET News), Benutzer normalerweise nur eine sehr kleine Menge der verfügbaren Items bewerten. Auf der einen Seite ist diese Masse von Neuzugängen gerade die Motivation hinter der Verwendung eines Filtersystems, auf der anderen Seite stellt die geringe Abdeckung auch eine Herausforderung an das System dar, da es schwieriger wird, Personen zu finden, die dieselben Items bewertet haben.

Lösungsansätze zu diesen und verwandten Problemen lassen sich zweiteilen: Einerseits gibt es algorithmische Ansätze, wie zum Beispiel die Partitionierung des Item-Raums (Community-basiertes kollaboratives Filtern) oder die Einführung von Agenten, die anstelle von Benutzern bewerten (siehe z. B. GroupLens (Sarwar et al., 1998)). Auf der anderen Seite gibt es ergonomische Ansätze, welche auf eine Erhöhung der Benutzermotivation hinzielen. Hier wird entweder versucht, die Motivation zur Eingabe von Bewertungen durch direkte Belohnung zu erhöhen oder die Hürde zu senken, indem die Möglichkeit zur Eingabe von Bewertungen überall bereitgestellt wird. Letzteres wird zum Beispiel im Projekt Campiello durch die Verwendung von Papierformularen zur Sammlung von Bewertungen versucht (Grasso et al., 1999a).

5 Zusammenfassung

In diesem Abschnitt wurde ein Verfahren vorgestellt, das es erlaubt, eine Teilmenge von Items auf der Basis von Bewertungen anderer Benutzer und der Korrelation zu diesen Benutzern auszuwählen.

Automatisches kollaboratives Filtern wird bislang in verschiedenen Einzelsystemen eingesetzt, von experimentellen Film-, News- und Webseitenempfehlungssystemen wie GroupLens (Resnick et al., 1994; Konstan et al., 1997), PHOAKS (Terveen et al., 1997), Fab (Balabanovic & Shoham, 1997) oder Knowledge Pump (Glance et al., 1998) bis hin zu Marketing-Unterstützungswerkzeugen im E-Commerce Bereich (z. B. in amazon.com oder anderen Diensten, welche personalisierte Angebote bereitstellen). Ein guter Überblick ist beispielsweise in Michalski (1996) oder in den Communications of the ACM von

März 1997 zu finden. Nur die wenigsten dieser Systeme verwenden allerdings reines automatisches kollaboratives Filtern, meist findet man kollaboratives Filtern kombiniert mit inhaltsbasierter Suche.

Beispiele für aktuelle deutsche Projekte, die mit automatischem kollaborativen Filtern arbeiten, sind Coins/LiveMarks bei der GMD[86] (z. B. Voß & Kreifelts, 1997), Linxx an der Universität Kiel[87] (Clement & Runte, 1999) und Cobricks/CoMovie an der Technischen Universität München[88]. Sowohl bei Coins als auch bei Cobricks wird versucht, die Dienste zum kollaborativen Filtern in einen größeren Kontext zu integrieren (siehe hierzu auch den entsprechenden Beitrag von Koch über Community-Support-Systeme in diesem Buch).

Betrachtet man die Anwendungsgebiete von automatischem kollaborativen Filtern, dann findet man diese vor allem beim qualitativen Suchen nach Items, die auf die eigenen Interessen passen. Der Grund dafür ist, dass es sehr schwer ist, eigene Interessen in Schlüsselworten zu fassen. Es ist leichter, Interessen durch die Bewertung von Items kundzutun und es dann dem System zu überlassen, Verbindungen zu ziehen. Ein anderes Anwendungsgebiet der hier vorgestellten Konzepte ist beim »Matchmaking« zu finden. Hier geht es darum, Personen zu identifizieren, die mit einer gegebenen Person etwas gemeinsam haben. Hierzu wird einfach nur der Korrelationsschritt durchlaufen und die berechneten Korrelationen dann angezeigt.

Mehr Information zu den Anwendungsgebieten von kollaborativem Filtern ist auch im Beitrag von Koch über Community-Support-Systeme in diesem Buch zu finden.

---

[86] Siehe http://orgwis.gmd.de/projects/Coins/
[87] Siehe http://www.linxx.de/
[88] Siehe http://www11.in.tum.de/proj/cobricks/

Teil 3
Methoden der Realisierung

Einführung

CSCW-Anwendungen sind Softwareanwendungen. Damit gelten für sie prinzipiell die allgemeinen Regeln der Anwendungsentwicklung und des Software-Engineerings. Dennoch zeigen 15 Jahre CSCW-Forschung, dass sowohl klassische Phasenmodelle nicht ohne weiteres übernommen werden können, als auch dass in allen klassischen Phasen von der Analyse über das Design bis zur Einführung und Betreuung Besonderheiten zu beachten sind. Auf diese Besonderheiten zielt das vorliegende Kapitel ab.

Die Autoren dieses Teils sind sich darin einig, dass es bei der Entwicklung von CSCW-Anwendungen kein festes Phasenschema im Sinne eines Wasserfallmodells gibt. Vielmehr sind Analyse-, Design-, Implementierungs-, Einführungs- und Betreuungsaktivitäten ineinander verwoben. Die Arbeit innerhalb von Gruppen und deren Unterstützung hängt im entscheidenden Maße von der Tauglichkeit der Benutzungsschnittstelle ab. Gegenüber Einzelplatzsystemen ist damit eine noch wesentlich weitergehendere Herausforderung verbunden. Hinzu kommt, dass mit der Entwicklung und Einführung von CSCW-Systemen im realen Umfeld auch erst konkrete Erfahrungen mit der Akzeptanz dieser Systeme gemacht werden können. Da die Nutzer häufig auch Schwierigkeiten haben, ihre Wünsche zu artikulieren und die Wirkungen einzelner Softwarefunktionen schwer voraussehbar sind, werden für neuartige Anwendungsbereiche typischerweise sehr früh Prototypen entwickelt, im Feld demonstriert oder erprobt, die Erfahrungen ausgewertet und in einer neuen Fassung der Software berücksichtigt. Die klassischen Phasen werden damit zyklisch durchlaufen, wobei eine gewisse Parallelität von Phasen nicht ausgeschlossen werden kann. Wegen der hohen Änderungsanfälligkeit von CSCW-Systemen ist ein möglichst feingranularer, modularer Softwareentwurf eine wesentliche Voraussetzung für den dauerhaften Erfolg eines Systems.

Ein Softwareprojekt wird in seiner Makrostruktur durch die einzelnen Releases einer CSCW-Anwendung geprägt. Dabei stellt ein Release einer bestimmten, über die Zeit wachsenden Gruppe von Anwendern eine bestimmte, über die Zeit wachsende Funktionalität in einer bestimmten, über die Zeit wachsenden Qualität zur Verfügung. Innerhalb eines Releases gibt es dann Zeiten, in denen schwerpunktmäßig jeweils analysiert, entworfen, eingeführt, betreut und bewertet wird. Dieser Realität am nächsten kommen zyklische Modelle der Softwareerstellung, wie sie z. B. im Step-Modell vorgesehen sind. Dieses Modell ist im Beitrag zu Designaspekten beschrieben.

Da sich Analyse-, Design-, Einführungs- und Betreuungsaktivitäten in der Art der Tätigkeit deutlich voneinander unterscheiden und um einen Vergleich zu den klassischen Methoden der Softwareerstellung zu erlauben, ist dieses Kapitel dennoch nach den klassischen Phasen der Softwareerstellung gegliedert. Ziel ist es dabei weniger, die Vorgehensweise der Realisierung vollständig zu beschreiben, als vielmehr die Charakteristika von CSCW-Anwendungen herauszuarbeiten. Dabei sind die Beiträge von der Erkenntnis getragen, dass CSCW-Anwendungen stark in die sozialen Beziehungen der Akteure eingreifen. Für die Analyse heißt dies, dass die Beziehungen der Akteure zueinander, zu ihrem physischen Umfeld und zu ihrer Arbeitsaufgabe im Vordergrund stehen. Beim Designteil steht dann die Benutzerpartizipation und das inkrementelle Prototyping im Vordergrund. Auf ein eigenes Kapitel zur Implementierung wurde verzichtet, weil hier die klassischen Lehren der Softwarekonstruktion als ausreichend angesehen werden können. Die Vereinbarung von Nutzungskonventionen verbindet Designaktivitäten und Einführungsaktivitäten. Beim Design machen sie die Intentionen der Entwickler explizit und damit mit dem Anwender diskutierbar. Bei der Einführung werden Konventionen zur Nutzung vereinbart, damit eine gemeinsame und damit notwendig abgestimmte Nutzung überhaupt möglich ist. Was bringt es beispielsweise, wenn Nutzer E-Mails schreiben, sie sich aber nicht darauf verlassen können, dass die Adressaten sie auch regelmäßig lesen. Ein kurzer Überblick über die laufenden Betreuungsaktivitäten beschließt die Beschreibung der klassischen Anwendungsentwicklung. Aus betriebswirtschaftlicher Sicht zentral ist aber weiterhin der ökonomische Nutzen einer CSCW-Anwendung. Zur Analyse dieses Nutzens wird zum Abschluss dieses Teils eine Mehrebenen-Betrachtung vorgestellt, die neben den monetär messbaren Größen auch qualitative Effekte berücksichtigt. Auch die ökonomische Bewertung sollte im Idealfall aber nicht erst nach Abschluss des Projektes erfolgen, sondern das Projekt begleiten und einen steuernden Eingriff ermöglichen.

Bedarfsanalyse

Gerhard Schwabe
Universität Koblenz-Landau, Koblenz

1 Ziele und Dimensionen einer Bedarfsanalyse

Die Bedarfsanalyse steht zu Beginn eines Projektes zur Einführung von Informations- und Kommunikationstechnologie (IuKT) in einer Organisation. Bei der Bedarfsanalyse wird untersucht, ob und welche Technologie von einer Organisation benötigt wird. Das Ergebnis der Bedarfsanalyse ist eine grobe Anforderungsspezifikation. Die computerunterstützte Kooperation im engeren Sinne ist nur eine Dimension einer Bedarfsanalyse. Die Einbettung von IuKT in eine Organisation erfordert die Analyse von organisatorischen und strategischen Aspekten des Technologieeinsatzes.

Strategie: Informationstechnologie kann strategische Bedeutung haben (vgl. die Diskussion zu strategischen Informationssystemen in Krcmar (2000)). Beispielsweise kann ein CSCW-System dazu verwendet werden, Entwicklungsarbeiten weltweit zu verteilen und dadurch sowohl die Entwicklungszeiten zu verkürzen als auch die Nähe zu den einzelnen Märkten zu erhöhen (vgl. z. B. Reichwald et al., 1998c, S. 188ff). Diese strategischen Potenziale sollten mit den dafür vorgesehenen Instrumenten (für eine Zusammenstellung vgl. Krcmar, 2000) erhoben und bewertet werden.

Strategische Potenziale des Technologieeinsatzes lassen sich in der Regel nur dann voll realisieren, wenn die Organisation einer Institution angepasst wird; dies ist häufig mit erheblichen Schwierigkeiten verbunden. Im Projekt BTÖV (Baldi et al., 1995) wird deshalb vorgeschlagen, in einer Bedarfsanalyse zwei Einsatzszenarien zu konstruieren: Ein *konservatives Einsatzszenario* beschreibt die Nutzung und den Nutzen eines Technologieeinsatzes ohne größere Änderungen in der Organisation. Ein *progressiveres Einsatzszenario* stellt dem die Nutzung und den Nutzen gegenüber, wenn die für einen optimalen Technologieeinsatz erforderlichen organisatorischen Änderungen durchgeführt werden. Aus einer Gegenüberstellung dieser beiden Szenarien lässt sich dann die strategische Stoßrichtung einer Informationstechnologieeinführung ableiten.

Organisation: Nur sehr einfache Anwendungen legen keine organisatorischen Änderungen nahe. Deshalb ist eine Untersuchung des organisatorischen Zusammenhangs des IuKT-Einsatzes ein Bestandteil der meisten Bedarfsanalysen. Ausgangspunkt sind die wesentlichen Produkte (physische Produkte oder

Dienstleistungsprodukte) einer Organisation, die Qualitätsanforderungen an die Produkte und der Geschäftsprozess zu ihrer Erstellung. Diese sollten auch dann erhoben werden, wenn eine Unterstützung der Geschäftsprozesse durch die Zusammenarbeit strukturierende *Workflowsysteme* (siehe den entsprechenden Beitrag von Jablonski über Grundlagen des Workflowmanagements in diesem Buch) nicht vorgesehen ist. In diese Geschäftsprozesse sind dann Episoden eher unstrukturierter Zusammenarbeit eingebettet, die viele CSCW-Werkzeuge zu unterstützen bestrebt sind. Eine methodische Unterstützung der Geschäftsprozessanalyse ist z. B. bei Scheer (1998) zu finden.

Ziel der Analyse ist es, das Verbesserungspotenzial des Technologieeinsatzes auszuloten und damit den Bedarf für den Technologieeinsatz aus übergeordneter strategischer und organisatorischer Perspektive zu ermitteln. Die strategische und organisatorische Analyse legt die Grundlage für die ökonomische Bewertung eines Einführungsvorhabens (siehe den Beitrag von Gareis et al. über Wirtschaftlichkeit in diesem Buch).

2 Spezifika der Bedarfsanalyse von CSCW-Systemen

Die Erhebung strategischer und organisatorischer Potenziale gehört zu einer Bedarfsanalyse der meisten Informationstechnologieanwendungen in Organisationen. Spezifika für CSCW-Systeme ergeben sich daraus, dass eine Unterstützung von Zusammenarbeit stark in den informellen Bereich einer Organisation interveniert und damit der Erfolg einer Einführung auch stark von sozialen Faktoren abhängt. Schon 1988 identifizierte Grudin (1988) zwei Faktoren als Hauptursachen für den Misserfolg von CSCW:

1. Die Ungleichheit zwischen dem Personenkreis, der vom CSCW-Einsatz profitiert, und dem unterstützenden Personal, das die Arbeit dafür zu leisten hat.

2. Manager bevorzugen Systeme, die ihnen nutzen, und verlagern die Kosten auf andere.

Bei der Betrachtung erfolgreicher Projekte zur Groupwareeinführung folgern Grudin & Palen (1995), dass technische Infrastruktur, Ausdehnung der Funktionalität, Benutzerfreundlichkeit und Peer Pressure Erfolgsfaktoren für die organisatorische Einführung von Groupware darstellen. Die Unterstützung durch das Top Management ist seines Erachtens nach nicht zwingenderweise wichtig.

Marcus & Conolly (1990) zeigen, dass ein *Free Rider Syndrom* (in Deutschland auch als Trittbrettfahrerei bekannt, d. h. man nimmt den Nutzen mit ohne sich an den Kosten zu beteiligen) sogar problematisch ist, wenn die gleiche Nutzergruppe sowohl die Vorteile genießt als auch die Last zu tragen hat. Orlikowski (1992) erklärt, wie ein Anreizsystem und die Aneignung von CSCW-Systemen für die Nutzung förderlich oder hinderlich sein kann.

Eine Bedarfsanalyse für CSCW-Systeme sollte von folgenden Grundideen ausgehen:

Die Vorgehensweise ist arbeitsorientiert: Bei der derzeitigen verteilten Zusammenarbeit überwiegt noch deutlich die *Kommunikation*, weil das Telefon als einziges technische Medium flächendeckend zur Verfügung steht. Bei der Gestaltung von CSCW-Systemen gewinnt jedoch die verteilte *Arbeit* am gemeinsamen Material an Bedeutung. Dieser Ansatz wird durch die Beobachtung gestützt, dass in Videokonferenzsystemen das Application Sharing intensiver genutzt wird als das Videobild des Gegenübers.

Betrachtungsgegenstand ist die Gruppenarbeit. Die Analyse von unterstützenden CSCW-Werkzeugen ist nur ein Teil der Bedarfsanalyse. Es geht weiterhin darum, die Interaktionen der Beteiligten, die Arbeitsprozesse, die Arbeitsräume und den Arbeitskontext zu analysieren und in einem Folgeschritt zu gestalten.

Eine Bedarfsanalyse geht von einer Wechselwirkung von Mensch und Technologie aus. Die »Aneignung« von Technologie ist deshalb ein Schlüssel zum Erfolg einer Technologie.

Ein wichtiger Ansatzpunkt sind die Probleme, die die Nutzer bei ihrer derzeitigen Arbeit haben. Indem konkrete Probleme des Anwenders frühzeitig angegangen und zum Ausgangspunkt der Analyse und des Designs gemacht werden, kann die Akzeptanz der Technologie gefördert werden.

Für eine Bedarfsanalyse bietet sich eine kooperative Vorgehensweise an: Die Kooperation sowohl von mehreren Analytikern als auch von Analytikern und Nutzern können Teil der Bedarfsanalyse sein.

3 Ein Rahmen für eine CSCW-Bedarfsanalyse

Im Folgenden wird mit dem *Needs Driven Approach*, abgekürzt NDA (vgl. auch Schwabe & Krcmar, 1996; Schwabe, 2000) ein Rahmen vorgestellt, der für die Bedarfsanalyse wesentliche Methoden in einem Gesamtmodell integriert. Dabei werden bei einem konkreten CSCW-Einführungsprojekt jeweils eigene methodische Schwerpunkte zu setzen sein.

Der NDA hat seine wissenschaftlichen Grundlagen in der Strukturationstheorie, der objektorientierten Analyse und ethnografischen Untersuchungen (vgl. den entsprechenden Beitrag von Meier zur Ethnografie in diesem Buch).

Die *Strukturationstheorie* gibt eine wissenschaftliche Rechtfertigung dafür, Technologienutzung als einen rückgekoppelten, in seiner Verallgemeinerbarkeit raum-zeitlich begrenzten Prozess zu sehen (vgl. den Beitrag zu Theorien zu Mediennutzung). Der *objektorientierte Systementwurf* gibt Hinweise zum Vorgehen bei der Modellierung formalisierbarer Aspekte von Gruppenarbeit. Dies betrifft insbesondere die Werkzeuge, welche die Gruppenmitglieder verwenden, und die Materialien, welche sie bearbeiten (vgl. Budde & Züllighoven, 1990; Gryczan & Züllighoven, 1992; Kilbert et al., 1993). *Ethnografische Untersuchungen* bieten Hinweise dafür, wie bei der Untersuchung im Feld vorzugehen ist, d. h. wie Befragungen und Beobachtungen durchzuführen sind (Hamersly & Atkinson, 1990; Bentley et al., 1992). Soziologische Methoden wurden an die Bedürfnisse des CSCW-Designs angepasst und wurden in Feldstudien erfolgreich angewendet. Ethnografie bemüht sich um das Verständnis und den Gebrauch von Artefakten einer Kultur aus deren Blickwinkel. Während Ethnografen argumentieren, dass ethnografische Studien traditionell langwierig sind und von Ethnografen durchgeführt werden sollten, schlagen sie die »quick and dirty ethnography« als nützliche Methode für die CSCW-Designer vor (Hughes et al., 1994; Randall et al., 1995).

Ergänzende methodische Hinweise wurden aus den Kommunikationswissenschaften (vgl. z. B. Schenk, 1984) und der Kommunikationsstrukturanalyse (Krallmann et al., 1989) entnommen. Die hier nicht betrachtete Abschätzung des quantitativen Bedarfs von Informationstechnologie, insbesondere Leitungskapazität, wird exemplarisch in der IVBB-Studie des Bundesministerium des Inneren (1993) durchgeführt; für Sicherheitsanforderung und eine rechtliche Abschätzung stellt die Simulationsstudie (Roßnagel et al., 1994) eine Vorgehensweise vor.

Mit dem NDA wird sowohl die synchrone, unstrukturierte Zusammenarbeit z. B. in verteilten Sitzungen und informellen verteilten Besprechungen als auch die strukturierte Zusammenarbeit in Vorgängen betrachtet. Es werden analysiert

Teams

- Aufgaben (im Sinne von Vorgaben an die Gruppe und die Gruppenmitglieder)
- Arbeitsprozesse (als Episoden)
- aufgabenbezogene Kommunikations- und Kooperationsbeziehungen
- soziale Kooperationsstruktur

Hilfsmittel

- Arbeitsmittel (verwendete Materialien und Werkzeuge)

- Arbeitsräume (Anordnung der Möbel, Geräusch, Nutzungsformen des Arbeitsraums, soziale Umgangsformen in Arbeitsräumen)

- Aneignung (Umgangsformen mit Technologie, Beschreibung von Lernepisoden)

- Informationsspeicher

- »Gedächtnis«: Struktur und Beschaffenheit der gespeicherten Informationen.

Im Folgenden werden die Analyseschritte für die einzelnen Bereich vorgestellt.

3.1 Aufgabenanalyse

In der Aufgabenanalyse werden die Vorgaben untersucht, die den Arbeitenden gemacht werden[89]. Die Aufgabenanalyse beschreibt den Spielraum, den die Gruppe zur Gestaltung ihrer Arbeit und Zusammenarbeit hat und stellt die Schnittstelle der Gruppe zur Organisation dar. In Unternehmen werden für Routineaufgaben häufig das Material (»Formular xy«), der Arbeitsprozess (Dienstweg, Bearbeitungsvorschriften), die Beteiligten und die Arbeitswerkzeuge (Standardsoftwaresysteme, Stifte mit bestimmten Farben) detailliert vorgeschrieben. Je weiter die Aufgabe sich von der Routine entfernt, desto mehr tritt die Orientierung am Ergebnis in den Vordergrund, z. B. bei einer wichtigen Entscheidung. Aber auch hier können die verwendeten Materialien, der Arbeitsprozess, die Beteiligten und die Werkzeuge vorgeschrieben sein. Für den Einsatz von CSCW-Systemen ist von Bedeutung, ob und inwieweit bei den Vorgaben explizit oder implizit, z. B. durch das Bestehen auf Originalunterschriften oder Papierdokumente in Verbindung mit engen zeitlichen Fristen, davon ausgegangen wird, dass die Bearbeitung am gleichen Ort stattfindet.

Die Aufgabenanalyse wird durch Befragung der Aufgabenträger und der Aufgabenstellenden sowie durch Analyse von Vorschriften und Dokumenten durchgeführt. Ergebnisse sind typische Arbeitsaufgaben mit ihren Vorgaben sowie Probleme der Aufgabenstellung, wie z. B. falsche Vorgaben oder Missverständnisse.

---

[89] Dies sollte nicht mit der Aufgabenanalyse der Organisationstheorie verwechselt werden. Während in der Aufgabenanalyse der Organisationstheorie Aufgaben in immer feinere Unteraufgaben hierarchisch verfeinert werden, geht es hier um die Analyse der Aufgabenbestandteile (Ergebnis, Arbeitsprozess...).

3.2 Arbeitsprozessanalyse

Die Arbeitsprozessanalyse wird für jeden Individualarbeitsplatz und für Gruppen durchgeführt. Auf Individualarbeitsplatzebene wird der Umgang mit Werkzeugen untersucht. Hierzu werden in Szenarien typische Arbeitsgänge untersucht. Auf Gruppenebene wird der Prozess der Zusammenarbeit untersucht. Wird z. B. parallel oder sequentiell zusammengearbeitet? Welche Sequenzialität wird sachlich gefordert und welche nicht? Wo wird informell zusammengearbeitet und aus welchem Grund? Ist der Arbeitsprozess offen oder geschehen die wesentlichen Dinge unter der Oberfläche? Werden die einzelnen Schritte dokumentiert oder nicht?

Neben der real stattfindenden gelingenden oder misslingenden Kooperation und den Chancen für Zusammenarbeit sind in den Unternehmen die Grenzen zulässiger Kooperation zu erkunden. Grenzen der Zusammenarbeit können beispielsweise in Datenschutzregelungen und in der Steuerbarkeit durch das Management und Controlling liegen.

Für die Arbeitsprozesse sind nicht nur deren sachzielbezogener Zweck und die Angemessenheit ihrer Durchführung, sondern auch mögliche Wechselwirkungen zwischen der derzeitigen Gestaltung und den Interessen des Mitarbeiters zu untersuchen. So kann die derzeitige Durchführung des Arbeitsprozesses mit Statussymbolen (Dienstwagen, Gehör an hoher Stelle) oder Freiräumen verbunden sein, die bei einer andersartigen Gestaltung entfallen. Wenn Telekooperation Reisen ersetzen soll, dann kann das mit den Interessen des Mitarbeiters, der Reisen als Gratifikation ansieht, in Konflikt stehen. Umgekehrt kann der derzeitige Arbeitsprozess wegen häufiger Reisen als Belastung und als eine Einschränkung des eigenen Freiraums empfunden werden.

3.3 Interaktionsanalyse

Interaktionsnetze beschreiben, wer mit wem wie aufgabenbezogen kommuniziert und kooperiert. Diese Angaben werden – soweit möglich – quantifiziert. Die Abb. 61 »Ausschnitt aus einem Beispiel für ein Interaktionsnetz« zeigt als ein illustrierendes Beispiel das Interaktionsnetzes zur Vorbereitung einer Gemeinderatssitzung (aus Schaal, 1995, S. 42).

Beziehungen werden beschrieben anhand

- der beteiligten Personen,
- der verwendeten Medien (Fax, Telefon, E-Mail, Dokumentenaustausch, Face-to-Face-Meeting ...),

- der Teilnehmerzahl an der Beziehung (Dialog, Konferenz),

- ihrer Bedeutung (erfolgskritisch, zeitkritisch),

- ihrer Häufigkeit,

- ihrer Dauer,

- ihres Typs und

- der Probleme bei ihrer Durchführung.

Die Analyse der Interaktionsnetze ergibt eine Ausgangsbasis für eine wirtschaftliche Analyse und Ansatzpunkte für eine wirtschaftlich sinnvolle Unterstützung durch CSCW-Systeme. Die Wirtschaftlichkeit der Unterstützung sachzielbezogener Kommunikation und Kooperation durch CSCW-Systeme allein reicht noch nicht für eine Akzeptanz von Technologie aus. Man muss die sozialen Aspekte der Zusammenarbeit berücksichtigen, um CSCW-Systeme erfolgreich einzuführen.

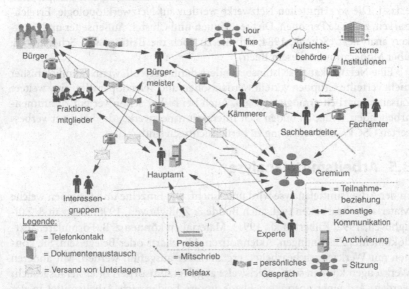

Abb. 61 Ausschnitt aus einem Beispiel für ein Interaktionsnetz

3.4 Analyse der sozialen Kooperationsstruktur

Mitarbeiter in Organisationen stehen in vielfältigen Beziehungen und haben im Umgang miteinander bestimmte Gepflogenheiten. CSCW-Systeme, die diese Beziehungen und Gepflogenheiten berücksichtigt, haben eine größere Chance akzeptiert zu werden, als Technologie, die in die Beziehungen störend eingreift und die von den Nutzern erwartet, ihre Umgangsformen miteinander von Grund auf neu zu erlernen.

Für die Analyse der sozialen Kooperationsstruktur hat sich in der Soziologie, in den Kommunikationswissenschaften und in der CSCW-Forschung die *Netzwerkanalyse* bewährt (vgl. z. B. Schenk, 1984). In der Netzwerkanalyse wird untersucht, wer mit wem wie in Interaktion tritt. Im Unterschied zur oben vorgestellten Analyse des Interaktionsnetzes geht es hierbei nicht nur um aufgabenbezogene, sondern auch um begleitende, scheinbar belanglose Kommunikation. Im Vordergrund steht die Gruppe oder Organisationseinheit, nicht der Geschäftsprozess. Es werden Häufigkeit, Dauer, Intensität, Art (synchron/asynchron), Medium und Pfade der Kommunikation und Kooperation erfasst. Die so ermittelten Netzwerke werden auf Netzwerktopologie, Erreichbarkeit, zentrale Personen, Dichte, Cliquen und Cluster, Außenseiter und Brükken analysiert (Schenk, 1984; vgl. hierzu auch die Beiträge von Schenk et al. über Moderation in diesem Buch).

Eine Netzwerkanalyse ist insbesondere dann wertvoll, wenn räumlich bisher nicht verteilte Gruppen verteilt werden sollen und Telekooperation eine weitere Zusammenarbeit ermöglichen soll. Auch bei bisher schon verteilt zusammenarbeitenden Gruppen bilden sich Interaktionsnetzwerke, die bei einer verbesserten CSCW-Unterstützung zu berücksichtigen sind.

3.5 Arbeitsmittelanalyse

In der Arbeitsmittelanalyse wird untersucht, wie Einzelne und Gruppen welche Materialien bearbeiten (vgl. auch Budde & Züllighoven, 1990; Gryczan & Züllighoven, 1992; Kilbert et al., 1993). Materialien können z. B. Formulare, Textdokumente, Zeichnungen, Aktennotizen, Flipcharts oder Belege sein. Sie können mit Werkzeugen bearbeitet, ergänzt oder ausgefüllt werden. Mit anderen Werkzeugen können sie beispielsweise abgelegt, umsortiert oder herausgesucht werden. Auf einer abstrakten Ebene unterscheiden sich Arbeitsmittel in der einen Organisation nicht von den Arbeitsmitteln anderer Organisationen. In den konkreten Ausprägungen haben jedoch viele Organisationen ihre spezifischen Formulare, Akten und computergestützten Werkzeuge.

Für den Einsatz von CSCW-Systemen muss die mediale Beschaffenheit der Arbeitsmittel analysiert werden. Sind Dokumente schon im Computer gespeichert oder sind es noch Papierdokumente? Werden die Arbeitsmittel in einem anderen Medium als dem Computer abgelegt, dann ist der Zweck, die Vorschrift oder die Gewohnheit zu analysieren, aufgrund derer dieses Medium gewählt wurde. Gründe für Papierdokumente können im Mangel an Computern bestehen (der vergleichsweise einfach behoben werden kann) oder in einer zwingenden gesetzlichen Vorschrift für eine Originalunterschrift (die nicht ohne weiteres geändert werden kann).

Wenn Gruppen zusammenarbeiten, bearbeiten sie häufig *gemeinsames Material* (»Sharing«) (Schwabe, 1995). Hier ist zu untersuchen, wie sie das gemeinsame Material bearbeiten, welches Material sie synchron und welches sie asynchron bearbeiten usw. Das Ergebnis dieses Analyseschrittes ist eine Liste der Materialien und eine Liste der Werkzeuge, mit denen gearbeitet wird. Weiterhin werden die Probleme, die sich im Umgang mit Werkzeugen und Materialien ergeben, untersucht. Hierzu sind Checklisten mit typischen Problemen von Individualwerkzeugen und -materialien nützlich. Die Befragung von Teilnehmern bringt Aufschlüsse darüber, welche Materialien in einer unpassenden Form vorliegen, z. B. als gedrucktes Papier statt als Datei, und welche Werkzeuge zur Bearbeitung ungeeignet sind.

3.6 Aneignungsanalyse

Die Aneignungsanalyse untersucht, wie die Gruppe den Umgang mit Werkzeugen erlernt und wie sie sich Werkzeuge für ihre Arbeit anpasst. Werden die Werkzeuge so verwendet, wie es sich die Entwickler oder die Leitung vorgestellt haben oder anders (Man kann eine Tabellenkalkulation auch als Textverarbeitung verwenden)? Werden Werkzeuge kreativ weiterentwickelt und neue Umgangsformen eintrainiert? Wie wird mit neuen Werkzeugen umgegangen? Wie werden Neulinge in die Werkzeugnutzung eingeführt?

3.7 Arbeitsraumanalyse

Wenn CSCW-Systeme nicht nur Kommunikation wie jene am Telefon, sondern auch Zusammenarbeit, wie sie in Büros und Sitzungsräumen geschieht, ersetzen soll, dann ist es für die Akzeptanz der Technologie förderlich, wenn die Beschaffenheit des Arbeitsraums beim Design berücksichtigt wird (siehe z. B. Abb. 62 »Arbeitsraumanalyse für einen Gemeinderat«; aus Schaal, 1995). Hierzu muss die Raum-Funktion-Distanz-Beziehung im Arbeitsraum untersucht werden (vgl. Buxton, 1992): Welcher Teil des Arbeitsraums hat welche

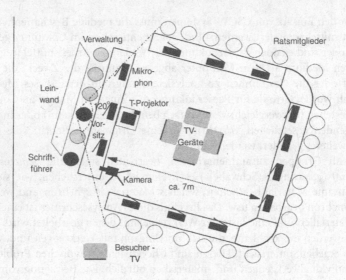

Abb. 62 Arbeitsraumanalyse für einen Gemeinderat

Funktion? In welcher räumlichen Distanz zueinander befinden sich die Zusammenarbeitenden für welche Art von Zusammenarbeit? Wie sieht der Arbeitsplatz des einzelnen Gruppenmitglieds aus? Die Bedeutung dieses Analyseschrittes lässt sich an der Gegenüberstellung von derzeitiger Praxis der Zusammenarbeit und Praxis beim Einsatz von Videokonferenzsystemen darstellen: Bei der Zusammenarbeit in einem Büro bewegt sich der Besucher im Laufe der Zusammenkunft von der Tür (hier stellt er sein Anliegen vor und erkundet, ob er stört) zum Besuchertisch (für eine informellere Besprechung), zum Stuhl gegenüber vom Schreibtisch (für einen Dialog Vorgesetzter / Untergebener) oder zum Platz neben dem Rauminhaber (für ein gemeinsames Arbeiten an einem Dokument; siehe hierzu auch den Beitrag von Engel et al. über Telebesprechungen und Telepräsenz in diesem Buch). Beim Einsatz von Desktop-Videokonferenzsystemen »springt« der Besucher dem Rauminhaber »ins Gesicht«. In raumbasierten Videokonferenzumgebungen findet sich der Zugeschaltete in der Position des Vortragenden, selbst wenn er diese Rolle nicht ausfüllen will. Ein CSCW-System sollte die ungeschriebenen sozialen Regeln der Zusammenarbeit einhalten. Deshalb gilt es, sie zu ermitteln. Dies ist in Grenzen durch Befragung und ergiebig nur durch Beobachtung möglich.

Weiterhin werden sonstige arbeitsergonomische Probleme untersucht, die die Gruppen bei der Zusammenarbeit haben. So können z. B. ein starker Geräuschpegel, zu helles Licht oder unpassende Räumlichkeiten Probleme bereiten.

3.8 Analyse der Informationsspeicher

Die Analyse der Informationsspeicher, im Folgenden kurz auch »*Gedächtnis-analyse*« genannt[90], untersucht, welche Informationen von der Gruppe gespeichert werden, um sie später wiederzuverwenden. Dabei geht es im Kern um papier- oder rechnerbasierte Archive. Es wird aber auch untersucht, welche wichtigen Fakten und Ereignisse sich einzelne Personen merken und wie sie diese Informationen wiederverwenden.

In der Gedächtnisanalyse werden in erster Linie bestehende Arbeitsunterlagen, Ablagen und Archive untersucht. Aus internen und externen Vorschriften werden die Aufbewahrungsfristen und die Anforderungen an die Archivierung (z. B. ob das Originaldokument aufbewahrt werden muss) ermittelt. Es ist auch die Umsetzung der einschlägigen Datenschutzvorschriften zu erheben, die die Archivierung von Dokumenten betreffen. Für die Informationssuche in Archiven sind die Suchstrategien und Suchhilfen (Indizes usw.) zu analysieren. Es ist zu untersuchen, wie (z. B. durch Verteilung des Archivs) sichergestellt wird, dass alle Mitarbeiter Zugang zu den für sie relevanten Unterlagen haben.

Weiterhin werden Individuen danach befragt, welche Informationen aus der Vergangenheit sie für ihre derzeitige Arbeit verwenden, welche sie benötigen könnten und welche Probleme sie haben, weil die Informationen nicht zur Verfügung stehen. Die Beobachtung der Arbeit vervollständigt die Analyse der Informationsspeicher.

3.9 Methodische Hinweise

Die Zusammenarbeit kann durch Beobachtung, Befragung, Selbstaufschrieb, Dokumentenflussanalyse und durch Analyse formeller Regelungen (Geschäftsverteilungspläne, Dienstpläne) analysiert werden. Ist die betrachtete Personenzahl klein, dann bietet sich eine Arbeitsplatzanalyse mit Beobachtung und Befragung an. Sind viele Personen betroffen, werden nur ausgewählte Arbeitsplätze analysiert. Während der Analyse werden die Anwender zu einer gemeinsamen Analyse in Workshops hinzugezogen. In den Workshops modellieren die betroffenen Personen in einem elektronischen Gruppenarbeitsraum (Lewe, 1995) gemeinsam typische Arbeitsgänge, Werkzeug, Materialien sowie die gespeicherte Information und sammeln Probleme, die sie bei der Durchführung der Arbeitsgänge haben. Besonders schwierig ist eine Aneignungsanalyse durchzuführen, weil die Untersuchung über längere Zeiträume betrachtet werden muss und die Absichten der Individuen zu berücksichtigen sind.

---

[90] Das Wort »Gedächtnis« soll zum Ausdruck bringen, dass nicht nur Akten und rechnergestützte Informationssysteme, sondern auch das menschliche Gedächtnis als Informationsspeicher sowie das Wissen in Organisationen allgemein gemeint sind.

Für Interaktionsnetzwerke bietet sich die Modellierung mit computergestützten Darstellungswerkzeugen an. Dies kann auch in Zusammenarbeit mit den betroffenen Mitarbeitern geschehen. Mit ihrer Hilfe besteht insbesondere die Möglichkeit, die unterschiedlichen Sichten der Beteiligten zusammenzubringen, Inkonsistenzen zu erkennen und mögliche Anpassungsalternativen zu identifizieren und zu diskutieren. Gantt-Diagramme und Netzpläne werden zur Darstellung und Analyse der zeitlichen Abhängigkeiten zwischen den Teilphasen und Aktivitäten, insbesondere den kritischen Interaktionsfolgen, eingesetzt.

Die soziale Kooperationsstruktur wird durch Beobachtung, Fragebögen, Interviews und Workshops ermittelt. Die Durchführung dieses Analyseschrittes ist in der Regel schwierig, weil es schwer zu vermitteln sein kann, warum ein Analytiker in derart sensible Bereiche eindringen muss und was dies mit der Einführung von CSCW-Systemen zu tun hat. Hier ist deshalb sowohl Aufklärung der Beteiligten als auch Zurückhaltung bei der Durchführung angebracht. Insbesondere sind die Ergebnisse vertraulich zu handhaben. Die Durchführung dieses Schrittes kann gelingen, wenn allen Beteiligten vermittelt werden kann, dass es die Berücksichtigung ihrer Anforderungen an eine sozialverträgliche Technikgestaltung ist, die diesen Schritt veranlasst. Für die Auswertung der erhobenen Daten lassen sich mathematische Verfahren der Graphentheorie verwenden.

Spezifika des CSCW-Designs

Uta Pankoke-Babatz, Wolfgang Prinz
GMD FIT/CSCW, Sankt Augustin

Volker Wulf
Rheinische Friedrich-Wilhelms-Universität, Bonn

Markus Rohde
Agenda Consult GmbH, St. Augustin

1 Einleitung

Die Entwicklung von Software erfordert ein grundlegendes Verständnis des Anwendungsfeldes und der Aufgaben, die es mit Software zu unterstützen gilt (Winograd et al., 1987). Bei der Entwicklung von Groupware wird die Aufgabe jedoch ungleich komplexer. Es gibt nicht den einzelnen »typischen« Benutzer, der in seiner Arbeit unterstützt werden soll, sondern kooperative Arbeitsprozesse als Ganzes sollen mittels der zu entwickelnden Software erleichtert werden.

Grudin hat bereits 1988 darauf hingewiesen, dass die Unterstützung eines Benutzers an einem Einzelplatzcomputer mit einer computergestützten Gruppenarbeitssituation nicht vergleichbar ist, denn bei Gruppenarbeit sind sowohl persönliche Erfahrungshintergründe und Motivation als auch ökonomische und politische Faktoren wirksam. Aufgabenanalyse, Design und Systemevaluation sind erheblich aufwändiger und erfordern Ansätze, die auf sozialpsychologischen und anthropologischen Methoden basieren (Grudin, 1988, S. 87).

Im Kontext computerunterstützter Gruppenarbeit gewinnt die Situiertheit von Arbeitsplänen und Handlungen eine bedeutende Rolle (Suchman, 1987). Schmidt (1991) sieht Gruppenarbeit gekennzeichnet durch die teilweise Unvereinbarkeit individueller Perspektiven, durch verschiedene Entscheidungsstrategien in Gruppen, welche angesichts der situativen Komplexität auf der Basis fehlender, widersprüchlicher, individuell unterschiedlich verstandener und interpretierter Informationen getroffen werden, sowie durch unterschiedliche und konfligierende Interessen. Diese Kennzeichen der Gruppenarbeitssituation führen in seinen Augen einerseits zu einer stärkeren Autonomie der Gruppenmitglieder, die hinsichtlich ihrer Ziele, Kriterien, Perspektiven, Entscheidungsstrategien, Interessen und Motive über größere Freiräume verfügen, andererseits aber auch zu verstärkten Problemen bezüglich der auf diese Strukturen zugeschnittenen Systemgestaltung: »The design of CSCW systems is therefore faced with the challenging problem of supporting the exchange and integration of information within a self-organizing cooperative ensemble of decision makers that have high degree of autonomy in their cognitive strategies and conceptualizations« (Schmidt, 1991, S. 9).

Die konkreten Ausprägungen der Zusammenarbeit in Arbeitsgruppen ist von externen Beobachtern kaum feststellbar und selbst den Beteiligten häufig nicht bewusst (Wulf, 1997a). Die Einführung elektronischer Werkzeuge bewirkt Veränderungen dieser Arbeitsprozesses, die häufig nicht vorhersehbar sind. Dies wird durch empirische Untersuchungen bestätigt, die zeigen, dass die Einführung von Groupware zu nicht antizipierten Veränderungen der unterstützten Arbeitsprozesse führt (Ciborra, 1996; Orlikowski, 1996; Orlikowski et al., 1997; Rogers, 1994; Wulf et al., 1999). Es gilt also für die Entwicklung von Groupware Vorgehensweisen zu finden, die die Differenziertheit und Dynamik ihrer organisatorischen Einsatzfelder ebenso berücksichtigen wie die Tatsache, dass Software- und Organisationsentwicklung stark miteinander interagieren.

Es stellt sich also die Frage, wie eine bedarfsgesteuerte Groupwareentwicklung durchgeführt werden kann:

- um die Komplexität der Arbeitsprozesse sowie deren Veränderungen durch die Systemnutzung zu erfassen,

- ohne die Anwender aus diesen Prozessen heraus zu ziehen und ohne sie übermäßig zu belasten,

- und so, dass das entstehende System auch in anderen ähnlichen Anwendungsbereichen einsetzbar ist.

Dies erfordert, dass Nutzer und Entwickler gemeinsam in den Gestaltungsprozess einbezogen werden müssen (Briefs et al., 1983; Floyd et al., 1982; Greenbaum et al., 1991). Abhängig von ihren jeweiligen Aufgaben haben die Nutzer unterschiedliche Anforderungen, die sogar widersprüchlich sein können (Wulf, 1997a). Funktionen, die für den Einen nützlich sind, können für einen Anderen Mehrarbeit bedeuten, ihn belasten oder gar ihn kontrollieren (Grudin, 1988). Es müssen die gegenseitigen Abhängigkeiten der Tätigkeiten, die Unterschiedlichkeit der Tätigkeiten, individuelle Arbeitsgewohnheiten und die gesamte soziale Situation der Anwender einbezogen werden. Der Entwicklungsprozess von Groupware kann nicht mit der Bedarfsanalyse vor Systemeinführung abgeschlossen sein, sondern erst der reale Einsatz des Systems im Arbeitsalltag zeigt, ob es wirklich »nützlich« ist, d. h. die Aufgabenerledigung vereinfacht oder beschleunigt, ohne dass dies zu Störungen des sozialen Gefüges oder zu zusätzlichen Belastungen an einzelnen Arbeitsplätzen führt.

Im Folgenden werden wir zunächst ein die Groupwareentwicklung leitendes Prozessmodell darstellen. Einzelne für den Entwicklungsprozess wichtige Techniken des wechselseitigen Lernens von Entwicklern und Anwendern werden vorgestellt. Für die Systemfunktionalität und Designentscheidungen wichtige prinzipielle Fragestellungen werden erläutert.

2 Rahmenmodell zur Entwicklung von Groupware

Die skandinavische Schule hat schon sehr früh die Bedeutung von Benutzerpartizipation bei der Entwicklung von Software in Organisationen betont (Bjerknes et al., 1988; Greenbaum & Kyng, 1991). Gerade im Bereich von Groupware, welche in interpersonelle und intergruppale Beziehungen eingreift und deren (Aufgaben-) Angemessenheit durch die Komplexität und Dynamik sozialer Prozesse bedingt bzw. limitiert wird, ist es unmöglich, alle im Verlauf der täglichen Kooperation sich ergebenden Anforderungen, nutzungsbezogenen Konflikte und Interessenunterschiede während des Gestaltungs- und Entwicklungsprozesses zu antizipieren. Deshalb ist zu fordern: »that the use of a computer system in work should form the basis for the design of the system« (Bjerknes & Bratteteig, 1988, S. 168).

2.1 Das STEPS-Modell

In der Tradition der skandinavischen Schule stehend, haben Floyd et al. (1989) mit dem STEPS-Modell ein Rahmenmodell für ein partizipatives und evolutionäres Vorgehen bei Softwareentwicklungsprojekten erarbeitet. Es ist damit in besonderer Weise für die Softwareentwicklung in betrieblichen Organisationen geeignet (Floyd, 1994b). Dabei wird Softwareentwicklung als ein zyklischer Prozess verstanden, bei dem die Herstellung verschiedener, aufeinander folgender Systemversionen durch die beim Einsatz dieser Versionen festgestellten neuen Anforderungen ausgelöst wird. Ein solches Vorgehen erfordert die aktive Beteiligung der Nutzer bei der Gestaltung und der Bewertung einzelner Softwareversionen. Der Herstellungsprozess jeder einzelnen Systemversion ist selbst wieder durch ein evolutionäres Vorgehen gekennzeichnet, wobei verschiedenartige Artefakte wie Mock-Ups und Prototypen die Kommunikation zwischen Nutzern und Systementwicklern unterstützen (s.u.). Durch die Tatsache, dass Software als ein im zeitlichen Verlauf sich wandelnder Artefakt gesehen wird, erlaubt das STEPS-Prozessmodell in besonderer Weise, auf die Differenziertheit und Dynamik einzelner Anwendungsfelder einzugehen.

Das STEPS-Modell geht von einer vollständigen Neuerstellung der Software im ersten Designzyklus aus. Bei der Entwicklung von Groupware in einem bestimmten organisatorischen Kontext ist diese Voraussetzung aber in der Regel nicht gegeben. Vielmehr steht dort häufig eine für viele verschiedene Anwendungskontexte erstelltes Standardprogramm mit einer Anwendungsprogrammierschnittstelle oder ein bereits vorgefertigte Komponenten enthaltenes Framework zur Verfügung. In diesen Fällen wird der Herstellungsprozess ganz wesentlich von den Entwicklungsmöglichkeiten der bereits vorgegebenen Systemversion bestimmt. Die Methoden der Benutzerbeteiligung müssen auf die sich daraus ergebenden Möglichkeiten und Restriktionen abgestellt werden (s.u.).

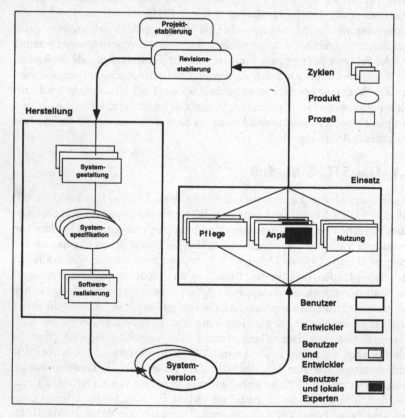

Abb. 63 Erweitertes STEPS-Modell zur Entwicklung anpassbarer
Anwendungen

Die während des Einsatzes einer Systemversion sich ergebenden Anforderungen führen im STEPS-Prozessmodell immer zur Entwicklung einer neuen Systemversion. Dies erfordert Aktivitäten von Systementwicklern und bringt erheblichen Reimplementierungsaufwand mit sich.

Für die Entwicklung von Groupware und die enge Einbindung von Anwendern und deren Arbeitspraxis ist jedoch eine verstärkte Wechselwirkung von Praxiseinsatz und Herstellungsprozess erforderlich. Außerdem sollte die Gestaltung anpassbarer Systeme explizit vorgesehen werden (vgl. Abb. 63 »Erweitertes STEPS-Modell zur Entwicklung anpassbarer Anwendungen«). In der Einsatzphase sollte daher Anpassung neben Pflege und Nutzung als eine zusätzliche Aktivität stattfinden. Diese Aktivität kann von Nutzern oder lokalen Experten durchgeführt werden. Möglichkeiten zur Anpassung einer Anwendung müssen während der Herstellungsphase konzipiert und implementiert werden.

2.2 Methoden partizipativer Systementwicklung

Da eine zuverlässige Vorhersage der konkreten Nutzung in komplexen sozialen Interaktionsbeziehungen aus den genannten Gründen unmöglich ist, wird für Groupware die Einbeziehung der tatsächlichen Erfahrungen aus der konkreten Arbeitssituation in den Systementwicklungsprozess gefordert. So empfiehlt auch Bowers (1994), Erfahrungen aus der realen Nutzung von Groupware bei der Entwicklung zukünftiger System zu berücksichtigen. Greenbaum & Kyng (1991) und Kyng (1994) haben dementsprechende Verfahren entwickelt, »Design at Work« durchzuführen und einen gegenseitigen Lernprozess zwischen Anwendern und Entwicklern zu fördern. Inzwischen sind eine Reihe von Verfahren für eine enge Zusammenarbeit zwischen Anwendern, Benutzeranwälten und Systementwicklern entwickelt worden. Es wird mit dem praktischen Einsatz eines Systems beim Anwender begonnen, dies wird Ausgangsbasis für die Weiterentwicklung. Eine solche Vorgehensweise erlaubt den Anwendern ihren Bedarf an Hand eines anfassbaren Artefaktes zu artikulieren (Ballay, 1994). Es setzt jedoch voraus, dass sichergestellt wird, dass die Anwender bereits mit der ersten Version sinnvoll arbeiten können.

Für die Entwicklung von Groupware muss das STEPS-Modell dahingehend erweitert werden, dass Bedarfsermittlung, Herstellung und Einsatz nicht sequentiell aufeinander folgen, sondern die Groupware parallel zur Nutzungsphase weiterentwickelt wird. Durch eine enge Kommunikation der Beteiligten können so Erfahrungen und Erkenntnisse aus der Nutzung direkt in die Weiterentwicklung einfließen. Entsprechende Verfahren zur Partizipation der Anwender können das STEPS-Modell ergänzen.

Die im Folgenden vorgestellten Methoden sollen dazu beitragen, dass sich die Weiterentwicklungen konsistent in das vorhandene System einpassen und dass die Zweckmäßigkeit der Systemfunktionen für die Unterstützung der Alltagsarbeit in der Realität ausprobiert werden und der daraus resultierende weiter gehende Bedarf der Anwender in die weitere Entwicklung einfließen kann. Die Gestaltungssituationen, -techniken und -werkzeuge sollten in wesentlichen Merkmalen den Kontextbedingungen der Arbeitswelt der späteren Benutzer entsprechen und ihnen ermöglichen, sich am Entwicklungsprozess zu beteiligen, indem sie einerseits auf ihre beruflichen Erfahrungen zurückgreifen und andererseits aufgrund ihrer Kenntnis der Werkzeuge mit Softwareentwicklern in einen direkten Dialog treten können (Kyng, 1988, S. 181). Im Rahmen der *Anforderungsspezifikation* ist die Differenziertheit und Dynamik der Anwendungsfelder zu erfassen. Dabei muss versucht werden, auch zukünftige noch nicht antizipierbare Anforderungen durch die Berücksichtigung der Differenziertheit der Anforderungen verschiedener Nutzergruppen und Organisationen zu kompensieren (Stiemerling et al., 1997).

3 Vorbereitungsphase

Bei der Beteiligung der Anwender im Entwicklungsprozess muss berücksichtig werden, dass die Anwender keine »Versuchskaninchen« sind und auch möglichst nicht aus ihrem Arbeitskontext herausgelöst werden sollen, sondern als Experten für ihre Arbeit beteiligt werden. Es ist Aufgabe des Entwicklungsteams, sich über die Arbeit der Anwender ausführlich zu informieren und die Kommunikation zwischen Anwendern und dem Entwicklungsteam zu pflegen.

Bei der Auswahl der Anwender, die am Entwicklungsprozess aktiv teilnehmen sollen, ist darauf zu achten, dass auch genügend Arbeitsbeziehungen zwischen ihnen bestehen, dass die geplante Groupwarefunktionalität sinnvoll genutzt werden kann. Aufgabe der Vorbereitungsphase ist es, den Bedarf der Anwender zu ermitteln (siehe den entsprechenden Beitrag von Schwabe über Bedarfsanalyse in diesem Buch) und sie auf ihre Beteiligung am Entwicklungsprozess und den Praxisversuch vorzubereiten. Dazu sollten ausführliche Informationsveranstaltungen stattfinden, in denen sich alle Interessierten über die Absichten des Projektes und die Möglichkeiten, die das zukünftige System bieten sollte, informieren können.

3.1 Anwenderbeteiligung

Für Anwender ist Groupware ein Hilfsmittel, wie ein Bleistift. Grundvoraussetzung für eine erfolgreiche Beteiligung am Entwicklungsprozess ist daher, dass jeder einzelne Teilnehmer für seine spezielle Tätigkeit von der Groupware profitieren kann und beides, individuelle Arbeit und Kooperation, unterstützt werden. Die Nutzung von Gruppenfunktionalität ist anfänglich nur ein Zusatz, der die eigentliche Arbeit weder beeinträchtigen noch Mehraufwand kosten darf.

Änderungen des Systems sollten für die Anwender unmittelbar nützlich sein, wobei der Nutzen höher als der Lern- oder Umlernaufwand sein sollte. Die Erfahrungen, die Anwender bei der Systemnutzung machen, erlauben ihnen, ihren Bedarf präziser und genauer zu entdecken und zu artikulieren. Die Bedarfsermittlung in der Arbeitspraxis bedingt aber auch, dass die Anwender zuverlässige und ständig verfügbare Systeme brauchen und keine Prototypen, die ständig geändert werden. Dies stellt hohe Anforderungen an den Entwicklungsprozess. Das System muss entsprechend dem Bedarf der Anwender wachsen, radikale Veränderungen können nur in Ausnahmefällen sinnvoll sein.

Benutzeranwälte: Zur kontinuierlichen Verbindung zwischen Anwendern und dem Entwicklerteam empfiehlt es sich, »Benutzeranwälte« (Mambrey et al., 1998) einzusetzen. Diese sollten von Projektbeginn an in den Prozess eingebunden werden. Sie sollen ständig mit beiden Seiten in Verbindung stehen und beide Sichtweisen – die der Anwender und die der Entwickler – verstehen können und eine kontinuierliche Kommunikation zwischen Weiterentwicklung und Nutzung ermöglichen. Sie sollten selbst Mitglieder des Entwicklerteams sein und besondere Fähigkeiten haben, sich in die Arbeitswelt der Anwender hineinzuversetzen und Sichtweisen der Anwender zu übernehmen. Die Rolle und Funktion der Benutzeranwälte wird in den folgenden Abschnitten detailliert.

Beteiligungsqualifizierung: Parallel zu den aufgezeigten Verfahren ist es sinnvoll, die Anwender und Entwickler durch die Vermittlung zusätzlicher Kompetenzen für eine angemessene und effiziente Beteiligung an Entwicklungsprozessen zu qualifizieren. Diese zusätzlichen Qualifizierungsangebote können Methoden-, Entscheidungs-, und Innovationskompetenz, sowie darüber hinausgehende kommunikative, soziale und emotionale Kompetenzen betreffen (Sell et al., 1994). Insbesondere ist die Weiterqualifizierung der Entwickler und der Benutzeranwälte erforderlich, damit diese den Dialog mit den Anwendern angemessen gestalten können. Zusätzliche Vermittlung kommunikativer und sozialer Kompetenzen können aber auch die Anwender in die Lage versetzen, aktiver Einfluss auf die Gestaltung technischer und organisatorischer Arbeitsbedingungen zu nehmen. Die Beteiligungsqualifizierung der Anwender sollte jedoch keine Voraussetzung für einen partizipativen Designprozess sein, sondern dieser sollte eben gerade so organisiert werden, dass zukünftige Anwender ohne besondere Fachkenntnisse in Informatik oder auch nur in der Computernutzung gestaltend auf den Designprozess einwirken können.

3.2 Exploration der Arbeitswelt des Anwenders

Damit ein System an die vorhandene Arbeitspraxis im Anwendungsfeld angepasst werden kann, müssen die organisatorischen Rahmenbedingungen, Auf-
bau- und Ablauforganisation sowie Verfahrensordnungen der betroffenen
Organisation ermittelt werden. Dazu sollten entsprechende Dokumentationen
eingesehen werden. Die Arbeitspraxis erfolgt jedoch nicht nur nach diesen
Regeln, sondern es gibt die informelle Zusammenarbeit, die auch bei der Systementwicklung und -anpassung berücksichtigt werden muss. Durch Experten-
befragungen kann man das Bild des Anwendungsfeldes weiter konkretisieren.
Ein genaues Bild lässt sich jedoch nur erzielen, wenn man direkt mit den
Betroffenen spricht und ihre Arbeitsweise vor Ort beobachtet. Hierzu sind vor
allem die folgenden Verfahren geeignet.

Exploration: Die Exploration kann als eine eher offene, nicht standardisierte
Interviewform, beispielsweise zur Befragung potenzieller Nutzer, in Form von
Experteninterviews oder in Form anderer spezieller Methoden der Expertenbefragung (z. B. Delphi-Methode) vor allem in der Vorbereitungsphase eines Projektes eingesetzt werden. Die Exploration ist eine qualitative Analysemethode.
Die Exploration kann Aufschluss über Interdependenzen technischer und
organisatorischer Problemkomplexe geben. Sie sollte jeder anderen Methode,
die zu einer weiteren Konkretisierung von Anforderungen an die Technikgestaltung führt, vorgeschaltet sein.

Interviews: Zur weiteren Bedarfsermittlung und zur Konkretisierung des
Kontaktes zwischen Anwendern und Entwicklern sollten Interviews mit den
ausgewählten Anwendern stattfinden. Dazu sollten Gesprächsleitfäden entwik-
kelt werden. Es empfiehlt sich, auch offene Fragen zu verwenden, um den
Anwendern Gelegenheit zu geben, über ihre Erfahrungen und Probleme zu
berichten. In Interviews kann auch geplante oder bereits implementierte
Systemfunktionalität mit den Anwendern diskutiert werden. Es ist zweckmäßig, dass auch Entwickler Gelegenheit bekommen, Interviews selbst durchzuführen, da dies ihren Kontakt mit den Anwendern verbessern kann und sie sich
außerdem so selbst ein Bild über deren Arbeitsbedingungen machen können.

Zu Beginn eines Entwicklungsprozesses sind Interviews zur Exploration der
Arbeitssituation und zur Bedarfsanalyse geeignet. Im Projektverlauf ist es sinnvoll, nach jeder Einführung einer neuen Systemversion und zum Abschluss des
Projektes als Ergänzung zu den Beobachtungen in der Praxis Interviews durchzuführen. Interviews können jedoch nur ermitteln, was den Anwendern selbst
bewusst ist, also z. B. was sie über ihre Arbeitsweise und über das System denken.
Die konkrete Arbeitsweise ist jedoch meist außerbewusst und kann daher nicht
durch Befragungen, sondern nur durch konkrete Beobachtungen erfasst werden,
also z. B. durch ethnografische Studien (Anderson, 1994b; Grudin et al., 1995).

Ethnografische Verfahren: Unterschiedliche ethnografische Verfahren (u.a. Feldstudien im Arbeitskontext, beobachtende Teilnahme) werden eingesetzt, um eine möglichst »nutzernahe« Sicht des Anwendungskontextes und der Entwicklungsanforderungen zu gewinnen. Die aus der anthropologischen und ethnologischen Forschung (siehe den entsprechenden Beitrag von Meier über Ethnografie in diesem Buch) entlehnten Verfahren werden eingesetzt, um ein bestmögliches Verständnis der Arbeits- und Alltagswelt der Nutzer zu entwickkeln. Sie berücksichtigen das natürliche Setting der Nutzer, ihre Arbeitsumgebung und damit den späteren Anwendungskontext der Groupware und versuchen, ein ganzheitliches Verständnis zu erreichen, in das soziale und organisatorische Kontextfaktoren eingehen (Blomberg et al., 1993). Die stark an der Beschreibung orientierten Methoden der Beobachtung und beobachtenden Teilnahme, Videoaufzeichnungen usw. sind insbesondere geeignet, die Anforderungsanalyse im Vorfeld und/oder der Frühphase der Entwicklung zu unterstützen.

Bei ethnografischen Verfahren ist zu berücksichtigen, dass oftmals schon die Beobachtung als solche – noch mehr die teilnehmende – den ursprünglichen, »natürlichen« Zustand, das Beobachtete, verändert. Die mit ethnografische Verfahren beobachteten Arbeitsweisen der Anwender sind nicht direkt auf die zukünftige Arbeit mit Groupware übertragbar (Anderson, 1994b; Grudin & Grinter, 1995). Daher ist es notwendig, ethnografische Verfahren nicht nur zur Bedarfsanalyse im Vorfeld einzusetzen, sondern auch während der konkreten Nutzung früher Systemversionen und Prototypen.

3.3 Preevaluation von Systemfunktionalität

Im Folgenden werden Methoden erläutert, die es erlauben, den Anwendern die geplante Systemfunktionalität zu veranschaulichen und im geplanten Anwendungskontext zu verdeutlichen.

Szenariotechnik: Szenarien können eingesetzt werden, um z. B. typische Arbeitssituationen und zukünftige Entwicklungen zu veranschaulichen sowie z. B. aufzuzeigen, wie die zu entwickelnde Technologie in Alltagsszenarien aus dem Anwendungsfeld integriert werden kann. Solche Szenarien können durch Entwickler, Experten, Nutzer usw. diskutiert werden. Nardi (1992, S. 14) führt aus, dass ein Szenario aufgrund seines narrativen Charakters ungefähr ein bis zwei Seiten lang sein sollte, weitere Details können in Anhängen erläutert werden. Zur Entwicklung von möglichst konkreten, anschaulichen und wahrscheinlichen Szenarien können Methoden der Expertenbefragung (s.o. »Exploration«) herangezogen werden. Ebenso können auf der Basis von Interviews und ethnografischen Studien Szenarien typischer Arbeitsprozesse der Anwender angefertigt werden, die zur Überprüfung und Vervollständigung mit den Anwendern diskutiert werden können. Szenarien können im Verlauf des Projektes für die Gestaltung von Experimenten und Simulationen aber auch in Designdiskussionen immer wieder zu Rate gezogen werden.

Einsatz von Metaphern: Metaphern können genutzt werden, um Systemfunktionalität zu veranschaulichen und die Verständigung zwischen Nutzern und Entwicklern über konkrete Gestaltungsaspekte zu vereinfachen. Gestaltungsmetaphern sollen es den Nutzern erleichtern, sich abstrakte technische Systemfunktionen durch eine symbolische Abbildung, die ihrem jeweiligen beruflichen Anwendungs- und Erfahrungskontext eher entspricht, besser vorstellen zu können. Eine Reihe von Gestaltungsmetaphern orientiert sich so an Tätigkeiten und Rahmenbedingungen aus dem Büroalltag: Anwendungsoberflächen bieten beispielsweise Schreibtische, Ordner und Schränke als Arbeits- und kurz-/ langfristige Ablagebereiche, Papierkörbe symbolisieren erfahrungsweltlich unterschiedliche Löschfunktionen, Aktentaschen und Laufmappen dienen dem Transport von Dokumenten usw.

Metaphern können komplexe reale Prozesse durch symbolische Abbildung/ Repräsentation vereinfachen. Man muss jedoch beachten, dass sie nicht übersimplifizieren sollten. Außerdem besteht die Gefahr, dass Kommunikations- und Verständnisdefizite durch unterschiedliche Vorstellungen und Erfahrungen hinsichtlich des Symbol- und des Funktionalitätscharakters der genutzten Metaphern oder Abbildungen entstehen können. Metaphern (s.u.) spielen jedoch außerdem eine wichtige Rolle für die Entwickler als Leitmodelle, für das zu entwickelnde und in die Arbeitssituation der Anwender zu integrierende Produkt.

»Mock-Ups«: Insbesondere in einer sehr frühen Phase des Gestaltungsprozesses hat es sich als hilfreich erwiesen, so genannte Mock-Ups, d. h. Entwürfe, Skizzen oder allgemein nicht-elektronische Modelle von Systemen (beispielsweise auf Papier gezeichnete Benutzungsoberflächen mit speziellen Menüpunkten, mit Hilfe verschiedenster Materialien simulierte Eingabegeräte, Anwendungsoberflächen, Hardware-Fassaden usw.) einzusetzen, um Handhabung, Anordnung und mögliche Funktionalität imaginieren zu können. So können die potenziellen Benutzer zukünftiger Systeme schon im Vorfeld erste Eindrücke gewinnen und prospektive Erfahrungen sammeln (Ehn et al., 1991). Diese vorweggenommene Erfahrung vorstellbarer zukünftiger Computerunterstützung soll Benutzer in die Lage versetzen, ihre eigenen Fähigkeiten, Fertigkeiten und Bedürfnisse in den Gestaltungs- und Bewertungsprozess neuer Technologien einzubringen.

Prototyping: Im Bereich der Softwareentwicklung versteht man hierunter die Entwicklung eines erstmals lauffähigen Programms zur versuchsweisen Implementierung und Bewertung (Kreplin, 1985). Der Entwicklungsaufwand von Prototypen kann dabei variieren..Im Mittelpunkt des Interesses steht hierbei weniger der technische Entwicklungsgrad des Prototypen als vielmehr die über ihn erfolgende Kommunikation zwischen Entwickler und Anwender oder Nutzer. Im »*experimentellen Prototyping*« (Floyd et al., 1989) sowie Simulationen und »throw-away«-Prototypen (Bødker et al., 1991, S. 199) können sie als »anfassbare Artekfakte« einen wichtigen Beitrag in der Kommunikation zwischen Anwendern und Entwicklern leisten und ggf. auch in realen Arbeitssituationen ausprobiert werden.

Laborworkshops: Anwender können den selbständigen Umgang mit prototypischer Technik im komplexen, variierbaren Laborsetting in simulierten Situationen aus ihrer Arbeitswelt ausprobieren. So können Mock-ups, Prototypen und Designalternativen von den Anwendern bewertet werden. Eine Simulationsstudie liefert einerseits Aufschluss über den Umgang mit der Technik sowie andererseits Anregungen zur Technikgestaltung (Roßnagel et al., 1993). In Falle von Groupware ist es wichtig, dass auch bei der Simulation eine kooperative Situation geschaffen wird, so dass die Wechselwirkungen zwischen mehreren Arbeitsplätzen betrachtet werden können.

Im Laborworkshop sollte ein konkretes Szenario aus dem Arbeitsalltag der Anwender simuliert werden. Ein »Spielleiter« leitet die Anwender an, die gestellten Aufgaben durchzuführen. Das Geschehen sollte aus technischer und aus sozialer Perspektive möglichst durch zwei im Hintergrund sitzende Beobachter protokolliert werden. So kann vor allem festgestellt werden, wie die Anwender mit der funktionalen Gliederung der Handhabung des Systems zurecht kommen und ob diese für die Aufgabe überhaupt brauchbar ist. Außerdem kann die Angemessenheit der gewählten Terminologie u.ä. verifiziert werden. Auch das Fehlen wesentlicher Funktionalität kann im Laborworkshop evident werden, wie z. B. die Erfahrungen in PoliTeam gezeigt haben (Prinz et al., 1996).

Laborversuche können mit Mock-ups oder mit Prototypen durchgeführt werden. Es ist zweckmäßig, neue Systemfunktionen stets erst im Laborworkshop auszuprobieren, bevor sie in die Praxis eingeführt werden. Dies ist wichtig für die Grobabstimmung, ob die neue Funktionalität für den Anwender verständlich ist und ob die Lösung seinen Bedarf trifft. Ein Laborversuch ist jedoch kein Ersatz für einen Praxiseinsatz, da er im experimentellen und nicht im betrieblichen Setting zur Anwendung kommt.

4 Praxiseinsatz: Designanforderungen aus der Anwenderbetreuung

Der Praxiseinsatz eines Systems selbst liefert die wichtigsten und grundsätzlichen Informationen über Weiterentwicklungs-, Anpassungs- und Redesignnotwendigkeiten. Letztendlich können die Zweckmäßigkeit eines Systems und auch weiterer Bedarf nur in der konkreten Arbeitspraxis verifiziert und artikuliert werden. Dafür ist es notwendig, die Einführung und Nutzung des Systems zu beobachten und zu dokumentieren und die daraus resultieren Erkenntnisse in den parallel verlaufenden Weiterentwicklungsprozess einfließen zu lassen. In den folgenden Abschnitten wird erläutert, was Entwickler aus der Systemeinführung und aus der Arbeitspraxis der Anwender lernen können.

4.1 Schulung

Zur Einführung des Systems sollten die Anwender in der Systemnutzung an Hand praktischer Beispiele aus ihrer Arbeitspraxis geschult werden. Für typische Situationen aus dem Arbeitsalltag der Anwender sollte geübt werden, wie das System zweckmäßig genutzt werden kann. Die Schulung sollte durch einen erfahrenen Trainer durchgeführt werden. Die Benutzeranwälte sollten als Betreuer an der Schulung teilnehmen, damit sie beobachten können, wo beim Lernen Probleme auftreten. Jedes Problem kann wichtige Hinweise auf Änderungs- oder Weiterentwicklungsbedarf enthalten. Die beim Lernprozess auftretenden Fehler, Verständnisprobleme usw. geben bereits weitere wichtige Erkenntnisse für die Verbesserung des Systems. Die Schulung dient also nicht nur den Benutzern, sondern ist auch Teil der Bedarfsermittlung und der Systemevaluation.

In den ersten Tagen nach der Schulung sollten die *Benutzeranwälte* den Anwendern ganztägig zur Verfügung stehen. Sie sollten die Anwender bei ihren ersten Nutzungsversuchen beraten und ihnen helfen, ihre Arbeit mit dem neuen System zu organisieren und vor allem auch Organisationsmöglichkeiten für die Zusammenarbeit mit anderen aufzeigen. So lernen die Benutzeranwälte, wie die unterschiedlichen Anwender ihre jeweilige Arbeit mit dem System organisieren. Sie können sehen, wo Abstimmungsnotwendigkeiten bestehen und wo Anpassungen oder Weiterentwicklungen des Systems notwendig sind, um die Organisation zu vereinfachen oder zu verbessern.

4.2 Aktive Betreuung

Während der gesamten Projektlaufzeit sollten die Benutzeranwälte regelmäßig alle zwei Wochen ca. einen halben Tag beim Anwender verbringen und sie betreuen, d. h. aktiv auf die Anwender zugehen und sie nach ihren aktuellen Erfahrungen fragen. Damit sollten sie den Anwendern Gelegenheit geben, kleine »Problemchen« anzusprechen, auch wenn sie einen Weg gefunden haben, diese zu umgehen. Wann immer neue Aufgaben anfallen oder sich Schwierigkeiten bei der Nutzung ergeben, sollten die Benutzeranwälte anwesend sein und die Anwender beraten können. Zwischen den Betreuungsterminen sollten die Benutzeranwälte über eine »Hotline« jederzeit telefonisch erreichbar sein, damit die Anwender sie auch in »Notfällen« erreichen können. So können sie kontinuierlich den Praxisverlauf beobachten und ihre Erkenntnisse in den Designprozess einbringen.

Gerade bei Groupwaresystemen können für die Anwender auch unerwartete Situationen entstehen, die durch Aktionen Dritter bewirkt wurden. Hier benötigen die Anwender einerseits Unterstützung durch die Benutzeranwälte, da sie sonst das Vertrauen in die Zuverlässigkeit des Systems verlieren könnten. Andererseits sind gerade dies Situationen, in denen die Komplexität von Groupware sichtbar wird und es ist Aufgabe der Benutzeranwälte, zu überprüfen, ob die gefundene Lösung angemessen ist, und dazu beizutragen, solche komplexen Situationen für die Benutzer durchschaubar zu machen.

Bei den Besuchen der Anwender sehen die Benutzeranwälte, wie das System zu einer Verbesserung der Arbeitssituation und der Zusammenarbeit beiträgt bzw. wo es weiterentwickelt werden sollte. Jede Interaktion mit einem Anwender, auch bei geringfügigen Problemchen, gibt einen detaillierten Einblick in eine konkrete Arbeitsweise. Die Benutzeranwälte sollten viele verschiedene Anwender betreuen, damit sie sich ein Gesamtbild der zu bearbeitenden Prozesse aus den unterschiedlichen Perspektiven machen und die Arbeitspraxis der Benutzer aus deren Sicht kennen lernen und in die Systementwicklung einbringen können.

Diese Methode der Bedarfserhebung ist nicht zuletzt dadurch sehr effizient, dass sie den Anwendern keine Mühe macht und sie stattdessen – egal ob ihre Wünsche berücksichtigt werden oder nicht – erst mal unmittelbar davon profitieren. Man kann die Methode den ethnografischen Verfahren zurechnen, da sie ermöglicht, die Arbeitssituation sehr detailliert zu beobachten und situativ zu beschreiben. Für die Benutzeranwälte werden keinen künstlichen Situationen geschaffen, sondern sie beobachten alltägliche Situationen aus der Praxis.

4.3 Dokumentation der Anforderungen im Logbuch

In einem Logbuch sollten die Benutzeranwälte ihre Besuche protokollieren.
Alle wesentlichen Punkte der Gespräche mit den Anwendern müssen mit Ort,
Gesprächspartner, Datum sowie kurzer Inhaltsangabe aufgezeichnet werden.
Diese Aufzeichnungen dienen der Kommunikation zwischen den Benutzeranwälten und mit den anderen Mitglieder des Entwicklungsteams. Auf der Basis
der Logbücher sollten die Benutzeranwälte die ihres Erachtens nach wichtigen
Punkte herausgreifen, bei denen Systemanpassungen erforderlich sind, und
klassifizieren, ob sie sofort durch entsprechende Beratung oder durch Systema-
daption Abhilfe schaffen konnten oder mit welchem Dringlichkeitsgrad
Systemverbesserungen oder neue Funktionalität erforderlich sind. Die Logbücher bilden die Grundlage für Diskussionen über die Weiterentwicklung des
Systems im Entwicklungsteam.

4.4 Anwenderworkshops

Den Anwendern sollte regelmäßig in Anwenderworkshops Gelegenheit gegeben werden, untereinander und mit den Entwicklern ihre Erfahrungen der
Systemnutzung zu diskutieren. Ca. zwei Monate nach der Schulung sollte der
erste Anwenderworkshop stattfinden, in die Anwender ihre Erfahrungen mit
dem System und ihre Verbesserungswünsche sowie Pläne für weitere Entwicklungen miteinander und mit den Entwicklern diskutieren können. Während
der Projektlaufzeit sollten 1-2-mal jährlich solche Workshops durchgeführt
werden.

Um die zentrale Rolle der Anwender zu verdeutlichen, werden die Anwen-
der, die Benutzeranwälte und der Leiter des Entwicklerteams an einen runden
Tisch gesetzt und die Entwickler im Hintergrund des Raumes platziert. Die
Benutzeranwälte übernehmen die Moderation der Workshops. Zwei Entwick-
ler protokollieren den Verlauf, einer aus technischer und einer aus sozialer
Sicht.

Die Praxis hat gezeigt, dass Anwender häufig gar kein Interesse daran haben,
Designfragen zu diskutieren. Stattdessen sind sie daran interessiert, ihre Probleme und Erfahrungen, die sie im Umgang mit dem System gemacht haben,
miteinander zu diskutieren. Die gemeinsame Arbeit mittels des System erfordert u.U. Änderungen in der *Arbeitsorganisation* und aufeinander abgestimm-
ten Umgang mit dem System. Im Workshop können die Anwendern ihre
Arbeitsweisen diskutieren und aufeinander abstimmen. Mit Hilfe der Aushandlung und Vereinbarung so genannter *Nutzungskonventionen* können sie
ihre Arbeitsorganisation besser aufeinander abstimmen und Reibungsverluste
reduzieren. Die Entwicklung von Vereinbarungen und Konventionen zur Nut-

zung einzelner Objekte ist Teil des Anpassungsprozesses, der sowohl eine organisatorische Anpassung der Arbeitsweise der Einzelnen vorsieht, als auch eine Anpassung der Technik. Praktische Beispiele (Grudin, 1994, Pankoke-Babatz, 1997, S. 133) zeigen, dass Konventionen, vor allem wenn deren Einhaltung Aufwand macht, eine technische Unterstützung benötigten, d. h. eine Änderung des Verhaltens des technischen Objektes erforderten.

Diese Diskussionen geben den Entwicklern wichtige Einblicke in die auftretenden Probleme der Zusammenarbeit. Die getroffenen Vereinbarungen bzw. Nutzungskonventionen können als Teil des Anpassungsprozesses zwischen Arbeitspraxis und Systemnutzung verstanden werden. Gleichzeitig stellt sich dabei den Entwicklern die Frage, wie sie die Zusammenarbeit weiter vereinfachen können und z. B. Nutzungskonventionen auch technisch unterstützen können.

Da diese Workshops einen besonders tiefen Einblick in die Zusammenarbeit der Anwender bieten, ist es sinnvoll, möglichst anschließend *Entwicklerworkshops* durchzuführen, in denen nach Lösungen gesucht wird, mit welcher weiteren bzw. erweiterten Groupwarefunktionalität die Zusammenarbeit vereinfacht werden könnte.

5 Herstellung und Weiterentwicklung

Die Erstellung einer neuen Systemversion im Entwicklungsteam erfolgt in inneren Entwicklungszyklen, an denen die Benutzer nicht direkt beteiligt werden, sondern durch die Benutzeranwälte vertreten werden können.

In Entwicklerworkshops werden die ermittelten Benutzeranforderungen diskutiert und nach Lösungen gesucht. Die Aufzeichnungen aus den Logbüchern sowie die Protokolle der Anwenderworkshops können als Grundlage für weitere Anforderungen genutzt werden. Aus Betreuungserfahrungen und Interviews können Szenarien für typische Arbeitssituationen der Anwender entwickelt werden, um den Bedarf genauer zu artikulieren. Zusätzlich können die Entwickler auf Grund ihrer eigenen Zielsetzung und den von ihnen erkannten Möglichkeiten zur Innovation Systemerweiterungen vorschlagen.

In einem ersten Schritt wird die Liste der Weiterentwicklungsvorschläge mit Prioritäten und Aufwandsabschätzungen versehen. Abhängigkeiten einzelner geplanter Funktionen sind zu untersuchen. Bei der Prioritätenvergabe sind die Behebung dringender Fehler sowie dringender Anwenderbedarf besonders zu berücksichtigen.

Die Aufgabe der Benutzeranwälte im Entwicklerteam ist es, für die Interessen der Benutzer zu »kämpfen« (Clement, 1990) und ihre bewussten und intuitiven Kenntnisse des Anwendungsfeldes einzusetzen. Benutzeranwälte können Ihre aktuellen Erkenntnisse aus der Betreuung in die Designdiskussionen einbringen. So entsteht kein Zeitverzug zwischen Bedarfsermittlung und Einfluss auf Designdiskussionen, wie es der Fall wäre, wenn die Bedarfsermittlung externalisiert wäre. Durch die Benutzeranwälte ist ein kontinuierlicher Austausch zwischen Anwendern und Entwicklern möglich.

5.1 Leitbilder, Metaphern und Modelle

Für die Umsetzung der sozialen, organisatorischen und technischen Anforderungen in ein technisches Artefakt ist die »Übersetzung« dieser Anforderungen in angemessene Modellierung und Programmierung der Software durch die Entwickler notwendig. Bei dieser Übersetzung spielen die *Leitbilder* und *Metaphern*, an denen sich die Entwickler mehr oder minder explizit orientieren (Werkzeugmetapher, Mediummetapher, Umgebungsmethaper usw.), eine erhebliche Rolle (Nardi et al., 1999). Eine klassische Methaper der Softwareentwicklung ist die *Werkzeugmetapher* (Züllighoven, 1998). Für Groupware ist eine solche Metapher zu eng, denn sie konzentriert sich auf die Operationen des Einzelnen. Eine Groupware sollte daher auch nicht Mechanismen für die Zusammenarbeit anbieten, sondern unter dem Leitbild eines Mediums für Zusammenarbeit gestaltet werden (Bentley et al., 1995), das den Anwendern frei wählbare Handlungsalternativen bietet. Eine *Umgebungsmethaper*, die nicht nur den Einzelarbeitsplatz betrachtet, sondern den kooperativen Kontext einbezieht, erscheint zweckmäßiger (siehe den entsprechenden Beitrag von Pankoke-Babatz über Umgebung und menschliches Verhalten in diesem Buch). Bei der Entwicklung von Groupware geht es weniger darum, einzelne Operationen oder auch Abläufe direkt zu automatisieren, sondern darum, die Arbeitssituationen im System angemessen darstellen und unterstützen zu können.

In der Gestaltung von Groupware muss berücksichtigt werden, dass Kommunikationsstrukturen und -prozesse, Aufgabenzuordnungen, Handlungspläne und -prozeduren beim Anwender nicht stabil bleiben, sondern einer kontinuierlichen Veränderung unterliegen. Es ist also nicht zweckmäßig, geschlossene Systeme zu gestalten, die auf stabilen Modellannahmen über menschliche Arbeit und deren Organisierung beruhen (Schmidt, 1991, S. 11). Stattdessen muss im Entwicklungsprozess und bei dem entstehenden Produkt Anpassbarkeit an sich ändernde Umgebungsbedingungen und an die unterschiedlichen Bedarfe verschiedener Anwendergruppen und Aufgabenzusammenhängen vorgesehen werden. Um rasch Anwendererfahrungen aus der realen Arbeitspraxis in den Designprozess integrieren zu können, ist es sinnvoll, die Entwicklungen auf einer bereits existierenden Groupwareplattform aufzusetzen.

5.2 Allgemeine Anforderungen zu Anpassbarkeit

Das Groupwaresystem sollte in seiner ersten Version bereits wesentliche Basis-funktionen zur Realisierung des Anwendungsbedarfs bereitstellen. Es muss auf allen Ebenen anpassbar sein, d. h. sowohl das Aussehen des Benutzerinterfaces als auch die Funktionalität des Systems müssen anpassbar sein. Anpassung muss auf drei Stufen ermöglicht werden: für den Systementwickler bei der Gestaltung, für den Praxiseinsatz anpassbar an das Anwendungsfeld, und während der Nutzung objektspezifisch anpassbar an Anwender und Nutzungskonventionen für spezielle Objektinstanzen (Syri, 1997). Eine Groupware muss konfigurierbar sein und auch auf die speziellen Bedarfe eine Anwendergruppe oder eines Aufgabenfeldes angepasst und ggf. reduziert werden können. Dazu gehört die Anpassbarkeit an eine spezifische Terminologie des Anwendungsfeldes.

Im Einzelnen sollte ein Groupwaresystem eine Anwendungsschnittstelle bieten, so dass weitere Funktionalität ergänzt werden kann. Vorzugsweise sollte dies eine objektorientierte API (Application Programming Interface) sein. Die Programmierschnittstelle muss auch eine Modifikation der Basisfunktionalität erlauben, damit Weiterentwicklungsmöglichkeiten nicht begrenzt werden.

Externe Anwendungen sollten integrierbar sein, denn heute werden Groupwaresysteme meist in eine bestehende IT-Systemlandschaft eingebettet, bzw. es sind auch zukünftige Anwendungen zu erwarten, von denen die Groupwareanwender nicht ausgeschlossen werden sollten. Dabei müssen nicht nur Büroanwendungen betrachtet werden, auch komplexere Anwendungen (Datenbanken, externe Informationsdienste) und deren Dokumente müssen in das Groupwaresystem integrierbar sein, damit sie Bestandteil von Kooperationsprozessen werden können. Dabei ist nicht nur ein Anwendungsprogramm isoliert zu betrachten, sondern auch das Zusammenspiel verschiedener Anwendungen innerhalb einer Suite, z. B. bezüglich des Datenaustauschs und der -verknüpfung.

Eine Groupwareplattform muss generelle Funktionalitätserweiterungen ermöglichen. aber auch eine Modifikation der Basisfunktionalität erlauben, damit das generelle System-Verhalten modifiziert werden kann.

Für die Groupwareentwicklung sollten Werkzeuge zum schnellen Entwurf vor allem für Benutzungsschnittstellen zur Verfügung gestellt werden, z. B. durch Skriptsprachen.

5.3 Prototyping

Statt komplexer abstrakter Systemspezifikationen und Modellierungen ist es ratsam, Anforderungen unter Umständen auch direkt in Prototypen (Prinz, 1998) umzusetzen. Eine solche Vorgehensweise sollte durch das zugrunde liegende Softwareprodukt begünstigt werden. Mit Prototypen kann das Zusammenwirken der unterschiedlichen neuen Funktionalität im Gesamtsystem einfacher und schneller verdeutlicht werden, als dies mit abstrakten Modellierungswerkzeugen möglich ist. Auch die wegen der hohen Komplexität nicht immer vorhersehbaren Wechselwirkungen einzelner Komponenten können durch die Prototypen auf einfache Weise elaboriert werden. Prototypen bieten außerdem den Vorteil, dass sie auch im Anwendungszusammenhang, z. B. in Anwendungsszenarien sowie in einer Vorerprobung durch die Benutzeranwälte sowie anschließend in ersten Laborworkshops evaluiert werden können.

5.4 Anwendungsschnittstelle

Die Anwendungsschnittstelle sollte sich der Ausdrucksweisen, Terminologie aber auch der Objekt- und Denkwelt der Anwender anpassen. So ist es z. B. für Anwender ungewohnt, in Zugriffskontrollmechanismen zu denken und mit komplexen Zugriffsrechten zu operieren. Stattdessen ist es in der Arbeitswelt üblich, den Zugang zu Dokumenten durch den Zugang zu Örtlichkeiten zu regeln. Öffentliche Dokumente liegen an öffentlich zugänglichen Orten, wie z. B. in einer Bibliothek, oder sie werden per Papier gleich an alle verteilt; persönliche Dokumente liegen im Büro des Zuständigen und werden auch nur zwischen Zuständigen ausgetauscht; beschränkt zugängliche Dokument liegen an Orten, zu denen man nur mittels eines Schlüssel Zugang hat. Nur in Ausnahmefällen werden »Zugriffsrechte« an den Dokumenten selbst angebracht, z. B. durch die Verwendung von Verschlussmappen und Vertraulichkeitsspezifikationen. Im Allgemeinen gibt es ein betriebsinternes implizites Verständnis des Vertraulichkeitsgrades eines Dokumentes, ohne dass die Beteiligten sich dessen überhaupt bewusst sind. Dieses gilt es auch in der Groupware zu erhalten und angemessen zu unterstützen.

Wichtig ist außerdem, dass eine Groupware nicht zu viel Abstimmungs- und Koordinationsaufwand erfordert. Dies ist insbesondere problematisch bei asynchronen Werkzeugen. Schon kleine Abstimmungsprobleme und Unzulänglichkeiten des Systems können beim Anwender zu massivem gegenseitigem Ärger führen. Awareness-Werkzeuge (Sohlenkamp et al., 1997; siehe auch den Beitrag von Prinz über Awareness in diesem Buch), können hier hilfreich sein, damit die Anwender ihre Arbeit einfacher koordinieren können. Schon Kleinigkeiten und Unzulänglichkeiten einer Groupware können zu massiven Verschlechterungen der Beziehungen zwischen den Kooperationspartnern führen.

Bei der Gestaltung von Groupware ist außerdem zu beachten, dass Anwender die Objekte, mit denen die umgehen, häufig nach inhaltlichen und nicht nach technischen Gesichtspunkten klassifizieren. Für die Anwender sind die einzelnen Instanzen bedeutsam. Sie wollen nicht die Funktionalität eines Werkzeuges weiterentwickeln, sondern u.U. die Eigenschaften und Verhaltensweisen der jeweiligen Instanzen verändern und an den jeweiligen Verwendungszweck anpassen (Pankoke-Babatz et al., 1996). Auch das muss bei der Groupwaregestaltung berücksichtigt werden.

Die zentrale Fragestellung bei der Entwicklung von Groupware ist die Interessenabwägung zwischen den potenziellen Anwendern. Jede Funktionalität, die an einem Arbeitsplatz nützlich ist, kann für einen Anderen Mehrarbeit bedeuten oder ihn unangemessen unter Druck setzen, kontrollieren oder zu ungewollten Handlungen zwingen. Insbesondere besteht die Gefahr, dass ein System zum Machtinstrument missbraucht wird und individuelle Handlungsspielräume beschnitten werden. Wenn z. B. eine institutionalisierte Regelung, die sich zwar in der Praxis bewährt hat, aber nicht immer ganz akkurat befolgt wird, auf einmal durch entsprechende Systemfunktionalität erzwungen wird, so kann dies für den Gesamtablauf hinderlich sein und bei den Beteiligten zu massiven Widerständen führen, wie praktische Beispiele zeigen (Pankoke-Babatz & Syri, 1996). Groupware muss die Balance zwischen dem Bedarf des Einzelnen und dem der Gruppe wahren (Gutwin et al., 1998). Es besteht die Gefahr, dass informelle Arbeitsbeziehungen durch Groupware beschnitten werden, worunter Arbeitszufriedenheit, Motivation und Kooperationsmöglichkeiten leiden, aber auch Anpassbarkeit eines Unternehmens an Einzelfälle beschränkt werden kann. Eine gewachsene Organisation verkörpert eine optimale Anpassung an ihren Aufgabenbereich (Button et al., 1997). Jede Veränderung muss daher mit großer Vorsicht stattfinden, damit nicht unabsichtlich wesentliche Abläufe gefährdet werden.

Die Abwägung von Interessengegensätzen sowie die gerechte Verteilung von Aufwand und Nutzen (Grudin, 1994) sind zentraler Bestandteil von Designdiskussionen. Jede geplante Systemfunktionalität ist unter vielen unterschiedlichen Blickwinkeln zu betrachten. Nicht das Machbare, sondern das Wünschenswerte sollte im Vordergrund bleiben.

5.5 Designbewertung

Prototypen und auch neue Systemversionen sollten zuerst von den Benutzeranwälten exploriert werden, um festzustellen, ob sie den in der Praxis ermittelten Anforderungen genügen. Die Benutzeranwälte sollten Szenarien aus dem

Anwendungsfeld durchspielen, und so evaluieren, wie das System aus der Perspektive verschiedener Rollen zu bewerten ist. Zu beachten ist, dass nicht nur neu hinzugekommene Funktionalität ausprobiert werden muss, sondern die Funktionsfähigkeit des Gesamtsystems erneut evaluiert werden muss, um auch Seiteneffekte und verborgene Wechselwirkungen auszuschließen. In Laborworkshops können Anwender an der Erprobung einzelner Prototypen beteiligt werden.

Erst wenn nach mehreren inneren Entwicklungszyklen die Entwickler und die Benutzeranwälte mit der gefundenen Funktionalität der Prototypen zufrieden sind, sollte eine neue Version implementiert werden. Diese sollte möglichst vor ihrer Einführung ins Feld nochmals in einem Laborworkshop durch die Anwender selbst ausprobiert werden. Erst dann sollte sie nach erneuter Anpassung in die Praxis integriert werden.

6 Resümee

Für die Bedarfserhebung und die Gestaltung von Groupware empfiehlt es sich, den Entwicklungsprozess mit der konkreten Nutzung zu verschränken. Ein dafür erforderlicher gegenseitiger Lernprozess zwischen Entwicklern und Anwendern kann durch Kommunikation mittels der beschriebenen Verfahren gestaltet werden. Empfohlen wird hier eine bedarfsorientierte und Nutzerinteressen berücksichtigende bewusste Kombination geeigneter Verfahren. Insbesondere hat sich die Betreuung der Nutzer durch die Benutzeranwälte als essenziell für die Bedarfsanalyse erwiesen, da sie die Wechselwirkung zwischen Technik, Aufgabe und Organisation beobachten kann.

Praktische Erfahrungen haben gezeigt, dass es nicht zweckmäßig ist, sich auf die weniger aufwändigen Möglichkeiten von Laborversuchen anstelle von *Praxistests* zu beschränken. Die Erkenntnisse, die mittels der unterschiedlichen Methoden gewonnen werden, können durchaus widersprüchlich sein, wie sich z. B. im Projekt PoliTeam gezeigt hat (Pankoke-Babatz et al., 1997). Letztendlich verlässlich sind nur die Erkenntnisse aus der Arbeitspraxis. Die anderen Methoden dienen dazu, schon im Vorfeld des Praxiseinsatzes möglichst viele Probleme erkennen und lösen zu können. Auch Funktionalität, für die Anwender im Labor zu begeistern sind, können in der Praxis ungenutzt bleiben, da sie letztendlich doch nicht in den Alltagsablauf eines Anwenders passen.

In der Praxis haben nur jene Werkzeuge eine Chance, die auch wirklich vom Einzelnen gebraucht werden und seine Arbeit erleichtern. Im Alltag sind Anwender zufrieden, wenn sie einen Weg gefunden haben und suchen nicht nach Alternativen.

Die Bedarfsartikulierung gegenüber den Benutzeranwälten ist besonders wichtig. Denn an Hand einer konkreten Arbeitssituation ist der Nutzen eines Verbesserungsvorschlags gut sichtbar zu machen, und Konsequenzen für andere können durch nähere Betrachtung des Beispiels ebenfalls einbezogen werden. Gute Praxisbeispiele erleichtern den Benutzeranwälten ihre Arbeit, denn sie können in Designdiskussionen genutzt werden, um den Entwicklern das Problem deutlich zu machen und bei der Lösungssuche zu helfen. Benutzeranwälte können einen großen Einfluss auf die Weiterentwicklung des Systems haben (Mambrey et al., 1998). Sie können für einen kontinuierlichen Informationsaustausch zwischen Anwendern und Entwicklern sorgen. Die Gefahr besteht jedoch darin, dass Benutzeranwälte ihre persönlichen Interessen in den Vordergrund stellen und die Erkenntnisse aus dem Anwendungsfeld verzerrt darstellen oder zu sehr filtern, so dass sie letztendlich doch nicht die Perspektivenvielfalt der Anwender einbringen können. Daher sind die Anwenderworkshops, aber auch die Interviews von besonderer Wichtigkeit, denn hier kann der Kontakt zwischen Anwendern und Entwicklern persönlich hergestellt werden, und beide Seiten können verifizieren, wie vertrauenswürdig die Benutzeranwälte sind. Eine solche enge Zusammenarbeit zwischen Entwicklern und Anwendern soll dazu beitragen, dass die Perspektive der Entwickler anwendungszentriert wird und weniger technikfokussiert bleibt.

Bei dem vorgestellten Verfahren ist zu beachten, dass die gewonnenen Erkenntnisse letztendlich nur für genau die beteiligten Anwender zutrifft und nicht ohne weiteres auf andere Gruppen übertragbar ist. Andere Anwender mit anderen Aufgaben können ganz andere Anforderungen haben, so dass auch bereits erzielte Ergebnisse immer wieder in Frage zu stellen und für neue Anwendungsbereiche Anpassung und Weiterentwicklung erforderlich sind.

Der komplexen Anforderungssituation, wie sie die Entwicklung von Groupware für einen sozialen und organisationalen Zusammenhang in technisch unterstützten Gruppenarbeitsstrukturen (CSCW) darstellt, kann nur ein ganzheitlicher Ansatz gerecht werden, der die wechselseitige Bedingtheit von technischer und organisatorisch-sozialer Entwicklung verantwortlich berücksichtigt. Hierzu gibt es Ansätze zu integrierter Organisations- und Technikentwicklung, in dem die beschriebenen Verfahren und Methoden zum Einsatz kommen können (Rohde et al., 1995; Wulf et al., 1996 & 1999).

Die Einbeziehung der Nutzer in den Entwicklungsprozess kann jedoch aufgrund der sozialen und organisatorischen Dynamik niemals eine Erfolgsgarantie für das Produkt Groupware bieten. Zu warnen ist in diesem Zusammenhang vor einer rein instrumentellen Betrachtung partizipativer Verfahren im Sinne vorwegnehmender Verantwortungsdelegation. Nicht die späteren Nutzer als Experten ihres jeweiligen Arbeitsbereiches sind für mehr oder auch weniger erfolgreiche Entwicklungsprozesse oder deren Produkte verantwortlich zu machen, sondern die Verantwortung verbleibt bei den Entwicklern als den Experten des Prozesses und der Gestaltung.

Einführung und Betrieb

Andreas Engel, Siegfried Kaiser, Andreas Mayer, Andrea Kern
Universität Koblenz-Landau, Koblenz

1 Einleitung

Obwohl die Nutzung von CSCW-Systemen zur Realisierung innovativer Organisationsformen immer wieder gefordert wird, wurden die spezifischen Probleme der Einführung und des Betriebs dieser Systeme bisher eher am Rande untersucht und erst in jüngster Zeit intensiver analysiert (vgl. Grudin, 1994; Wulf & Rohde, 1995; Kirschmer, 1996; Orlikowski & Hofman, 1997; Wulf, 1997b; Fuchs-Kittowski et al., 1997; Reichwald et al., 1998c, S. 41-46; Schwabe & Krcmar, 1998b). Im Folgenden werden daher Aufgaben, Methoden und Erfahrungen der Einführung und des Betriebs synchroner und asynchroner Gruppenkooperationssysteme beschrieben.

2 Aufgaben der Einführung und des Betriebs

Unter *Einführung* wird die Summe aller Aktivitäten verstanden, mit denen erreicht wird, dass Informationssysteme in einer Anwenderorganisation genutzt werden. Die Nutzung von Informationssystemen ist das Ziel des Einführungsprozesses. Um dieses Ziel zu erreichen, müssen vor allem *drei Aufgaben* erfüllt werden (vgl. auch Kirschmer, 1996, S. 26 und Krüger, 1990):

1. *Installation und Anpassung des technischen Systems.* Hard- und Software muss in eine vorhandene informationstechnische Infrastruktur integriert und an spezifische organisatorische Rahmenbedingungen angepasst werden (*technischzentrierte Einführungsmaßnahmen*).

2. *Qualifizierung zur Nutzung im Arbeitsprozess einschließlich Akzeptanzsicherung.* Durch Schulungs- und Betreuungsmaßnahmen sind die qualifikatorischen Voraussetzungen zu schaffen, damit Organisationsmitglieder ein installiertes System nutzen bzw. sich zur Aufgabenerledigung aneignen können (*benutzer- bzw. akzeptanzzentrierte Einführungsmaßnahmen*).

3. *Organisatorische Einbettung.* Die Installation und Nutzung von Informationssystemen setzt organisatorische Maßnahmen voraus und erfordert auch während der Einführung und Nutzung die ständige Überprüfung des orga-

nisatorischen Regelungsbedarfs. Deshalb sind begleitend zur technischen und benutzerbezogenen[91] Einführung die notwendigen organisatorischen Voraussetzungen zu schaffen, um eine koordinierte Anwendung von Informationssystemen zu erreichen (*organisationszentrierte Einführungsmaßnahmen*).

An die Einführungsphase schließt sich die Phase des Betriebs an, in der das CSCW-System genutzt wird. Die Aufgaben der Anpassung und Weiterentwicklung des CSCW-Systems, der Organisationsentwicklung und Benutzerqualifizierung werden in dieser Phase fortgesetzt. Die *zentralen Aufgaben* des Betriebs sind:

1. *Problemmanagement.* Beim Problemmanagement geht es um die Identifikation, Aufnahme und Lösung von Problemen in der Anwendung von CSCW-Systemen.

2. *Wartung (Versions-, Fehlermanagement)* beinhaltet in erster Linie die Diagnose und Behebung von Hard- und Softwarefehlern, einschließlich des Austausches von Komponenten beim Versionswechsel.

3. *Pflege (Änderungsmanagement)* bedeutet die Anpassung und Erweiterung der Funktionalität an geänderte Benutzeranforderungen. Das Änderungsmanagement beginnt mit der Inbetriebnahme und Übergabe des Systems an den Anwender. Es beinhaltet, Änderungswünsche aufzunehmen, Anforderungen zu definieren, Prioritäten für die Entwicklung festzulegen, Entwicklungsaufträge zu vergeben bzw. neue Komponenten zu beschaffen, Funktionstests durchzuführen und neue Komponenten einzuführen (einschließlich der Schulung).

4. *Beratung und Support.* Diese Aufgabe beinhaltet die Unterstützung der Benutzer bei der fachlichen Anwendung und die Unterstützung der Anwender beim Problemmanagement, der Wartung und Pflege von Anwendungslösungen.

---

[91] Als *Benutzer* (synonym: Nutzer) werden im Folgenden diejenigen Personen bezeichnet, die ein CSCW-System zur Aufgabenerledigung bzw. zur Kooperationsunterstützung einsetzen. Benutzer werden bei Steinmüller (1993, S. 305) von »(Einführungs-)Gehilfen« unterschieden, die den Einsatz des technischen Subsystems im Dienst des Betreibers vorbereiten, organisieren und implementieren, warten und bedienen. Betreiber sind nach dieser Terminologie die »Halter« bzw. Besitzer des Systems, die den Einsatzzweck bestimmen und über die Systemleistung verfügen (synonym: Anwender).

3 Besondere Rahmenbedingungen der Einführung und des Betriebs von CSCW-Systemen

Im Unterschied zu herkömmlichen Anwendungssystemen, die einzelne Benutzer bei ihrer Aufgabenerledigung unterstützen, berühren CSCW-Systeme nicht nur Einzelarbeitsplätze, sondern auch Arbeitsgruppen, Arbeitsprozesse und die Gesamtorganisation. Bei organisationsübergreifenden Prozessen geht die Anwendung der Systeme sogar über Organisationsgrenzen hinweg. Für den Einsatz von CSCW-Systemen gelten daher besondere Rahmenbedingungen, die zusätzliche Anforderungen an die Einführung und den Betrieb stellen (vgl. Grudin, 1994; Orlikowski, 1992; Schwabe, 2000):

1. CSCW-Systeme können nur erfolgreich eingesetzt werden, wenn sie einen *Nutzen* (kollektiv oder individuell) gegenüber der Arbeit ohne Systemunterstützung nachweisen. Nutzen und Aufwände der Kooperationspartner können beim Einsatz von CSCW-Systemen jedoch ungleich verteilt sein, so dass einzelne Benutzer unter Umständen unterschiedlich stark von CSCW-Systemen profitieren. Eine wichtige Aufgabe der Einführung und des Betriebs von CSCW-Systemen ist es deshalb, den Einsatz so zu gestalten, dass jeder Benutzer einen Nutzen erfahren kann.

2. Der Nutzen (und damit die Nutzung) von CSCW-Systemen stellt sich nur ein, wenn auch die wichtigsten Kooperationspartner beteiligt sind (*»kritische Masse an Beteiligten«*). Die Einführung von CSCW-Systemen muss daher in Kooperationsgruppen erfolgen. Da die Verweigerung einzelner, wichtiger Kooperationspartner die Systemnutzung unter Umständen ganz verhindern kann, haben Maßnahmen zur Motivation und Akzeptanzsicherung eine erhebliche Bedeutung. Insbesondere in der Einführungsphase besteht die Gefahr, dass »frühe Benutzer« die Systemnutzung einstellen, bevor die kritische Masse an Beteiligten erreicht wird.

3. CSCW-Systeme werden nur genutzt, wenn sie eine ausreichende Funktionalität bieten, so dass der Kooperations- bzw. Arbeitsprozess umfassend unterstützt wird (*»kritische Masse an Funktionen«*). Da kommerzielle CSCW-Systeme mittlerweile über einen erheblichen Funktionsumfang verfügen, der in der Regel nicht vollständig benötigt wird und die Benutzer eher überfordert, ist das Bereitstellen der kritischen Masse an Funktionen heute vor allem eine Frage des richtigen Zuschnitts des Systems. Es ist daher eine Aufgabe der organisatorisch-technischen Gestaltung, die Konfiguration und Anpassung des CSCW-Systems dem spezifischen Bedarf entsprechend festzulegen.

4. Zur umfassenden Unterstützung des Kooperationsprozesses gehört auch, dass bearbeitungsrelevante Informationen möglichst vollständig zur Verfügung gestellt werden (»*kritische Masse an Informationen*«). Ein häufiges Problem der Einführung bzw. frühen Betriebsphase von CSCW-Systemen ist es, dass die Informationsbasis erst allmählich aufgebaut werden muss und somit wichtige Informationen am Anfang noch nicht im CSCW-System vorliegen. In dieser Phase lassen sich Medienbrüche nicht immer vermeiden.

5. Kooperatives Handeln basiert in hohem Maß auf *Konventionen* und *informellen Vereinbarungen*. Für die Nutzung von CSCW-Systemen ist daher zu klären, welche Konventionen und Regeln im System abgebildet werden sollen, welche geändert werden müssen und welche Vereinbarungen neu zu treffen sind.

6. Diese Entscheidungen können erhebliche Auswirkungen auf die sozialen Prozesse und Strukturen einer Organisation haben und sollten unter Mitwirkung aller Beteiligten – insbesondere der Systembenutzer – getroffen werden *(partizipatives Vorgehen)*. *Partizipation* ist eine wichtige Voraussetzung für die erfolgreiche Entwicklung und Einführung von CSCW-Systemen, denn die Benutzer wissen selbst am besten, welche Aufgaben und Abläufe wie unterstützt werden können und sollen (vgl. Cremers et al., 1998).

7. Darüber hinaus ist es für Kooperationsprozesse charakteristisch, dass sie unter Umständen einen unvorhergesehenen Verlauf nehmen. *Ausnahmebehandlungen* müssen auch bei der Nutzung von CSCW-Systemen möglich bleiben. Die Abbildung von Konventionen und Regeln im CSCW-System darf nicht zur Überreglementierung führen, die eine flexible Bearbeitung unmöglich macht. Für den Einführungsprozess folgt daraus die Anforderung, Benutzer ganzheitlich zu schulen (vgl. Frese & Brodbeck, 1989) und in der Einführungsphase intensiv am Arbeitsplatz zu betreuen, damit sie auch Ausnahmensituationen bewältigen können.

8. Kooperationsbeziehungen sind häufig *dynamisch*, d. h. Kooperationsanlässe und Kooperationspartner können variieren. Mit ihnen ändern sich auch organisatorische Rahmenbedingungen und Anforderungen an die informationstechnische Unterstützung. Hinzu kommt, dass Benutzer häufig ihre Einschätzungen und Anforderungen im Projektverlauf ändern. Sie erkennen bestimmte Anwendungsmöglichkeiten erst in der praktischen Erprobung und nach vertieften Erfahrungen im Umgang mit dem System. CSCW-Systeme erfordern daher ein *evolutionäres Vorgehen* und zwar nicht nur für die Entwicklung und Einführung, sondern auch während der

Betriebsphase. Nur durch ein hohes Maß an Flexibilität und Anpassungsfähigkeit lässt sich eine Anwendungslösung optimal in die Aufgabenerledigung von Kooperationsgruppen integrieren. Beispiele für evolutionäre Vorgehensweisen finden sich bei Schwabe (2000) und Oberweis & Wendel (1994).

9. Vor allem, wenn CSCW-Systeme nur in bestimmten Kooperationsprozessen eingesetzt werden, erfolgt ihre Nutzung weniger regelmäßig als bei Individualsoftware. Damit wird die Aneignung schwieriger und die Nutzung der CSCW-Funktionaliät geht nicht so schnell in Routine über. Es ist daher eine längere Phase der Betreuung der Benutzer am Arbeitsplatz erforderlich, um im konkreten Anwendungsfall Hilfestellung geben zu können.

10. Die Einführung von CSCW-Systemen ist keine rein »technische« Maßnahme, sie hat vielfache Auswirkungen auf organisatorischer Ebene (z. B. bzgl. der Aufgabenverteilung, der Reihenfolge von Bearbeitungsschritten, der Qualifikationsanforderungen, der (möglichen oder beabsichtigten) Einsparungseffekte und des Regelungsbedarfs). Deshalb ist von Anfang an ein *integrierter technisch-organisatorischer Entwicklungs- und Einführungsansatz* vorzusehen, und die Verantwortlichen aus den Bereichen IT, Organisation und Personal sind einzubinden. Wer sich auf die Einführung von CSCW-Systemen einlässt, kommt um eine begleitende Organisationsentwicklung nicht umhin (vgl. Bullen & Bennet, 1990 und Wulf & Rohde, 1995).

4 Phasen und Aufgaben der Einführung und des Betriebs von CSCW-Systemen

Bei der Entwicklung, Einführung und dem Betrieb von CSCW-Systemen handelt es sich um einen zyklischen Prozess, bei dem Nutzungserfahrungen als Anforderungen an die systemtechnische Unterstützung und die organisatorische Gestaltung einfließen (siehe auch den Beitrag von Pankoke-Babatz et al. über Spezifika des CSCW-Designs in diesem Buch sowie Wulf & Rohde, 1995). Dies macht eine klare Trennung von Einführung und Betrieb nicht möglich. Es lassen sich aber Teilphasen identifizieren, in denen Aspekte der Einführung und des Betriebs unterschiedlich stark zum Tragen kommen:

1. *Vorbereitung.* In die Vorbereitungsphase fällt das Erarbeiten eines Einführungs- und Organisationskonzepts, welches das weitere Vorgehen entsprechend den organisatorischen und technischen Rahmenbedingungen festlegt.

2. *Installation und Konfiguration.* Verbunden mit der Installation und Konfiguration des technischen Systems werden organisatorische Regelungen zum Systemeinsatz entwickelt.

3. *Schulung.* Im Rahmen von Schulungen wird den Benutzern systemtechnisches und organisatorisches Handlungswissen vermittelt.

4. *Betreute Nutzung.* An die Schulungsphase schließt sich eine Phase der intensiv betreuten Nutzung an, in der erste Anwendungsfälle im Wirkbetrieb gemeinsam mit dem Betreuungspersonal bearbeitet werden.

5. *Unterstützte Nutzung.* Nach einer ersten intensiv betreuten Betriebsphase muss im Hintergrund Betreuungspersonal zur Verfügung stehen, das bei Bedarf (auf Zuruf) in der Anwendung des CSCW-Systems weiterhilft.

In allen fünf Phasen fallen die Aufgaben der IT-Infrastrukturgestaltung und Systementwicklung, der organisatorischen Gestaltung sowie der Qualifizierung und Akzeptanzsicherung in unterschiedlicher Intensität an (vgl. Abb. 64 »Phasen und Aufgaben der Einführung und des Betriebs von CSCW-Systemen«). Diese Aufgaben werden im Folgenden erläutert.

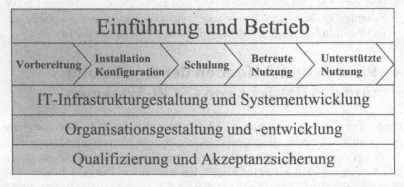

Abb. 64   Phasen und Aufgaben der Einführung und des Betriebs von CSCW-Systemen

4.1 Installation und Anpassung der technischen Infrastruktur und des Anwendungssystems

Mit der Beschaffung und Installation allein ist es bei der Einführung von CSCW-Systemen nicht getan. Dies ist Anwendern oft nicht bewusst, weil sie ein fertiges System erwarten. CSCW-Systeme sind in diesem Sinne aber keine fertigen, von der Stange zu kaufenden Anwendungslösungen. Sie müssen einerseits an die spezifischen organisatorischen Anforderungen angepasst werden (*Customizing*, siehe auch den entsprechenden Beitrag von Teege et al. über Anpassbarkeit in diesem Buch), andererseits erfordern sie auch Anpassungen der Organisation. Die Einführung von CSCW-Systemen ist immer ein *integrierter organisatorisch-technischer Entwicklungsprozess*.

Der Einsatz von CSCW-Systemen mit technischen Komponenten, die allen Kooperationspartnern zugänglich sein sollen, setzt zudem voraus, dass bei allen Beteiligten zueinander kompatible Systemumgebungen vorhanden sind. Da die technischen Infrastrukturen der beteiligten Organisationseinheiten häufig historisch voneinander unabhängig gewachsen sind, bedeutet dies, dass Rechnerausstattung, Betriebssysteme, Anwendungsprogramme und Netzwerk-Zugänge nicht zwangsläufig miteinander kompatibel sind und deshalb angepasst werden müssen.

Darüber hinaus werden bei organisationsübergreifender Kooperationsunterstützung z. T. Komponenten benötigt, die zentrale Dienste für den gesamten Kooperationskontext zur Verfügung stellen, ohne dass sie einer bestimmten Organisationseinheit zugerechnet werden können (z. B. Projekt- und Konferenzablagen). Neben der Installation und Administration dieser Komponenten muss sichergestellt werden, dass der Zugang aller Kooperationsteilnehmer zu den zentralen Ressourcen gewährleistet ist. Erschwert wird diese Aufgabe oft durch die Vielzahl zu beteiligender Ansprechpartner, gerade dann, wenn sie verschiedenen Organisationen angehören und wenn innerhalb der beteiligten Organisationen die Zuständigkeiten für organisatorische und technische Fragen auf mehrere Stellen verteilt sind (vgl. Engel et al., 1998).

Mit der Einführung von CSCW-Systemen kommen deshalb neue Aufgaben auf die (organisationsübergreifende) Koordination des Informationstechnikeinsatzes zu. Vor allem für die Installation und Konfiguration müssen Minimalstandards definiert werden, damit die Kooperation nicht an der Inkompatibilität verschiedener Infrastrukturen scheitert.

Wenngleich der Aufwand für Installation und Anpassung von CSCW-Systemen in der Einführungsphase am größten ist, ist dies eine Daueraufgabe, die auch im laufenden Betrieb zu berücksichtigen ist:

- Einschätzungen und Anforderungen an die Systemunterstützung können sich mit der praktischen Nutzung und dem vertieften Umgang mit dem System ändern. Dies gilt vor allem dann, wenn sich Aufgabenstellungen ändern.

- Organisationen ändern sich. Der Wechsel von Personen und organisatorische Umgestaltungen müssen im CSCW-System nachvollzogen werden.

- Die Einführung neuer Systemversionen und die Erweiterung der informationstechnischen Infrastruktur durch neue Komponenten erfordert wiederum die Abstimmung zwischen den Kooperationspartnern, damit Anwendungsinfrastrukturen zueinander kompatibel bleiben.

4.2 Organisationsgestaltung und -entwicklung

Unabhängig davon, ob mit der Einführung eines CSCW-Systems eine Änderung organisatorischer Strukturen und Abläufe intendiert wird oder ob bestehende Organisationsformen beibehalten werden sollen, entsteht aufgrund der Interdependenzen zwischen Arbeitsplatz und Arbeitsverbund sowie der Notwendigkeit zur Koordination des Handelns im Anwendungszusammenhang immer auch organisatorischer Regelungs- und Entscheidungsbedarf. Dabei tragen organisatorische Regelungen nicht nur zur Organisationsgestaltung bei, mit ihnen lassen sich auch Konflikte bei der Nutzung von CSCW-Systemen vermeiden. Wulf (1997a, S. 46) identifiziert als Konfliktbereiche die Fragen nach der Arbeitsteilung zwischen den Benutzern, nach dem Zu- und Umgang mit gemeinsam genutzten Ressourcen, nach der Koordination verteilt vorgenommener Arbeitschritte, nach der Erzeugung, Verarbeitung und Nutzung personenbezogener Daten und danach, wann welcher Benutzer mit wem unter welchen Bedingungen (technisch vermittelt) kommuniziert hat. In den folgenden Abschnitten wird deshalb auch darauf hingewiesen, wie mit organisatorischen Regelungen Konflikten vorgebeugt werden kann.

Bereits in der Vorbereitungsphase der Einführung ist eine Analyse der organisatorischen Rahmenbedingungen unerlässlich. Dies verlangt vor allem eine Ist-Aufnahme der bestehenden Organisation. Eng verknüpft mit der Analyse der organisatorischen Voraussetzungen ist die Frage, inwieweit mit der Systemeinführung auch organisatorische Änderungen verbunden sein sollen. CSCW-Systeme bedingen in der Regel neue Formen der Aufgabenerledigung und ermöglichen eine Neugestaltung der Arbeitsabläufe. Ergebnis der Voruntersuchung muss daher eine Entscheidung für ein *Organisationsmodell* und einen *informationstechnischen Unterstützungsansatz* sein. Beides sollte die Grundlage für die Vorhabenplanung, die Produktauswahl und die Systemeinführung sein.

Der Einsatz von CSCW-Systemen erfordert, dass organisatorische Strukturen und Regelungen zumindest teilweise bei der Systemkonfiguration softwaretechnisch fixiert werden (vgl. Herrmann & Just, 1994). Als Teil des Organisationskonzepts ist daher ein *Konfigurationskonzept* zu entwickeln, in dem die Grundeinstellungen eines CSCW-Systems zu beschreiben sind. Dies betrifft beispielsweise Festlegungen zum Funktionsumfang und Regelungen über *Zugriffsberechtigungen*.

Regelungen über Zugriffsberechtigungen (einschließlich der Trennung von privaten und öffentlichen Bereichen) sind eine unerlässliche Voraussetzung für den vertrauenswürdigen Einsatz von CSCW-Systemen. Zur Akzeptanzsicherung ist vor allem die *Gewährleistung geschützter privater Arbeitsbereiche* notwendig. Dabei kann es durchaus zum Konflikt zwischen den technischen Möglichkeiten zur Recherche und dem Anspruch auf einen privaten Arbeitsbereich kommen. Wie die Zugriffsberechtigung auf Ablagen zwischen Kooperationspartnern aus unterschiedlichen Organisationseinheiten gehandhabt werden soll, ist eine Aufgabe der Organisation des Kooperationszusammenhangs.

Mit dem Einsatz von CSCW-Systemen entwickelt sich eine kooperative Anwendungskultur, in der sich neue Organisationsformen etablieren können. Für den Betrieb müssen daher Konventionen und Regeln für die kooperative Zusammenarbeit mit Systemunterstützung entwickelt werden (vgl. Mark & Prinz, 1997). Diese umfassen insbesondere Anwendungsempfehlungen (Wann und wie können CSCW-Systeme im Arbeitsprozess sinnvoll genutzt werden?), Kooperationsanlässe (In welchen Aufgabenzusammenhängen sollen CSCW-Systeme eingesetzt werden?), Regeln zur Erreichbarkeit, zur Informationslogistik und Awareness (vgl. Engel, 1999). Gerade in der organisationsübergreifenden Aufgabenerledigung muss oft erst ein gemeinsames Verständnis für die Kooperationssituation entwickelt werden. Solange Benutzer unsicher sind, wie ihre Kooperationspartner auf die Nutzung eines CSCW-Systems reagieren, kommt womöglich eine Nutzung gar nicht zustande.

Unabdingbare Voraussetzung für den Einsatz von CSCW-Systemen ist die *Erreichbarkeit* der Kooperationsteilnehmer. Für den Betrieb müssen daher Verhaltensregeln etabliert werden, die gewährleisten, dass CSCW-Systeme bei den Kooperationspartnern jederzeit *einsatzbereit* sind. Erreichbarkeit bedeutet aber auch, dass Benutzer den sie betreffenden elektronischen *Informationsaustausch wahrnehmen*, vor allem wenn äußere Signale, wie z. B. der Eingang von Briefen, wegfallen. Dann sind Konventionen zum Lesen und Bearbeiten der elektronischen Post wichtig. Schließlich ist die Erreichbarkeit von Kooperationspartnern in CSCW-Anwendungen häufig von der *Verfügbarkeit zentraler Ressourcen* abhängig. Für die asynchrone Kooperation ist beispielsweise die Verwendung von elektronischen Kalendern zu regeln. Für multilaterale Telebesprechungen sind zentrale Systemressourcen wie z. B. die *Multipoint Conferencing Unit* (MCU) zu reservieren.

Unter Regeln zur *Informationslogistik* werden vor allem Zugangs- und Zugriffsregelungen verstanden, aber auch Regelungen zur elektronischen Verteilung von Informationen und zur Terminierung des Informationsaustauschs. Beispiele sind *Namenskonventionen für die Bezeichnung von Ablagen und Dokumenten*. In engem Zusammenhang damit stehen *Konventionen zur Strukturierung von Gruppenablagen*.

Schließlich sind *Regeln zur Information der Kooperationspartner über den Bearbeitungsstatus* von Dokumenten bzw. den Zustand von Arbeitsprozessen zu vereinbaren. Zum Teil können sie als konfigurierbare Benachrichtigungsfunktionen in Gruppenablagen softwaretechnisch realisiert werden (vgl. Sohlenkamp et al., 1998).

4.3 Qualifizierungsmaßnahmen zur Nutzung von CSCW-Systemen im Arbeitszusammenhang

Eine der wichtigsten Voraussetzungen zur erfolgreichen Einführung von CSCW-Systemen ist die *Qualifizierung der Benutzer*. Frese & Brodbeck (1989) weisen in diesem Zusammenhang darauf hin, dass neben dem *Fach- und Funktionswissen* auch *Umsetzungswissen* vermittelt werden muss. Hinzu kommt, dass für eine beteiligungsorientierte Einführung allen Betroffenen die Fähigkeiten zur Partizipation am Einführungsprozess zu vermitteln sind, damit sie ihre Interessen vertreten können. Dies hat vor allem zwei Anforderungen an Qualifizierungsmaßnahmen zur Folge:

1. Zielgruppen von Qualifizierungsmaßnahmen sind nicht nur Benutzer (Führungs-, Fach- und Assistenzkräfte) und IT-Fachkräfte, sondern auch Organisatoren, Betriebsräte, Promotoren und ggf. Berater, damit sie die Potenziale von CSCW-Systemen zur organisatorischen Gestaltung beurteilen können.

2. Qualifizierungsmaßnahmen müssen frühzeitig – bereits in der Vorbereitungsphase der Systemeinführung – beginnen.

Die Qualifizierung beginnt mit einer Orientierungsphase, die zunächst dazu dient, über Systemfunktionen, systemunterstützte Arbeitstechniken und organisatorische Implikationen zu informieren. Wesentliches Ziel der Qualifizierung in der Orientierungsphase ist es, ein gemeinsames Verständnis der computerunterstützten Gruppenarbeit aufzubauen, da die Beteiligten aufgrund ihrer unterschiedlichen Rollen, Vorerfahrungen und Hintergrundinformationen in der Regel unterschiedliche Vorstellungen von der einzuführenden Technologie und den angestrebten Veränderungsprozessen mitbringen (vgl. Orlikowski & Gash, 1994). Mit der frühzeitigen Beteiligung und Qualifizierung der Benutzer wird ein wichtiger Grundstein für die Akzeptanz des CSCW-Systems gelegt.

Die *Installation* und *Anpassung* des technischen Systems und der damit verbundene organisatorische Regelungs- und Entscheidungsbedarf erfordern eine eingehende Kenntnis der CSCW-Anwendung. Vor der Systeminstallation und -konfiguration muss daher eine intensive Schulung der Projektmitarbeiter

(IT-Fachkräfte *und* Organisatoren) erfolgen. Insbesondere wenn CSCW-Systeme über einen erheblichen Funktionsumfang verfügen und die zu unterstützenden Kooperationsprozesse sehr komplex sind, sollte eine Erprobungsphase vor dem Einsatz im Wirkbetrieb durchgeführt werden, in der die Projektverantwortlichen verschiedene Unterstützungsmöglichkeiten und ihre Auswirkungen auf Bearbeitungs- bzw. Kooperationsprozesse evaluieren können, bevor Konfigurationen und organisatorische Handlungsempfehlungen festgelegt werden.

Ein zentraler Aspekt der Einführung von CSCW-Systemen ist die *Schulung der Benutzer*. Ziel der Benutzerschulung ist es, neben der zur Verfügung stehenden Funktionalität auch das Wissen um die aufgaben- und situationsangemessene Anwendung zu vermitteln (vgl. Frese & Brodbeck, 1989, S. 55ff.). Es kann nicht vorausgesetzt werden, dass Benutzer den Transfer der eigenen Aufgabenstellungen auf die Anwendung der Systemfunktionen selbst leisten. Deshalb sollten Schulungen möglichst prozess- und aufgabenorientiert ausgerichtet sein. Sie sollten darüber hinaus in denjenigen Kooperationsgruppen stattfinden, die auch im täglichen Arbeits- und Aufgabenzusammenhang bestehen.

Ergänzend zum Handlungswissen des Einzelnen muss in der Kooperationsgruppe ein gemeinsames Verständnis von Anwendungsmöglichkeiten aufgebaut werden, damit Vorschläge zum Einsatz des CSCW-Systems nicht an der Unsicherheit über die Reaktionen oder an einer antizipierten oder tatsächlichen Ablehnung durch die Kooperationspartner scheitern. Dafür kann es hilfreich sein, wenn bereits in den Schulungen Anwendungskontexte für die Systemnutzung vereinbart werden.

Direkt im Anschluss an die Schulungsmaßnahmen sollte die Nutzung des CSCW-Systems am eigenen Arbeitsplatz möglich sein. Da Probleme mit der Systemnutzung häufig erst mit dem Einsatz im konkreten Arbeitszusammenhang auftreten, sollte sich an die Schulungen eine Phase der betreuten Nutzung (Coaching) anschließen. Dies ist insbesondere auch deshalb von Bedeutung, weil bei CSCW-Systemen die Art der Nutzung vom »schwächsten Glied« im Kooperationszusammenhang abhängt. In den ersten Wochen des Betriebs sollten daher *Ansprechpartner vor Ort* sein, die bei Auftreten von Schwierigkeiten auch kurzfristig Hilfestellung geben können, um zu verhindern, dass die Systemnutzung nur deshalb nicht stattfindet, weil ein Kooperationspartner das System nicht bedienen kann. Eine intensive Benutzerbetreuung in der frühen Betriebsphase, die es erlaubt, Probleme zeitnah zu lösen, ist eine unverzichtbare Voraussetzung, um die Akzeptanz des CSCW-Systems zu erreichen (vgl. POLI-KOM, 1998).

In der Anfangsphase des Betriebs ist es oft vorteilhaft, die Anwendungslösung durch geeignete Maßnahmen im alltäglichen Arbeitsprozess präsent zu halten. Dies kann sowohl durch äußere Anreize (Hinweise, Nachfrage und

Motivation durch lokale Ansprechpartner oder engagierte Benutzer) als auch durch das Vereinbaren von Anwendungsregeln geschehen. Da Kooperations-prozesse häufig dynamisch und damit nicht vorhersagbar sind, sollten diese Anreize zur Systemnutzung mit bestimmten Arbeits- und Kooperationssitua-tionen in Verbindung stehen, um handlungswirksam zu werden. Ziel muss es sein, dem einzelnen Benutzer eine klare Vorstellung der Einsatzmöglichkeiten des CSCW-Systems zu vermitteln und entsprechende Regeln im arbeitsbezoge-nen Handlungswissen jedes Einzelnen zu integrieren. Die Notwendigkeit, Qua-lifizierungsmaßnahmen durchzuführen, besteht während der gesamten Betriebsphase. Denn Benutzer müssen mit erweiterten bzw. bisher nicht genutzten Funktionen vertraut gemacht und Systemneulinge an das System herangeführt werden.

5   Einführungs- und Diffusionsstrategien

Auf Grund unterschiedlicher Anwendungsbereiche, des breiten Anwendungs-spektrums von CSCW-Systemen und der jeweils spezifischen sozio-techni-schen Rahmenbedingungen können keine allgemeinverbindlichen Empfehlun-gen für Einführungs- und Diffusionsstrategien gegeben werden. Neben den o. g. Grundsätzen des partizipativen und evolutionären Vorgehens und eines inte-grierten organisatorisch-technischen Einführungsansatzes müssen nach Rogers (1983) folgende Aspekte für die Ausbreitungsgeschwindigkeit von Innovatio-nen berücksichtigt werden:

1. *Relativer Vorteil*. Das CSCW-System muss einen relativen Vorteil gegenüber *vorhandenen* Alternativen bieten. Je größer der Vorteil ist, desto schneller kann sich die Ausbreitung vollziehen.

2. *Kompatibilität*. Die Kompatibilität zu vorhandenen Werten, Erfahrungen und Bedürfnissen bestimmt ebenfalls die Ausbreitungsgeschwindigkeit. Ein »inkompatibles« System kann die Einführung eines neuen Wertesystems erfordern. Dies ist ein langwieriger Prozess, der die Einführung verlang-samt.

3. *Einfachheit*. Je einfacher die Anwendung des CSCW-Systems zu erlernen ist, umso schneller kann es sich verbreiten.

4. *Ausprobieren*. Die Möglichkeit zum Ausprobieren erlaubt den Benutzern selbst zu erfahren, wie und in welchem Bereich das CSCW-System ange-wendet werden kann. Dieser Aspekt bedeutet auch, dass das System einen Einstieg über einfache Systemfunktionen bietet, die bei Bedarf um kom-

plexe Funktionen ergänzt werden können. Unsicherheiten und Verbreitungshemmnisse können so abgebaut werden.

5. *Sichtbarkeit.* Die Sichtbarkeit der Auswirkungen und Ergebnisse der Anwendung des Systems für andere Gruppen erleichtert die Aneignung und Verbreitung des Systems.

Die Einführung und damit verbunden die Verbreitung eines CSCW-Systems hängt wesentlich von der Ausprägung der obigen Faktoren ab.

Zur *Planung der Ausbreitung (Diffusion) und Ausweitung der Systemnutzung* müssen im organisatorischen Einführungskonzept die konkreten Schritte zu folgenden Bereichen festgelegt werden:

- *Flächenbezogene Ausbreitungsstrategie.* Bei der flächenbezogenen Diffusion geht es um die Frage, welche Arbeitsplätze bzw. Organisationseinheiten in welcher Reihenfolge in die Systemunterstützung einbezogen werden sollen. Da die Notwendigkeit zu technischen und organisatorischen Anpassungen oft erst nach einer gewissen Zeit der realen Nutzung der Systeme erkennbar wird, hat es sich bewährt, CSCW-Systeme zunächst in ausgewählten und überschaubaren Pilotbereichen zu erproben, bevor sie flächendeckend eingeführt werden.

- *Funktionsbezogene Ausbreitungsstrategie.* Bei der funktionsbezogenen Diffusionsentscheidung wird festgelegt, welche Funktionen des CSCW-Systems in der jeweiligen Nutzungsstufe verwendet werden. Sie ist eine wichtige Voraussetzung, um die Benutzer nicht zu überfordern und Akzeptanzprobleme durch eine funktionale Überfrachtung zu verhindern. Gerade CSCW-Systeme bieten eine Vielzahl von Unterstützungs- und benutzer- wie gruppenspezifischen Konfigurationsmöglichkeiten. Es gilt, die aktuell benötigte Menge an Funktionalität zu Beginn der Einführung zur Verfügung zu stellen und bedarfsorientiert sukzessive zu erweitern. Für komplexe CSCW-Systeme schlägt z. B. Schwabe (2000) vor, die Systemnutzung über die Stufen Information, Kommunikation, Koordination bis hin zur Kooperation aufzubauen. Dies hat zudem den Vorteil, dass der Benutzer über die individuelle Nutzung (Information) zur Gruppennutzung gelangt.

- *Hierarchiebezogene Ausbreitungsstrategie.* Hier muss festgelegt werden, in welchen Schritten Vorgesetzte in die Kooperationsunterstützung einbezogen werden. Wird das CSCW-System zunächst nur auf der Bearbeitungsebene eingesetzt, so kann dies bei der Beteiligung von Vorgesetzten zu Medienbrüchen führen.

Der Einführungsprozess kann durch einzelne, herausgehobene Mitarbeiter unterstützt werden:

- *Implementierer.* Nach Schwabe (2000) ist der Implementierer für die erfolgreiche Einführung verantwortlich. »Die Aufgabe des Implementierers ist es, die Telekooperationswerkzeuge in der richtigen Reihenfolge einzuführen und den notwendigen individuellen und organisatorischen Lernprozess zu moderieren, voranzutreiben und mit der Einführung der Werkzeuge zu synchronisieren«. Balzert (1998) bezeichnet »Change Agents« als Innovationsförderer. Wichtig ist, dass diese Mitarbeiter von Vorgesetzten unterstützt und mit den entsprechenden Kompetenzen ausgestattet werden. Balzert (1998) fordert, dass dafür eine eigene Stelle eingerichtet werden muss. Markus & Benjamin (1997) schlagen vor, dass alle Beteiligten sich als »Change Agents« verstehen und sich dessen bewusst sind, dass die Einführung der Technik nicht automatisch zu (erforderlichen) Veränderungen führt, sondern der Veränderungsprozess aktiv gestaltet werden muss.

- *Promotoren.* Bei den Promotoren werden Macht-, Fach- und soziale Promotoren unterschieden. Witte (1973, S. 17ff.) bezeichnet einen *Machtpromotor* als »diejenige Person, die einen Innovationsprozess durch hierarchisches Potenzial aktiv und intensiv fördert ... Die Position ist dadurch gekennzeichnet, dass sie hinreichenden formalen Einfluss verleiht, der es gestattet, die Opponenten des Nichtwollens mit Sanktionen zu belegen und die Innovationswilligen zu schützen«. *Fachpromotoren* definiert Witte »als diejenige Person, die einen Innovationsprozess durch objektspezifisches Fachwissen aktiv und intensiv fördert«. *Soziale Promotoren* erreichen Einfluss und Glaubwürdigkeit durch ihre Vertrauensstellung innerhalb einer Gruppe. Im Rahmen der Einführung sind Promotoren zu identifizieren und frühzeitig einzubinden.

Grudin & Palen (1995) haben festgestellt, dass die Einführung und Aneignung von CSCW-Systemen sowohl durch die Unterstützung und den leichten Druck von Vorgesetzten als auch durch den Druck aus der Kooperationsgruppe gefördert werden kann. Nur in den Fällen, in denen das System durch seine Funktionalität, seine Benutzerschnittstelle und seine Vorteile von sich aus überzeugt, konnte die Aneignung ohne nennenswerten »Druck« gelingen.

6 Organisatorische Strukturen für die Einführung und den Betrieb von CSCW-Systemen

Einführung und Betrieb von CSCW-Systemen stellen selbst komplexe Kooperationsprozesse dar, an denen in der Regel organisatorisch selbständige Partner beteiligt sind (vgl. Engel et al., 1998).

Je nachdem, ob CSCW-Systeme zur Unterstützung der Kooperation innerhalb einer Organisation bzw. einer Organisationseinheit oder zwischen selbstständigen Organisationseinheiten eingesetzt werden, ob sie zwischen räumlich verteilten Kooperationspartnern genutzt werden sollen oder bei räumlicher Nähe, ob sie zunächst in einem begrenzten (Pilot-)Bereich eingeführt werden oder bereits am Anfang ein größerer Anwendungsbereich auszustatten ist, können unterschiedliche organisatorische Strukturen für die Einführung und den Betrieb von CSCW-Systemen sinnvoll sein.

Strukturen für eine organisatorisch-technische Gestaltung

An der Einführung von CSCW-Systemen sind in der Regel eine Vielzahl von Experten zu beteiligen:

- Vertreter der betroffenen Organisationen bzw. Organisationseinheiten

- Benutzer und ihre Vertreter (z. B. Betriebsrat)

- Organisatoren und IT-Verantwortliche

- Führungskräfte und Entscheider

- ggf. externe Berater

Für die Zusammenarbeit dieser Beteiligten muss häufig der institutionelle Rahmen (Arbeitsgruppen, Workshops, Jour fix usw.) erst geschaffen werden.

Um Regeln und Handlungsempfehlungen zur organisatorisch-technischen Gestaltung computergestützter Gruppenarbeit zu finden, können unterschiedliche Vorgehensweisen gewählt werden:

- *Regelungsfindung durch Selbstabstimmung im Anwendungsprozess.* Akut auftretender Regelungsbedarf kann ad-hoc in der Kooperationssituation geklärt werden. Die so vereinbarten Konventionen müssen dann an nicht beteiligte Kooperationspartner weitergegeben werden.

- *Regelungsfindung durch Moderation.* Insbesondere wenn organisationsübergreifende Anwendungsprobleme auftreten, kann es hilfreich sein, wenn ein

Externer als »neutrale Instanz« Lösungsvorschläge vermittelt und die Abstimmung koordiniert.

- *Regelungsfindung durch Selbstabstimmung in Gruppen.* In (moderierten) Benutzerworkshops kann ein Bewusstsein für den Kooperationszusammenhang und die Einsatzmöglichkeiten von CSCW-Systemen diskutiert werden. Es können Maßnahmen organisatorisch-technischer oder systemadministrativer Art vereinbart werden.

- *Regelungsfindung durch Anweisung.* Anweisungen und Regelungen durch Vorgesetzte betreffen v. a. die Klärung formaler Rahmenbedingungen.

Durchführung von Schulungen

In der Literatur zur Schulung von EDV-Systemen finden sich kaum Hinweise auf die speziellen Anforderungen des Trainings im Umgang mit CSCW-Systemen. So weist z. B. Lehnert (1997, S. 119) auf die Vorteile von Gruppenarbeit in Schulungen hin und Gerbig & Gerbig-Calcagni (1998, S. 99) beschreiben Gruppenbildungsprozesse bezogen auf unterschiedliche Phasen innerhalb von Schulungen, sie treffen jedoch keine Aussage zu Schulungsinhalten, Zusammensetzung der Schulungsgruppe und Schulungsablauf für CSCW-Systeme. Aufgrund der Erfahrungen in POLIKOM (1998) können in Abhängigkeit von den organisatorischen Rahmenbedingungen und vom gewählten Unterstützungsansatz folgende allgemeine Empfehlungen gegeben werden:

- Grundsätzlich sollten Schulungen nach dem Prinzip erfolgen, dass Kooperationspartner gemeinsam geschult werden, auch wenn sie aus unterschiedlichen Organisationseinheiten bzw. Organisationen stammen. Bei getrennten Schulungen müssen Schulungskonzepte zumindest aufeinander abgestimmt werden.

- Eine Schulung in Kooperationsgruppen kann zu heterogenen Schulungsgruppen führen. Das Schulungskonzept muss dies berücksichtigen und sollte Freiräume für individuelles Training und eine ausreichende Zahl von Ansprechpartnern für Rückfragen vorsehen.

- Das Schulungssystem sollte dem späteren Anwendungssystem (auch hinsichtlich der Konfiguration) entsprechen. Als Schulungsort sollte jedoch nicht der Arbeitsplatz gewählt werden, um Störungen durch das Tagesgeschäft zu vermeiden. Bei synchronen CSCW-Anwendungen (bspw. Videokonferenzsysteme) können Schulungen an unterschiedlichen Orten (aber gemeinsam) durchgeführt werden, damit eine realistische Einsatzsituation gegeben ist. Asynchrone Anwendungen, wie beispielsweise Workflowsysteme, sollten stattdessen an einem Ort geschult werden, auch wenn sie später disloziert genutzt werden, um die Auswirkungen der eigenen Tätigkeiten in Bezug auf andere Beteiligte und den Arbeitsprozess unmittelbar nachvollziehen zu können. Außerdem sind gemeinsame Schulungs- und Trainingseinheiten eine gute Gelegenheit, sich auch darüber zu verständigen, für welche Aufgaben und in welchen Anwendungssituationen das System genutzt werden soll.

- Wegen des häufig umfangreichen Funktionsumfangs von CSCW-Systemen ist es kaum möglich, die gesamte Systemfunktionalität im Rahmen einer Schulung zu vermitteln. Sinnvoll sind daher mehrere, kürzere Schulungen, die sich meist auch leichter mit der Terminplanung der Beteiligten verbinden lassen. Den Benutzern sollten dann zunächst die Systemfunktionen erklärt werden, die sie auf Grund ihrer Aufgabenstellung primär benötigen. Nach einer gewissen Zeit der betreuten Nutzung kann bedarfsorientiert eine vertiefende Schulung spezieller Funktionen erfolgen.

Benutzer- und Systembetreuung

Für den Betrieb von CSCW-Systemen müssen die organisatorischen Strukturen für die Benutzer- und Systembetreuung geschaffen werden:

- Nach der erfolgreichen Einführung und Qualifizierung der Benutzer muss ein institutioneller Rahmen vorhanden sein, um die bisher gefundene Nutzungskultur zu verfestigen und die Qualifizierung und Betreuung neuer Benutzer zu gewährleisten. Bei einer ausreichenden Größe des Anwendungsfeldes sind zentrale Servicestellen zur Betreuung von CSCW-Systemen und zur Unterstützung der Benutzer einzurichten.

- Der Betrieb von CSCW-Systemen verursacht zusätzlichen Administrationsaufwand, der nicht unterschätzt werden sollte. Zudem müssen i. d. R. hohe Anforderungen an die Verfügbarkeit von Systemfunktionen und -komponenten gestellt werden, um die Arbeitsfähigkeit der Organisation(en) zu gewährleisten. Es ist daher sicherzustellen, dass bei Systemausfällen – auch außerhalb der gewohnten Arbeitszeit – kurzfristig qualifiziertes Personal zur Verfügung steht.

- Auch für die Installation, Wartung und Pflege zentraler Komponenten, die keiner speziellen Organisation(-seinheit) zugeordnet werden können (z. B. Projekt- und Konferenzablagen), müssen Verantwortliche festgelegt werden.

7 Zusammenfassung

Die Einführung und der Betrieb von CSCW-Systemen ist sowohl eine organisatorische wie technische Herausforderung. Alle Beteiligten müssen sich der dabei anfallenden Aufgaben und Rahmenbedingungen bewusst sein und ein gemeinsames Verständnis des Anwendungszusammenhangs entwickeln. Beteiligungsorientiertes Vorgehen, gepaart mit einem evolutionären Ansatz und dem Blick für den organisatorisch-technischen Gesamtzusammenhang sind die Grundlagen für einen erfolgversprechenden Weg. Bereits zu Beginn des Einführungsprozesses ist den Betroffenen ihr individueller, zumindest aber der kollektive Nutzen zu vermitteln, um die Anwendung des Systems über die anfängliche Neugierphase zu erhalten.

In der Betriebsphase sind die in der Einführung erprobten und etablierten Betreuungsmaßnahmen fortzusetzen, um auch neuen oder ungeübten Benutzern den (Wieder-)Einstieg in die Nutzung des CSCW-Systems zu ermöglichen. Insgesamt gilt, dass die Intensität der erforderlichen Betreuungsmaßnahmen mit der Komplexität der Anwendung zunimmt. Gerade der Aufwand für Betreuungsmaßnahmen wird zu Beginn häufig unterschätzt, ohne diesen Aufwand lässt sich jedoch kein CSCW-System so einführen, dass es in der Betriebsphase auch tatsächlich zur Aufgabenerledigung eingesetzt wird.

Evaluierung

Hermann Englberger
Technische Universität München, München

1 Einleitung

Zu den Methoden der Realisierung von CSCW-Projekten zählen neben der Bedarfsanalyse, dem Design, der Einführung und dem Betrieb (siehe die entsprechenden Beiträge von Schwabe, Pankoke-Babatz et al. und Engel et al. in diesem Buch) insbesondere die Evaluierung. »Evaluation is a necessary formal step between the trial and adoption stages;« bemerken bereits Zaltman et al. (1973), und Grudin (1989) fügt hinzu: »Evaluation of CSCW applications requires a very different approach, based on the methodologies of social psychology and anthropology.« Vor diesem Hintergrund wird folglich ein Leitfaden zur Evaluierung rechnergestützter Gruppenarbeit entlang der Evaluationsforschung (Abschnitt 2 »Evaluationsforschung«), dem Feldexperiment als Innovationstest (Abschnitt 3 »Feldexperiment als Innovationstest«), der erweiterten Wirtschaftlichkeit (Abschnitt 4 »Erweiterte Wirtschaftlichkeit«) und der mediengestützten Projektbegleitung (Abschnitt 5 »Mediengestützte Projektbegleitung«) dargelegt.

2 Evaluationsforschung

Aufgabe der *Evaluationsforschung* ist es, Einschätzungen über Chancen und Risiken technischer, organisatorischer und qualifikatorischer Art auf methodisch abgesicherter Basis zu liefern. Zielsetzung, Konzeption und Umsetzung der Evaluierung von CSCW-Anwendungen sollen hier im Zentrum stehen. Begriffe wie Erfolgsprüfung, Nutzenanalyse oder Wirkungskontrolle werden heute mehr oder minder synonym zum Terminus Evaluation verwendet. Man versteht darunter prinzipiell empirische *Bewertungen*, die sich auf entsprechende Konzepte stützen und adäquate Kriterien beziehen. Standen vormals Bemessen, Beschreiben und Beurteilen im Vordergrund, so rücken jüngst, in der sog. vierten Evaluationsgeneration, Interaktionsansätze zwischen den Beteiligten in den Mittelpunkt (vgl. Häntschel & Heinrich, 2000; Preskill & Torres, 1999; Pawson & Tilley, 1997; Kraus, 1995; Bortz & Döring, 1995).

Rege Evaluationsforschung findet seit Jahren in den USA statt, wo sich mit der «American Evaluation Association« sowie dem »American Journal of Evaluation« längst eigene Fachverbände und Fachorgane etablieren konnten. Vor wenigen Jahren wurde nicht nur die »European Evaluation Society« errichtet, sondern 1997 auch die »Deutsche Gesellschaft für Evaluation (*DeGEval*)« gegründet (1998 fand die erste Jahrestagung zum Thema »Innovation durch Evaluation» statt). Bislang existieren zur Evaluation freilich weder eine gemeinsame Definition noch eine allgemeine Theorie, zumal Evaluierungen je nach Forschungskontext sehr stark divergieren. Dabei spielen sie in weiten Kreisen der Informationsgesellschaft eine zunehmende Rolle. Sei es zur Beurteilung *sozialer* Programme, sei es zur Abschätzung *technischer* Folgen – in diversen Disziplinen wird von vielfältigen Verfahren der Evaluierung Gebrauch gemacht. Im Zuge des derzeitigen *organisatorischen* Wandels wächst ferner der Bedarf an Evaluationen für computerunterstützte Teamarbeit.

Als Orientierungs- und Gestaltungshilfe können Evaluierungen insbesondere bei der Implementierung innovativer Teamarbeitsformen den Ausschlag geben. Dabei ist der Erfolgsmaßstab primär an den *strategischen Zielen* technisch-organisatorischer Innovation auszurichten. Um im Wettbewerb zu bestehen, gilt es, Unternehmens-, Arbeits- und Lernstrukturen zu reformieren im Hinblick auf Kunden und Märkte. *Strategieorientierte Evaluierung* kann die Richtung von CSCW-Projektierungen in dem dazu notwendigen Kommunikationsprozess selbst steuern und schließlich zur Realisierung der intendierten Innovation beitragen (vgl. z. B. Habersam, 1997; Hauschildt, 1997).

»Lernen setzt Experimentieren voraus« (Kieser et al., 1998, S. 239). »Ein Prototyping im Sinne einer gemeinsam lernenden Gestaltung der Innovation (Witte, 1997, S. 432)« wird gefordert. Scheint die Akzeptanz der Innovation unter den Kooperationspartnern ungewiss, so ist es von Vorteil, erste Erfahrungen außerhalb des Regelbetriebs zu gewinnen. Ohne festgefahrene Normen zunächst zu gefährden, lässt sich im separaten Rahmen empirischer Erprobung nach der angelsächsischen Art und Weise des »Trial and Error« nötiges Wissen erwerben. Während *Experimente* in Naturwissenschaften seit jeher und in Sozialwissenschaften in USA seit langem genutzt wurden, wendet sich die deutsche Betriebswirtschaftslehre und Wirtschaftsinformatik seit etwa drei Jahrzehnten zunehmend experimentellen Methoden zu.

In Form von Labor- und Feldexperimenten lassen sich folglich Erfahrungen mit CSCW im Hinblick auf notwendige und hinreichende Bedingungen wie Wirkungen sammeln. *Laborexperimente* versuchen, Gruppenverhalten je nach Stimuli durch Simulation von Umweltparametern unter kontrollierten Konditionen zu erfassen (vgl. Gappmaier & Häntschel, 1997; Heinrich & Wiesinger, 1997; Heinrich et al., 1995). Allerdings finden solche Tests in einer künstlich geschaffenen Umgebung statt, welche allenfalls mit einem Ausschnitt der natürlichen Konstellationen identisch sein kann. Aufgrund simplifizierter Situationsvariablen rufen Laboruntersuchungen bei den Versuchspersonen mitunter atypische Verhaltensweisen hervor. Eine tragende Rolle spielen auf Community-Ebene als Innovationstests vor allem Feldexperimente.

3 Feldexperiment als Innovationstest

Ab den 1970er Jahren wurden sog. *Pilotprojekte* als wirtschafts- und sozialwissenschaftliche Modellversuche gefordert und gefördert. Nachdem man in den 80er Jahren große medienpolitische Projekte zu Kabelfernsehen und Bildschirmtext erfolgreich durchgeführt hat, setzte sich diese reale Erprobung in Form von *Feldexperimenten* als bevorzugte aktive Innovationsstrategie durch. Infolge jener Pilotversuche entwickelte sich eine außerordentliche »Kultur des Innovationstests« (Witte, 1997, S. 426; vgl. Bronner et al., 1972; Picot, 1975; Witte, 1978).

Zum Test informationstechnischer Innovationen haben sich derartige beteiligungsorientierte Großversuche inzwischen vielfach bewährt. *Kontrollierte Feldversuche* erlauben vorab einen richtungsweisenden Einblick hinsichtlich Bedingungen und Wirkungen neuer Arbeitsformen, ehe Maßnahmen irreversibler Art getroffen werden müssen. In der Tat stellen die Experimente den Versuch dar, Neuerungen direkt im Feld zu erproben, auszuloten und dadurch Erfahrungen über probate innovative Kooperationsprozesse in der Realität zu sammeln. Insgesamt ist zu testen, welche Innovationen *technisch* zweckmäßig, *wirtschaftlich* vorteilhaft und *sozial* akzeptabel sind.

Außer der Funktionalität, der sog. *Feasibility*, haben jene Modellversuche also weitere Belange zu berücksichtigen. Die Feldexperimente ziehen über ökonomische Kalküle hinaus vor allem personelle Aspekte intendierter Innovationen in Betracht. In erster Linie werden von den Reformen Anwendungen und Auswirkungen auf die Teammitglieder untersucht, weshalb möglichst sämtliche *Interessengruppen* am Experiment partizipieren. Ferner können im Laufe eines Feldexperiments neben den Erfolgsfaktoren verschiedene Innovationshemmnisse zum Vorschein kommen. Ein besonderer Schwerpunkt für die Legitimation solcher Pilotprojekte liegt demnach in der Messung von Nutzen und in dem Erfahren von Nebeneffekten (vgl. Reichwald, 1997; Englberger, 2000a).

Seit den 90er Jahren stehen in erster Linie telekooperative Reformversuche im Mittelpunkt zahlloser weltweiter Innovationstests. Feldexperimente finden vor einer Einräumung neuer räumlicher wie zeitlicher Flexibilitäten statt, um verteilte Gruppenarbeitsentwicklungen in der Praxis auf die Probe zu stellen und Spannungsfelder daraus in Erfahrung zu bringen. Werden neue CSCW-

Werkzeuge nicht nur substitutiv implementiert, sondern im Rahmen von Reorganisationen in *innovativen Kooperationsformen* realisiert, so impliziert dies enorme Herausforderungen für Unternehmen, Gruppen wie Individuen. Die Innovationspotenziale werden folglich in intensiver Interaktion mit den Akteuren erprobt.

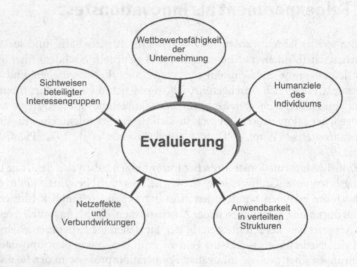

Abb. 65 Anforderungen prozessbegleitender Evaluierung

In behördlichen und betrieblichen Pilotprojekten äußern sich die konkreten Problempunkte von Fall zu Fall äußerst unterschiedlich. *Pilotversuche* untersuchen zum einen das Unterstützungspotenzial innovativer Informations- und Kommunikationstechniken zur raum-zeitlich verteilten Zusammenarbeit in der öffentlichen *Verwaltung*. Zum anderen erprobt derzeit die *Wirtschaft* telekooperative Organisationsstrukturen in zahl- und umfangreichen Pilotprojekten. Projektiert werden mediengestützte verteilte Arbeitsformen anhand von Feldexperimenten, wobei die Unternehmungen zunehmend übergreifende Kooperationsprozesse ins Zentrum stellen (vgl. Reichwald, 1998; Schwabe, 1999a).

Eine zentrale Rolle spielen diese Pilotprojekte im Zuge des technisch-organisatorischen Wandels nach wie vor. Was die eigentliche Innovation betrifft, wird der wirkliche Bedarf erst während der empirischen Testphase allmählich deutlich. Aufgrund finanzieller, juristischer oder politischer Restriktionen und Risiken ließe sich manch innovativer Prozess außerhalb eines Feldexperiments überhaupt nicht in die Wege leiten. Die Alternative zur Durchführung von

Feldexperimenten ist also entweder der Innovationsverzicht oder der riskante Innovationsprozess ohne *Experimentalabsicherung* (vgl. Witte, 1978; Krcmar, 1997; Grün, 1997).

Gleichwohl sind Resultate aus den beteiligungsorientierten Experimenten keineswegs ohne weiteres generalisierbar, da man die Projektteilnehmer in der Regel im voraus selektiert und diese insofern keine repräsentative Stichprobe darstellen. Partizipieren nur wenige, extra ausgewählte Personen am Modellversuch, erreicht man keine *kritische Masse* und kann folglich nicht direkt auf eine Akzeptanz oder Aversion weiterer Anwenderkreise schließen. Darüber hinaus gelten derartige Innovationstests zwar prinzipiell als reversibel, einmal erprobte Versuche scheinen mitunter aber nicht mehr umkehrbar, wo sie in enger Verbindung zu stetem organisatorischem Wandel stehen. Die *Diffusion* einer Innovation ist indes im Allgemeinen erst in Angriff zu nehmen, nachdem ihre Erfolgs- und Misserfolgsfaktoren an Hand von Pilotprojekten im Einzelnen evaluiert sind.

Um dem Rechnung zu tragen, sind Know-how und Erfahrung erforderlich, welche nur im Rahmen empirischer Erprobung gewonnen werden können. So werden Anforderungen deutlich, denen die empirische Evaluationsforschung teamorganisatorischer Innovation gerecht werden muss. Orientiert an den sich heute abzeichnenden Entwicklungstendenzen auf den Märkten, in der Arbeitswelt und der Gesellschaft lassen sich allgemein fünf Forderungen ableiten, die in Zusammenhang mit der Evaluierung rechnergestützter Kooperationsformen zu stellen sind (vgl. Abb. 65: Anforderungen prozessbegleitender Evaluierung; Reichwald et al., 1996b & 1997):

- *Wettbewerbsfähigkeit der Unternehmung*: Die Bewertung muss sich an den strategischen Zielen der CSCW-Anwendungen ausrichten und nach dem Zielbeitrag für die Stärkung der Konkurrenzfähigkeit des Unternehmens fragen.

- *Humanziele des Individuums*: Der Mensch stellt den entscheidenden Erfolgsfaktor für innovative Gruppenarbeitsformen dar. Eine Berücksichtigung von Zielsetzungen des Akteure ist damit erfolgskritisch für CSCW-Projekte.

- *Sichtweisen beteiligter Interessengruppen*: Bewertungsansätze liefern erst dann ein Gesamtbild des Erfolgs, wenn sie die Perspektiven der unterschiedlichen Interessengruppen in die Evaluierung einbeziehen.

- *Anwendbarkeit in verteilten Strukturen*: Innovative Teamarbeitslösungen auf Basis der Telekooperation fördern räumliche und organisatorische Dezentralisierungsstrategien der Unternehmen. Dem muss die Evaluierung gerecht werden.

- *Netzeffekte und Verbundwirkungen*: Eine Unternehmung stellt ein kaum überschaubares Geflecht aus unterschiedlichen Beziehungen dar. Die Bewertung sollte daher ganzheitlichen Zusammenhängen Rechnung tragen.

Von der Evaluierung werden Einschätzungen über Chancen und Risiken organisatorischer Innovation auf methodisch abgesicherter Basis erwartet. Um von den Innovationsoptionen zur tatsächlichen Realisierung zu gelangen, muss ein realer Nutzen erfahrbar sein. Die Probleme liegen dabei häufig in der Nutzenmessung. Wie eine Innovation aufgenommen und sich künftig verbreiten wird, das entscheidet häufig die wirtschaftliche Nutzenbewertung, d. h. die *Wirtschaftlichkeit*.

4 Erweiterte Wirtschaftlichkeit

Was versteht man unter Wirtschaftlichkeit von neuen Teamkonzepten? Welcher Wirtschaftlichkeitsbegriff macht in diesem Innovationsfeld Sinn (siehe die entsprechenden Beiträge von Gareis et al. über Wirtschaftlichkeit und Lewe über Gruppenproduktivität in diesem Buch)? Traditionell herrscht in der Wirtschaftsinformatik ein enges Wirtschaftlichkeitsverständnis hinsichtlich Rentabilitätsbetrachtungen vor; die rechenbare Wirtschaftlichkeit dominiert. Bewertet wird nach Substitutionsprinzipien in Form von Checklisten, welche die Mehr- und Minderkosten von CSCW-Projektierungen gegenüberstellen.

Diese Beschränkung auf monetäre Effekte hat Reorganisationsprozesse schon häufig in die falsche Richtung gelenkt. Unternehmen orientierten sich am Erzielen von Produktivitätseffekten auf Kosten der Flexibilität und konnten in der Folge den gewandelten Marktanforderungen vielfach nicht mehr gerecht werden. Solch eng angelegte Verfahren, die sich auf substitutive Vorgänge konzentrieren und dabei innovative Prozesse ignorieren, sind allerdings den Ansprüchen weitreichender Evaluierungsmaßnahmen keineswegs gewachsen. Als Erfolgsmaßstab für die Einführung innovativer Community-Organisationsformen ist dies keineswegs zielführend.

Generell bieten Evaluierungen erst dann eine geeignete Richtschnur, wenn eine bestimmte Strategie verfolgt wird. *Erfolgsbewertung* verlangt Zielbezug und gewinnt damit eine zielführende Wirkung auf die zu bewertende Handlung. Traditionelle, eng angelegte Wirtschaftlichkeitsverfahren sind dieser strategischen Ausrichtung nicht gewachsen. Neuere Ansätze der *erweiterten Wirtschaftlichkeit* hingegen, in welche auch qualitative Bewertungskriterien einfließen können, bilden eine adäquate Methodik, um die Vorteilhaftigkeit technisch-organisatorischer Innovationen abzubilden. Zur Bewertung taugen damit Ansätze, welche auch *Verbundeffekten* (samt externen Effekten) Rech-

nung tragen (vgl. Abb. 66 »Aspekte strategieorientierter Evaluierung«; Reichwald et al., 1996b & 1998a). Derartige Bewertungsansätze sind auf die spezifischen Anforderungen der Evaluierung von CSCW-Anwendungen anwendbar.

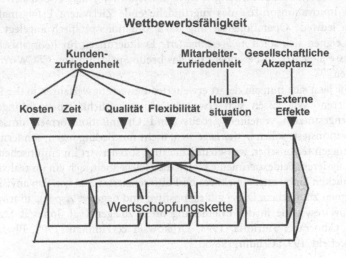

Abb. 66 Aspekte strategieorientierter Evaluierung

Demzufolge fließen in die Evaluierung organisatorischen Wandels diverse
relevante Indikatoren ein. Die Bewertung im Rahmen von Projektierungen verlangt Bewertungsmodelle, die (vgl. Abb. 67 »Mehr-Ebenen-Modell der Evaluierung«; Reichwald et al., 1996b & 2000b):

- sich an den verfolgten *Zieldimensionen* orientieren (z. B. Kosten, Zeiteffekte,
  Qualität, Flexibilität, Humansituation),

- die *Perspektiven* aller Beteiligten berücksichtigen (z. B. Kunde, Mitarbeiter,
  Gesellschaft) und

- insbesondere auf mehreren *Bewertungsebenen* angesiedelt sind (z. B. Ebenen
  des Arbeitsplatzes, der Prozessketten, der Unternehmensstrukturen sowie
  des Marktwettbewerbs).

Relevante Kriterien einer Evaluierung für die Einführung neuer Unternehmensformen lassen sich bezüglich der Ebenen, Dimensionen und Perspektiven
der Bewertung systematisieren und bilden als offen strukturierte Kriterienkata-
loge den Rahmen für ein strategieorientiertes Bewertungsvorgehen. Kriterien-

kataloge bieten damit die Rahmenstruktur, die es erlaubt, erfolgskritische
Fragen systematisch zu stellen – eine Rahmenstruktur jedoch, die nur organisa-
tionsabhängig tatsächlich mit Leben gefüllt werden kann. Insofern bedürfen
Wirtschaftlichkeitsbetrachtungen einer individuellen Analyse. Letztlich ist für
jeden Innovationsprozess das zugrundeliegende Zielsystem Erfolgsmaßstab.
Wenn jedwede Operationalisierung dazu situationsspezifisch angelegt wird,
dann eignen sich solch *maßgeschneiderte* Evaluierungen für Reorganisationsprozesse aller Art, insbesondere für das breite Spektrum von CSCW-Anwendungen.

Wie lässt sich nun ein derart erweitertes Bewertungsverfahren in der Praxis
realisieren? Wie lassen sich erweiterte Wirtschaftlichkeitsbetrachtungen in
mediengestützten verteilten Arbeits- und Organisationsformen umsetzen?
Innovationstests sollen in der Lage sein, nicht nur Bedingungen, sondern auch
Wirkungen technischer, wirtschaftlicher und sozialer Art im empirischen Feld
zu analysieren. Feldexperimente bieten die Gelegenheit, sich ein im realwissen-
schaftlichen Sinne intersubjektives und differenziertes Bild von den anvisierten
Reformen zu machen. Dabei gilt es, positive und negative Aspekte innovativer
Groupwaresysteme in der Evaluierung offen zulegen (vgl. Jones & Stevens,
1999; Ciborra & Patriotta, 1998; Orlikowski & Hofman, 1997; Blythin &
Rouncefield, 1997; Grudin, 1989).

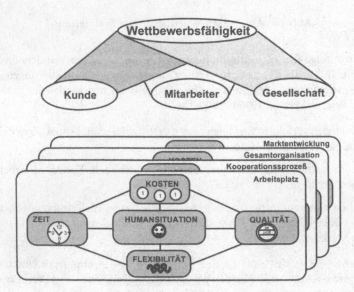

Abb. 67 Mehr-Ebenen-Modell der Evaluierung

Die Evaluierung ex ante, vor einer Implementierung, erscheint unmöglich; unzulänglich scheint auch die Evaluierung nach einer Implementierung, ex post. Als realisierbare Alternative erweist sich folglich der Test während eines innovativen Prozesses, d. h. die Evaluation im »hier und jetzt«. Nicht die vorübergehende Betrachtung zu einem Zeitpunkt, sondern die ein- und durchgehende Beobachtung in einem Zeitablauf bringt Wandel samt Widerstände wirklich zum Vorschein. Nutzung und Wirkung werden dabei Schritt für Schritt anhand mehrerer Messungen im Längsschnitt analysiert. *Projektbegleitend* erfolgt eben gleitende Einsicht, wobei zu Beginn eher technische Aspekte und ökonomische Kriterien mehr am Ende maßgeblich scheinen.

Um in Feldexperimenten innovative Phänomene methodisch evaluieren zu können, wirken neben verschiedenen Anwendern sowie Anbietern als Dritte meist noch *Begleitforscher* an den Pilotprojekten mit. Grundsätzlich kann der Forscher entweder passiv bleiben oder aktiv soz. *Aktionsforschung* betreiben. In der sog. Handlungs- oder Aktionsforschung versuchen Forscher und Beforschte miteinander tatkräftig konkrete Probleme zu lösen; vgl. z. B. Bortz & Döring (1995.) In seiner Rolle als »Change Agent« und Moderator ist es stets die Aufgabe des Begleitforschers, Kommunikationsprozesse zu strukturieren und schließlich Experimentalbefunde zu generieren.

5 Mediengestützte Projektbegleitung

Gefordert und gefördert wird die Anwenderforschung und *Projektbegleitung* sowohl seitens der Wissenschaftspolitik als auch seitens der Wirtschaftspraxis als inhärenter Bestandteil von Forschungsprojekten im Hinblick auf deren Innovation und Diffusion. Denn im Rahmen realer Innovationstests ergeben sich verschiedenartige Fragestellungen, worauf sich nur mittels interdisziplinärer, theoriepluralistischer Ansätze Antworten geben lassen. Vor allem neutrale Wissenschaftler und *Forschungsinstitute*, die selbst nicht als Hersteller oder Benutzer involviert sind, betreuen die Implementierung, beraten die Promotoren und begleiten so die Modellversuche mittels kontrollierter Untersuchungen (vgl. z. B. Witte, 1997; Grün, 1997).

Eine Hauptrolle spielen in den Innovationstests vor allem die *Humanziele*. Indem Standpunkte verschiedener Interessengruppen in die Evaluierung einbezogen werden, trägt man primär dem Primat der Partizipation Rechnung. Denn der gesamte Nutzen lässt sich nur erkunden, wenn auch die einzelnen Perspektiven bekannt sind, die den Wandel jeweils in ein anderes Licht rücken und freilich je nach subjektivem Vorteil und Vorurteil verzerrt sind. »Die Schlüsselgröße für die Akzeptanz technisch-organisatorischer Innovationen bildet der Mensch« (Reichwald, 1997, S. 80; vgl. Markus & Benjamin, 1997).

Stets gilt es, die praktischen Probleme der Partizipation, d. h. den hohen *Aufwand* politischer, finanzieller oder technischer Art in Betracht zu ziehen, den eine aktive Beteiligung des Personals an Reformprozessen mit sich bringt. Darüber hinaus muss die Evaluierung insbesondere den räumlich wie zeitlich verteilten Strukturen in telekooperativen Reorganisationsprojekten Rechnung tragen. Im Zuge organisationsübergreifender Unternehmensentwicklungen samt Verbundeffekten sind zugleich *komplexere*, erweiterte Bewertungsverfahren in Kauf zu nehmen. In verteilten Teamkonzepten wirken die Akteure per definitionem vernetzt und im Verbund, was beteiligungsorientierte Untersuchungen vor komplexe Anforderungen stellt.

Seit jeher nutzt die Forschung *Werkzeuge*, um die Umwelt deutlicher wahrnehmen und verstehen zu können. In der Organisationsforschung werden Primärdaten herkömmlicherweise entweder mündlich erfasst und transkribiert oder schriftlich protokolliert, wobei die Beteiligten an gemeinsame Zeiten bzw. Räume gebunden sind. Manuelle Vorgehensweisen qualitativer Forschung stoßen indes in telekooperativen Kontexten an ihre Grenzen. Für die Diagnose solch innovativer Arbeitsprozesse greifen konventionelle Hilfsmittel sicher zu kurz (vgl. i. F. Englberger, 2000a & b).

Von neuen *Telemedien* machen empirische Untersuchungen erst allmählich Gebrauch. Zwar kommen für Datenerhebungen seit langem Telefon, Kamera, Rekorder und andere audiovisuelle Medien zum Einsatz, und auch Computer konnten zur Datenaufbereitung und -auswertung längst Fuß fassen. Die enormen Potenziale moderner Kooperationsmedium werden bislang aber in keiner Weise ausgeschöpft. Künftig können Kommunikationstechniken die Begleitmethoden indes erheblich bereichern und damit eine intensivere Interaktion im Evaluierungsfeld erreichen.

In der Tat wecken die Entwicklungen der Informationstechnologie verstärkt das Interesse empirischer Organisations- und Sozialforschung. Insbesondere im Rahmen telekooperativer Reorganisationen sind sie anhand medienbasierter Instrumente nutzbar zu machen. Zum einen können die synchronen und asynchronen *CSCW-Werkzeuge* flexibel Kommunikationskanäle bereitstellen und dadurch die Integration und Interaktion verteilter Akteure unterstützen. Zum anderen sind sie imstande, partizipative Evaluationsprozesse praktikabler und rationeller zu realisieren sowie auf diese Weise Kosten und Komplexitäten zu reduzieren.

Erreichbar wird damit ein anderes Stadium *evolutionärer, partizipativer Evaluierung*. Indem die neuen Telemedien den Aufwand der Kommunikation erheblich senken, ebnen sie den Weg für partizipative episodische Forschungsmethoden. Werden zu erprobende neue Medien somit zugleich als Medium für empirische Erhebungen eingesetzt, ist der Evaluator imstande, in flexibler und effizienter Weise mit den Akteuren in Kontakt zu treten. CSCW-Systeme unterstützen die Integration in standortverteilten Teams, ermöglichen ein beteiligungsorientiertes Vorgehen im Sinne erweiterter Wirtschaftlichkeit auch über räumliche und zeitliche Grenzen hinweg und forcieren die Zusammenführung der Erhebungsergebnisse maßgeblich. Die projektbegleitende Evaluierung kann in einem solchen Anwendungskontext nach Bedarfsanalyse, Design, Einführung und Betrieb quasi als Kompass einen integralen Beitrag für die Realisierung innovativer Teamarbeitsformen leisten.

Teil 4
Potenziale und Wirkungen

Einführung

Wie im vorangegangenen Teil dargestellt, sind die Wirkungen von CSCW-Anwendungen in organisatorischen Kontexten oft schlecht kontrollierbar. Mit welchen Wirkungen ist zu rechnen? Oder anders herum gefragt: Welche Potenziale liegen im Einsatz von CSCW-Anwendungen? Hier wird im Folgenden zwischen Potenzialen und Wirkungen auf Gruppenebene und denen auf Unternehmensebene unterschieden.

Für die Gruppenebene lässt sich aus wissenschaftlicher Sicht zuerst feststellen, dass es zu den Wirkungen zwar viele Daten gibt, diese aber so widersprüchlich sind, dass von gesicherten Erkenntnissen bisher nicht gesprochen werden kann. Nicht zuletzt deshalb wenden sich in jüngerer Vergangenheit zunehmend viele Wissenschaftler von einfachen Ursache-Wirkungs-Zusammenhängen (wie: Der Einsatz einer CSCW-Anwendung X führt unter den Bedingungen Y zu den Wirkungen Z) ab und komplexeren Theorien wie der Adaptive Structuration Theory zu. Diese Theorien sind zwar in ihrer eigenen konkreten Vorhersagekraft eingeschränkt, vermögen aber zumindest das Scheitern klassischer, einfacherer Modelle zu erklären. Für die Forschung auf Gruppenebene weisen andere Forscher auf den mangelhaften Realitätsbezug der den meisten Ergebnissen zugrunde liegenden Laborexperimente hin: In Kleingruppen aus Studenten, die sich vorher nicht kennen und in 30 bis 90 Minuten eine Aufgabe lösen, die sie nur mäßig betrifft, ist kaum mit den gleichen Effekten zu rechnen wie in Unternehmensteams. Gerade Felduntersuchungen zeigen häufig eindeutigere Ergebnisse, haben aber wiederum Probleme bei dem Einhalten kontrollierter Bedingungen.

Bei der Betrachtung von Potenzialen und Wirkungen auf Gruppenebene sind in diesem Buch sowohl die Vertreter der Experimentalforschung als auch die Vertreter der (häufig qualitativen) Feldforschung vertreten. Damit wird das Dilemma empirischer Untersuchungen im Spannungsfeld von Laborexperiment und Feldstudie reflektiert. Der einführende Beitrag zu den Wirkungen der Anonymität auf die Gruppenarbeit entstammt der Experimentalforschung. Zahlreiche Einzelstudien heben hervor, wie wichtig die Möglichkeit anonymer Diskussionsbeiträge in hierarchischen Organisationen ist: Dadurch wird ein angstarmer Diskurs ermöglicht und Beiträge werden nach ihrem Inhalt beurteilt und nicht primär nach dem Status oder anderen Charakteristika der sie äußernden Personen. Eine Querschnittsbetrachtung bisheriger Untersuchungen kommt allerdings zu dem Schluss, dass die wissenschaftliche Basis für entsprechende Empfehlungen noch nicht ausreichend ist. Die Möglichkeit, einzelne Arbeitsschritte zu parallelisieren, wird in der Forschung als ein

Hauptgrund für die Produktivitätswirkungen von CSCW-Anwendungen angesehen, heben sie doch viele Beschränkungen konventioneller Medien (Tafel,
Papier, mündlicher Kommunikationskanal) auf. Aus individuell nutzbarem
Arbeitsmaterial wird gemeinsames Material, das flexibel teilbar und in digitalen Ablagen und Archiven relativ gut recherchierbar ist. Es werden sowohl die
flexiblen Nutzungsmöglichkeiten als auch die Möglichkeiten und Chancen der
Parallelisierung aus einer optimistischen Perspektive betrachtet. Wenn man
sich im abschließenden Beitrag die Querschnittsanalysen der Experimentalforschung zur Produktivitätswirkung von CSCW-Anwendungen betrachtet, dann
ist trotz zahlreicher einzelner positiver Untersuchungen auch insgesamt keine
eindeutige Aussage über die meisten Produktivitätsfaktoren möglich.

Für die Untersuchungen zu den unternehmensweiten Wirkungen und
Potenzialen setzt dieser Teil drei Schwerpunkte:

1. CSCW-Anwendungen ermöglichen neue Organisationsformen, weil Teams
   auch verteilt zusammenarbeiten können, mehr Verantwortung übernehmen können und einfacher ad-hoc zusammengestellt werden können. Der
   Druck des Wettbewerbs zwingt die Unternehmen, die Potenziale auch zu
   nutzen und sich neu zu organisieren.

2. Die höhere Flexibilität zum Markt erfordert nicht nur eine Dezentralisierung der Verantwortung sondern auch der Kompetenz und des Wissens.
   Dies ist ein zentrales Anliegen des Wissensmanagements. CSCW-Anwendungen eröffnen dem Wissensmanagement neue Potenziale, weil Wissen in
   ihnen festgehalten und verteilt werden kann und weil der Zugang zu
   menschlichen Wissensträgern deutlich vereinfacht wird.

3. Es ist unbestritten, dass CSCW-Anwendungen auch auf Unternehmensebene wirtschaftliche Auswirkungen haben. Diese wirtschaftlichen Auswirkungen wurden bisher am umfassendsten im Bereich der Telearbeit untersucht und werden deshalb auch an diesem Beispiel dargestellt.

Anonymität

Karin Gräslund
ITM Beratungsgesellschaft GmbH, Stuttgart

Helmut Krcmar
Universität Hohenheim, Stuttgart

1 Einführung

Seit Beginn der CSCW-Forschung wird der Anonymität ein eigener, und zugleich neuartiger Einfluss auf die zwischenmenschliche Interaktion bei der Group Support Systems(GSS)-unterstützten Arbeit nachgesagt (vgl. bspw. Kiesler et al., 1984; Hiltz et al., 1989). In Feldstudien empfinden sich Gruppenmitglieder anonym ungehemmter, vermuten eine kreativere und sachlichere Auseinandersetzung mit der Gruppenaufgabe und haben das Gefühl, an der Gruppenarbeit stärker zu partizipieren. In Laborstudien ließen und lassen sich jedoch *einzelne* Anonymitätsdeterminanten, wie z. B. das Unterdrücken der Signatur bei der computerunterstützten Sammlung von Ideen, nicht als allein ursächlich für derartige Wirkungen darlegen; und anonymitätsbedingt erhoffte Produktivitätssteigerungen konnten nicht oder nicht signifikant nachgewiesen werden (vgl. Abschnitt 3 »Praxisrelevante empirische Ergebnisse der Anonymitätsforschung«). Trotzdem hat die Anonymität ihren hohen Stellenwert für die CSCW-Forschung bis heute bewahrt (vgl. Huber & Dennis 1998). Dies auch, obwohl es (noch) an einer eigenen theoretischen Grundlage fehlt, um Anonymitätswirkungen vollständig erklären zu können. Täuschen sich nun die Teilnehmer und Forscher über die Effekte der anonymen Computerarbeit, oder lohnt ein genaueres Hinschauen, um die Widersprüche aufzuklären?

Im Folgenden wird erklärt, was man unter Anonymität bei der GSS-unterstützten Arbeit versteht, welche wesentlichen Wirkungen sich daraus ableiten lassen und welchen Einfluss Aspekte der herkömmlichen Interaktion von Angesicht-zu-Angesicht (f-t-f) dabei spielen. Abschließend wird auf jüngere theoretische Ansätze hingewiesen, die sich bemühen, Anonymitätswirkungen differenzierter und konsistenter zu erklären.

2 Begriff der Anonymität in der CSCW-Forschung

Im Rahmen der CSCW-Forschung wird Anonymität von ihrer soziologischen Bedeutung unterschieden: Es geht nicht um das allgemeine Empfinden von Anonymität in der Gesellschaft, sondern um die Anonymität im Rahmen einer konkreten zwischenmenschlichen Interaktion via Computer.

Die Kennzeichnung »anonym« geht etymologisch auf den griechisch-lateinischen Ausdruck anónymos, im Deutschen gleichbedeutend mit »namenlos, unbekannt«, zurück (Duden, 1963). In ihrer umgangssprachlichen Bedeutung lässt sich zunächst anhand des begrifflichen Bezuges unterscheiden zwischen (Duden, 1963)

- »*ungenannt*, ohne Namen, ohne Angabe des Verfassers«, bezogen auf die Tätigkeit oder Äußerung einer Person, die sich dabei nicht namentlich nennt oder nennen lässt, und

- »*unbekannt*, nicht näher oder im Einzelnen »bekannt sein« von Individuen oder der Umwelt, mit Bezug auf die wahrnehmende Person, die etwas als anonym empfindet.

In diesen Bedeutungen ist Anonymität dem Leser aus dem alltäglichen Leben bekannt. Wenig bewusst jedoch sind ihre jeweilige *Funktionen*, die sie schon in der alltäglichen Face-to-Face Interaktion übernimmt. Es wird sich bei der späteren Darlegung der Wirkungen zeigen, dass diese diversen Funktionen verstanden sein müssen, um den Einfluss der technischen Veränderung von Anonymität durch CSCW zu beurteilen.

Wie wird Anonymität in der computerunterstützten Interaktion erzeugt ?: Arbeiten GSS-Teams über den Computer zusammen, verändern oder ergänzen sie schriftlich oder grafisch gemeinsam im Zugriff befindliche Dokumente (Material). Je nach dem, wie umfassend die Teammitglieder sich dabei gegenseitig als Individuen wahrnehmen, lassen sich folgende Anonymitätsgrade ihrer Arbeit beschreiben:

- Arbeiten sie an einem Ort (lokal) und zur gleichen Zeit (synchron) zusammen, kann nur die Angabe der Urheberschaft einzelner Beiträge am Material unterdrückt werden. Durch Verwendung von Text- oder Grafikwerkzeugen werden die Beiträge in ihrem Äußeren standardisiert und individuelle Schriftstile unterdrückt. Die Teilnehmer erhalten jedoch über die verbleibenden optischen und akustischen Kommunikationskanäle herkömmliche Kontextinformationen über ihre Interaktionspartner. Diese Arbeitssituation lässt sich als *reine Beitragsanonymität* bezeichnen.

Durch Verwendung von *Pseudonymen* kann die Beitragsanonymität abgeschwächt werden. Zwar ist die »wahre« Identität des Autors für den Adressaten
nicht mehr kenntlich, im Interaktionsverlauf lassen sich jedoch Beiträge einzelner Autoren voneinander unterscheiden und Beiträge des gleichen Autors verfolgen (vgl. Turkle (1996)).

- Verteilt man die Gruppenmitglieder räumlich und/oder lässt sie zu verschiedenen Zeiten (asynchron) zusammenarbeiten, nimmt die Kontext-
  wahrnehmbarkeit ab. Diese als *Prozessanonymität* bezeichnete Arbeitssituation lässt sich bis hin zu dem Extrem gestalten, bei dem den
  prozessanonymen Teilnehmern nicht einmal mehr bekannt ist, welcher Teilnehmerkreis an der gemeinsamen Arbeit überhaupt beteiligt ist. Rein passiv
  beteiligte »Zuschauer« werden, wie etwa in Internet-Diskussionsforen, gar
  nicht wahrgenommen.

Beitrags- und Prozessanonymität stellen kein lineares Kontinuum der
Anonymität bzw. Wahrnehmbarkeit (Awareness) dar, sondern können – mit
Einschränkungen – auch unabhängig voneinander kombiniert werden[92].

3 Praxisrelevante empirische Ergebnisse der Anonymitätsforschung

Zwei für die Praxis relevante Gruppenaufgaben sind die Präferenzauswahl, d. h.
Entscheidungen ohne ein-eindeutig richtige Antworten, und die Ideengenerierung, d. h. Sammlung von Ideen. Sie sind auch jene Aufgabenstellungen, für
welche die Wirkungen von Anonymität in der CSCW-Forschung am häufigsten
untersucht wurden. Wesentliche Ziele dieser beiden Gruppenaufgaben sind
Konsens und Partizipation, sowie Qualität bzw. genauer Kreativität und Wahrheitsgehalt, sowie Sachlichkeit. Die empirisch untersuchte Beeinflussung dieser
Zielkriterien durch Anonymität wird im Folgenden chronologisch dargelegt.

Bereits Mitte bis Ende der 80er Jahre wurden für verteilt und synchron
arbeitende GSS-Gruppen Effekte des Anonymitätsgrades für *Präferenzauswahlaufgaben*, insbesondere in Bezug auf die Partizipation und den erzielten Ergeb-

---

[92] Auf CSCW-Werkzeuge, die den Grad der Anonymität verringern, soll hier nur hingewiesen werden:
- Event-Anzeigen als explizite technische Repräsentation der in f-t-f-Interaktion implizit wahrge-
  nommenen Aktion anderer Gruppenteilnehmer (vgl. den entsprechenden Beitrag von Prinz über
  Awareness in diesem Buch).
- Query-Awareness als explizite Protokollierung der Teilnehmer-Id und des Zeitpunktes seines Bei-
  trages (vgl. Schwabe 1995).
- Avatare als virtuelle Repräsentationen von tatsächlichen oder programmierten Interaktionspart-
  nern.

niskonsens, erhoben (vgl. Kiesler et al. 1984; Hiltz et al. 1989). Für die Bearbeitung von Aufgaben zur Präferenzauswahl kann demnach zusammenfassend
festgehalten werden, dass in verteilten synchronen GSS-Gruppen die Anonymität durch Pseudonyme und der prozessanonyme Charakter der Kommunikation zur höheren und gleichmäßigeren Prozesspartizipation der Teilnehmer
beitrug und die Dominanz einzelner Gruppenmitglieder verringert wurde.
Jedoch war die Prozesspartizipation auch in den Vergleichsgruppen hoch. Dies
weist auf einen nicht anonymitätsabhängigen Technologieeffekt durch Parallelisierung hin (vgl. den Beitrag von Johannsen & Krcmar über Parallelität in diesem Buch). Im Vergleich zu manuell arbeitenden Teams wurden bei Präferenzauswahlaufgaben keine wesentlichen Qualitätsdifferenzen, aber eine höhere
Ergebnisquantität für die GSS-Gruppen erhoben. Der Ergebniskonsens in
pseudonymen Gruppen schien zwar nicht signifikant, aber doch tendenziell
höher zu sein als in identifiziert arbeitenden Gruppen. Dies deutet was auf eine
ehrlichere Meinungsäußerung oder zumindest die Empfindung derselben hin.

Sowohl in frühen als auch in heutigen *Feldversuchen* zur synchronen und
lokalen computerunterstützten Gruppenarbeit wurde und wird für die beiden
Aufgabenstellungen Präferenzauswahl und Ideengenerierung die reine Beitragsanonymität als positiver Einflussfaktor auf den Prozess und für die Ergebnisqualität und -quantität genannt[93]: Die insgesamt höhere Quantität der
Ergebnisse (Partizipation) und ihre Qualität, insbesondere ihr Wahrheitsgehalt
(kritische Gruppenbeiträge), wird für das leichtere Erarbeiten eines wirklichen
Ergebniskonsens der Gruppe als verantwortlich angesehen.

Als einer der wenigen konnte Lewe (1995, S. 446) in seinem Laborexperiment den allgemein empfundenen Anonymitätsnutzen der Teilnehmer stati-
stisch als starken Effekt nachweisen, der mit einer verbesserten Sitzungsge-
schwindigkeit und erhöhter Partizipation einher ging (vgl. Lewe 1995, S. 449).

Explizit mit Effekten der rein beitragsanonymen GSS-Arbeit für *Generie-
rungsaufgaben* beschäftigte sich die empirischen Forschung Ende der 80er bis
Anfang der 90er Jahre. Fünf Laborexperimente (vgl. Connolly et al., 1990; Jessup et al., 1990a; George et al., 1990; Jessup & Tansik, 1991; Dennis, 1991), die
die genannten positive Anonymitätseffekte aus den Feldversuchen und Praxiserfahrungen überprüfen wollten, konnten tendenzielle – jedoch i. d. R. nicht
signifikante – Produktivitätseffekte der technischen, d. h. durch GSS-Einsatz
induzierten Anonymität aufzeigen: Auf die Motivation (und damit indirekt auf
den individuellen Arbeitsbeitrag bzw. die Partizipation) wurde kein Effekt der
Anonymität selbst festgestellt. Die Prozesszufriedenheit, d. h. die wahrgenommene Zufriedenheit der Teilnehmer mit dem Ablauf der Gruppenarbeit, wurde

---

[93] Vgl. bspw. Nunamaker et al. 1988 & 1996, S. 172-174; Gray & Nunamaker, 1992; McGoff et al., 1990;
Chidambaranet al., 1990; Dennis et al., 1990; DeSanctis et al., 1991.

jedoch für die Gruppen mit höherem Anonymitätsgrad in allen Studien als geringer erhoben, wobei die Existenz einer formalen Führungskraft diesen Effekt minderte. Auch die Ergebniszufriedenheit war in allen anonym arbeitenden Gruppen geringer. Dabei scheint eine räumliche Verteilung der Teilnehmer einen kompensierenden Effekt zu haben, denn anonym und verteilt arbeitende Gruppen waren zufriedener als identifiziert und verteilt arbeitende Gruppen (vgl. Jessup & Tansik 1991). Das Ausmaß an Kritik war allgemein in beitragsanonymen Sitzungen verstärkt und wurde durch destruktive Äußerungen zusätzlich erhöht (*Aufschaukelungseffekt*). Das unter Anonymität noch konstruktive Ausmaß von Kritik wurde als positiver Effekt auf die Gruppenproduktivität bezeichnet (vgl. Connolly et al. 1990). Die anonymen GSS-Gruppen arbeiteten strukturierter (vgl. Jessup & Tansik 1991), was als höhere Aufgabenorientierung interpretierbar ist: Auf die Prozesseffizienz allgemein konnte kein Effekt erhoben werden, aber der Anteil der sachlichen Kommunikation wurde durch Beitragsanonymität erhöht und durch destruktive Kritik sogar noch verstärkt (vgl. Connolly et al. 1990). Die aufgabenorientierte Kommunikation und das Kritikausmaß nahm jedoch bei weiter steigendem Anonymitätsgrad (gleichzeitige Prozess- und Beitragsanonymität) wieder ab. Ein Anonymitätseffekt auf die Ergebnisqualität wurde nicht allgemein nachgewiesen, jedoch in einer Studie für anonym arbeitende Gruppen als verbessert wahrgenommen; in einer anderen Studie ließ sich dies auf den konstruktiv kritischen Diskurs zurückführen. Jessup & Tansik (1991) halten fest, dass verteilte, anonyme Gruppen die meisten Ergebnisse, und lokale, identifizierte Gruppen die wenigsten Ergebnisbeiträge im Vergleich zu anderen Teilgruppen aufwiesen. Wiederum keine Wirkung zeigte Anonymität auf den Ergebniskonsens.

Für den praktischen Einsatz anonymer GSS-Arbeit ist wichtig festzuhalten, dass die Konfliktfähigkeit durch Anonymität gleichermaßen steigen oder sinken kann:

• In der anonymen Gruppenarbeit besteht keine Notwendigkeit, die Kritik durch Floskeln abzuschwächen (Dennis, 1991, S. 192; Schwabe, 1995, S. 329-330). Gleichzeitig fühlt sich ein Urheber nicht angegriffen, wenn die eigene Idee vernichtend kritisiert wurde (Dennis, 1991, S. 193): Die Unkenntnis der Autorenschaft von Beiträgen hilft Teammitgliedern dabei, die Äußerungen unabhängig von Interessenlagen und -gegensätzen im Team zu sammeln, zu beurteilen und zu bearbeiten. In diesem Sinne trägt die Anonymität zur »Entpolitisierung« der Gruppenarbeit bei. In der Forschungsliteratur wurde dieser Effekt meist als höherer Aufgabenfokus beschrieben.

• Unklare Autorenschaft oder Formulierungen werden aber auch als verwir-
  rend wahrgenommen (Dennis, 1991, S. 194). Sie stellen jedoch auch eine
  Chance zur Reinterpretation durch den Urheber oder andere Gruppenteilnehmer dar (Löbel-Jerger & Krcmar, 1995).

Fehlende Anonymität dagegen kann insbesondere aufgrund der automatischen Protokollierung der GSS-Arbeit zur Zurückhaltung der Teammitglieder
führen, die in herkömmlichen Situationen ihre Beiträge mit der folgenden oder
ähnlichen Redewendung einleiten, »Bitte zitieren sie das nicht, aber ...«.

Seit Mitte der 90er Jahr hat sich der Fokus der Studien, sowohl bei den verteilt arbeitenden beitragsanonymen GSS-Gruppen, als auch in der Erforschung
der Beitragsanonymität in lokalen und synchron arbeitenden GSS-Gruppen,
auf die Effekte der Prozesspartizipation und des Ergebniskonsenses konzentriert (vgl. Weisband, 1994, Shepherd et al. 1995). Interessant ist hier die
zunehmende Berücksichtigung sozialer Einflüsse. Eine Studie zeigt, dass für
Präferenzauswahlaufgaben die Partizipation in hierarchischen Gruppen höher
ausfällt, wenn der Hierarchiestatus der Teilnehmer den anderen Gruppenmitgliedern falsch angezeigt wird. In diesem Fall übersteigt die Beteiligung sowohl
jenen der identifizierten Teams als auch jenen der beitragsanonym arbeitenden
Gruppen mit korrekter Hierarchiewiedergabe (vgl. Weisband, 1994). Für das
anonyme Brainstorming ermittelten Shepherd et al. (1995), dass die durch
Anonymität bewirkte geringere Ergebnismenge – und damit auch messbare
Partizipation – durch expliziten Leistungsfeedback verbessert werden kann.
Auch eine entsprechend leistungsorientierte Moderation der Gruppen zeigt
einen deutlich kompensierenden Effekt. Dennis (1991, S. 186) stellt fest, dass
sich Teilnehmer in beitragsanonymer, lokaler Gruppenarbeit unwohl fühlen,
wenn sie die einzige Person sind, die nicht tippt und sich damit für andere
wahrnehmbar nicht an der Gruppenarbeit beteiligen. Dies wirkt dem anzuneh-
mendem »Trittbrettfahrer«-Effekt entgegen, der von rational entscheidenden
Gruppenmitgliedern erwartet wird, wenn der individuelle Leistungsbeitrag
nicht mehr explizit kontrolliert und eingefordert werden kann (vgl. Albanese &
VanFleet, 1985). An einzelnen Interviews zeigt Dennis (1991), dass der lei-
stungssteigernde Effekt dieses Gruppendrucks durch die – Wahrnehmbarkeit
in der lokalen, synchronen und beitragsanonymen Gruppensituation erhalten
bleibt.

Gräslund (1998) konnte empirisch tendenziell die Kompensation negativer
Anonymitätseffekte durch den gegenseitigen Kenntnisgrad der Gruppenmitglieder untereinander aufzeigen. Dass diese Kompensation nicht auf der Aufhebung der Anonymitätswirkung selbst beruht, belegen Haynes et al. (1994). Sie
testeten in einem explorativen Feldexperiment mit vier etablierten Arbeitsgruppen die Wirksamkeit von Beitragsanonymität. Die 13 – 21-köpfigen

Gruppen bestanden aus durchschnittlich 4,3 Jahre in der Firma arbeitenden Managern und Mitarbeitern, die bei der Bearbeitung komplexer realer Auswahlaufgaben durch ein themenorientiertes Brainstorming-Werkzeug unterstützt wurden. Trotz des hohen gegenseitigen Kenntnisgrades der Gruppenteilnehmer, die viel Erfahrung in der gemeinsamen Gruppen- und Sitzungsarbeit hatten, war ihnen eine nachträgliche Zuordnung anonymer Gruppenbeiträge zu den Urhebern nicht möglich.

Für den Praktiker bleibt ernüchtert festzuhalten: Es gibt viele, wenn auch widersprüchliche Anzeichen von positiven und negativen Anonymitätswirkungen, aber keine ausreichenden wissenschaftlichen Nachweise, um daraus eine einfache und dennoch seriöse Empfehlung abzuleiten.

Eine erste Erklärung für die fast durchgängige Nicht-Signifikanz von Anonymitätswirkungen in der Laborforschung wäre darin zu suchen, dass das jeweilige Forschungsdesign unzureichend war, weil die Aufgabeninhalte für die Teilnehmer eher von *geringer Relevanz und den realen Aufgabenstellungen aus Feldexperimenten nicht ebenbürtig* waren (vgl. auch Haynes et al., 1994, Nunamaker et al., 1996, S. 176). Die Laborstudien zu Beginn der 90er Jahre ließen es an Anonymitätsrelevanz und differenzierten Designs noch mangeln. Jedoch zeigte sich auch in einer entsprechend anonymitätsrelevant und aufgabenspezifisch aufgesetzten Experimentalstudie (Gräslund, 1998) keine Signifikanz für das erwartete Verhaltensmuster bzw. das prognostizierte Gruppenergebnis anonymer GSS-Arbeit.

Die Diskrepanz zwischen experimentellen Forschungsergebnissen und praktischem Erfahrungswissen kann also nicht allein aus ggf. unzureichendem Forschungsdesign erklärt werden. Vielmehr kann auf ein komplexeres Ursachen-Wirkungsverhältnis vermutet werden, wie es in der folgenden kritischen Würdigung der Anonymitätsforschung in der CSCW-Forschung angedeutet wird.

4 Kritische Würdigung der bisherigen Anonymitätsforschung in der CSCW-Forschung

Der mangelnde experimentelle Nachweis der bisher erforschten Wirkungsgrößen kann aus dem komplexen Charakter der Anonymität selbst erklärt werden. Erschwerend kommt das Fehlen einer fundierten Theorie der Anonymität von GSS hinzu.. Überhaupt wurden in der CSCW-Forschung erst Mitte bis Ende 90er Jahre die Bemühungen verstärkt, den beobachteten Phänomenen geschlossene Theorien statt eklektisch zusammengetragener Theoriefragmente zugrunde zu legen (vgl. Rana & Turoff 1998). Vom Namen her zur Anonymitätsforschung zugehörige Ansätze, wie Flinn & Maurer (1994) sowie die als

Gegenstück dazu erscheinende Erforschung von Awareness (Prinz bspw. in diesem Buch) sind weniger eine theoretische Auseinandersetzung mit dem Für und Wider einzelner Kontext- und gegenseitiger Wahrnehmungsfaktoren, sondern vielmehr eine technikorientierte Erforschung der praktischen Möglichkeit einer Repräsentation derselben. Daher werden Awareness oder Anonymität in beiden Ansätzen tendenziell als notwendiges Werkzeug und nicht als Zustand der Gruppenarbeit diskutiert.

Der Kenntnisstand positiver und negativer Effekte der Anonymität auf die Gruppenarbeit ist immer noch phänomenologisch (Huber & Dennis, 1998). Zwar begründen drei Theorien.– die Anonymitätstheorie von Licker (1992), die Media-Richness-Theorie und die Media-Synchronicity-Theorie von Valacich et al. (1992) – in ihren, ersten Ansätzen positive wie negative Effekte von Kontext- und damit Awarenessfaktoren der Anonymitätswirkung von GSS. Aber auch hier wird auf die Effekte von Anonymität entweder rein individuell oder sehr allgemein verwiesen:

- Licker thematisiert in seiner *Anonymitätstheorie* die Motivation und Partizipationswirkung auf den einzelnen Akteur in der Gruppe, je nach Aufgaben- und Gruppenmerkmalen (Licker, 1992a & b).

- Die *Media-Richness-Theorie*[94] bestimmt Kontextinformationen generell als Minderung von Unsicherheit der Information. Anonymität wäre im Umkehrschluss also als generell negativer Einfluss auf den Gruppenprozess und das Arbeitsergebnis zu werten.

- In der *Media-Synchronicity-Theorie*[95] wird die positive oder negative Anonymitätswirkung wesentlich auf den »divergenten« oder »konvergenten« Kommunikationsmodus zurückgeführt: Sind die Inhalte für den Konsens der Gruppe erst zu verhandeln, hindert Anonymität den Gruppenprozess. Sind Rahmenbedingungen bereits etabliert und kann sich die Gruppe auf die Informationssammlung konzentrieren, steigert Anonymität den Aufgabenfokus und damit die Effizienz der Gruppenarbeit.

Die Theorieansätze beleuchten nur Einzelwirkungen der Anonymität der GSS-Arbeit oder behandeln ihre Wirkung zu allgemein.

Ein nächster Schritt einer anzustrebenden Theoriebildung (vgl. Turoff & Rana 1999) liegt daher in der genaueren Analyse, was wir bereits über differenziert zu betrachtenden Momente der Anonymität wissen. Analytisch ist dann die GSS-Anonymität zunächst detaillierter in die sie bestimmenden Momente von sozialen, methodischen und technischen Einflüssen zu zerlegen. In einer

---

[94] vgl. den Beitrag zur Theorien zur Mediennutzung bei der Gruppenarbeit in diesem Buch
[95] vgl. den Beitrag zur Theorien zur Mediennutzung bei der Gruppenarbeit in diesem Buch

Synthese sind entsprechende Argumentationen möglicher Wirkungen zusammenzufassen, die zu großen Teilen in der Gruppenforschung, jedoch meist nicht unter dem Titel Anonymität, bereits erfasst und erklärt wurden. Abschließend ist der Ansatz der »Strukturation« (Giddens, 1995; Orlikowski, 1990; Pool & DeSanctis, 1990), die Beeinflussbarkeit der Gruppenarbeit und ihrer Ergebnisse durch die Gruppe selbst, gebührend zu berücksichtigen.

Einen Ansatz zu einer solchen Theoriebildung liefert als Weiterentwicklung anderer Ansätze die *Awarenesstheorie* (Gräslund, 1998). Darin wird versucht, nicht die technische Machbarkeit, sondern zunächst den Sinn von Kontext- und Awarenessmomenten menschlicher Interaktion aus der Sicht ihres Fehlens in der GSS-Interaktion zu diskutieren. Die Wirkungen der Anonymität werden für Akteur und Adressat getrennt und schließlich für die Gruppe in ihrer Wechselwirkung diskutiert. Auf der Basis dieser Ursache-Wirkungs-Ketten versucht die Awarenesstheorie, die bisher widersprüchlichen oder nicht signifikanten Forschungsergebnisse in konsistenter Weise erklärbar zu machen. Anonymität wird dabei als ein sozialer Mechanismus und eben nicht als einfache Zustandsbeschreibung betrachtet. In das Ausmaß der Wahrnehmung von Anonymität spielen dabei sowohl Synchronizität und Zielsetzung der Gruppenarbeit als auch Individual- und Gruppencharakteristika hinein. Diese Überlegungen lassen die einfache und allein auf dem Faktor der Nicht-Signatur beruhende Ursachenanalyse für die Wirkungen von Anonymität in der GSS-gestützten Gruppenarbeit als unzulänglich erscheinen, denn erst aus der genaueren Bestimmung einzelner Anonymitätsgrade und anderer Einflüsse lassen sich Wirkungen von Anonymität prognostizieren und verlässliche Empfehlungen für die computerunterstützte Gruppenarbeit ableiten.

Parallelität

Andreas Johannsen, Helmut Krcmar
Universität Hohenheim, Stuttgart

1 Definition und verwandte Begriffe

1.1 Definition

Parallelität (engl. parallelisms) kann nach Dennis (1994, S. 178) wie folgt definiert werden: »Parallelism is the ability for all group members to work simultaneously on the same task.« Unter *parallelem Arbeiten* in Sitzungen versteht man insbesondere das gleichzeitige Beitragen mehrerer Teilnehmer zu einer Sitzungsdiskussion, ohne dass die Teilnehmer sich dabei gegenseitig in der Kommunikation stören. Das Phänomen der Parallelität ist jedoch nicht nur existent in Arbeitsformen, wie sie in Sitzungen auftreten, die zur gleichen Zeit an einem Ort durchgeführt werden, und denen sich dieser Beitrag vorwiegend zuwendet. Parallelität tritt prinzipiell in Arbeitsformen auf, bei denen mehrere Personen synchron oder asynchron miteinander kommunizieren, wie beispielsweise über E-Mail oder in Diskussionsforen. Auch hier treten die in diesem Beitrag besprochenen Probleme auf, wie das der Synchronisation der Beiträge oder des Wettbewerbs um Redebeiträge oder der veränderten Möglichkeiten einer Beeinflussung der Gruppe. Da Parallelität aber anhand von Sitzungen besonders umfassend erforscht wurde und erklärt werden kann, sind die Aussagen in diesem Beitrag grundsätzlich stellvertretend auch für andere Bereiche zu verstehen.

Möglich ist Parallelität dadurch, dass den Teilnehmern in der Sitzung mehrere alternative (parallele) Kommunikationskanäle (Medien) zur Verfügung stehen, ihre Beiträge zu äußern. In konventionellen Sitzungen kommt es nur selten absichtlich zu parallelen Beiträgen, da nur eine Person zur gleichen Zeit sprechen kann und Medien zur parallelen Beitragsabgabe über alternative Kommunikationskanäle (wie z. B. getippte oder geschriebene Textbeiträge oder andere visuelle Kanäle) nicht zur Verfügung stehen. Obwohl Techniken zur Realisation parallelen Arbeitens auch ohne Computerunterstützung von Sitzungen denkbar sind und angewandt wurden (insb. die Metaplan-Methode), ist Parallelität neben dem anonymen Arbeiten ein Hauptcharakteristikum von Sitzungen, die mit Hilfe von computergestützten Gruppenunterstützungssystemen (Group Support Systems) abgehalten werden (Schwabe, 1994, S. 40).[96]

Die Konsequenz des parallelen Arbeitens wird in der Literatur an einem einfachen Beispiel verdeutlicht (so in Schwabe, 1995): Jeder von 20 Teilnehmern hat in einer einstündigen Sitzung lediglich 3 Minuten Redezeit. In computerunterstützten Sitzungen tragen die Teilnehmer durch Tippen von Beiträgen parallel bei; jeder Teilnehmer kann die vollen 60 Minuten aktiv sein.

1.2 Verwandte Begriffe

Das Phänomen des parallelen Arbeitens ist im Kontext der Partizipation, d. h. der Beteiligung der Teilnehmer in Sitzungen zu betrachten. Die Partizipationsforschung zu computerunterstützten Sitzungen (siehe Fjermestad & Hiltz, 1998) hat gezeigt, dass sich als wahrscheinlichster Effekt eines *Electronic Meeting Systems* (EMS) eine gleichmäßigere Beitragsverteilung und eine allgemein als höher wahrgenommene Beteiligung als in nicht computerunterstützten Sitzungen einstellt. Hierfür werden vor allem zwei Gründe angeführt. Der erste liegt in der Möglichkeit der parallelen Beiträge und der zweite in der Anonymität der Beiträge, die über das EMS geäußert werden.

Zur Beschreibung dieser in konventionellen Sitzungen nicht auftretenden Effekte wird häufig das von (Nunamaker et al., 1991) entwickelte Modell herangezogen, welches Parallelität als einen wesentlichen Bestandteil der *Sitzungsprozessunterstützung*, (engl. »Process support«) ansieht. Parallelität verringert eine Reihe empirisch beobachtbarer Prozessverluste in Sitzungen in ihrer Wirkung und ermöglicht gleichzeitig einige Prozessgewinne. Folgende Prozessverluste, die in diesem Zusammenhang auch Produktionsblockaden genannt werden, werden demnach durch Parallelität vermindert: *Produktionsblockaden* durch Vergessen und Unterdrücken eigener Beiträge (attenuation blocking), *Konzentrationsblockaden* durch anhaltendes Sich-In-Erinnerung halten eigener zu äußernder Beiträge (concentration blocking), die Notwendigkeit, anderen permanent zuzuhören (attention blocking), sowie die Dominanz einzelner Teammitglieder. Die Wirkungen der Parallelität auf diese Produktionsblockaden werden im letzten Abschnitt näher erläutert.

2 Beschreibung von Parallelität

Der Begriff der *Parallelität* sollte nicht eingegrenzt werden auf den Fall der simultanen Abgabe von Brainstorming-Ideen in Sitzungen. Die folgende auf der Literatur zum Thema (insb. Schwabe, 1995, Schwabe & Krcmar, 1996)

---

[96] In diesem Beitrag wird anstatt des Begriffs Group Support Systems (GSS) der ebenfalls gebräuchliche Begriff Electronic Meeting Systems (EMS) verwandt (siehe auch den entsprechenden Beitrag von Krcmar et al. über Sitzungsunterstützungssysteme in diesem Buch und die dort vorgenommene Begriffsabgrenzung).

basierende Einteilung von Arten des parallelen Arbeitens zielt darauf ab, einen
Überblick über die in der Literatur behandelten Formen und Effekte paralleler
Arbeit in Sitzungen zu geben. Anzutreffende Kriterien für eine solche Klassifikation paralleler Arbeit sind das *gemeinsame Material*, das *Kommunikationsmedium*, die *Gruppe* und die *Aufgabe der Kooperation* (siehe Abb. 68 »Arten parallelen Arbeitens«).

Abb. 68 Arten parallelen Arbeitens

2.1 Parallelität am gemeinsamen Material oder an verschiedenen Materialien

Schwabe (1995, S. 336) unterscheidet drei Formen der Parallelität nach der
Arbeit am gemeinsamen Material.

1. Teilnehmer arbeiten parallel am gleichen Tagesordnungspunkt eines elektronischen Sitzungsdokuments.

2. Teilnehmer arbeiten parallel an verschiedenen elektronischen Sitzungsdo-
   kumenten.

3. Die Teilnehmer arbeiten an Dokumenten verschiedener Sitzungen.

Die parallele Arbeit innerhalb der gleichen Aktivität stellt den klassischen
Fall der parallelen Arbeit in computerunterstützten Sitzungen dar. In der Form
des *Brainstormings* generieren alle Teilnehmer parallel Ideen (Lewe & Krcmar,
1993), in der Form des *synchronen kooperativen Designs* arbeiten mehrere Designer gleichzeitig an einem Modell (Olson et al., 1992; Koppenhöfer et al.,
1998), beim *gemeinsamen Entscheiden* bewerten die Teilnehmer simultan Alternativen (Jessup & Tansik, 1991), und beim *kollaborativen Schreiben* editieren
mehrere Autoren zur gleichen Zeit in einem Dokument (Haake & Wilson,
1992). Heute hat sich allerdings allgemein eine eher nüchtern-realistischere
Sichtweise bezüglich des Einsatzpotenzials kollaborativer Editoren für das syn-

chrone Editieren in natürlichen Teams eingestellt. So schreiben beispielsweise Nunamaker et al. (1996, S. 184) im Fazit zu ihren Forschungen in den 90er-Jahren im Bereich des kollaborativen Editierens: »We believe that GSS [supported] collaborative writing can improve document quality, but have only very limited perceived quality measures to support this assertion.«

Die parallele Arbeit an verschiedenen Aktivitäten (Tagesordnungspunkten) eines Sitzungsdokuments ist in konventionellen Sitzungen nicht üblich. Es wird dann eher eine Aufteilung der Gesamtgruppe in Subgruppen vorgenommen, die getrennt an Dokumenten zu verschiedenen Aktivitäten der Sitzung arbeiten, um ihre Ergebnisse im Nachhinein zusammenzuführen. Dies ist vor allem deshalb unüblich, da Problemlösungsaktivitäten in Sitzungen fast immer auf die Ergebnisse vorangegangener Sitzungsaktivitäten aufbauen und sich somit ein streng sequenzieller Sitzungsablauf durch die Aktivitäten ergibt. Diese Arbeitsform spielt aber eine Rolle beim gemeinsamen Schreiben von Texten durch eine Autorengruppe. Hier wird sehr wohl parallel an verschiedenen Gliederungspunkten bzw. Bereichen des gemeinsamen Dokumentes geschrieben, und die Teile werden am Ende der Sitzung oder in einer Folgesitzung zu einem Dokument zusammengeführt (Haake & Wilson, 1992).

Die parallele Arbeit an Dokumenten verschiedener Sitzungen kann in Arbeitsgruppen, die über längere Zeiträume bestehen, vorkommen, wenn Ergebnisse verschiedener Sitzungen auf eine bestimmte Weise miteinander verknüpft werden sollen. Hierbei kommt der Funktion des Gruppengedächtnisses eines EMS verstärkt Bedeutung zu, und dieser Arbeitsform kann mit zunehmender Qualität der Sitzungsarchive von EMS steigende Verbreitung zugesprochen werden.

2.2 Parallelität durch mehrere Medien

Von wachsender Bedeutung erscheint eine Einteilung parallelen Arbeitens nach den eingesetzten Medien. Heutige Groupwareprototypen weisen gegenüber den in den frühen Studien verwendeten einfachen Texteditoren zunehmend mehrere optionale Kommunikationskanäle (beispielsweise mehrere offene Chatfenster zu verschiedenen Adressaten und (Sub-)Gruppen) und gegenüber einfachen Textfeldern zusätzliche Medien wie Symbol- und Zeicheneditoren, Videokanäle und Virtual Reality Modelle auf (z. B. Koppenhöfer et al. 2000). Während digital entäußertes Material leichter ohne Schaden (Prozessverluste) parallel bearbeitet werden kann, kann anderes Material tendenziell nur unter engen (z. B. systemtechnischen) Bedingungen effizient parallel bearbeitet werden. Allgemein von großem Interesse ist somit die Frage der Beherrschung einer medialen Parallelität, also der Frage, ob Menschen gleichzeitig Stimuli über verschiedene Medien aufnehmen können, und wenn dies der Fall ist, wie viele und welche Informationen auf diese Art zugleich verarbeitet werden.

2.3 Parallelität durch unterschiedliche Gruppenstrukturen

Dennis definiert Parallelität in Bezug auf die Aufgabe vergleichsweise weit, beschränkt sich aber auf einen alle Sitzungsteilnehmer einschließenden Parallelitätsbegriff (siehe die eingangs gegebene Definition). Dennoch treten in der Praxis verschiedene Arten von Parallelität durch die Erzeugung unterschiedlicher Gruppenstrukturen auf: Parallelität innerhalb einer Gesamtgruppe oder Parallelität in Teilen der Gesamtgruppe durch (bewusste oder unbewusste) Bildung von Subgruppen, die nicht zeitgleich miteinander kommunizieren. Eine Gruppe kann also auch parallel arbeiten, indem sie sich in Subgruppen aufteilt. Nach Schnelle (1982, S. 23) kann eine Subgruppenbildung in einer Sitzung, die länger als eine Stunde dauert und von vier oder mehr Personen bestritten wird, sinnvoll sein. Jede Subgruppe bekommt eine eigene Teilaufgabe zugeteilt. Die Subgruppen bearbeiten ihre Aufgaben nebeneinander, ohne jedoch mit anderen Subgruppen während der Bearbeitung der Teilaufgabe Kontakt aufzunehmen. Die Subgruppen können dabei entweder die Zwischenergebnisse der anderen Gruppen einsehen oder nicht.

2.4 Paralleles Bearbeiten von Aufgaben

Paralleles Arbeiten kann auch anhand der bearbeiteten Aufgabe unterschieden werden. Ein Teil der Literatur zu parallelem Arbeiten mit Hilfe von EMS untersuchte bisher klassische Entscheidungsaufgaben. Die entsprechenden Group Support Systeme sind die sog. Group Decision Support Systeme (GDSS), unterstützte Aufgaben sind oft das gemeinsame Abstimmen und Bewerten. Verbreiteter sind allerdings noch immer parallele Arbeiten bei Entscheidungsunterstützungs- bzw. -vorbereitungsaufgaben. Alle Teilnehmer arbeiten entweder parallel an genau derselben Aufgabe (Beispiel: Brainstorming zu »Was können wir an unserem Produkt X verbessern?«) oder aber alle Sitzungsteilnehmer haben innerhalb des gleichen gemeinsamen Sitzungsprozesses und -dokuments verschiedene inhaltliche Aufgaben (z. B. befassen sich einige Teilnehmer mit Verbesserungen technischer Art, andere mit Verbesserungen im Service/Marketing). Eine stärkere aufgabenbezogene Trennung der parallelen Arbeit kommt in der Sitzungspraxis vor, wenn einigen Teilnehmern die Aufgabe zukommt, Ideen zu generieren während andere Teilnehmer die Ideen der anderen Teilnehmer simultan zum Brainstorming schon kategorisieren. Hier wird zwar am gleichen gemeinsamen Material (in einer Aktivität) gearbeitet, aber mit unterschiedlichen Aufgaben.

2.5 Parallelität als neue Arbeitsform

Als Zwischenfazit kann festgehalten werden, dass Parallelität eine Arbeitsform darstellt, die in Sitzungen erst erlernt werden muss. Wer mit den herkömmlichen Erwartungen an konventionelle Sitzungen und an Gruppenarbeit *elektronische Sitzungsunterstützungssysteme* einführt und einsetzt, wird die Potenziale in der Regel nicht ausschöpfen. Im Gegenteil, Sitzungen werden dann leicht komplizierter und unüberschaubarer (Schwabe, 1995). Es erweisen sich insbesondere die folgenden herkömmlichen Erwartungen als unangebracht:

- Man kann noch Inputs und Materialien zur Sitzung am Anfang der Sitzung lesen (parallele Individualarbeit).

- Man kann sowieso nicht viel zum Sitzungsprozess und -ergebnis beitragen.

3 Effekte der Parallelität

Eine oft geäußerte Annahme ist, dass der Mensch nur eine Nachricht zurzeit aufnehmen kann. Mehrere Sitzungsteilnehmer können aber als Gruppe mehrere Äußerungen zeitgleich generieren, so dass eine kognitive Überlastung bei zu hoher Parallelität durch Einsatz entsprechender Systeme in zweifacher Hinsicht eintreten kann: Der Sitzungsteilnehmer muss zwischen verschiedenen Medien oder Fenstern mit eintreffenden Nachrichten hin und herwechseln (»*channel overload*«), und er erreicht zweitens schnell seine Grenze in der kapazitativen Aufnahmefähigkeit vieler fast gleichzeitiger Nachrichten (»*information overload*«).

Parallelität ist in *divergenten Sitzungsprozessen* und in *konvergenten Sitzungsprozessen* unterschiedlich zu beurteilen. Divergente Sitzungsphasen zeichnen sich durch das Generieren von Informationen aus, wohingegen in konvergenten Phasen eine Informationsauswahl und Konsensfindung bestimmend ist (dazu siehe auch den Beitrag von Schwabe über Theorien zur Mediennutzung bei der Gruppenarbeit in diesem Buch). In konvergenten Phasen kann das Strukturieren und Zusammenfassen von Beiträgen sehr zeitaufwändig sein (Dennis et al., 1991). Je erfolgreicher das parallele Arbeiten in divergenten Phasen war, desto mehr kann eine Gruppe beim Organisieren der Ergebnisse in der konvergenten Phase Zeit verlieren, so dass sich die Produktivitätserfolge der divergenten Phase teilweise oder ganz mit den Prozessverlusten aus der konvergenten Phase kompensieren können. Während die Ideengenerierung mit Hilfe von EMS in den frühen CSCW-Studien große Aufmerksamkeit erhalten hat, bleibt seit den Anfängen der Parallelitätsforschung im Bereich konvergenter Phasen (Dennis et al., 1991) eine Lücke im Entwickeln nützlicher Techniken zur Unterstützung von *Ideenstrukturierung* und *Ideenzusammenführung*. Die

zusätzlichen Erfordernisse der Reduktion von Mehrdeutigkeit und Missverständnissen werden bis heute nicht befriedigend durch Softwarewerkzeuge von
EMS unterstützt, obwohl es erste Ansätze hierzu gibt (vgl. z. B. Chen et al.,
1994; Schwabe & Krcmar, 1996). Um einen Überblick über die in den einzelnen
Studien beobachteten Effekte zu geben, sind einige in Tab. 8 »Empirisch untersuchte Effekte der Parallelität« zusammengefasst.

Tab. 8   Empirisch untersuchte Effekte der Parallelität

Studie	beobachtete Effekte
Hiltz & Turoff 1985	⑨ Informationsüberflutung
Dennis et al. 1991	⑤ Verringerung von »Trittbrettfahren«, Stimulierung zu erhöhter Partizipation ⑤ Verringerung von Produktionsblockaden durch Vergessen und Unterdrücken von eigenen Beiträgen sowie Konzentrations- und Aufmerksamkeitsblockaden ⑤ Verringerung der Dominanz einzelner Teilnehmer ⑤ EMS-Brainstorminggruppen produktiver als Nominale Gruppen ⑨ Informationsüberflutung ⑨ Prozessverluste durch geringere Tipp- als Sprechgeschwindigkeit ⑨ Mangelnde Übersicht über den aktuellen Arbeits- und Diskussionsverlauf
McLaughlin & Olson 1992	⑤ Verringerung von Produktionsblockaden ⑤ Höhere Ideengenerierungsgeschwindigkeit ⑨ Produktionsblockaden durch das Lesen der vielzähligen Beiträge anderer ⑨ EMS-Brainstorminggruppen unproduktiver als Nominale Gruppen
Kiesler & Sproull 1992	⑨ Ungehemmtere und extremere Kommunikation
Lewe & Krcmar 1993	⑤ höhere Gleichmäßigkeit der Partizipation und Beitragsverteilung ⑨ Informationsüberflutung
Dennis 1994	⑤/⑨ wie Dennis et al. 1991 ⑨ Redundanz bei der Informationsgenerierung, die wieder elimi- niert werden muss
Lewe 1994 & 1995	⑤ höhere Gleichmäßigkeit der Beitragsverteilung ⑤ höhere Partizipation insgesamt ⑤ höhere Vielfalt der Ideen und Beiträge ⑨ Informationsüberflutung

⑤: Effekt trägt zur Erhöhung der Sitzungsproduktivität bei;

⑨: Effekt trägt zur Verminderung der Sitzungsproduktivität bei

Für die klassische Form des parallelen Arbeitens in computerunterstützten Sitzungen, dem parallelen Brainstorming, kann die Beurteilung von Dennis et al. (1991) und Lewe & Krcmar (1993) als gesichert gelten, dass die Parallelität ein wichtiger Schlüsselfaktor für den Erfolg von EMS-unterstützten Gruppensitzungen ist. Dennis (1994) konstatiert, dass in den von ihm schon bis 1991 durchgeführten 10 Labor- und Feldstudien Parallelität der wichtigste Faktor für eine hohe Sitzungsproduktivität war. Insbesondere größere Gruppen waren in den Studien von Dennis (1994) und Lewe (1995) effektiver, effizienter und zufriedener, wenn sie Sitzungsstile mit einem größeren Anteil an elektronischer Kommunikation benutzten, weil Parallelität neben dem gemeinsamen Gruppengedächtnis viele der Prozessverluste vermieden, die die rein mündliche Kommunikation mit sich bringt. Lewe & Krcmar (1993) fanden 1993 in einer Studie bei 51 Teilnehmern natürlicher Teams, dass die Möglichkeit parallelen Arbeitens als der positivste Effekt der EMS-Nutzung beurteilt wurde. Das Empfinden einer fairen Partizipationsmöglichkeit war vor allem dann gegeben, wenn die Teilnehmer den Eindruck hatten, ihre Beiträge unmittelbar abgeben zu können.

4 Stand der Diskussion um Parallelität

Bei der Interpretation der Effekte ist kritisch zu hinterfragen, ob die Resultate durchweg so positiv zu werten sind, wie in den in Tab. 8 »Empirisch untersuchte Effekte der Parallelität« aufgeführten Studien oftmals dargestellt. Dies gilt insbesondere für die von der Forschergruppe um Nunamaker und Dennis (Dennis et al. 1991; Dennis, 1994) vorgelegten Ergebnisdarstellungen. Die oben genannten Analysen und Metaanalysen über die Wirkungen von EMS auf Sitzungen zeigen, je neueren Datums sie sind, immer deutlicher, dass mit der EMS-Unterstützung einhergehende produktivitätshemmende Faktoren die durch die Parallelität erreichten positiven Effekte oftmals wieder kompensieren. Es wird hier auf die entsprechenden Ausführungen zu den Produktivitätswirkungen von EMS im Abschnitt »Sitzungsunterstützung« verwiesen.

Die Metaanalysen zeigen immerhin mit großer Konsistenz, dass die Gleichmäßigkeit der Beiträge, der Grad der Partizipation und damit der Identifizierung mit dem Sitzungsergebnis bei Einsatz eines EMS steigt und sich im Allgemeinen ein leicht positiver Effekt auf die Entscheidungsqualität bei Einsatz eines GDSS einstellt (Fjermestad & Hiltz, 1999b).

Als Ergebnis der bisherigen vor allem für divergente Phasen von Sitzungen geltende Studien zur Parallelität lässt sich formulieren, dass der sich einstellende Gesamtparallelitätseffekt jeweils vor allem abhängt von der Verringerung der Produktionsblockadeeffekte, von der Gruppengröße, von der Ideengenerierungsgeschwindigkeit und von den Eigenschaften des benutzten EMS (z. B. Übersicht über den und leichte Navigation im Informationsraum).

Weitere Forschung ist notwendig, um den unerwünschten Effekten der Parallelität zu begegnen, insbesondere der Informationsüberflutung. Sie ergibt sich vor allem, wenn beide Kanäle, das gesprochene Wort und der elektronische Kanal benutzt wurden. Parallelität entspricht in solchen Situationen einer »Asynchronisierung« einer Sitzung und damit der Abnahme der für Sitzungen üblichen Vorteile der effizienten und effektiven Kommunikation und Sitzungskoordination. Dem kann durch neue Techniken und Moderationsmethoden begegnet werden, die die generierten Informationen besser aufbereiten, anordnen oder filtern (Chen et al., 1994). 1998 weisen Briggs et al. (1998b) noch immer auf dieses ungelöste Problem hin.

Gemeinsames Material und Gruppengedächtnis

Gerhard Schwabe
Universität Koblenz-Landau, Koblenz

1 Einleitung

Im Alltagsverständnis wird das mündliche Gespräch als Prototyp für Kommunikation angesehen. Wenn in Veröffentlichungen zur Computerunterstützung der Gruppenarbeit nun davon die Rede ist, dass der Computer die Gruppenkommunikation unterstützt, dann wird das – in dieser Einseitigkeit zu Unrecht – damit gleichgesetzt, dass mündliche Gespräche durch elektronische Kommunikation ersetzt werden (mit allen daraus folgenden Verständnisproblemen und Entfremdungsängsten). Dabei kommen zwei wesentliche Beiträge der CSCW-Forschung zur Unterstützung der Zusammenarbeit zu kurz: Der Computer stellt den Gruppenmitgliedern ein flexibles digitales »gemeinsames Material« zur Verfügung und erlaubt die Ablage von Zwischenergebnissen in einem elektronischen »Gruppengedächtnis«. Dieser Beitrag stellt diese beiden Konzepte losgelöst von konkreten Werkzeugen als generische Beiträge von CSCW-Forschung dar.

2 Gemeinsames Material

Gemäß dem systemischen Verständnis der Arbeitswissenschaften ist »*Arbeit*« die Transformation von »Material« durch »arbeitende Menschen« mit Hilfe von »Arbeitsmitteln« (siehe den entsprechenden Beitrag von Luczak et al. über Arbeitswissenschaften in diesem Buch). Bei der Gruppenarbeit sind dabei mehrere Personen gemeinsam tätig, wenn sie beispielsweise gemeinsam ein Stück Eisen schmieden. Das gemeinsam bearbeite Stück Eisen wird als »gemeinsames Material« bezeichnet. Das bearbeitete Material braucht nicht stofflich sein, sondern kann auch ideell sein (Steinmüller, 1993, S. 257). Beispielsweise bearbeitet ein Autor mit seinem Werkzeug »Schreibmaschine« sein ideelles Material »Text«[97].

Konventionelle Techniken zur Unterstützung der Gruppenarbeit setzten auf konventionelles gemeinsames Material um Gruppen produktiver zu machen. Dieses gemeinsame Material kann als eine Skizze auf einem Blatt Papier, Stichworte auf einem Flipchart oder als einzelne Worte auf Moderationskärtchen, die an eine Moderationswand gehängt werden, vorliegen. In jedem Fall werden dadurch Gedanken für eine Gruppe gemeinsam erfahrbar und manipulierbar. CSCW-Werkzeuge stellen ein in vieler Hinsicht weitaus flexibleres gemeinsames Material zur Verfügung, als traditionelle Werkzeuge (man denke in erster Näherung nur an die Möglichkeit zur verteilten Bearbeitung des Materials).

Je geeigneter das zur Verfügung stehende gemeinsame Material ist, desto kreativer kann eine Gruppe sein. Dieser Gedankengang von Schrage (1990) soll im Folgenden näher ausgeführt werden. Schrage (1990) grenzt über das gemeinsame Material »Zusammenarbeit« von »Kommunikation« ab. Klassisch wird *Kommunikation* als wechselseitige Übertragung von Information von Sendern an Empfänger über einen Kanal gedeutet[98] (Shannon & Weaver, 1949; Watzlawick et al., 1974, S. 23); vgl. Abb. 69 »Kommunikation«.

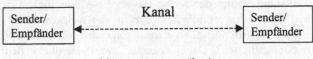

Abb. 69 Kommunikation

Bei Kommunikation hat der Kanal keinen Speicher des kommunizierten Inhaltes; nur die Sender und Empfänger speichern den Inhalt. Anders ausgedrückt: Wenn man Information als Modell versteht (Steinmüller, 1993, S. 199), dann gibt es das Modell nur in den Köpfen der Kommunizierenden. Weil es sonst nicht explizit gemacht wird, können die Teilnehmer nur schlecht auf gemeinsame Modellbestandteile Bezug nehmen. Da persönliches Verstehen von Modellen subjektiv und das menschliche Gedächtnis unzuverlässig ist, kommt es bei Kommunikation entweder dazu, dass nur auf die in unmittelbarer Vergangenheit übermittelte Information Bezug genommen wird (Schrage, 1990, S. 97f.) oder es muss sehr viel Aufwand betrieben werden, um die individuellen Modellvorstellungen in Übereinstimmung zu bringen. Für Zusammenarbeit genügt Kommunikation nicht. Sie verlangt einen anderen Ansatz zum Teilen und Schaffen von Information (Schrage, 1990, S. 29); (siehe Abb. 70 »Zusammenarbeit«; nach Schrage, 1990, S. 98).

---

[97] Ideeller Inhalt (der Text) und sein Trägermedium (das Stück Papier) sind zwar analytisch voneinander trennbar, aber erstens ist ideeller Inhalt (wie jede Information) immer an ein Trägermedium gebunden und zweitens bestimmt das Trägermedium die Bearbeitungsmöglichkeiten des ideellen Materials. Deshalb wird im Folgenden unter ideellem Material die Kopplung von Trägermedium und getragenem Inhalt verstanden.

[98] Kommunikation wird komplexer, wenn man die Beziehungsebene hinzurechnet (Watzlawick et al., 1974, S. 23; Schulz, 1989, S. 103; Schenk, 1989; Littlejohn, 1992, S. 378f.) Diese Beziehungsebene hat jedoch für die folgenden Ausführungen über »gemeinsames Material« keine direkte Bedeutung.

Bei *Zusammenarbeit* wird das gemeinsame Modell auf einem gemeinsamen Material – andere nennen es ein gemeinsames Artefakt (Keil-Slawik, 1992; Robinson, 1993) oder gemeinsames externes Gedächtnis (Floyd, 1992, S. 99) – explizit gemacht. Sender und Empfänger kommunizieren weiterhin über einen Kanal. Zu diesem Kanal tritt ein gemeinsames Material[99], das als Speicher und Bezugspunkt für die Kommunikationsteilnehmer dient. Gemeinsames Material für die Zusammenarbeit sind beispielsweise Tafeln, Flipcharts, Wandzeitungen mit Kärtchen, dreidimensionale Modelle von Gebäuden in der Architektur, Modelle von Molekülen in der Chemie usw. In den Speicher können die Zusammenarbeitenden Information ablegen und später wieder abrufen. Dadurch können Rückbezüge in die Vergangenheit vereinfacht werden und die Zusammenarbeit gewinnt im Vergleich zur Kommunikation an Tiefe. Anhand des gemeinsamen Materials können die Zusammenarbeitenden ihre Modellvorstellungen verifizieren oder korrigieren. Und sie können das Material gemeinsam bearbeiten, indem sie es umformen, überarbeiten oder aus verschiedenen Perspektiven betrachten. Nicht so sehr das Anzeigen von Informationen, sondern der spielerische Umgang mit Ideen und Informationen im gemeinsamen Material ist das Interesse kreativ zusammenarbeitender Menschen (Schrage, 1990, S. 31). Ausgangspunkt von Zusammenarbeit ist häufig ein unfertiges Modell, das gemeinsam von einer Gruppe vervollständigt wird (Schrage, 1990, S. 173).

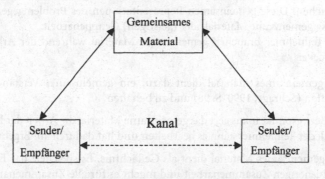

Abb. 70 Zusammenarbeit

Gemeinsames Material ist besonders dann nützlich, wenn es vielfältige unterschiedliche Repräsentationen des gleichen Modells darstellen kann, damit

---

[99] Bei Schrage (1990): »Gemeinsamer Raum«, aber Schrage meint damit das gleiche wie der Autor mit »gemeinsamen Material«.

das Modell aus unterschiedlichen Perspektiven (z. B. mathematisch, logisch, visuell, strukturell) betrachtet werden kann (Schrage, 1990, S. 155). Die heute üblichen Materialien zur Zusammenarbeit in Gruppen sind in vieler Hinsicht unflexibel, denn sie sind sperrig beim Umformen (bei der Tafel: Auswischen und neu zeichnen/schreiben), sie speichern oft nur wenig Information (Tafeln sind irgendwann voll) und unterstützen einen Wechsel zwischen unterschiedlichen Repräsentationen nicht.

Aus Schrages umfassender Analyse von Zusammenarbeit lässt sich zusammenfassend schließen: *Zusammenarbeitende arbeiten an einer gemeinsamen Repräsentation des Problemgegenstandes.* Diese gemeinsame Repräsentation des Problemgegenstands vollzieht sich auf mehreren Ebenen: Auf einer rein intellektuellen Ebene äußert sie sich in einem wachsenden gemeinsamen Verständnis (Schrage, 1990, S. 7). Die Zusammenarbeitenden nehmen implizit und explizit durch ihre Äußerungen und Beiträge immer wieder Bezug auf dieses »Gedankengebäude«, das gemeinsam geschaffen wurde. Ihnen reicht ein verbaler Bezug auf die gedankliche Repräsentation des Problemgegenstandes bald nicht mehr aus. Sie verwenden Analogien, malen Repräsentationen des Problemgegenstands in die Luft, auf Tafeln oder Papier oder sie bauen physische Modelle (wie z. B. Chemiker Molekülmodelle). Sie verwenden diese Repräsentationen, um den Problemgegenstand erfahrbar, besser verständlich und veränderbar zu machen. Eine gemeinsame Repräsentation dient dazu, die verschiedenen individuellen Repräsentationen zusammenzufassen und miteinander abzugleichen. Diese gemeinsamen Repräsentationen des Problemgegenstands sind das »gemeinsame Material« der (geistigen) Gruppenarbeit.

Die Teilnehmer brauchen gemeinsames Material während der Arbeit für drei Zwecke:

- Ein gemeinsames Material dient dazu, ein gemeinsames Verständnis zu schaffen (Schrage, 1990, S. 98) und zu behalten.

- Als Bezugspunkt fokussiert das gemeinsame Material die Arbeit der Mitglieder. Jeder Teilnehmer kann es bearbeiten und hat dadurch am Ergebnis teil.

- Ein gemeinsames Material dient als Gedächtnis. Es speichert das Ergebnis der bisherigen Zusammenarbeit und macht es für alle Zusammenarbeitenden sichtbar. Dadurch können die Teilnehmer feststellen, wo sie in ihrer Arbeit sind, nachvollziehen, wie sie dort hingekommen sind und neue Beiträge in den Kontext des bisher Erreichten einordnen.

»Gemeinsames Material« hat die wissenschaftliche CSCW-Diskussion insbesondere Anfang der 90er Jahre unter dem Stichwort des »Sharings« geprägt. So stand die internationale CSCW-Konferenz 1992 unter dem Stichwort »Sharing Perspectives«. Viele Werkzeugentwicklungen hatten zum Ziel, die gemeinsame

Nutzung von Material möglichst gut zu ermöglichen. Vor diesem Hintergrund sind Gruppenfunktionen wie der Telepointer zum Zeigen in gemeinsamen Dokumenten, das View-Linking zum Synchronisieren von Bildschirmausschnitten und das Sperren von Dokumentenausschnitten zu verstehen (siehe dazu auch die Beiträge unter Werkzeuge und Anwendungen und Schwabe & Krcmar, 1996).

3 Gruppengedächtnis

Neben der größeren Flexibilität bei der Handhabung während der Arbeit ist der vereinfachte Rückgriff auf alte Ergebnisse in einem digitalen »Gruppengedächtnis« ein wesentlicher Unterschied zwischen konventioneller und computerunterstützter Zusammenarbeit.

In Besprechungen, Sitzungen und Workshops werden viele Informationen generiert, die für Organisationen von großer Bedeutung sind. Da Menschen sich nicht besonders gut an die Vergangenheit erinnern (Huber, 1990) und sich besonders schlecht die Gründe für Entscheidungen merken (Walsh & Ungson, 1990), sind sie nur sehr unzuverlässige Speicher für Informationen aus Sitzungen. Die meisten Aussagen in einer konventionellen Sitzung sind flüchtig, sei es weil sie nur ausgesprochen und nicht protokolliert werden oder sei es, weil sie zwar protokolliert werden, aber nur auf einem flüchtigen Medium (z. B. einer Tafel). Bei der computerunterstützten Zusammenarbeit werden viele Informationen digital abgelegt. Somit kann auch später auf sie zurückgegriffen werden, wenn diese geeignet abgelegt sind und geeignete Werkzeuge zum Informationsabruf zur Verfügung stehen. Dies kommt der Natur von Gruppenarbeit in Unternehmen entgegen. Sitzungen und Besprechungen finden nur selten in Isolation statt; meist sind sie in einen längeren Aktivitätsfluss eingebettet, der auch Phasen der Einzelarbeit und die Zusammenarbeit in unterschiedlichen Konstellationen von Untergruppen umfasst (Krcmar, 1989; Morrison et al., 1992; Morrison, 1993). Aus der Perspektive einer Person stellt eine bestimmte Gruppe in der Regel auch nur einen von mehreren Arbeitszusammenhängen dar; für andere Aufgaben ist er in andere Gruppen eingebunden. Es kann ihm dabei Nutzen bringen, Informationen aus dem einen Gruppenzusammenhang in einem anderen Zusammenhang zu nutzen. Dies kann ein elektronisches Gruppengedächtnis ermöglichen.

Die wissenschaftliche Diskussion zu einem digitalen *Gruppengedächtnis* ist in die Diskussion zu einem *Organisationsgedächtnis* (*Organizational Memory*) eingebettet. Amerikanische Forscher verstehen unter Organisational Memory dabei sowohl die »gespeicherte Information aus der Geschichte einer Organisation, die für aktuelle Probleme zunutze gemacht werden können« (Walsh, Ungson, 1991, S. 61) (also die gespeicherte Information selbst) als auch »das Mittel, durch das Wissen aus der Vergangenheit für aktuelle Aktivitäten zur Wirkung gebracht werden kann und dadurch zu einem höheren oder niedrigerem Niveau von organisatorischer Effektivität führt« (Stein & Zwass, 1995, S. 89). Unter Organisational Memory wird also sowohl gespeicherte Information als auch, umfassender, der gespeicherter Zustand eines Geflechts aus »Artefakten und Personen, Speicher und Speicherverarbeitung« (Ackerman & Halverson, 1998, S. 47) verstanden. Eine Organisation benötigt Information aus der Vergangenheit, um laufende Projekte zu unterstützen, seine Aktivitäten zu koordinieren, als Modell für zukünftige Aktivitäten, um vergangene Entscheidungen zu erklären, um prognostizieren zu können, schädlichen Mythen zu begegnen, als Ausgangspunkt für Veränderungen und um Fehlerwiederholung zu vermeiden (Schwabe, 1995). Diese Funktionen eines Organisationsgedächtnisses können dem Einen nutzen und dem Anderen schaden. Beispielsweise ist die Nachvollziehbarkeit eines Softwareentwurfs (des sogenannten Design Rationale (Conklin & Begemann, 1988; Conklin, 1993) für spätere Modifikationen der Software nützlich. Allerdings wird dann in der Regel auch die Verantwortung für Fehlentscheidungen dokumentiert. Dies kann soweit gehen, dass auf der Basis dieser archivierten Informationen Unternehmen für Fehler bei der Softwareerstellung verklagt werden können. Somit besteht bei einem Gruppengedächtnis die häufig bei Groupware zu beobachtende ungleiche Verteilung von Kosten und Nutzen (Grudin, 1988).

Aus Sicht des Softwaredesigners stellt das Konzept des Gruppengedächtnisses die Brücke von CSCW-Werkzeugen zu Datenbanken her. Die Bedeutung der Memory-Funktion wird daran deutlich, dass mit Lotus Notes die am weitesten verbreitete kommerzielle Groupware Dokumentendatenbanken zum Kern der Unterstützung macht. Die Herausforderungen bei der Gestaltung von computerunterstützten Gruppengedächtnissen sind dabei (Schwabe, 1999b):

1. Die Speicherung von semantisch reichen Informationen. Dies bedeutet insbesondere, dass möglichst viel Information über den Arbeitskontext abgelegt wird, z. B. die an einer gemeinsamen Aktivität beteiligten Personen, das Datum, der Bezug eines Zwischenergebnisses zu einem Tagesordnungspunkt und die inhaltliche Verknüpfung von Einzelergebnissen. Da diese Informationen in Gruppen ohnehin kommuniziert und damit in höherem Maße explizit gemacht werden müssen, als bei der Einzelarbeit, bieten sich zahlreiche Ansatzpunkte für die Speicherung von Kontextinformationen.

2. Diese Informationen müssen aber ohne größeren Aufwand im Hintergrund erfasst und aufgearbeitet werden, damit ein elektronisches Gruppengedächtnis Akzeptanz findet.

3. Die Informationen müssen für die einzelnen Gruppenmitglieder einfach zugänglich und wartbar sein. Zu der Wartung gehört auch das »Vergessen« (Landry, 1999) von Informationen.

4. Die Informationen der einzelnen Gruppen müssen mit anderen Informationen (von weiteren Gruppen oder sonstigen Quellen) aus der Organisation integriert werden. Dies erfordert eine Einigung auf Standards zumindest innerhalb einer Organisation.

Ein *elektronisches Gruppengedächtnis* wirft dann erhebliche *Datenschutzprobleme* (insbesondere Schutz der Privatsphäre) auf, wenn es in ein umfassendes elektronisches Organisationsgedächtnis integriert ist. Deshalb sollten Mechanismen zur Verfügung stehen, die automatisch über die Zeit oder gezielt auf Anforderung Kontextinformationen unschärfer werden lassen: Beispielsweise kann über die Zeit möglicherweise auf die Speicherung individueller Autorenschaft von Beiträgen verzichtet werden, solange die Gruppe oder Abteilung als Kontextinformation gespeichert wird. Oder die Teilnehmer können schon während der Kooperation eine anonyme Speicherung von Informationen vereinbaren.

Gruppenproduktivität

Henrik Lewe
IBM Deutschland Informationssysteme GmbH, Heidelberg

1 Einleitung

Entscheidend für Akzeptanz und Verbreitung von CSCW-Werkzeugen im betrieblichen Alltag ist, ob deren Einsatz zu einer höheren Produktivität der damit arbeitenden Teams führt oder nicht. Für diese Kernfrage vieler ökonomischer Untersuchungen zur computerunterstützten Gruppenarbeit kommt die Literatur bisher zu keinem eindeutigen Ergebnis: während die meisten der bisher noch wenigen Felduntersuchungen von positiven Ergebnissen berichten, konnte die Mehrzahl der Experimentaluntersuchungen bisher keinen eindeutigen Effekt der CSCW-Werkzeuge bezüglich der Gruppenproduktivität nachweisen. Aus den Experimentaluntersuchungen ragen einzelne Untersuchungen heraus, die von der University of Arizona stammen. So berichten Nunamaker et al. (1991a) in der renommierten Zeitschrift »Management Science« davon, dass sie »Synergie« in einem Gruppenprozess mit Computerunterstützung nachweisen konnten. Mit CSCW-Unterstützung war eine Gruppe bei der Generierung von Problemlösungen, gemessen an der Zahl der von ihr erzeugten nicht-redundanten Lösungen, produktiver als die gleiche Anzahl von Einzelpersonen (siehe hierzu aber auch die Ausführungen von Gräslund im Beitrag über Anonymität in diesem Buch).

Die Ermittlung der Gruppenproduktivität ist mit großen methodischen Problemen behaftet. Diese methodischen Probleme betreffen das Design der Untersuchung und die Input- und Output-Messgrößen bzw. die Definition der Produktivität. Da eine direkte Ermittlung der Erhöhung der Gruppenproduktivität in finanziellen Größen zu kurz greift, berücksichtigen heute übliche Verfahren zur Bestimmung der Gruppenproduktivität andere quantitative und qualitative Größen, ohne sie auf finanzielle Äquivalente zurückzuführen. Übliche Größen sind beispielsweise »Zeit«, »Quantität des Outputs« und »Qualität des Outputs«. Auch Gruppenzufriedenheit und Zusammenhalt werden im Zusammenhang mit der Produktivität diskutiert. Der Beitrag hat zum Ziel, für die wichtigsten Produktivitätsmessgrößen den bisherigen Stand des Wissens darzulegen.

2 Das Konzept der Produktivität bei der Gruppenarbeit

Produktivität ist ein Maß, dass eine Nutzenwirkung oder die Kombination mehrerer Nutzenwirkungen (Output) in das Verhältnis der zu deren Erzielung eingesetzten Kombination von Ressourcen (Input) setzt. Sie kennzeichnet den Grad, mit dem eine Gruppe ihr Ziel erreicht. Sowohl Input als auch Output müssen quantifiziert werden, um einen Anhaltspunkt über das erreichte Produktivitätsniveau zu erhalten. Daneben sind Einschätzungen der qualitativen Produktivitätsfaktoren für die Bewertung der Produktivität heranzuziehen, um die Aspekte der Gruppenproduktivität umfassend zu betrachten. Mit dem Ziel einer Erhöhung der Produktivität werden die Zusammensetzung der Einsatzfaktoren, deren Verwendungsprozess und auch das erzielte Ergebnis selbst Veränderungen unterworfen (Lewe, 1995). Abb. 71 »Gruppenproduktivität im Wirkungsmodell von CSCW« zeigt die Gruppenproduktivität im Wirkungsmodell von CSCW mit einer Auswahl der wichtigsten Komponenten (Quelle: Lewe, 1995; Fjermestad & Hiltz, 1999b).

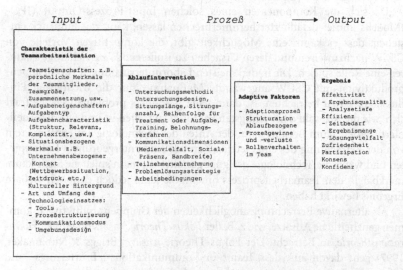

Abb. 71 Gruppenproduktivität im Wirkungsmodell von CSCW

In der Kleingruppenforschung (Hare, 1976; Shaw, 1981; Steiner, 1972; McGrath, 1984) wird die Produktivität von Gruppen auf deren Struktureigenschaften, die Eigenschaft der Aufgabe, sowie die Kontextsituation, in der die

Gruppe arbeitet, zurückgeführt. Bei der Betrachtung der Gruppenproduktivität von CSCW kommt als besondere Kontextbedingung der Einsatz von (Computer)-Technologie zu den Bestimmungsfaktoren der Gruppenproduktivität hinzu. Gruppen erzielen Ihre Ergebnisse jedoch nicht unmittelbar infolge solcher Inputs, sondern der Input kommt in dem Gruppenarbeitsprozess zum Tragen. Dessen Entwicklung ist davon geprägt, dass die Teams in einem Adaptionsprozess mit CSCW umgehen und dabei einer Strukturation (Poole & DeSanctis, 1990) ausgesetzt sind, dass sich Prozessgewinne und –verluste bemerkbar machen (Nunamaker et al., 1991a) und sich ein gewisses Rollenverhalten der Teammitglieder einstellt. Im Allgemeinen entwickeln sich diese Komponenten von Gruppenarbeitsprozessen unter dem Einfluss besonderer Konditionen, die in die Prozessabläufe in der Gruppe eingreifen, und zwar entweder, weil eine entsprechende natürliche Intervention vorliegt oder weil sie im Rahmen einer Untersuchung speziell zum Zweck der Messung der Produktivität erzeugt wurden und somit Einfluss nehmen können. Bei einem Produktivitätsvergleich von Arbeit mit CSCW und herkömmlicher Gruppenarbeit sind also Prozess- und Ergebnisveränderungen zu unterscheiden. Diese Wirkungszusammenhänge zeigt der in der nachfolgenden Abbildung aufgeführte theoretische Bezugsrahmen zum Studium von Produktivitätsaspekten.

Da sich die Komponenten eines solchen Input-Prozess-Output (IPO-)Modells immer detaillierter herunterbrechen lassen, kann der Eindruck entstehen, dass es kaum eine Möglichkeit gibt, die kompetitiven Vorteile von CSCW nachzuweisen und deren Ursachen zu isolieren, da zu vielfältige Faktoren eine Rolle spielen. Die in den meisten Laboruntersuchungen zur Gruppenproduktivität mit CSCW angewandte Maßnahme, nur die wichtigsten Einflussfaktoren zu betrachten, ist dann ganz besonders problematisch. Es fragt sich, wie die Auswahl der wichtigsten Faktoren zu treffen ist und wie diese definiert werden. Zum Beispiel kann der Anteil der Technologie am Ergebnis rein von der Betrachtung des eingesetzten Kapitals eine untergeordnete Rolle spielen und wenn die Technologie geeignet gestaltet ist, dann spielt sie auch kaum merkbar in den Teamarbeitsprozess hinein. Sie kann jedoch dennoch viel am Ergebnis bewirkt haben.

Als alternative Betrachtungsmöglichkeiten der Gruppenproduktivität kommen ganzheitliche Ansätze, wie z. B. der *Fokus-Theorie* Ansatz oder die *Strukturationstheorie*, in Betracht. Der Fokus-Theorie Ansatz (Briggs & Nunamaker, 1997) geht davon aus, dass Teams in Kommunikations-, Erörterungs- und Informationsaustauschprozessen aktiv sind, die zielgerichtet die vorhandenen kognitiven Ressourcen beanspruchen. Produktivität wird hier davon beeinflusst, wie zielgerichtet und zielkongruent die vorhandenen Ressourcen zum Einsatz kommen und wie viel Energie davon in die Prozesse gesteckt werden muss. Die Strukturationstheorie legt hinsichtlich der Produktivität das Hauptaugenmerk darauf, wie gut sich Teams unter gegebenen Bedingungen mit Hilfe Ihres Sozialverhaltens der Technik bedienen (Poole & DeSanctis 1990). Auch eine indirekte Bestimmung der Gruppenproduktivität mit Indikatoren ist vorstellbar. Gerade Mess- und Nachweisprobleme lassen sich damit leicht umgehen, etwa in dem man (Markt-)Durchdringungswerte für CSCW- oder Groupwaresysteme analysiert. Wenn computerunterstützte Teamarbeit Prozesse beschleunigt und qualitativ hochwertigere Ergebnisse produziert, dann schlägt sich dieser Produktivitätsgewinn mit Sicherheit im Umsatz der Unternehmen nieder, die diese Technologie verwenden. Alle diese Ansätze haben zwar den Vorteil, dass zur Erklärung der beobachteten Produktivität nicht immer detailliertere Konstrukte und komplexere Modell zu betrachten sind. Die Mehrheit der in der Vergangenheit erfolgten Untersuchungen zur Gruppenproduktivität mit CSCW beruht jedoch auf dem IPO-Modell.

3 Empirische CSCW-Forschung

Bevor CSCW-Unterstützung von Gruppen zum Einsatz kam, kam man in der Kleingruppenforschung (Hare, 1976; Shaw, 1981; Steiner, 1972; McGrath, 1984) mit Hilfe weitgehend empirischer Forschung zum Ergebnis, dass die von Teams tatsächlich erreichte Produktivität in Entscheidungs- und Problemlösungsprozessen bei weitem nicht deren potenzielle Produktivität erreichte, sondern davon abhing, in welchem Maß der Gruppenarbeitsprozess zu den Aufgabenanforderungen passte (Steiner, 1972). Mit dem Einsatz von CSCW galt es, die potenzielle Produktivität näher zu erreichen.

Während Lewe (1995) knapp 100 verschiedene Berichte zu empirischen Studien über CSCW zur Verfügung standen, konnten Fjermestad & Hiltz (1999b) bereits 200 publizierte Studien dieser Art analysieren. In diesen aktuellen Zusammenfassungen der Methodik und Ergebnisse zur CSCW-Laborforschung werden die nachfolgenden, ausgewählten Erkenntnisse über die Gruppenproduktivität ausführlich dargelegt.

4 Ergebnisse der Laborforschung

Teamaspekte

Teamgröße

Große Teams, die mit CSCW unterstützt werden, sind kleineren Teams und Teams, die ohne CSCW arbeiten, überlegen (Lewe, 1995; Briggs & Nunamaker, 1997; Fjermestad & Hiltz, 1999b). Diesen Zusammenhang verdeutlicht Abb. 72 »Zusammenhang zwischen Teamgröße und Sitzungskosten« exemplarisch (nach Schwabe & Krcmar, 2000b). Im Falle vergleichbarer Ergebnisse (Output), verursachen zunehmende Prozessverluste bei nicht unterstützten Teams, dass die für die CSCW-Unterstützung aufzuwendenden Fixkosten mit zunehmender Teamgröße übertroffen werden.

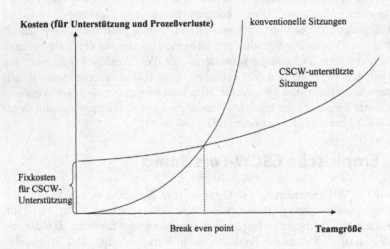

Abb. 72 Zusammenhang zwischen Teamgröße und Sitzungskosten

Persönliche Eigenschaften:

Je erfahrener die beteiligten Gruppenmitglieder sind, desto produktiver gehen sie mit der CSCW-Unterstützung um. Studentengruppen zeigten sich im Allgemeinen nicht so konsequent produktiv wie Gruppen mit Professionals. Allerdings wurden Professionals bisher eher in Felduntersuchungen untersucht, während Studentengruppen am ehesten an den kontrollierten Laboruntersuchungen beteiligt waren, womit eine stark eingeschränkte Verallgemeinerbarkeit von Aussagen aus der Laborforschung gegeben ist.

Zusammensetzung der Teams:

Homogene Teams und Gruppen mit Vergangenheit arbeiten üblicherweise produktiver, als heterogene und kurzfristig (Ad-hoc) zusammengestellte Gruppen, die sich erst noch näher kennen lernen müssen und deren in der Regel fehlende Zielkongruenz hinderlich ist. Heterogene und Ad-hoc Teams haben jedoch mehr Produktivitätsgewinn vom CSCW-Einsatz, denn dieser führt dazu, dass die Teammitglieder Ihre vielfältigen Fähigkeiten besser einbringen können und sie schnell einen homogeneren Zustand als Team erreichen. Hierarchische Statusunterschiede beeinflussen die Gruppenproduktivität dadurch, dass die potenziellen Produktivitätsgewinne durch CSCW weniger ausgeschöpft werden, wenn Statusunterschiede innerhalb der Teams existent sind. In den wenigen vorhandenen Untersuchungen, die die Gruppenproduktivität in Abhängigkeit von der Unterscheidung des Geschlechts der Mitglieder untersuchten, wurde nachgewiesen, dass die hier beschriebenen allgemein beobachtbaren Produktivitätseffekte des CSCW-Einsatzes je nach geschlechtlicher Zusammensetzung unterschiedlich ausfallen. Teams, die rein aus weiblichen Mitgliedern bestanden, waren produktiver als gemischtgeschlechtliche Teams, die wiederum produktiver als reine Teams aus Männern waren. Diesbezüglich sind jedoch wesentliche tiefere Untersuchungen der komplexen Wirkungszusammenhänge erforderlich.

Aufgabenaspekte

Aufgabentypen

Mc Grath (1984) hat die Aufgaben, die Gruppen bearbeiten, nach Typen klassifiziert (näheres dazu enthält der Beitrag von Schwabe über Theorien zur Mediennutzung bei der Gruppenarbeit in diesem Buch). Am meisten wurden bisher Entscheidungsaufgaben, Kreativitätsaufgaben und Urteilsaufgaben (Aufgaben intellektuellen Anspruchs) untersucht. Die häufigste Produktivitätsverbesserung durch den Einsatz von CSCW wurde für Entscheidungsaufgaben und Aufgaben zur Lösung von Interessenkonflikten festgestellt. Die nach der Media-Synchronicity-Theorie konvergenten Kooperationsprozesse (siehe dazu auch den Beitrag von Schwabe über Theorien zur Mediennutzung bei der Gruppenarbeit in diesem Buch) werden also am ehesten von CSCW positiv beeinflusst. Bei Kreativitätsaufgaben und bei den bisher noch wenig untersuchten Planungsaufgaben sind die stärksten Produktivitätsverbesserungen zu beobachten (Fjermestad & Hiltz 1999b). Dies sind der Media-Synchronicity-Theorie folgend eher divergente Kooperationsprozesse, bei denen sich vor allem ein hohes Maß an Parallelität sowie die hohe Geschwindigkeit des Feedbacks für die Produktivität positiv bemerkbar machen.

Aufgabencharakteristik

Die Untersuchungen weisen darauf hin, dass Teams allgemein etwas produktiver mit CSCW-Werkzeugen arbeiten, wenn die Beiträge nicht anonym sind. Hier ist jedoch ausschlaggebend, welcher Aufgabentyp vorliegt, denn während bei Entscheidungsaufgaben die Produktivität steigt, wenn nicht anonym gearbeitet wird, ist es bei Kreativitätsaufgaben genau anders herum. Hier entfaltet anonymes Arbeiten Produktivitätspotenzial (Fjermestad & Hiltz, 1999b), wofür aufgrund der geringen statistischen Signifikanz ein eher komplexer Zusammenhang zwischen CSCW, Anonymität und Gruppenproduktivität ausschlaggebend ist (siehe dazu auch den Beitrag von Gräslund et al. über Anonymität in diesem Buch).

Der Einfluss der Aufgabenkomplexität wurde bisher noch ungenügend untersucht. Je höher die Aufgabenkomplexität desto produktiver waren die Gruppen, wenn sie mit CSCW unterstützt wurden. Außerdem muss über die Aufgabe Klarheit bestehen, damit im Team produktiv mit kongruentem Ziel gearbeitet werden kann. CSCW verbessert die Gruppenproduktivität weiterhin dann, wenn die gestellte Aufgabe erhöhte Anforderungen im Hinblick auf das Management von Informationen (Strukturierung, Zugang, usw.) erfordert.

Situationsbezogene Merkmale

Der Einfluss des Kontextes, in dem CSCW angewandt wird, ist erst in jüngster Zeit hinsichtlich der Gruppenproduktivität untersucht worden. Vor allem der kulturelle Hintergrund, aus dem die untersuchten Probanden kommen, offenbarte Unterschiede in der Gruppenproduktivität. Asiaten erzielten mehr Konsens und Mexikaner waren deutlich zufriedener nach der Nutzung des CSCW-Systems, während Amerikaner effektiver waren und gerade auch hinsichtlich der Analysetiefe qualitativ bessere Ergebnisse erzielten.

Weiterhin wurde festgestellt, dass das situationsbedingte Anreiz- und Belohnungssystem auch bei der Arbeit mit CSCW der gemeinsamen Gruppenanstrengung förderlich sein muss. Sonst stehen individuelle Ziele der Produktivität entgegen. Außerdem sollte wegen der oftmals gegebenen Einflussnahme der eigenen CSCW-Gruppenarbeit auf andere, außerhalb des Teams existenten Subsysteme, kein Zielkonflikt bestehen, der Produktivität beeinträchtigen kann.

Technologie

CSCW-Werkzeuge (Tools) weisen sehr unterschiedliche Unterstützungsfähigkeiten auf. Mit hochentwickelten Werkzeugen kann deutlich produktiver gearbeitet werden als mit rudimentären Werkzeugen (Sambamurthy et al., 1993). Leider entsprechen die meisten der in den Untersuchungen der Vergangenheit benutzten CSCW-Werkzeuge nicht den Anforderungen von CSCW, insbesondere dann, wenn die Nutzer der Systeme nicht kontrollieren können, was sie zu sehen bekommen und was anderen übermittelt wird. Zu unterscheiden sind Werkzeuge, die im Wesentlichen die computerunterstützte Kommunikation ermöglichen (E-Mail-artige Systeme) und solche Werkzeuge, in die darüber hinausgehend bestimmte Problemlösungsverfahren (z. B. Brainstorming, Abstimmungsverfahren) eingebaut sind und bei denen Facilitatoren eingesetzt werden (im Allgemeinen als Group Support Systems (GSS) bekannt).

Außerdem wird unterschieden, ob CSCW-Werkzeuge zeitversetztes Arbeiten unterstützen oder nicht (synchrone und asynchrone CSCW-Werkzeuge) sowie welche räumliche Nähe vorliegt (Entscheidungsraum, mehrere verteilte Entscheidungsräume, verteiltes Arbeiten der beteiligten Personen). Die eingesetzten Werkzeuge unterscheiden sich außerdem hinsichtlich ihres Designs, im Speziellen hinsichtlich der Benutzeroberfläche.

Die *Gruppenproduktivität* wird von diesen Technologieaspekten sehr unterschiedlich beeinflusst. Es ist bisher kaum gelungen, Produktivitätseffekte allein den unterschiedlichen Technologieformen von CSCW-Werkzeugen zuzuordnen. Positive Effekte treten bei CSCW-Werkzeugen zur Kommunikationsunterstützung im gleichen Maße auf wie bei GSS, wobei bei GSS seltener negative Effekte zu beobachten sind, so dass sich hier ein leicht besseres Verhältnis positiver zu negativer Wirkungen einstellt. Die positiven Wirkungen können sich jedoch häufig erst in Kombination mit anderen Faktoren entfalten.

Der Kommunikationsmodus wurde in besonders vielen Laboruntersuchungen manipuliert. In der Regel wurden dabei mit CSCW-Werkzeugen unterstützte Teams direkt mit Teams verglichen, die überhaupt keine Unterstützung verwendeten und gemeinsam in einem Raum arbeiteten. Dabei konnte festgestellt werden, dass positive Effekte gegenüber der Arbeit ohne CSCW-Unterstützung eher in Entscheidungsräumen als bei räumlich verteiltem Arbeiten (Telearbeit) erzielt werden können und sie, zumindest nach den bisherigen Untersuchungen (Fjermestad & Hiltz, 1999b), bei der Telearbeit mit asynchronen Arbeitsmöglichkeiten (z. B. per E-Mail/Bulletinboard mit Strukturierungskomponenten/-Filtern/Agenten) wiederum eher eintreten als bei rein synchronem verteiltem Arbeiten (z. B. Video-Conferencing/Online-Chat-Spaces). Die höchste Produktivität wird also erreicht, wenn sich die Gruppen an einem Ort in geeignet gestalteten Räumen (Lewe & Krcmar, 1991) zusammenfinden und die Mitglieder sich sehen können. Bei räumlich verteilter Arbeit fehlen oftmals diverse nonverbale Kommunikationsmöglichkeiten (Gestik, Mimik, usw.), was die CSCW-Technologie zwar teilweise egalisieren kann, wofür aber ein zusätzlicher Ressourcen-Einsatz erforderlich ist. Allerdings ist zu vermuten, dass vor dem Hintergrund zunehmender Verbreitung des Internets und von webbasierten CSCW-Werkzeugen künftig andere Untersuchungsergebnisse erzielt werden.

Ansonsten wurde in den bisherigen Untersuchungen festgestellt, dass von CSCW vor allem die Art, wie Beiträge in die Gruppenarbeit eingebracht werden können, beeinflusst wird. Wird paralleles Arbeiten unterstützt, erhöht sich die Gruppenproduktivität (Dennis, 1991; siehe dazu auch den Beitrag von Johannsen et al. über Parallelität in diesem Buch). Außerdem erhöht sie sich, wenn ein Facilitator eingesetzt wird, wenn das Tool-Interface einfach zu bedienen ist sowie dann, wenn die Tool-Funktionalität den Aufgabenanforderungen entspricht. Sofern ein geeigneter Facilitator zusammen mit CSCW eingesetzt wird, steigt die Gruppenproduktivität, weil dann negative Produktivitätseffekte des CSCW-Einsatzes vermieden werden können (Lewe, 1995).

Ablaufinterventionen

Unter den untersuchungstechnisch gegebenen Interventionen in den Gruppen-
prozessablauf, die im Rahmen der Forschung zu kontrollieren und um Hinblick auf den Einfluss auf die Adaptiven Faktoren und beobachteten Ergebnisse
zu diskutieren sind, ist bemerkenswert, dass in Laboruntersuchungen eine
wesentlich bessere Produktivität erzielt wurde, wenn kein zeitliches Limit
gesetzt war und die Teams solange an ihrer Aufgabe arbeiten konnten, wie sie es
für nötig befanden (Fjermestad & Hiltz, 1999b). Selten wurde eine Einweisung
bzw. ein Training in die Untersuchung einbezogen, doch weist der Beitrag von
Engel et al. über Einführung und Betrieb in diesem Buch auf dessen große
Bedeutung für die Gruppenproduktivität hin.

Adaptive Faktoren

Nach der Strukturationstheorie (siehe dazu auch den Beitrag von Schwabe
über Theorien zur Mediennutzung bei der Gruppenarbeit in diesem Buch)
sind nicht einzelne der zuvor aufgeführten Faktoren ausschlaggebend für die
resultierende Gruppenproduktivität, sondern die Art und Weise, wie sich
Gruppen dieser Faktoren in ihrem Teamarbeitsprozess annehmen. Am ehesten
wird dabei die Partizipation und somit die Möglichkeit der persönlichen Einflussnahme beeinflusst, wobei deutlich mehr positive als negative Effekte auf
diesen Produktivitätsaspekt durch den Einfluss von CSCW beobachtet werden
konnten. Auch die Beobachtungen hinsichtlich der »Risky Shift« Tendenz in
Gruppen, der Einfluss demotivierender negativer Kommentare, sowie Phänomene wie Beteiligungshemmnissen oder »Flaming« zeigen, dass mit CSCW
produktivere Ergebnisse zu Stande kommen, in dem diese Prozessverluste
verringert werden.

5 Ergebnisse der Feldforschung

Feldstudien machen im Vergleich zu Laborstudien einen weitaus kleineren Teil
der empirischen CSCW-Forschung über die Gruppenproduktivität aus und
wurden, da sie im Feld weiter verbreitet sind, eher mit Systemen zur Kommunikationsunterstützung als mit GSS durchgeführt (Lewe, 1995; Fjermestad &
Hiltz, 1999b). Die wichtigste Erkenntnis hier ist, dass die in der Laborforschung ermittelten Produktivitätswirkungen von CSCW weitgehend auch aus
der Feldforschung hervorgehen, allerdings in noch positiverem Maße. Selbst
für die in der Laborforschung noch dürftige Effizienz des CSCW-Einsatzes sind
Produktivitätsverbesserungen im Feld zu registrieren, d. h. dass CSCW tatsächlich Sitzungsdauern und Teamarbeitzeitbedarf verringert (vgl. hierzu auch die
Beiträge von Englberger über Evaluierung und Gareis et al. über Wirtschaft-

lichkeit in diesem Buch). Die allgemein größere Grundgesamtheit, die höhere Professionalität und möglicherweise eine höhere Zielkongruenz der Gruppen im Feld können Ursache dafür sein.

Konsequenzen

Studien haben gezeigt, dass in Informationstechnologie (IT) investiertes Kapital deutlich höhere Return on Investments hervorbrachte als Kapital, das nicht in IT investiert wurde (Brynjolfsson & Hitt, 1998). Die bisherigen Untersuchungen scheinen diese Wirkungstendenz auch für die Gruppenproduktivität mit CSCW zu bestätigen, wenn geeignet gestaltete CSCW-Werkzeuge verwendet werden. Die Metaanalyse der bisherigen Untersuchungen ergab, dass sich die meisten positiven Produktivitätseffekte von CSCW hinsichtlich der Effektivität, Prozessgewinne und Strukturationsvorteilen einstellen. Nachteile hinsichtlich der Gruppenproduktivität können vor allem in Bezug auf die Effizienz entstehen und hierbei im Wesentlichen infolge eines erhöhten Zeitbedarfs, der mit dem Eintippen sowie infolge der gedanklichen Beschäftigung mit den CSCW-Systemen erforderlich ist (Fjermestad & Hiltz, 1999b). Dennoch, die erforderliche Beschäftigung mit dem Computer, das erforderliche Eintippen von Gedanken und die multimedial gelenkte Gruppen- und Umgebungswahrnehmung an Stelle der direkten Kommunikation bergen in CSCW ein Potenzial, Gruppenproduktivität zu verbessern. Eine mögliche Antwort auf die Frage, warum die Produktivität so stark positiv beeinflusst ist, könnte sein, dass mit der Investition in IT eine größere Veränderung des Gesamtsystems und seiner Prozesse einhergeht und dies dem erreichten Gruppenproduktivitätsniveau förderlich ist. Doch es reicht natürlich nicht, Teams einfach Technologie zu geben und zu erwarten, dass sie damit ein produktives Team werden. Die Rahmenbedingungen (Anreize) müssen stimmen und der Umgang mit diesem Hilfsmittel muss versiert geschehen.

Obwohl immer mehr Erkenntnisse aus Untersuchungen zu den Produktivitätseffekten von CSCW existieren, sind die tatsächlichen Potenziale bisher erst oberflächlich ermittelt und durch existierende Technologie noch lange nicht ausgeschöpft. Wenig ist auch über den konkreten Umfang der Wirkungen bekannt. Untersuchungsbedarf besteht vor allem noch, die immer fortschrittlicheren CSCW-Werkzeuge, professionelle Teams im Feld, größere Teams und größere Grundgesamtheiten zu betrachten und Ihnen dabei keine zeitlichen Restriktionen aufzuerlegen. Außerdem mangelt es an empirischen Ergebnissen zu CSCW-Einzelfunktionen (z. B. Awareness). Möglicherweise wirken diese Faktoren nur indirekt über bereits in der bisherigen empirischen CSCW-Forschung beobachtete Aspekte und somit wird sich wenig am Kenntnisstand über die Produktivitätswirkung von CSCW ändern. Es ist aber auch denkbar, dass sich hier neue Erkenntnisse offenbaren und somit produktivitätsfördernde

Faktoren vielfach andere sein können, als die bisher in der CSCW-Forschung diskutierten. Weiterhin ist zu beachten, dass sich die Technologie weiterentwikkelt, und somit die Gültigkeit der bisherigen Kenntnisse oder etwaige Fortschritte zu untersuchen sind.

Ohne gewisse aktive Unterstützungsmaßnahmen bei der Teamarbeit wird es heute, speziell auch in Anbetracht von Downsizing und Rationalisierungsmaßnahmen, für Unternehmen immer schwieriger, produktiv zu bleiben und Wettbewerbsvorteile aus ihrem Produktivitätsvorsprung zu ziehen. Flexibilität und die Möglichkeit, durch mehr Personal produktiver zu werden, verringern sich. CSCW eröffnet hier alternative Produktivitätsverbesserungsansätze. Das ist die Rolle, die CSCW-Technologie künftig spielen wird: sie ermöglicht Teamarbeit, wo es sonst überhaupt keine Teamarbeit geben würde und wo sie nutzbringend Produktivitätspotenziale freisetzt.

Neue Organisationsformen

Ralf Reichwald, Kathrin Möslein, Hermann Englberger
Technische Universität München, München

1 Einleitung

Durch die Entwicklung und den Einsatz neuer Informations- und Kommunikationstechnologien und vor dem Hintergrund verschärfter Wettbewerbsbedingungen vollzieht sich ein tiefgreifender Wandel der Unternehmensstrukturen. Die Potenziale elektronischer Medien erlauben es, Kooperations- und Wertschöpfungsprozesse zunehmend unabhängig von Ort und Zeit durchzuführen. Die Grenzen der Unternehmung lösen sich dadurch in vielfacher Weise auf und neue Formen der Arbeits- und Organisationsgestaltung entstehen (Picot & Reichwald, 1994, Picot et al., 2001). Diese neuen Arbeits- und Organisationsformen sind gekennzeichnet durch eine Überwindung räumlicher, zeitlicher und organisatorischer Barrieren. Sie überwinden traditionelle Grenzen jedoch in unterschiedlicher Form und Reichweite.

Der vorliegende Beitrag befasst sich mit den Triebkräften, Konzepten und Realisierungen neuer Arbeits- und Organisationsformen vor dem Hintergrund der Potenziale von CSCW. Er zeigt, welche primären Strategien organisatorischer Innovation Unternehmen heute verfolgen, um im Wettbewerb erfolgreich zu bestehen. Dazu ist zunächst zu präzisieren, welche neuen Formen der verteilten Kooperation (»Telekooperation«) durch CSCW-Systeme ermöglicht werden. Telearbeit, Telemanagement und Teleleistung werden als die drei gedanklichen Säulen der Telekooperation vorgestellt und neue organisatorische Gestaltungsmöglichkeiten aufgezeigt.

2 Triebkräfte organisatorischer Innovation

Der Weg in die Informationsgesellschaft bedingt Neugestaltung und Neukonzeption für weite Bereiche wirtschaftlichen Handelns in Unternehmen und Märkten. Neue Informations- und Kommunikationstechnologien gelten auf diesem Weg als zentrale Triebkraft der Entwicklung, ermöglichen sie doch eine schrittweise Auflösung der räumlichen und zeitlichen Gebundenheit von betrieblichen Arbeitsplätzen und wirtschaftlichen Wertschöpfungsprozessen. Diese Möglichkeiten, mit Hilfe neuer Technologien räumliche und zeitliche

Barrieren leichter überwinden zu können, sind von elementarer Bedeutung für die Gestaltung von Arbeitsplätzen, Geschäftsprozessen und Organisationen. Sie schaffen neue Freiräume für die Gestaltung und eröffnen so Spielräume für Innovation im Bereich der Produkte, Prozesse und Strategien.

Bereits heute spricht vieles dafür, dass der Arbeitsplatz am Unternehmensstandort in weiten Bereichen immer weniger den geeigneten Ort für die Aufgabenbewältigung darstellt und dass Geschäftsprozesse unter Nutzung der neuen Möglichkeiten der Standortverteilung und zunehmenden Mobilität völlig neu gestaltet werden können. Doch verlangt die Realisierung neuer Möglichkeiten immer auch Wandel, Veränderung und Umdenken. Tendenzen des Wandels aber sind stets mit Tendenzen der Beharrung konfrontiert. Solche Beharrungstendenzen finden sich auf allen Ebenen der Arbeits- und Organisationsgestaltung: in den Denkmustern individueller Akteure, in der Gebilde- und Prozessstruktur von Organisationen sowie den Grundsätzen, Leitbildern und Rahmenfaktoren wirtschaftlichen Handelns. Zahlreiche Hemmnisse stehen daher auch gegen eine räumliche Neugestaltung der Arbeitswelt. Warum also sollten Arbeitsplätze räumlich verlagert, Geschäftsprozesse standortmäßig verteilt und Organisationen standortübergreifend vernetzt werden? Was treibt und was bremst eine derart räumliche Restrukturierung der Arbeitswelt?

Blickwinkel »Wandel in Arbeitswelt und Gesellschaft«: Zahlreiche Indikatoren deuten daraufhin, dass die westlichen Industrieländer seit den 60er Jahren einem tiefgreifenden *Wertewandel* in Arbeitswelt und Gesellschaft unterworfen sind (vgl. z. B. Klages 1984, v. Rosenstiel et al., 1993). Dieser Wandel grundlegender Wertorientierungen und Präferenzstrukturen in der Gesellschaft führt auch zu neuen Ansprüchen und Erwartungen in der Arbeitswelt. Gefragt sind Berufe und Arbeitsbedingungen, die den Menschen in die Lage versetzen, Berufs- und Privatleben besser in Einklang zu bringen und die ein hohes Maß an Selbständigkeit und Handlungsspielraum beinhalten. Anerkennung, Wertschätzung und persönliche Entfaltung in der Arbeit sind vor allem in der jüngeren Arbeitnehmerschaft mit hoher Qualifikation und hohen Ansprüchen die wichtigsten Motivationsfaktoren. Es wird für Unternehmen in der Zukunft daher immer wichtiger, diese nachhaltigen Veränderungen der Bedürfnisstrukturen und Lebensgewohnheiten zu reflektieren und in neuen Organisationsentwürfen zu berücksichtigen. Unternehmerische Ziele werden ohne eine Einbeziehung der Mitarbeiterziele immer weniger realisierbar. Von der konsequenten Entfaltung und Nutzung menschlicher Fähigkeiten und Kreativitätspotenziale sowie der Bereitstellung sinnvoller organisatorischer und technischer Rahmenbedingungen wird letztlich die Überlebensfähigkeit jedes einzelnen Unternehmens abhängen. Telekooperative Arbeits- und Organisationsformen kommen den neuen Wertvorstellungen und Werthaltungen in vieler Hinsicht entgegen. Sie erlauben es, Ziele des Individuums, wie z. B. Selbstbestimmung, Mobilität und Unabhängigkeit, zu einem Grundbaustein organisatorischer Gestaltungskonzepte zu machen (Hesch, 1997).

Blickwinkel »Fortschritte der Informations- und Kommunikationstechnik«: Neue technologische Möglichkeiten im Bereich von Informationstechnik und Telekommunikation gelten heute allgemein als Auslöser für die Herausbildung standortverteilter und standortunabhängiger Arbeits- und Organisationsformen[100]. Groupwaretechnologien und Community-Support Systeme eröffnen neue Möglichkeiten mediengestützter Teamarbeitsformen und telekooperativer Beziehungsnetzwerke. Mit diesen Entwicklungen verbinden sich die unterschiedlichsten Hoffnungen: Hoffnungen auf eine immer geringere Abhängigkeit von Gerätestandorten durch eine Zunahme mobiler Kooperationsmechanismen, Hoffnungen auf eine immer bruchlosere Zusammenarbeit auch über Unternehmens- und Standortgrenzen hinweg, letztlich Hoffnungen auf eine Ausweitung individueller und kollektiver Leistungsgrenzen, auf eine Schaffung erweiterter Freiräume für den Einzelnen und eine Verbesserung von Wohlstand und Wettbewerbsfähigkeit für die Gesellschaft. Doch die zunehmende Verbreitung und Vernetzung moderner Informations- und Kommunikationstechnologien verändert auch die Wettbewerbsbedingungen selbst. Dies bleibt nicht ohne Auswirkungen auf die Anforderungen, die an Organisationen im Markt und an Aufgabenträger in Unternehmen gestellt werden.

Blickwinkel »Wandel der Markt- und Wettbewerbssituation«: Für eine Vielzahl von Unternehmen haben sich schon heute die Markt- und Wettbewerbsbedingungen tiefgreifend verändert. Veränderte Rahmenbedingungen aber stellen neue Anforderungen an Unternehmens- und Arbeitsplatzstrukturen. Bislang erfolgreiche Arbeitsformen verlieren teilweise ihre Vorteilhaftigkeit zugunsten neuer Formen, die besser auf die veränderten Bedingungen ausgerichtet sind. Die beobachtbaren Veränderungen im Markt- und Wettbewerbsumfeld von Unternehmen ergeben sich im Zusammenspiel vielfältiger Einflussfaktoren. Im Hinblick auf die Raumgestalt von Arbeits- und Organisationsformen sind dabei vor allem vier Faktoren von besonderer Bedeutung: die Globalisierung der Markt- und Wettbewerbsbeziehungen, der sektorale Strukturwandel, die Zunahme von Marktdynamik und Marktunsicherheiten und die steigende Komplexität von Produkten und Dienstleistungen (vgl. hierzu ausführlich Picot et al., 2001).

Bereits vollzogene und sich vollziehende, tiefgreifende Veränderungen der Markt- und Wettbewerbssituation, neue Innovationspotenziale der Informationstechnik und Telekommunikation sowie der Wertewandel in Arbeitswelt und Gesellschaft bilden zugleich Triebkräfte und Barrieren für organisatorische

---

[100]Vgl. z. B. Grenier & Metes 1992, Ciborra 1993, Allen & Scott Morton 1994, O'Hara-Devereaux & Johansen 1994, Laubacher & Malone 1997.

Wandlungsprozesse (vgl. Abb. 73 »Triebkräfte organisatorischer Innovation«).
Unternehmen reagieren heute in vielfältiger Weise: mit Reorganisationen der
Wertschöpfungskette, einer zunehmenden Vernetzung mit Marktpartnern, mit
Strategien der Dezentralisierung und Standortverlagerung sowie mit einer Herausbildung virtueller Strukturen. Telearbeit und Telekooperation bilden wichtige Bausteine für die Realisierung dieser übergreifenden Wandlungsprozesse.
Doch der Bezug zwischen Projekten der Telearbeit und Telekooperation und
übergreifenden Strategien der Arbeits- und Organisationsgestaltung bleibt
häufig unscharf. Im Folgenden wird daher der Blick vor allem darauf gerichtet,
den Beitrag, den neue telekooperative Arbeitsformen für die Erreichung der
wettbewerbsstrategischen Unternehmensziele leisten können, deutlich zu
machen. Erst dann kann auch aus betriebswirtschaftlicher Sicht die Frage
beantwortet werden, in welcher Situation und welcher Weise Unternehmen
diese neuen Arbeitsformen einführen sollten.

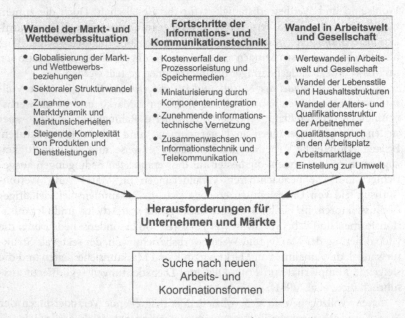

Abb. 73 Triebkräfte organisatorischer Innovation

Bereits vollzogene und sich vollziehende, tiefgreifende Veränderungen der
Markt- und Wettbewerbssituation, neue Innovationspotenziale der Informationstechnik und Telekommunikation sowie der Wertewandel in Arbeitswelt

und Gesellschaft bilden zugleich Triebkräfte und Barrieren für organisatorische Wandlungsprozesse (vgl. Abb. 73 »Triebkräfte organisatorischer Innovation«). Unternehmen reagieren heute in vielfältiger Weise: mit Reorganisationen der Wertschöpfungskette, einer zunehmenden Vernetzung mit Marktpartnern, mit Strategien der Dezentralisierung und Standortverlagerung sowie mit einer Herausbildung virtueller Strukturen. Telearbeit und Telekooperation bilden wichtige Bausteine für die Realisierung dieser übergreifenden Wandlungsprozesse. Doch der Bezug zwischen Projekten der Telearbeit und Telekooperation und übergreifenden Strategien der Arbeits- und Organisationsgestaltung bleibt häufig unscharf. Im Folgenden wird daher der Blick vor allem darauf gerichtet, den Beitrag, den neue telekooperative Arbeitsformen für die Erreichung der wettbewerbsstrategischen Unternehmensziele leisten können, deutlich zu machen. Erst dann kann auch aus betriebswirtschaftlicher Sicht die Frage beantwortet werden, in welcher Situation und welcher Weise Unternehmen diese neuen Arbeitsformen einführen sollten.

3 Strategien organisatorischer Innovation

Unsere Wirtschaft basiert auf arbeitsteiliger Zusammenarbeit. Die adäquate Organisation dieser Zusammenarbeit ist ausschlaggebend für den Erfolg wirtschaftlicher Wertschöpfungsprozesse und damit auch für die Wettbewerbsfähigkeit von Unternehmen und Unternehmensstandorten. Verändern sich nun die Rahmenbedingungen wirtschaftlichen Handelns, so verändert sich auch die Vorteilhaftigkeit alternativer Organisations- und Arbeitsformen[101]. Es ist daher nicht verwunderlich, dass weite Teile der Wirtschaftspraxis dem klassischen Lehrbuchbild der Unternehmung immer weniger entsprechen. Zwar sind wir es gewohnt, uns Unternehmen als integrierte, planvoll organisierte, weitgehend stabile Gebilde der Sachgüter- und Dienstleistungsproduktion vorzustellen, die

- sich im Inneren durch einen wohlstrukturierten Aufbau und definierte Abläufe beschreiben lassen,

- nach außen relativ klare institutionelle Grenzen arbeits- und gesellschaftsrechtlicher Vertragsbeziehungen aufweisen und

- gebunden sind an die räumlichen Grenzen physischer Standortstrukturen und einen klaren zeitlichen Handlungsrahmen.

---

[101]Zum grundlegenden Organisationsproblem vgl. den entsprechenden Beitr g von Möslein über Organisationstheorie in diesem Buch; zum organisatorischen Wandel vgl. insbesondere Kieser et al. (1998).

Doch korrespondiert diese Vorstellung immer weniger mit den Erfordernis-
sen und Gegebenheiten der Realität: Hierarchien lösen sich teilweise auf zugunsten flacher, modularer Strukturen. Unternehmensgrenzen verwischen in sym-
biotischen, netzwerkartigen Unternehmensverbindungen, und die Grenzen
von Raum und Zeit verlieren für die Organisation von Leistungsprozessen
zunehmend an Bedeutung[102].

Neue Formen der Organisationsgestaltung zielen auf eine umfassende Flexibilisierung von Organisationen unter Nutzung neuer Möglichkeiten raum-zeitlich verteilter Zusammenarbeit – der Telekooperation. Ausgehend von der klassischen Unternehmenssituation hierarchischer Industrieorganisationen, die in
weitgehend stabilen Massenmärkten Produkte überschaubarer Komplexität
fertigen, beschreiten Unternehmen unter den veränderten Rahmenbedingungen des Wettbewerbs heute neue Wege: Sie lösen schrittweise klassische Grenzen in und zwischen Unternehmen auf, um mit neuen Strukturen der wachsenden Komplexität der Produkte und zunehmenden Unsicherheiten auf den
Märkten begegnen zu können.

Drei Grundstrategien organisatorischer Innovation sind dabei zu unterscheiden:

- die *Modularisierung* der Geschäftsprozesse und Unternehmensstrukturen,
  die vor allem für die Beherrschung zunehmender Produktkomplexität Antworten bietet und im Wesentlichen ein Aufbrechen klassischer Grenzzie-
  hungen durch neue Formen der Teamarbeit und Kooperation im Inneren
  von Unternehmen betrifft;

- die *organisatorische Netzwerkbildung* durch die Herausbildung unterneh-
  mensübergreifender Kooperationen, Beziehungsnetzwerke und Wertschöp-
  fungspartnerschaften, die insbesondere für eine Beherrschung von Marktunsicherheiten Antworten bietet und in erster Linie die Auflösung der
  Grenzen zwischen Unternehmen betrifft;

- die *Virtualisierung* von Organisationen als dynamische Vernetzung modularer Organisationseinheiten in und zwischen Unternehmen, die eine Hybrid-
  lösung für Aufgaben hoher Komplexität in besonders unsicheren Märkten
  darstellt.

Modularisierung, Netzwerkbildung und Virtualisierung bilden damit die
dominierenden organisatorischen Strategiealternativen, die unter jeweils spezifischen Markt- und Wettbewerbsbedingungen zum Einsatz kommen (vgl. Abb.
74 »Strategien organisatorischer Innovation«; siehe dazu Reichwald & Möslein,
2000; Möslein, 2000). Gemeinsam ist diesen Strategien die Tatsache, dass ihre

---

[102]Vgl. stellvertretend für viele z. B. Reichwald et al. 2000, Winand & Nathusius 1998.

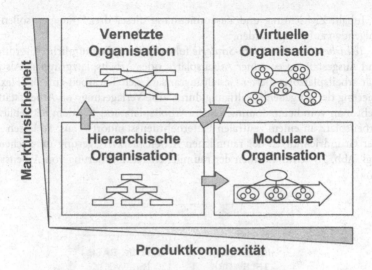

Abb. 74 Strategien organisatorischer Innovation

Realisierung erst durch die heutigen Möglichkeiten mediengestützter Zusammenarbeit – der Telekooperation – ökonomisch sinnvoll und machbar wird. Indem neue Technologien der Informationsverarbeitung und Telekommunikation die Kosten raumübergreifender Koordination und Abstimmung senken, entziehen sie klassischen Lösungen lokaler Arbeits- und Organisationsgestaltung teilweise ihre Berechtigung und wirken als Verstärker für diese Strategien organisatorischer Innovation.

4 Telearbeit und Telekooperation: Basisbausteine organisatorischer Innovation

Aus betriebswirtschaftlicher Perspektive lassen sich unter dem Einfluss neuer Informations- und Kommunikationstechnologien Strategien räumlicher Flexibilisierung auf drei Ebenen unterscheiden (Reichwald et al. 2000a):

- Telearbeit als Arbeitsplatz-Strategie,
- Telekooperation als Wertschöpfungsprozess-Strategie sowie
- Modularisierung, Netzwerkbildung und Virtualisierung als Organisationsstrategien.

Inhalt, Zielrichtung und Zusammenhang dieser drei Strategien sollen im Folgenden aufgezeigt werden.

Telearbeit als Arbeitsplatz-Strategie fokussiert auf die räumliche Anordnung und Ausgestaltung einzelner Arbeitsplätze oder Arbeitsplatzgruppen. Als primär arbeitsplatzorientierter Gestaltungsansatz zielt Telearbeit auf eine Flexibilisierung der Aufgabenbewältigung durch eine Verlagerung von Arbeitsstätten. Geht man vom heute dominierenden Arbeitsplatzmodell – dem betrieblichen Arbeitsplatz an einem zentralen Unternehmensstandort – aus, so lassen sich vier Grundrichtungen der räumlichen Arbeitsplatzverlagerung unterscheiden (vgl. Abb. 75 »Grundformen der räumlichen Flexibilisierung von Arbeitsstätten«).

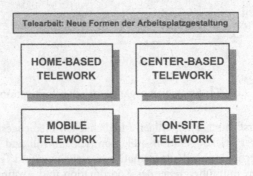

Abb. 75   Grundformen der räumlichen Flexibilisierung von Arbeitsstätten

Arbeitsstätten können vom zentralen Unternehmensstandort aus

- nach Hause zum Mitarbeiter *(Home-based Telework)*,

- in wohnort-, kunden- oder ressourcennah eingerichtete Telezentren *(Center-based Telework)*,

- zum Standort des Kunden, Lieferanten oder Wertschöpfungspartners *(On-Site Telework)* oder

- in räumliche Mobilität *(Mobile Telework)*

verlagert werden. Es ist klar, dass sich diese Grundformen räumlicher Arbeitsplatzgestaltung mit unterschiedlichen Formen der Arbeitszeitgestaltung, der vertraglichen Regelung und technischen Unterstützung kombinieren lassen. Will man die Möglichkeiten der Telearbeit als Arbeitsplatz-Strategie ausloten, müssen daher neben dem Arbeitsort auch die Arbeitszeit, die Vertragsform und die Art und Ausgestaltung der technischen Infrastruktur Berücksichtigung finden.

Telekooperation als Wertschöpfungsprozess-Strategie geht über eine punktuell arbeitsplatzorientierte Betrachtung hinaus und zielt auf die raum-zeitliche Flexibilisierung arbeitsplatzübergreifender Kooperations- und Wertschöpfungsprozesse. Dazu gehört auch die Behandlung von Fragen der Koordination und Führung in standortverteilten Arbeitsprozessen sowie die Frage nach neuen Produkten und Leistungen, deren Erbringung in telekooperativen Arbeits- und Organisationsformen erst möglich wird. Telekooperation umfasst daher stets drei Blickrichtungen auf Wertschöpfungsprozesse: die *Telearbeitsperspektive*, die *Telemanagementperspektive* und die *Teleleistungsperspektive* (vgl. Abb. 76 »Die drei Dimensionen der Telekooperation«; aus Reichwald et al., 1998a).

Abb. 76   Die drei Dimensionen der Telekooperation

Die resultierenden Sichten erlauben es, aus betriebswirtschaftlicher Sicht jeweils unterschiedliche Teilaspekte zu beleuchten und unterschiedliche Fragen zu stellen.

- Die *Telearbeitsperspektive* befasst sich mit der Gestaltung menschlicher Arbeit unter den Bedingungen räumlicher Verteilung und Mobilität. Im Zentrum stehen die folgenden Fragen: Welche Formen standortverteilten Arbeitens sind zu unterscheiden? Welche Realisierungen wurden bislang erprobt? Welche Erfahrungen sind zu verzeichnen? Und: Welche Antriebskräfte, aber auch Barrieren beeinflussen die zukünftige Entwicklung?

- Die *Telemanagementperspektive* untersucht, wie eine solche verteilte Aufgabenerfüllung koordiniert werden kann. Dabei stehen die folgenden Problemfelder im Blickpunkt: Welche neuen Anforderungen ergeben sich für eine Koordination standortverteilter Teams? Wie verändern sich Führungsprozesse und die Arbeit im Management bei telekooperativen Arbeitsformen? Welche Optionen, aber auch Restriktionen resultieren für die Mitarbeiterführung in standortverteilten Organisationen?

- Die *Teleleistungsperspektive* fragt nach den resultierenden Leistungen, ihrem Markt und ihren Abnehmern: Welche Leistungen sind dazu geeignet, in Telekooperation erbracht zu werden? Welche neuen Informationsprodukte und Dienstleistungen werden durch telekooperative Arbeits- und Organisationsformen erst ermöglicht? Und: Welche Konsequenzen ergeben sich aus einem standortunabhängigen Leistungsangebot für den marktlichen Wettbewerb und die internationale Konkurrenzfähigkeit?

So können die drei Dimensionen der Telekooperation einen systematisierenden Rahmen bieten für Ansätze zur Analyse, Gestaltung und Bewertung telekooperativer Arbeits- und Organisationsformen. Sie können helfen, neue Handlungsspielräume zu identifizieren und Handlungsbedarf aufzudecken.

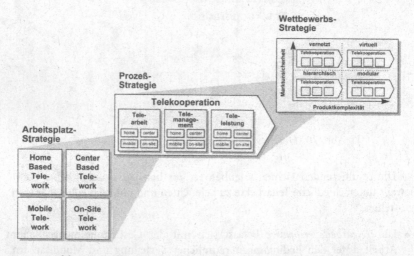

Abb. 77 Telekooperation im Kontext (Reichwald et al. 2000b)

Telearbeit, Telekooperation und neue Organisations- und Unternehmensformen hängen folglich unmittelbar zusammen[103]. Sie ermöglichen und bedingen sich wechselseitig. Indem Formen der Standortverlagerung von

---

[103]Vgl. hierzu bspw. Englberger (2000a & b), Reichwald et al. (2000), Schwabe (1999).

Arbeitsplätzen (Telearbeit) für die Gestaltung von Kooperations- und Wert-schöpfungsprozessen neue Optionen eröffnen, ebnen sie den Weg für die Her-ausbildung dezentral vernetzter Organisationslösungen. Je mehr Organisatio-nen umgekehrt auf dezentrale Strukturen angewiesen sind, desto wichtiger wird für sie die telekooperative Flexibilisierung von Wertschöpfungsaktivitäten und Arbeitsplätzen auch in räumlicher Hinsicht.

Telekooperation als Gestaltung mediengestützter arbeitsteiliger Leistungs-prozesse kann so als Bindeglied zwischen neuen Formen der Arbeitsplatz- und Organisationsgestaltung fungieren. Abb. 77 »Telekooperation im Kontext (Reichwald et al. 2000b)« verdeutlicht diesen Zusammenhang arbeitsplatzbezo-gener, wertschöpfungsprozessbezogener und organisationsbezogener Flexibili-sierung in schematischer Darstellung.

5 Fazit

Für die Neuorientierung in einer veränderten Unternehmensumwelt bieten telekooperative Arbeitsformen interessante Ansatzpunkte. Zwar können die Möglichkeiten der Telekooperation auch zur Unterstützung der klassischen Unternehmensführungsprinzipien Einsatz finden. Ihr Wirkungsbereich bleibt dann jedoch eng begrenzt auf weitgehend stabile Aufgabenstellungen von hohem Wiederholungsgrad. Dieses Einsatzmuster entspricht dem der klassi-schen Rationalisierung. Erst wenn Formen der mediengestützten Teamarbeit im Kontext organisatorischer Innovationsstrategien zur Anwendung kommen, lassen sich weitergehende Nutzenpotenziale realisieren. Groupwaretechnolo-gien und Community-Support Systeme erlauben es dann, die Fähigkeit von Organisationen zur Kooperation nach innen und außen zu verbessern und Organisationen zu einer schnellen und permanenten Marktorientierung zu befähigen. Virtualisierung als Strategie organisatorischer Innovation auf Basis der Telekooperation bietet hierfür insbesondere unter den Bedingungen hoher Produktkomplexität und unsicherer Märkte die Strategie der Wahl.

Organisatorisches Wissensmanagement

Marcel Hoffmann, Kai-Uwe Loser, Thomas Herrmann
Universität Dortmund, Dortmund

1 Wissensmanagement in Organisationen

Wissen wird in der Informationsgesellschaft zunehmend als wichtiger Faktor für den Unternehmenserfolg angesehen. Das Management von Wissen greift dieses auf und versucht, durch Organisationsgestaltung, Technikeinsatz und Personalentwicklung Wissensprozesse zu unterstützen.

Im Wissensmanagement herrscht ein pragmatischer Begriff von Wissen vor. *Wissen* wird beschrieben in dem aufgezählt wird, in welchen Formen es im Unternehmen auftritt. Davenport & Prusak (1998) beispielsweise beschreiben Wissen als Mixtur von Erfahrungen, Werten, kontextualisierter Information, und dem Verständnis von Experten. Häufig wird Wissen als verdichtete oder aufgewertete Information beschrieben, wie z. B. bei Prost et al. (1998), die erklären, durch Kontextualisierung und Vernetzung aus Daten Informationen und Informationen Wissen werden. Ziel des Wissensmanagement ist es, den Aufbau und die Verwendung von Wissen zu Arbeitsprozessen, Werkzeugen, Aufgaben, Kunden und Geschäftspartnern oder Märkten zu verbessern. Dabei orientiert man sich an Funktionen des Wissensmanagement. Im deutschsprachigen Raum hat die Einteilung von Probst et al. (1998) einige Beachtung gefunden, die acht Bausteine des Wissensmanagements in einem Lebenszyklus zusammenstellt (siehe Abb. 78 »Zyklenmodell des Wissensmanagement«). Ähnliche Modelle wurden u.a. auch von Davenport & Prusak (1998) und von Nonaka & Takeuchi (1995) vorgestellt.

Wissensmanagement wird durch organisatorische, technische und soziale Maßnahmen gefördert. Zu den organisatorischen Maßnahmen gehört beispielsweise die Installation neuer Rollen, wie dem Knowledge Broker, der/die als vermittelnde Instanz Wissen filtert und verteilt, oder dem Content Manager, der/die die Redaktion der Inhalte in Wissensspeichern übernimmt. Weitere organisatorische Maßnahmen sind die Umgestaltung der Arbeitsteilung und der Geschäftsprozesse zur Förderung des Wissenstransfers.

Technische Maßnahmen beinhalten häufig den Aufbau von Infrastrukturen, in denen Informationen abgelegt und geordnet, gesucht und gefunden, ergänzt und kommentiert, verglichen und vernetzt werden können. Solche elektronischen Archive sind herkömmlichen Medien in vielen Bereichen überlegen, z. B.

bei der Vervielfältigung und Verteilung von Informationen, beim Suchen und beim flexiblen Ordnen oder Verknüpfen. Weiterhin werden Kommunikationsnetzwerke verbessert, die soziale Prozesse beim Austausch und bei der Entwicklung neuen Wissens fördern. Organisation und Technikentwicklung bereiten die Basis für den Fluss von Informationen, in dem sie neue Informationsmedien und Kommunikationswege erschließen und bei den Vorhandenen organisatorische und technische Barrieren ausschalten. Sozialen und psychologische Bedingungen des Wissensmanagements hängen vom Betriebsklima, der Qualifikation und der Mitarbeitermotivation ab. Akzeptanz und Beteiligung des betrieblichen Wissensmanagement können durch Anreizsysteme gefördert werden. Mit beteiligungsorientierten Einführungsstrategien, Schulungsmaßnahmen und Trainings werden Mitarbeiterinnen und Mitarbeiter gezielt auf die Teilnahme am betrieblichen Wissensmanagement eingestimmt.

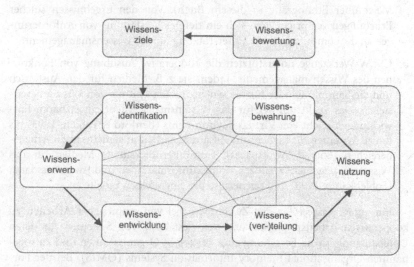

Abb. 78 Zyklenmodell des Wissensmanagement

2 CSCW-Forschung zum Wissensmanagement

Wissensmanagement ist in den 90er Jahren zum Modethema in vielen wissenschaftlichen Disziplinen geworden. Im Bereich der Informatik befassen sich neben CSCW-Forscherinnen und Forschern vor allem die künstliche Intelligenz und die Wirtschaftsinformatik mit Methoden und Werkzeugen für die Darstellung und für das Management von Wissen.

Die CSCW-Forschung beschäftigt sich vor allem a) mit der Analyse von Kooperation und Kommunikation bei der Erzeugung, der Vermittlung oder der Nutzung von Wissen und b) mit der Gestaltung von computergestützten Werkzeugen für diese Prozesse.

a. Die Analyse kooperativer Wissensarbeit basiert auf Theorien, die einerseits die Bindung von Wissen an Situation und Kontext (Suchman, 1987) und andererseits die soziale Natur von Wissen betonen (Hutchins, 1994; Lave & Wenger, 1991). Dabei sind für das Wissensmanagement besonders jene Arbeiten interessant, die sich vorwiegend mit schwer planbaren Aufgaben und mit unstrukturierten Prozessen befassen (Kidd, 1994). Um Zusammenarbeit und Wissensprozesse möglichst genau zu verstehen und detailliert beschreiben zu können, bedient sich die CSCW-Forschung zunehmend ethnografischer Erhebungsmethoden (siehe den entsprechenden Beitrag von Meier über Ethnografie in diesem Buch). Von den Ergebnissen solcher Erhebungen verspricht man sich ein tieferes Verständnis von Anforderungen an die computerbasierte Unterstützung für das Wissensmanagement.

b. CSCW-Werkzeuge unterstützten die kooperative Ausübung von Funktionen des Wissensmanagements, indem sie z. B. Medien für den Austausch und die Sammlung oder für die synchrone Erarbeitung von Wissen bereitstellen. Das Spektrum der für das Wissensmanagement einsetzbaren Entwicklungen reicht von Virtual Environments (Benford & Fahlen, 1993) bis hin zu Systemen für asynchrone Zusammenarbeit in gemeinsamen Arbeitsbereichen (Shared Workspaces). Computerunterstützte Medien für das Wissensmanagement ergänzen Kontextinformationen und Awarenessdaten (Sohlenkamp, 1998) und reichern so die eingestellten Inhalte an.

Ein gutes Beispiel für das Zusammenspiel von empirischer Arbeiten zu kooperativen Arbeitsprozessen und der Gestaltung von Systemen für deren Unterstützung ist die Forschung zum Lernen in Organisationen und zu sogenannten Organisational Memory Information Systems (OMIS). Bei der Forschung zum *Organisationalen Lernen* wird untersucht, wie Organisationen Informationen verteilen, speichern und wiederverwenden. Walsh & Ungson (1991) verorten das Gedächtnis einer Organisation in *Individuen*, in der *Kultur* der Organisation, in *Transformationsprozessen*, in der *Struktur* von Rollen und in der Ordnung der physikalischen *(Um-)welt* und den darin geschaffenen Artefakten. Bei der Entwicklung von Organisational Memory Information Systems geht es dann darum, Medien für Wissensprozesse zu entwickeln, die die Gewinnung (Acquisition), die Speicherung (Retention), die Suche (Search), die Wiederverwertung (Reuse) und die Pflege (Maintenance) von Wissen verbessern (Stein & Zwass, 1995). Prominentes Beispiel für die Umsetzung ethnografischer Erforschungsergebnisse bei der Technikgestaltung sind Arbeiten von Ackerman & Halverson (2000).

Weitere *CSCW-Forschungsgebiete*, die Beiträge zum Wissensmanagement liefern, sind z. B.:

- *Computer-Supported Cooperative Learning* (CSCL) untersucht kooperative Lernprozesse und entwickelt Hinweise zur Gestaltung von Lernumgebungen und Lernmedien (Koschmann, 1996b).

- Im Bereich *Electronic Communities und Electronic Community Systems* wird erforscht, wie durch ein gemeinsames Interesse oder gemeinsame Aktivitäten Gemeinschaften entstehen, die geteiltes Wissen aufbauen und Wissen austauschen (Ishida, 1998b).

- Bei der Forschung zu *digitalen Bibliotheken* finden Untersuchungen zum Verhalten statt, z. B. bei der Suche oder Strukturierung von Informationen. Aus den Ergebnissen werden Hinweise zur Gestaltung von Benutzerinterfaces und zur Förderung von Kooperation in elektronischen Informationssammlungen abgeleitet (Bishop et al., 2000).

3 CSCW-Systeme und Wissensmanagement

3.1 Warum CSCW?

Für das Interesse an CSCW-Technologie seitens des Wissensmanagements gibt es mehrere Gründe. Verteilung von Informationen – ein wichtiger Bestandteil des Wissensmanagement – ist ein Bereich in dem schon seit langem computerunterstützte Informations- und Kommunikationstechnologie eingesetzt wird. Beispielsweise werden viele Informationen aus dem Arbeitskontext per E-Mail ausgetauscht. Viele Unternehmen entdecken, dass bereits ohne explizites Wissensmanagement in Groupwaresystemen, in E-Mails oder in Workflowanwendungen wertvolle Informationen stecken. Zum anderen werden bei vielen Aufgaben und Funktionen des Wissensmanagement bessere Ergebnisse erzielt, wenn diese als soziale Prozesse organisiert werden, z. B. beim Lernen, bei der Generierung und Verbesserung von Wissen, bei der Suche nach Lösungen oder bei der Bewertung von Informationen. Entsprechend werden nicht nur Werkzeuge für die Verteilung, sondern auch für weitere kooperative Aktivitäten beim Wissensmanagement benötigt (vgl. Abb. 78 »Zyklenmodell des Wissensmanagement«). Damit sind CSCW-Werkzeuge als Wegbereiter für die Verbesserung des Wissensmanagements anzusehen.

3.2   Wissensmanagement mit CSCW-Systemen in der Praxis

In der Praxis wird Wissensmanagement häufig aus bestehenden Systemen entwickelt. So gelten die am Markt führenden Groupwareprodukte gleichzeitig auch als die wichtigsten Basissysteme des Wissensmanagement. Darüber hinaus werden speziellere Wissensmanagementangebote auch auf Basis von Groupwaresystemen entwickelt (z. B. die auf Lotus Notes basierende Software »Grapevine« www.gvt.com). Als elementare Anwendungen, auf die beim Wissensmanagement aufgebaut wird, gelten:

- *E-Mail* zur Wissensvermittlung und zur Kommunikation von Wissen.

- *Dokumentenmanagement* und *gemeinsame Archive*, in denen Informationen gespeichert und zur Verfügung gestellt werden können.

- Gemeinsam genutzte *Datenbanken*, in denen Informationen strukturiert verwaltet werden.

- *Workflowmanagementsysteme*, die Geschäftsdaten und Daten über den Ablauf von Geschäftsprozessen beinhalten.

Im Unterschied zu herkömmlichen Publishing Lösungen (one-to-many) wird beim Wissensmanagement ein many-to-many Modell der Informationsverteilung unterstellt. Entsprechend werden Funktionen angeboten, mit denen an jedem Arbeitsplatz Anfragen, Hinweise, Kommentare und Neuigkeiten veröffentlicht werden können. Wenn Fragen und Hinweise über ein entsprechendes Medium ausgetauscht werden, kann eine Integration von Kommunikations- und Archivsystemen erfolgen, zum Beispiel indem Anfragen und dazu passende Antworten in sogenannten FAQ (Frequently Asked Questions) Archiven gespeichert werden.

Wenn sich das Wissen in Form von strukturierten Daten abbilden lässt, können beim Wissensmanagement auch Datenbanken eingesetzt werden. Eine verbreitete Anwendung sind sogenannte »Yellow-Pages« oder »Knowledge-Maps« (Wissenslandkarten), in denen Erfahrungs- und »Skill-Profile« von Mitarbeiterinnen und Mitarbeitern gespeichert werden. Diese Profile können als Wegweiser zu Ansprechpartnern genutzt werden.

Der Einsatz von E-Mail und Dokumentenmanagementsystemen orientiert sich teilweise am Leitbild »elektronischer Communities«, wie z. B. der Linux Community, die in einem verteilten und lose gekoppelten Verbund ohne hierarchische Organisation unter Einsatz einfacher Kommunikationstechnologien ein Betriebssystem entwickelte, oder an Newsgroups, in denen Softwareentwickler Fragen und Antworten offen austauschen. Ob diese Szenarios tatsächlich ein geeignetes Leitbild für das Wissensmanagement in Organisationen sind, ist noch nicht abzusehen.

3.3 Zukünftige Entwicklungen

CSCW-Systeme fördern nahezu alle Funktionen des Wissensmanagements. Einige aktuelle Trends, von denen angenommen werden kann, dass sie in Zukunft noch größere Bedeutung für die Praxis gewinnen werden, sind:

- *Collaborative Information Retrieval* fasst Ansätze zusammen, Kommunikation und Informationsaustausch zwischen Benutzern und zwischen Bibliothekaren in Digitalen Bibliotheken zu fördern (Procter et al. 1998).

- *Social Filtering & Recommender Systems* versuchen durch den Vergleich gespeicherter Präferenzen von Benutzer, Informationen bedarfsgerecht zu filtern und zu empfehlen (Resnick & Varian, 1997). *Social Navigation Systems* zeichnen Benutzungspfade auf und verwenden diese als Navigationsempfehlungen, z. B. für guided Tours durch Hypertextstrukturen (Hill et al., 1995).

- *Computer-Supported Collaborative Argumentation* und Diskussionsforen dienen dem Austausch von Argumenten und zeichnen diese auf. So können z. B. Designentscheidungen zu einem späteren Zeitpunkt nachvollzogen werden (Conklin & Begeman, 1988; Buckingham-Shum, 1997).

- *Knowledge Building Environments* und *Shared Annotations* erlauben den Benutzern Informationen zusammen zu tragen und diese flexibel zueinander in Beziehung zu setzen (Nicol et al., 1992). Shared Annotation sind eine spezielle Anwendung, bei der die Benutzer Hinweise und Anmerkungen zu einer publizierten Informationen sammeln (Röscheisen & Mogensen, 1995).

Darüber hinaus gibt es erste Anätze zur kooperativen Strukturierung und Verschlagwortung von Inhalten, die die Wissensbewahrung verbessern könnten (Voß et al., 1999a). Zur Unterstützung der stärker strukturierten und planbaren Wissensprozesse wird der Einsatz flexibler Workflowmanagementsysteme vorgeschlagen (LaMarca et al., 1999).

4 Wirkungen

Durch den Einsatz von CSCW-Technologie beim Wissensmanagement entwik-keln sich Chancen und Risiken auf Organisationsebene und auf Mitarbeiter-ebene.

Der Organisation eröffnen CSCW-Werkzeuge neue Möglichkeiten, am gesamten in der Organisation vorhandenen Wissen teilzuhaben. Zum einen kann dazu von jedem Arbeitsplatz aus auf das gespeicherte Unternehmenswissen zugegriffen werden. Zum anderen kann jede Mitarbeiterin und jeder Mitarbeiter selbstständig an der Entwicklung dieses Wissens mitwirken und Inhalte, Kommentare, Fragen und Antworten organisationsweit veröffentlichen. In Folge dieser Demokratisierung des Zugangs zu Medien, Inhalten, Ressourcen und Funktionen kann sich das Wissensmanagement selbst organisieren. Wenn alle Mitglieder einer Organisation Fragen stellen, Antworten geben, Inhalte bewerten und aufbereiten, dann kann eine starre Rollenverteilung des Wissenstransfers abgelöst werden.

Für die Mitglieder einer Organisation erwächst eine Chance daraus, dass sich Wissensmanagement am Einzelnen orientiert, um dessen Beitrag zum Unternehmen zu erhöhen. Dabei wird die Bedeutung des Einzelnen in der Organisation gestärkt. Der Einzelne kann leichter sein eigenes Wissen erweitern oder seinen Beitrag verbessern, indem er sein Wissen preis gibt.

In manchen Bereichen mag daher Wissensmanagement langfristig helfen, Schulungs- und Trainingsaufwände zu verringern. Dies sollte auch durch die Verlagerung des Orts, der Zeit und durch eine Umgestaltung der Inhalte von Qualifizierungsmaßnahmen entstehen, da eine größere zeitlich/räumliche/inhaltliche Nähe zur Anwendung des Wissens angestrebt wird.

In der zukünftigen Entwicklung von Organisationen kann Wissensmanagement eine weitere wichtige Rolle spielen: die Bekanntheit von Wissensressourcen kann als Basis neuer Organisationsformen, etwa der virtuellen Organisation (vgl. den Beitrag zu neuen Organisationsformen), betrachtet werden. Wenn eine Organisation die spezifischen Qualifikationen seiner Mitglieder kennt, können wechselnde Teams entsprechend den gegebenen Anforderungen effizient zusammengestellt werden.

Einige Problembereiche sind ebenfalls zu erkennen. Mit der Einführung von Wissensmanagement durch CSCW werden neue Kontroll- und Steuerungsinstrumente benötigt (Bannon & Kuutti, 1996). Der Nutzen eines Beitrags zum Wissensmanagement ist zum Zeitpunkt der Erfassung weniger durchschaubar. Es fehlt ein Kunde, der auf ein Ergebnis wartet und damit oft auch ein unmittelbares Feedback zur Beteiligung. Dazu kommt, dass Benutzer mit ihren Beiträgen ganz unterschiedliche Absichten verbinden können, für die jeweils passende Steuerungsmechanismen ausgewählt werden müssen. In vielen Organisationen bedarf es einer gezielten Qualifizierung zum Einstieg ins Wissensmanagement und einer kontinuierlichen Förderung der Motivation zur Beteiligung. So können beispielsweise Beiträge zum Wissensmanagement ähnlich wie beim betrieblichen Vorschlagswesen honoriert werden. Inwieweit Organisationen dabei auf Kontrolle und Qualitätssicherung von Beiträgen verzichten können, ohne das Vertrauen in das Wissensmanagement auf Spiel zu setzten, hängt vor allem von der Unternehmenskultur und der Qualifizierung der Mitarbeiterinnen und Mitarbeiter ab.

Für Mitarbeiter kann sich Wissensmanagement ebenfalls problematisch darstellen, da teilweise die technische Ablage von Wissen mit dem obersten Ziel verfolgt wird, Organisationen vom Wissen Einzelner unabhängiger zu machen. Hier müssen Regelungen zum Umgang mit Persönlichkeitsrechte und Beteiligungsinstrumente entwickelt und umgesetzt werden.

Die bisherigen praktischen Erfahrungen mit Wissensmanagement deuten darauf hin, dass ohne die Mitarbeit des Einzelnen, dessen Willen und Fähigkeit sein eigenes Wissen bekannt zu machen, beim Wissensmanagement kein Fortschritt zu erzielen ist. Damit ist es beim Wissensmanagement nicht anders als bei allen anderen Anwendungen von CSCW-Systemen: die Mitwirkung einer kritischen Masse an Nutzern entscheidet über Erfolg oder Misserfolg (Grudin, 1994) .

Wirtschaftlichkeit

Karsten Gareis, Norbert Kordey
empirica Gesellschaft für Kommunikations- und Technologieforschung
mbH, Bonn

1 Der Wirtschaftlichkeitsbegriff in der Praxis

Gemäß dem ökonomischen Prinzip bezeichnet Wirtschaftlichkeit eine Beziehung von Input- zu Outputgrößen. Ist bei Betrachtung eines Wirtschaftsprozesses das Verhältnis vom Wert der erbrachten Leistung zum Wert der verbrauchten Güter und Leistungen größer 1, ist Wirtschaftlichkeit gegeben. Ein Unternehmen verhält sich rational, wenn es bei gegebenem Output den Input minimiert (*Minimalprinzip*) oder aber bei gegebenem Input den Output maximiert (*Maximalprinzip*). In der betriebswirtschaftlichen Praxis sind sowohl In- als auch Output – innerhalb einer mittelfristig fixen Spannweite – variable Größen, so dass gemäß dem Optimalprinzip beide Größen derart zu wählen sind, dass ihr Wirkungsverhältnis optimal ist. Für die Wirtschaftlichkeitsanalyse der Einführung einer technisch-organisatorischen Innovation wie einer CSCW-Technik ergeben sich hieraus folgende Anforderungen:

a. Alle zu beobachtenden Input- und Outputgrößen sind zusammenzutragen und in einem Zielsystem zu integrieren.

b. Input- und Outputgrößen müssen direkt messbar sein bzw. indirekt einer Messbarkeit zugeführt werden können.

c. Zwei oder mehrere Zustände, die bzgl. ihrer ökonomischen Vorteilhaftigkeit miteinander verglichen werden sollen, müssen definiert werden.

Ad a) Die Gefahr von Fehlentscheidungen besteht immer dann, wenn die Wirtschaftlichkeitsanalyse wichtige Wirkungsfaktoren nicht berücksichtigt und aus diesem Grund für ein einfaches Zielsystem z. B. zu einem positiven Ergebnis kommt, während bei einer ganzheitlicheren Sichtweise auch indirekte, negative Wirkungen sichtbar geworden wären. Diese Gefahr ist besonders dann gegeben, wenn sich die Effekte in ihrer Messbarkeit unterscheiden – wie es vor allem bei Informations- und Kommunikationssystemen regelmäßig der Fall ist (s.u.). Für den Aufbau eines adäquaten Zielsystems sind Methoden entwickelt worden, die auf Partizipation setzen und so die Voraussetzung für eine ganzheitliche Analyse schaffen (vgl. Reichwald et al., 1996b).

Ad b) Hat man einmal ein Zielsystem konstruiert, so müssen in einem nächsten Schritt Kriterien festgelegt werden, anhand derer das Maß der Erreichung der einzelnen Ziele gemessen werden kann. Traditionelle Verfahren der Wirtschaftlichkeitsanalyse erfordern monetarisierte Messkriterien, d. h. Input- und Outputgrößen müssen in wertmäßiger Dimension vorliegen. CSCW-Techniken werden jedoch üblicherweise im Rahmen von Restrukturierungsprozessen eingeführt, die weniger auf eine direkte Beeinflussung der Wertschöpfungsprozesse und damit der Kosten und Erlöse abzielen, sondern strategischer Natur sind. Dementsprechend stehen qualitative Faktoren im Vordergrund, die häufig nur schwer monetarisierbar sind. Trotzdem darf sich die Analyse keineswegs auf traditionelle Methoden beschränken, da eine Überprüfung der Zielkonformität einer Maßnahme ansonsten nicht möglich ist. Von verschiedenen Autoren[104] wurden bestimmte, sogenannte mehrdimensionale Verfahren der Wirtschaftlichkeitsanalyse entwickelt, bei denen mittels einer Nutzwertanalyse auch solche Kriterien quantifiziert werden können, die nur schwer fassbar sind. In diesen Fällen muss auch auf subjektive Einschätzungen von Beteiligten zurückgegriffen werden.

Ad c) Bei komplexen Sachverhalten ist eine Anwendung des Optimierungsprinzips ohne vorherige Beschränkung auf eine kleine Anzahl an Alternativen nicht praktikabel. Üblicherweise wird die theoretisch unbegrenzte Optionsvielfalt bei komplexen Reorganisationsprozessen auf einige wenige zu vergleichende Szenarien beschränkt. Bei einer Ex-post-Analyse sind dies zunächst nur die beiden Zustände »vorher« und »nachher«. Für die Entscheidungsfindung in der Praxis ist eine solche Reduzierung nicht unbedingt ausreichend, denn die Annahme von *ceteris paribus* Bedingungen entspricht keineswegs der Realität. In dem Zeitabschnitt, der zwischen den Beobachtungspunkten »vorher« und »nachher« liegt, können sich wichtige Rahmenbedingungen verändert haben, welche die theoretische Konstruktion eines dritten Zustandes notwendig machen: dem Zustand »nachher, unter der Annahme, man hätte die Maßnahme nicht durchgeführt«, aus dem sich die Opportunitätskosten einer Investition ergeben. Für Maßnahmen, die Teil einer strategischen Reorganisation vor dem Hintergrund sich verändernder Wettbewerbsbedingungen sind, spielen solche Kosten eine oft entscheidende Rolle.

Technische Innovationen, z. B. IuK-technische Systeme, unterscheiden sich hinsichtlich ihrer Wirkung. Nagel unterscheidet hierbei zwischen (1990, S. 24):

- *substitutivem Einsatz*, bei dem im Sinne klassischer Rationalisierungsmaßnahmen eine Produktionstechnik durch eine andere ersetzt wird, wobei häufig ein Ersatz des Faktors Arbeit durch den Faktor Kapital (IuK-Technik)

---

[104]z. B. Picot et al. (1985), Zangemeister (1993), Rinza & Schmitz (1992)

erfolgt, ohne dass jedoch der Arbeitsablauf und die Organisation der Wert-
schöpfung selbst hiervon grundsätzlich verändert würden;

- *komplementärem Einsatz*, bei dem die Arbeitstätigkeit der Beschäftigten
  technisch unterstützt wird, so dass eine höhere Produktivität erzielbar wird,
  ohne jedoch den Arbeitsinhalt zu tangieren; sowie

- *strategischem Einsatz*, bei dem die Technik grundsätzliche Änderungen an
  den Produktionsstrukturen, also Produkten, Prozessen und Wertschöp-
  fungsketten, ermöglicht und umsetzen hilft.

Es ist eine der wesentlichen Eigenschaften von komplexeren IuK-techni-
schen Systemen wie CSCW-Systemen, dass ihr Einsatz selbst in Fällen, in denen
lediglich substitutive oder komplementäre Wirkungen angestrebt werden, strategische Umorientierungen anstößt oder sogar erzwingt (Brynjolfson & Hitt,
1998). Eine Betrachtung nur der Effekte auf einfache Input- und Outputgrößen auf der unmittelbaren Arbeitsplatzebene ist daher nach dem heutigen
Stand der Forschung keineswegs mehr ausreichend.

2 Wahl des Untersuchungsgegenstands: Telearbeit

Eine sinnvolle Analyse der Wirtschaftlichkeit von CSCW in der Unternehmens-
praxis kann nicht isoliert für einzelne Tools erfolgen, sondern muss an der konkreten Einführungssituation ansetzen, also strategische Zielsetzung und Rahmenbedingungen der Implementierung berücksichtigen. Darüber hinaus ist
eine generalisierte Darstellung der Wirtschaftlichkeit angesichts des breiten
Spektrums an CSCW-Anwendungen und ihrer Vielschichtigkeit im Rahmen
des vorliegenden Beitrags nicht möglich und wegen fehlender Vergleichbarkeit
auch nicht sinnvoll. Aus diesen Gründen wird im Folgenden beispielhaft eine
typische Anwendungssituation für CSCW herausgegriffen, nämlich (insbesondere häusliche) *Telearbeit*, um stellvertretend an ihr zu beleuchten, welche
Aspekte bei der Wirtschaftlichkeitsbetrachtung vorrangig von Bedeutung sind,
welche Ergebnisse bisherige Forschungsprojekte zu diesem Thema gezeigt
haben und was bei der Interpretation und Generalisierung dieser Forschungs-
resultate zu berücksichtigen ist. Zusätzlich wird im letzten Teil des Beitrags die
Wirtschaftlichkeitsanalyse von CSCW in einem benachbarten Anwendungsbereich diskutiert.

Telearbeit[105] im Sinne der IuK-technikgestützten Erbringung von Arbeit
sowohl in räumlicher Entfernung zum Arbeit-/Auftraggeber als auch außerhalb der üblichen Büroumgebung spielt in der CSCW-Debatte eine wichtige

Rolle. Ruft man sich Oberquelles (1991, S. 4) Definition in Erinnerung, wonach Kooperation als bestimmende Eigenschaften voraussetzt:

- »Mindestens partielle Übereinstimmung der Ziele der beteiligten Personen,

- gemeinsame Nutzung knapper Ressourcen durch Austausch oder gleichzeitige Nutzung,

- Koordination der Einzelhandlungen gemäß vereinbarten Konventionen,

- Verständigung über Ziele und Konventionen der Zusammenarbeit zwecks Aufrechterhaltung eines gegenseitigen Verständnisses und flexibler Anpassung«,

so wird überdeutlich, dass es gerade die Aufrechterhaltung von Kooperation trotz erheblicher geografischer Entfernung ist, welche Telearbeiter von anderen dezentral tätigen Personen unterscheidet. In diesem Sinne machen CSCW-Systeme Telearbeit in vielen Anwendungsgebieten also überhaupt erst möglich, sie sind *enabler*.

In der Frühzeit ihrer Entwicklung, also den 80er und frühen 90er Jahren, wurde Telearbeit in Deutschland primär als eine Maßnahme zur »Humanisierung der Arbeitswelt« eingesetzt. Dementsprechend wurden die Kosten der Einführung von Telearbeit als Sonderausgaben betrachtet, welche aufgrund der geringen Zahl der eingerichteten häuslichen Arbeitsplätze nicht wesentlich ins Gewicht fielen. Telearbeit galt als ein *add-on*, das sich Unternehmen leisteten, um auf spezielle Anforderungen ausgewählter Mitarbeiter reagieren zu können. Eine strategische Bedeutung kam ihr nicht zu, vielmehr stand sie teilweise sogar im Widerspruch zu bestimmten Schwerpunktsetzungen – wie der zunehmenden Bedeutung von Teamarbeit, *job enrichment* und *job enlargement*.

Während dieser Phase kamen i.d.R. nur solche CSCW-Techniken zum Einsatz, die für die Aufrechterhaltung des Dokumententransports zwischen Zentrale und Telearbeitsstandort notwendig waren, also z. B. Dateitransfer über Datenübermittlungsdienste. Der Kommunikationsbedarf wurde über das Telefon abgedeckt. Dementsprechend konnte sich eine Wirtschaftlichkeitsanalyse auf den Vergleich verschiedener Ausstattungsoptionen beschränken, wobei es galt, die Kosten für die Ermöglichung eines feststehenden Zieles zu minimieren.

Inzwischen hat sich die Situation grundlegend geändert. Wie alle zur Verfügung stehenden Forschungsergebnisse zeigen, ist die Zahl der Telearbeiter in Deutschland in den letzten Jahren spürbar angestiegen (ECaTT Consortium,

---

[105]Zur Einführung in den Themenkomplex Telearbeit siehe z. B. Kordey & Korte (1998). Der vorliegende Beitrag enthält vorwiegend Beispiele häuslicher Telearbeit, die im Vergleich mit anderen Formen (mobile Telearbeit, zentrengebundene Telearbeit, »onsite-Telearbeit«) umfassender erforscht ist.

2000; European Commission, 1999). Diese Entwicklung wird sich in den kommenden Jahren fortsetzen, wenn nicht sogar beschleunigen. Vor dem Hintergrund einer veränderten, nun globalen Wettbewerbslandschaft mit spürbar zunehmendem Effizienz- und Innovationsdruck setzen Unternehmen Telearbeit heute verstärkt zur Erreichung mittel- und langfristiger strategischer Ziele ein, die in Richtung einer höheren Flexibilität des Personaleinsatzes und einer Ausschöpfung von Motivations- und damit Produktivitätsreserven durch Förderung von Eigenverantwortlichkeit und Selbständigkeit der Beschäftigten weisen. Parallel dazu wird versucht, Effizienzsteigerungs- und Kostensenkungspotenziale der Telearbeit auszuschöpfen, etwa durch Einsparung von Flächenkosten an hochzentralen Standorten und Erhöhung der Auslastung teurer Infrastruktur. Eine Wirtschaftlichkeitsrechnung muss den so umrissenen Wandel bei der Zielsetzung des Einsatzes von Telearbeit angemessen berücksichtigen.

3 Wirtschaftlichkeitsanalyse der Telearbeit

Hinsichtlich der Analyse ihrer Wirtschaftlichkeit stellt das Beispiel Telearbeit hohe Anforderungen: Anders als bei der Implementierung von CSCW-Systemen im Kontext einer üblichen Büroumgebung stellt die Technik hier kein zusätzliches Arbeitsmittel dar, sondern muss den Verlust an Face-to-Face-Kommunikation kompensieren, der das wesentliche Charakteristikum der Arbeit am Telearbeitsplatz ist. In gewisser Weise kann man also von einem substitutiven Einsatz von IuK-Technik sprechen – mit der Besonderheit, dass in diesem Fall nicht menschliche Arbeitskraft ersetzt wird, sondern die Notwendigkeit zur Kolokation.

Jedoch geht Telearbeit in ihrer Wirkung weit über ein solch simples Modell hinaus: Die völlig andere Arbeitsumgebung und (daraus resultierend) geänderte Arbeitsweise bei häuslicher Telearbeit bedingt, dass ein vorher/nachher-Vergleich eine Vielzahl an Bewertungskriterien einzuschließen hat. Eine einfache Investitionskostenrechnung kann angesichts dieser Anforderungen keinesfalls ausreichend sein. Vielmehr ist ein mehrstufiges Verfahren erforderlich, in dem auch qualitative und strategische Nutzen- und Kosteneffekte Eingang finden (siehe Gareis, 1998). Eine integrierte Methode dieser Art ist jedoch nur in einer kleinen Zahl veröffentlichter bzw. den Autoren bekannter Praxisfälle zur Anwendung gekommen. I.d.R. beschränkt sich die ökonomische Analyse auf die Erfassung der unmittelbar messbaren Kosten und der (oft nur kalkulatorischen) Nutzeneffekte auf Arbeitsplatzebene, während die übrigen Effekte lediglich deskriptiv dargestellt werden.

4 Darstellung der Ergebnisse ausgewählter Forschungsprojekte

Im Folgenden wird eine einheitliche Struktur verwendet, um die Ergebnisse ausgewählter Forschungsprojekte zu den ökonomischen Effekten eines Einsatzes von CSCW-Systemen im Kontext von (häuslicher oder mobiler) Telearbeit darzustellen. Auf diese Weise ist ein Vergleich der Ergebnisse zumindest im Ansatz möglich.

Für die Klassifizierung wird zurückgegriffen auf den Ansatz von Reichwald et al. (1996b), der trotz einiger Überschneidungen zwischen den »Bewertungsmodulen« und somit Problemen bei der eindeutigen Zuordnung von Wirkungseffekten dem aktuellen Stand der Forschung repräsentiert (siehe hierzu auch den Beitrag von Englberger über Evaluierung in diesem Buch). Die Bewertungsmodule sind: Kosten & Erlöse, Zeit, Qualität, Flexibilität und Humansituation. Allerdings kann die von den Autoren vorgeschlagene strenge Trennung zwischen verschiedenen Ebenen der Betrachtung (z. B. Arbeitsplatzgegenüber Organisationsebene) bei der konkreten Anwendung Schwierigkeiten bereiten, wenn die Summe der Effekte auf der einer Ebene als Bestandteil in die Betrachtung auf der nächsthöheren Ebene eingeht[106]. Die Darstellung beruht auf Informationen, die in den zitierten, meist öffentlich zugänglichen Quellen dokumentiert sind.

5 Auswertung

Die empirische Erforschung der ökonomischen Wirkungen von CSCW-Systemen auf der Ebene der Gesamtorganisation steckt noch in den Kinderschuhen. Die Komplexität und Vielgestaltigkeit der Anwendungsfelder erschwert den Vergleich verschiedener Praxisbeispiele beträchtlich. Hinzu kommt, dass den veröffentlichten Untersuchungsberichten bzgl. der Wirtschaftlichkeit auf Organisationsebene häufig eine Tendenz zur Überzeichnung der positiven und Unterdrückung der negativen Wirkungseffekte zu eigen ist, die sich aus den Intentionen der Herausgeber bzw. Autoren ergibt (siehe z. B. Hodson, 1992). Wie bei anderen Reorganisationsprozessen, so gilt auch bzgl. Telearbeit: Misserfolge werden nicht über die Organisationsgrenzen hinaus kommuniziert.

---

[106]Schwabe (1999) schlägt zur Vermeidung dieses Problems eine Anlehnung an Verfahren aus der Deckungsbeitragsrechnung vor. Jeder Effekt wird bei ihm auf der niedrigsten möglichen (d. h. messbaren und zurechenbaren) Ebene erhoben, wobei die Ergebnisse auf einer Ebene bei den übergeordneten Ebenen nicht mehr berücksichtigt werden dürfen. Nur so könne verhindert werden, dass die Ergebnisse von Ebene zu Ebene immer positiver werden.

Abgesehen von solchen in der Informationsquelle begründeten Problemen muss festgestellt werden, dass bestehende Wirtschaftlichkeitsuntersuchungen sich im starken Maße auf Kosten- und Nutzeneffekte beschränken, die auf der Arbeitsplatzebene anfallen. Die Auswirkungen auf das Gesamtunternehmen im Sinne einer Verbesserung der Wettbewerbsfähigkeit werden nur indirekt untersucht. Abhilfe könnte hier eine ökonometrische Analyse schaffen, welche das Ausmaß der Telearbeitspraxis einzelner Unternehmen mit ihrem mittelfristigen Betriebsergebnis korreliert. Momentan ist Telearbeit jedoch – selbst in den Vorreiterländern – noch zu wenig verbreitet, um eine solche Analyse mit dem gebotenen Differenzierungsgrad durchführen zu können.

Tab. 9 Beispieltelearbeitsprojekte

Titel	Allianz Lebensversicherung[1]	mittelgroßer Finanzdienstleister[2]	Deutsche Telekom[3]
Kurz-beschreibung	alternierende und fast-permanente häusliche Telearbeit für Sach- und Stabsmitarbeiter	alternierende und permanente häusliche Telearbeit in allen wesentlichen Unternehmensbereichen	alternierende häusliche Telearbeit
Eingesetzte CSCW-Systeme	• Remote LAN Access & Terminal Emulation • E-Mail • teilweise elektronischer Postkorb	• Remote LAN Access & Terminal Emulation • z. T. Application Sharing	• Remote LAN Access • E-Mail • z. T. Video Conferencing/ Application Sharing
Zielsetzung	• Test der (technischen, organisatorischen, ökonomischen) Machbarkeit • Flexibilisierung von Arbeitszeit und -ort im Mitarbeiterinteresse	• Test der (technischen, organisatorischen, ökonomischen) Machbarkeit • weitere Verbesserung der Mitarbeiterorientierung	• Test der (technischen, organisatorischen, ökonomischen) Machbarkeit • Markterschließung durch Vorbildfunktion • Abschluss Pilottarifvertrag
Ergebnisse bzgl. Wirtschaftlichkeit			
Kosten & Erlöse	• Arbeitsplatzinfrastruktur eines Telearbeitsplatzes ist teurer als ein zentraler Arbeitsplatz	• positiver Beitrag zum Unternehmensergebnis unter Berücksichtigung kalkulatorischer Einsparungen • Umsetzung kalkulatorischer Einsparungen erst mittelfristig möglich	k.A.
Zeit	• auf Gruppenebene keine Veränderung festgestellt • subjektiv: Produktivität der Telearbeiter stärker gestiegen als bei Kontrollgruppe	• Sachbearbeitung: Produktivitätserhöhung gemessen • andere Bereiche: Produktivitätserhöhung nach subjektiver Einschätzung • subjektiv: Rückgang der Fehlzeiten	• subjektiv: Produktivitätserhöhung • subjektiv: Rückgang der Fehlzeiten • Erhöhung der effektiven Arbeitszeit

Tab. 9 Beispieltelearbeitsprojekte (Fortsetzung)

Titel	Allianz Lebensversicherung[1]	mittelgroßer Finanzdienstleister[2]	Deutsche Telekom[3]
Qualität	k.A.	• telefonischer Kundendienst wegen stärkerer Selbstverantwortung aufgewertet • Fehlerhäufigkeit in Sachbearbeitung verringert, dadurch weniger Nachbearbeitungen notwendig	• Verbesserung der Mitarbeiterqualifikation • höhere Qualität der Arbeitsprodukte (insb. bei Entwicklern und Programmierern)
Flexibilität	k.A.	• Ausdehnung der Servicezeiten für Kunden ermöglicht	• bessere Bewältigung von Arbeitsspitzen (insb. bei Entwicklern und Programmierern)
Humansituation	nach subjektiver Einschätzung keine Verschlechterung bzgl. • Kooperation mit Kollegen • informelle Beziehungen zu Kollegen • Gruppenzusammenhalt	nach subjektiver Einschätzung positiver Einfluss auf • Job enrichment • Motivation	• flexiblere Einteilung der Arbeitszeit • mehr Selbständigkeit • keine Veränderung bei der Informationsversorgung

Titel	Intel GmbH Deutschland[4]	Staatliche Behörden Kaliforniens[5]	BMW[6]
Kurzbeschreibung	mobile und häusliche Telearbeit mit Hilfe von Laptop und Dokking Station zuhause und im Büro	alternierende häusliche Telearbeit für Angestellte in den Behörden Kaliforniens	alternierende häusliche Telearbeit von Hochqualifizierten
Eingesetzte CSCW-Systeme	• Remote LAN Access • Internet/ E-Mail • Videokonferenz/ Application Sharing	• E-Mail	• Remote LAN Access • E-Mail/ Groupware
Zielsetzung	• Kundenorientierung: Mitarbeiter näher an den Kunden heranführen • projektbezogene Arbeitsmethoden: flexible Wahl des Arbeitsortes nach Anforderungen des Projektes	• Einhaltung von Luftreinhaltungsbestimmungen, unter denen Arbeitgeber Abgaben zu entrichten haben, wenn sie keine Telearbeit einführen (Clean Air Regulations)	• Verbesserung der Arbeitsorganisation in Abstimmung zwischen Vorgesetztem und Mitarbeiter/in

Tab. 9 Beispieltelearbeitsprojekte (Fortsetzung)

Titel	Intel GmbH Deutschland[4]	Staatliche Behörden Kaliforniens[5]	BMW[6]
	Ergebnisse bzgl. Wirtschaftlichkeit		
Kosten & Erlöse	• Verringerung der Bürofläche • doppelt so hohe TK-Verbindungsgebühren • höherer Aufwand für Service& Support	• gesenkte Büroflächenkosten • geringe Kosten für technische Infrastruktur wegen Selbstbeteiligung der Telearbeiter (Computer, Möbel) • Break-even nach etwa einem Jahr erreicht	• Kosten für Einrichtung der Telearbeitsplätze übertreffen die monetär bewerteten Erlöse • Gesamtnutzwert unter Berücksichtigung von Qualität, Flexibilitäts- und mitarbeitersituationsbezogenen Effekten deutlich positiv
Zeit	• Erhöhung der effektiven Arbeitszeit durch Wegfall der Pendelwege • Ansprechbarkeit für den Kunden verbessert	• Reduzierung von krankheitsbedingten Fehlzeiten um 1,1 Tage/ Jahr und Telearbeiter • subjektiv: Erhöhung der Produktivität	• subjektiv: Effizienzsteigerung (Einschätzung der Führungskräfte: 11%) • Kollegen der Telearbeiter haben leichten zeitlichen Mehraufwand
Qualität	• Verbesserung des Kundenservice	• subjektiv: Verbesserung der Qualität der Arbeitsprodukte	• zeitliche Erreichbarkeit für (interne bzw. externe) Kundenanfragen signifikant gestiegen • Qualität der Aufgabenerfüllung gestiegen
Flexibilität	• größeres Einzugsgebiet bei Rekrutierung von Mitarbeitern	k.A.	• Anpassungsfähigkeit an situative Gegebenheiten verbessert
Humansituation	• Mitarbeiterführung und -bewertung erschwert • soziale Einbindung in Betriebsatmosphäre erschwert	• Rückgang der Mitarbeiterfluktuation	• flexiblere Arbeitszeiteinteilung in Abstimmung zwischen persönlichen Präferenzen und betrieblichen Anforderungen • negative Auswirkungen auf die Karriere von 1/3 der Telearbeiter befürchtet • negative Auswirkungen auf Teamzusammenhalt von über der Hälfte der Führungskräfte befürchtet

Tab. 9 Beispieltelearbeitsprojekte (Fortsetzung)

Titel	LVM[7]	GMD Darmstadt[8]	Großes Versicherungsunternehmen in Süddeutschland [9]
Kurzbeschreibung	streng alternierende häusliche Telearbeit für alle Unternehmensbereiche	häusliche und mobile Telearbeit für Entwickler und andere Mitarbeiter	mobile und supplementäre Telearbeit für Führungskräfte
Eingesetzte CSCW-Systeme	• Remote LAN Access & Terminal Emulation • E-Mail • z. T. elektronischer Postkorb	• Remote LAN Access • Internet/ E-Mail • Application Sharing • Groupware (BSCW)	• Remote LAN Access & Terminal Emulation • E-Mail
Zielsetzung	• Erhöhung der Infrastrukturauslastung, Abhilfe in Situation akuter Raumnot • Steigerung der Wettbewerbsfähigkeit durch Optimierung des Kundendienstes • mehr Kompetenz und mehr Verantwortung für die Mitarbeiter	• Test der (technischen, organisatorischen, ökonomischen) Machbarkeit • Produktentwicklung zur späteren Vermarktung des gewonnenen Knowhows	• Beschleunigung von Abstimmungs- und Entscheidungsprozessen • Aufbau eines Kommunikationsnetzwerks der Führungskräfte, das unabhängig von der Anwesenheit im Büro operabel ist
Ergebnisse bzgl. Wirtschaftlichkeit			
Kosten & Erlöse	• Ausgaben für die Einrichtung und den Betrieb von Telearbeitsplätzen waren höher als die tatsächlich realisierten Einsparungen an Infrastruktur und Bürofläche • positives Saldo bei Berücksichtigung des Produktivitätswachstums	• kein Desk-Sharing realisiert • je 30 Telearbeitsplätze ein zusätzlicher Technikberater • Kostenbetrachtung noch nicht abgeschlossen	• keine direkten Einsparungen • Bei Monetarisierung des Produktivitätseffektes Amortisation bereits im ersten Jahr
Zeit	• Rückgang der Krankentage pro Telearbeiter • Anstieg der Produktivität um 10% pro Telearbeitstag, in Erhöhung der zugeteilten Arbeitsmenge umgesetzt	• Erhöhung der Effizienz durch optimierte Vorbereitung und Vorausplanung	• Verlängerung der effektiven Arbeitszeit • Erhöhung der Produktivität während Dienstreisen

Tab. 9 Beispieltelearbeitsprojekte (Fortsetzung)

Titel	LVM[7]	GMD Darmstadt[8]	Großes Versicherungs-unternehmen in Süd-deutschland [9]
Qualität	• Verbesserung des Kun-dendienstes durch Stär-kung des individuellen Verantwortungsbe-wusstseins	k.A.	• erhebliche Verbesse-rung des Informations-austauschs während Abwesenheit vom zen-tralen Arbeitsplatz • höhere Effizienz der Arbeitszeit im Büro wegen besserer Vorbe-reitung
Flexibilität	• Erhöhung der Service-bereitschaft durch stär-kere Anpassung der Arbeitszeiten an beruf-liche Anforderungen	• flexible Zeiteinteilung erleichtert die Bewälti-gung von Auftragsspitzen	• flexiblere Bewältigung von Arbeitsspitzen
Human-situation	• kein messbarer Ein-fluss auf die soziale Einbindung der Telear-beiter in die Gruppe • signifikante Zahl an Mitarbeitern, die auf-grund der Möglichkeit zur Telearbeit ihren Erziehungsurlaub vor-zeitig beenden	• höhere Motivation • gestiegener Abstim-mungsbedarf • Gefahr der Abkoppelung vom betrieblichen Mei-nungsaustausch bei mehr als 1-2 Tagen Telearbeit/ Woche	• Wegfall der Bindung vieler Tätigkeiten an die Büroumgebung ermög-licht stärkere Teilnahme am Familienleben • teilweise Auflösung der Grenze zwischen Arbeit und Privatleben

Quellen: [1] Preuß, 1997; Arnscheid & Diehl, 1996 [2]; Hereth, 1997 [3]; Deutsche Telekom, 1998;
Reichwald et al., 1998b; Böhm et al. 1998b [4] Lafos, 1997 [5]; JALA, 1990 [6] ;BMW Deutschland, 1997 [7] LVM, 1999; Jehle & Wiesehahn, 2000 [8];Vollmer, 1998 [9]; empirica, 1998

Daher ist es nicht möglich, aus den dargestellten Untersuchungsergebnissen ein pauschales Urteil über die ökonomische Vorteilhaftigkeit der Telearbeit abzuleiten. Vielmehr sollen im letzten Teil des Beitrags die entscheidenden Faktoren aufgezeigt werden, die über die Wirtschaftlichkeit von Telearbeit in der Praxis entscheiden.

Kosten & Erlöse

Die Kolokation von Beschäftigten an zentralen Standorten verursacht unternehmensseitig erhebliche Kosten. Telearbeit kann – je nach Organisationsform – dazu beitragen, diese Kosten zu verringern. Dies ist aber nur möglich, wenn die Zahl der zentral vorgehaltenen Arbeitsplätze reduziert wird. Hierzu muss Desk Sharing eingeführt werden, d. h. die feste Bindung der Arbeitsplätze an bestimmte Personen muss aufgehoben werden. Dies setzt praktikable organisatorische Regelungen voraus, damit jeder Mitarbeiter zu den Zeiten, zu denen er in der Zentrale anwesend ist, auch tatsächlich über einen adäquaten Arbeitsplatz verfügen kann. Je besser solche Regelungen greifen, desto höher können die Auslastung der zentralen Infrastruktur und damit die erzielbaren Einsparungen sein.

Gleichzeitig fallen neuartige Kosten an, die aus zusätzlicher Infrastruktur sowie der Notwendigkeit der Nutzung von Kommunikationsdiensten für die Übertragung von Daten resultieren. *Infrastrukturkosten* umfassen insbesondere die technische Ausstattung der Telearbeitsplätze mit Rechner, Peripheriegeräten, Kommunikationshardware und -software sowie Büromöbeln einerseits und die für die Anbindung dieser Arbeitsplätze notwendigen Vorrichtungen in der Zentrale (z. B. Router) andererseits. Mehr noch als die reinen Anschaffungskosten sind hier die Unterhaltungskosten bzw. *Total Costs of Ownership* maßgebend. Der Support für dezentral vorgehaltene technische Ausstattung ist in jedem Fall aufwändiger als bei zentraler Lokalisierung. Ein Übergang zur Ausstattung mit mobilen Komponenten (Laptop und Docking Station anstatt Desktop-PC) kann diese Mehrkosten dämpfen, nicht jedoch beseitigen. Am erfolgreichsten bei der Kostenkontrolle sind Organisationen, die den Anteil der Infrastruktur, der zentral vorgehalten wird, maximieren und nur die absolut unverzichtbaren Geräte dezentral an den Telearbeitsplätzen lagern. Wenn z. B. Thin Clients bzw. Network Computer als Endgeräte eingesetzt werden, verbleibt die gesamte Computerintelligenz in der Zentrale und kann dort entsprechend kostengünstiger gewartet werden.

Bei hohem Ausmaß an Face-to-Face-Kooperation kann es sich darüber hinaus als notwendig erweisen, fortgeschrittene CSCW-Systeme wie Videokonferenzsysteme und *Application Sharing* einzusetzen, um etwaiger Ineffizienz in der Arbeit im Team vorzubeugen. Schon aus dieser kurzen Darstellung wird deutlich, dass Mehr- und Minderkosten sich von Anwendungsfall zu Anwendungsfall erheblich unterscheiden können.

Der Anteil der *Kosten für Kommunikationsdienste* an den Gesamtkosten nimmt seit der Liberalisierung des Telekommunikationsmarktes kontinuierlich ab. Gleichzeitig wird die Entfernungsabhängigkeit der Tarife weiter abgeschwächt, was jeglichen Formen dezentralisierten Wirtschaftens entgegenkommt. Trotzdem verursacht die permanente Anbindung von Telearbeitsplätzen über ein öffentliches TK-Netz, wie sie in deutschen Großunternehmen und der Verwaltung üblich ist, noch erhebliche laufende Kosten. Telearbeitsplätze, die ohne eine solche dauerhafte Anbindung auskommen, sind daher deutlich preiswerter in der Unterhaltung. Hierbei handelt es sich i.d.R. um die Arbeitsplätze höher qualifizierter Beschäftigter, deren Tätigkeit wenig Routinecharakter hat, sondern einen hohen Anteil konzeptioneller und kreativer Aufgaben umfasst. Solche Beschäftigte benötigen andererseits ein höheres Maß an Flexibilität bzgl. der aufgabenbezogenen Wahl des Arbeitsortes, so dass Desk Sharing schwieriger zu realisieren ist.

Einen direkten Effekt auf die Erlöse übt Telearbeit nur dann aus, wenn
absatznahe Arbeitsplätze einbezogen werden, also z. B. Mitarbeiter im Vertrieb,
bei denen eine Produktivitätserhöhung direkt durchschlägt in einen höheren
Umsatz. Empirische Ergebnisse über die Existenz derartiger Effekte liegen nach
Kenntnisstand der Autoren noch nicht vor.

Zeiteffekte

Ein Wachstum der Produktivität als Folge von Telearbeit konnte in allen dargestellten Fällen auf Arbeitsplatz-, in einigen auch auf Gruppenebene nachgewiesen werden. Als Grundlage für diese Behauptung dienen meist die subjektiven
Aussagen der Telearbeiter sowie ihrer Führungskräfte, z. T. jedoch auch
maschinelle Messungen. Dieses Ergebnis hält auch Stand, wenn mögliche negative Effekte auf die Produktivität von Kollegen berücksichtigt werden.

Die vorliegenden Untersuchungen zeigen auf, dass der Übergang zur Telearbeit tatsächlich Fehlzeiten verringert, wobei noch keine fundierten Aussagen
über die zugrundeliegenden Kausalitätsbeziehungen möglich sind[107]. Als Ursache wird angenommen, dass Beschäftigte mit leichten Erkrankungen häufig
nur deshalb an der Arbeit gehindert sind, weil sie die Strapazen der Pendelfahrten zu erdulden haben. Können sie zuhause arbeiten, entfällt in manchen Fällen die Notwendigkeit zur Krankmeldung.

Darüber hinaus sind Wirkungen auf Durchlauf- und Bearbeitungszeiten zu
berücksichtigen. Bei unzureichender organisatorisch-technischer Unterstützung kann Dislokation zur Unterbrechung bzw. Verzögerung von Arbeitsprozessen führen. Empirische Untersuchungen sind noch rar. Je stärker die
Arbeitsprozesse computergestützt sind und je weniger Belege noch in Papierform transportiert werden müssen, desto weniger ist mit einer Verschlechte-
rung von Durchlaufzeiten zu rechnen. Andererseits kommt eine höhere Produktivität in den meisten Fällen dem Kundenservice zugute, d. h.
Produktivitätsfortschritte werden nicht in den Abbau der Beschäftigtenzahl,
sondern in eine Verbesserung des Kundenservice, u.a. durch Beschleunigung
von Bearbeitungszeiten, investiert. Diese Aussage kann allerdings nur für den
gegenwärtigen Zeitpunkt und die dargestellten Praxisbeispiele Gültigkeit beanspruchen.

Qualitätseffekte[108]

Wird Telearbeit im strategischen Sinne zur Erhöhung der Kompetenz und
Eigenverantwortlichkeit der Beschäftigten eingesetzt, sind mittel- bis langfristig

---

[107] Einen ersten Ansatz einer theoretischen Modellierung dieses Zusammenhangs hat Steward (1999)
geleistet.
[108] Siehe zum Folgenden auch die entsprechenden Beiträge von Engel et al. über Einführung und
Betrieb sowie von Hoffmann et al. über Organisatorisches Wissensmanagement in diesem Buch.

günstige Wirkungen auf die Qualität der Arbeitsprodukte realistisch. Dies bestätigen die dokumentierten Forschungsergebnisse. Allerdings kommen Qualitätssteigerungen nur dann auch dem eigentlichem Unternehmensziel, nämlich der Kundenzufriedenheit, zugute, wenn Kundenorientierung als Leitschnur des Wirtschaftens vermittelt, in der täglichen Arbeit gelebt und durch adäquate Geschäftsprozessstrukturen unterstützt wird. In diesem Punkt liegen erhebliche Unterschiede zwischen einzelnen Unternehmen vor, woraus sich Abweichungen beim Erfolg von Telearbeitsprojekten (mit)erklären lassen.

Gleichzeitig ist zu beachten, dass Veränderungen beim zwischenmenschlichen Informationsaustausch als Folge von Telearbeit unvermeidbar sind. Die Forschung ist sich einig, dass die Aufrechterhaltung des langfristig effizienten Informationsaustauschs die entscheidende Herausforderung für eine dezentrale Organisation darstellt. Dies gilt umso mehr, je mehr das Wissensmanagement als wesentliche Determinante für die längerfristige Erhaltung der Wettbewerbsfähigkeit von Unternehmen erkannt wird. Auch wenn die zur Verfügung stehenden Forschungsergebnisse zur Telearbeit eine Analyse ihrer mittel- bis langfristigen Auswirkungen auf die innerbetriebliche Kommunikation nicht zulassen, so deuten sie doch auf mögliche Probleme hin.

Sicher ist, dass negative Effekte dieser Art umso schwerer wiegen, je größer der Anteil der außerhalb des Teams verbrachten Arbeitszeit ist. Aus diesem Grund besteht heute weitgehend Einigkeit darüber, dass Telearbeiter mindestens einen, besser aber zwei Tage pro Woche in der Zentrale anwesend sein sollten. Gleichzeitig hat sich gezeigt, dass der Anteil der Telearbeitstage umso kleiner sein muss, je stärker die betreffende Person in Teamarbeits-Strukturen eingebunden ist.

Selbstverständlich beeinflussen auch technische Fortschritte im Bereich CSCW, wie sie an anderer Stelle in diesem Band ausführlich dargestellt werden, den Grad der Abhängigkeit der Kooperationsfähigkeit im Team von der Kolokation. Die Implementierung von CSCW-Systemen zur Vermeidung der potenziellen Negativfolgen der Telearbeit wird nur dann ihren Zweck erfüllen, wenn sie auf einer vorherigen sorgfältigen Prozessanalyse aufbaut und im Rahmen einer partizipationsorientierten Einführungsstrategie erfolgt.

Flexibilitätseffekte

Telearbeit ist nicht per se flexibilitätsfördernd. Das Ausmaß ihres Flexibilitätseffektes hängt vielmehr stark von der organisatorischen Umsetzung ab, insbesondere den räumlichen und zeitlichen Regelungen in der Praxis (wann darf/ muss wer wo arbeiten?). Gleichzeitig muss zwischen den Interessen von Arbeitgebern und Arbeitnehmern (und hierbei zwischen Telearbeitern und den übrigen Mitarbeitern) abgewogen werden. Ein Arbeitgeber hat dann ein Maximum an Flexibilität bzgl. des Einsatzes von Arbeit, wenn er völlig über die Arbeitskräfte verfügen kann – diese also ein Minimum an Flexibilität im Sinne von

Selbstbestimmung aufweisen. Aus Organisationssicht sind solche Flexibilisierungsformen besonders wünschenswert, die im Sinne eines *Trade-off* den Arbeitnehmern überall dort Selbstbestimmung bieten, wo dies aus betrieblicher Sicht ohne negative Auswirkungen möglich ist, und im Gegenzug überall dort Flexibilität abverlangen, wo dies aus betrieblicher Sicht Nutzen zeitigt.

Allgemein gilt: Eine starke Ausnutzung der Kosteneinsparungspotenziale der Telearbeit (s.o.) beschränkt die Flexibilität des Arbeitseinsatzes. Hier ist eine Abwägung der Vor- und Nachteile vonnöten, wobei ein Verlust von Flexibilität umso eher zu verkraften ist, je stärker die Arbeit vorstrukturierbar ist. Tätigkeiten mit starkem Routinecharakter (z. B. Sachbearbeitung) sind diesbezüglich besonders für Telearbeit geeignet.

Telearbeit kann dazu eingesetzt werden, Organisationsstrukturen dem Ideal vom »atmenden Unternehmen« anzunähern: Das Potenzial zur raum-zeitlichen Flexibilisierung der Arbeit erleichtert es, den Arbeitseinsatz an den Arbeitsanfall anzupassen, ohne die Arbeitnehmer hierdurch über Gebühr zu belasten. Insbesondere in größeren Organisationen gibt es allerdings noch häufig institutionelle Barrieren, die eine Ausnutzung dieses Potenzials limitieren, z. B. arbeitszeitrechtliche Beschränkungen und kollektivrechtliche Vereinbarungen mit der Arbeitnehmervertretung. Je weniger solche Beschränkungen existieren, desto größer ist der ökonomische Vorteil aus Arbeitgebersicht.

Humansituation

Wie bei den mittel- bis langfristigen Qualitätseffekten, so gilt auch für die Auswirkungen auf die Humansituation, dass der bei den Forschungsprojekten üblicherweise gewählte Beobachtungszeitraum zu kurz bemessen ist, um endgültige Aussagen zu ermöglichen. Alle Forschungsergebnisse kommen jedoch zu dem Schluss, dass häusliche Telearbeit die Vereinbarkeit von privaten und beruflichen Interessen verbessert, den berufsbezogenen, aber unproduktiven Zeitaufwand (für Pendelfahrten) erheblich reduziert und auf diese Weise günstig auf die Motivation der Arbeitnehmer wirkt. Zum Teil wurde auch eine größere Selbständigkeit und Eigenverantwortlichkeit der Telearbeiter festgestellt, die ebenfalls motivationsfördernd wirkt. Dieser Aspekt kommt insbesondere in Anwendungsfeldern zur Geltung, in denen die Mitarbeitermotivierung in Folge übertriebener Arbeitsteilung und starkem Routinecharakter der Tätigkeiten traditionell problematisch ist, in denen also ein erheblicher Spielraum für *job enrichment* besteht.

Offen bleibt, ob die Teilnehmer an Pilotprojekten von vornherein eine überdurchschnittliche Empfänglichkeit für Motivationsanreize aufweisen und die Untersuchungsergebnisse daher nicht ohne weiteres auf die Masse der Arbeitnehmer übertragbar sind. Andererseits zeigt das Beispiel LVM, dass auch Unternehmen mit einem in bestimmten Anwendungsbereichen extrem hohen Anteil an Telearbeitern (über 50%) zu ähnlichen Ergebnissen kommen, wie dies bei Pilotprojekten mit nur wenigen ausgewählten Teilnehmern der Fall ist.

Der positive Einfluss auf die Motivation wirkt sich direkt auf die Mitarbeiterfluktuation aus. Aus fast allen untersuchten Praxisfällen wird von einzelnen Mitarbeitern berichtet, die durch das Angebot von Telearbeit im Unternehmen gehalten bzw. nach Geburt eines Kindes schnell wieder an den Arbeitsplatz zurückgeholt werden konnten. Aus Organisationssicht steigt die Attraktivität als Arbeitgeber und damit die Wettbewerbsfähigkeit auf dem Arbeitsmarkt: Der Zugang zu knappen Arbeitskräften verbessert sich. Wegen externer, analytisch kaum zu kontrollierender Einflussfaktoren ist eine Veränderung solcher Personalkennziffern als Folge von Telearbeit hingegen momentan noch schwer empirisch nachweisbar.

Bei allen Wirkungseffekten ist zu berücksichtigen, dass – wie zu Beginn dieses Beitrags ausgeführt wurde – Telearbeit vor dem Hintergrund sich rasch wandelnder Anforderungen an Unternehmen eingeführt wird, also ein reiner vorher/nachher-Vergleich nicht unbedingt ausreichend ist. Vielmehr gilt es, Telearbeit mit anderen Restrukturierungsmaßnahmen zu vergleichen, mit denen ähnliche Zielsetzungen erreicht werden können. Aufgrund der traditionellen, isolierten Betrachtung von Telearbeit als einer Maßnahme zur Verbesserung der Vereinbarkeit von Familie und Beruf ist die Erforschung der Vorteilhaftigkeit von Telearbeit im direkten Vergleich mit anderen Restrukturierungsmaßnahmen noch nicht über erste Ansätze herausgekommen (siehe Jackson, 1998; Limburg, 1998).

6 Wirtschaftlichkeitsanalyse von CSCW in benachbarten Anwendungsbereichen

Im Kontext des vorliegenden Beitrags erscheint unter den Forschungsarbeiten, die sich mit anderen Anwendungsbereichen von CSCW-Systemen beschäftigen, die Untersuchung von Schwabe & Krcmar (2000a) besonders erwähnenswert, weil sie explizit von dem schon erwähnten Ansatz der erweiterten Wirtschaftlichkeitsanalyse von Reichwald et al. (1996b) Gebrauch macht. Gegenstand ihrer Untersuchung ist die Implementierung eines CSCW-Systems namens Cuparla zur Unterstützung der Parlamentsarbeit von Stadträten. Während im Unterschied zu den bisher dargestellten Formen der Telearbeit kein Beschäftigungsverhältnis vorliegt, sind die Anforderungen der Stadträte an ein Arbeitsunterstützungssystem ähnlich gelagert. Sie bewältigen einen Großteil der Arbeit abends und am Wochenende zu Hause, weil sie im Verwaltungsgebäude über kein eigenes Büro verfügen und tagsüber ihrem Hauptberuf nachgehen. Da die Gemeinderatsarbeit im Wesentlichen aus Vor- und Nachbereitung von Sitzungen besteht, ist die Effizienz der Tätigkeit sowohl stark von der zeitgerechten Verfügbarkeit der benötigten Informationen als auch von der guten Kommunikation mit den Fraktionskollegen und der Verwaltung abhän gig. Hier setzt Cuparla an, eine auf der Lotus-Notes-Plattform basierende Software, mit der die Stadträte unter Verwendung eines Notebooks zu Hause (und an jedem anderen Ort) typische Gemeinderatstätigkeiten durchführen können und dabei auf Informationsbestände der Verwaltung, der Fraktion und von Kollegen zugreifen können (Schwabe, 1999a).

Das Ergebnis der erweiterten Wirtschaftlichkeitsanalyse der Cuparla-Implementierung ist in Abb. 79 »Gesamtbewertung der Telekooperation durch den Gemeinderat« zusammengefasst (vom März 1998; Quelle: Schwabe & Krcmar 2000a). Schwabe und Krcmar unterscheiden dabei zwischen den verschiedenen Ebenen der Betrachtung: Arbeitsplatz, Gruppe, Prozess, Organisation.

Zusätzliche Kosten entstehen durch die technische Ausstattung der Stadträte und ihre Vernetzung miteinander. Kosteneinsparungen (z. B. Abschaffung des Papierversands von Dokumenten) sind kurzfristig nicht zu realisieren, weil noch keine flächendeckende Einführung des Systems möglich ist und daher in einer Übergangsphase alte und neue Formen der Informationsverteilung nebeneinander bestehen bleiben müssen. Im Saldo positive Zeiteffekte konnten nur auf der Prozessebene ermittelt werden: Die Durchlaufzeit von Anträgen hat sich verkürzt, der Protokollprozess wurde beschleunigt. Auf der Arbeitsplatzebene hat die Einführung der neuen Technik zunächst einen Lernaufwand verursacht, der mittelfristig entfallen dürfte. Die Potenziale von Cuparla zu Erzielung von Kosteneinsparungen und positiven Zeiteffekten sind Schwabe & Krcmar (2000b) zufolge bei Weitem noch nicht ausgeschöpft, was die Autoren der Studie primär auf die noch nicht erfolgte zieladäquate Reorganisation der Prozesse zurückführen. Hier gibt es offensichtliche Parallelen zu den strukturellen Barrieren, die die Einführung klassischer Telearbeit in Unternehmen immer wieder erschweren.

Die wesentlichen positiven Effekte von Cuparla zeigen sich bei der Qualität und Flexibilität der Gemeinderatsarbeit. Insbesondere ist hier die bessere Informationsversorgung zu nennen, welche die Effizienz der Abläufe und Abstimmungsprozesse an den Schnittstellen zwischen Stadtrat, Fraktion und Verwaltung spürbar erhöht hat. Räumliche, zeitliche und interpersonelle Flexibilität auf Arbeitsplatz- und Gruppenebene haben zugenommen. Nicht zuletzt deshalb profitieren die Stadträte auch persönlich von der Einführung des CSCW-Systems: Angesichts der hohen, insbesondere zeitlichen Belastung, die von der Gemeinderatsarbeit ausgeht, wiegen die Vorteile hinsichtlich einer besseren Vereinbarkeit von Mandat, Beruf und Privatleben schwer.

Der Stuttgarter Gemeinderat, in dem das System erprobt wurde, hat bereits vor dem Abschluss der Wirtschaftlichkeitsberechnung – trotz der nicht unerheblichen Kosten – für eine dauerhafte Einführung von Cuparla gestimmt. Insgesamt überwiegt also eine positive Beurteilung.

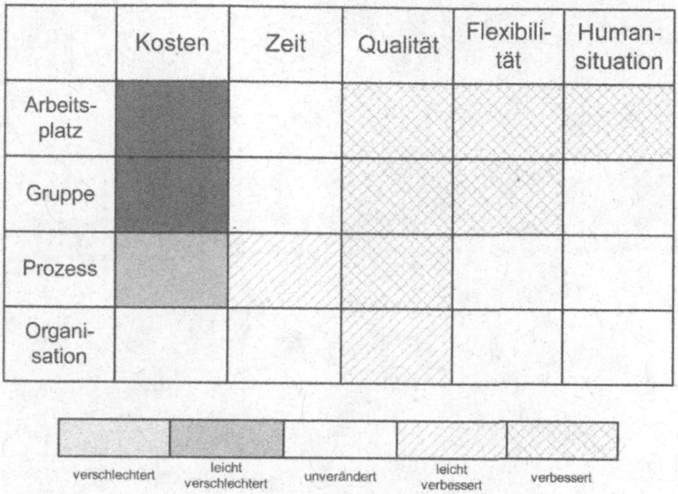

	Kosten	Zeit	Qualität	Flexibili-tät	Human-situation
Arbeits-platz					
Gruppe					
Prozess					
Organi-sation					

verschlechtert	leicht verschlechtert	unverändert	leicht verbessert	verbessert

Abb. 79 Gesamtbewertung der Telekooperation durch den Gemeinderat

7 Ausblick

Der Beschäftigung mit CSCW-Systemen kommt deshalb eine so große Wichtigkeit zu, weil ihr Einsatz eine Neubewertung der heutigen Organisationsstrukturen von Unternehmen notwendig macht. Andererseits verleitet die allgegenwärtige und preiswerte Verfügbarkeit dieser Techniken zu einem unüberdachten Einsatz, dessen möglicherweise gravierende Folgen für die Art und Weise des Wirtschaftens erst nachträglich sichtbar werden. Die Wissenschaft hat die Aufgabe, dies zu verhindern, indem sie den unternehmerischen Entscheidungsträgern Konzepte und Instrumente zur Beurteilung der verschiedenen Optionen, die sich aus den Möglichkeiten der CSCW-Technik ergeben, an die Hand gibt. Telearbeit ist eine solche Option. Die Instrumente zur Beurteilung der ökonomischen Folgen eines Einsatzes von Telearbeit sind noch nicht ausreichend entwickelt, aber in den letzten Jahren sind bereits erhebliche Fortschritte erzielt worden. Die vorliegenden Ergebnisse der Forschung zeigen: Telearbeit kann tatsächlich einen bedeutenden Beitrag zur Wettbewerbsfähigkeit einer Organisation leisten. Der Erfolg stellt sich jedoch nur dann ein, wenn die Einführung strukturiert und strategieorientiert erfolgt.

Teil 5 Perspektiven

Einführung

Den Abschluss des CSCW-Kompendiums bilden zwei Beiträge, in denen Perspektiven vorgestellt werden, die die Zukunft von CSCW in der Forschung aber auch in der Praxis stark beeinflussen werden. Dabei ist zu beachten, das diese Entwicklungen auch die Zukunft von anderen Aktivitäten im Alltag bestimmen, die nicht primär durch Arbeitskontexte definiert sind. Es handelt sich dabei um eine Mischung von einerseits neuen Ideen und Konzepten und andererseits prototypischen Realisierungen, die als »proof-of-concept« zeigen, dass diese Zukunft gar nicht mehr so weit weg ist. Diese in den Beiträgen dargestellten Vorstellungen über die Zukunft sind sowohl durch eher visionäre Anwendungsszenarien charakterisiert als auch durch aktuelle technologische Innovationen. Dabei ist festzuhalten, dass der Ursprung einiger dieser Entwicklungen, wie z. B. Ubiquitous Computing, schon einige Zeit zurückliegt, sie aber gerade in den letzten Jahren zunehmend an Dynamik gewinnen. Die aktuellen Arbeiten gehen dabei über die ursprünglichen Ideen hinaus. Man könnte sogar davon sprechen, dass durch den Einfluss auf viele andere Gebiete ein Paradigmenwechsel vorbereitet wird, der zur Zeit durch die bildhafte Aussage »beyond the desktop computer« charakterisiert werden kann.

In dem ersten Beitrag wird die Perspektive des »Ubiquitous Computing« vorgestellt. Darin wird eine Welt skizziert, in der Computer, bzw. ihre Funktionalität, allgegenwärtig (»ubiquitous«) sind. Der Computer kommt in verschiedenen Erscheinungsformen vor: Er ist entweder sehr klein und tragbar (sog. »Tabs« und »Pads«) oder sehr groß und mit Wandtafeln (»boards«) vergleichbar. »Allgegenwärtig« bedeutet dabei, dass die durch den Computer bereitgestellte Funktionalität überall verfügbar ist. Entweder kann sie wegen der Portabilität der Geräte überall hin mitgenommen werden oder sie ist an den Orten, zu denen man kommt, schon vorhanden, weil dort auch kleine, mobile Komponenten »herumliegen« wie sonst z. B. Bücher. Die elektronische Wandtafel steht in diesem Szenario auch dafür, dass sie dort, wo man sie braucht, einfach vorhanden ist und entsprechende Funktionalität zur Verfügung stellt. Dass sie dann auch noch in die Umgebung integriert werden kann, ist ein weiterer Aspekt. Das Ziel ist, dass alle Komponenten vernetzt sind – am besten ohne Kabel – und dass sie um ihren Aufenthaltsort wissen, bzw. diesen anderen Komponenten oder einer Zentrale mitteilen können. Dabei müssen diese Objekte nicht nur Computer sein. Es können auch »normale« Objekte des täglichen Lebens sein, die dann aber durch entsprechende Funktionalität angereichert werden (»augmented reality«): ein Buch weiß, wo es ist, und wer es gelesen hat; auf einer elektronischen Tafel kann man nicht nur schreiben, sie ermöglicht auch den Zugang zum gesamten Informationsbestand des Internets, etc. Die einzelnen Komponenten werden durch ihre Vernetzung zu einem mächtigen Gesamtsystem, das das Leben und die Zusammenarbeit der Menschen erleichtern soll.

In dem zweiten Beitrag wird die Perspektive für CSCW dahingehend erweitert, dass die im Prinzip allgegenwärtig verfügbare computergestützte Funktionalität in Bezug gesetzt wird zur Bedeutung und Gestaltung der gesamten Umgebung, insbesondere auch der Architektur von Gebäuden, und der dort stattfindenden Arbeitsprozesse. Dies wird vor dem Hintergrund von drei Ausgangspunkten diskutiert: neue Entwicklungen in der IuK-Technologie, neue Arbeits- und Organisationsformen und die Rolle von realen Umgebungen im Zeitalter von virtuellen Informationsumgebungen. Die vorgestellte Argumentation ermöglicht Einschätzungen über die Bedeutung von Face-to-Face-Kommunikation und macht Aussagen zur (neuen) Rolle von Bürogebäuden in der Zukunft.

Dies mündet in dem Vorschlag von sog. »kooperativen Gebäuden«, die weniger die Orte für individuelles Arbeiten sein werden, sondern mehr die Orte für geplante Teamkooperation und, genauso wichtig, für spontane, informelle soziale Interaktionen. Die neue Rolle als »kooperative« Gebäude erfordert auch neue Ansätze zur Bereitstellung der Funktionalität. Sie basieren auf einem integrierten Design realer und virtueller Welten. Als Beispiel werden sog. »Roomware«-Komponenten vorgestellt, die aus der Integration von Raumelementen (wie z. B. Wände, Türen, Möbel) mit IuK-Technologie resultieren. Zusammen mit der entsprechenden kooperativen Software ist die Unterstützung der Zusammenarbeit damit in die Raum- und Gebäudearchitektur integriert. Der Computer als Gerät verschwindet und wird »unsichtbar«: Tische werden zu interaktiven Tischen, Wände werden zu interaktiven Wänden, Informationsobjekte lassen sich zwischen verschiedenen Roomware-Komponenten hin- und hertragen, im Gebäude aufgestellte Informationssäulen ermöglichen den Zugang zu persönlichen und öffentlichen Informationsbeständen, etc. In vielerlei Hinsicht sind kooperative Gebäude zugleich Vision und Rückkehr zu frühen Themen der CSCW-Forschung. Schon Ende der 80er Jahre war die Gestaltung sog. »electronic meeting rooms« ein aktuelles Thema. Jetzt lohnt es sich, vor dem Hintergrund des rasanten technischen Fortschritts und neuer Organisationsformen die Frage neu zu stellen, wie Menschen in Zukunft ihre Zusammenarbeit in Räumen und Gebäuden organisieren und gestalten wollen und sollen.

Ubiquitous Computing

Michael Koch, Johann Schlichter
Technische Universität München – Institut für Informatik, München

1   Einleitung

Trotz aller Bestrebungen nach Adaptierbarkeit (siehe auch der entsprechende Beitrag von Teege et al. über Anpassbarkeit in diesem Buch) können heutige Computeranwendungen nicht so an verschiedene Aufgaben angepasst werden, dass man sie intuitiv und kontextbezogen benutzen kann. Wenn man heute mit seinem Personal Computer arbeitet, dann ist man in erster Linie mit dem Computer beschäftigt und erst in zweiter Linie mit der Aufgabe, die man mit dem Computer erledigen will. Dies hält Benutzer davon ab, die Informations- und Kommunikationstechnologie effizient oder überhaupt zu nutzen.

Bei CSCW-Anwendungen ist dieses Problem der Benutzbarkeit und Verfügbarkeit besonders relevant, da, wie schon von Grudin (1990) ausgeführt, für die erfolgreiche Einführung eines CSCW-Systems eine kritische Masse an Benutzern erreicht werden muss. Dafür spielen sowohl die Benutzbarkeit des Systems, als auch dessen Verfügbarkeit an allen Orten, an denen die günstigsten Umstände für die Benutzung vorliegen, eine Rolle.

Unter Ubiquitous Computing versteht man die Idee, den Computer »aus dem Weg« zu schaffen, so dass sich der Computernutzer wieder um die wirklichen Aufgaben kümmern kann. Mark Weiser (1993) vom Xerox Palo Alto Research Centre (Xerox PARC), der »Vater« des Ubiquitous Computing, drückt dies folgendermaßen aus:

> *»Ubiquitous computing has as its goal the enhancing of computer use by making many computers available throughout the physical environment, but making them effectively invisible to the user.«*

Der Ausdruck »Ubiquitous« (engl. für allgegenwärtig) wird benutzt, weil Computer überall sein werden, eingebettet in die Infrastruktur. Die Idee schließt auch die Ausstattung von Alltagsgegenständen mit Computern mit ein, zum Beispiel Kleidung, die weiß, wann sie gereinigt werden muss.

Ubiquitous Computing wird auch als dritte Welle in der Nutzung von Computern bezeichnet. Zuerst gab es nur Großrechner, von denen jeder von einer großen Anzahl Personen benutzt worden ist. Dann kam die Phase des »Personal Computing«, in der jeder einen oder mehrere Universalcomputer besitzt, mit denen er oder sie direkt interagiert. Durch die zunehmende Vernetzung wird zwar immer mehr das ganze Netz als Computerressource betrachtet, die Interaktion mit dem Menschen findet jedoch immer noch über dedizierte Geräte statt, an die sich der Benutzer bzw. seine Aufgabe anpassen muss. In der dritten Welle treten die (Universal-)Computer immer mehr in den Hintergrund und werden an der Mensch-Computer Schnittstelle durch »unauffällige Technologie« (*calm technology*) ersetzt.

Der Übergang von der zweiten zur dritten Phase zeigt sich dadurch, dass es nicht mehr einen Universalcomputer, sondern eine Menge von spezialisierten Computern pro Person gibt. Diese Entwicklung ist bereits heute deutlich zu beobachten – in einem typischen Haushalt finden sich bereits eine Reihe von Geräten mit integriertem Computer (z. B. Waschmaschine, Fernsehapparat, Videorekorder, Funkuhr).

Konkret verbergen sich hinter der Idee des Ubiquitous Computing zwei Konzepte:

1. Computer entwickeln sich von Universalmaschinen zu Spezialmaschinen, sie werden also mitsamt Peripherie für eine bestimmte Aufgabe entwickelt. Jeder Mensch besitzt verschiedene Computer für verschiedene Aufgaben. Die Computer haben verschiedene Formen und Größen.

2. Computer verschwinden (aus dem Sichtfeld) – sie sind natürlich weiterhin da, der Benutzer nimmt sie aber nicht mehr (als Computer) wahr. »Our computers should be like an invisible foundation that is quickly forgotten but always with us, and effortlessly used throughout our lives.« Mark Weiser (1993)

Im Weiteren werden zuerst diese zwei Aspekte (aufgabenspezifische Computer; unsichtbare Computer – Integration mit der Umgebung) näher beleuchtet. Dann wird noch einmal auf die Bedeutung dieses neuen Paradigmas der Computernutzung für CSCW-Anwendungen eingegangen.

2 Aufgabenspezifische Computer

Während wir momentan noch einen Personal Computer für alle Anwendungen (Universalcomputer) benutzen, ist die Idee bei Ubiquitous Computing, für verschiedene Aufgaben jeweils spezialisierte Geräte einzusetzen. Es wird also nicht nur die Software ausgetauscht, sondern das ganze Gerät. So können auch Hardware und Design des Geräts auf die Anforderungen der Aufgabe angepasst werden.

Norman (1998) stellt zwei anschauliche Beispiele für den Unterschied zwischen einer allgemein verwendbaren Instanz und vielen spezialisierten Instanzen vor: das Schweitzer Armeemesser und Elektromotoren.

Ein Schweitzer Armeemesser stellt viele Funktionen zur Verfügung und könnte einen Großteil des Besteckkastens in der Küche ersetzen – vergleichbar mit einem Computer, der für vielfältige Aufgaben verwendet werden kann. Trotzdem benutzen wir in der Küche viel lieber mehrere separate Geräte – durch die Beschränkung auf eine Aufgabe werden die Geräte der Aufgabe einfach viel besser gerecht. Die Armeemesser werden nur dann mehreren spezialisierten Werkzeugen vorgezogen, wenn es wichtig ist, wenig Gepäck zu haben.

Hinsichtlich (Elektro-)Motoren ist zu beobachten, dass es während der industriellen Revolution in einer typischen Fabrikhalle meist nur ein Antriebsaggregat gab, dessen Bewegungsenergie über lange Wellen und Transmissionsriemen zu den einzelnen Arbeitsplätzen geleitet wurde.

Die Verfügbarkeit von relativ kleinen und leistungsstarken Elektromotoren machte es in der zweiten Phase der Entwicklung möglich, jeden Arbeitsplatz mit einem Motor auszustatten. Die verschiedenen Werkzeuge mussten auf unterschiedliche Weise an dieses eine Aggregat angekoppelt werden. Ein Beispiel für dieses Prinzip aus dem Haushaltsbereich sind »Multifunktions-Küchenmixer« oder Bohrmaschinen, die mit einem Aufsatz z. B. als Stichsäge verwendet werden können.

Heute sind viele Werkzeuge mit eigenen, kleinen Elektromotoren ausgestattet. An jedem Arbeitsplatz gibt es mehrere, mit eigenen Motoren ausgestattete Werkzeuge, die jeweils als unabhängige Einheit für bestimmte Aufgaben entwickelt worden sind. Die Vorteile der Spezialisierung sind ganz klar die einfachere Bedienbarkeit und Handhabbarkeit der spezialisierten Werkzeuge.

Trotz vieler augenscheinlicher Parallelen des Motor-Beispiels mit der heutigen Situation bei Computern sei auch auf einen Unterschied hingewiesen: Bei Computern wird nicht nur die Bereitstellung vieler spezialisierter Rechner relevant sein, sondern vor allem die *Kommunikation* zwischen diesen spezialisierten Geräten. Diese Vernetzung ist essenziell für Ubiquitous Computing. Erst damit kann eine anwendungsübergreifende Nutzung von Informationen erreicht werden.

Im Zusammenhang mit dieser Forderung nach Kommunikationsmöglichkeit der vielen spezialisierten Computer wird von einigen Forschern im Vergleich zu Local Area Networks (LANs) der Begriff »*Personal Area Networks*« verwendet. Gemeint ist ein Netzwerk aller Komponenten, die (zumindest temporär) mit einer bestimmten Person zusammenhängen.

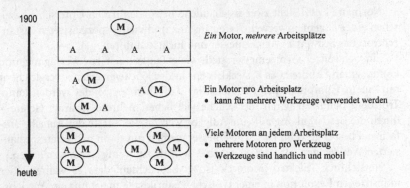

Abb. 80   Die Entwicklung von Motoren zu einer »unsichtbaren« Technik
(nach Hohenschuh & Buhr, 1995)

3   Unsichtbare Computer - Integration mit der Umgebung

Momentan ist ein Computer ein spezielles Gerät, dem man sich (meist alleine) speziell zuwendet. Im Kontext von Ubiquitous Computing wird angestrebt, die Rechner in die physikalische Umgebung zu integrieren und dadurch unsichtbar werden zu lassen.

Integration

Ubiquitous Computing-Geräte sind Teil der physischen Umgebung. Im Gegensatz zu Virtual Reality wird bewusst vermieden, reale Dinge im Universalcomputer nachzubilden, sondern versucht, Computer in das Umfeld zu integrieren. Existierende Prototypen realisieren elektronische Wandtafeln, briefpapiergroße »Pads« und notizzettelkleine »Tabs«.

Ein großes Potenzial von Ubiquitous Computing sieht Mark Weiser (1991) hier auch bei der Reduktion der Belastung durch die Informationsflut. Diese Möglichkeit macht er am Beispiel eines Waldspaziergangs deutlich:

»*Most important, ubiquitous computers will help overcome the problem of information overload. There is more information available at our fingertips during a walk in the woods than in any computer system, yet people find a walk among trees relaxing and computers frustrating. Machines that fit the human environment, instead of forcing humans to enter theirs, will make using a computer as taking a walk in the woods.*«

Unsichtbarkeit

Mit Unsichtbarkeit ist die von Winograd & Flores (1987) beschriebene »readiness to hand« gemeint: Ein gutes Werkzeug lässt es zu, dass sein Benutzer sich auf die zu erledigende Aufgabe und nicht auf das Werkzeug konzentriert. Das Werkzeug verschwindet dabei aus dem Bewusstsein, wird also in diesem Sinne »unsichtbar«. Weiser (1993) nennt beispielsweise Brillen ein gutes Werkzeug – man schaut sich die Welt an, nicht die Brille. Hier noch ein Zitat zu diesem Thema von John Seely Brown (1996):

> »When it is written, the history of computers will, I believe, be quite simple. In the beginning was the computer. Then it disappeared. Of course, it didn't go away completely. It just dissolved. either it became part of the physical background, forming part of ordinary objects such as tables, chairs, walls, and desks. Or it became part of the social background, providing just another part of the context of work.«

Erste Anwendungen der Ubiquitous Computing Ideen fanden sich im Zusammenhang mit der Unterstützung von Zusammenarbeit in Büros. Am Xerox Palo Alto Research Centre (PARC) wurden hierzu von 1988 bis 1994 »Tabs«, »Pads« und »Boards« entwickelt. Diese Geräteklassen haben immer noch Bedeutung und sollen deshalb kurz vorgestellt werden (siehe auch Weiser, 1993a).

Abb. 81   Xerox ParcTab Prototyp

Pads

Pads sind tragbare berührungssensitive Bildschirme im Format von Schreibpa-
pier. Über eine Infrarotverbindung können die Pads untereinander oder mit
Tabs oder Servern kommunizieren. Den Unterschied zu Laptops beschreibt
Mark Weiser (1991) treffend so:

> »*Whereas portable computers go everywhere with their owners, the pad that
> must be carried from place to place is a failure. Pads are intended to be »scrap
> computers« (analogous to scrap paper) that can be grapped and used anyw-
> here, they have no individualized identity or importance.*«

Die Idee hinter Pads ist, dass Jeder mehrere davon besitzt. Statt Fenster in
seinem elektronischen Arbeitsbereich zu verschieben kann man Pads auf dem
Schreibtisch wie normales Papier verstreuen und stapeln.

Tabs

Tabs sind Computer in der Größe von Post-It-Notes. Sie bestehen hauptsächlich aus einem berührungssensitiven Bildschirm und Hardware für eine drahtlose Infrarotverbindung zu Servern im Hintergrund. Die Geräte können ihre
Position innerhalb eines Gebäudes feststellen. Über die Server bieten die Tabs
Zugriff auf verschiedene Informationen. Weiterhin sind ein Transport von
Informationen und eine beschränkte Eingabe möglich. Weiser (1993a)
beschreibt die Idee hinter den Tabs mit »tiny information doorway«.

Boards

Boards sind dem Beispiel einer Wandtafel nachgebildet. Sie haben Ausmaße
von 1 x 1.5m oder größer und werden mittels Stift bearbeitet. Der erste »Computer« von der Größe einer Tafel war das »*LiveBoard*« und wurde bereits 1992
entwickelt. Nachfolgemodelle werden inzwischen in großen Stückzahlen kommerziell vertrieben.

Getrieben durch fortgeschrittenere Technologie wird der Einsatz von »large
screen displays« heute in verschiedenen Kontexten untersucht. Beispiele sind
die Bestrebungen im Bereich Roomware (vgl. den entsprechenden Beitrag von
Streitz über Kooperative Gebäude und Roomware in diesem Buch) und die
Verwendung zur Unterstützung von Communities (z. B. im Projekt Campiello
(Grasso et al., 1999a)).

Active Badges

Active Badges wurden 1992 an den Olivetti Cambridge Research Labs entwik-
kelt (Want et al., 1992). Sie haben die Größe und Form von Namensschildern,
werden genauso getragen und senden ein den Träger identifizierendes Signal
aus. Diese Badges haben zwei Funktionen: Lokalisierung und Identifikation.

Abb. 82 Xerox LiveBoard

Erste Anwendungen des Systems waren z. B. die automatische Umleitung von Anrufen zum jeweils nächsten Telefonapparat.

4 Aktuelle Entwicklungen

Die Liste aktueller Entwicklungen im Zusammenhang mit den Ideen des Ubiquitous Computing ist sehr lang.

Zuerst sollten einige Entwicklungen im Bürobereich genannt werden. So versucht Bill Buxton, Möglichkeiten zur Anwesenheits-Awareness und zur Videokommunikation auf natürliche Weise in Büroumgebungen einzubetten (anstelle von fest installierten Videokonferenzräumen oder Desktop-Videokonferenzsystemen; siehe dazu z. B. Buxton, 1997). Im Labor von Hiroshi Ishii am MIT Media Lab wird u.a. an Systemen geforscht, welche Awareness-Information in die natürliche Umgebung einblenden und Computersysteme in die natürliche Interaktion mit physikalischen Objekten integrieren (Tangible Bits Projekt, siehe Ishii & Ullmer, 1997; Brave et al., 1998 und http:// www.Media.mit.edu/groups/tangible/ für weitere Informationen). Auch im Ambiente-Labor der GMD wird an der Integration von Rechnern in Büromöbel gearbeitet (siehe dazu auch den Beitrag von Streitz über Kooperative Gebäude und Roomware in diesem Buch).

Im Community-Support-Bereich (siehe hierzu den entsprechenden Beitrag von Koch über Community-Support-Systeme in diesem Buch) werden momentan Entwicklungen verfolgt, elektronische Infrastruktur über verschiedene Benutzerschnittstellen in die Alltagswelt einzuflechten. Ein Beispiel dafür ist das Projekt Campiello. Hier werden zur Verfügbarmachung eines Informationssystems für Bewohner und Touristen in einer Stadt verschiedenste Benutzerschnittstellen zu diesem Informationssystem bereitgestellt. Ein Beispiel für die entwickelten Schnittstellen sind große interaktive Displays an öffentlichen Orten (Grasso et al., 1999a).

Auch der Bereich des »*Wearable Computing*« steht eng mit Ubiquitous Computing in Verbindung. Hier gab es in den letzten Jahren einige Fortschritte (siehe hierzu z. B. http://wearables.Media.mit.edu/projects/wearables/). Die Ideen und Resultate hier sind stark mit denen im Bereich »*Augmented Reality*« verbunden. Auch dort geht es darum, Personen mit mobilen Rechnern auszustatten, die es erlauben, Information abzurufen während man sich in der physikalischen Welt bewegt (am besten durch Überlagerung des Sichtfelds mit der Information).

Neben den Nachfolgern des zuvor erwähnten LiveBoards gibt es inzwischen bereits viele kommerziell verfügbare Produkte. Besonders interessant ist hier die Entwicklung bei den PDAs (Personal Digital Assistants). So hat sich in den letzten Jahren gezeigt, dass der Verbraucher spezialisierte Geräte allgemeinen Geräten vorzieht. PDAs mit eingeschränkter aber auf das Gerät und die Anforderungen des Benutzers angepasster Software wie der PalmPilot, E-Books oder RocketBook verkaufen sich beispielsweise besser als allgemeine Geräte mit dem Windows-CE Betriebssystem.

5 Probleme und Herausforderungen

5.1 Hardware

Die Anforderungen an die Technikkomponenten lassen sich in: kleiner, billiger, robuster zusammenfassen. Konkrete Anforderungen sind:

- Billige, kleine Bildschirme,
- billige, lange haltende Akkus und
- billige, kabellose Übertragungstechnik für kurze Strecken.

Weiser & Brown (1996) sprechen in diesem Zusammenhang von völlig neuen Metriken, die man für die Bewertung von Ubiquitous Computing Technologien braucht – als Beispiele nennen sie MIPS/Watt und Bits/sec/m^3.

5.2 Netze und Protokolle

Natürlich sind Fortschritte bei der Hardware wichtig, viel wichtiger aber sind neue Entwicklungen im Bereich von Netzwerkkomponenten und Netzwerkprotokollen. Dies sieht man sehr gut, wenn man die aktuelle Situation betrachtet: Jeder von uns besitzt schon viele unsichtbare Computer. Das Problem ist, dass sich diese noch nicht miteinander unterhalten können.

Bedarf besteht vor allem in zwei Bereichen. Erstens werden geeignete Protokolle zum Medienzugriff in drahtlosen Netzen mit kleinen Reichweiten und einer großen Zahl an Komponenten benötigt. Zweitens werden geeignete Protokolle und Datenrepräsentationen benötigt, die eine Grundlage für den Datenaustausch verschiedenster Komponenten von verschiedenen Herstellern bieten.

So sind traditionelle Netzwerke nicht darauf vorbereitet, mit vielen hundert oder tausend kleinen, mobilen, vernetzten Geräten zurechtzukommen, die in naher Zukunft im Haushalt oder am Arbeitsplatz zu finden sein werden. Ein Netzwerk für eine solche Situation kann sich nicht auf zentrale Administration, statische Routing-Techniken oder Protokolle, die viel Abstimmung benötigen, verlassen. Eine mögliche Lösung dafür stellt die IETF mit ihren »mobile Ad-hoc Networks« (MANETs) vor[109]. Dies sind autonome Systeme mobiler Router (und assoziierter Rechner), die mittels drahtloser Verbindungen kommunizieren. Die Router können sich zufällig bewegen und sich selbst organisieren.

5.3 Datenschutz und Privatsphäre

Im Zusammenhang mit der gewünschten Kommunikationsfähigkeit der Geräte muss auch die Frage der Sicherheit angesprochen werden. Einerseits ist es erwünscht, dass die Geräte, die einem gehören, untereinander kommunizieren (Personal Area Network) und auch mit anderen Geräten Informationen austauschen. Andererseits soll möglichst keine Information aus der Privatsphäre entweichen und auch keine externe Manipulation der Geräte möglich sein. Dies ist besonders dann relevant, wenn Geräte, die auf Datennetze mit kurzen Reichweiten angewiesen sind, in »fremden« Bereichen unter Nutzung der dortigen Netzinfrastruktur eingesetzt werden.

---

[109]Zu MANETs siehe http://www.ietf.org/html.charters/manet-charter.html

5.4 Design und Interaktionstechniken

Neben der Verfügbarkeit der Technologie ist für die Realisierung der Idee der aufgabenspezifischen Computer auch eine Benutzer-/*Task-zentrierte* Produktentwicklung vonnöten (im Gegensatz zur immer noch verfolgten *technikzentrierten* Produktentwicklung). Vorhandene Interaktionstechniken können genauso wenig übernommen werden, wie es nicht ausreicht, bisherige grafische Benutzeroberflächen einfach nur zu skalieren (siehe dazu auch Pier & Landay, 1992 und Landay & Kaufmann, 1993).

Hinter Ubiquitous Computing verbirgt sich nicht nur eine Menge von Geräten, sondern ein komplett neuer Weg, über die etablierte Technologie nachzudenken. Ubiquitous Computing fordert neue Fähigkeiten von Designern. Weiser sagt dazu sogar, dass Ubiquitous Computing wahrscheinlich hauptsächlich eine Anstrengung werden wird, heterogene neue Benutzerschnittstellen und Interaktionsparadigmen zu schaffen. In Weiser (1995) bekennt er dazu deutlich: »I would do it wrong«. Damit will er sagen, dass er sich selbst nicht zutraut, so aus seinen Denkstrukturen ausbrechen zu können, dass er es richtig machen kann. Das Problem ist, dass die Geräte so unterschiedlich von heutigen Rechnern sein werden, dass man nicht weiß, wo man anfangen kann. Eine radikale Änderung beim Design unter stärkerer Einbeziehung der Benutzer ist unbedingt notwendig.

6   Zusammenfassung

Die definierende Charakteristik von Ubiquitous Computing ist der Versuch, mit dem traditionellen Desktop-Computer-Paradigma zu brechen. Computernutzung wird erleichtert, indem vielfältige Computer in der natürlichen Umgebung »unsichtbar« für den Benutzer verfügbar sind. Das Ziel ist die Konzentration auf die Aufgabe. Computer, wie wir sie heute kennen, werden ersetzt durch eine Menge vernetzter Computergeräte, die in unsere Umgebung integriert sind. Das Paradigma für die Interaktion zwischen Benutzern und Computern wird sich grundlegend ändern.

Mit dem Ziel, Computer »benutzbar« zu machen und in die Arbeitsumgebung zu integrieren, könnte ein großer Schritt für die Akzeptanz/kritische Masse bei CSCW-Anwendungen, die auf einer Ubiquitous Computing-Infrastruktur aufsetzen, erreicht werden. Ein Beispiel, das die Anfänge von Ubiquitous Computing markiert, ist der Einsatz von PDAs als Backends für Gruppenkalender. Erst durch die Verfügbarkeit und einfache Handhabbarkeit der PDAs wird erreicht, dass Termine durchgehend elektronisch erfasst werden, was Voraussetzung für die Nützlichkeit des Gruppenkalenders ist. Anstatt also den

Arbeitsablauf festzuschreiben, nicht nur durch den Aufbau von Programmen, sondern auch durch die Tatsache, dass ein Computer sich physisch an einem Ort befindet und deshalb auch nur dort damit gearbeitet werden kann, wird der situative Charakter von Arbeit berücksichtigt.

Genauso verhält es sich mit der Unterstützung von Gruppenarbeit. Anstatt mittels CSCW-Systemen zu versuchen, Kommunikationsabläufe und Datenaustausch zu modellieren, können Ubiquitous Computing-Geräte durch ihre Vernetzung und Portabilität wie bisherige Materialien gemeinsam benutzt und ausgetauscht werden.

Ubiquitous Computing zeigt eine neue Art und Weise auf, über Computer nachzudenken. Die Ideen, die unter dem Titel Ubiquitous Computing entstanden sind, wurden inzwischen von vielen Gruppen aufgegriffen und unter anderen Namen weiterentwickelt. Gebiete, welche sich hauptsächlich mit dem »Verschwinden« der Computer beschäftigen, sind:

- Mobile Computing, Handheld Devices

- Roomware

- Mensch-Computer-Interaktion und Ergonomie

- Calm Technology

- Augmented Reality, Wearable Computers

Diese Teilbereiche behandeln häufig einzelne Punkte aus dem Gesamtprogramm von Ubiquitous Computing, wie z. B. die Übertragungstechnik bei Mobile Computing oder das Design von Benutzerschnittstellen für neue Gerätegrößen im Mensch-Computer-Interaktions-Bereich. Die Ideen sind aber mehr oder weniger genau die, welche Mark Weiser schon 1988 formuliert hat.

Kooperative Gebäude und Roomware

Integriertes Design realer und virtueller Welten zur Unterstützung kooperativen Arbeitens

Norbert A. Streitz
GMD – IPSI, Darmstadt

1 Einleitung

Ziel dieses der Kategorie Perspektiven und Visionen zugeordneten Beitrags ist es, aktuelle Trends und deren Auswirkungen auf die Gestaltung kooperativer Arbeitsumgebungen vorzustellen. Dabei liegt der Schwerpunkt auf den Fragestellungen und Implikationen eines integrierten Designs virtueller, digitaler Informationsumgebungen und realer, physischer Umgebungen. Die Forderungen nach einem integrierten Design sind wiederum Teil einer umfassenden Betrachtung zur Gestaltung der Arbeitswelten der Zukunft. Insgesamt wird eine ganzheitliche Sichtweise verfolgt, die in integrierter Weise neue Entwicklungen in der Informations- und Kommunikationstechnik (IuK-Technik), neue Arbeits- und Organisationsformen und neue Perspektiven für die Arbeitsplatzgestaltung inklusive Architektur und Büromöbel berücksichtigt. Dabei ist zu beachten, dass in diesem Beitrag der Begriff »Architektur« vornehmlich als »Architektur von Gebäuden«, also von realen Umgebungen, verwendet wird und damit von der informationstechnischen Verwendung wie in Softwarearchitektur und Systemarchitektur zu unterscheiden ist. Die Diskussion der Unterstützung kooperativen Arbeitens, z. B. im Team, wird dabei eingebettet in eine umfassende Sichtweise, die sowohl unterschiedliche Phasen, wie z. B. konzentrierte Einzelarbeit, spontane und informelle Kommunikation, geplante diskussionsorientierte Kleingruppenarbeit und eher präsentationsorientierte Plenumsituationen, thematisiert als auch den Wechsel zwischen diesen Aktivitäten in zeitlich und räumlich ausgedehnten Arbeitssituationen. Um den damit verbundenen Anforderungen zu entsprechen, wird als ein Rahmen für Experimente das Konzept sog. »Kooperativer Gebäude« vorgestellt sowie erste Realisierungen beschrieben, die auf sog. »Roomware«-Komponenten basieren. Damit wird der Anspruch deutlich, auch als Ergebnis der Gestaltungsüberlegungen ganzheitliche Lösungen anzustreben, die über CSCW für einzelne Arbeitsplätze oder Besprechungsräume hinausgehen.

2 Neue Rahmenbedingungen: Drei Ausgangspunkte

Neue Entwicklungen in der IuK-Technik und neue Arbeits- und Organisationsformen haben die Rahmenbedingungen für die Gestaltung der Arbeitsplätze von heute bereits entscheidend verändert, werden dies aber in der Zukunft in noch größerem Umfang tun. Arbeiten »on the road«, mobil sein mit dem Laptop im Zug, im Hotel, im Flughafen, am Strand; Telearbeit von zu Hause; über Kontinente verteiltes Arbeiten virtueller Teams. Welche Folgen haben diese Entwicklungen für die räumliche Gestaltung von Arbeitsumgebungen und ihre Wechselwirkung mit Informationsumgebungen? Werden Einzelbüros überflüssig? Und die fast schon ketzerische Frage: Kann man vielleicht auf Bürogebäude ganz verzichten? Die Antworten erfordern eine differenzierte Analyse der Veränderungen und möglicher Konsequenzen.

2.1 Informations- und Kommunikationstechnik

Die Einführung von Informations- und Kommunikationstechnik hat das Erzeugen und die Verfügbarkeit von Informationen entscheidend verändert. Dabei wurden und werden zunächst einmal die Inhalte der Arbeit verändert. In den traditionellen Büroumgebungen der Vergangenheit existierten Informationen vornehmlich als physische Informationsobjekte, z. B. in Form von Büchern, Akten in Aktenordnern, Notizblöcken, Terminkalendern oder Ankündigungen auf schwarzen Brettern in den Fluren. Heutzutage werden fast alle die Arbeitsprozesse begleitenden Dokumente vornehmlich in elektronischer Form erzeugt. Sie werden dann aber in vielen Situationen immer noch in ihrer Erscheinungsform als reale, physische Objekte, z. B. in Papierform, rezipiert und bearbeitet. Auch wenn das so oft und insbesondere für das Jahr 2000 angekündigte »papierlose Büro« keine Realität geworden ist und in absehbarer Zeit wohl auch nicht werden wird, ist die Richtung der Veränderung offensichtlich: weg von der physischen Umgebung als dem Ort für Informationsobjekte und hin zu den Bildschirmen der Desktop-Computer als *den* Zugangspunkten (»access points«) für Informationen. Große, eher als Fremdkörper wirkende Monitore auf den Schreibtischen, unter denen sich die zugehörigen PC-Türme befinden, wurden zum Standard und zum Erkennungszeichen des modernen Büros.

Mit der zunehmenden Verbreitung und dem Anstieg von Benutzern, die über keine speziellen Computerkenntnisse verfügten, stellte sich zunehmend das Problem der ergonomischen Gestaltung der Mensch-Computer-Interaktion. Nachdem eine Zeitlang die sog. Hardwareergonomie, z. B. für die Gestaltung der Tastaturen (Form, Höhe, ...) und der Monitore (Größe, Abstand,

Reflexionsfreiheit, ...), dominierte, beschäftigte man sich mehr und mehr mit der sog. Softwareergonomie, der Gestaltung der Benutzungsoberflächen (siehe dazu auch den Beitrag von Oberquelle über Softwareergonomie in diesem Buch). Mit der zunehmenden Verwendung von grafischen Benutzungsoberflächen (»GUI = graphical user interface«) standen die visuelle Präsentation von Informationen auf dem Bildschirm und die unterschiedlichen Möglichkeiten mit diesen Informationen zu interagieren (über Kommandos, Menüauswahl, direkte Manipulation, Spracheingabe, ...) im Mittelpunkt des Interesses (Balzert et al., 1988). Auf diesem Gebiet wurden viele Fortschritte gemacht und die Benutzung von populären Anwendungsprogrammen, z. B. zur Textverarbeitung oder Tabellenkalkulation, ist heute sicherlich einfacher als vor 10 oder gar 20 Jahren.

Es stellt sich aber die Frage: Ist Mensch-*Computer*-Interaktion eigentlich das Ziel? Ist es nicht eher die unmittelbare Mensch-*Information*-Interaktion und – auf Gruppensituationen bezogen – die direkte Verwendung von Informationen in der Mensch-*Mensch*-Interaktion und -Kooperation? Der Computer als »Gerät« sollte eigentlich verschwinden und unsichtbar werden (cf. »invisible computer«, Norman, 1998). Nur die über ihn verfügbare Funktionalität sollte vorhanden und zugänglich sein und zwar »allgegenwärtig« wie Mark Weiser es mit dem Begriff »Ubiquitous Computing« schon vor einiger Zeit formulierte (Weiser, 1991; siehe auch den Beitrag von Koch & Schlichter zu diesem Thema in diesem Buch). Obwohl sich das auch heute noch futuristisch anhört, ist die damit intendierte Tendenz in anderen Bereichen als Büroarbeitsumgebungen schon zu beobachten. So denkt man beim Fahren eines Autos kaum an die im Auto verwendete Technik und reflektiert nicht, dass man (indirekt) mit mehr als 20 Mikroprozessoren interagiert. In vergleichbarer Weise sollte man sich auch beim Erzeugen und Verwenden von Informationen keine Gedanken mehr über die dabei verwendeten Computer und Software machen müssen. Weiser (1991) hat das folgendermaßen formuliert: »*The most profound technologies are those that disappear. They weave themselves into the fabric of everyday life until they are indistinguishable from it.*" Obwohl diese und vergleichbare Vorstellungen in den vergangenen 10 Jahren schon oft ausgesprochen wurden, sind die entscheidenden Schritte zu ihrer Realisierung und weiteren Verbreitung erst in den letzten Jahren gemacht worden.

Macht man sich diese Sichtweise zu eigen, dann ist offensichtlich, dass man über den nun schon traditionellen Desktop-Computer hinausgehen und nach neuen Wegen suchen muss, Informationen zu erzeugen, zu präsentieren und mit ihnen zu interagieren. Ein wichtiger Ansatz, Informationen näher an die Benutzer zu bringen, besteht darin, sie wieder Teil der physischen Umgebungsrealität zu machen und diese dadurch anzureichern: »*Augmented Reality*« (Wellner et al., 1993). Ein damit verwandter Ansatz sind die sog. »*Tangible Bits*«

(Ishii & Ullmer, 1997). Allen gemeinsam ist die Integration einer Vielzahl von »computational devices« in die architektonische Umgebung – beim »Roomware«-Ansatz (Streitz et al., 1998a) z. B. in Wände, Tische und Stühle – und das Bemühen, die Interaktion mit Informationen auch über physische Objekte zu vermitteln und teilweise sogar haptisch erfahrbar und damit »begreif«bar zu machen (Fitzmaurice et al., 1995; Poynor, 1995; Konomi et al., 1999).

2.2 Neue Arbeits- und Organisationsformen

Informations- und Kommunikationstechnik hat aber nicht nur die Inhalte von Arbeit und Zusammenarbeit entscheidend verändert, sondern auch die Arbeitsprozesse (siehe auch den entsprechenden Beitrag von Reichwald et al. über Neue Organisationsformen in diesem Buch). Diese Veränderungen wirken sich sowohl auf die Organisation von Arbeit als auch auf den Ort aus, wo gearbeitet wird. Informationen sind zunehmend unabhängig von Ort und Zeit verfügbar. Damit wird Telearbeit von zu Hause oder das Arbeiten unterwegs im Zug, im Hotel, beim Kunden möglich. Dies führt zu einem häufigen Wechsel zwischen individuellen Arbeitsphasen zu Hause oder unterwegs und Gruppenarbeit im Büro, wie z. B. Team-Besprechungen, und damit zwischen asynchronen und synchronen Arbeitssituationen. Typische Beispiele in Form von alternierender Telearbeit und mobiler Telearbeit werden z. B. in den Untersuchungen von Glaser (1999) beschrieben.

Parallel zu den technischen Einflussfaktoren entwickelten sich – u.a. auch als Folge von anderen Entwicklungen, wie z. B. Business Process (Re)Engineering – neue Organisationsformen. Sie bestehen in der verstärkten Einführung neuer oder Ausweitung existierender modularer und netzwerkartiger Arbeitsstrukturen. Generell gilt, dass die zukünftigen Rahmenbedingungen von Arbeit und Zusammenarbeit durch ein Maß an Flexibilität und Dynamik gekennzeichnet sein werden, das über aktuelle Entwicklungen und Beispiele weit hinausgeht. Auf Abruf (»on demand«) und Ad-hoc zusammengestellte Teams, virtuelle Organisationen, räumlich verteilte und mobile Mitarbeiter, der Wegfall des Anspruchs auf einen persönlichen Arbeitsplatz und dessen zeitversetzte Nutzung durch mehrere Mitarbeiter (»Desk Sharing«) sind erste Beispiele dafür. Inhalte und Beteiligte sowie Kontexte, Prozesse und Strukturen von Zusammenarbeit werden sich immer häufiger und auf vielfältige Art und Weise ändern. Dies erfordert neue Formen der Organisation der kommunikativen und kooperativen Prozesse und hat entscheidende Auswirkungen auf die Gestaltung der Arbeitsumgebungen, vom individuellen Arbeitsplatz über die Vielfalt von Büro- und Besprechungsräumen bis hin zum gesamten Bürogebäude und darüber hinaus; z. B. sog. »Campus«-Konzepte, die von großen Firmen verfolgt werden.

2.3 Neue Rollen für Bürogebäude –
Neue Anforderungen an die Architektur

Es ist deutlich geworden, dass die Einführung von IuK-Technik Arbeitsinhalte und Arbeitsprozesse entscheidend verändert hat und weiter verändern wird. Demgegenüber ist aber festzustellen, dass die existierenden und auch noch viele der zur Zeit geplanten Arbeitswelten, insbesondere im Sinne der physischen Arbeitsumgebungen, wie Büros und Gebäude, fast unverändert geblieben sind. So finden sich zwar Computer und Bildschirme auf (fast) jedem Schreibtisch; existierende Bürogebäude sind aber wenig oder gar nicht auf eine systematische und frühzeitige Integration von IuK-Technik ausgerichtet. Noch wichtiger ist, dass sie die Konsequenzen der oben skizzierten Veränderungen der Arbeitsprozesse und Organisationsformen nicht ausreichend reflektieren.

Die Rolle zukünftiger Bürogebäude wird sich nämlich entscheidend verändern. Einerseits werden Bürogebäude nicht mehr primär die Orte für konzentrierte Einzelarbeit sein und damit der Bereitstellung persönlicher Arbeitsumgebungen in Form von Einzel- und Zellenbüros dienen, da individuelles Arbeiten im Prinzip überall erfolgen kann. Andererseits ist die projektorientierte Organisation von Arbeit verbunden mit einem höheren Maß an Teamarbeit in wechselnden Gruppen mit sich verändernden Aufgaben. Diese Dynamik erfordert immer häufiger Prozesse der Teamformation, des Kennenlernens und der Vertrauensbildung, die eine zentrale Bedeutung bekommen. Diese Prozesse können durch persönliche Begegnungen und soziale Interaktionen in räumlich lokalen Umgebungen entscheidend gefördert werden.

Zukünftige Bürogebäude werden daher in erster Linie Orte der Kommunikation und Kooperation von Teams sein (Streitz et al., 1999b). Sie dienen der geplanten Zusammenarbeit, aber – genauso wichtig – auch der informellen, opportunistischen und peripheren Kommunikation, die insbesondere für kreatives Arbeiten wichtig ist. Zur Bedeutung der »Face-to-Face«-Kommunikation zitiert Remmers (1999) z. B. den Architekten Henn: »80 % der innovativen Gedanken im Büro entstehen durch persönliche Kommunikation – und das trotz weltweiter Daten- und Kommunikationsvernetzung.« Der Kommunikationswissenschaftler Bolz (1999) betont die Rolle der »Produktivkraft Kommunikation«, wenn er die Frage stellt »Wie verändert sich die sozial basierte informelle Kommunikation unter den neuen Medienbedingungen?« und zu dem Schluss kommt, dass »sich das Büro als Schauplatz menschlicher Kommunikation nicht im Cyberspace auflösen wird.« Er plädiert daher für eine »Benutzerfreundlichkeit« des Büros, die nur in einer Synergie von Menschen und Computern glaubwürdig präsentiert werden kann.

Es stellt sich also die Frage, wie IuK-Technik und deren Integration im Bürogebäude gestaltet werden kann und muss, damit geplante Teamkooperation und informelle Kommunikation entsprechend unterstützt werden können. Damit sich die neuen Arbeitsformen im Zusammenspiel mit IuK-Technik in hoher Qualität entfalten können, müssen sie in der Gestaltung von ebenso flexiblen und dynamisch konfigurierbaren Arbeitswelten reflektiert werden. Dies erfordert ein Umdenken bei allen am Planungs- und Realisierungsprozess beteiligten Personen und Institutionen, da existierende Standardbürogebäude diesen Anforderungen nicht genügen. Ein Ansatz, diesem Gestaltungsziel näher zu kommen, sind sog. »*Kooperative Gebäude*« (Streitz et al., 1998a, 1999b), die als Konstituenten einer umfassenden Gestaltung der Arbeitswelten der Zukunft betrachtet werden können.

3 Designperspektiven für die Arbeitswelten der Zukunft

Um die Arbeitswelten der Zukunft unter den sich ändernden Rahmenbedingungen angemessen zu gestalten, sind unterschiedliche Perspektiven zu berücksichtigen. Ein Ansatz, der aus einer Architekturperspektive heraus entwickelt wurde, ist die sog. »*Enabling Matrix*« (Hartkopf et al., 1999). Sie besteht aus einer zweidimensionalen Matrix mit zwölf Zellen, die sich aus der Kombination der folgenden Komponenten ergeben. Die Zeilen werden durch vier sog. »resource layers« definiert: »social, interface, intelligence, and backbone Layer«. Die Spalten bilden drei sog. »enablers« und sind definiert als: »information technology, people and process, and place«. Dieser Ansatz wurde u.a. zur Planung und Realisierung des »*Intelligent Workplace*« an der Carnegie-Mellon University verwendet, einer experimentellen, aber für die tägliche Arbeit genutzten Umgebung zur Untersuchung der Wechselwirkung von Informationstechnologie und Architektur. Streitz et al. (1998a & 1999b) schlagen einen multidisziplinären Ansatz vor, in dem die folgenden vier Designperspektiven (siehe Abb. 83 »Designperspektiven für die Arbeitswelten der Zukunft«) zu berücksichtigen sind.

Im Sinne eines benutzerorientierten Designs befindet sich der Mensch im Zentrum der Überlegungen. Dementsprechend repräsentiert die *mentale Perspektive* die Berücksichtigung der Möglichkeiten und Grenzen der menschlichen Informationsverarbeitung, der kognitiven Prozesse, der zu bearbeitenden Aufgaben und der dafür relevanten Inhalte. Die *Informationsperspektive* steht für die Abbildung der Aufgaben und Inhalte auf Repräsentationen der Informationssysteme und ihre software- und hardwaremäßige Realisierung.

Menschliche Problemlöseaktivitäten werden dabei auf korrespondierende Formen der Mensch-Computer-Interaktion abgebildet. Der Mensch ist aber immer auch Teil einer Arbeitsgruppe mit sozialen Bezügen und die Gruppe ist wiederum Teil einer Organisation. Dies erfordert die Berücksichtigung der vorhandenen oder geplanten Arbeits- und Organisationsformen bei der Gestaltung der Kommunikations- und Kooperationstechnologie für die Computerunterstützung kooperativen Arbeitens (CSCW). Das bedeutet, dass zusätzlich eine *soziale Perspektive* eingenommen werden muss. Auch wenn der Mensch mit Hilfe der Technologie in virtuellen Informationsräumen navigiert, befindet er sich gleichzeitig immer in der realen Welt und agiert in architektonischen Umgebungen. Das reale Umfeld ist insbesondere dann wichtig, wenn er andere Personen im Gebäude trifft, mit ihnen informell kommuniziert oder im Team projektbezogen kooperiert. Damit wird die *Architekturperspektive* unverzichtbarer Bestandteil für eine ganzheitliche Gestaltung der Arbeitswelten der Zukunft.

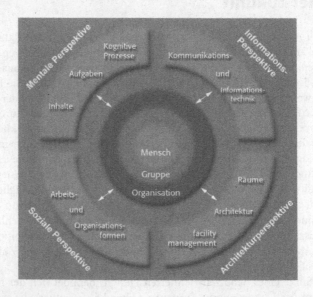

Abb. 83 Designperspektiven für die Arbeitswelten der Zukunft

4 Kooperative Gebäude

Aus diesen Überlegungen ergibt sich, dass die Arbeitswelten der Zukunft weiter untrennbar mit der Gestaltung realer architektonischer Umgebungen verknüpft sind. Die Orte für die Büros der Zukunft werden »Cooperative Buildings« (Streitz et al., 1998a) bzw. »*Kooperative Gebäude*« (Streitz et al., 1999b) genannt. Damit soll deutlich gemacht werden, dass sie einerseits als »enabler« der Kooperation und Kommunikation zwischen den Menschen dienen, indem die dafür notwendige Funktionalität in Form von interaktiven Kooperationslandschaften zur Verfügung gestellt wird. Andererseits verhalten die Gebäude sich »kooperativ« gegenüber den Benutzern, Bewohnern, Besuchern. Das bedeutet, dass es eine Art Kooperation zwischen dem Gebäude und den Menschen gibt, die durch »embedded smart artifacts« vermittelt wird. Mit der Veränderung der primären Zweckbestimmung der Gebäude und ihrer Räume müssen diese auch anders gestaltet werden. Dazu ist ein aufgaben-, benutzer- und teamorientiertes Design notwendig, das ein abgestimmtes Zusammenspiel und die Integration von innovativer IuK-Technik mit entsprechend leistungsfähigen Strukturen der Gebäude und deren Ausstattung (u.a. Möbel, Beleuchtung, Facility Management) ermöglicht. Dazu können u.a. sog. *Roomware*-Komponenten (siehe den folgenden Abschnitt) eingesetzt werden.

Entwurf und Realisierung »Kooperativer Gebäude« erfordern die Zusammenarbeit unterschiedlicher Disziplinen: IuK-Technik, Architektur, Grafik- und Produktdesign (insbesondere im Bereich Möbel und Inneneinrichtung), Arbeitswissenschaften, Ergonomie, Psychologie und Soziologie. Um Vertreter der unterschiedlichsten Fachrichtungen zu einem multidisziplinären Diskurs zusammen zu bringen, wurde die Serie der *International Workshops on Cooperative Buildings* initiiert. Die Proceedings der beiden bisher durchgeführten Workshops (CoBuild'98 bei der GMD in Darmstadt, CoBuild'99 an der Carnegie-Mellon-University in Pittsburgh, USA) geben einen sehr guten Überblick über den aktuellen Stand der internationalen Forschung (Streitz et al., 1998b & 1999d). Einen Überblick über entsprechende Arbeiten im deutschsprachigen Bereich findet man in dem von Streitz et al. (1999c) herausgegebenen Tagungsband.

Für die sich anschließende Diskussion sind die folgenden drei Dimensionen hilfreich, um die Anforderungen an die Gestaltung von »kooperativen Gebäuden« zu strukturieren (siehe Abb. 84 »Drei Gestaltungsdimensionen für Kooperative Gebäude«).

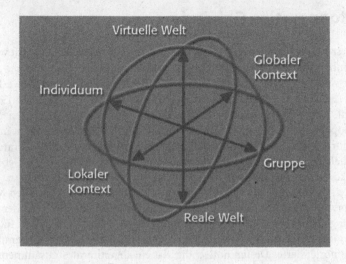

Abb. 84 Drei Gestaltungsdimensionen für Kooperative Gebäude

4.1 Lokaler und globaler Arbeitskontext

Eine erste Unterscheidung wird zwischen dem lokalen und dem globalen
Kontext vorgenommen. Dabei bestimmt der *lokale Kontext* einerseits die
Zusammenarbeit mehrerer Personen in einem Team und andererseits den
Bezug auf einen Ort. In den kooperativen Gebäuden der Zukunft kann und soll
potenziell überall im Gebäude gearbeitet werden, da die dazu notwendige
Informationstechnologie im Sinne des »Ubiquitous Computing« überall in die
Umgebung integriert wird. Damit werden alle Orte – über Büros und Bespre-
chungszimmer hinaus – auch die Flure, die Cafeteria, das Treppenhaus, das
Foyer, der Fahrstuhl usw. Orte der Kommunikation und Kooperation. Sie dienen insbesondere auch der spontanen, informellen Kommunikation, allerdings
– und das ist neu – mit gleichzeitigem Zugriff auf digital repräsentierte Informationen.

Der *globale Kontext* reflektiert einerseits die Einbettung der Teams und Projekte in die Organisation einer global agierenden Firma. Andererseits bestimmt
er das Arbeiten in verteilten Umgebungen, also die Zusammenarbeit mehrerer
Personen oder Gruppen an verschiedenen Orten. Kooperative Gebäude sind
damit nicht auf einen physisch lokalen Standort beschränkt, sondern sie können global verteilt sein. Dies entspricht den Anforderungen, die neue Organisationsformen, z. B. virtuelle Unternehmen, mit sich bringen. Um die verteilte

Kooperation zu ermöglichen, sind verteilte Kooperationslandschaften erforderlich. Diese werden durch große, in die Wände integrierte interaktive Flächen realisiert und mit einer Kombination von Software zur kooperativen, verteilten Bearbeitung von Informationen und Telepräsenzsystemen ausgestattet. Damit unterscheiden sie sich von den z.Zt. primär eingesetzten desktop-basierten Videokonferenzsystemen (siehe den entsprechenden Beitrag von Engel et al. über Telebesprechungen und Telepräsenz in diesem Buch).

4.2 Individuelles Arbeiten und Gruppenarbeit

Während früher die Arbeit im Einzelbüro vorherrschend war, wird heutzutage Teamarbeit in den Vordergrund gestellt – allerdings meistens ohne dass geeignete Arbeitsumgebungen und Unterstützung durch Informationstechnologie zur Verfügung stehen. Beispiele experimenteller sogenannter »Sitzungsunterstützungssysteme« werden von Krcmar et al. in diesem Buch beschrieben. Weiterhin hat sich gezeigt, dass ein Wechsel zwischen individuellen Arbeitsphasen, Gruppenarbeit und Aufteilung in Untergruppen notwendig ist. Dabei sollte der Wechsel flexibel zu gestalten sein, auf Abruf stattfinden können und paralleles Arbeiten von Untergruppen auch in einem lokalen Kontext ermöglichen. Die dafür erforderlichen dynamisch konfigurierbaren Arbeitsumgebungen (»dynamic offices«) erfordern mobile Komponenten, die zu unterschiedlichen Kooperationslandschaften zusammengestellt werden können. Die Ausstattung der Räume in Bezug auf die Hardware, Software und Roomware muss also multifunktional und konfigurierbar sein.

4.3 Integration realer und virtueller Welten

Auch in der Zukunft wird – trotz »Virtual reality« – Arbeit nicht vornehmlich in virtuellen Welten stattfinden. Der Mensch wird nicht nur noch im Cyberspace navigieren und kommunizieren. Gerade der vermehrte Anteil an Teamarbeit erfordert die physische Nähe der Teammitglieder. Sie ermöglicht spontane und persönliche Kommunikation, die für den Aufbau von Vertrauen und Arbeitsatmosphäre wichtig ist. In Diskussionen können außerdem durch Zeigehandlungen konkrete Bezüge zu realen Objekten (inkl. deren Manipulation) in der lokalen Umgebung hergestellt werden. Der Ausgangspunkt eines kooperativen Gebäudes wird daher immer die reale Welt, die konkrete Architektur sein. Die reale und lokale Umgebung wird aber in zwei Richtungen ergänzt. Einerseits werden die Arbeitsmaterialien in den meisten Fällen elektronisch erzeugt und sind als digitale Informationen vorhanden. Ihre Repräsentation erfolgt in virtuellen Informationsräumen, die aber in der realen Umgebung präsentiert werden. Der andere Aspekt der virtuellen Welten ist durch das »Hereinholen« der global verteilten Mitarbeiter und Teams in den lokalen Kontext und ihre (Re)Präsentation in der realen Umgebung gegeben. Um diesen Aspekten Rechnung zu tragen, ist ein integriertes Design der realen und der virtuellen Welten erforderlich.

4.4 Gestaltung der realen räumlichen Umgebungen

Bei der Gestaltung der physischen Umgebung als den realen Anteilen kooperativer Arbeitsumgebungen ist es hilfreich, den Erfahrungsschatz zu berücksichtigen, der z. B. in der Innenarchitektur und der Büroeinrichtungsbranche zum Einsatz von Möbel, Licht, Klima, Akustik, usw. vorhanden ist. Die dort vorhandenen Erkenntnisse (z. B. beschrieben von Englich & Remmers, 1997) werden nicht obsolet, sondern sind wichtige Ausgangspunkte. Andererseits sind diese kritisch zu reflektieren vor dem Hintergrund, dass die Kombination mit Informationstechnologie oder sogar deren integrative Einbettung in Elemente des Gebäudes, wie z. B. beim Roomware-Ansatz, neue Gestaltungsgrundsätze zur Folge hat.

Dabei kann auch auf Erfahrungen zurückgegriffen werden, die insbesondere im Bereich der Gestaltung von sog. »electronic meeting rooms« gesammelt wurden. Hier sind exemplarisch zu nennen: die frühen Arbeiten von Stefik et al. (1987b) zu CoLab (Xerox PARC) und von Mantei (1988) zum CaptureLab (EDS und University of Toronto), gefolgt von Ferwagner et al. (1991) zum CATeam-Raum (Universität Hohenheim), von Nunamaker et al. (1991) zu GroupSystems-Umgebungen (University of Arizona) und den ShrEdit-Experimenten von Olson et al. (1993) an der University of Michigan. Weitere Informationen zu Sitzungsunterstützungssystemen finden sich in dem entsprechenden Beitrag von Krcmar et al. in diesem Buch. Außerdem wurden vergleichende experimentelle Untersuchungen zu verschiedenen Konstellationen von persönlichen (privaten) Rechnern und großen öffentlichen (für alle sichtbare) Displays in »electronic meeting rooms« durchgeführt; so z. B. von Streitz et al. (1997) zu DOLPHIN im OCEAN-Lab und für unterschiedliche Funktionalitäten von Mark et al. (1997).

5 Roomware®

Überlegungen, die mit Begriffen wie »Ubiquitous Computing« und »calm technology« (Weiser, 1991) sowie »invisible computer« (Norman, 1998) verbunden sind, brachten neue Impulse in die Diskussion zum Verhältnis von Informationstechnologie und der räumlichen Gestaltung von Arbeitsumgebungen. In diesem Kontext ist auch das »Roomware«-Konzept zu sehen, das von Streitz und seinem Ambiente-Team am GMD-IPSI entwickelt wurde (Streitz et al. 1998a). Der Begriff »Roomware®« ist inzwischen eine registrierte Marke der GMD; er findet aber auch allgemeine Verwendung zur Charakterisierung entsprechender Überlegungen und wird zur Beschreibung von Produkten eingesetzt. Streitz et al. (1998a) bezeichnen damit die Integration von Raumelementen wie Wände, Türen, Möbel (Tische, Stühle, ...) usw. mit Informations- und Kommunikationstechnologie. Roomware-Komponenten sind interaktiv und vernetzt, einige sind mobil, da sie über drahtlose Netzwerke kommunizieren und über eine unabhängige Stromversorgung verfügen. Weiterhin sind sie mit Sensortechnologie ausgestattet, um aufmerksame, aktive, und adaptive Interaktionen zu realisieren. Dabei wird der Gedanke verfolgt, dass die Welt um uns herum zum Interface, zur Schnittstelle für Informationen wird. Die Realität wird durch die Integration von IuK-Technologie angereichert (»*Augmented Reality*«). Modularität und Mobilität bietet neue Möglichkeiten für dynamisch konfigurierbare Umgebungen und geht damit über die eher statischen traditionellen »electronic meeting rooms« hinaus. Außerdem soll und wird sich der Einsatz von Roomware-Komponenten über den räumlichen und sozialen Kontext von Besprechungsräumen hinaus auf das gesamte (kooperative) Gebäude erstrecken.

5.1 Die i-LAND Umgebung

Eine erste Realisierung des Roomware-Konzepts erfolgte 1997–1998 in Darmstadt am Institut für Integrierte Publikations- und Informationssysteme (IPSI) der GMD – Forschungszentrum Informationstechnik GmbH. Hier wurde im Forschungsbereich »Ambiente – Arbeitswelten der Zukunft« (www.darmstadt.gmd.de/ambiente) das i-LAND-Projekt durchgeführt. i-LAND ist eine interaktive Kooperationslandschaft für kreatives und innovatives Arbeiten (Streitz et al., 1999a). Die erste Generation der Roomware®-Komponenten (siehe Abb. 85 »i-LAND Umgebung: erste Generation mit DynaWall® und CommChairs®«) umfasste eine interaktive, elektronische Wand (*DynaWall®*), einen interaktiven Tisch (*InteracTable®*) und zwei Sessel mit integrierten Computern (*CommChairs®*), sowie den sog. *Passage-Mechanismus*. Die Roomware-Komponenten werden durch die BEACH-Software verknüpft, die das kooperative Arbeiten im Team unterstützt und neue Formen der Mensch-Computer-Interaktion bereitstellt. BEACH steht einerseits in der Tradition der DOLPHIN-Software für das OCEAN-Lab (Streitz et al., 1994), ist andererseits aber eine Neuentwicklung, die den Ergebnissen der empirischen Untersuchungen (Mark et al., 1997) von DOLPHIN Rechnung trägt und außerdem die Anforderungen sog. »kreativer Teams« berücksichtigt (Streitz et al., 1998c).

Abb. 85 i-LAND Umgebung: erste Generation mit DynaWall®
und CommChairs®

Die *DynaWall®* (Abb. 85 »i-LAND Umgebung: erste Generation mit Dyna-
Wall® und CommChairs®«) ist eine interaktive elektronische Wand mit einer
berührempfindlichen Interaktionsfläche von 4,50 m Breite und 1,10 m Höhe.
Sie ermöglicht es, komplexe Informationsstrukturen nicht nur zu visualisieren,
sondern auch, dass mehrere Personen parallel oder gemeinsam gestenbasiert
auf neue Art (»pick and drop, shuffle, throw«) mit Informationen interagieren
können, z. B. mit der Hand ein Informationsobjekt von einer Seite dem Partner
auf der anderen Seite einfach zuwerfen. Der *InteracTable®* (siehe Abb. 86 »Die
zweite Generation der Roomware®-Komponenten« für die neue Version der
zweiten Generation) ist ein interaktiver Stehtisch, an dem drei bis sechs Personen arbeiten können. Um – wie bei einem horizontalen Display notwendig –
die jeweils passende Betrachtungsperspektive zu erzeugen, können Informationsobjekte rotiert werden und dem Partner auf der anderen Seite zugeworfen
werden. Die *CommChairs®* (Abb. 85 »i-LAND Umgebung: erste Generation mit
DynaWall® und CommChairs®« und Abb. 86 »Die zweite Generation der
Roomware®-Komponenten«) stellen einen neuen Typ von Sitzmöbel dar. In
der ersten Generation (siehe Abb. 85 »i-LAND Umgebung: erste Generation
mit DynaWall® und CommChairs®«) existierten zwei Varianten: eine mit
einem integrierten stiftbasierten Computer und eine mit Anschlussmöglichkei-
ten für Laptops in Form einer integrierten »docking station«. Um maximale

Mobilität zu gewährleisten, verfügen sie über Schnittstellen für drahtlose Netzwerke und eine netzunabhängige Stromversorgung. Über die kooperative Funktionalität (»Shared Workspaces«) der BEACH-Software ist es möglich, Informationen zwischen den CommChairs auszutauschen, Informationen auf der DynaWall von den CommChairs aus zu annotatieren und auf den CommChairs vorbereitete Dokumente oder dort eingetroffene E-Mails an der DynaWall anzuzeigen und zu kommentieren. Der *Passage*-Mechanismus (Konomi et al., 1999) erlaubt es, auf bisher nicht bekannte Art und Weise digitale Informationen durch beliebige reale Objekte zu repräsentieren, diese von Ort zu Ort zu tragen und damit digitale Informationen zu transportieren, ohne dass die Informationen auf den Objekten selbst gespeichert sind.

Seit Ende 1999 existiert die zweite Generation von Roomware®-Komponenten. Sie wurde von der GMD zusammen mit Industriepartnern, insbesondere der Firma Wilkhahn, im Forschungs- und Entwicklungskonsortium »Future Office Dynamits (FOD)« (www.future-office.de) (Streitz et al., 1999c) entwickelt. Diese zweite Generation ist durch das Redesign der CommChairs und des InteracTable gekennzeichnet, sowie durch die Neuentwicklung der ConnecTables® (Abb. 86 »Die zweite Generation der Roomware®-Komponenten« vorne links).

Der neue InteracTable wird nicht mehr wie zuvor über eine »bottom-up«-Projektion, sondern über einen großen Plasmadisplay (PDP) realisiert, der zusätzlich berührempfindlich gemacht wurde. Die ConnecTables zeichnen sich aus dadurch, dass sie automatisch einen »Shared Workspace« erzeugen, sobald man sie zusammenschiebt und ihre gegenseitige physische Nähe mit Hilfe von Sensortechnologie erkannt wird.

(Hinweis: Roomware, DynaWall, InteracTable, und CommChair sind registrierte Marken der GMD; ConnecTable ist eine registrierte Marke der Firma Wilkhahn.)

In Bezug auf die Unterstützung der Kommunikation und der Gruppenarbeit ist festzuhalten, dass alle Roomware-Komponenten miteinander vernetzt sind (bei den mobilen drahtlos) und durch die kooperative BEACH-Software Gruppen gemeinsam Inhalte erzeugen und bearbeiten können: insbesondere synchron, aber auch asynchron; in demselben Raum, aber auch über verschiedene Orte im Gebäude und darüber hinaus verteilt.

5.2 Weitere Komponenten für Kooperative Gebäude

Neben den beschriebenen Roomware-Entwicklungen, die sich über die Einzelfunktionalität hinaus durch die Integration mehrerer Komponenten auszeichnen, gibt es andere Entwicklungen, die als Komponenten für Kooperative Gebäude verwendet werden können.

Abb. 86 Die zweite Generation der Roomware®-Komponenten

Im Sinne der Betonung der physischen Umgebung ist hier das *Zombie-Board* zu nennen, das bei Xerox PARC entwickelt wurde (Saund, 1999) und einerseits im Gegensatz, andererseits aber auch in der Tradition der früheren Entwicklungen dort wie LiveBoard (Elrod et al., 1992) und Tivoli (Pedersen et al., 1993) steht. Es handelt sich dabei um eine Technik, die die Vorteile großer »normaler« *Whiteboards* mit elektronischen post-processing Methoden verknüpft. Die im Verlaufe einer Team-Besprechung, z. B. mit einem Filzstift, erzeugten Inhalte müssen nicht mehr abgeschrieben werden. Vielmehr wird alles, was auf dem Whiteboard geschrieben wird, von einer unter der Decke angebrachten horizontal und vertikal beweglichen Kamera gescannt. Die Scanning-Operation wird von den Benutzern durch sog. »*Diagrammatic User Interfaces*« (DUI) initiiert. DUIs sind spezielle auf das Whiteboard gezeichnete Diagramme oder auch mit Icons versehene physische Objekte, die vor das Whiteboard gehalten werden und von der Kamera erkannt werden. Das Ergebnis des »Capture«-Prozesses wird dann mit verschiedenen Bildverarbeitungsverfahren zu einem gut aufgelösten elektronischen Bild weiterverarbeitet, das über ein webbasiertes Intranet verfügbar ist, aber auch gedruckt und in unterschiedlichen Folgeaktivitäten verwendet werden kann. Collaborage (von »collaboration« und »collage«) ist eine Weiterentwicklung (Moran et al., 1999), bei der unterschiedliche Arten und Mengen von Informationen, die auf einem Whiteboard oder einer beliebigen Fläche in Form einer Collage organisiert sind, gescannt und verarbeitet werden. Hierfür ist nur notwendig, dass die

Informationen und ihre Position durch »tags« identifiziert werden können. Dabei kommen sog. »Data Glyphs« zum Einsatz, zweidimensionale visuelle Muster, die wiederum von der Kamera gescannt werden. Erste Anwendungen von Collaborage sind In/Out-Boards (An-/Abwesenheitsinformation) für Mitarbeiter oder Projektplanungsaktivitäten mit an eine Wand gesteckten Karten, die durch geschriebene Notizen ergänzt werden können. Eine ähnliche Richtung, bei der die Bedeutung von elektronischen und Papierdokumenten sowie deren Verknüpfung durch physische Repräsentanten betont wird, wird in dem sog. Insight Lab von Anderson Consulting verfolgt (Lange et al., 1998), wenn auch nicht mit so aufwändiger Bildverarbeitung kombiniert.

In einem kooperativen Gebäude wird es eine Vielzahl von »computational devices« geben. Damit stellt sich das Problem des Austausches von Informationen über die Grenzen der Geräte hinaus. Auch unter der Annahme, dass alle Geräte miteinander vernetzt sind, werden dafür sehr einfache und intuitive Mechanismen benötigt. In der i-LAND Umgebung kann das mit Hilfe von beliebigen physischen Objekten und unter Einsatz des Passage-Mechanismus erfolgen (Konomi et al. 1999). Rekimoto (1997 & 1998) vom SONY Computer Science Lab in Tokio hat dafür sein »pick and drop« entwickelt, bei dem er die Informationsobjekte an Stifte für portable Computer »bindet«. Rekimoto & Saitoh (1999) haben ihren Ansatz inzwischen in Richtung hybrider Umgebungen weiterentwickelt. Ein anderer Ansatz, physikalische Objekte als Repräsentanten für digitale Objekte zu verwenden, sind die sog. mediaBlocks von Ullmer et al. (1998) am MIT MediaLab.

Bei der Gestaltung kooperativer Gebäude besteht ein wichtiger Ansatz darin, Informationen im Hintergrund für die eher periphere Wahrnehmung anzubieten und sich dabei unterschiedlicher Orte und darauf abgestimmter Metaphern zu bedienen. Der bekannteste Ansatz ist durch sog. »ambient displays« gegeben, wie sie z. B. auch im ambientROOM am MIT Media Lab verwendet werden (Wisneski et al., 1998). So werden u.a. Wasserwellen an die Decke oder Lichtflecke an die Wand projiziert, Geräusche einer Flasche entlockt, kleine Windräder zum Drehen gebracht, usw. Dabei handelt es sich jeweils um Indikatoren für verschiedene Aktivitäten, sei es ein Hamster im Laufrad, sich im Gebäude bewegende Personen, die Belastung des Computernetzwerks oder die aktuellen Aktienkurse an der Börse. Für die Kopplung von über mehrere Standorte verteilte Anteile eines kooperativen Gebäudes lassen sich die Überlegungen und Entwicklungen von Buxton (1997) und Cooperstock et al. (1997) einsetzen. Aufbauend auf früheren Arbeiten von Buxton zur Telepräsenz geht es hier insbesondere um die Kommunikation und die Vermittlung von »Awareness« zwischen verteilten Standorten.

Kooperative Gebäude sind in ihrem Ansatz und ihrer Verwendung nicht auf Arbeitssituationen beschränkt. So eröffnet sich eine sehr interessante Gestaltungsperspektive, wenn Aktivitäten des täglichen Lebens im Heimbereich in den Vordergrund gestellt werden wie dies z. B. bei Junestrand & Tollmar (1999) an der KTH in Stockholm geschieht. Das comHOME ist ihre Vision von der Wohnung im Haus der Zukunft, in dem es verschiedene comZONES gibt. Eine wichtige Komponente spielt dabei die Integration von Video-Kommunikationseinrichtungen in die häusliche Umgebung. So gibt es z. B. in der Küche einen sog. videoTORSO und einen comTABLE, über den mit Verwandten Kontakt aufgenommen werden kann und dann »gemeinsam« das Essen eingenommen wird. Es sind aber auch Übergänge zwischen Wohnen und Arbeiten vorgesehen, die dann mit anderen Arten von Objekten (z. B. deskTOP und lapTOP) unterstützt werden. Die Rolle von IuK-Technik und dabei insbesondere der Einsatz von Sensoren im Haus der Zukunft, wie z. B. ein »smart floor«, wird in dem Projekt »Aware Home« am GeorgiaTech in Atlanta untersucht (Kidd et al., 1999).

6 Schlussbemerkung

Den in diesem Beitrag vorgestellten Ansätzen und Entwicklungen ist gemeinsam, dass die Integration von realen und virtuellen Welten zu neuen hybriden Umgebungen die Arbeits- und Lernwelten, bzw. generell die Lebenswelten der Zukunft entscheidend bestimmen wird. Das Ziel ist klar. Die neuen Möglichkeiten digitaler Informationsobjekte und deren individuelle als auch gruppenorientierte Verwendung sollen intuitiv vermittelt werden. Dabei spielen neue Formen der Mensch-*Computer*-Interaktion, bzw. der Mensch-*Information*-Interaktion eine entscheidende Rolle (Streitz et al., 2001). Es ist aber auch kritisch nachzufragen, ob und wie weit die auf den ersten Blick so anschauliche Orientierung an Objekten und Phänomen der realen Umgebung tragen wird. Es gilt abzuwarten und die Ergebnisse kritisch zu überprüfen. So erscheint es jetzt fast schon sicher, dass man über die traditionellen Metaphern realer Objekte hinausgehen muss.

Literaturverzeichnis

Abecker, A., Decker, S., Kühn, O. (1998). Organisational Memory. In: *Informatik Spektrum*, 21. Springer, Berlin, S. 213-214.

Ackerman, M., Halverson, C. (1998). Considering an Organization's Memory. In: *Proceedings of CSCW 98*. ACM Press: New York, S. 39-48.

Ackerman, M., Halverson, C. (2000). Reexaming Organizational Memory. In: *Communications of the ACM*, Vol. 43, Nr. 1, S. 59-64.

Ackoff, R.L. (1960). Systems, Organizations, and Interdisciplinary Research. In: Eckmann, D.P. (Eds.), *Systems: Research and Design*, New York, London 1960, S. 26-42.

Action Technologies (1987). *The Coordinator, Workbook & Technical Guide*. Action Technologies Inc.

Advanced Software (1999). *Informationen über GDPro*: http://www.advancedsw.com/, Abruf: Mai 1999.

Agar, M. (1980). *The professional stranger – An informal introduction to ethnography*. Academic Press: New York/London.

Agostini, A., De Michelis, G., Grasso, M. A., Prinz, W. (1996). Contexts, Workprocesses and Workspaces. In: *Computer-Supported Cooperative Work: The Journal of Collaborative Computing*, Bd. 5, Nr. 2-3, S. 223-250.

Albanese, R., Van Fleet, D. (1985). Rational Behavior in groups: The free riding tendency. In: *Academie of Management Review*, Vol.10, Nr.2, S. 244-255.

Alchian, A., Demsetz, H. (1972). Production, Information Costs, and Economic Organization. In: *The American Economic Review*, Vol. 62, S. 777-795.

Aldrich, H.E. (1979). *Organizations and Environments*. Prentice Hall: Englewood Cliffs, NJ 1979.

Allen, T.J., Scott Morton, M.S. (Eds., 1994). *Information Technology and the Corporation of the 1990s*. Oxford University Press: New York, Oxford.

Alonso et al. (1999). WISE: Business to Business E-Commerce. In: *Proc. International Workshop on Research Issues in Data Engineering*, Sydney.

Altmann, J., Weinreich, R. (1998). An Environment for Cooperative Software Development: Relization and Implications. In: *Proceedings of the Hawaii International Conference on System Sciences (HICSS'98)*, Jan. 6-9, Kona, Hawaii, 1998.

Anderson, R. (1994a). Why Cryptosystems Fail. In: *Communications of the ACM*, Vol. 37, Nr. 11, S. 32-40.

Anderson, R. (1994b). Representation and requirements: The value of ethnography in system design. In: *Human Computer Interaction*, Nr. 9, S. 151-182.

Angiolillo, J.S., Blanchard, H.E., Israelski, E.W., Mané, A. (1997). Technology Constraints of Video-Mediated Communication. In: *Finn et al.* (1997), S. 51-74.

Antoni, C. H. & Sommerlatte, T. (Hrsg.) (1999). *Report Wissensmanagement. Wie deutsche Firmen ihr Wissen profitabel machen.* Symposion Publishing: Düsseldorf.

Appelt, W. (1999). The CESAR project: Collaboration Environments and service architectures for researchers. In: *Proceedings of the IASTED International Conferences: Internet, Multimedia Systems and Applications (IMSA '99)* (Nassau, The Bahamas, October 18-21, 1999) Furht, B. (Eds.). IASTED/ACTA Press: Anaheim, S. 325-329.

Appelt, W., Hinrichs, E., Woetzel, G (1998). Effectiveness and Efficiency: The Need for Tailorable User Interfaces on the Web. In: *Proceedings of WWW'98* (Brisbane, April 1998). Computer Networks & ISDN Systems, Vol 30. Elsevier, Science B.V., S. 499-508.

Appelt, W., Mambrey, P. (1999). Experiences with the BSCW Shared Workspace System as the Backbone of a Virtual Learning Environment for Students. In: *Proceedings of ED-MEDIA'99 World Conference on Educational Multimedia, Hypermedia & Telecommunications* (Seattle, Washington, June 19-24, 1999). AACE, Charlottesville Virginia, S. 1710-1716.

Argyris, C. (1964). *Integrating the Individual and the Organization.* New York.

Arnscheid, R., Diehl, M. (1996). *Telearbeit in der Sachbearbeitung einer Versicherung. Ergebnisse einer Felduntersuchung.* Unveröffentlicht.

Asch, S.E. (1956). Studies of independence and conformity: a minority of one against an unanimous majority.In: *Psychological Monografs*, 1956/70, Nr.9, S. 177-190

Atkinson, P., Hammersley, M. (1994). Ethnography and participant observation. In: N. Denzin, Y. Lincoln (Eds.), *Handbook of qualitative research.* Sage: Thousand Oaks, S. 248-261.

Austin, J.L. (1962). *How to do things with words.* Oxford University Press: Oxford.

Babatz, R., Bogen, M., Pankoke-Babatz, U. (1990). *Elektronische Kommunikation – MHS X.400.* Vieweg-Verlag: Braunschweig.

Bäcker, A., Busbach, U. (1996). DocMan: A Document Management System for Cooperation Support. In: *Proceedings of the 29th Hawaii International Conference on Systems Sciences* (Maui, Hawaii, January 3-6, 1996). IEEE Computer Society Press, Washington, Vol. III, S. 82-91.

Backman, C.W., Secord P.F. (1959). The effect of perceived liking on interpersonal attraction. In: *Human relations*, 12, S. 379-384.

Bailey, J., Swigger, K., Vanecek, M. (1995). Computer-Supported Collaborative Work and its Application to Software Engineering. In: *Proceedings of ACM SIGCPR'95*, Nachville, USA, S.249f.

Baker, M. J., Lund, K. (1997). Promoting reflective interactions in CSCL Environment. In: *Journal of Computer Assisted Learning*, *13*, S. 167-193.

Balabanovic, M., und Shoham, Y. (1997). Fab: Content-Based, Collaborative Recommendation. In: *Communication of the ACM*, Vol. 40, Nr. 3, S. 66-72.

Baldi, B., Brettreich-Teichmann, W., Gräslund, K., Hofmann, G., Hoyer, D., Konrad, P., Krcmar, H., Niemeier, J., Schwabe, G., Seibt, D (1995). Die BTÖV- Methode: Vorgehensweise und Ziele bei der bedarfsgerechten Gestaltung von Telekooperation in der öffentlichen Verwaltung. In: *IM Information Management*, Vol. 10, Nr. 4, S. 34-41.

Ballay, J.M. (1994). Designing Workscape: An Interdisciplinary Experience. In: *Proceedings of Human Factors in Computing Systems, CHI 1994*. (Boston, MA, April 24-28, 1994), ACM Press, S. 10-15

Balzert, H. (1998). *Lehrbuch der Softwaretechnik: Software-Management, Software-Qualitätssicherung, Unternehmensmodellierung*. Spektrum: Heidelberg, Berlin.

Balzert, H., Hoppe, H., Oppermann, R., Peschke, H., Rohr, G., Streitz, N. (Hrsg.) (1988). *Einführung in die Software-Ergonomie*. de Gruyter: Berlin.

Bannon, L.J., Kuutti, K. (1996). Shifting Perspectives on Organizational Memory. From Storage to Active Remembering. In: *Proceedings of the 29th Annual Hawaii International Conference on System Science (HICSS29)*, Vol. 3, S.156-167.

Barent, V. (1997). *Werkzeuge für die moderatorlose Gruppenarbeit: Konzeption, Realisierung, Einsatzpotenziale*. Deutscher Universitäts-Verlag: Wiesbaden.

Barent, V., Gräslund, K., Schwabe, G. (1994). Datenbankunterstützung für Groupware. In: Kracke, U. (Hrsg.), *Datenbank-Management: Aktuelles Nachschlagewerk der systemunabhängigen Datenbankpraxis*. WEKA Fachverlag für EDV: Augsburg, Grundwerk 1993. Dieser Teil von 1994. Teil 4/7, S. 1- 4/7.5.2, S.4.

Barent, V., Krcmar, H., Lewe, H., & Schwabe, G. (1995). Improving Continuous Improvement with CATeam. In: *Proceedings 28th Hawaii International Conference on System Sciences (HICSS-28)*, Wailea, Hawaii: IEEE Computer Society.

Barker, R.G. & Wright, H.F. (1955). *Midwest and its Children*. Harper & Row: New York.

Barnard, C.I. (1938). *The Functions of the Executive*. Cambridge MA.

Bass, L., Clements, P., Kazman, R. (1998). Software Architecture in Practice. In: *SEI Series in Software Engineering*. Addison-Wesley.

Bäumer, D. (1998). *Softwarearchitekturen für die rahmenwerkbasierte Konstruktion großer Anwendungssysteme*. Dissertationsschrift am Fachbereich Informatik der Universität Hamburg.

Baveals, A. (1950), Communication patterns in Task-oriented groups. *Journal of the Acoustical Society of America*, 22, S. 725-730.

Beard et al. (1990). A visual calendar for scheduling group meetings. In: *Proceedings of the Conference on Computer-Supported Cooperative Work CSCW '90*. ACM Press: New York.

Beaudouin-Lafon, M. (1990). Collaborative Development of Software. In: S. Gibbs et al. (Ed.), *Multi-User Interfaces and Applications*, North-Holland.

Beaudouin-Lafon, M. (Hrsg.) (1999). *Computer-Supported Co-operative Work*. Wiley & Sons Ltd.

Beck, K. (1999). *Extreme Programming Explained*. Addison Wessley, Reading, MA.

Becker, H. & Geer, B. (1979). Teilnehmende Beobachtung: Die Analyse qualitativer Forschungsergebnisse. In: C. Hopf, E. Weingarten (Hrsg.), *Qualitative Sozialforschung*. Klett-Cotta: Stuttgart, S. 139-166.

Benbasat, I. & Lim, L. H. (1993). »The Effects of Group, Task, Context, and Technology Variables on the Usefulness of Group Support Systems: A Metaanalysis of Experimental Studies«. *Small Group Research*, 24, S. 430-462.

Benford, S., Fahlen, L. (1993). A Spatial Model of Interaction in Large Virtual Environments. In: DeMichelis, G.; Simone, S.; Schmidt K. (Eds.), *Proceedings of the Third European Conference on Computer-Supported Cooperative* Work, 13-17 Sept. 1993, Milan, Italy. ECSCW`93. Dordrecht et al.: Kluwer Academic Publishers. S. 109-124.

Bentley, R., Appelt, W., Busbach. U., Hinrichs, E., Kerr, D., Sikkel, K., Trevor, J., Woetzel, G. (1997). Basic Support for Cooperative Work on the World Wide Web. In: *International Journal of Human-Computer Studies*, 46(6), Special issue on Innovative Applications of the World Wide Web. Academic Press, S. 827-846.

Bentley, R., Dourish, P. (1995). Medium versus mechanism: Supporting collaboration through customization. In: *Proceedings of Fourth European Conference on Computer-Supported Cooperative Work (ECSCW '95)*, Stockholm, Sweden, September 10-15, 1995, Kluwer, S. 133-148

Bentley, R., Hughes, J., Randall, D., Rodden, T., Sawyer, P., Shapiro, D., Sommerville, I. (1992). Ethnografically-informed systems design for air traffic control. In: *Proceedings of CSCW'92 – Sharing Perspectives*. ACM Press: New York , S. 123-129.

Berger, A. (1999). Context-Dependent Validity Models and Verification Procedures. In: *IFIP Working Group Conference on User Identification and Privacy Protection*. ISBN 91 7153 909 3.

Bergmann, J.R. (1991). Studies of Work – Ethnomethodologie. In: U. Flick, E. von Kardorff, H. Keupp, L. von Rosenstiel, S. Wolf (Hrsg.), *Handbuch qualitative Sozialforschung. Grundlagen, Konzepte, Methoden und Anwendung*. Psychologie Verlags Union: München, S. 269-272.

Bergmann, J.R., Goll, M., Meier, C. (1999), *Abschlussbericht. Arbeitspapier Nr. 8*, September 1999. Giessen: Universität Giessen, Institut für Soziologie.

Berners-Lee, T. (1999). *Weaving the Web*. Harper: San Francisco.

Bernstein, P. A. (1996). Middleware: A Model for Distributed System Services. In: *Communication of the ACM*, 39, 1996, No. 2., S. 86-98.

Bernstein, P. A., Goodman, N. (1981). Concurrency Control in Distributed Database Systems. In: *ACM Computing* Surveys, Vol 13, Nr. 2, S. 185-221, June.

Berrada, K., Lopez, F., Minot, R. (1991). VMCM, a PCTE based version and Configuration management system. In: *Proceedings of the 3rd international workshop on Software Configuration management*, S. 43-52

Berscheid, E., Walster, E. (1974). Physical attractiveness. In: Berkowitz, L. (Eds.), *Advances in Experimental Social psychology*, Volume 7, New York: Academy Press, S. 157-215.

Beyer, L., Paul, H. (2000). *Projekt TEAMS: Telekooperation unter Einsatz von Application Sharing und multimedialen Systemen in der Verwaltung*. Abschlussbericht mit Anlagen, Gelsenkirchen: Institut für Arbeit und Technik. http://www.iatge.de/aktuell/veroeff/ds/teams/teams.pdf; download vom 31.5.2000.

BGH (1999). Bundesgerichtshof. Pressemitteilung Nr. 74 vom 15.09.1999. Urteil des Bundesgerichtshofs zur audiovisuellen Vernehmung von Zeugen, die sich im Ausland aufhalten. *http://www.jura.unisb.de/Entscheidungen/Bundesgerichte/BGH/strafrecht/audivisu.html* am 28.9.1999.

Biedermann, H. (1990). *Anlagenmanagement: Managementwerkzeuge zur Rationalisierung*. Verlag TÜV Rheinland.

Birman, K. P. (1993). The Process Group Approach to Reliable Distributed Computing. In: *Communications of the ACM*, Vol. 36, Nr. 12, S. 37-53.

Birrell, A.D., und Nelson, B. J. (1984). Implementing Remote Procedure Calls. In: *ACM Transactions on Computer Systems*, Vol. 2, Nr. 1, S. 39-59.

Bischofberger, W., Kofler, T., Mätzel, K.-U., Schäfer, B. (1995). Computer-Supported Cooperative Software Engineering with Beyond-Sniff. In: M. Verrall (Ed.) (1995), *Proceedings of Software Engineering Environments*, Noordwijkerhout, Netherlands.

Bishop, A. P., Neumann, L.J., Star, S. L., Merkel, C., Ignacio, E., Sandusky, R.S. (2000). Digital Libraries: Situating Use in Changing Information Infrastructure. In: *Journal of the American Society for Information Science JASIS*, Vol. 51, Nr. 4, S.394-411.

Bjerknes, G. & Bratteteig, T. (1988). The memoires of two survivors or Evaluation of a computer system for Cooperative Work. In: *Proceedings of Conference on Computer-Supported Cooperative Work CSCW '88*. (Portland, Oregon, 26-29.September, 1988). ACM SIGCHI & SIGOIS, S. 167-177.

Blomberg, J. (1995). Ethnography: aligning field studies of Work and system design. In: A.F. Monk, G.N. Gilbert (Eds.), *Perspectives on HCI. Diverse Approaches*. Academic Press: London, S. 175-198.

Blomberg, J., Giacomi, J., Mosher, A. & Swenton-Wall, P. (1993). Ethnographic Field Methods and Their Relation to Design. In: Schuler, D., Namioka, A. (Eds.). *Participatory Design, Principles and Practices,* Lawrence Earlbaum Ass., S. 123-156.

Bly, S.A., Harrison, S.R., Irwin, S. (1993). Media Spaces: Video, Audio, and Computing. In: *Communications of the ACM,* Vol. 36, No. 1, S. 28-47.

Blythin, S. & Rouncefield, M. (1997). Evaluating groupware in a business Environment. In: Introducing Groupware in Organizations: what leads to successes and failures? *SIGROUP Bulletin* 18(3), S. 61-63.

BMW Deutschland (1997). *TWIST – Teleworking in flexiblen Strukturen. Ergebnisse und Erfahrungstransfer.* http://www.twist.bmw.de (30.9.98, 17:45).

Böcker, M., Mühlbach, L. (1993), Communicative Presence in video Communications. In: *Proceedings of the Human Factorsand Ergonomics Society 37th Annual Meeting,* Santa Monica, Human Factors and Ergonomics Society, S. 249-253.

Bødker, S. & Grønboek, K. (1991). Design in Action: From Prototyping by Demonstration to Co-operative Prototyping. In: J., Kyng, M. (Eds.), *Design At Work – Cooperative Design of Computer Systems.* Greenbaum, Lawrence Erlbaum Associates: Hillsdale, N.J., S. 197-218.

Boesch, E.E. (1980). *Kultur und Handlung: Einführung in die Kulturpsychologie.* Verlag Hans Huber: Bern, 1980.

Bogen, M., Babatz, R. (1987). Adaption and connection of KOMEX to X.400. In: *Proceedings of Message Handling Systems, IFIP TC 6/WG 6.5 Working Conference on Message Handling* System, Munich, April 26-29, North Holland, Amsterdam, S. 63-79.

Böhm, A., Huwer, M., Oberndorfer, W., Schmitz, R., Uellner, S. (1998a). Teleseminare über ISDN-basierte Videokonferenzsysteme. In: Herrmann, Th., Just-Hahn, K. (Hrsg.), *Groupware und organisatorische Innovation (D-CSCW'98).* Stuttgart: B. G. Teubner, S. 283-296.

Böhm, A., Oberndorfer, W., Schmitz, R., Tornau, O., Uellner, S. (1998b). Teleworking at the Technology Center of Deutsche Telekom. In: Suomi, R., Jackson, P., Hollmen, L., Aspnäs, M. (Eds.), *Telework Environments. Proceedings of the Third International Workshop on Telework, Turku, Finland.* 408-416. TUCS General Publication No. 8: Turku.

Böhm, M.(2000). *Entwicklung von Workflow-Typen.* Springer-Verlag: Heidelberg.

Bolz, N. (1999). Produktivkraft Kommunikation – Über das Büroleben im Zeitalter des Cyberspace. In: N. Streitz, B. Remmers, M. Pietzcker, R. Grundmann (Hrsg.), *Arbeitswelten im Wandel – Fit für die Zukunft ?* Deutsche Verlagsanstalt: Stuttgart, 95-103.

Booch, G., Jacobson, I., Rumbaugh, J. (1998). *The Unified Modeling Language User Guide.* Addison Wesley Publishing Company.

Borghoff, U. M., Pareschi, R. (1998). *Information Technology for Knowledge Management.* Springer: Berlin.

Borghoff, U. M., Schlichter, J. H. (1998). *Rechnergestützte Gruppenarbeit: Eine Einführung in Verteilte Anwendungen*. 2. Auflage. Springer Verlag: Berlin.

Bortz, J., Döring, N. (1995). *Forschungsmethoden und Evaluation*. Springer-Verlag Berlin u.a.; 2. Auflage.

Bostrom, R. P., Anson, A., Clawson, V. K. (1993). Group Facilitation and Group Support Systems. In: Jessup, L. und Valacich, J. (Eds.), *Group Support Systems: New Perspectives*. Macmillan Publishing Company: New York, S.146-168.

Böttger et al. (1995). *Efendi 1.0 Database Federation Service: System Overview*. C-Lab, Paderborn.

Boudier, G., Gallo, F., Minot, R., Thomas, I. (1988). An Overview of PCTE and PCTE+. In: *Proceedings of the 3rd ACM Symposium on Practical Software Development Environments*, Boston, USA.

Bowers, J. (1994). The Work to Make a Network Work: Studying CSCW in Action. In: *Proceedings of ACM 1994 Conference on Computer-Supported Cooperative Work*. (Chapel Hill, NC, October 22-26, 1994). S. 287-298.

Bowers, J., Churcher, J. (1988). Local and global structuring of computer mediated Communication developing linguistic perspectives on CSCW in COSMOS. In: *Proceedings of CSCW 88, Conference on Computer-Supported Cooperative Work*. (Portland, Oregon, September 26-29, 1988). ACM, New York, S. 125-139.

Brave, S., Ishii, H., Dahley, A. (1998). Tangible Interfaces for Remote Collaboration and Communication. In: *Proc. Conf. on Computer-Supported Collaborative Work (CSCW '98)*, Seattle, WA.

Breiner, S. (1997). *Die Sitzung der Zukunft: Eine Vorschau mit Groupwareszenarien*. Physica-Verlag: Heidelberg.

Briefs, U., Ciborra, C., Schneider, L., (Ed.) (1983). *Systems design for, with, and by the users*. North Holland: Amsterdam.

Briggs, R., Mittleman, D. D., Weinstein, N., Nunamaker, J. F., & Adkins, M. E. (1998a). Collaborative Technology for the Sea-Based Warfighter: A Field Study of GSS Adoption and Diffusion. In: *Proceedings Thirty-First Annual Hawaii International Conference on System Sciences*. Kona Coast, Hawaii, IEEE Computer Society.

Briggs, R., Nunamaker, J. F., Reinig, B., Romano, N., Sprague, R. (1998b). Group Support Systems: a Cornucopia of Research Opportunities. In: *Procs. of HICSS'98*, IEEE.

Briggs, R.; Nunamaker, J. F. (1997). *Focus Theory of Team Productivity and its Application to Development and Testing of Group Support Systems*. University of Arizona.

Broll, W. (1998). *Ein objektorientiertes Interaktionsmodell zur Unterstützung verteilter virtueller Umgebungen*. Dissertation, Universität Tübingen.

Broll, W. (1998a). SmallTool – A Toolkit for Realizing Shared Virtual Environments on the Internet. In: *Distributed Systems Engineering – Special Issue on Distributed Virtual Environments*, 5, S. 118-128.

Bronner, R., Witte, E. & Wossidlo, P. (1972). Betriebswirtschaftliche Experimente zum Informations-Verhalten in Entscheidungs-Prozessen. In: Witte, E. (Hrsg.), *Das Informationsverhalten in Entscheidungsprozessen*, Tübingen, S. 165-203.

Brooks, F.P. (1987). No Silver Bullet: Essence and Accidents of Software Engineering. In: *IEEE Computer*, Vol. 20, Nr. 4, S. 10-19.

Brown, A. L., Palincsar, S. (1989). Guided, Cooperative Learning and individual Knowledge acquisition. In: L. B. Resnick (Ed.), *Knowing, Learning, and instruction*, Hillsdale, NJ: Erlbaum, S. 393-451.

Brown, J. S. (1996). To Dream the Impossible Dream. In: *Communications of the ACM*, 39, Nr. 8.

Bruckman, A., De Bonte, A. (1997). MOOSE goes to school: A comparison of three classrooms using a CSCL Environment. In: *Proceedings of CSCL'97*, Toronto.

Brynjolfsson, E., Hitt, L. M. (1998). Beyond The Productivity Paradox. In: *Communications of the ACM*, Vol. 41, Nr. 8, S. 49-55.

Buckingham-Shum, S. (1997): Negotiating Multidisciplinary Integration: From Collaborative Argumentation to Organizational Memory. In: Dieng, R., Gaines B.R. et al. (Eds.), *AAAI Spring Symposium on Artificial Intelligence in Knowledge Management,*. Stanford CA. http://ksi.cpsc.ucalgary.ca/AIKM97/AIKMDrafts.html.

Budde, R., Kautz, K., Kuhlenkamp, K., Züllighoven, H. (1990). *Prototyping – An Approach to Evolutionary System Development*. Springer: Berlin u.a.

Budde, R., Züllighoven, H. (1990). *Softwarewerkzeuge in einer Programmierwerkstatt*. Berichte der GMD, Nr. 182. Oldenbourg: München.

Bullen, V, Bennett, J. (1990). Learning from User Experience with Groupware. In: *Proceedings of CSCW 90* (Los Angeles, CA, October 7-10, 1990). ACM Press: New York, S. 291-302.

Bullinger, H.-J. (1994). *Einführung in das Technologiemanagement: Modelle, Methoden, Praxisbeispiele*. Teubner-Verlag: Stuttgart.

Bundesministeriums des Innern (1993) (Hrsg.). Studie »IT-Unterstützung im Informationsverbund Berlin-Bonn (IVBB)« im Auftrag des Bundesministeriums des Innern. In: *Schriftenreihe KBSt*, Band 30. Bundesanzeiger, August 1993.

Busbach, U. (1997). Zugriffskoordination in gemeinsamen Arbeitsbereichen bei der Telekooperation. In: Lehner, F., Dustdar, S. (Hrsg.), *Telekooperation in Organizationen*, Gabler, Wiesbaden, S. 35-63.

Busbach, U. (1999). In Analogy to Juridical Systems: an Access Co-ordination Framework for Shared Workspaces. In: *Proc. of the 7th Interdisciplinary Information Management Talks* (Zadov, Tschechien, September 2-3, 1999). Trauner, Linz, S. 165-172.

Büscher, M., Morgensen, P., Shapiro, D., Wagner, I. (1999). The manufaktur: Supporting Work practice in (landscape) architecture. In: S. Bodker, M. Kyng, K. Schmidt (Eds.), *Proceedings of the Sixth European Conference on Computer-Supported Cooperative Work*, 12-16 September 1999. Kluwer: Copenhagen, Denmark., S. 21-40.

Bush, V. (1945). As We May Think. In: *Atlantic Monthly*, 176, 1, S. 101-108.

Buß, R., Mühlbach, L., Runde, D. (1999). Advantages and Disadvantages of a 3D Virtual Environment for Supporting informal Communication in Distributed Workgroups Compared with a Text-chat and a Chat/Cam System, in: Human-Computer-Interaction: Communication, Cooperation, and Application Design. In: *Proceedings of HCI International'99*, Munich, Germany, Vol. 2, August 22-26, 1999. Mahwah, London: Lawrence Erlbaum, S. 512-516.

Button, G., Sharrock, W. (1997). The Production of Order and the Order of Production: Possibilities for Distributed Organisations, Work and Technology in the Print Industry. In: *Proceedings of Fifth European Conference on Computer-Supported Cooperative Work*, Lanchester, September 7-11, 1997, S. 1-16.

Buxton, W. (1992). Telepresence: Integrating Shared Task and Person Spaces. In: *Proceedings of Grafics Interface '92*, S. 123-129.

Buxton, W. (1995). *Ontario Telepresence Project. Final Report. Scientific Director's Report: Living in Augmented Reality.* http://www.dgp.toronto.edu/tp/techdocs/ Final_Report.pdf. Download vom 18.10.1999

Buxton, W. (1997). Living in Augmented Reality: Ubiquitous Media and Reactive Environments. In: K. Finn et al. (Eds.), *Video Mediated, Communication*, Erlbaum Publ., 1997, S. 363-384.

Byrne, D. (1969). Attitudes and attraction. In: Berkowitz, L. (Ed.), *Advances in Experimental Social Psychology*, Vol.IV. Academic Press: New York.

Campbell, D.E. (1997). *Incentives: Motivation and the Economics of Information.* Cambridge Press.

Carneiro, L., Cowan, D., Lucena, C. (1994). ADVcharts: a visual formalism for interactive systems. In: *IEEE Transactions on Systems, Man, and Cybernetics*, Vol. 12, Nr. 2, S. 107-116.

Carroll, J. M., Mack, R. L., and Kellogg, W. A. (1988). Interface Metaphors and User Interface Design. In: Helander, M. (Ed.), *Handbook of Human-Computer Interaction*, S. 283–307.

Carroll, J. M., Rosson, M. B. (1990). Human Computer Interaction Scenarios as Design Representation. In: *Proceedings of the Hawaii International Conference on System Sciences*, IEEE Computer Society Press: Los Alamitos CA, S. 555-561.

Carter, K., Henderson, A. (1990). Tailoring Culture. In: R. Hellman et al. (Eds.), *Proceedings of 13th IRIS*. Abo Akademic University, Reports on Computer Science & Mathematics, No. 107. S. 103 – 116.

Cartwright, D., Harary, F. (1956). Structural balance: A generalization of Heider's Theory. In: *Psychological. Review.*, 63, S. 277-293.

Cartwright, D., Zander, A. (1968). *Group Dynamics.* Harper and Row: New York.

Case, F. E. (1962). An Executive Day. In: *California Management Review*, Fall 1962, S. 67-70.

Cattell, R., Barry, D., Berler, M., Eastman, J., Jordan, D., Russell, C., Schadow, O., Stanienda, T., Velez, F. (Eds.) (2000). *The Object Database Standard: ODMG 3.0.* Morgan Kaufmann Publishers, Inc.: San Mateo, CA.

CCITT (1985). X.400 '84: Data Communication Networks Message Handling Systems. In: *Red Book*, Vol. VIII – Fascicle VIII.7, IUT: Geneva.

CCITT (1989a). X.400 '88: Data Communication Networks Message Handling System. In: *Blue Book.* Vol. VIII – Fascicle VIII.7. IUT: Geneva.

CCITT (1989b). X.500: The Directory: Overview of Concepts, Models and Services. In: *Blue Book.* Vol. VIII – Fascicle VIII.7, Geneva.

Ceri, S.; Pelagatti, G. (1985). *Distributed Databases: Principles & Systems.* McGraw-Hill Int. Editions, Computer Science Series.

CGI (1995). *The CGI Specification. Version 1.1,* University of Illinois, Urbana-Champaign, http://hoohoo.ncsa.uiuc.edu/cgi/interface.html.

Chapman, B., Zwicky, D. (1995). *Building Internet Firewalls.* O'Reilly & Associates, Inc., ISBN 1-56592-124-0.

Chappell, D. (1997). *The Microsoft Transaction Server (MTS): Transactions Meet Components.* http://www.microsoft.com/com/wpaper/mtscomp.asp, Patricia Seybold Group.

Chen, H., Hsu, P., Orwig, R., Hoopes, L., Nunamaker, J.F. Jr. (1994). Automatic concept classification of text from electronic meetings. In: *Communications of the ACM*, Vol. 37, Nr. 9, S. 35-42.

Cheswick, W.; Ellovin, M. (1994). *Firewalls and Internet Security.* Addison-Wesley, ISBN 0-201-63357-4.

Ciborra, C. (1993). *Teams, Markets and Systems. Business Innovation and Information Technology.* Cambridge, MA, 1993.

Ciborra, C. (Ed.) (1996). *Groupware & Teamwork.* J. Wiley, Chichester et al.

Ciborra, C., Patriotta, G. (1998). Groupware and Teamwork in R & D: Limits to Learning and Innovation. In: *R&D Management*, 28, 1, S. 43-52.

Clancey, W. J. (1997). *Situated Cognition.* Cambridge University Press: Cambridge, UK.

Clement, A. (1990). Cooperative Support for Computer Work: A Social Perspective on the Empowering of End Users. In: *Proceedings of Conference on Computer-Supported Cooperative Work CSCW.* (Los Angeles, CA, October 7-10, 1990). ACM SIGCHI & SIGOIS, S. 223-236.

Clement, M., Runte, M. (1999). Internet-Agenten. In: Albers, S., Clement, M., Peters, K., (Hrsg.), *Marketing mit Interaktiven Medien*, 2. Auflage. IMK Verlag: Frankfurt am Main, S. 179-192.

Coase, R.H. (1937). The Nature of the Firm. In: *Economia*, No. 4, 1937, S. 386-405 (wiederabgedruckt in: Williamson, O.E. / Winter, S.G. (Eds.) (1993). *The Nature of the Firm: Origins, Evolution, and Development*, New York, Oxford 1993, S. 18-33).

Coase, R.H. (1960). The Problem of Social Cost. In: *Journal of Law & Economics*, 3, 1960, S. 1-44.

Cohn, R. C. (1994). *Von der Psychoanalyse zur themenzentrierten Interaktion – Von der Behandlung einzelner zu einer Pädagogik für alle*. 12. Auflage. Klett-Cotta: Stuttgart.

Cohn, R. C., Farau, A. (1984). *Gelebte Geschichte der Psychotherapie*. Klett-Cotta: Stuttgart.

Cohn, R. C., Matzdorf, P. (1992). Das Konzept der Themenzentrierten Interaktion. In: Löhmer, C.; Standhardt, R. (Hrsg.), *TZI – Pädagogisch-therapeutische Gruppenarbeit nach Ruth C. Cohn*. Klett-Cotta: Stuttgart, S. 39-93.

Coleman, D., Hayes, F., Bear, S. (1992). Introducing Objectcharts or How to Use Statecharts in Object-oriented Design. In: *IEEE Transactions on Software Engineering*, Vol. 18, Nr. 1, S. 9-18.

Comer, D. (1991). *Internetworking with TCP/IP, Volume I*. Prentice Hall: Englewood Cliffs, 2. Edition.

Communications of the ACM (1997), Themenheft: *Object-Oriented Application Frameworks*, Vol. 40(10).

Communications of the ACM (1997), Themenheft: *Recommender Systems*; Vol. 40(3).

Conklin, J. (1993). Capturing Organizational Memory. In: Becker, R., (Eds.), *Readings in Groupware and CSCW*. Morgan Kaufmann: San Mateo, S. 561-565.

Conklin, J., Begeman, M.L. (1988). gIBIS: A Hypertext Tool for Exploratory Policy Discussion. In: *ACM Transactions on Office Informations Systems*, Vol. 6, Nr. 4, S. 303-331 und *Proceedings of CSCW'88*, S. 140-152.

Conrad, S. (1997). *Föderierte Datenbanksysteme*. Springer-Verlag: Berlin, Heidelberg New York.

Conradi, R., Westfechtel, B. (1998). Version Models for Software Configuration Management. In: *ACM Computing Surveys*, Vol. 30, Nr. 2, 1998, S. 232-282.

Cooperstock, J., Fels, S., Buxton, W. & Smith, K. (1997). Reactive Environments: Throwing away your keyboard and mouse. *Communications of the ACM*, 40 (9), 65-73.

Costalis, B., Allman, E., Rickert, N. (1994). *Sendmail*. O'Reilly & Associates: Sebastopol.

Coulouris, G., Dollimore, J., und Kindberg, T. (1994). *Distributed Systems – Concepts and Design*. Addison-Wesley, Reading, MA.

Cremers, A. B., Kahler, H., Pfeifer, A, Stiemerling, O., Wulf, V. (1998). PoliTeam – Kokonstruktive und evolutionäre Entwicklung einer Groupware. In: *Informatik-Spektrum*, Heft 4, 1998, S. 194-202.

Crowcroft, Jon (1997). Supporting Videoconferencing on the Internet. In: *Finn et al. (1997)*, S. 519-540.

Cyert, R.M., March, J.G. (1963). *A Behavioral Theory of the Firm*. Prentice Hall: Englewood Cliffs NJ.

Dadam, P. (1996). *Verteilte Datenbanken und Client/Server Systeme*. Springer-Verlag.

Daft, R., Lengel, R. (1984). Information Richness: A new approach to managerial Behavior and organization design. In: *Research in Organizational Behavior*, Vol. 6, S. 191-233.

Daft, R., Lengel, R. (1986). Organizational information requirements, Media Richness and structural design. In: *Management Science*, Vol 32, Nr. 5, 1986, S. 554-571.

Dahme, C., Arne, R. (1997). Ein Tätigkeitstheoretischer Ansatz zur Entwicklung brauchbarer Software. In: *Informatik Spektrum*, Vol. 20, Nr. 1, S. 5-12.

Dansereau, D. F. (1988). Cooperative Learning strategies. In C. E. Weinstein, E. T. Goetz, P. A. Alexander (Eds.), *Learning and study strategies: Issues in assessment, instruction, and evaluation*. Academic Press: San Diego, S. 103-120.

Davenport, T. H., Prusak, L. (1998). *Working Knowledge – How Organizations Manage What They Know*. Harvard Business School Press: Boston, MA.

Davis, J. (Feb. 1999). *DataLinks: Managing External Data With DB2 Universal Database*. IBM White paper; http://www.software.ibm.com/data/pubs/papers.

De Cindio, F., De Michelis, G., Simone, C., Vasallo, R. & Zanaboni, A.M. (1986). CHAOS as Co-ordination Technology. In: *Proceedings of CSCW'86 Conference on Computer-Supported Cooperative Work*, Austin, Texas, December 3-5, 1986, S. 325-341.

Dennis, A. (1991). *Parallelism, Anonymity, Structure, and Group Size in Electronic Meetings*. Dissertation am Institute for Business Administration. University of Arizona: Tucson.

Dennis, A. (1994). Electronic Support for Large Groups. In: *Journal of Organizational Computing*, Vol. 4, No. 2, S. 177-197.

Dennis, A., George, J. F., Jessup, L. M., Nunamaker, J. F., Vogel, D. R. (1988). Information Technology to Support Electronic Meetings. In: *MIS Quarterly*, Vol. 12, Nr. 4, S. 591-624.

Dennis, A., Heminger, A.R., Vogel, D.R., Nunamaker, J.R. (1990). Bringing Automated Group Support to Large Groups: the Burr-Brown Experience. In: *Information & Management*, Vol. 18, 1990, Nr. 3, S.111-121.

Dennis, A., Valacich, J. (1994). *Rethinking Media Richness: Towards a Theory of Media Synchronicity*. Arbeitspapier, Terry College of Busieness, University of Georgia, May 3, 1994.

Dennis, A., Valacich, J. (1999). Rethinking Media Richness: Towards a Theory of Media Synchronicity. In: *Proceedings of the 32nd Annual Hawaii International Conference on System Sciences 1999*, CD-ROM, IEEE Computer Society, Los Alamitos, 10 pages.

Dennis, A., Valacich, J.S., Nunamaker, J.F. Jr. (1991). Group, Sub-Group and Nominal Group Idea Generation in an Electronic Meeting Environment. In: *Procs. of HICSS'91*, 3, 1991, S. 573-579.

DeSanctis, G., Gallupe, R. B. (1987). A foundation for the study of Group Decision Support Systems. In: *Management Science*, Vol. 33, Nr. 5, S. 589-609.

DeSanctis, G., Poole, M. S. (1994). Capturing the Complexity in Advanced Technology Use: Adaptive Structuration Theory. In: *Organization Science*, Vol. 5, Nr. 2, S. 121-148.

DeSanctis, G., Sambamurthy, V., Watson, R. T. (1987). Computer-Supported Meetings: Building a Research Environment. In: *Large Scale Systems*, 13, S. 43-59.

Deutsch, D., Solomon, R.L. (1959). Reactions to evaluations by others as influenced by self evaluations. *Sociometry*, 22, S. 93-112.

Deutsche Telekom (1998). *Grundlagen und Erfahrungen für die Einführung von Telearbeit. Das Pilotprojekt der Deutschen Telekom AG*. Dokumentation, Deutsche Telekom AG: Bonn.

Dewan, P. (1995). Multiuser Architectures. In: *Proceedings of the EHCI '95*, IFIP Working Conference on Engineering for Human-Computer Interaction.

Dewan, P., Riedl, J. (1993). Toward Computer-Supported Concurrent Software Engineering. In: *IEEE Computer*, Jan. 1993.

Dewan, P., Shen, H. (1998). Flexible Meta Access-Control for Collaborative Applications. *Proceedings of CSCW'98* (Seattle, Washington, November 12-18), ACM Press: New York, S. 247-256.

Dickson, G. W., Poole, M. S., DeSanctis, G. (1992). An Overview of the GDSS Research Project and the SAMM System. In: R. P. Bostrom, R. T. Watson und S. T. Kinney (Eds.), *Computer Augmented Teamwork: A Guided Tour*. Van Nostrand Reinhold: New York, S. 163-179.

Dierker, M., Sander, M. (1997). *Lotus Notes 4.5 und DOMINO*. Addison-Wesley: Bonn.

Dierks, T., Allen, C. (1997). *The TLS Protocol, Version 1.0. Internet Draft*.

Dierks, T., Allen, C. (1999). *The TLS Protocol – Version 1.0. Request For Comments 2246*.

DiGiano, C., Eisenberg, M. (1995). Self-Disclosing Design Tools: A gentle Introduction to End-User Programming. In: *Proceedings of the Symposium on Designing Interactive Systems*. Ann Arbor (Michigan). ACM-Press: New York. S. 189-198.

Digital (1999): *COM for OpenVMS;* http://www.openvms.digital.com/openvms/products/dcom/

Dillenbourg, P. (1999). Introduction: What do you mean by Collaborative Learning? In: P. Dillenbourg (Eds.), *Collaborative Learning. Cognitive and computational approaches*, Amsterdam: Elsevier, S. 1-19.

Dillenbourg, P., Baker, M., Blaye, A., O'Malley, C. (1995). The evolution of research on Collaborative Learning. In P. Reimann, H. Spada (Eds.), *Learning in Humans and Machines: Towards an Interdisciplinary Learning Science*. Elsevier: Amsterdam.

Dix, A. (1996). Challenges and Perspectives for Cooperative Work on the Web. In: *Proceedings of the 5th ERCIM/W4G Workshop*, GMD Forschungszentrum Informationstechnik, Sankt Augustin, Februar 1996, Arbeitspapiere der GMD, Nr. 984, S. 143-157.

Dohmen, W. (1994). *Kooperative Systeme – Techniken und Chancen*. Carl Hanser Verlag: München, Wien.

Doise, W. (1971). Die experimentelle Untersuchung von Beziehungen zwischen Gruppen. *Zeitschrift für experimentelle und angewandte Psychologie*, 1971/18, S. 51-89

Dollard et al. (1939). *Frustration and Agression*. Yale University Press: New Haven.

Dourish, P. (1996). *Open implementation and flexibility in CSCW toolkits*. University College: London.

Dourish, P., Bellotti, V. (1992). Awareness and Coordination in Shared Workspaces. In: J. Turner and R. Kraut, (Eds.), *Proc. of CSCW '92 – Sharing Perspectives*, ACM Press: Toronto, Canada, S. 107-114.

Dourish, P., Bly, S. (1992). Portholes: Supporting Awareness in a Distributed Work Group. In: *Proc. of Proceedings of the Conference on Human Factors in Computing Systems – CHI'92*, Monterey, CA, ACM, S. 541-547.

Dubs, S., Hayne, S.C. (1992). Distributed Facilitation: A Concept Whose Time Has Come?. In: *Conference Proceedings on Computer-Supported Cooperative Work (CSCW'92)*, 1-4 Nov. ACM Press: Toronto, Canada, New York, S. 314-321.

Duden (1963). *Herkunfswörterbuch*. Bibliografisches Institut Mannheim (Hrsg.), Dudenverlag: Wien und Zürich, Mannheim.

Duden (1982). *Fremdwörterbuch*. Bibliografisches Institut Mannheim (Hrsg.), Dudenverlag: Mannheim, Wien, Zürich.

Duffy, T. M., Jonassen, D. H. (1992). *Constructivism and the technology of instruction: A conversation*. Hillsdale: Erlbaum.

Dzida, W. (1994). Bestimmung und Anwendung ergonomischer Gestaltungskriterien im Prozess der Softwareentwicklung. In: *Hartmann et al. (1994)*, S. 285-301.

Eberleh, E., Oberquelle, H., Oppermann, R. (Hrsg.) (1994). *Einführung in die Software-Ergonomie. Gestaltung grafisch-interaktiver Systeme: Prinzipien, Werkzeuge, Lösungen*. 2., völlig neu bearbeitete Auflage, W. de Gruyter: Berlin.

ECaTT Consortium (2000). *Benchmarking New Ways of Working*. Veröffentlichung in Vorbereitung.

Egido, C. (1990). Teleconferencing as a Technology to Support Cooperative Work: Its Possibilities and Limitations. In: Galegher, Jolene, Kraut, Robert E., Egido, Carmen (Eds.), *Intellectual Teamwork. Social and Technological Foundations of Cooperative Work*, Lawrence Erlbaum: Hillsdale, 1990, S. 351-371.

Ehlers, P. (1997). *Integriertes Projekt- und Prozessmanagement auf Basis innovativer Informations- und Kommunikationstechnologien: das Group-Projekt-System: Referenzrahmen, Architekturen, Konzept, Systemdesign und empirische Einsatzerfahrungen eines verteilten, prozessorientierten Projektinformationssystems*. Shaker: Aachen, 1997.

Ehn, P. (1988). *Work–oriented Design of Computer Artifacts*. Almquist and Wiksell International: Stockholm, 1988.

Ehn, P., Kyng, M. (1991). Cardboard Computers: Mocking-it-up or Hands-on the Future. In: Greenbaum, J.K., M. (Eds.), *Design At Work – Cooperative Design of Computer Systems*, Lawrence Erlbaum Associates: Hillsdale, N.J, 1991, S. 169-195.

Ellis, C., Gibbs, S.J., Rein, G.L. (1991). Groupware: Some issues and experiences. In: *Communications of the ACM*, Vol. 34 Nr. 1, S. 38-58.

Ellis, C., Wainer, J. (1994). A Conceptual Model of Groupware. In: *Proceedings of CSCW'94*. ACM-Press: New York, S. 79-88

Elmargarmid, A. (ed.) (1992). *Database Transaction Models for Advanced Applications*. Morgan Kaufmann Publishers.

Elrod, S., Bruce, R. et al., (1992). LiveBoard: A large interactive display supporting group meetings, presentations, and Remote collaboration. In: *Proceedings of CHI'92*, ACM Press: New York. 599-607.

empirica (1998). *TeleVers – Endbericht über den Einsatz der Telearbeit bei Anwender*. 2. Projektbericht. Unveröffentlicht.

Engel, A. (1999). Telekooperation für die öffentliche Verwaltung. Ergebnisse des POLIKOM-Arbeitskreises Organisatorische Aspekte. In: *Verwaltung und Management*, Heft 5, 1999, S. 266-272.

Engel, A., Kaack, H., Kaiser, S. (1997). Teamarbeitsräume zur Unterstützung verhandlungsorientierter Vorgangsbearbeitung. In: Mambrey, P., Streitz, N., Sucrow, B., Unland, R. (Hrsg.), *Rechnergestützte Kooperation in Verwaltungen und großen Unternehmen*. Universität-GHS-Essen: Essen, Fachbereich Mathematik und Informatik, Datenverwaltung und Wissensrepräsentation, S. 163-176.

Engel, A., Kaiser, S., Mayer, A. (1998). Erfahrungen mit der organisationsübergreifenden Einführung von Teamarbeitsräumen. In: Herrmann, Th., Just-Hahn K. (Hrsg.), *Groupware und organisatorische Innovation*. Tagungsband der D-CSCW '98. Teubner: Stuttgart, Leipzig, 1998, S. 297-309.

Engel, A., Kaiser, S., Kollig, M., Mayer, A. (1999a). *POLIWORK – Telekooperation und Dokumentenverwaltung am persönlichen Arbeitsplatz*. Abschlussbericht der Forschungsstelle für Verwaltungsinformatik. Universität Koblenz-Landau: Koblenz.

Engel, A., Kaiser, S., Mayer, A. (1999b). POLIWORK – Ein Telekonferenzsystem für den Informationsverbund Berlin – Bonn. In: *telekom praxis*, Bd. 76, Heft 10, S. 20-25.

Engelbart, D., English, W. (1994). A Research Center for Augmenting Human Intellect. Re-printed in: *ACM SIGGRAPH Video Review*, Original 1968.

Englberger, H. (2000a). *Kommunikation von Innovationsbarrieren – Die interaktive Diagnose in telekooperativen Reorganisationsprozessen.* Gabler-Verlag: Wiesbaden.

Englberger, H. (2000b). Funktionalität, Ökonomie und Akzeptanz – Zu den Innovationsbarrieren bei der Projektierung verteilten Arbeitens. In: Reichwald, R. & Schlichter, J. (Hrsg.), *Verteiltes Arbeiten – Arbeit der Zukunft.* Tagungsband D-CSCW 2000. Teubner-Verlag: Stuttgart, 77-90.

Englich, G., Remmers, B. (1997). *Konferieren, Diskutieren, Lernen: Einrichtungs-Handbuch für Kommunikationsräume.* Edition Wilkhahn. Bad Münder.

Enslow, P. H. (1978). What is a »Distributed« Data Processing System? In: *IEEE Computer*, Vol. 11, Nr. 1, S. 13–21.

EU-Kommission (1998). *Vorschlag für eine Richtlinie des Europäischen Parlamentes und des Rates über gemeinsame Rahmenbedingungen für elektronische Signaturen.* KOM(1998) 297 endg.

European Commission (eds.) (1999). *Status Report on European Telework. New Methods of Work 1999.* Office for Official Publications of the European Commission: Luxembourg.

Fafchamps, D., Reynolds, D. & Kuchinksky, A. (1989). The Dynamics of Small Group Decision Making over E-Mail Channels. In: *Proceedings of 1st European Conference on Computer-Supported Cooperative Work.* London, September, 1989, S. 45-58

Fayol, H. (1916). *Administration Industrielle et Générale.* Paris 1916.

Feix, Nereu(1992). *Moderationsmethoden und Synaplan.* 2. Auflage, von Brandt Verlag: Mannheim, 1992.

Ferraiolo, D., Kuhn, D. (1992). Role based access control. In: *Proceedings of the 15th Annual Conference on National Computer Security*, Gaithersburg, MD, USA. National Institute of Standards and Technology, S. 554-563.

Ferwagner, T., Wang, Y., Lewe, H., Krcmar, H. (1991). Experiences in Designing the Hohenheim CATeam Room. In: J. M. Bowers, S. D. Benford (Eds.), *Studies in Computer-Supported Cooperative Work.*

Festinger (1950). Informal Social Communication. In: *Psychological Review*, 57, S. 271-282.

Fielding, R., Gettys, J., Mogul, J., Frystyk, H., Berners-Lee, T. (1997). *Hypertext Transfer Protocol – HTTP/1.1.* Network Working Group, Request for Comments: 2068, http://www.w3.org/Protocols/rfc2068/rfc2068.

Finn, K.E., Sellen, A.J., Wilbur, S.B. (Eds.) (1997). *Video-Mediated Communication.* Lawrence Erlbaum: Mahwah, NJ.

Fischer, H. (1983). Feldforschung. In: H. Fischer (Hrsg.), *Ethnologie: eine Einführung*. Reimer: Berlin, S. 69-88.

Fischer, H. (1985). Einleitung. In: H. Fischer (Hrsg.), *Feldforschungen, Berichte zur Einführung in Probleme und Methoden*. Reimer: Berlin, S. 7-22.

Fischer, L., Wiswede, G. (1997). *Grundlagen der Sozialpsychologie*. Oldenburg Verlag: München, Wien.

Fish, R.S., Kraut, R.E., Chalfonte, B.L. (1990). The VideoWindow System in Informal Communications. In: *Proceedings of the Conference on Computer-Supported Cooperative Work (CSCW'90)*, 7-10 Oct., Los Angeles, CA, USA. ACM Press: New York, S. 1-11.

Fish, R.S., Kraut, R.E., Root, R.W., Rice, R.E. (1992). Evaluating video as a technology for informal Communication. In: *Proc. Human factors in Computing systems (CHI '92)*, May 3-7, 1992, Monterey, CA USA. ACM Press: New York, S. 37-48.

Fitzmaurice, G., Ishii, H., Buxton, W. (1995). Bricks: Laying the foundations for graspable user interfaces. *Proceedings of CHI'95 Conference*, ACM Press: New York, 442-449.

Fitzpatrick, G., Kaplan, S., Mansfield, T. , Arnold, D., Phelps. T., Segall. B. (1999). Instrumenting and Augmenting the Workaday World with a Generic Notification Service called Elvin. In: *Proceedings of ECSCW'99*, Copenhagen, Denmark, September 12-16, 1999. Kluwer Academic Publishers: Dordrecht, S. 431-450.

Fitzpatrick, G., Tolone, G. W., Kaplan, S. M. (1995). Work, Locales and Distributed Social Worlds. In: *Proceedings of ECSCW'95* (Stockholm, September 10-14, 1995). Kluwer Academic Publishers: Dordrecht, S. 1-16.

Fjermestad, J., Hiltz, S. (1998). An analysis of the effects of mode of Communication on group Decision making. In: *Procs. of HICSS'98*, 1, IEEE, 1998, S. 17-26.

Fjermestad, J., Hiltz, S. (1999a). An Assessment of Group Support Systems Research. In: *Proceedings of the 32nd Annual Hawaii International Conference on System Sciences 1999*, CD-ROM, IEEE Computer Society, Los Alamitos, 10 pages.

Fjermestad, J., Hiltz, S. (1999b). An Assessment of Group Support Systems Research: Methodology and Results. In: *Journal of Management Information Systems*, 15, 3, S. 7-149.

Flick, U. (1995). *Qualitative Forschung. Theorie, Methoden, Anwendung in Psychologie und Sozialwissenschaften*. Rowohlt: Reinbek.

Flinn, B.; Maurer, H. (1994). *Levels of Anonymity*. Institute for Information Processing Graz, IIG Report Series Nr.387, April.

Floyd, C. (1984). A Systematic Look at Prototyping. In: Budde, R.; Kuhlenkamp, K., Mathiassen, L., Züllighoven, H. (Eds.), *Approaches to Prototyping*. Springer: Berlin, S. 1-18.

Floyd, C. (1992). Software development as reality construction. In: Floyd, C. et al. (Eds.), *Software development and reality construction*. Springer: Berlin u.a., S. 86-100.

Floyd, C. (1994a). Software-Engineering – und dann? In: *Informatik Spektrum*, Vol.17, Nr.1, S. 29-37.

Floyd, C. (1994b). Evolutionäre Systementwicklung und Wandel in Organisationen. In: *GMD-Spiegel*, Vol. 24, No. 3, S. 36-40.

Floyd, C., Keil, R. (1982). Softwaretechnik und Betroffenenbeteiligung. In: Mambrey, P., Oppermann, R., (Hrsg.), *Beteiligung von Betroffenen bei der Entwicklung von Informationssystemenk.* Campus Verlag: Frankfurt, New York, S. 137-164.

Floyd, C., Reisin, F.-M. & Schmidt, G. (1989). Steps to Software Development with Users. In: *Proceedings of ESEC '89 – 2nd European Software Engineering Conference.* University of Warwick, Coventry, Springer, S. 48-64.

Floyd, C., Züllighoven, H. (1999). Softwaretechnik. In: P. Rechenberg, G. Pomberger (Hrsg.), *Informatik Handbuch*, 2. Auflage. Carl Hanser Verlag: München, Wien, S. 763–790.

Fochler, K., Primoz, P., Ungermann, J. (1998). *Internet- und Intranetlösungen mit dem Lotus DOMINO Server.* Addison-Wesley-Longman: Bonn.

Foner, L. N. (1997). Yenta: A Multi-Agent, Referral Based Matchmaking System. In: *Proc. of International Conf. On Autonomous Agents*, Marina del Rey, CA.

Foner, L. N. (1998). Community Formation via a Distributed, Privacy-Protecting Matchmaking System. In: Ishida, T. (Ed.), *Community Computing and Support Systems*, Lecture Notes in Computer Science Nr. 1519, Springer: Berlin, S. 359-376

Forsyth, D.E. (1999). It's just a matter of common sense: Ethnography as invisible work. In: *Computer-Supported Cooperative Work*, Vol.8, Nr. 1, S. 127-145.

Franz, M (1999). Geist aus der Flasche: Universelles Plug and Play mit JINI. In: *Java^{TM} Spektrum*, Vol. 2, Nr. 18, März/April 1999.

Freedman, J.L. (1975). *Crowding and Behaviour.* Viking Press: New York.

Freier, A., Karlton, P., Kocher, C. (1996). *The SSL Protocol* – Version 3.0. Internet Draft.

Frese, E., (Hrsg.) (1992). *Handwörterbuch der Organisation.* Schäffer-Verlag: Stuttgart, 3. Aufl..

Frese, E. (1993). Geschäftssegmentierung als organisatorisches Konzept: Zur Leitbildfunktion mittelständischer Strukturen für Großunternehmungen. In: *Zeitschrift für betriebswirtschaftliche Forschung*, Heft 12, 1993, S. 999-1024.

Frese, M., Brodbeck, F. C. (1989). *Computer in Büro und Verwaltung. Psychologisches Wissen für die Praxis.* Springer: Berlin u.a.

Freudenreich, D. (1997). Lebendiges Lernen mit der Themenzentrierten Interaktion (TZI). In: Kunert, K. (Hrsg.), *Neue Lernmethoden für pädagogische Berufe*, Schneider, Hohengehren, Baltmannsweiler, S. 41-68.

Friedberg, E. (1988). Zur Politologie von Organisationen. In: Küpper/Ortmann (Hrsg.): *Mikropolitik,*Opladen, S.39-52.

Friedrich, J. (1994). Defizite bei der software-ergonomischen Gestaltung computer-gestützter Gruppenarbeit. In: Hartmann et al. (1994), S. 15-30.

Fuchs, L. (1998). *Situationsorientierte Unterstützung von Gruppenwahrnehmung in CSCW-Systemen*. GMD-Research Series, GMD, 176 pages, http://www.gmd.de/publications/research/1998/003/

Fuchs, L. (1999). AREA: A cross-Application notification service for groupware. In: *Proceedings of ECSCW'99*, Copenhagen, Denmark, September 12-16, 1999. Kluwer Academic Publishers: Dordrecht, S. 61-80.

Fuchs, L., Pankoke-Babatz, U., Prinz, W. (1995). Supporting Coperative Awareness with Local Event Mechanisms: The GroupDesk System. In: *Proceedings of ECSCW'95*, Stockholm, September 10-14, 1995. Kluwer Academic Publishers: Dordrecht, S. 247-262.

Fuchs-Kittowski, F., Fuchs-Kittowski, K., Sandkuhl, K. (1998), Synchrone Telekooperation als Baustein für virtuelle Unternehmen: Schlussfolgerungen aus einer empirischen Untersuchung. In: Herrmann, Th., Just-Hahn, K. (Hrsg.), *Groupware und organisatorische Innovation (D-CSCW'98)*. B. G. Teubner: Stuttgart, S. 19-36.

Fuchs-Kittowski, F., Nentwig, L., Sandkuhl, K. (1997). Einsatz von Telekooperationssystemen in großen Unternehmen: Ergebnisse einer empirischen Untersuchung. In: Mambrey, P., Streitz, N., Sucrow, B., Unland, R. (Hrsg.), *Rechnergestützte Kooperation in Verwaltungen und großen Unternehmen*, Universität-GHS-Essen: Essen, Fachbereich Mathematik und Informatik, Datenverwaltung und Wissensrepräsentation 1997, S. 50-63.

Fuhrer, U. (1990). Person-Umwelt-Kongruenz. In: L.Kruse (Hrsg.), *Ökologische Psychologie: Ein Handbuch in Schlüsselbegriffen*, Psychologische Verlags Union: München, S. 143-153.

Fussel, S.R., Benimoff, N.I. (1995). Social and Cognitive Processes in Interpersonal Communication: Implications for Advanced Telecommunications Technologies. In: *Human Factors*, Vol. 37, No. 2, S. 228-250.

Galbraith, J.R., Lawler III, E.E. (1993). *Organizing for the Future: The New Logic for Managing Complex Organizations*. Jossey-Bass Publishing Company: San Francisco.

Gamma, E., Helm, R., Johnson, R., and Vlissides, J. (1996). *Entwurfsmuster – Elemente wiederverwendbarer objektorientierter Software*. Addison Wesley: Bonn.

Gappmaier, M., Häntschel, I. (1997). Die Evaluierung von Workflowmanagement-systemen in Laborstudien. In: Grün, O. & Heinrich, L. (Hrsg.), *Wirtschaftsinformatik – Ergebnisse empirischer Forschung*. Springer-Verlag: Wien u.a., S. 63-77.

Gardarin et al. (1996). IRO-DB: A Distributed System Federating Object and Relational Databases. In: Bukhres, O., Elmargarmid, A. (Eds.), *Object-Oriented Mulitdatabase Systems: A Solution for Advanced Applications*. Prentice Hall: Englewood Cliffs, 1996, Kapitel 20.

Gareis, K. (1998). Telework and the Bottom Line – Costs and Benefits of Telework in German Insurance Companies. In: Suomi, R., Jackson, P., Hollmen, L., Aspnäs, M. (Hrsg.). *Telework Environments. Proceedings of the Third International Workshop on Telework,* Turku, Finland. S. 107-128. TUCS General Publication No. 8: Turku.

Gareis, K., Kordey, N. (1997). Wirtschaftlichkeitsanalyse der Telearbeit – Methode und Umsetzung in der Praxis. In: Godehardt, B., Korte, W.B., Michelsen, U., Quadt, H.-P. (Hrsg.), *Managementhandbuch Telearbeit.* Hüthig: Heidelberg.

Garfinkel, S., Spafford, G. (1991). *Practical UNIX Security.* O'Reilly & Associates. ISBN 0-937175-72-2.

Gaver, W.W. (1992). The Affordances of Media Spaces for Collaboration. In: *Proc. of Computer-Supported Cooperative Work (CSCW '92).* November 1-4, ACM Press: Toronto Canada, New York, S. 17-24.

Gaver, W., Moran, T., MacLean, A., Lövstrand, L., Dourish, P., Carter, K., Buxton W. (1992). Realizing a Video Environment: EUROPARC's RAVE System. In: *CHI'92, Conference proceedings on Human factors in Computing systems,* May 3-7, Monterey, CA, USA, S. 27-35.

Geertz, C. (1973). *The Interpretation of Cultures.* Basic Books: New York.

Geihs, K. (1995). *Client/Server-Systeme: Grundlagen und Architekturen.* Intl. Thomson Publishing: Bonn.

George, J.F., Easton, G.; Nunamaker, J.F.; Northcraft, G.B. (1990). A Study of Collaborative Group Work With and Without Computer-Based Support. In: *Information Systems Research,* Vol.1, No. 4, S. 394-415.

Gerbig, C., Gerbig-Calcagni, I. (1998). *Moderne Didaktik für EDV-Schulungen. Ein praxisorientiertes Handbuch für Trainer, Ausbilder, Lehrkräfte und Qualifizierungsverantwortliche.* Beltz Verlag: Weinheim, Basel.

Geyer, W., Effelsberg, W. (1998). The digital lecture board – a Teaching and Learning tool for Remote instruction in higher education. In: *Proceedings ED-MEDIA'98, World Conference on Educational Multimedia and Hypermedia.* Freiburg.

Ghoshal, S., Bartlett, C.A. (1999). *The Individualized Corporation: A Fundamentally New Approach to Management.* Harper Collins Publishers: London.

Gibbs, S. (1989). CSCW and Software Engineering. In: D. Tsichritzis (Ed.), *Object-Oriented Development,* Univ. Genf, 1989, S. 31-40.

Giddens, A. (1988). *Die Konstitution der Gesellschaft – Grundzüge einer Theorie der Strukturierung.* Campus: Frankfurt, New York , 1988.

Giddens, A. (1995). *Die Konstitution der Gesellschaft.* 2. Auflage. Campus: Frankfurt, New York, 1995.

Glance, N., Arregui, D., Dardenne, M. (1998). Knowledge Pump: Supporting the Flow and Use of Knowledge in Networked Organizations. In: Borghoff, U., Pareschi, R. (Eds.), *Information Technology for Knowledge Management.* Springer Verlag: Berlin.

Glance, N., Arregui, D., Dardenne, M. (1999). Making Recommender Systems Work for Organizations. In: *Proc. of Intl. Conf. on the Practical Application of Intelligent Agents and Multi-Agents (PAAM'99)*, Apr. 1999, London, UK.

Glaser, W. (1999). Telearbeit – große Prognosen und kleine Veränderungen. In: N. Streitz, B. Remmers, M. Pietzcker, R. Grundmann (Hrsg.), *Arbeitswelten im Wandel – Fit für die Zukunft?* Deutsche Verlagsanstalt: Stuttgart, 104-126.

Goecke, R. (1997). *Kommunikation von Führungskräften. Fallstudien zur Medienanwendung im oberen Management.* Deutscher Universitätsverlag: Wiesbaden.

Goodman, D., Robbins, C. (1997). *Understanding LDAP and X.500.* http://www.nexor.com/info/understandldap.htm, August 1997.

Gosling, J., Joy, B., Steele, G. (1996). *The Java Language Specification*, Addison-Wesley, http://java.sun.com:80/doc/Language specification.html.

Gowan, J.A., Downs, J.M. (1994). Video Conferencing human-machine interface: A field study. In: *information & management*, Vol. 27, 1994, S. 341-356.

Gräslund, K. (1998). *Produkitivitätseffekte der Anonymität bei der computerunterstützten Gruppenarbeit – empirische Analyse auf der Basis der Strukturationstheorie.* Dissertation am Lehrstuhl für Wirtschaftsinformatik, Universität Hohenheim, Stuttgart Oktober 1998.

Grasso, A., Koch, M., und Rancati, A. (1999). Augmenting Recommender Systems by Embedding Interfaces into Practices. In: *Proc. Group'99 – Intl. Conf. on Supporting Group Work*, Nov. 1999, Phoenix, AZ.

Grasso, A., Snowdon, D., Koch, M. (1999a). Supporting Access to Digital Cities through an Heterogeneous Set of Interfaces. In: *Proc. Workshop on Digital Cities*, Kyoto, Japan, July 1999.

Gray, P., Nunamaker, J.R. (1992). *Group Decision Support Systems.* Arbeitspapier des Information Science Application Center, Clairmont Graduate School, Nr. 4, Clairmont.

Greenbaum, J., Kyng, M. (1991). *Design at Work.* Lawrence Erlbaum Associates: Hillsdale.

Greenberg, S., und Marwood, D. (1994). Real Time Groupware as a Distributed System – Concurrency Control and its Effect on the Interface. In: *Proceedings of the ACM Conference on Computer-Supported Cooperative Work*, Chapel Hill, NC, Oktober 1994, S. 207-217.

Greeno, J. G., Moore, J. L., Smith, D. R. (1993). Transfer of situated Learning. In: D. Detterman, R. J. Sternberg (Eds.), *Transfer on Trial: Intelligence, Cognition, and Instruction. Norwood: Ablex*, S. 99-167.

Greif, I, und Sarin, S. (1987). Data Sharing in Group Work. In: *ACM Transactions on Office Information Systems*, Vol. 5, No. 2, S. 187-211.

Grenier, R. , Metes, G. (1992). *Enterprise Networking: Working Together Apart.* Bedford, MA, 1992.

Grudin, J. (1988). Why CSCW-Applications fail: Problems in the design and evaluation of organizational interfaces. In: *Proceedings of the CSCW 1988*, Portland, S. 85-93.

Grudin, J. (1989). Why Groupware applications fail: Problems in design and evaluation. In: *Office Technology and People*, 4, 3, S. 245-264.

Grudin, J. (1990). Why Groupware Applications fail. In: B. Laurel (Ed.), *The Art of Computer Human Interaction*, John Wiley 1990.

Grudin, J. (1994). Groupware and Social Dynamics: Eight Challenges for Developers. In: *Communications of the ACM*, Vol. 37, No. 1, 1994, S. 92-105.

Grudin, J., Grinter, R. (1995). Ethnografy and Design. In: *Computer-Supported Cooperative Work*, 3, No. 1, S. 55-59.

Grudin, J., Palen, L. (1995). Why groupware succeeds: discretion or mandate? In: Marmolin, H.; Sundblad, Y.; Schmidt, K. (Eds.), *ECSCW'95 – Proceedings of the fourth European Conference on Computer-Supported Cooperative Work*. Kluwer: Dordrecht, 1995, S. 263-278.

Grün, O. (1997). Zum Stand der empirischen Forschung in der Wirtschaftsinformatik aus betriebswirtschaftlicher Sicht. In: Grün, O. & Heinrich, L. (Hrsg.), *Wirtschaftsinformatik – Ergebnisse empirischer Forschung*, Springer-Verlag: Wien, S. 51-60.

Grundy, J., Mugridge, W., Hosking, J., Amor, R. (1995). Support for Collaborative, Integrated Software Development. In: M. Verrall (Ed.), *1995 Proceedings of Software Engineering Environments*, Noordwijkerhout, Netherlands.

Grundy, J., Venable, J., Hosking, J., Mugridge, W. (1996). Supporting Collaborative Work in Integrated Information Systems Engineering Environments. In: *Proceedings of the 7th Workshop on the Next Generation CASE Tools (NGCT'96)*, Crete.

Gryczan, G., Züllighoven, H. (1992). Objektorientierte Systementwicklung – Leitbild und Entwicklungsdokumente. In: *Informatik Spektrum*, Vol. 15, Nr. 5 , S. 264-272.

Gutwin, C., Greenberg, S. (1998). Design for Individuals, Design for Groups: Tradeoffs between Power and Workspace Awareness. In: *Proceedings of CSCW '98 Computer-Supported Cooperative Work*, November 14-18, AACM Press: Seattle, S. 207-216.

Gutwin, C., Greenberg, S. and Roseman, M. (1996). Workspace Awareness in Real-time Distributed Groupware: Framework, Widgets, and Evaluation. In: Sasse, R.J., A. Cunningham, R. Winder (Eds.), *People and Computers XI (Proceedings of the HCI'96)*, Springer-Verlag, S. 281-298

Haake, A., Hicks, D. (1996). VerSE: Towards Hypertext Versioning Styles. *Proceedings of Hypertext'96*. Washington DC, March 16-20, 1996. ACM Press: New York, S. 224-234.

Haake, J. (1999). Facilitating Orientation in Shared Hypermedia Workspaces. In: *Proceedings of Group 99*, Phoenix, Arizona, November 14-17, 1999.

Haake, J.M., Wilson, B. (1992). Supporting Collaborative Writing of hyperdocument in SEPIA. In: Turner, J, Kraut, R. (Eds.), *Proceedings of the CSCW'92*. ACM: New York, S. 138-146.

Habersam, M. (1997). *Controlling als Evaluation – Potenziale eines Perspektivenwechsels.* R. Hampp Verlag: München u.a.

Hafner, K., Metthew, L. (1997). *Arpa Kadabra – Die Geschichte des Internet.* dpunkt-Verlag für digitale Technologie: Heidelberg.

Hagel, J., Armstrong, A. G. (1997). *Net Gain.* Harvard Business School Press.

Hamersley, M., Atkinson, P. (1990). *Ethnography: Principle in practice.* Routledge: London.

Hammer, M.; Champy, J. (1993). *Reengineering the Corporation: A Manifesto for Business Revolution.* Harper Business Pub.: New York.

Hammer, M.; Champy, J. (1994). *Business Reengineering: die Radikalkur für das Unternehmen.* Campus Verlag: Frankfurt/Main.

Hannan, M.T., Freeman, J.H. (1977). The Population Ecology Approach of Organizations. In: *American Journal of Sociology,* Vol. 82, S. 929-964.

Häntschel, I., Heinrich, L. (Hrsg.) (2000). *Evaluation und Evaluationsforschung in der Wirtschaftsinformatik – Handbuch für Forschung, Lehre und Praxis.* Oldenbourg Verlag: München u.a.

Hardman, V., Sasse, M.A., Kouvelas, I. (1998). Successful multiparty audio communication over the internet. In: *Communications of the ACM,* Vol. 41(5), May 1998, S. 74-80.

Hare, A. P. (1976). *Handbook of Small Group Research.* Free Press: New York, 1976.

Harper, R. (1997). *Inside the IMF: An ethnography of documents, technology, and organizational action.* Academic Press: London.

Hartkopf, V., Shankavaram, J., Lee, S., Loftness, V. (1999). The Use of an »enabling matrix« to capture best practices: The Case of the Intelligent Workplace at Carnegie-Mellon University. In: N. Streitz, B. Remmers, M. Pietzcker, R. Grundmann (Hrsg.), *Arbeitswelten im Wandel – Fit für die Zukunft ?* Deutsche Verlagsanstalt: Stuttgart, S. 127-148.

Hartmann, A., Herrmann, T., Rohde, M. Wulf, V. (Hrsg.) (1994). *Menschengerechte Groupware – Software-ergonomische Gestaltung und partizipative Umsetzung.* Teubner: Stuttgart.

Hartmann, M., Rieger M., Luoma M. (1999): *Zielgerichtet moderieren. Ein Handbuch für Führungskräfte, Berater und Trainer.* 2. Auflage. Beltz Verlag: Weinheim u. Basel.

Hauschildt, J. (1997). *Innovationsmanagement.* 2. Auflage, Vahlen-Verlag: München.

Havewala, A. (1999). The Version Control Process. In: *Dr. Dobb's Journal,* May 1999, S. 100ff.

Hayne, S. C., Rice, R., Licker, P. (1994). Social Cues and Anonymous Group Interaction using Group Support Systems. In: *Proceedings of the 27th HICCS*, 1994, S. 73-81.

Heath, C., Luff, P. (1991). Disembodied conduct: Communication through video in a multi-media office Environment In: *Proc. of Human factors in Computing systems on Reaching through technology (CHI '91)*, April 27-May 2, 1991, New Orleans, LA USA. ACM Press: New York, S. 99-103.

Heath, C., Luff, P., Sellen, A. (1997). Reconfiguring Media Space: Supporting Collaborative Work. In: *Finn et al. (1997)*, S. 323-347.

Heider, F. (1958). *The psychology of interpersonal relations*. Wiley: New York.

Heinatz, G. (1995). *CSCW und Software Engineering*. In: Dresdner Beiträge zur Wirtshaftsinformatik. Dresden, 1995.

Heinrich, L. et al. (1995). Informationsgewinnung für das strategische Technologiemanagement durch Laborstudien. In: *Information Management*, 4, S.42-49.

Heinrich, L., Wiesinger, I. (1997). Zur Verbreitung empirischer Forschung in der Wirtschaftsinformatik. In: Grün, O. & Heinrich, L. (Hrsg.): *Wirtschaftsinformatik – Ergebnisse empirischer Forschung*. Springer-Verlag: Wien u.a., S. 37-49.

Henne, P., Mark, G., Voß, A. (1998). Gestures for Social Communication in Virtual Environments. In: *Proceedings of Workshop on Presence in Shared Virtual Environments*, BT Labs, 10-11 June, 1998.

Hereth, C. (1997). *Erweiterte Wirtschaftlichkeitsanalyse der Telearbeit*. Diplomarbeit, Johann Wolfgang Goethe-Universität Frankfurt am Main.

Herrmann, T. (1994a). Loss of Situative Context and its Relevance for Computer Mediated Communication and Cooperation. In: Clement, A. et al. (Eds.), *NetWORKing: connecting workers in and between organizations*. North-Holland: Amsterdam et al., 1994.

Herrmann, T. (1994b). Grundsätze ergonomischer Gestaltung von Groupware. In: *Hartmann et al. (Hrsg.), 1994*, S. 65-107.

Herrmann, T. (1995). Workflow Management Systems: Ensuring Organizational Flexibility by Possibilities of Adaptation and Negotiation. In: *Proc. of the Conf. on Organizational Computing Systems COOCS'95*.

Herrmann, T., Just, K. (1994). Anpaßbarkeit und Aushandelbarkeit als Brücke von Software-Ergonomie zur Organisationsentwicklung. In: Hasenkamp, U. (Hrsg.) *Einführung von CSCW-Systemen in Organisationen. Tagungsband der D-CSCW '94*. Vieweg: Braunschweig, Wiesbaden, S. 79-107.

Herrmann, T., Scheer, A.-W., Weber, H. (Hrsg.) (1998). *Verbesserung von Geschäftsprozessen mit flexiblen Workflowmanagementsystemen. Band 1. Von der Erhebung zum Sollkonzept. Band 2. Von der Sollkonzeptentwicklung zur Implementierung von Workflowmanagementanwendungen*. Springer: Heidelberg.

Hertweck, D., Krcmar, H. (1998). Computervermittelte Kommunikation in verteilten Teams: Das Beispiel von Krisensituationen in scheiternden Softwareprojekten. In: M. Boos, K. J. Jonas und K. Sassenberg (Hrsg.), *Computer als Kommunikationsmedium: Psychologische Theorie und Praxis in Organisationen.* Hogrefe: Göttingen, S. 183-198.

Herzberg, F. (1966). *Work and the Nature of Man.* Cleveland.

Hesch, G. (1997). *Das Menschenbild neuer Organisationsformen: Mitarbeiter und Manager im Unternehmen der Zukunft.* Shaker-Verlag: Wiesbaden.

Hesse, F. W., Garsoffky, B., Hron, A. (1997). Interface-Design für computerunterstütztes kooperatives Lernen. In: L. J. Issing, P. Klimsa (Hrsg.), *Information und Lernen mit Multimedia*, Psychologie Verlags Union: Weinheim, S. 252-267.

Heuer, A. (1997): *Objektorientierte Databanken: Konzepte, Modelle, Systeme.* 2. Auflage. Addison-Wesley Publishing Company.

Hill, R.D., Brinck, T., Rohall, S.L., Patterson, J.F., Wilner, W. (1994). The Rendezvous Language and architecture for constructing multi-user applications. In: *ACM Transactions on Computer-Human Interaction*, 1(2), June 1994, S. 81-125.

Hill, W., Fehlbaum, R., Ulrich, P. (1989). *Organisationslehre. Band 1*, 5. Aufl., Uni-TB (UTB) GmbH: Bern, Stuttgart.

Hill, W., Fehlbaum, R., Ulrich, P. (1992). *Organisationslehre, Band 2*, 5. Aufl., Uni-TB (UTB) GmbH: Bern, Stuttgart.

Hill, W., Stead, L., Rosenstein, M., Furnas, G. (1995). Recommending and Evaluating Choices in a Virtual Community of Use. In: *Proceedings CHI95.*

Hiltz, S. R. (1993). Correlates of Learning in a Virtual classroom. In: *International Journal of Man Machine Studies, 39*, S. 71-98.

Hiltz, S. R., Turoff, M. (1978). Development and Field Testing of an Electronic Information Exchange System – Final Report of the EIS Development Project. *Computerized Conferencing and Communication Centre. Research Report, 9.*

Hiltz, S. R., Turoff, M. (1985). Structuring Computer-Mediated Communication Systems to Avoid Information Overload. In: *Communications of the ACM*, Vol. 28, No. 7, July 1985, S. 680-689.

Hiltz, S. R., Turoff, M., Johnson, K. (1989). Experiments in Group Decision Making, 3: Disinhibition, Deindividuation, and Group Process in Pen Name and real Name Computer Conferences. In: *DSS*, (1989) No. 5, S. 217-232.

Hinsz, V. B., Tindale, R. S., Vollrath, D. A. (1997). The emerging conceptualization of groups as information processors. In: *Psychological Bulletin, 121*, S. 43-64.

Hoadley, C., Roschelle, J. (Hrsg.) (1999). Computer support for Collaborative Learning. In: *Proceedings of the CSCL'99 Conference*, December 1999. Stanford University, Palo Alto.

Hodson, N. (1992). *The Economics of Teleworking.* British Telecommunications Home and Business Communications: Ipswich.

Hoffmann, M., Herrmann, T. (1998), Verbesserung von Geschäftsprozessen und Einführung von Workflowmanagement mit arbeitspsychologischen Kennzahlen. In: *Zeitschrift für Arbeitswissenschaft* (ZfA), Heft 3/98, 185-193.

Höflich, J.R. (1996), *Technisch vermittelte interpersonale Kommunikation. Grundlagen, organisatorische Medienverwendung, Konstitution »elektronischer Gemeinschaften«.* Westdeutscher Verlag: Opladen.

Hohenschuh, F., und Buhr, F. (1995). *Ubiquitous Computing.* Seminararbeit, Institut für Informatik, Universität Hamburg, http://lki-www.informatik.uni-hamburg.de/ ~buhr/ubicomp/ubicomp-paper.ps.gz

Hollan, J., Stornetta, S. (1992). Beyond being there. In: *Proc. of Human Factors in Computing systems (CHI '92),* May 3-7, 1992, Monterey, CA USA, ACM Press: New York, S. 119-125.

Homans, C.G. (1968). *Elementarformen sozialen Verhaltens.* Köln. (Orig.: 1961).

Hoppe, H. U. (1995). Using multiple student modeling to parameterize group Learning. In: J. Greer (Eds.), *Proceedings of the 7th World Conference on Artificial Intelligence in Education,* Charlottesville, VA: AACE, S. 234-241.

Horstmann, T., Bentley, R. (1997). Distributed Authoring on the Web with the BSCW Shared Workspace System. In: *ACM Standards View,* 5(1), March 1997.

Housley, R. (1999). *Cryptografic Message Syntax. Request for Comments 2630.*

Hron, A., Hesse, F. W., Reinhard, P., Picard, E. (1997). strukturierte Kooperation beim computer-unterstützten kollaborativen Lernen. In: *Unterrichtswissenschaft, 25,* S. 56-69.

Huber, G. (1990). A Theory of the Effects of Advanced Information Technologies on Organizational Design, Intelligence, and Decision Making. In: *Academy of Management Review, 15,* 1, S. 47-71.

Huber, M.W., Dennis, A.R. (1998). Mum's Not the Word! An Investigation of the Effect of a Group Support System on a Men's Counseling Group. In: Sprague, R.H. (Ed.), *Proceedings of the 31st HICCS 1998 (CD),* 1_02_06.pdf.

Hudson, S.E., Smith, I. (1996). Techniques for Addressing Fundamental Fundamental Privacy and Disruption Tradeoff in Awareness Support Systems. In: *Proceedings of the ACM 1996 Conference on Computer-Supported Cooperative Work (CSCW'96).* Boston, Mass., November 16-20, 1996. ACM Press, S. 248-257.

Hughes, J., King, V., Rodden, T., Anderson, H. (1994). Moving out from the control room: Ethnography in systems design. In: *Transcending Boundaries, Proceedings of the Conference on Computer-Supported Work CSCW'94.* ACM Press: New York, S. 429-440.

Hughes, J.A., Randall, D., Shapiro, D. (1993a). From ethnographic record to system design. Some experiences from the field. In: *Computer-Supported Cooperative Work*, Vol. 1, Nr. 3, S. 123-141.

Hughes, J.A., Somerville, I., Bentley, R., Randall, D. (1993b). Designing with ethnography: making Work visible. In: *Interacting with Computers*, Vol. 5, Nr. 2, S. 239-253.

Hutchins, E. (1994). *Cognition in the Wild*. MIT Press.

Hutchins, E. (1995). How a cockpit remembers its speeds. In: *Cognitive Science*, *19*, S. 265-288.

IETF (1999). Index of /rfc. http://www.ietf.org/rfc/.

Isaacs, E.A., Tang, J.C. (1993). What video can and can't do for collaboration: a Case study. In: *Proc. of Multimedia '93*, August 2-6, 1993, Anaheim, CA USA. ACM Press: New York, S. 199-206.

Isaacs, E.A., Tang, J.C., Morris, T. (1996). Piazza: A Desktop Environment Supporting Impromptu and Planned Interactions. In: *Proceedings of the ACM 1996 Conference on Computer-Supported Cooperative Work (CSCW'96)*. Boston, Mass. November 16-20, 1996. ACM Press, S. 315-324.

Isaacs, E.A., Whittaker, S., Frohlich, D., O'Conaill, B. (1997). Informal Communication Reexamined: New Functions for Video in Supporting Opportunistic Encounters. In: Finn, Kathleen E., Sellen, Abigail J., Wilbur, Sylvia B. (Eds.), *Video-Mediated Communication*. Lawrence Erlbaum: Mahwah, NJ, S. 459-485.

Ishida, T. (Ed.) (1998a). *Community Computing*. Wiley, Chinchester.

Ishida, T. (Ed.) (1998b). *Community Computing and Support Systems*. Lecture Notes in Computer Science 1519. Springer: Heidelberg.

Ishii, H., Kobayashi, M., Arita, K. (1994). Iterative Design of Seamless Collaboration Media. In: *Communications of the ACM*, Vol. 37, No. 8, Aug. 1994, S. 84-97.

Ishii, H., Ullmer, B. (1997). Tangible Bits: Towards Seamless Interfaces between People, Bits and Atoms. In: *Proc. of CHI'97: Conference on Human Factors in Computing Systems*, Altanta, GA, ACM Press, 1997,

ISO (1994). *OSI Reference Model – The Basic Model*. ISO/IEC 7498. ITU-T Rec. X.200, 1994 E.

ISO (1997). *Ergonomische Anforderungen für Bürotätigkeiten mit Bildschirmgeräten. Teil 10: Grundsätze der Dialoggestaltung. DIN EN ISO 9241-10*, Beuth: Berlin.

ISO (1999). *ISO 13407. Human-centred design processes for interactive systems*. ISO: Genf.

Jablonski, S., Böhm, M.; Schulze, W. (1997). *Workflowmanagement: Entwicklung von Anwendungen und Systemen; Facetten einer neuen Technologie*. dpunkt-Verlag: Heidelberg.

Jablonski, S., Bussler, C. (1996). *Workflow Management: Modeling Concepts, Architecture and Implementation*. International Thomson Publishing: Bonn.

Jackson, P.J. (1998). Integrating the Teleworking Perspective into Organisational Analysis and Learning. In: Jackson, P. & van der Wielen, J.M. (Eds.), *Teleworking: International Perspectives. From Telecommuting to the Virtual Organisation.* Routledge: London, New York.

Jacobs, R.(1994). *Real Time Strategic Change.* Berrett-Koehler Publ.: San Francisco.

Jacobson, I., Booch, G., Rumbaugh, J. (1999). *The Unified Software Development Process.* Addison Wesley Publishing Company.

Jacobson, I., Christerson, M., Jonsson, P., and Övergaard, G. (1992). *Object-oriented Software Engineering. A Use Case Driven Approach.* Addison-Wesley: Reading.

JALA Associates (1990). *The California Telecommuting Pilot Project Final Report.* Department of General Services, State of California: Los Angeles.

Janis, I. (1972). *Victims of Groupthink.* Houghton-Miffin: Boston.

Jehle, E., Wiesehahn, A. (1999). *Auswirkungen der alternierenden Telearbeit auf Arbeitsverhalten und Arbeitsergebnisse in der Versicherungswirtschaft.* Veröffentlichung in Vorbereitung.

Jensen, K. (1991). Coloured Petri Nets: A High-Level Language for System Design and Analysis. In: Jensen, K., Rozenberg, G. (Eds.), *High-Level Petri Nets. Theory and Application.* Springer: Berlin.

Jensen, K. (1997). *Coloured Petri Nets. Basic Concepts, Analysis Methods and Practical Use. Volume 1.* Second edition. Springer: Berlin.

Jensen, M.C., Meckling, W.H. (1976). Theory of the Firm. Managerial Behavior, Agency Costs and Ownership Structure. In: *Journal of Financial Economics,* 3, S. 305-360.

Jeong, H., Chi M. T. H. (1997). Construction of Shared Knowledge during Collaborative Learning. In: *Proceedings of CSCL'97.*

Jessup, L.M., Connolly, T., Galagher, J. (1990a). The Effects of Anonymity on GDSS Group Process with an Idea-Generating Task. In: *MISQ*, Vol.14, 1990, S. 313-321.

Jessup, L.M., Connolly, T., Tansik, D.A. (1990b). Towards a Theory of Automated Group Work: The Deindividuating Effects of Anonymity. In: *Small Group Research*, Vol. 21, No.3, S. 333-348.

Jessup, L.M., Tansik, D.A. (1991). Decision Making in an Automated Environment: The Effects of Anonymity and Proximity with a Group Decisin Support System. In: *Decision Sciences*, Vol. 22, S. 266-279.

Johannsen, A., Diggelen, W. v., Krcmar, H. (1999). Auswirkungen der Telepräsenz auf das kooperative Telelearning: Ergebnisse einer Feldstudie. In: *IM – Information Management & Consulting*, 14, 1, S. 59-66.

Johannsen, A., Haake, J.M., Streitz, N.A. (1998). Telekooperation in virtuellen Organisationen – Potentiale verteilter Sitzungsunterstützungssysteme. In: *Wirtschaftsinformatik*, Vol. 40, 1998, No. 3, S. 214-222.

Johansen, R. (1988). *Groupware: Computer Support for Business Teams.* The Free Press: New York

Johansen, R., Sibbet, D., Benson, S. (1991). *Leading Business Teams,* Addison Wesley Publishing Company: Reading.

Johnson, D. W., Johnson, R. T. (1990). Cooperative Learning and research. In: S. Shlomo (Ed.), *Cooperative Learning Theory and research.* Preager: New York, S. 23-37.

Johnson, R., Foote, B. (1988). Designing reusable classes. In: *Journal of Object-Oriented Programming,* 1, 2, S. 22-35.

Jones, E. E., Davis, K.E. (1965). From acts to dispositions : the attribution Process in person perception. In: Berkowitz, L. (Ed.), *Advances in experimental Social psychology.* New York.

Jones, J. W., Saunders, C., McLeod, R. Jr. (1989). Information Media and Source patterns across management levels: a pilot study. In: *Journal of Management Information Systems,* Nr. 5, S. 71-84.

Jones, O., Stevens, G. (1999). Evaluating failure in the innovation Process: the micropolitics of new product development. In: *R&D Management,* 29, 2, S. 167-178.

Jordan, B. (1996). Ethnographic workplace studies and cscw. In: D. Shapiro, M. Tauber, R. Traunmueller (Eds.), *The Design of Computer-Supported Cooperative Work and Groupware Systems.* Elsevier Science: Amsterdam, S. 17-42.

Junestrand, S. & Tollmar, K. (1999). Video-Mediated Communication for domestic Environments. In: Streitz, N., Siegel, J., Hartkopf, V., Konomi, S. (Eds.), *Proceedings of CoBuild'99.* Lecture Notes in Computer Science 1670. Heidelberg: Springer. 177-190.

Jungk, R., Müller, N.R. (1983). *Zukunftswerkstätten.* Goldmann Verlag: München.

Kahler, H., Stiemerling, O., Wulf, V., Hoepfner, J. (1999). Gemeinsame Anpassung von Einzelplatzanwendungen. In: *Proceedings der neunten GI-Fachtagung Software-Ergonomie´99,* WaLldorf. Teubner: Stuttgart, S. 183-194.

Kautz, H., Selman, B., Shah, M. (1997a). Referral Web: Combining Social Networks and Collaborative Filtering. In: *Communitcations of the ACM,* Vol. 40, Nr. 3, S. 63-65.

Kautz, H., Selman, B., Shah, M. (1997b). The Hidden Web. In: *Artificial Intelligence Magazine,* Vol. 18, Nr. 2, S. 27-36.

Kay, A. (1977). Microelectronics and the Personal Computer. In: *Scientific American,* 237, 3, S. 230-244.

Keil-Slawik, R. (1992). Artifacts in software design. In: Floyd, C. et al. (Eds.), *Software development and reality construction.* Springer: Berlin u.a., S. 168-188.

Keller, G., Nüttgens, M., Scheer, A.-W. (1991). Semantische Prozessmodellierung auf der Grundlage eriegnisgesteuerter Prozessketten (EPK). *Veröffentlichungen des Instituts für Wirtschaftsinformatik, Heft 89, Saarbrücken.*

Kemper, H.-G., Finger, R., van Marwyk, K., Padberg, J. (1998). Tele-Team-Support – Die Konzeption, Entwicklung und Erprobung eines ' integrierten Telekooperationssystems zur Verbesserung der Zusammenarbeit in dezentralen Unternehmensstrukturen. In: Hummeltenberg, Wilhelm (Eds.), *Information Management for Business and Competitive Intelligence and Excellence – Proceedings der Frühjahrstagung Wirtschaftsinformatik'98*, Wiesbaden, S. 233-244.

Kent, S., Atkinson, R. (1998a). *IP Authentication Header. Request for Comments 2402.*

Kent, S., Atkinson, R. (1998b). *IP Encapsulating Security Payload (ESP). Request for Comments 2406.*

Kerr, E.B., Hiltz, S.R. (1982). *Computer-mediated Communication Systems – Status and Evaluation.* Academic Press: New York, 1982.

Kidd, A. (1994). The Marks are on the Knowledge Worker. In: *Proceedings of CHI '94*, S. 186-191.

Kidd, C., Orr, R. et al. (1999). The Aware Home: A living laboratory for Ubiquitous Computing research. In: Streitz, N., Siegel, J., Hartkopf, V., Konomi, S. (Eds.), *Proceedings of CoBuild'99.* Lecture Notes Computer Science 1670. Heidelberg: Springer 191-198.

Kieback, A., Lichter, H., Schneider-Hufschmidt, M., and Züllighoven, H. (1992). Prototyping in industriellen Software-Projekten. In: *Informatik-Spektrum*, 15, 2, S. 65-78.

Kientzle, T. (1997). Understanding CRCs. In: *Doctor Dobb's Journal*, Seiten S. 103-107.

Kies, J.K., Williges, R.C., Williges, B.H. (1997). Desktop Video Conferencing: A Systems Approach. In: Helander, M., Landauer, T. K., Prabhu, P. (Eds.), *Handbook of · Human-Computer Interaction.* Second, completely revised edition. North-Holland: Elsevier, S. 979-1002.

Kieser, A. (Hrsg.) (1995). *Organisationstheorien.* 3. Aufl., Kohlhammer Verlag: Stuttgart u.a..

Kieser, A., Hegele, C., Klimmer, M. (1998). *Kommunikation im organisatorischen Wandel.* Schäffer-Poeschel-Verlag: Stuttgart.

Kiesler, S. (1992). Talking, Teaching, and Learning in Network groups: Lessons from research. In: A. R. Kaye (Ed.), *Collaborative Learning through computer Conferencing. The Najaden Papers.* Berlin: Springer, S. 147-165.

Kiesler, S., Siegel, J., McGuire, T. (1984). Social Psychological Aspects of Computer-Mediated Communication. In: *American Psychologist*, October, S.1123-1134.

Kiesler, S., Sproull, L. (1992). Group Decision making and Communication technology. In: *Organizational Behavior and Human Decision Processes*, 52, S. 96-123.

Kilbert, K., Gryczan, G., Züllighoven, H. (1993). *Objektorientierte Anwendungsentwicklung.* Vieweg: Braunschweig, Wiesbaden.

Killich, S., Luczak, H., Schlick, C., Weissenbach, M., Wiedenmaier, S., Ziegler, J. (1999), Task Modelling for Cooperative Work. In: *Behaviour and Information Technology,* 18 (5).

Kirsch, W. (1997). *Kommunikatives Handeln, Autopoiese, Rationalität. Sondierungen zu einer evolutionären Führungslehre.* ISBN 3882320664, 2. Aufl., München.

Kirschmer, M. (1996). *Geschäftsprozessorientierte Einführung von Standardsoftware. Vorgehen zur Realisierung strategischer Ziele.* Gabler: Wiesbaden (Schriften zur EDV-orientierten Betriebswirtschaft).

Kirtland, M. (1997). The COM+ Programming Model Makes it Easy to Write Components in Any Language. In: *Microsoft Systems Journal,* Dezember 1997.

Klages, H. (1984). *Wertorientierungen im Wandel. Rückblick, Gegenwartsanalyse, Prognosen.* Frankfurt am Main, 1984.

Klahold, Peter, Schlageter, Gunter, Wilkes, Wolfgang (1986). A General Model for Version Management in Databases. In: *Twelfth International Conference on Very Large Data Bases (VLDB'86),* August 25-28, Kyoto, Japan.

Klebert, K., Schrader, E., Straub, W. (1985). *Moderationsmethode.* Windmühle GmbH: Hamburg.

Klee-Kruse, G., Lenk, K. (1995). *BürgerBüros als innovative kommunale Serviceagenturen. Qualitätssteigerung öffentlicher Dienste durch multimediale Telekooperation.* R. v. Decker's Verlag, G. Schenk: Heidelberg.

Klein, M., Dellarocsa, Ch., Bernstein, A. (1998). Towards Adaptive Workflow Systems. In: *Workshop at The 1998 ACM Conference on Computer-Supported Cooperative Work,* Seattle.

Klöckner, K., Mambrey, P., Solenkamp, M., Prinz, W., Fuchs, L., Kolvenbach, S., Pankoke-Babatz, U., Syri, A. (1995). PoliTeam – Bridging the Gap between Bonn and Berlin for and with the Users. In: *Proceedings of CSCW'95,* Stockholm, Schweden, September 10-14, 1995. Kluwer Academic Publishers: Dordrecht, S. 17-32.

Kollock, P. (1998). The Economies of online cooperation : Gifts and Public goods in cyberspace. In: Smith, M.; Kollock, P. (Eds.), *Communities in Cyberspace.* Routledge: London.

Kollock, P., Smith, M. (1994). Managing the Virtual Commons: Cooperation and Conflict in Computer Communities. In: Herring, S. (Ed.), *Computer-Mediated Communication: Linguistic, Social, and Cross-Cultural Perspectives.* John Benjamins.: Amsterdam, S. 109-128.

Konomi, S., Müller-Tomfelde, C., Streitz, N. (1999). Passage: Physical Transportation of Digital Information in Cooperative Buildings. In: Streitz, N., Siegel, J., Hartkopf, V., Konomi, S. (Eds.), *Proceedings of CoBuild'99.* Lecture Notes in Computer Science 1670. Heidelberg: Springer, 45-54.

Konstan, J., Miller, B., Maltz, D., Herlocker, J., Gordon, L. R., Riedl, J. (1997). GroupLens: Applying Collaborative Filtering to USENET News. In: *Communications of the ACM*, Vol. 40, Nr. 3, S. 77-87.

Koppenhöfer, C., Böhmann, T., Krcmar, H. (2000). Evaluation der CASTLE Umgebung für kollaboratives Lernen. in: *Tagungsband D-CSCL2000*, Darmstadt, 23.-24.3. 2000.

Koppenhöfer, C., Johannsen, A., Krcmar, H. (1998). Bedarf und Szenarien für die Telekooperation im verteilten Produktentwicklungsprozess. In: *Industrie Management*, 14, Nr. 3, S. 16-20.

Kordey, N., Korte, W.B. (1998). *Telearbeit erfolgreich realisieren*. Vieweg: Braunschweig, Wiesbaden.

Koschmann, T. (1996a). Paradigm shifts and instructional technology: An introduction. In: T. Koschmann (Ed.), *CSCL: Theory and Practice of an Emerging Paradigm*. Erlbaum: Mahwah, NJ, S. 1-23.

Koschmann, T. (Ed.) (1996b). *CSCL: Theory and Practice of an Emerging Paradigm*. Lawrence Erlbaum Associates: Mahwah, NJ, 1996.

Kovalainen, M., Robinson, M., Auramäki, E.(1998). Diaries at Work. In: *Proceedings of CSCW 98*. ACM Press: New York, S. 49-58.

Krallmann, H.; Feiten, L.; Hoyer, R.; Kölzer, G. (1989). Die Kommuniaktionsstruktur-analyse (KSA) zur Konzeption der betrieblichen Kommunikationsarchitektur. In: K.Kurbel, P.Mertens, A.-W. Scheer (Hrsg.), *Interaktive betriebswirtschaftliche Informations- und Steuerungssysteme (Studien zur Wirtschaftsinformatik 3)*. Walter de Gruyter: Berlin, New York, S. 289-314.

Kraus, W. (1995). Qualitative Evaluationsforschung. In: Flick, U., Kardorff, E. v., Keupp, H., Rosenstiel, L. v., Wolff, S. (Hrsg.), *Handbuch Qualitative Sozialforschung – Grundlagen, Konzepte, Methoden und Anwendungen*. 2. Auflage, Beltz-Verlag: Weinheim, S. 412-415.

Kraut, R., Fish, R., Root, R., Chalfonte, B. (1990): Informal Communication in Organizations: Form, Function, and Technology. In: Baecker, R.M. (Ed.) (1993), *Readings in Groupware and Computer-Supported Cooperative Work*, Morgan Kaufman, S. 287-314.

Kraut, R.E., Miller, M.D., Siegel, J. (1996). Collaboration in Performance of Physical Tasks: Effects on Outcomes and Communication. In: *Proceedings of the Conference on Computer-Supported Cooperative Work (CSCW'96)*, Cambridge, Mass., Nov., 16-20, ACM Press: New York, S. 57-66.

Krcmar, H. (1989). Considerations for a framework for CATeam research. In: *Proceedings of the First European Conference on Computer-Supported Co-operative Work*, 13th-15th September, London , S. 421-435.

Krcmar, H. (1992). Computerunterstützung für die Gruppenarbeit: Zum Stand der Computer-Supported Cooperative Work Forschung. In: *Wirtschaftsinformatik*, 34, 4, S. 425-437.

Krcmar, H. (1997). Zur empirischen Forschung in der Wirtschaftsinformatik. In: *Wirtschaftsinformatik und Wissenschaftstheorie – GI-Fachtagung*, Münster, Okt. 1997.

Krcmar, H. (2000). *Informationsmanagement*. 2. Auflage. Springer-Verlag: Heidelberg u.a.

Krcmar, H., Schwabe, G. (1995). CATeam für das Gemeindeparlament – Szenarien und Visionen. In: Reinermann, H. (Hrsg.), *Neubau der Verwaltung: Informationstechnische Realitäten und Visionen, 63. Staatswissenschaftliche Fortbildungstagung.* Decker: Darmstadt, S. 264-285.

Kreifels, T., Hinrichs, E., Woetzel, G. (1993): Sharing To-Do-lists with a distributed task manager. In: Michelis, G., Simone, C., Schmidt, K. (Eds.), *Proceedings of the third European Conference on Computer Supported Cooperative Work*, Kluwer: Dordrecht, S. 31-46.

Kreplin, K.-D. (1985). Prototyping – Softwareentwicklung für den und mit dem Anwender. In: *Handbuch der modernen Datenverarbeitung – Software-Ergonomie.* Forkel Verlag, S. 73-84.

Krieger D.J. (1996). *Einführung in die allgemeine Systemtheorie.* Uni-TB (UTB) GmbH, München.

Krüger, W. (1990). Organisatorische Einführung von Anwendungssystemen. In: Kurbel, K., Strunz, H. (Hrsg.), *Handbuch Wirtschaftsinformatik*, C. E. Poeschel: Stuttgart, S. 277-288.

Kumar, V. (1995). *Performance of Concurrency Control Mechanisms in Centralized Database Systems.* Prentice Hall: Englewood Cliffs.

Küpper, H. (1995). *Controlling: Konzeption, Aufgaben und Instrumente.* Schäffer-Poeschel: Stuttgart.

Kuuti, K., Arvonen, T. (1992). Identifying Potenzial CSCW Applications by means of Activity Theory Concepts: A Case Example. In: *Proceedings of Conference on Computer-Supported Cooperative Work, CSCW '92 – Sharing Perspectives*, Toronto, Canada, October 31-November 4, 1992. ACM Press: New York, S. 233 240.

Kydd, C., Ferry, D. (1994). Managerial Use of video Conferencing. In: *information & management*, Vol. 27, S. 369-375.

Kyng, M. (1988). Designing for a Dollar a Day. In: *Proceedings of Conference on Computer-Supported Cooperative Work CSCW 88*, Portland, Oregon, 26-29. September, 1988. ACM Press, S. 178-188

Kyng, M. (1994). Experience with Participative Application Development. In: *Proceedings of Applications and Impacts: Information Processing '94.* Hamburg, August 28-September 2 , 1994, Vol II, North-Holland, S. 107 –114.

Lafos, F. (1997). Kosten und Einsparungspotenziale durch Telearbeit. In: *Dokumentation der Konferenz Telearbeit: Strategien – Konzepte – praktische Umsetzung*, Frankfurt am Main, 17.-18. April, 1997.

LaMarca, A., Edwards, W.K., Dourish, P., Lamping, J., Smith, I., Thornton, J. (1999): Taking the work out of workflow: Mechanisms for document-centered collaboration. In: *Proceedings of ECSCW '99*. S. 1-20.

Lamersdorf, W. (1994). *Datenbanken in verteilten Systemen: Konzepte, Lösungen, Standards.* Vieweg-Verlag.

Landay, J. A., Kaufmann, T. R. (1993). User Interface Issues in Mobile Computing. In: *Proc. of Workshop on Workstation Operating Systems*, Napa, CA, IEEE Press, S. 40-47.

Landry, J. (1999). Forgetful or bad Memory. In: *Hawaii International Conference on System Sciences 1999 (HICSS99)*, CD-ROM, 8 pages.

Lange, B., Jones, M., Myers, J. (1998). Insight Lab: An immersive team Environment liking paper, displays, and data. *Proceedings of CHI'98.* ACM Press: New York, 550-557.

Langmaack, B., Braune-Krickau, M. (1995). *Wie die Gruppe laufen lernt: Anregungen zum Planen und Leiten von Gruppen.* 5. Auflage, Psychologie Verlags-Union: Weinheim.

Laubacher, R., Malone, Th. (1997). Two Scenarios for 21st Century Organizations: Shifting Networks of Small Firms or All-Encompassing 'Virtual Countries'?. In: *MIT Initiative on Inventing the Organization of the 21st Century, Working Paper 21C WP #001*, Sloan School of Management, Massachusetts Institute of Technology, Cambridge, MA, 1997.

Lautz, A. (1994). Die Gestaltung von Videokonferenzen. In: Hilb, M. (Hrsg.), *Personalmanagement auf dem Prüfstein.* Verlag industrielle Organisation: Zürich, 1995, S. 169-180.

Lautz, A. (1995). *Videoconferencing. Theorie und Praxis für den erfolgreichen Einsatz im Unternehmen.* IMK: Frankfurt/Main.

Lave, J., Wenger, E. (1991). *Situated Learning. Legitimate Peripheral Participation.* Cambridge University Press: Cambridge.

Lawrence, P.R., Lorsch, J.W. (1967). *Organization and Environment.* Boston, MA, 1967.

Leavitt, H.J. (1951). Some effects of certain Communication patterns on group perfromance. In: *Journal of Abnormal and Social Psychology*, 46, S. 38-50.

Leavitt, H.J. (1974). *Grundlagen der Führungspsychologie.* Moderne Industrie: München.

Lee, A., A. Girgensohn, K. Schlueter (1997). NYNEX Portholes: Initial User Reactions and Redesign Implications. In: S. Hayne, W. Prinz (Eds.), *Proc. of Group'97 Conference*, Phoenix, AZ, ACM Press, S. 385-394.

Lehman, M.M. (1980). Programs, Life Cycles, and Laws of Software Evolution. In: *Proc. of IEEE*, 68, 9, S. 1060-1076.

Lehmann, F. R.; Ortner, E. (2000). Vorgehensweise beim Fachentwurf von Workflowmanagementanwendungen mit einem Repositorium. In: *Wirtschaftsinformatik*, Vol. 42, Nr. 1., S. 47-55.

Lehnert, U. (1997). *Der EDV-Trainer: EDV-Lehrveranstaltungen planen – EDV-Handhabungswissen vermitteln.* 4., erg. Auflage. Oldenbourg: München, Wien.

Leont'ew, A.N. (1977). *Tätigkeit, Bewusstsein, Persönlichkeit.* Klett: Stuttgart.

Lewe, H. (1994). Der Einfuß von Teamgröße und Computerunterstützung auf Sitzungen. In: Hasenkamp, U. (Hrsg.), *Einführung von CSCW-Systemen in Organisationen,* Tagungsband der D-CSCW '94, Vieweg: Braunschweig, Wiesbaden, S.147-166.

Lewe, H. (1995). *Computer Aided Team und Produktivität: Einsatzmöglichkeiten und 'Erfolgspotentiale.* Deutscher Universitäts-Verlag: Wiesbaden.

Lewe, H., Krcmar, H. (1991). The Design Process for a Computer-Supported Cooperative Work Research Laboratory: The Hohenheim CATeam-Room. In: *Journal of Management Information Systems,* Vol. 8, Nr. 3, S. 69-85.

Lewe, H., Krcmar, H. (1993). Computer Aided Team mit GroupSystems: Erfahrungen aus dem praktischen Einsatz. In: *Wirtschaftsinformatik,* Vol. 33, Nr. 2, S. 111-119.

Lewin, K. (1951). *Field Theory in Social sciences.* Dorwin Cartnright: New York.

Licker, P.S (1992a). *Anonymity in NSS: More than Meets the Eye.* Working Paper 92-26, Faculty of Management, University of Calgary, Alberta, Canada.

Licker, P.S. (1992b). Knowing Ourselves and Knowing others: Exposing Anonymity in GDSS. In: *Proceedings of the South Western Decision Science Institute Conference,* San Antonio, TX, March 1992.

Likert, R. (1961). *New Patterns of Management.* New York.

Lim, L.H., Raman, K.S., Wei, K.K. (1990). Does GDSS Promote More Democratic Decision Making ? – The Singapore Experiment. In: *Proceedings of the 23rd HICCS,* S. 59-68.

Limburg, D.O. (1998). Teleworking in a Managerial Context. In: Suomi, R., Jackson, P., Hollmen, L., Aspnäs, M. (Hrsg.), *Telework Environments. Proceedings of the Third International Workshop on Telework, Turku, Finland.* TUCS General Publication No. 8: Turku, S. 93-106.

Linn, J., Kent, S., Balenson, D., Kalinski, B. (1993). *Privacy Enhancement for Electronic Mail. RFC,* S. 1421-1424.

Löbel-Järger, A., Krcmar, H. (1995). *Escalating Commitment, scheiternde DV-Projekte und CaATeam, Beschreibung eines Forschungsfeldes.* Arbeitspapier Nr. 71, Lehrstuhl für Wirtschaftsinformatik, Stuttgart, November 1995.

Lockemann, P., Krüger, G., Krumm, H. (1993). *Telekommunikation und Datenhaltung.* Hanser: München, Wien.

Lotus (2000). *Lotus DOMINO Homepage.* http://www.lotus.com/home.nsf/welcome/r5home, zugegriffen am 15.04.2000.

Lövstrand, L. (1991). Being selectively aware with the Khronika System. In: L. Bannon, M. Robinson, and K. Schmidt (Eds.), *Proc. of 2nd European Conference on Computer-Supported Cooperative Work*. Kluwer Academic Publishers: Amsterdam, S. 265-277.

Luczak, H. (1998a). *Arbeitswissenschaft*. 2. neu bearbeitete Auflage. Springer: Berlin.

Luczak, H. (1998b). Task Analysis. In: Salvendy, G. (Ed.), *Handbook of Human Factors and Ergonomics*. John Wiley & Sons: New York.

Luczak, H., Volpert, W. (1987) *Arbeitswissenschaft. Kerndefintion–Gegenstandskatalog– Forschungsgebiete*. RKW-Verlag: Eschborn.

' Ludwig, H.,Bussler, C.,Shan, M.,Grefen, P. (1999). Cross-Organisational Workflow Management and Coordination. WACC '99 Workshop. In: *ACM SIGGROUP Bulletin*, Vol. 20, No. 1.

Luff, P., Heath, C., Greatbatch, D. (1994). Work, interaction and technology: the naturalistic analysis of human conduct and requirements capture. In: M. Jirotka, M. Goguen (Eds.), *Requirements engineering: Social and technical issues*. Academic Press: London, S. 255-284.

Luhmann, N. (1964). *Funktionen und Folgen formaler Organisation*. Berlin.

LVM (1999). *Projekt BALTASAR – Sonderinformation*. LVM Eigenpublikation: Münster.

Lyytinen, K., Martin, P., Tolvanen, J.-P, Jarke, M., Pohl,, K., Weidenhaupt, K. (1998). CASE Environment Adaptability: Bridging the Islands of Automation. In: *Proceedings of the 8th annual Workshop on Information Technologies and Systems (WITS'98)*, University of Jyväskylä, Finland.

Maaß, S., Oberquelle, H. (1992). Perspectives and metaphors for Human-Computer-Interaction. In: Floyd, C., Budde, R., Keil–Slawik, R., Züllighoven, H. (Eds.), *Software Development and Reality Construction*. Springer: Heidelberg, S. 233-251.

Macedonia, M.R., Brutzman, D.P. (1994). MBone provides audio and video across the internet. In: *IEEE Computer*, Apr 1994, S. 30-36.

Mackay, W. E. (1990). *Users and Customizable Software: A Co-Adaptive Phenomenon*. PhD-Thesis, MIT: Boston, MA.

MacLean,, A., Carter, K., Lövstrand, L., Moran, T. (1990). User-Tailorable Systems: Pressing the Issues with Buttons. In: *Proc. of CHI'90*.

Madsen, K.H. (1988). Breakthrough by breakdown: Metaphors and structured domains. In: Klein, H.K.; Kumar, K. (Eds.), *Information Systems Development for Human Progress in Organizations*. North-Holland: Amsterdam.

Malik, F. (1996). *Strategie des Managements komplexer Systeme. Ein Beitrag zur Managements-Kybernetik evolutionärer Systeme*. 5. Aufl., Paul Haupt: Bern.

Malik, F., Probst, G.J.B. (1981). Evolutionäres Management. In: *Die Unternehmung*, Vol 35, S. 121-140.

Malinowski, B. (1961, orig. 1922). *Argonauts of the Western Pacific.* E.P. Dutton: New York.

Malof, M., Lott, A.J. (1962). Ethnocritism and the acceptance of negro support in group pressure situation. In: *Journal of Abnormal and Social Psychology,* 1962/65, S. 254-258.

Malone, T., Crowstone, K. (1990). What is Coordination Theory and How Can it help design Cooperative Work Systems? In: *CSCW 90 Proceedings,* Oct. S. 357-370.

Malone, T., Crowstone, K. (1994). The interdisciplinary study of coordination. In: *ACM Computing Surveys,* Vol. 26 Nr. 1, 1994, S. 87-119.

Malone, T., Lai, K.-Y., Fry, C. (1995). Experiments with Oval: A Radically Tailorable Tool for Cooperative Work. In: *ACM Transactions on Information Systems,* vol. 13, S. 177-205.

Mambrey, P., Mark, G., Pankoke-Babatz, U. (1998). Advocacy in Participatory Design: Designer's Experiences with a New Communication Channel. In: *Computer-Supported Cooperative Work: The Journal of Collaborative Computing,* 7, S. 291-313.

Mambrey, P., Paetau, M., Tepper, A. (1995). *Technikentwicklung durch Leitbilder. Neue Steuerungs- und Bewertungsinstrumente.* Campus: Frankfurt.

Mambrey, P., Streitz, N., Sucrow, B., Unland, R. (Hrsg.) (1997). *Rechnergestützte Kooperation in Verwaltungen und großen Unternehmen.* Universität-GHS-Essen: Essen, Fachbereich Mathematik und Informatik, Datenverwaltung und Wissensrepräsentation.

Mandel, T., van der Leun, G. (1996). *Rules of the Net. On-line Operating Instructions for Human Beings.* Hyperion: New York, 1996.

Mandl, H., Gruber, H., Renkl, A. (1995). Situiertes Lernen in multimedialen Lernumgebungen. In L. J. Issing, P. Klimsa (Hrsg.), *Information und Lernen mit Multimedia.* Psychologie Verlags Union: Weinheim, S. 166-178.

Mann, L. (1972). *Sozialpsychologie.* Beltz Verlag: Weinheim und Basel.

Männel, W. (1991). Anlagencontrolling. In: *Zeitschrift für Betriebswirtschaft,* Ergänzungsheft 3/91, S. 193-216.

Mansfield, T., Kaplan, S., Fitzpatrick, G., Phelps, T., Fitzpatrick, M., Taylor, R. (1997). Evolving Orbit: a progress report on building locales. In: *Proceedings of Group'97* (Phoenix, AZ, November 1997). ACM Press, S. 241-250.

Mantei, M. (1981). The Effect of Programming Team Structures on Programming Tasks. In: *Communications of the ACM,* Vol. 24, No. 3, New York, S. 106-113.

Mantei, M. (1988). Capturing the Capture Lab Concepts: A Case study in the design of computer-Supported meeting rooms. In: *Proceedings of the CSCW '88 Conference,* ACM Press: New York, 257-268.

Mantei, M. (1989). Observations of Executives Using a Computer-Supported Meeting Environment. In: *Decision Support Systems,* 5, S. 153-166.

Mantei, M. et al. (1991). Experiences in the Use of Media Spaces. In: *Proceedings of CHI '91, ACM Conference on Human Factors in Software*, S. 49-59.

March, J.G., Simon, H.A. (1958). *Organizations*. New York.

Mariani, J., W. Prinz (1993). From Multi-User to Shared Object Systems: Awareness about Co-Workers in Cooperation Support Object Databases. In: H. Reichel (Hrsg.), *Informatik – Wirtschaft – Gesellschaft*: Springer: Berlin, Heidelberg, S. 476-481, http://orgwis.gmd.de/~prinz/pub/gi93-Awareness.html

Mark, G., Grudin, J., Poltrock, S. (1999). Meeting at the Desktop: An Empirical Study of Vitrually Collocated Teams. In: *Proceedings of ECSCW'99*, Copenhagen, September 12-16, S. 159-178.

Mark, G., Haake, J., Streitz, N. (1997). Hypermedia Use in group Work: Changing the product, Process, and strategy. In: *Computer-Supported Cooperative Work: The Journal of Collaborative Computing*. Vol. 6, S. 327-368.

Mark, G., Prinz, W. (1997). What Happened to our Document in the Shared Workspace? The Need for Groupware Conventions. In: Howard, S., Hammond, J., Lindgaard, G. (Eds.), *Proceedings of Human-Computer Interaction INTERACT'97*, Sydney, July 14-18. Chapman & Hall: London, S. 413-420.

Markus, M., Conolly, T. (1990). Why CSCW applications fail: Problems in the adoption of interdependent Work tools. In: *Proceedings of CSCW'90*, October 7 to 10, Los Angeles, S. 371-380.

Markus, M., Benjamin, R. (1997). The Magic Bullet Theory in IT-Enabled Transformation. In: *Sloan Management Review*, 38, 2, 55-68.

Maturana, H., Varela, F. (1987). *Der Baum der Erkenntnis*. Scherz: Bern, München, Wien.

Mayo, E. (1933). *The Human Problems of an Industrial Civilization*. Boston, MA, 1933.

Mayo, E. (1949). *The Social problems of an Industrial Civilisation*. London, 1949.

McGoff, C., Ambrose, L. (1991). Empirical Information from the field: A practitioners' View of using GDSS in business. In: *Proceedings Proceedings of the Twenty-Fourth Annual Hawaii International Conference on System Sciences*. Hawaii. IEEE Computer Society Press: Los Alamos, CA, S. 805-811.

McGoff, C.; Hunt, A.; Vogel, D.; Nunamaker, J.F. (1990). IBM´s Experiences with GroupsSystems. In: *Interfaces*, Vol. 20, No. 6, S. 39-52.

McGrath, J. (1984). *Groups: Interaction and Performance*. Prentice Hall: Englewood Cliffs.

McGrath, J. (1991). Time, interaction, and performance (TIP): A Theory of groups. In: *Small Group Research*, Vol 22, Nr. 2, S.147-174.

McGrath, J. E., Hollingshead, A. B. (1994). *Groups Interacting With Technology*. Thousand Oaks, CA: Sage.

McGregor, D. (1960). *The Human Side of Enterprise*. New York, 1960.

McLaughlin, Olson (1992). Unblocking Brainstorming Through the Use of a Simple Group Editor. In: *Proceedings of CSCW'92*, ACM Press, p. 99-106.

McLeod, R. Jr., Jones, J. W. (1986). Making executive information systems more effective. In: *Business Horizons*, 29/1986, S. 29-37.

McMillan, G.R., Beevis, D., Salas, E., Strub, M.H., Sutton, R., van Breda, L. (1989). *Application of Human Performance Models to System Design.* Plenum Press: New York.

Meeuwese, W., Onk, S. (1960). *Some determinants of creativity: Structure and Process in small experimental groups.* University of Amsterdam (unpublished paper). Quoted in: Fiedler, F. (1967), *A Theory of leadership effectiveness.* McGraw-Hill: New York

Meyer, B. (1997). *Object-oriented software construction.* Second Edition. Prentice Hall: New York.

Michalski, J. (1997). Buddy Lists. *Release 1.0*, Nr. 6, Juli 1997.

Michalski, J. (1997). Collaborative Filters. *Release 1.0*, 19. November 1996.

Microsoft Corporation (1994). *The Component Object Model: A Technical Overview.* Whitepaper. http://www.microsoft.com/com/wpaper/default.asp, October 1994.

Microsoft Corporation (1995). *The Component Object Model Specification Draft Version 0.9, http://www.microsoft.com/com.*

Microsoft Corporation (1996). *DCOM Technical Overview.* http://msdn.microsoft.com/isapi/msdnlib.idc?theURL=/library/backgrnd/html/msdn_dcomtec.htm.

Microsoft Corporation (1998). *Microsoft Exchange Server and Outlook 98 for the Lotus Notes Developper.* Microsoft Corp., June 1998. http://www.microsoft.com/exchange/55/whpprs/LotusDev.htm, zugegriffen am 15.04.2000.

Microsoft Corporation (1998a). *Microsoft: Microsoft Exchange Server 5.5 verwalten und warten.* Microsoft Press: München

Microsoft Corporation (1999). *COM for Solaris 1.0.* http://www.microsoft.com/com/resources/solaris.asp.

Microsoft Corporation (2000). *Microsoft: Exchange Homepage.* www.microsoft.com/exchange. zugegriffen am 15.04.2000.

Microsoft Corporation (2000a). http://www.microsoft.com/technet/exchange. zugegriffen am 15.04.2000.

Microsoft Netmeeting. http://www.microsoft.com/Windows/netmeeting/

Milgram,S., Bickmann,L., Berkowitz,L. (1969). Note on the drawing power of crowds of different size. In: *Journal of Personality and Social Psychology*, 13, S. 79-82.

Milgrom, P., Roberts, J. (1992). *Economics, Organization and Management.* Prentice Hall: Englewood Cliffs: NJ, 1992.

Miller, N.E., Bugelski, R. (1948). Minor studies in agression: the influence of frustrations imposed by the in-group on attitudes expressed toward out-groups. *Journal of Psychology*, 25, S. 437-442.

Mirabilis (1998). *ICQ*. http://www.icq.com.

Mitchell, C.M., Miller, R.A. (1986). A Discrete Control Model of Operator Function: A Methodology for Infromation Display Design. In: *IEEE Transactions on Systems, Man, and Cybernetics*, 16 (3), S. 343-357.

Moran, T., van Melle, B., Saund, E. (1999). Walls at Work – Physical and electronic Walls in the Workplace. In: Streitz, N., Remmers, B., Pietzcker, M., Grundmann, R. (Hrsg.), *Arbeitswelten im Wandel – Fit für die Zukunft ?* Deutsche Verlagsanstalt: Stuttgart, S. 191-208.

Mørch, A. (1997). *Method and Tools for Tailoring of Object-oriented Applicatios: An Evolving Artifacts Approach*. PhD-Thesis, University of Oslo, Department of Computer Science, Research Report 241, Oslo.

Morgan, G. (1997). *Images of Organization*. 2. Aufl., Thousand Oaks u.a.

Morrison J. (1993). Team Memory: Information management for business teams. In: *Proceedings of the 26th Hawaii International Conference on Systems Sciences Jan. 5-8*, Wailea, Hawaii.

Morrison, J., Morrsion, M., Vogel, D. (1992). Software to support business teams. In: *Group Decision and Negotiation*, Vol. 1, Nr. 2, 91-115.

Moscovici, S., Zavaloni, M. (1969). The group as a polarizer of attitudes. In: *Journal of Personality and Social Psychology*, 1969/12, S. 125-135.

Moscovici, S. et al. (1969). Influence of a consistent minority on the response of a majority in a color perception Task. In: *Sociometry*, 32, S. 365-379.

Möslein, K. (2000). *Bilder in Organisationen – Wandel, Wissen und Visualisierung*. Gabler: Wiesbaden.

Mulder, M. (1972). *Het speal om macht (the power game)*. Meppel: Boom.

Müller, W., Senghaas-Knobloch, E. (Hrsg.) (1993). *Arbeitsgerechte Technikgestaltung*. Lit: Münster, Hamburg.

Nadler, D.A., Gerstein, M.S., Shaw, R.B. (Hrsg.) (1994). *Organisations-Architektur: Optimale Strukturen für Unternehmen im Wandel*. Campus-Verlag: Frankfurt am Main, (Originalausgabe: *Organizational Architecture*. Jossey-Bass Pub.: San Francisco, CA.)

Nagel, K. (1990). *Nutzen der Informationsverarbeitung. Methoden zur Bewertung von strategischen Wettbewerbsvorteilen, Produktivitätsverbesserungen und Kosteneinsparungen*. R. Oldenbourg: München, Wien.

Nakanishi, H., Yoshida, C., Nishimura, T., Ishida, T. (1996). FreeWalk: Supporting Casual Meetings in a Network. In: *Proceedings of the ACM 1996 Conference on Computer-Supported Cooperative Work (CSCW'96)*. Boston, Mass. November 16-20, 1996, ACM Press, 1996, S. 308-314.

Nakata, K., Voß, A., Juhnke, M., Kreifelts, T. (1998). Collaborative Concept Extraction from Documents. In: *Proceedings of Second International Conference on Practical Aspects of Knowledge Management*, Basel, 29-30 October, 1998.

Narayanan, S., Liu, J. (1999). *Enterprise Java Developer's Guide*. McGraw-Hill.

Nardi, B.A. (1992). The Use of Scenarios in Design. In: *SIGCHI Bulletin*, 24, No. 4, 14.

Nardi, B.A. (1993). *A Small Matter of Programming – Perspectives on end user Computing*. MIT Press: Cambridge, Massachusetts.

Nardi, B.A. (1997). The Use of ethnographic methods in design and evaluation. In: M.G. Helander, T. Landauer, P. Prabhu (Eds.), *Handbook of Human-Computer Interaction*, Second, completely revised edition. Elsevier Science: Amsterdam, S. 361-366.

Nardi, B.A., O'Day, V.L. (1999). *Information Ecologies: Using Technology with heart.* MIT Press: Cambridge, Massachusetts.

NetDay (1998). *What's Netday?* In: http://www.netday96.com, zugegriffen am 23.06.1998.

Netscape Conference. http://home.netscape.com/Communicator/Conference/.

Nichols, D. M., Twidale, M. B., und Paice, C. D. (1997). *Recommendation and Usage in the Digital Library*. Technical Report CSEG/2/97, Computing Department, Lancaster University, UK.

Nickerson, R. S. (1993). On the distribution of cognition: some reflections. In G. Salomon (Ed.), *Distributed cognitions: Psychological and educational considerations*. Cambridge University Press: Cambridge, S. 229-261.

Nicol, A. Pellegrino,T. J., Rowley, P., Scardamalia, M,. Soloway, E., Webb, J. (1992). Designing Collaborative, Knowledge-building Environments for tomorrow's schools. In: *Conference proceedings on Human factors in Computing systems* , S. 427-430.

Nierstrasz, O., Gibbs, S., and Tsichritzis, D. (1992). Component-Oriented Software Development. In: *Commmunications of the ACM*, 35, 9.

Nilles, J.M. (1998). *Managing Telework – Strategies for Managing the Virtual Workforce*. John Wiley & Sons: New York.

Nippa, M., Picot, A. (Hrsg.) (1995). *Prozessmanagement und Reengineering: die Praxis im deutschsprachigen Raum*. Campus Verlag: Frankfurt/Main.

Noack, J., Schienmann, B. (1999). Objektorientierte Vorgehensmodelle im Vergleich. In: *Informatik Spektrum*, 22, Springer-Verlag, S.166-180.

Nomura, T., K. Hayashi, T. Hazama and S. Gudmundson (1998). Interlocus: Workspace Configuration Mechanisms for Activity Awareness. In: *Proc. of CSCW '98: ACM Conference on Computer-Supported Cooperative Work*. ACM Press: Seattle, S. 19-28.

Nonaka, I., Takeuchi, H. (1995). *The Knowledge Creating Company.* Oxford University Press: New York, Oxford.

Nord, W.R. (1969). Social exchange Theory : an integrative approach to Social conformity. In: *Psychological Bulletin*, 1969/71, S. 174-208.

Norman, D. (1998). *The Invisible Computer*. MIT Press: Cambridge, MA.

Nunamaker, J.F., Applegate, L.M., Konsynski, B.R. (1988). Computer Aided Deliberation: Model Management and Group Decision Support. In: *Journal of Operations Research*, Vol. 36 No. 6, S. 826-848.

Nunamaker, J.F., Briggs, R.O., Mittleman, D.D., Vogel, D.R., Balthazard, P.A. (1996). Lessons from a Dozen Year of Group Support Systems Research: A Discussion of Lab and Field Findings. In: *Jounal of MIS*, Vol. 13, No. 3; Winter 1996/1997, S. 163-207.

Nunamaker, J.F., Dennis, A. R., Valacich, J. S., Vogel, D. R., George, J. F. (1991a). Electronic Meeting Systems to Support Group Work. In: *Communications of the ACM (CACM)*, 34, S. 40-61.

Nunamaker, J.F., Dennis, A., Valacich, J., Vogel, D. (1991b). Information Technology for Negotiating Groups: Generating Options for Mutual Gain. In: *Management Science*, 1991, Vol. 37, Nr. 10, S. 1325-1346.

Nunamaker, J.F., Dennis, A.R., George, J.F., Martz, W.B., Valacich, J.S., Vougel, D.R. (1992). GroupSystems. In: Bostrom, R.P., Watson, R.T., Kinney, S.T. (Eds.), *Computer Augmented Teamwork: A Guided Tour*, 1992, S.143-162.

Nunamaker, J.F., Vogel, D., Konsynski, B. (1989). Interaction of Task and Technology. In: *DSS*, Vol.5, No. 2, S.139-152.

O´Hara-Devereaux, M., Johansen, R. (1994). *Global Work. Bridging Distance, Culture and Time*. Jossey-Bass Pub.: San Francisco, CA.

O'Malley, C. (Eds.) (1994). *Computer-Supported Collaborative Learning*. Springer: New York.

Obata, A., Sasaki, K. (1998), OfficeWalker: A Virtual Visiting System Based on Proxemics. In: *Proceedings of the ACM 1998 Conference on Computer-Supported Cooperative Work CSCW'98*, Seattle, Washington, November 14-18, 1998. ACM Press, S. 1-10.

Oberhofer, A. F. (1986). *Organisation und Kommunikation in Unternehmen und Betrieb*. Verlag Stahleisen: Düsseldorf.

Oberle, T., Wessner, M. (1998). *Der Nürnberger Trichter. Computer machen Lernen leicht!?*. LTV-Verlag: Alsbach/Bergstraße.

Oberquelle, H. (1987). *Sprachkonzepte für benutzergerechte Systeme*. Springer: Berlin.

Oberquelle, H. (1991). Kooperative Arbeit und menschengerechte Groupware als Herausforderung für die Software-Ergonomie. In: Oberquelle, H. (Hrsg.), *Kooperative Arbeit und Computerunterstützung. Stand und Perspektiven*. Verlag für Angewandte Psychologie: Göttingen, S. 1-9.

Oberquelle, H. (1994): Situationsbedingte und benutzerorientierte Anpassbarkeit von Groupware. In: A. Hartmann, T. Hermann, M. Rohde, V. Wulf (Hrsg.), *Menschengerechte Groupware – Software-ergonomische Gestaltung und partizipative Umsetzung.* Teubner: Stuttgart, S. 31-50.

Oberweis, A., Wendel, Th. (1994). Evolutionäre Vorgehensweise zur Einführung der rechnergestützten Teamarbeit in Organisationen. In: Hasenkamp, U. (Hrsg.) *Einführung von CSCW-Systemen in Organisationen, Tagungsband der D-CSCW '94,* Vieweg: Braunschweig, Wiesbaden, S. 69-87.

Object Technology International (1998). *ENVY/Developer ENVY/Manager user manual for VisualWorks 3.0,* Ottawa Ontario.

Okada, K., Maeda, F., Ichikawaa, Y., Matsushita, Y. (1994). Multiparty videoconferencing at Virtual Social distande: MAJIC Design. In *Proc. of Computer-Supported Cooperative Work (CSCW '94),* October 22-26, 1994, Chapel Hill, United States, ACM Press: New York, S. 385-393.

Oldenburg, R. (1989). *The Great Good Place.* Paragon: New York.

Olson, J., Olson, G., Storroson, M., Carter, M. (1992). How a group-editor changes the character of a design meeting as well as ist outcome. In: Turner, J, Kraut, R. (Eds.), *Procs. of the CSCW'92,* New York, ACM, S. 91-98.

Olson, J., Olson, G., Storrosten, M., Carter, M. (1993). Groupwork close up: A comparison of the group design Process with and without a simple group editor. *In:* T. Malone & N. Streitz (Eds.), *Special Issue on CSCW of ACM Transactions on Information Systems,*vol. 11, no. 4, pp. 321-348.

Olson, J., Olson, G.M., Meader, D. (1995). What mix of video and audio is useful for small groups doing Remote Work?. In: *Proc. of Human Factors in Computing Systems (CHI '95),* May 7-11, 1995, Denver, CO USA, ACM Press: New York, S. 362-368.

OMG (1999a). *Common Object Request Broker Architecture Specification.* Revision 2.3, Juni 1999

OMG (1999b). *The CORBA Language Mappings.* http://www.omg.org/corba/clchpter.html.

Oppermann, R., Reiterer, H. (1994). Software-ergonomische Evaluation. In: *Eberleh, Oberquelle, Oppermann* (Hrsg.), S. 335-371.

Oppermann, R., Simm, H. (1994). Adaptability: User-Initiated Individualization, In: Oppermann, R. (Ed.), *Adaptive User Support – Ergonomic Design of Manually and Automatically Adaptable Software,* Hillsdale, New Jersey, Lawrence Erlbaum Ass.

Orlikowski, W. (1990). *The duality of technology: rethinking the concept of technology in organizations.* Arbeitspapier der Sloan School of Management, MIT Cambridge, April 1990. In Auszügen erschienen in: *Organization Science* 8/92, S. 398-427.

Orlikowski, W. (1992). Learning from Notes: Organizational issues in groupware implementation. In: *Proceedings of CSCW'92,* November 1-4, ACM Press: Toronto, S. 362-369.

Orlikowski, W. (1996). Evolving with Notes: Organizational change around groupware technology. In: Ciborra, C. (Ed.), *Groupware & Teamwork,* J. Wiley: Chichester, 1996, S. 23-60.

Orlikowski, W., Gash, D. (1994). Technological Frames: Making Sense of Information Technology in Organizations. In: *ACM Transactions on Information Systems,* Vol. 12. No. 2, 1994, S. 174-207.

Orlikowski, W., Hofman, J. (1997). An Improvisational Model for Change Management – The Case of Groupware Technologies. In: *Sloan Management Review,* Winter 1997, Vol. 38, No. 2, S. 11-21.

Osborne, A. (1957). *Applied imagination: Principles and Procedures of Creative thinking.* 2. Auflage, Scribners, New York, 1957.

Osgood, C.E., Tannenbaum, P.H., (1955). The Principle of congruity in the prediction of attitude change. In: *Psychology Review,* 62, S. 42-55.

Owen, H. (1996). *Open Space Technology.* Berrett-Koehler: San Francisco.

Özsu, T., Valduriez, P. (1991). *Principles of Distributed Database Systems.* Prentice-Hall.

Padberg, J. (1999). *Anforderungen an integrierte Telekooperationssysteme zur Steigerung der Effektivität und Effizienz verteilter Zusammenarbeit.* Josef Eul: Lohmar, Köln.

Paetau, M. (1991). Kooperative Konfiguration - Ein Konzept zur Systemanpassung an die Dynamik kooperativer Arbeit. In: J. Friedrich, K.-H. Rödiger (Hrsg.). *Computerunterstützte Gruppenarbeit (CSCW).* Teubner: Stuttgart, S. 137 – 152.

Paetau, M. (1994). Configurative Technology: Adaptation to Social Systems Dynamism. In: Oppermann, R. (Ed.). *Adaptive User Support – Ergonomic Design of Manually and Automatically Adaptable Software.* Lawrence Erlbaum Ass.: Hillsdale, New Jersey, S. 194-234

Palme, J. (1981). *Experience with the Use of the COM Computerized Conferencing System.* FOA Rapport, 10166E-M6(h).

Palmer, J.D., Aiken, P.H., Fields, A. (1991). A Computer-Supported Cooperative Work Environment for Requirements Engineering and Analysis. In: *Requirements Engineering and Analysis Workshop,* Pittsburg, PA.

Pankoke-Babatz, U. (1984). Experiences with the KOMEX System as an Inhouse CBMS System. In: Smith, H.T. (Ed.), *Computer-Based Message Services.* Elsevier, North Holland, S. 193-200.

Pankoke-Babatz, U. (Ed.) (1989). *Computer Based Group Communication: the AMIGO Activity Model.* Information Technology Series, Ellis Horwood, Chichester.

Pankoke-Babatz, U. (1998). Elektronische Behavior-Settings für CSCW. In: *Proceedings of Deutsche CSCW-Tagung (D-CSCW '98): Groupware und organisatorische Innovation,* Dortmund, 28.-30. September 1998. B.G. Teubner: Stuttgart, S. 125-138.

Pankoke-Babatz, U., Klöckner, K., Jeffrey, P. (1999). Norms and Conventions in Collaborative Systems. In: *Proceedings of HCI International '99 (the 8th Int. Conf. on Human-Computer Interaction): Communication, Cooperation and Application Design*, München, August 22-27, 1999. Vol. 2, Lawrence Erlbaum Ass., S. 462-466.

Pankoke-Babatz, U., Mark, G., Klöckner, K. (1997). Design in the PoliTeam Project: Evaluating User Needs through Real Work Practice. In: *Proceedings of Design of Interactive Systems Conference*, Amsterdam, August 18-20, 1997, S. 277-287.

Pankoke-Babatz, U., Syri, A. (1996). Gemeinsame Arbeitsbereiche: Eine neue Form der Telekooperation. In: *Proceedings of Herausforderung Telekooperation: Fachtagung Deutsche Computer-Supported Cooperative* Work, Stuttgart-Hohenheim, 30.9.-2.10.1996. Springer, S. 51-68.

Patterson, John F. (1995). A Taxonomy of Architectures for Synchronous Groupware Applications. In: *ACM SIGOIS Bulletin – Special Issue on Workshop Write-Ups and Position Papers from CSCW'94 15*, 3. Apr. 1995, S. 27-29.

Pattison, T. (1999). *COM- und MTS- Programmierung*. Microsoft Press.

Paul, C., Runte, M. (1998). Virtual Communities. In: Albers, S., Clement, M., Peters, K. (Hrsg.), *Marketing mit Interaktiven Medien – Strategien zum Markterfolg*. IMK-Verlag: Frankfurt am Main, S. 151-164.

Paul, C., Runte, M. (1999). Community Building. In: Albers, S., Clement, M., Peters, K., Skiera, B. (Hrsg.), *eCommerce*. IMK-Verlag: Frankfurt am Main, S. 49-64.

Paul, H. (1994). *Exploratives Agieren*. Peter Lang, Frankfurt.

Paul, H. (1999). Improving Public Administration by Video Conferencing and Application Sharing – Mission Possible. In: *Human-Computer-Interaction: Communication, Cooperation, and Application Design. Proceedings of HCI International'99*, Munich, Germany, Vol. 2, August 22-26, 1999. Lawrence Erlbaum: Mahwah, London, S. 318-322.

Pawson, R., Tilley, N. (1997). *Realistic Evaluation*. Sage Publications: London.

Pea, R. D. (1996). Seeing what we build together: Distributed multimedia Learning Environments for transformative Communications. In: T. Koschmann (Ed.), *CSCL: Theory and practice of an emerging paradigm*. Erlbaum: Mahwah, NJ, S. 171-186.

Pedersen et al., (1993). Tivoli: An elecronic whiteboard for informal workgroup meeting. In: *Proceedings of InterCHI'93*, Amsterdam. ACM Press: New York, 391-399.

Pervan, G. P. (1998). A Review of Research in Group Support Systems: Leaders, Approaches and Directions. In: *Decision Support Systems*, 23, S. 149-159.

Petri, K. (1996). Let's Meet in Open Space! – Die Story von Kaffeepausen, chaotischen Attraktoren und Organisations-Transformation. In: *Organisationsentwicklung*, Nr. 2, S. 56-65.

Pfeffer, J. (1997). *New Directions for Organization Theory: Problems and Prospects*. Oxford University Press: New York.

Pfister, H.-R., Wessner, M. (2000). Evaluation von CSCL-Umgebungen. In: J. Wedekind (Hrsg.), *Virtueller Campus '99. Heute Experiment – morgen Alltag?*, Medien in der Wissenschaft, Band 9., Waxmann: Münster, S. 139-149.

Pfister, H.-R., Wessner, M., Beck-Wilson, J. (1999). Soziale und kognitive Orientierung in einer computerunterstützten kooperativen Lernumgebung. In: U. Arend, E. Eberleh, K. Pitschke (Hrsg.), *Software-Ergonomie '99. Design von Informationswelten.* Teubner: Stuttgart, S. 265-274.

Pfister, H.-R., Wessner, M., Beck-Wilson, J., Miao, Y., Steinmetz, R. (1998). Rooms, Protocols, and nets: Metaphors for computer-Supported Cooperative Learning of Distributed groups. In: A. Bruckman, M. Guzdial, J. L. Kolodner & A. Ram (Eds.), *Proceedings of ICLS 98, International Conference of the Learning Sciences 1998.* Association for the Advancement of Computing in Education (AACE): Charlottesville, VA, S. 242-248.

Phillips, W.G. (1999). *Architectures for Synchronous Groupware.* Technical Report 1999-425, Department of Computing and Information Science, Queen's University, Kingston, Ontario, Canada, Mai 1999. Online-Version unter http://phillips.rmc.ca/greg/pub/index.html

Pickering, J., Grinter, R. (1994). Software Engineering and CSCW: A Common Research Ground. In: R. Taylor, J. Coutaz (Eds.), *Software Engineering and Human Computer Interaction – ICSE'94 Workshop on SE-HCI: Joint Resaerch Issues,* Sorrento, Italy.

Picot, A. (1975). *Experimentelle Organisationsforschung – Methodische und wissenschaftstheoretische Grundlagen.* Gabler-Verlag: Wiesbaden.

Picot, A. (1999): Organisation. In: Bitz, M., Dellmann, K., Domsch, M., Wagner, F.W. (Hrsg.), *Vahlens Kompendium der Betriebswirtschaftslehre,* Band 2, 4. Aufl., München, S. 107-180.

Picot, A., Dietl, H., Franck, E. (1997). *Organisation: Eine ökonomische Perspektive.* Schäffer-Verlag: Stuttgart.

Picot, A., Reichwald, R. (1994). Auflösung der Unternehmung? Vom Einfluss der IuK-Technik auf Organisationsstrukturen und Kooperationsformen. In: *Zeitschrift für Betriebswirtschaft,* Vol. 64, Nr. 5, S. 547-570.

Picot, A., Reichwald, R., Behrbohm, P. (1985). *Menschengerechte Arbeitsplätze sind wirtschaftlich – Vier-Ebenen-Modell der Wirtschaftlichkeitsbetrachtung,* RKW: Eschborn.

Picot, A., Reichwald, R., Wigand, R. (2001). *Die grenzenlose Unternehmung: Information, Organisation und Management.* 4. Aufl., Gabler, Wiesbaden.

Pier, K., Landay, J. A. (1992). *Issues for Location-Independent Interfaces.* Technical Report ISTL92-4, Xerox Palo Alto Research Center, Dec. 1992.

Piller, F.T. (2000). *Mass Costumization – Ein Wettbewerbskonzept für das Informationszeitalter.* Gabler-Verlag: Wiesbaden.

Pine II, B.J. (1993). *Mass Customization – The New Frontier in Business Competition.* Boston, MA.

Pinsonneault, A., Kraemar, K. L. (1989). The Impact of Technological Support on Groups: An Assessment of the empirical Research. In: *Decision Support Systems,* 5, 2, S. 197-216.

POLIKOM (1998). Engel, A., Mambrey, P., Oldenburg, St., Wulf, V., Ziegler, J. *Telekooperation in der öffentlichen Verwaltung. Organisatorische Leitsätze für Anwender.* Bonn, Bundesministerium für Wirtschaft und Technologie, (http://www.iid.de/telekooperation/leitfaden).

Poole, M.S., DeSanctis, G. (1990). Understanding the Use of Group Decision Support Systems: The Theory of Adaptive Structuration. In: Fulk, J., Steinfield, C.W. (Eds.), *Organizations and Communication technology.* Sage Publications: Newbury Park u.a., S. 173-193.

Poole, M.S., DeSanctis, G. (1992). Microlevel Structuration in Computre-Supported Group Decision Making. In: *Human Communication Research,* Vol. 19, No.1, S. 5-49.

Porter, M.E. (1995). *Wettbewerbsstrategie: Methoden zur Analyse von Branchen und Konkurrenten,* 8. Aufl., Campus Verlag: Frankfurt am Main.

Posegga, J. (1999). Jini: Infrastruktur für dynamische Dienste in verteilten Systemen. In: *Informatik Spektrum,*Vol. 22, Nr.1, 1999.

Poynor, R. (1995). The hand that rocks the cradle. In: *I.D. – The International Design Magazine.* May-June 1995.

Prahalad, C.K., Hamel, G. (1990). The Core Competence of the Corporation. In: *Harvard Business Review,* May-June, S. 79-91.

Prakash, A., Knister, M. (1994). A framework for undoing actions in Collaborative Work. In: *ACM Transactions on Computer-Human Interaction,* 1, 4, S. 295-330.

Pratt, J.W., Zeckhauser, R.J. (Eds.) (1985). *Principals and Agents: The Structure of Business.* Boston, MA.

Preskill, H., Torres, R. (1999). *Evaluative Inquiry for Learning in Organizations.* Sage Pub.: London, Newbury Park u.a.

Preuß, B. (1997). Telearbeit bei der Allianz Lebensversicherung. In: *Dokumentation der Konferenz Telearbeit in Versicherungen,* Frankfurt am Main, 3.-4. November, 1997.

Pribilla, P., Reichwald, R., Goecke, R.(1996). *Telekommunikation im Management.* Schäffer-Poeschel: Stuttgart.

Prinz, W. (1989). Survey of group Communication models and systems. In: Pankoke-Babatz, U. (Ed.), *Computer Based Group Communication – the AMIGO Activity Model.* Ellis Horwood: Chichester, S. 127-180.

Prinz, W. (1993). TOSCA: Providing Organisational Information to CSCW applications. In: G.d. Michelis, K. Schmidt, and C. Simone (Eds.), *Proc. of Third European Conference on Computer-Supported Cooperative Work – ECSCW '93,* Kluwer Academic Publishers: Milan, Italy, Dordrecht, S. 139-154.

Prinz, W. (1998). Erfahrungen und Empfehlungen aus dem Designprozess einer evolutionären Groupwareentwicklung. Groupware und organisatorische Innovation. In: *Tagungsband D-CSCW'98,* Dortmund, September 28-30, 1998. B.G. Teubner: Stuttgart, S. 139-151.

Prinz, W. (1999). NESSIE: An Awareness Environment for Cooperative Settings. In: S. Bødker, M. Kyng, and K. Schmidt (Eds.), *Proc. of ECSCW'99: Sixth Conference on Computer-Supported Cooperative Work.* Kluwer Academic Publishers: Copenhagen, 1999, S. 391-410.

Prinz, W., Kolvenbach, S. (1996). Support for Workflows in a Ministerial Environment. In: *Proceedings of ACM 1996 Conference on Computer-Supported Cooperative Work,* Boston, November 16-20, 1996, ACM, S. 199-208.

Probst, G., Raub, S., Rombarth, K. et al. (1998). *Wissensmanagement.* 2. Auflage. Gabler-Verlag: Wiesbaden.

Probst, G.J.B. (1993). *Organisation: Strukturen, Lenkungsinstrumente, Entwicklungsperspektiven.* MI, ISBN: 3478394406, Landsberg am Lech.

Procter, R., Goldenberg, A., Davenport. E., McKinlay, A. (1998). Genres in support of Collaborative information retrieval in the Virtual library. In: *Interacting with Computers* 10(2). S. 157-175.

Rahlff, O.-W., Rolfsen, R.K., Herstad, J., Thanh, D.V. (1999). Context and Expectations in Teleconversations, in: *Human-Computer-Interaction: Communication, Cooperation, and Application Design. Proceedings of HCI International'99,* Munich, Germany, Vol. 2, August 22-26, 1999. Lawrence Erlbaum: Mahwah, London, S. 523-527.

Ram, P., Do, L., Drew, P. (1999). Distributed Transactions in Practice. *Sigmod Record, No. 3, Sept. 1999.*

Ramsdell, B. (1999). *S/MIME Version 3 Message Specification. Request for Comments 2633.*

Rana, A. R., Turoff, M.(1998). Theorizing about Group Support Systems. In: Sprague, R.H. (Ed.), *Proceedings of the 31st HICCS 1998 (CD),* 1_09_05.pdf.

Randall, D., Roucefield, M., Hughes, J. (1995). Chalk and cheese: BPR and ethnomethodologically informed ethnografy in CSCW. In: Marmolin, H.; Sundblad, Y.; Schmidt, K. (Eds.), *Proceedings of the fourth ECSCW'95.* Kluwer: Dordrecht, S. 325-341.

Redlich, J.-P. (1996). *CORBA 2.0: Praktische Einführung für C++ und Java.* Addison Wesley: Berlin.

REFA Verband für Arbeitsstudien und Betriebsorganisation (Hrsg.) (1993). *Methodenlehre der Betriebsorganisation. Teil 1 Grundlagen der Arbeitsgestaltung.* Carl Hanser: München.

Reich, S., Wiil, U. K., Nürnberg, P. J., Davis, H. C., Grønbæk, K., Anderson, K. M., Millard, D. E., and Haake, J. M. (1999). Addressing Interoperability in Open Hypermedia: The Design of the Open Hypermedia Protocol. In: *New Review of Hypermedia and Multimedia.* Taylor Graham Publishing: London.

Reichert, M; Dadam, P. (1998). ADEPTflex: Supporting Dynamic Changes of Workflow without Loosing Control. In: *Journal of Intelligent Information Systems,* 10(2): 93-129, 1998

Reichwald, R. (1997). PoliKom – Konzeption der Begleitung und Ausblick. In: Projektträger Informationstechnik DLR e.V. (Hrsg.), *Tagungsband POLIKOM-Konferenz '97 des Bmb+f.* Berlin, Jan. 1997, S. 77-85.

Reichwald, R. (1999). Informationsmanagement. In: Bitz, M. u.a. (Hrsg.). *Vahlens Kompendium der Betriebswirtschaftslehre,* 4. Auflage, München.

Reichwald, R., Englberger, H., Möslein, K. (1998a). Telekooperation im Innovationstest – Strategieorientierte Evaluation von Pilotprojekten. In: *Wirtschaftsinformatik,* Vol. 40, Nr. 3, S. 205-213.

Reichwald, R., Englberger, H., Möslein, K. (1998b). *Telearbeit und Telekooperation. Evaluierung und Begleitung der Telekom-internen und Berkom-Telearbeitsprojekte –* Unveröffentlichter Abschlussbericht.

Reichwald, R., Goecke, R., Möslein, K. (1996a). Telekooperation im Top-Management. In: *Herausforderung Telekooperation: Fachtagung Deutsche Computer-Supported Cooperative Work,* Stuttgart-Hohenheim, 30.9.-2.10., 1996, Springer, S. 107-121.

Reichwald, R., Höfer, C., Weichselbaumer, J. (1996b). *Erfolg von Reorganisationsprozessen. Leitfaden für die strategieorientierte Bewertung.* Schäffer-Poeschel: Stuttgart.

Reichwald, R., Möslein, K. (1999). Organisation – Strukturen und Gestaltung. In: Hoyos, C. Graf, Frey, D. (Hrsg.), *Arbeits- und Organisationspsychologie. Ein Lehrbuch,* Göttingen, S. 29-49.

Reichwald, R., Möslein, K. (2000). Nutzenpotenziale und Nutzenrealisierung in verteilten Organisationsstrukturen. Experimente, Erprobungen und Erfahrungen auf dem Weg zur virtuellen Unternehmung. In: *Zeitschrift für Betriebswirtschaft,* Ergänzungsheft 2/2000, S. 117-136.

Reichwald, R., Möslein, K., Piller, F. (2000a): Taking Stock of Distributed Work: The Past, Present and Future of Telecooperation. In: *ASAC-IFSAM 2000 Conference,* July 8-11, 2000, Montreal, Quebec, Canada.

Reichwald, R., Möslein, K., Sachenbacher, H., Englberger, H. (1997). Telearbeit & Telekooperation: Bedingungen und Strategien erfolgreicher Realisierung. In: *Zeitschrift für Arbeitswissenschaft,* Vol. 51, Nr. 4, S. 204-213.

Reichwald, R., Möslein, K., Sachenbacher, H., Englberger, H. (2000b). *Telekooperation: Verteilte Arbeits- und Organisationsformen*. 2. Aufl., Springer-Verlag: Berlin, Heidelberg, New York.

Reichwald, R., Möslein, K., Sachenbacher, H., Englberger, H., Oldenburg, S. (1998c). *Telekooperation – Verteilte Arbeits- und Organisationsformen*. Springer-Verlag: Berlin, Heidelberg, New York

Rekimoto, J. (1997). Pick-and-Drop: A direct manipulation technique for multiple computer Environments. *Proceedings of UIST'97*. ACM Press: New York, 31-39.

Rekimoto, J. (1998). Multiple-Computer User Interfaces: A Cooperative Environment consisting of multiple digital devices. In: N. Streitz, S. Konomi, H. Burkhardt (Eds.), *Cooperative Buildings – Integrating Information, Organization and Architecture. Proceedings of the First International Workshop on Cooperative Buildings (CoBuild'98)* LNCS 1370. Heidelberg: Springer, S. 33-40.

Rekimoto, J., Ayatsuka, Y., Uoi, H., Arai, T. (1998). Adding Another Communication Channel to Reality: An Experience with a Chat-Augmented Conference. In: *Proc. of Human factors in Computing systems (CHI '98)*, April 18-23, 1998, Los Angeles, CA USA, ACM Press: New York, S. 271-272.

Rekimoto, J., Saitoh, M. (1999). Augmented Surfaces: A spatially continuous Work Space for hybrid Computing Environments. In: *Proceedings of the ACM Conference on Human Factors in Computing Systems (CHI'99)*. ACM Press: New York, 378-385.

Remmers, B. (1999). Vom steinzeitlichen Palaver zur modernen Kommunikationsförderung. In: Streitz, N., Remmers, B., Pietzcker, M., Grundmann, R. (Hrsg.), *Arbeitswelten im Wandel – Fit für die Zukunft?* Deutsche Verlagsanstalt: Stuttgart, S. 36-59.

Resnick, P., Iacovou, N., Suchak, M., Bergstrom, P. und Riedl, J. (1994). GroupLens: An Open Architecture for Collaborative Filtering of Netnews. In: *Proeedings of Conf. on Computer-Supported Cooperative Work (CSCW'94)*, Chapel Hill, NC.

Resnik, P., Varian, H.R. (1997). Recommender Systems. In: *Communications of the ACM*, 40, No. 3, S. 56-58.

Ressel, M., Nitsche-Ruland, D., Gunzenhäuser, R. (1996). An integrated, transformation-oriented approach to concurrency control and undo in group editors. In: *Proceedings of CSCW'96*. ACM-Press: New York, S. 288-297.

RFC1855 (1995). *Netiquette Guidelines*. http://www.nccn.net/bultnbrd/faq/rfc1855. html.

Rheingold, H. (1994). *Virtuelle Gemeinschaft*. Addison-Wesley: Bonn.

Rice, R.E. (1990). *Task Analyzability, Media Use, And Effeciveness: A Multi-Site Test of Information Richness Theory*. School of Communication, Information and Library Studies. Rutgers University, New Brunswick.

Richter, R., Furubotn, E. (1996). *Neue Institutionenökonomik: Eine Einführung und kritische Würdigung*, Mohr Verlag: Tübingen.

Rinza, P., Schmitz, H. (1992). *Nutzwert-Kosten-Analyse. Eine Entscheidungshilfe*. VDI: Düsseldorf.

Robbins, S.P. (1990). *Organization Theory. Structure, Design, and Applications*. 3. Aufl., Prentice Hall: Englewood Cliffs, NJ.

Robinson, M. (1989). Double Level Languages and Co-operative Working. In: *Proceedings of Mutual Uses of Science and Cybernetics Conference*, Amsterdam, 1989.

Robinson, M. (1993). Keyracks and computers: An introduction to »Common artefacts« in Computer-Supported Cooperative Work. In: *Wirtschaftsinformatik*, Vol. 35, Nr. 2, April, S. 157-166.

Robinson, S., Kordey, N. (2000). Telearbeit und Electronic Commerce in Europa. In: *Dokumentation des Telekom Anwender-Kongress*. Bonn, Dezember, 1999, Veröffentlichung in Vorbereitung.

Rodden, T. (1996). Populating the Application: A Model of Awareness for Cooperative Applications. In: *Proceedings of CSCW '96*, ACM, S. 87-96.

Roethlisberger, F.J., Dickson, W.J. (1939). *Management and the Worker*. Cambridge, MA.

Rogers, E. (1983). *Diffusion of Innovations*. Third Edition. The Free Press: New York.

Rogers, Y. (1994). Exploring Obstacles: Integrating CSCW in Evolving Organizations. In: *Proceedings of Conference on Computer-Supported Cooperative Work (CSCW'94)*, Chapel Hill, NC, October 22-26, 1994. ACM-Press: New York, S. 67-78.

Rohde, M., Wulf, V. (1995). Introducing a Telecooperative CAD-System – The Concept of Integrated Organization and Technology. In: *Proceedings of Development. Workshop Computer-Supported Co-operation in Product Design. HCI International '95, 6th International Conference on Human-Computer* Interaction, Yokohama, Elsevier Science Publishers, S. 787-792

Rohmert, W. (1983). Formen menschlicher Arbeit. In: Rohmert, W.; Rutenfranz, J. (Hrsg.), *Praktische Arbeitsphysiologie*. Georg Thieme Verlag: Stuttgart, New York.

Röscheisen, M.; Mogensen, Ch. (1995). Shared Annotations Interaction design for Shared World-Wide Web annotations. In: *Conference companion on Human factors in Computing systems. CHI '95*. S. 328-329.

Roschelle, J. (1996). Learning by collaborating: Convergent conceptual change. In: T. Koschmann (Ed.), *CSCL: Theory and practice of an emerging paradigm*. Erlbaum: Mahwah, NJ, S. 209-248.

Roseman M, Greenberg, S. (1996a). TeamRooms: Network Places for Collaboration. In: *Proceedings of CSCW'96* (Cambridge, MA, USA, November 16-20, 1996). ACM Press: Boston, S. 325-333.

Roseman, M., Greenberg, S. (1996b). Building real time groupware with GroupKit, a groupware toolkit. In: *ACM Transactions on Computer-Human Interaction*, 3(1), March 1996, S. 66-106

Rosenberg, M.J., Abelson, R.P., (1960). An analysis of cognitive balancing. In: Rosenberg, M.J. et al. (Eds.), *Attitude organization and change*. New Haven.

Rosenstiel, L. v., Djarrahzadeh, M., Einsiedler, H.E., Streich, R.K. (Hrsg.) (1993). *Wertewandel als Herausforderung für die Unternehmenspolitik in den 90er Jahren.* 2. Aufl., Stuttgart.

Ross, D.T. (1977). Structured Analysis (SA): A Language for Communicating Ideas. In: *IEEE Transactions on Software Engineering*, 3 (1), S. 16-34.

Ross, D.T. (1985). Application and Extensions of SADT. In: *IEEE Computer Magazine*, 18 (4), S. 25-34.

Roßnagel, A, Bizer, J, Hammer, V, Kumbruck, C., Pordesch, U, Sarbinowski, H., Schneider, M. (1994). *Die Simulationsstudie Rechtspflege – Eine neue Methode zur Technikgestaltung für Telekooperation.* Ed. Sigma: Berlin.

Roßnagel, A., Bizer, J., Hammer, V., Kumbruck, C., Pordesch, U., M.J., S., Schyguda, G. (1993). *Die Simulationsstudie elektronische Vorgangsbearbeitung.* Provet Arbeitsbericht.

Saake, G., Türker, C., Schmitt, I. (1995). *Objektdatenbanken: Konzepte, Sprachen, Architekturen.* International Thomson Publishing.

Salomon, G. (1993) (Eds.). *Distributed Cognition: Psychological and Educational Considerations.* Cambridge University Press: Cambridge.

Salomon, N., Ntz, H. (1998). *E-Mail für alle – Alles über E-Mail.* SmartBooks Publishing AG: Kilchberg CH.

Sambamurthy, V., Poole, M. S., Kelley J.: The effects of variations in GDSS capabilities on Decision making processes in groups. In: *Small Group Research*, Vol. 24, Nr. 4, S. 523-546.

Sandkuhl, K. (1997). Synchrone Telekooperation mit Videokonferenzen – Technologie und Anwendungsgebiete. In: Lehner, Franz, Dustdar, Schahram (Hrsg.), *Telekooperation in Unternehmen.* Deutscher Universitäts-Verlag: Cambridge, S. 355-375.

Sandor, O., C. Bogdan, J. Bowers (1997). Aether: An Awareness Engine for CSCW. In: H. Hughes, W. Prinz et al. (Eds.), *Proc. of ECSCW'97: Fifth European Conference on Computer-Supported Cooperative Work*, Lancaster, UK, Kluwer Academic Publishers, S. 221-236.

Sarin, S.; Greif, I. (1985). Computer based real-time Conferencing systems. In: *IEEE Computer*, Vol. 18 Nr. 10, S. 33-45.

Sarwar, B., Konstan, J., Borchers, A., Herlocker, J., Miller, B. und Riedl, J. (1998). Using Filtering Agents to Improve Prediction Quality in the Grouplens Research Collaborative Filtering System. In: *Proc. Intl. Conf on Computer-Supported Collaborative Work*, Nov. 1998, Seattle, CA.

Saund, E. (1999). Bringing the marks on a whiteboard to electronic life. In: Streitz, N., Siegel, J., Hartkopf, V., Konomi, S. (Eds.), *Cooperative Buildings – Integrating Information, Organizations and Architecture. Second International Workshop on Cooperative Buildings (CoBuild'99).* LNCS 1670. Heidelberg: Springer, S. 70-78.

Scardamalia, M., Bereiter, C., McLean, R.S., Swallow, J. & Woodruff, E. (1989). Computer-Supported intentional Learning Environments. In: *Journal of Educational Computing Research*, 5, S. 51-68.

Schaal, M. (1995). *CATeam für Gemeindeparlamente-Untersuchung der Möglichkeiten basierend auf einer qualitativen Analyseheute stattfindender Parlamentsarbeit in einem lokalen Gemeindeparlament*. Diplomarbeit am Lehrstuhl für Wirtschaftsinformatik der Universität Hohenheim, Stuttgart.

Schaphorst, R. (1996). *Videoconferencing and Videotelephony. Technology and Standards*. Artech House: Boston, London.

Scheer, A. (1998a). *Aris – Vom Geschäftsprozess zum Anwendungssystem*. 3. Auflage. Springer: Berlin u.a.

Schenk, B., Schwabe, G. (2000). Auf dem Weg zu einer Groupware-Didaktik. In: Reichwald, R., Schlichter, J. (Hrsg.), *Verteiltes Arbeiten – Arbeit der Zukunft – Tagungsband der D-CSCW 2000*. Teubner: Stuttgart, 2000, S. 63-76.

Schenk, M. (1984). *Soziale Netzwerke und Kommunikation*. Mohr: Tübingen.

Schenkel, P., Tergan, S.-O., Lottmann, A. (Hrsg.) (2000). *Qualitätsbeurteilung multimedialer Lern- und Informationssysteme*. BW Bildung und Wissen: Nürnberg.

Schimpf, A.(1999). R5 in der Praxis. In: *Notes Magazin*, 3/99, 4. Jg., Teil »Spezial Notes/ DOMINO Release 5«, S. VIII.

Schlichter, J., Koch, M., Bürger, M. (1997). Workspace Awareness for Distributed Teams. In: *Proc. Coordination Technology for Collaborative Applications – Organizations, Processes, and Agents*, Singapur. Springer: Berlin, S. 199-218.

Schlichter, J., Koch, M., Xu, C. (1998). Awareness – The Common Link Between Groupware and Community Support Systems. In: *Community Computing and Support Systems*. Lecture Notes in Computer Science, Vol. 1519. Springer: Heidelberg, S. 77-93.

Schmidt, D.C. (1997). L.Kruse (Hrsg.), *Overview of CORBA*. http://www.cs.wustl.edu/ ~schmidt/corba-overview.html

Schmidt, K. (1991). Riding a Tiger or Computer-Supported Cooperative Work. In: *Proceedings of Second European Conference on Computer-Supported Cooperative Work*, Amsterdam, NL, September 24-27, 1991, S. 1-16.

Schneider, H. D. (1985). *Kleingruppenforschung*. Stuttgart.

Schneier, B. (1996). *Applied Cryptografy*. 2nd edition, John Wiley & Sons Inc.

Schnelle E. (1973*): Metaplan-Zielsuche: Lernprozess der Beteiligten und Betroffenen*. Metaplan-Reihe, Quickborn.

Schnelle, E. (1982): *Metaplan-Geschprächstechnik. Kommunikationswerkzeug für Gruppenarbeit*. Metaplan-Reihe, Heft 2., Quickborn.

Schoggen, P. (1989). *Behavior Settings – A Revision and Extension of Roger G. Barker's Ecological Psychology*. Stanford University Press: Stanford.

Schooler, E.M. (1996). Conferencing and Collaborative Computing. In: *Multimedia Systems*, 1996, Vol. 4, No. 5, S. 210-225.

Schrage, M. (1990). *Shared minds – the new technologies of collaboration*. Random House: New York.

Schreyögg, G. (1998). *Organisation: Grundlagen moderner Organisationsgestaltung*. 2. Aufl., Gabler-Verlag: Wiesbaden.

Schuckmann, C., Kirchner, L., Schümmer, J., Haake, J.M. (1996). Designing object-oriented synchronous groupware with COAST. In: *Proceedings CSCW '96*, Boston, Massachusetts, November 16-20, ACM Press: New York, S. 30-38.

Schulze, W. (2000). *Workflowmanagement für CORBA-basierte Anwendungen*. Springer-Verlag: Heidelberg.

Schümmer, T., Schümmer, J. (1999). TUKAN: A Team Environment for Software Implementation. In: *OOPSLA'99 Companion. OOPSLA '99*, Denver, Colorado, S. 35-36.

Schuster, H. (1998). *Architektur verteilter Workflowmanagementsysteme*. DISDBIS 50, Infix: Sankt Augustin.

Schütz, A. (1971). Symbol, Wirklichkeit und Gesellschaft. In: Schütz, A. (Hrsg.), *Gesammelte Aufsätze, Bd.1, Das Problem der sozialen Wirklichkeit*, Den Haag, 1971, S. 331-411.

Schütz, A.(1993). *Der sinnhafte Aufbau der sozialen Welt*, 6. Auflage. Suhrkamp: Frankfurt a.M., 1993.

Schwabe, G. (1994). Computerunterstützte Sitzungen. In: *IM – Information Management Vol. 9(3)*, S. 34-43.

Schwabe, G. (1995). *Objekte der Gruppenarbeit – ein Konzept für das Computer Aided Team*. Gabler: Wiesbaden.

Schwabe, G. (1999a). *Pilotierung von Telekooperation*. Habilitationsschrift. Universität Hohemheim: Stuttgart.

Schwabe, G. (1999b). Providing for Organizational Memory in Computer-Supported Meetings. In: *Journal of Organizational Computing and Electronic Commerce*, Nr. 2&3, S. 151-169.

Schwabe, G. (2000). *Telekooperation für den Gemeinderat*. Kohlhammer: Stuttgart, 2000.

Schwabe, G., Krcmar, H. (1996). CSCW Werkzeuge. In: *Wirtschaftsinformatik*, Vol. 38, Nr. 2, S. 209-224.

Schwabe, G., Krcmar, H. (1998a). Sitzungsunterstützung für die Politik. In: T. Herrmann und K. Just-Hahn (Hrsg.), *Groupware und organisatorische Innovation: Tagungsband der D-CSCW '98*. Teubner: Stuttgart, S. 167-180.

Schwabe, G., Krcmar, H. (1998b). Wettbewerb als Einführungsstrategie von Telekooperation für Entscheidungsträger – Erfahrungen aus dem Projekt Cuparla. In: *Wirtschaftsinformatik*, 40, S. 200-204.

Schwabe, G., Krcmar, H. (2000a). DOMINO im Stuttgarter Kommunalparlament. In: Hasenkamp, U., Reiss, O., Jenne, T., Goeken, M. (Hrsg.), Notes/DOMINO effektiv nutzen – Groupware in Fallstudien. Addison Wesley: München et al.,.2000.

Schwabe, G., Krcmar, H. (2000b). Electronic Meeting Support for Councils. In: AI and Society, Vol. 14, 2000, S. 48-70.

Scott, W.R. (1992). Organizations: Rational, Natural, and Open Systems. 3. Auflage. Prentice Hall: Englewood Cliffs: NJ, 1992.

Scrivener, S., Clark, S., Clarke, A., Connolly, J., Garner, S., Palmen, H., Smyth, M., Schappo, A. (1993). Real-time Communication between dispersed Work groups via speech and drawing. In: Wirtschaftsinformatik, 35, 1993, 2, S. 149-156.

Searle, J. (1971): Sprechakte. Ein sprachphilosophisches Essay. Suhrkamp: Frankfurt.

Segall, B. and D. Arnold (1997). Elvin has left the building: A publish/subscribe notification service with quenching. In: Proc. of AUUG, Brisbane, AU, http://www.dstc.edu.au/Elvin/.

Seibt, D., Baars, H. (1999). POLIWORK: Telekooperation und Dokumentenverwaltung am persönlichen Arbeitsplatz. Abschlussbericht der Forschungsgruppe POLIWORK am Lehrstuhl für Wirtschaftsinformatik insbes. Informationsmanagement der Universtität zu Köln. Universität zu Köln: Köln.

Seifert, J.W. (1995). Visualisieren – Präsentieren – Moderieren. 7. Auflage, Gabler.

Sell, R., Fuchs-Frohnhofen, P. (1994). Gestaltung von Arbeit und Technik durch Beteiligungsqualifizierung. Ministerium für Arbeit, Gesundheit und Soziales des Landes Nordrhein-Westfalen: Schriftenreihe Sozialverträgliche Technikgestaltung, Materialien und Berichte, Band 39.

Sellen, Abigail J. (1992). Speech patterns in video-mediated conversations. In: Proc. of Human Factors in Computing systems (CHI '92), May 3-7, 1992, Monterey, CA USA. ACM Press: New York, S. 49-59.

Shan et al. (1995). Pegasus: A Heterogenous Information Management System. In: Kim, W. (Eds.), Modern Database Systems: The Object Model, Interoperability, and Beyond. ACM Press/Addison Wesley Publishing Company.

Shannon, C., Weaver, W. (1949). The Mathematical Theory of Communication. University of Illinois Press: Urbana.

Shapiro, D. (1994). The limits of ethnography: combining social sciences for CSCW. In: Proceedings of CSCW'94. Chapel Hill, North Carolina. ACM: New York, S. 417-428.

Sharon, D., Bell, R. (1995). Tools That Bind: Creating Integrated Environmennts. In: IEEE Software, March 1995, S. 76ff

Shaw, M. E. (1981). Group Dynamics: The Psychology of Small Group Behavior. 3. Auflage. McGraw-Hill: New York.

Shephard, A. (1989). Analysis and training in information technology tasks. In: Diaper, D. (Ed.), Task Analysis for Human-Computer Interaction. Chichester, Ellis Horwood.

Shepherd, M.M., Briggs, R.O., Reinig, B.A., Yen, J., Nunamaker, J.F. (1995). Invoking Social Comparison to Improve Electronic Brainstorming: Beyond Anonymity. In: *Journal of Management Information Systems*, Vol.12, Winter 1995/1996b, No.3, S. 155-170.

Sherif, M. (1966). *Group conflict and cooperation*. Routledge & Keagan Paul: London .

Short, J., Williams, E., Bruce, C. (1976). *The social psychology of telecommunications*. John Wiley&Sons, Ltd.: London.

Siedler, G., A. Scott, H. Wolf (1997). Collaborative Browsing in the World Wide Web. In: *Proc. of JENC8: 8th Joint European Networking Conference*, Edinburgh.

SigG (1997). *Gesetz zur Regelung der Rahmenbedingungen für Informations- und Kommunikationsdienste* (Informations- und Kommunikationsdienstegesetz – IuKDG). Artikel 3.

SigV (1997). *Verordnung zur digitalen Signatur* (Signaturverordnung – SigV).

Sikkel, K. (1997). A Group-based Authorization Model for Cooperative Systems. In: *Proceedings of ECSCW'97*, Lancaster, UK, September 7-11, 1997. Kluwer Academic Publishers: Dordrecht, S. 345-360.

Simon, H. (1977). *The new science of management decision*. rev. ed. Prentice Hall: Englewood Cliffs.

Simon, H.A. (1997). *Administrative Behavior: A Study of Decision-Making Processes in Administrative Organizations*. 4. Auflage, 1997, Free Press: *New York*; ursprünglich: *Administrative Behavior*. The Macmillan Company: New York, 1945

Slavin, R. E. (1995). *Cooperative Learning: Theory, Research, and Practice*. 2. Auflage. Allyn and Bacon: Needham Heights, MA.

SMART Technology. http://www.smarttech.com

Software AG (1999). EntireX. http://www.softwareag.com/entirex/.

Sohlenkamp, M. (1998). *Supporting Group Awareness in Multi-User Environments through Perceptualization*. Dissertation Fachbereich Mathematik-Informatik der Universität – Gesamthochschule – Paderborn.

Sohlenkamp, M. and G. Chwelos (1994). Integrating Communication, Cooperation and Awareness: The DIVA Virtual Office Environment. In: R. Furuta and C. Neuwirth (Eds.), *Proc. of Conference on Computer-Supported Cooperative Work*, Chapel Hill, NC, USA, ACM Press, S. 331-344.

Sohlenkamp, M., Fuchs, L., Genau, A. (1997). Awareness and Cooperative Work: The PoliTeam Approach. In: *Proceedings of HICCS '97, 30th Annual Hawai'i International Conference on System Sciences*, Wailea, Hawaii, 7.-10. Januar, 1997, Vol. II, IEEE Computer Society Press, S. 549-558

Sohlenkamp, M., Prinz, W., Fuchs, L. (1998). POLIAwaC – Design und Evaluation des PoliTeam Awareness-Client. In: Herrmann, Th., Just-Hahn K. (Hrsg.), *Groupware und organisatorische Innovation, Tagungsband der D-CSCW '98*. Teubner: Stuttgart, Leipzig, S. 181-194. http://orgwis.gmd.de/~prinz/pub/dcscw98-poliawac/.

Sommer, R. (1969). *Personal Space: The behavioural basis of design.* Prentice Hall: Englewood Cliffs, N.J.

Sommerville, I. (1996). *Software Engineering.* Fifth Edition, Addision Wesley Longman Limited: Harlow/Essex.

Spiro, R. J., Jehng, J. C. (1990). Cognitive flexibility and hypertext: Theory and technology for the nonlinear and multidimensional traversal of complex subject matter. In D. Nix & R. J. Spiro (Eds.), *Cognition, education, and multimedia: Exploring ideas in high technology.* Erlbaum:Hillsdale, S. 163-205.

SSI (1995). *Server Side Includes.* University of Illinois, Urbana-Champaign, http://hoohoo.ncsa.uiuc.edu/docs/tutorials/includes.html.

Staehle, W.H. (1994). *Management. Eine verhaltenswissenschaftliche Perspektive.* 7. Aufl., Vahlen-Verlag: München.

Stagl, J. (1985). Feldforschung als Ideologie. In: H. Fischer (Hrsg.), *Feldforschungen. Berichte zur Einführung in Probleme und Methoden. Reimer:* Berlin, S. 289-310.

Stal, M (1998). Communication Everywhere: An Overview of Microsoft's Distributed Component Object Model. In: *Object Magazine,* Vol. 8 , Nr. 4, June 1998.

Stefik, M., Bobrow, D., Foster, G., Lanning, S., Tatar, D. (1987a). WYSIWIS Revised: Early Experiences with Multiuser Interfaces. In: *ACM Transactions on Office Information Systems,* Vol. 5, Nr. 2, S. 147-167.

Stefik, M., Foster, G., Bobrow, D. G., Kahn, K., Lanning, S., Suchman, L. (1987b). Beyond the Chalkboard. Computer Support for Collaboration and Problem Solving in Meetings. In: *Communications of the ACM,* Vol. 30, Nr. 1, S. 32-47.

Stein, E. W.; Zwass, V. (1995). Actualizing Organizational Memory with Information Technology. In: *Information Systems Research,* Vol. 6, Nr. 2, S. 85-117.

Stein, K. (1999). *Integration von Anwendungsprozessmodellierung und Workflowmanagement.* In: Arbeitsberichte des Instituts für Mathematische Maschinen und Datenverarbeitung (Informatik) der Friedrich-Alexander-Universität Erlangen-Nürnberg, Band 32, Nummer 2.

Steiner, I. (1972). *Group Process and Productivity.* Academic Press: New York.

Steinmüller, W. (1993). *Informationstechnologie und Gesellschaft. Einführung in die Angewandte Informatik.* Wissenschaftliche Buchgesellschaft: Darmstadt.

Stewart, B. (1999). Sickness Absenteeism in Telework: A Sociological Study. In: *Proceedings of The Fourth International Telework Workshop – Telework Strategies for the New Workforce,* Tokyo, 31. August – 3. September, 1999.

Stiemerling, O. (1998). Komponentenbasierte Anpassbarkeit von Groupware. In: *Proceedings of DCSCW '98,* Dortmund. Teubner Verlag: Stuttgart, S. 225-236.

Stiemerling, O., Hinken, R., Cremers, A. B. (1999). The EVOLVE Tailoring Platform: Supporting the Evolution of Component-Based Groupware. In: *Proceedings of EDOC '99 (Enterprise Distributed Object Computing),* Mannheim, Germany, IEEE Computer Society Press, S. 106-115.

Stiemerling, O., Kahler, H., Wulf, V. (1997). How to Make Software Softer – Designing Tailorable Applications. In: *Proceedings of Symposium on Designing Interactive Systems*, Amsterdam, NL, 18.-20.8.1997. ACM-Press: New York, S. 365-376.

Stiemerling, O., Wulf, V. (1998). Beyond 'Yes or No' – Extending Access Control in Groupware with Negotiation and Awareness. In: *Proceedings of COOP '98*, Cannes, France, May 26-29, 1998, S. 111-120.

Stocking, G.W., jr. (1983). The ethnographer's magic: fieldwork in British anthropology from Tylor to Malinowski. In: G.W. Stocking jr. (Ed.), *Observers Observed. Essays on Ethnographic Fieldwork*. University of Wisconsin Press: Madison, S. 70-120.

Stokols, D. (1978). Environmental psychology. In: *Anual Review of Psychology*, 29, S. 253-295.

Stonebraker, M., Moore, D., Brown, P. (1999). *Object-Relational DBMSs: Tracking the Next Great Wave*. Morgan Kaufmann Publishers: San Mateo, CA, 1999.

Streitz, N. A., Geißler, J., Haake, J. M., Hol, J. (1994). DOLPHIN: Integrated Meeting Support across LiveBoards, Local and Remote Desktop Environments. In: *Proceedings of ACM Conference on Computer-Supported Cooperative Work (CSCW '94)*. Chapel Hill: N.C., S. 345-358.

Streitz, N., Geißler, J. Holmer, T. (1998a). Roomware for Cooperative Buildings: Integrated design of architectural Spaces and information Spaces. In: N. Streitz, S. Konomi, H. Burkhardt (Eds.), *Cooperative Buildings – Integrating Information, Organization and Architecture. Proceedings of the First International Workshop on Cooperative Buildings (CoBuild'98)*. Lecture Notes in Computer Science 1370. Springer: Heidelberg, S. 4-21.

Streitz, N., Geißler, J. Holmer, T., Konomi, S., Müller-Tomfelde, C., Reischl, W., Rexroth, P., Seitz, P., Steinmetz, R. (1999a). i-LAND: an interactive landscape for creativity and innovation. In: *Proceedings of the ACM Conference on Human Factors in Computing Systems (CHI'99)*. ACM Press: New York, S. 120-127.

Streitz, N., Haake, J., Hannemann, J., Lemke, A., Schuler, W., Schütt, H., Thüring, M. (1992). SEPIA: A Cooperative Hypermedia Authoring Environment. In: *Proceedings of ECHT '92* (November 30-December 4, 1992. Milan, Italy) ACM Press: New York, S. 11-22.

Streitz, N., Konomi, S., Burkhardt, H. (Eds.) (1998b). *Cooperative Buildings – Integrating Information, Organization and Architecture*. First International Workshop on Cooperative Buildings (CoBuild'98). Darmstadt, Germany, February 1998. Lecture Notes in Computer Science 1370. Springer: Heidelberg, 1998.

Streitz, N., Müller-Tomfelde, C., Seitz, P. (1999b). Kooperative Gebäude und Roomware für die Arbeitswelten der Zukunft. In: Streitz, N., Remmers, B., Pietzcker, M., Grundmann, R. (Hrsg.), *Arbeitswelten im Wandel – Fit für die Zukunft ?* Deutsche Verlagsanstalt: Stuttgart, S. 21-35.

Streitz, N., Remmers, B., Pietzcker, M., Grundmann, R. (Hrsg.) (1999c). *Arbeitswelten im Wandel – Fit für die Zukunft ? Menschen, Organisationen, Technologien und Architektur an der Schwelle zum 21. Jahrhundert.* Deutsche Verlagsanstalt: Stuttgart. 1999.

Streitz, N., Rexroth, P., Holmer, T. (1997). Does roomware matter? Investigating the role of personal and public information devices and their combination in meeting room collaboration. In: *Proceedings of the European Conference on Computer-Supported Cooperative Work (E-CSCW'97).* (Lancaster, UK, September 7-11, 1997) Amsterdam: Kluwer Academic Publishers. S. 297-312.

Streitz, N., Rexroth, P., Holmer, T. (1998c). Anforderungen an interaktive Kooperationslandschaften für kreatives Arbeiten und erste Realisierungen. In: *Proceedings der D-CSCW'98-Tagung* (Dortmund, September 1998). Teubner, Stuttgart. S. 237-250.

Streitz, N., Siegel, J., Hartkopf, V., Konomi, S. (Eds.) (1999d). *Cooperative Buildings – Integrating Information, Organizations and Architecture.* Second International Workshop on Cooperative Buildings (CoBuild'99). Pittsburgh, USA, October 1999. Lecture Notes in Computer Science 1670. Springer: Heidelberg, 1999.

Streitz, N., Tandler, P., Müller-Tomfelde, C., Konomi, S. (2001). Roomware: Towards the next generation of human-computer interaction based on an integrated design of real and virtual worlds. To appear in: J. Carroll (Ed.), *Human-Computer Interaction in the New Millenium.* Addison-Wesley Publisher.

Suchman, L. (1987). *Plans and Situated Actions. The Problem of Human-Machine Communication.* Cambridge University Press: Cambridge, MA.

Suler, J. (1999a). *Life at the Palace: A Cyberpsychology Case Study.* Rider University: Lawrenceville, NJ, http://www.rider.edu/users/suler/psycyber/palacestudy.html.

Suler, J. (1999b). *The Psychology of Avatars and Grafical Space in Multimedia Chat Communities (or How I Learned to Stop Worrying and Love My Palace Props).* Rider University: Lawrenceville, NJ, http://www.rider.edu/users/suler/psycyber/psyav.html.

Sun Microsystems (1998). *Jini Spezifikationen,* Rev 1.0 Beta. http://www.javasoft.com/products/jini/specs

Sun Microsystems (1999a). *Enterprise JavaBeans Specification 1.1,* Public Release 2. Juni 1999. http://java.sun.com/products/ejb/docs.html

Sun Microsystems (1999b). *Java Naming and Directory Interface 1.2, Application Programming Interface.* ftp://ftp.javasoft.com/docs/jndi/1.2/jndi.pdf, Juli 1999.

Sun Microsystems (1999c). *Java Remote Method Invocation – Distributed Computing For Java.* Whitepaper. http://java.sun.com/marketing/collateral/javarmi.html.

Sun Microsystems (1999d). *RMI over IIOP.* http://java.sun.com/products/rmi-iiop/index.html.

Suthers, D. (1999). Representational support for Collaborative inquiry. *Proceedings of the 32nd Hawai'i International Conference on the System Sciences (HICSS-32).* Institute of Electrical and Electronics Engineers (IEEE).

Syri, A. (1997). Tailoring Cooperation Support through Mediators. In: *Proceedings of ECSCW '97, Fifth European Conference in Computer-Supported Cooperative Work,* Lancaster, UK, September, 7-11, 1997. Kluwer Academic Publishers, S. 157-172.

Szyperski, C. (1997). *Component Software.* Addison-Wesley: Reading.

Tan, B.C.Y., Wei, K.K., Raman, K.S. (1991). Impact of GDSS and Task Type on Consensus in Small Group Meetings. In: Stamper, R.K., Kerola, P., Lee, R., Lyytinen, L. (Eds.), *Collaborative Work, Social Communications, and Information Systems,* Amsterdam, S. 33-51.

Tanenbaum, A. (1995). *Verteilte Betriebssysteme.* Prentice Hall: Englewood Cliffs.

Tang, J. C., Isaacs, E. A., Rua, M. (1994). Supporting Distributed groups with a Montage of lightweight interactions. In: *Proc. of the Conference on Computer-Supported Cooperative Work (CSCW'94).* ACM Press: Chapel Hill, NC, S. 23-34.

Tani, M., Yamaashi, K., Tanikoshi, K., Futakawa, M., Tanifuji, S. (1992). Object-Oriented Video: Interaction with Real-World Objects through Video In: *Proc. of Human factors in Computing systems (CHI '92),* May 3-7, 1992, Monterey, CA USA. ACM Press: New York, S. 593-598 und S. 711-712.

Taylor, F.W. (1913). Die Grundsätze wissenschaftlicher Betriebsführung. München, Berlin, 1913 (amerikanische Originalausgabe: 1911).

Teege, G. (1998). *Individuelle Groupware: Gestaltung durch Endbenutzer.* Deutscher Universitäts Verlag.

Teege, G. (1999). A CSCW System Model for Classifying Tailorability Implementations. In: *Proc. of Workshop on Implementing Tailorability in Groupware,* WACC'99, San Francisco.

Tenbusch, B., Hohenstein, A. (1997). Medienunterstützung bei der transferorientierten Qualifizierung von Führungskräften am Beispiel der Automobilindustrie. In L.J. Issing, P. Klimsa (Hrsg.), *Information und Lernen mit Multimedia.* Beltz:Weinheim, S. 364-376.

Terveen, L., Hill, W., Amento, B., McDonald, D., und Creter, J. (1997). PHOAKS: A System for Sharing Recommendations. In: *Communication of the ACM,* Vol. 40, Nr. 3, Mar. 1997, S. 59-62.

Terveen, L. Hill, W. (1998). Evaluating Emergent Collaboration on the Web. In: *Proceedings of CSCW'98,* Seattle Washington, Nov. 1998, S. 355-362.

Teufel, S., Sauter, C., Mühlherr, T., Bauknecht, K. (1995). *Computerunterstützung für die Gruppenarbeit.* Addison Wesley: Bonn.

Tietze, D.A., Bapat, A., Reinema, R. (1998). Document-Centric Groupware for Distributed Governmental Agencies. In: *Proceedings of the 10th Conference on Advanced Information Systems Engineering,* June 1998, Pisa.

TimeSystem (1998). *Time System.* http://www.timesystem.com, zugegriffen am 23.06.1998.

Tinnefeld, M., Ehmann, E. (1994). *Einführung in das Datenschutzrecht*. R. Oldenbourg Verlag: München, Wien, 2. Auflage.

Toulmin, S. (1975). *Der Gebrauch von Argumenten*. Skriptor: Kronberg.

Tresch, M. (1996). Middleware: Schlüsseltechnologie zur Entwicklung verteilter Informationssysteme. In: *GI Informatik-Spektrum* Vol. 19, Nr.5.

Trevor, J., T. Koch, G. Woetzel (1997). MetaWeb: Bringing synchronous groupware to the World Wide Web. In: J. Hughes, W. Prinz et al. (Eds.), *Proc. of ECSCW'97: Fifth European Conference on Computer-Supported Cooperative Work*, Lancaster, UK, Kluwer, S. 65-80. http://bscw.gmd.de/bscw_help/english/sec-53.html.

Trigg, R., Bødker, S. (1994). From Implementation to Design: Tailoring and the Emergence of Systematization in CSCW. In: *Proceedings of CSCW´94*. ACM-Press: New York, S. 45-55.

Tuddenham, R.H. (1958). The influence of a distorted group norm upon individual judgement. In: *Journal of* Psychology, 1958/46, S. 227-241.

Turkle, S. (1996). *Life on the Screen – Identity in the Age of the Internet*. Weinfelden & Nicolson: London.

Turkle, S. (1999). *Leben im Netz – Identität in Zeiten des Internet*. Rororo Sachbuch.

Turoff, M. (1980). The Suppositions of Office Automation. In: *ACM SIGOA-Newsletter*, 1981, No. 1, S. 12-13.

Turoff, M., Rana, A. (1999). Collaboration Technology: Theory & Methodology. In: Sprague, R.H. (Ed.), *Proceedings of the 32nd HICCS 1999 (CD)*, CLCTM00.pdf.

Twidale, M. B., Nichols, D. M. (1996). Interfaces to support collaboration in information retrieval. In: C. Johnson, M. Dunlop (Eds.), *Proc. BCS IR & HCI Workshop*, Glasgow, UK, S. 25-28.

Twidale, M. B., Nichols, D. M., Paice, C. D. (1997). Browsing is a Collaborative Process In: *Information Processing and Management*, S. 761-783.

Udell, J. (1999). *Practical Internet Groupware*. O'Reilly & Associates, Inc.

Uellner, S., Wulf, V. (Hrsg.) (2000). *Vernetztes Lernen mit digitalen Medien*. Physica-Verlag: Heidelberg.

Ullmer, B., Ishii, H., Glas, D. (1998). MediaBlocks: Physical containers, transports, and controls for on-line Media. *Proceedings of SIGGRAPH '98*. ACM Press: New York. 379-386.

Ungeheuer, G. (1982). Vor-Urteile über Sprechen, Mitteilen, Verstehen. In: Ungeheuer (Hrsg.) (1987), *Kommunkationstheoretische Schriften 1*. Rader: Aachen, S. 229-338.

Unland, R. (1995). *Objektorientierte Datenbanken: Konzepte und Modelle*. Thomson's Aktuelle Tutorien 4, Thomson Publishing.

Valacich, J.S., Jessup, L.M., Dennis, A.R., Nunamaker, J.F. (1992). A Conceptual Framework of Anonymity in Group Support Systems. In: *Proceedings of 25th HICCS*, Kauai, Hawaii, S. 101-112 und Indiana University, Bloomington: June 1991

Van Gundy, A. (1988). *Techniques of structured problem solving*. 2. Auflage, Van Nostrand Reinhold: New York.

Van Maanen, J., Kolb, D. (1986). The professional apprentice: observations on fieldwork roles in two organizational Settings. In: S.B. Bacharach, S.M. Mitchell (Eds.), *Research in the sociology of organizations*, Volume 4, JAI Press, S. 1-33.

Van Someren, M., Reimann, P. (1995). Multi-Objective Learning with multiple representations. In: P. Reimann & H. Spada (Eds.), *Learning in Humans and Machines: Towards an interdisciplinary Learning science*. Elsevier: London.

Veinott, E.S., Olson, J., Olson, G.M., Fu, X. (1999). Video Helps Remote Work: Speakers Who Need to Negotiate Common Ground Benefit from Seeing Each Other. In: *Proc. of Human factors in Computing systems (CHI '99)*, 15-20 May, 1999, Pittsburgh, PA, USA. ACM Press: New York, S. 302-309.

Vessey, I., Sravanapudi, A. P. (1995). CASE Tools as Collaborative Support Technologies. In: *Communications of the ACM*, Vol. 38, No. 1, New York, S. 83-95.

Viegas, F.B., Donath, J.S. (1999). Chat Circles. In: *Proc. of Human factors in Computing systems (CHI '99)*, 15-20 May, 1999, Pittsburgh, PA, USA. ACM Press: New York, S. 9-16.

Vinoski, S. (1997). CORBA: Integrating Diverse Applications Within Distributed Heterogeneous Environmen. In: *IEEE Communications Magazine*, Februar 1997.

Vogel, D. R., Martz, W. B., Nunamaker, J. F., Grohowski, R., & McGoff, C. (1990). Electronic Meeting Systems: Experience at IBM. In: *Journal of Management Information Systems*, 6, S. 25-43.

Vollmer, S.F. (1998). *TEA – Einrichtung und Erprobung von Telearbeitsplätzen bei der GMD Darmstadt*. Report 18, GMD: Sankt Augustin.

Volpert, W. (1990). Welche Arbeit ist gut für den Menschen? Notizen zum Thema Menschenbild und Arbeitsgestaltung. In: Frei, F., Udris, I. (Hrsg.), *Das Bild der Arbeit*. Huber: Bern, S. 23-40.

Voß, A., Guo, H., Hausen, H.-L., Juhnke, M., Nakata, K., Kreifelts, T., Paulsen, V. (1998). Agents for Collaborative Information Exploration. In: *Proceeding of the Third International Workshop on CSCW in Design (SCCWID'98)*, Tokyo, July 14.-1., 1998.

Voß, A., Kreifelts, T. (1997). SOaP: Social Agents Providing People with Useful Information. In: Hayne, S.C., Prinz, W. (Eds.), *Proceedings of the GROUP '97, International ACM SIGGROUP Conference on Supporting Group Work – The Integration Challenge*, Phoenix, Arizona, Nov. 16-19, 1997. ACM: New York, NY, S. 291-298.

Voß, A., Nakata, K., Juhnke, M. (1999). Concept Indexes: Sharing Knowledge from Documents. In: *Internet Based Organizational Memory and Knowledge Management*. Idea Group Publishing: Hershey, PA, 1999.

Voß, A., Nakata, K., Juhnke, M. (1999a). Concept Indexing. In: *Proceedings of Group'99*, Phoenix, Arizona, September, S.1-10.

W.M.P. van der Aalst (1998). The Application of Petri Nets to Workflow Management. In: *The Journal of Circuits, Systems and Computers*, Vol. 8, Nr.1, 1998, 21-66.

W3C (1998). *Extensible Markup Language (XML)*. http://www.w3c.org/XML.

Walsh, J.P., Ungson G.R. (1991). Organizational Memory. In: *Academy of Management Review*,Vol.16 ,Nr. 1, S. 57-91.

Wan, D. (1994). *CLARE: A Computer-Supported Collaborative Learning Environment Based on the Thematic Structure of Scientific Text*. Ph.D. Thesis, University of Hawaii.

Want, R., Hopper, A., Falcao, V, Gibbons, J. (1992). The Active Badge Location System. In: *ACM Transcations on Information Systems*, Vol. 10, Nr. 1, S. 91-102

Watson, R. T., DeSanctis, G., Poole, M. S. (1988). Using a GDSS to Facilitate Group Consensus: Some Intended and Unintended Consequences. *Management Information Systems Quarterly*, Vol. 12, Nr. 3, S.463-477.

Watzlawik, P., Beavin, J.H., Jackson, D.D. (1967). *Pragmatics of Human Communication*. W.W. Norton & Company Inc.: New York.

Watzlawick, P., Beavin, J., Jackson, D. (1974). *Menschliche Kommunikation*. 4. Auflage. Hans Huber: Bern u.a., 1974 (erste Auflage ist von 1969).

Weber, G.W. (1997). *Analyse von Gruppenarbeit. Kollektive Handlungsregulation in soziotechnischen Systemen*. Hans Huber: Bern.

Weber, M. (1972). *Wirtschaft und Gesellschaft: Grundriß der Verstehenden Soziologie*. 5.Auflage, Mohr-Verlag: Tübngen; (1.Auflage 1922).

Weber, M., Partsch, G., Höck, S., Schneider, G., Scheller-Houy, A., Schweitzer, J. (1997). Integrating Synchronous Multimedia Collaboration into Workflow Management. In: *Proceedings of the international ACM SIGGROUP Conference on Supporting group Work: the integration challenge (Group'97)*, November 16-19, 1997, Phoenix, AZ, USA, ACM Press: New York, S. 281-290.

Wedekind, H. (1994). *Verteilte Systeme*. BI Wissenschaftsverlag: Mannheim.

Wegerif, R. (1998). The Social dimension of asynchronous Learning Networks. In: *Journal of Asynchronous Learning Networks*, 2, S. 34-49.

Wegner, P. (1997). Why Interaction Is More Powerful Than Algorithms. In: *Communications of the ACM*, Vol. 40, Nr. 5, S. 80-91.

Weisband, S. (1994). Overcoming Social Awareness in Computer-Supported Groups, does Anonymity really help? In: *CSCW*, Vol. 2, April 1994, S. 285-298.

Weisbord, M. J., Janoff, S. (1995). *Future Search. An Action Guide to Finding Common Ground in Organizations and Communities*. Berrett-Koehler: San Francisco.

Weiser, M, Brown, J. S. (1996). The Coming Age of Calm Technology. Xerox PARC, Palo Alto, CA, http://www.ubiq.com/hypertext/weiser/acmfuture2endnote.htm – Auch in: Denning, P., Metcalfe, B. (Eds.) (1997): *Beyond Calculation, The Next 50 Years of Computing*. Springer: Heidelberg.

Weiser, M. (1991). The Computer for the Twenty-First Century. In: *Scientific American*, Sept. 1991, S. 94-110.

Weiser, M. (1993). Some Computer Science Problems in Ubiquitous Computing. In: *Communications of the ACM*, Juli 1993.

Weiser, M. (1993a). Hot Topics: Ubiquitous Computing. In: *IEEE Computer*, Oktober 1993.

Weiser, M. (1994). The World is not a desktop. In: *Interactions*, Jan. 1994, S. 7-8.

Weiser, M. (1995). The Technologist's Responsibilities and Social Change. In: *Computer-Mediated Communication Magazine*, Vol. 2, Nr. 4, S. 17.

Weiser, M., Brown, J. S. (1995). Designing Calm Technology. In: *PowerGrid Journal*, Vol. 1, Nr. 1, http://powergrid.electriciti.com/1.01/.

Wellner, P., Mackey, W., Gold, R. (Eds.) (1993). Computer-Augmented Environments: Back to the Real World. Special Issue of *Communications of the ACM*, 36 (7).

Werry, C.C. (1996). Linguistic and Interactional Features of Internet Relay Chat. In: Herring, Susan C. (Ed.), *Computer-Mediated Communication. Linguistic, Social and Cross-Cultural Perspectives*. John Benjamins: Amsterdam/Philadelphia, S. 47-63.

Wessner, M., Pfister, H.-R., Miao, Y. (1999). Using Learning Protocols to structure computer-Supported Cooperative Learning. In: *Proceedings of ED-MEDIA'99*. Seattle, Washington, June 19-24, 1999, S. 471-476.

WfMC (1994). Workflow Management Coalition. *The Workflow Reference Model*. Document Number WfMC-TC-1003, Version 1.1, November 29, 1994.

WfMC (1996). Workflow Management Coalition. *Terminology & Gossary*. Document Number WfMC-TC-1011, Issue 2.0, June.

Whittaker, S., O'Connail, B. (1997). The Role of Vision in Face-to-Face and Mediated Communication. In: Finn, Kathleen E., Sellen, Abigail J., Wilbur, Sylvia B. (Eds.), *Video-Mediated Communication*. Lawrence Erlbaum: Mahwah, NJ, S. 23-50.

Wilkes, W., (1987). *Der Versionsbegriff und seine Modellierung in CAD/CAM-Datenbanken*. Dissertationsschrift, FernUniversität Hagen.

Williamson, O.E. (1983). *Markets and Hierarchies: Analysis and Antitrust ImplicationS. A Study in the Economics of Internal Organization*. Free Press: New York.

Williamson, O.E. (1985). *The Economic Institutions of Capitalism: Firms, Markets, Relational Contracting*. Free Press: New York.

Williamson, O.E. (Hrsg.) (1999). *The Mechanisms of Governance*. Oxford University Press: New York.

Winand, U., Nathusius, K. (Hrsg.) (1998). *Unternehmungsnetzwerke und virtuelle Organisationen*. Schäffer-Verlag: Stuttgart.

Winograd, T. (1988). A Language/Action Perspective on the Design of Cooperative Work. In: Greif, I. (Ed.), *Computer-Supported Cooperative Work: A Book of Readings.* Morgan Kaufmann Publishers: San Mateo, California, S. 623-653.

Winograd, T. (1994). Categories, Disciplines, and Social Coordination. In: *Computer-Supported Cooperative Work (CSCW),* 2/1994. S. 191-197.

Winograd, T., Flores, F. (1987). *Understanding Computers and Cognition – A New Foundation for Design.* Addison-Wesley: Reading.

Wisneski, C., Ishii, H., Dahley, A. et al., (1998). Ambient displays: Turning architectural Space into an interface between people and digital information. In: Streitz, N., Konomi, S., Burkhardt, H. (Eds.), *Cooperative Buildings – Integrating Information, Organization and Architecture. Proceedings of CoBuild'98.* Lecture Notes in Computer Science 1370. Springer: Heidelberg, S. 22-32.

Wiswede G. (1977). *Rollentheorie.* Kohlhammer-Verlag: *Stuttgart.*

Witte, E. (1973). *Organisation für Innovationsentscheidungen.* Verlag Otto Schwartz & Co.: Göttingen.

Witte, E. (1978). Aufgaben für Pilotprojekte und Leitlinien für die wissenschaftliche Begleitung von Pilotprojekten der Kabelkommunikation. In: Münchner Kreis (Hrsg.). *Engpässe in der Realisierung von Breitband-Kommunikationssystemen,* München, S. 46-72.

Witte, E. (1997). Feldexperimente als Innovationstest – Die Pilotprojekte zu neuen Medien. In: *Zeitschrift für betriebswirtschaftliche Forschung,* Vol. 49, Nr. 5, S. 419-436.

Witte, E.H. (1989). *Sozialpsychologie.* München.

Witte, E.H. (1994). *Sozialpsychologie.* 2. Auflage. München.

Word, C.O. et al. (1974). The nonverbal mediation of self fullfilling prophecies in interracial interactions. In: *J. Exp.Soc.Psychol.,* 10, S. 109-120.

Wulf, V. (1997a). *Konfliktmanagement bei Groupware.* Vieweg: Braunschweig, Wiesbaden.

Wulf, V. (1997b). Organisatorischer Wandel bei Einführung von Groupware. In: Krallmann, H. (Hrsg.), *Wirtschaftsinformatik '97. Internationale Geschäftstätigkeit auf der Basis flexibler Organisationsstrukturen und leistungsfähiger Informationssysteme.* Physika: Heidelberg, S. 167-182.

Wulf, V. (1999a). Evolving Cooperation when Introducing Groupware – A Self-Organization Perspective. In: *Cybernetics and Human Knowing,* Vol. 6, No. 2, S. 55-75.

Wulf, V. (1999b). *Zur anpassbaren Gestaltung von Groupware.* Habilitationsschrift, eingereicht am Fachbereich Informatik der Universität Hamburg.

Wulf, V. (1999c): »Let's see your Search-Tool!« – Collaborative Use of Tailored Artifacts in Groupware. to appear in: *Proceedings of GROUP '99.* ACM-Press: New York.

Wulf, V., Krings, M., Stiemerling, O., Iacucci, G., Fronhofen, P.F., Hinrichs, J., Maidhof, M., Nett, B. et al. (1999). Improving Inter-Organizational Processes with Integrated Organization and Technology Development. In: *Journal of Universal Computer Science*, Vol. 6, No. 5, S. 339-365.

Wulf, V., Rohde, M. (1995). Towards an Integrated Organization and Technology Development. In: *Proceedings of the Symposium an Designing Interactive Systems*, Ann Arbor, Michigan, August 23-25, 1995. ACM-Press: New York, S. 55-64.

Wulf, V., Rohde, M. (1996). Reducing Conflicts in Groupware – Metafunctions and their Empirical Evaluation. *Behaviour & Information Technology*, 15, No. 6, S. 339-351.

Wunderlich, D. (1976). *Studien zur Sprechakttheorie*. Suhrkamp: Frankfurt.

Yamaashi, K., Cooperstock, J.R., Narine, T., Buxton, W. (1996). Beating the limitations of Camera-Monitor Mediated Telepresence with extra eyes. In: *Proceedings of Conference on Human Factors in Computing systems (CHI'96)*. 13-18 April, 1996, Vancouver, Canada. ACM Press: New York, S. 50-57.

Yetton, P.W., Bottger, P.C. (1983). The relationships amongst group size, member ability, Decision schemes and performance. In: *Organizational Behaviour and Human Performance*, 32(1983), S.145-159.

Zaltman, G., Duncan, R., Holbek, J. (1973). *Innovations and Organizations*. Wiley-Pub.: New York.

Zangemeister, C. (1993). *Erweiterte Wirtschaftlichkeits-Analyse (EWA). Grundlagen und Leitfaden für ein »3-Stufen-Verfahren« zur Arbeitssystembewertung*. Bundesanstalt für Arbeitsschutz: Dortmund.

Zhang, J., Norman, D. A. (1994). Representations in Distributed cognitive tasks. In: *Cognitive Science*, 18, S. 87-122.

Zhao, Q.A., Stasko, J.T. (1998). Evaluating Image Filtering Based Techniques in Media Space Applications. In: *Proceedings of the ACM 1998 Conference on Computer-Supported Cooperative Work CSCW'98*. Seattle, Washington. November 14-18, 1998. ACM Press, S. 11-18.

Ziegler, J. (1996). *Eine Vorgehensweise zum objektorientierten Entwurf grafisch interaktiver Informationssysteme*. Dissertation, Universität Stuttgart.

Zigurs, I., Buckland, B. K. (1998). A Theory of Task/Technology Fit and Group Support Systems Effectiveness. In: *MIS Quarterly*, September, S. 313-334.

Züllighoven, H.(1998). *Das objektorientierte Konstruktionshandbuch nach dem Werkzeug & Material-Ansatz*. dpunkt-Verlag: Heidelberg.

Zur Bonsen, M. (1994). *Führen mit Visionen: der Weg zum ganzheitlichen Management*. Gabler: Wiesbaden.

Autorenverzeichnis

Appelt, Wolfgang, GMD FIT.CSCW, Schloss Birlinghoven, 53757 Sankt Augustin, Tel: 02241/14-2326, Fax: 02241/14-2889, E-Mail: appelt@gmd.de

Berger, Andreas, GMD – Forschungszentrum Informationstechnik GmbH, Dolivostr. 15, 64293 Darmstadt, E-Mail: Andreas.Berger@gmd.de

Böhmann, Tilo, Universität Hohenheim (510H) – Lehrstuhl für Wirtschaftsinformatik, 70593 Stuttgart, Tel.: 0711/459-3834, Fax: 0711/459-3145, E-Mail: boehmann@uni-hohenheim.de

Busbach, Uwe, GMD FIT.CSCW, Schloss Birlinghoven, 53757 Sankt Augustin, Tel.: 02241/14-2717, Fax: 02241/14-2084

Engel, Dr. Andreas, Universität Koblenz-Landau – Forschungsstelle für Verwaltungsinformatik, Rheinau 1, 56075 Koblenz, Tel.: 0261/287-2666, Fax: 0261/287-2642, E-Mail: engel@uni-koblenz.de

Englberger, Dr. Hermann J., Technische Universität München – Lehrstuhl für Allg. u. Ind. Betriebswirtschaftslehre, Leopoldstr. 139, 80804 München, Tel.: 089/36078-200, Fax: 089/36078-222, E-Mail: h@e-berger.de

Franczyk, Dr. Bogdan, Universität-GHS Essen – Fachbereich Mathematik und Informatik, Lehrstuhl Praktische Informatik, insbesondere Datenverwaltungssystem und Wissensrepräsentation, Schützenbahn 70, 45117 Essen, Tel.: 0201/183-3678, Fax: 0201/183-2419, E-Mail: bfr@informatik.uni-essen.de

Gareis Karsten, empirica Gesellschaft für Kommunikations- und Technologieforschung mbH, Oxfordstr. 2, 53111 Bonn, Tel: 0228/98530-0 Fax: 0228/98530-12 E-Mail: karsten.gareis@empirica.com

Gräslund, Karin, ITM Consulting GmbH, Wollgrasweg 49, 70599 Stuttgart

Haake, Dr. Jörg, GMD – Forschungszentrum Informationstechnik GmbH, IPSI – Institut für Integrierte Publikations- und Informationssysteme, Dolivostr. 15, 64293 Darmstadt, Tel: 06151/869-918, Fax: 06151/869-963 E-Mail: haake@darmstadt.gmd.de

Hanenberg, Stefan, Universität-GHS Essen – Fachbereich Mathematik und Informatik, Lehrstuhl Praktische Informatik, insbesondere Datenverwaltungssystem und Wissensrepräsentation, Schützenbahn 70, 45117 Essen, Tel.: 0201/183-2168, Fax: 0201/183-2419, E-mail: Hanenberg@informatik.uni-essen.de

Herrmann, Prof. Dr. Thomas, Universität Dortmund – Fachgebiet Informatik und Gesellschaft, 44221 Dortmund, Tel.: 0231/755-2057, Fax: 0231/755-2405, E-Mail: herrmann@iug.cs.uni-dortmund.de

Hertweck, Dieter, Universität Hohenheim (510H) – Lehrstuhl für Wirtschaftsinformatik, 70593 Stuttgart, Tel.: 0711/459-3673, Fax: 0711/459-3145, E-Mail: hertweck@uni-hohenheim.de

Hoffmann, Marcel, Universität Dortmund – Fachgebiet Informatik und Gesellschaft, 44221 Dortmund, Tel.: 0231/755-4715; Tel.: 0231/755-2405
E-Mail: hoffmann@iug.cs.uni-dortmund.de

Holmer, Torsten, GMD – Forschungszentrum Informationstechnik GmbH, IPSI – Institut für Integrierte Publikations- und Informationssysteme, Dolivostr. 15, 64293 Darmstadt, Tel: 06151/869-921, Fax: 06151/869-963,
E-Mail: holmer@darmstadt.gmd.de

Hoschka, Peter, GMD FIT/CSCW, 53754 Sankt Augustin – Schloss Birlinghoven,
E-Mail: peter.hoschka@gmd.de

Jablonski, Prof. Dr. Stefan, Friedrich-Alexander-Universität Erlangen-Nürnberg – Lehrstuhl für Datenbanksysteme, Martensstrasse 3, 91058 Erlangen,
E-Mail: Stefan.Jablonski@informatik.uni-erlangen.de

Johannsen, Andreas, Universität Hohenheim (510H) – Lehrstuhl für Wirtschafts-informatik, 70593 Stuttgart, Tel.: 0711/459-3686, Fax: 0711/459-3145,
E-Mail: johansen@uni-hohenheim.de

Kaiser, Siegfried, Universität Koblenz-Landau – Forschungsstelle für Verwaltungs-informatik, Rheinau 1, 56075 Koblenz, Tel.: 0261/287-2660, Fax: 0261/287-2642,
E-Mail: kaiser@uni-koblenz.de

Kern, Andrea, Universität Koblenz-Landau – Forschungsstelle für Verwaltung-sinformatik, Rheinau 1, 56075 Koblenz, Tel.: 0261/287-2665, Fax: 0261/287-2642,
E-Mail: kern@informatik.uni-koblenz.de

Klein, Arnd, Universität Hohenheim (510H) – Lehrstuhl für Wirtschaftsinformatik, 70593 Stuttgart, Tel: 0711/459-2857, Fax: 0711/459-3145,
E-Mail: arklein@uni-hohenheim.de

Koch, Dr. Michael, Technische Universität München – Institut für Informatik, 80290 München, Tel: 089/289-25709, Fax: 089/289-25702, E-Mail: kochm@in.tum.de

Koch, Thomas, GMD FIT.CSCW, Schloss Birlinghoven, 53757 Sankt Augustin, Tel: 02241/14-2148, Fax: 02241/14-2084, E-Mail: thomas.koch@gmd.de

Kordey, Norbert, empirica Gesellschaft für Kommunikations- und Technologie-forschung mbH, empirica Gesellschaft für Kommunikations- und Technologie-forschung mbH, Oxfordstr. 2, 53111 Bonn, Tel: 0228/98530-0 Fax: 0228/98530-12,
E-Mail: norbert.kordey@empirica.de

Krcmar, Prof. Dr. Helmut, Universität Hohenheim (510H) – Lehrstuhl für Wirtschafts-informatik, 70593 Stuttgart, Tel.: 0711/459-3345, Fax: 0711/459-3345-3145,
E-Mail: krcmar@uni-hohenheim.de

Lewe, Dr. Henrik, IBM Deutschland Informationssysteme GmbH – Mobile eBusiness Solutions, Vangerowstr. 18, 69115 Heidelberg, E-Mail: hlewe@de.ibm.com

Loser, Kai-Uwe, Universität Dortmund – Fachgebiet Informatik und Gesellschaft, 44221 Dortmund, Tel: 0231/755-4806, E-Mail: loser@iug.cs.uni-dortmund.de

Luczak, Prof. Dr. Holger, RWTH – Aachen Institut für Arbeitswissenschaft, Bergdriesch 27, 52062 Aachen, Tel.: 0241/47705-20, Fax: 0241/8888-131,
E-Mail: h.luczak@iaw.rwth-aachen.de

Mayer, Andreas, Universität Koblenz-Landau – Forschungsstelle für Verwaltungs-informatik, Rheinau 1, 56075 Koblenz, Tel.: 0261/287-2661, Fax: 0261/287-2642 E-Mail: mayer@informatik.uni-koblenz.de

Meier, Dr. Christoph, Fraunhofer-IAO, Nobelstr. 12, 70569 Stuttgart, Tel.: 0711/970-2218, Fax: 0711/970-2299, E-Mail: Christoph.Meier@iao.fhg.de,

Möslein, Dr. Kathrin, Technische Universität München – Lehrstuhl für Allg. u. Ind. Betriebswirtschaftslehre, Leopoldstr. 139, 80804 München, Tel.: 089/36078-231, Fax: 089/36078-222, E-Mail: moeslein@ws.tum.de.

Mühlfelder, Manfred, RWTH – Institut für Arbeitswissenschaft, Bergdriesch 27, 52062 Aachen, Tel.: 0241/4090-712, Fax: 0241/8888-131, E-Mail: m.muehlfelder@iaw.rwth-aachen.de

Oberquelle, Prof. Dr. Horst, Universität Hamburg – Fachbereich Informatik, Hamburg, Tel: 040/42883-2429, Fax: 040/42883-2311, E-Mail: oberquel@informatik.uni-hamburg.de

Pankoke-Babatz, Uta, GMD FIT/CSCW, 53754 Sankt Augustin – Schloss Birlinghoven, Tel.: 02241/14-2707, Fax: 02241/14-2084, E-Mail: uta.pankoke@gmd.de

Pfister, Dr. Hans-Rüdiger, Institut für Wissensmedien (IWM), Konrad-Adenauer-Straße 40, 72072 Tübingen, Tel.: 07071/979213, E-Mail: r.pfister@diff.uni-tuebingen.de

Prinz, Dr. Wolfgang, GMD FIT/CSCW, 53754 Sankt Augustin – Schloss Birlinghoven, Tel.: 02241/14-2730, Fax: 02241/14-2084, E-Mail: Wolfgang.Prinz@gmd.de

Reichwald, Prof. Dr. Dr. h.c. Ralf, Technische Universität München – Lehrstuhl für Allg. u. Ind. Betriebswirtschaftslehre, Leopoldstr. 139, 80804 München, Tel.: 089/36078-200, Fax: 089/36078-222, E-Mail: reichwald@ws.tum.de

Rohde, Markus, Agenda Consult GmbH, GMD-Technopark, Rathausallee 10, 53757 St. Augustin, Tel.: 02241/2064-91, Fax: 02241/2064-92, E-Mail: markus.rohde@agenda-consult.de

Schenk, Birgit, Consultant und Moderatorin, Brucknerstr. 1, 71245 Ditzingen, Tel.: 07156/959726, E-Mail: birgit.schenk@riolf.de

Schlichter, Prof. Dr. Johann, Technische Universität München – Institut für Informatik, 80290 München, Tel: 089/289-25700, Fax: 089/289-25702, E-Mail: schlichter@in.tum.de

Schuckmann, Christian, GMD – Forschungszentrum Informationstechnik GmbH, IPSI – Institut für Integrierte Publikations- und Informationssysteme, Dolivostraße 15, 64293 Darmstadt, Tel.: 06151/869-952, Fax: 06151-869-963, E-Mail: schucki@darmstadt.gmd.de

Schümmer, Jan, GMD – Forschungszentrum Informationstechnik GmbH, IPSI – Institut für Integrierte Publikations- und Informationssysteme, Dolivostraße 15, 64293 Darmstadt, Tel.: 06151/869-938, Fax: 06151/869-963, E-Mail: Jan.Schuemmer@gmd.de

Schümmer, Till, GMD – Forschungszentrum Informationstechnik GmbH, IPSI – Institut für Integrierte Publikations- und Informationssysteme, Dolivostraße 15, 64293 Darmstadt, Tel.: 06151/869-4856, Fax: 06151/869-963, E-Mail: till.schuemmer@darmstadt.gmd.de

Schwabe, Prof. Dr. Gerhard, Universität Koblenz-Landau, 56075 Koblenz, Rheinau 1, Tel.: 0261/287 2523, Fax.:0261/2872521, E-Mail: schwabe@uni-koblenz.de

Stiemerling, Oliver, Rheinische Friedrich-Wilhelms-Universität – Institut für Informatik III (ProSEC – Projektbereich Software-Ergonomie und CSCW), Römerstraße 164, 53117 Bonn, Tel. 0228/73-4391, Fax. 0228/73-4382, E-Mail: os@informatik.uni-bonn.de

Streitz, Dr. Dr. Norbert, GMD – Forschungszentrum Informationstechnik GmbH, IPSI – Institut für Integrierte Publikations- und Informationssysteme, Dolivostr. 15, 64293 Darmstadt, 06151/869-919, Fax: 06151/869-963, E-Mail: streitz@darmstadt.gmd.de

Teege, Dr. Gunnar, Technische Universität München, Institut für Informatik, Arcisstr. 21, 80290 München, Tel.: 089/289-25717, Fax: 089/289-25702, E-Mail: teege@in.tum.de

Tietze, Daniel A., GMD – Forschungszentrum Informationstechnik GmbH, IPSI – Institut für Integrierte Publikations- und Informationssysteme, Dolivostraße 15, 64293 Darmstadt, Tel.: 06151/869-920, Fax: 06151/869-963, E-Mail: daniel.tietze@gmd.de

Unland, Prof. Dr. Rainer, Universität-GHS Essen – Fachbereich Mathematik und Informatik, Lehrstuhl Praktische Informatik, insbesondere Datenverwaltungssystem und Wissensrepräsentation, Schützenbahn 70, 45117 Essen, Tel.: 0201/183-3421, Fax: 0201/183-2419, E-Mail: UnlandR@informatik.uni-essen.de

Wessner, Martin, GMD – Forschungszentrum Informationstechnik GmbH, IPSI – Institut für Integrierte Publikations- und Informationssysteme, Dolivostr. 15, D-64293 Darmstadt, Tel.: 06151/869-954 Fax: 06151/869-963, E-Mail: wessner@darmstadt.gmd.de

Wilczek, Stephan, Universität Hohenheim (510H) – Lehrstuhl für Wirtschaftsinformatik, 70539 Stuttgart, Tel.: 0711/459-3455, Fax: 0711/459-3145, E-Mail: wilczek@uni-hohenheim.de

Wolf, Martin, RWTH – Institut für Arbeitswissenschaft, Bergdriesch 27, 52062 Aachen, Tel.: 0241/4090-870, Fax: 0241/8888-131, E-Mail: m.wolf@iaw.rwth-aachen.de

Won, Markus, Projektbereich Software-Ergonomie und CSCW (ProSEC), Institut für Informatik III, Universität Bonn, Römerstr. 164, D-53117 Bonn, Tel: 0228/73-4506, Fax: 0228/73-4382, E-Mail: won@informatik.uni-bonn.de

Wulf, Dr. Volker, Rheinische Friedrich-Wilhelms-Universität – Institut für Informatik III (ProSEC), Römerstraße 164, 53117 Bonn, Tel. 0228/73-4276, Fax. 0228/73-4382, E-Mail: volker@informatik.uni-bonn.de

Züllighoven, Prof. Dr. Heinz, Universität Hamburg – FB Informatik (SWT), Vogt-Koelln-Str. 30, 22527 Hamburg (Stellingen), Tel.: 040/42883-2413, Fax: 040/42883-2303, E-Mail: Heinz.Zuellighoven@informatik.uni-hamburg.de

Abbildungsverzeichnis

Tabellenverzeichnis

Stichwortverzeichnis

Printed in the United States
By Bookmasters